REMEDIARIVM CONVERSORVM

PETER OF WALTHAM

Archdeacon of London (c. 1190-1196)

Remediarium Conversorum

A Synthesis in Latin of

Moralia in Job by Gregory the Great

edited by
Joseph Gildea, O.S.A.

Villanova University Press
Villanova, Pennsylvania
London and Toronto: Associated University Presses

© 1984 by Associated University Presses, Inc.

Associated University Presses, Inc.
440 Forsgate Drive
Cranbury, NJ 08512

Associated University Presses Ltd
25 Sicilian Avenue
London WC1A 2QH, England

Associated University Presses
2133 Royal Windsor Drive
Unit 1
Mississauga, Ontario
Canada L5J 1K5

Library of Congress Cataloging in Publication Data

Peter, of Waltham, fl. 1190–1196.
   Remediarium conversorum.

   Includes bibliographical references.
   1. Gregory I, Pope, ca. 540–604. Moralia in Job.
2. Bible. O.T. Job—Commentaries.   I. Gregory I,
Pope, ca. 540–604. Moralia in Job.   II. Gildea, Joseph,
1913–   . III. Title.
BS1415.G733P48   1984   241'.0414   84-3693
ISBN 0-8453-4507-9

Printed in the United States of America

TO

DAVID and ANN

CONTENTS

Converte nos, Deus, salutaris noster ....
Audiam quid loquatur Dominus Deus, quoniam
loquetur pacem ad plebem suam et sanctos
suos, et ad eos qui convertuntur corde.

Psalmus 84, 5 & 9

REMEDIARIVM CONVERSORVM

PREFACE

Publication of the present work was announced in a comment by the editor on its attribution to Peter of Blois,[1] an erroneous assumption that is supported by only one extant manuscript, Merton College (Oxford) Coxe 48. John A. Giles, the latest editor of *Opera Petri Blesensis*, believed the work to be by the author of the *Compendium in Iob* but denied it entree among the works he published because it was merely a compilation of passages from the *Moralia in Iob* of Gregory the Great.[2] A century later René Wasselynck was of another opinion on both points: he lauded the originality of the *Moralia* compilation and ascribed it to Peter (archdeacon) of London, differentiated from Peter of Blois.[3] The latter, for a long time archdeacon of Bath, did not become archdeacon of London until after the death of Bishop Richard III of London, to whom the synthesis is dedicated in phrasing that shows he was still alive.[4] Included in the documentation provided by Diana E. Greenway that marks Peter of Waltham as our compiler,[5] is a Mary-legend (Miraculum B. V. M.) transcribed here in an appendix revealing that he underwent the change of heart (conversion) evinced in the prologue.

Since this edition of the *Remediarium Conversorum* is keyed, in

---

[1] *L'Hystore Job : An Old French Verse Adaptation of* Compendium in Job *by Peter of Blois*, 2 vols. (Villanova and Liège, 1974-1979), II, 4, n. 2. To the 143 extant manuscripts of the *Compendium* listed *ibid.*, pp. 16-27, add : XANTEN, Stiftsarchiv 91, s. xv, f. 120-136. [This entry was furnished in 1980 by Julian G. Plante, Director of the Hill Monastic Manuscript Library, St. John's University, Minnesota.] On p. 4, n. 1, of *L'Hystore Job*, vol. II, read *an* not *und*.

[2] 4 vols., Oxford, 1846-1847; reprinted in *Patrologia Latina* [J.-P. Migne], 1855. See Giles, IV, 376; P.L. 207, pp. xxvii-xxviii.

[3] Thèse de doctorat : *L'influence des* Moralia in Job *de St. Grégoire le Grand sur la théologie morale entre le VIIe et le XIIe siècle* (Lille, 1956); cf. "Extraits du *Remediarium Conversorum* de Pierre de Londres," *Recherches de théologie ancienne et médiévale*, XXXII (1965), 121-132. See also *Saint Grégoire le Grand : Commentaire moral du livre de Job (Moralia)* in Les Ecrits des Saints (Namur, 1964).

[4] See Josiah Cox Russell, *Dictionary of Writers of Thirteenth Century England* (London, 1936), p. 102.

[5] Ed. John Le Neve, *Fasti Ecclesiae Anglicanae, 1066-1300*, Vol. I : *St. Paul's, London* (London, 1968), pp. 9-10.

a special apparatus, to the edition of *Moralia in Iob* in the CORPVS
CHRISTIANORVM,[6] its norms for the publication of Latin texts
are generally followed. Especially to be noted is that the small letter
v is replaced by *u*; for *u* the corresponding capital is *V*.

The *Remediarium* is extant in seventeen known manuscripts.[7] *K*
is designedly made up of excerpts; eight others (*A C_1 C_2 G H L_1 O_2
T*) are deficient in varying degrees.

A   Arras, Bibliothèque Municipale, 331, s. XIII, f. 2ra-130rb
                      Thirty-five folios are missing.

C_1   Cambridge University, Ff.IV.37 /1280/ f. 119ra-195va
                      A folio is missing after the one now numbered 151,
                      formerly 170.

C_2   Cambridge, Trinity College, B.2.1, s. XIII, f. 1ra-98vb
                      Ends at the completion of Pars II, Liber V. There
                      is at the foot of the column an incipit for the pro-
                      logue of the last book.

E   [Etruscan Academy], Biblioteca Comunale di Cortona, 62,
               s. XV, f. 3ra-180vb

G   Graz, Universitätsbibliothek, 1025 /c. 1300/ f. 2ra-140vb
                      A folio is missing after each of the following: 18,
                      23, 35, 41.

H   Hereford, Cathedral Library, P.3.XII, s. XIII-XIV, f. 1ra-67rb
                      Folio 7 is missing.

K   Klagenfurt, Studienbibliothek, 154, s. XV, f. 173ra-220vb
                      The epilogue and explicit, appearing on f. 213ra,
                      are followed by the first six chapters of Pars I,
                      Liber VI; the headings and analyses of chapters are
                      found f. 215vb-220vb.

L_1   London, British Library, Royal 7.A.VII /c. 1200/ f. 1ra-130ra
                      This is the chief manuscript on which, by permis-
                      sion of the British Library, our edition is based.

---

[6] *Series Latina* 143, 143a, 143b (Turnholti, 1979—), for which in the critical
apparatus the designation *ed.* is used and in the special apparatus *CC*. To the latter
references are added those designated μ = editio Maurinorum : *S. Gregorii Libri
Moralium* (Parisiis, 1705). These column numbers are represented by the bold-faced
figures within the text of the edition by J.-P. Migne, P.L. 75-76. [The editors of
CORPVS CHRISTIANORVM have made available proofs of the text of 143b.]

[7] The manuscript once held at El Escorial is listed among *las obras desaparecidas*.

For a torn section of the final column, MS. *T* is substituted in our text.

L_2 London, St. Paul's Cathedral Library, 4, s. XV, f. 1ra-188vb
This manuscript is at present on deposit at the Guildhall Library.

O_1 Oxford, Bodleian 809, s. XIV, f. 1ra-85vb

O_2 Oxford, Hamilton 53 /1392/ f. 1^r-193^v
The first folio is missing. Although a large portion of f. 168^v is blank or missing, there is no lacuna. In the index of chapters, a folio is missing after 192.

O_3 Oxford, Laud Misc. 6, s. XV, f. 1ra-180va

O_4 Oxford, Merton College, Coxe 48, s. XV, f. 17ra-123rb
In Pars II, Liber III, f. 97, chapters 19 and 20 are inverted and bear each other's number.

P_1 Paris, Bibliothèque Nationale, Mss, Lat. 3227, s. XIII, f. 1^v-157^v

P_2 Paris, Bibliothèque Mazarine, 686, s. XIII (fin), f. 1ra-149vb
Folios 145 and 147 were misplaced when they were numbered. One must read the folios in this order: 144, 147, 145, 146, 148.

P_3 Paris, Bibliothèque de l'Arsenal, 408A, s. XV, f. 7^r-169^v

T Tours, Bibliothèque Municipale, 327, s. XIII, f. 101ra-266vb
A small portion of the first folio is torn. Folio 134 verso has a lacuna : parts of both columns are blank.

A schematic analysis of the *Remediarium* that is found at the beginning of three manuscripts (C_2 P_1 P_3), and at the end of two others (O_1 *T*), is evidently of scribal origin.

Three of the manuscripts (A G P_1) present a somewhat longer redaction than the others. The extra material, as we see it, was restored in contravention of the compiler's intent (Prologue, lines 36-39) to abridge some of the selections from Gregory's text in accommodating it to handbook form. The most extensive additions occur in Pars I, Liber V, XIII and in Pars II, Liber III, IV; Liber IV, XXIV; Liber V, XI. (L_2 prolongs the second of these chapters by the same sort of addition.)

What seems to exclude the opposite view that passages were

eliminated to give an *ex post facto* shorter redaction is the incorpora-
tion by *A G P*₁ of Pars II, Liber I, VIII in Pars I, Liber II, V. The two
selections stand practically together in the *Moralia*, but it is only in
separation that they suit the compiler's design. Moreover, this
would constitute the single instance of the compiler's repeating a
long extract. There are a few cases of brief overlapping of excerpts
that figure in different contexts, but there is no other outright repeti-
tion of a passage long enough to make up a chapter.

The accretions we attribute to a redactor and not to Peter of
Waltham are indicated in the critical apparatus; of the manuscripts
transmitting them, *P*₁ alone remains intact and is the one that is
cited.

In the remaining thirteen manuscripts — leaving aside *K*, whose
excerpts from the *Remediarium* account for less than half of the
work — we find a presentation that does not vary greatly from one
copy to the other. *L*₁, as the earliest of the group and one of the
most carefully executed, best serves as its representative. Errors and
misreadings in the other manuscripts, together with occasional inter-
polations and omissions, are not judged sufficiently important to
warrant systematic inclusion of them in the critical apparatus.

The lists of chapter headings that precede each of the twelve
books have for the convenience of the reader been brought together
in the following pages, entitled CAPITVLA, which in conjunction
with later page headings supply for a table of contents.

It remains to note here that among the many translations of the
Moralia in Job is one in English that dates from the mid-nineteenth
century;[8] according to a recent announcement a new translation is
projected.[9] The present manual should prove helpful in making
effective use of these and other renditions.[10]

---

[8] *Morals on the Book of Job by S. Gregory the Great*, tr. James Bliss, 3 vols. in 4
(Oxford, 1844-1850), in A Library of Fathers of the Holy Catholic Church Translated
by Members of the English Church.

[9] *Speculum*, LVII (1982), 207: tr. James J. O'Donnell, Department of Classical
Studies, University of Pennsylvania, Philadelphia.

[10] Books I-II and XI-XVI with Latin and French on facing pages have appeared in
Sources Chrétiennes, nᵒˢ 32, 212, 221 (Les Editions du Cerf, Paris). See nᵒ 32 *bis*
(1975) for a bibliography, to which may profitably be added Anastasio Gomes,
O.C.D., *Doctrina Spiritualis S. Gregorii Magni* (Alwaye — Kerala, India, 1972);
Jeffrey Richards, *Consul of God: The Life and Times of Gregory the Great* (London &
New York, 1980). Another study of Pope Gregory and his age is in preparation; cf.
Bulletin d'information et de liaison, nᵒ 6, 1981: *Association Internationale d'Etudes
Patristiques*, p. 43 (Robert A. Markus, History Department, University of
Nottingham).

The need to synthesize the *Moralia*, felt by Peter of Waltham, is likewise experienced by the modern reader as he confronts one of the most popular and most widely read works in the Middle Ages.[11] To begin with, there is the daunting length, constituting nearly half of Gregory's extant writings and equaling St. Augustine's *De Civitate Dei* and *Confessiones* combined.[12] Moreover, the *Moralia* consists not of a treatise but of a commentary, verse by verse, on the Biblical Book of Job. Gregory began by giving in sequence the *sensus historicus*, then the *sensus allegoricus*, and finally the *sensus moralis* of a given section of the text, the last mentioned interpretation seemingly the most important in the light of the title of the commentary. Yet even before the threefold division was abandoned at an early stage, the allegorical elements enjoyed pride of place, conferred more by the nature of the poetic text than by disposition of the commentator.

The *Remediarium Conversorum*, therefore, renders a distinct service to those whose interest is focused on the teaching of Gregory rather than on his exegesis.[13]

J.G., OSA

Villanova, Pennsylvania

---

[11] Cf. George F. Hamilton, Review of R. C. Bates, ed., *L'Hystore Job* (New Haven, 1937), in *Speculum*, XV (1940), 230-234; here, p. 230.

[12] Sister Rose Marie Hauber, *The Late Latin Vocabulary of the Moralia of Saint Gregory the Great : A Morphological and Semasiological Study* (Washington, 1938), p. 127. Cf. p. 132: "Gregory's admiration for Augustine is well known and it is not surprising to find indications of Augustinian influence in his work."

[13] Introduction (pp. 7-27; here p. 21) to the last work mentioned in note 3 above : *Textes choisis et traduits par René Wasselynck, introduits par Philippe Delhaye.*

CAPITVLA
Pars Prima

LIBER I
DE SVGGESTIONIBVS DIABOLI

LIBER II

DE PECCATO

LIBER III
DE VITIIS

LIBER IV

DE DIVITIBVS

LIBER V

DE REPROBIS

LIBER VI

DE POENIS REPROBORUM

CAPITVLA
Pars Secunda

LIBER I
DE GRATIA DEI

LIBER II
DE PAENITENTIA

LIBER III

DE VIRTVTIBVS

LIBER IV

DE PRAELATIS

LIBER V

DE IVSTIS

LIBER VI
DE GLORIA IVSTORVM

ABBREVIATIONES

Gen.	:Liber Genesis
Ex.	:Liber Exodus
Leu.	:Liber Leuiticus
Num.	:Liber Numeri
Deut.	:Liber Deuteronomii
Ios.	:Liber Iosue
Iud.	:Liber Iudicum
Ruth.	:Liber Ruth
I Reg.	:Liber primus Regum (qui et Primus Samuelis)
II Reg.	:Liber secundus Regum (qui et Secundus Samuelis)
III Reg.	:Liber tertius Regum
IV Reg.	:Liber quartus Regum
I Par.	:Liber primus Paralipomenon
II Par.	:Liber secundus Paralipomenon
Esdr.	:Liber primus Esdrae
Neh.	:Liber Nehemiae (qui et Secundus Esdrae)
Tob.	:Liber Tobiae
Iudith	:Liber Iudith
Esth.	:Liber Esthher
Iob	:Liber Iob
Ps.	:Liber Psalmorum
Prou.	:Liber Prouerbiorum
Eccle.	:Liber Ecclesiastes
Cant.	:Canticum Canticorum
Sap.	:Liber Sapientiae
Eccli.	:Liber Ecclesiasticus (Sirach)
Is.	:Prophetia Isaiae
Ier.	:Prophetia Ieremiae
Thren.	:Threni (Lamentationes Ieremiae prophetae)
Bar.	:Prophetia Baruch
Ez.	:Prophetia Ezechielis
Dan.	:Prophetia Danielis
Os.	:Prophetia Osee
Ioel	:Prophetia Ioel
Am.	:Prophetia Amos
Abd.	:Prophetia Abdiae
Ion.	:Prophetia Ionae
Mich.	:Prophetia Michaeae

Nah.	:Prophetia Nahum
Hab.	:Prophetia Habacuc
Soph.	:Prophetia Sophoniae
Agg.	:Prophetia Aggaei
Zach.	:Prophetia Zachariae
Mal.	:Prophetia Malachiae
I Mach.	:Liber primus Machabaeorum
II Mach.	:Liber secundus Machabaeorum

Matth.	:Euangelium secundum Matthaeum
Marc.	:Euangelium secundum Marcum
Luc.	:Euangelium secundum Lucam
Ioh.	:Euangelium secundum Iohannem
Act.	:Actus Apostolorum
Rom.	:Epist. b. Pauli ap. ad Romanos
I Cor.	:Epist. b. Pauli ap. ad Corinthios prima
II Cor.	:Epist. b. Pauli ap. ad Corinthios secunda
Gal.	:Epist. b. Pauli ap. ad Galatas
Eph.	:Epist. b. Pauli ap. ad Ephesios
Phil.	:Epist. b. Pauli ap. ad Philippenses
Col.	:Epist. b. Pauli ap. ad Colossenses
I Thess.	:Epist. b. Pauli ap. ad Thessalonicenses prima
II Thess.	:Epist. b. Pauli ap. ad Thessalonicenses secunda
I Tim.	:Epist. b. Pauli ap. ad Timotheum prima
II Tim.	:Epist. b. Pauli ap. ad Timotheum secunda
Tit.	:Epist. b. Pauli ap. ad Titum
Philem.	:Epist. b. Pauli ap. ad Philemonem
Hebr.	:Epist. b. Pauli ap. ad Hebraeos
Iac.	:Epist. cath. b. Iacobi ap.
I Petr.	:Epist. cath. b. Petri ap. prima
II Petr.	:Epist. cath. b. Petri ap. secunda
I Ioh.	:Epist. cath. b. Iohannis ap. prima
II Ioh.	:Epist. cath. b. Iohannis ap. secunda
III Ioh.	:Epist. cath. b. Iohannis ap. tertia
Iudae	:Epist. cath. b. Iudae ap.
Apoc.	:Apocalypsis b. Iohannis ap.

* Vide supra, p. 2, n. 6.

PROLOGUE

To the paternal and reverend Bishop Richard III of London from Peter, his Archdeacon of the same church : So run among things temporal that you may obtain the eternal prize !

Your exhortation has frequently reminded me of the blessedness of solitude of mind and of evangelical poverty. And in order that you might win over the soul of a spoiled son and might more easily bend his spirit to the desire of a holy change of heart, you have communicated to me the devout mode of life you have in mind and the secret of the conversion on my part that you seek.

However, since my mind, held captive by the pleasure of temporal things, reeled on hearing holy promptings, I devoted myself with particular impetuosity to the reading of Holy Scripture, lest the sowing of such a kind father — carried away by the birds of the air, or choked by thorns, or otherwise ruined — should fail to flower and bear fruit. Looking through the writings of the Fathers in search of a remedy for my malady, at last I fastened on Gregory's Book of Morals as an anchor. I did so because in reading it the chafed mind would stir with warmth and alongside the flowing, saving waters would grow strong and become fruitful. Drawing from this source those who are abandoned check the unrestrained torrent of their passions ; the just derive strength for virtuously persevering in holy discipline ; sinners perceiving therein their defilement, discern how obviously lacking they are in achievement ; there too the penitent considering their past sins, humbly take note of their progress ; those who are turned the wrong way and deserve to be condemned to the place of torment after the barren fulfillment of their desires, are filled with dread ; those who are headed aright and are ready for eternal laurels after the happy outcome of their struggle, find refreshment in these pages.

But to a great extent in Gregory's book the historical import is stated, the allegorical implication is developed, and the distinctiveness of various habits is described ; such lofty matters, spread throughout several volumes, cannot be easily grasped by one whose mind is made petty and groping by temporal concerns ; and if at times by great application they should be understood, only by bona fide and disengaged recollection can they be kept in mind. After diligently considering this fact in the light of my limited capacity, I made use of my stylus to extract only the moral passages, grouping from many volumes in cohesive and shortened form those which, alike in their construction or related in their content, shared an affinity. This I did so that I might always have at hand a reserve whence my spirit could allay its pangs of hunger, and so that to any traveler unwilling or not free to have recourse to the river, I might offer a ladle from which to sip at least the boundless waters of the river, and also so that anyone not presuming to swim along with the elephant in midstream, might not fear to wade with the lamb into the shallows.

I have divided this little work into two parts, each of which consists of six books. In the first part there is a discussion of the motives and iniquities of the wicked and of the misfortunes resulting from these iniquities. In the second part the beginnings of the justification of the saints, their state of being and blessed destiny are considered.

Accordingly, the six books of the first part are entitled : On the Suggestions of the Devil, On Sin, On the Vices, On the Rich, On the Reprobate, On the Punishment of the Reprobate. For when the suggestions of the devil through consent are taken intimately to heart, they engender the snares of sin. When pleasure is derived from sin, it leads to special vices, to which the rich of this world and the wicked being prone, are after their short-lived sensual pleasures borne off to death's eternal prison.

The second part likewise comprises six books, entitled : On God's Grace, On Penitence, On the Virtues, On Prelates, On the Just, On the Glory of the Just. For the grace of God bringing the sinner to penitence, gives increase to the virtues, adorned with which the hierarchy and the rest of the faithful, after the completion of their labors, are raised to the reward of eternal life.

Consequently, the present treatise is called *Source Book of Self-Discipline* because the six sections of the second part undoubtedly bring together the correctives for the failings that are discussed in the six sections of the first part. The suggestions of the devil incite us indeed to sin, but the grace of God, the most potent remedy against these suggestions, anteceding anything good in us, stirs us to penitence, a cleansing agent which effectively abolishes sin. And just as sin is committed by thought, word and deed, so penitence by compunction of heart, by oral confession and by giving of alms is perfected. Through love of sin, however, we fall into special vices. But through the practice of penance we are lifted up to the virtues which, inimical to the vices, proffer appropriate remedies for them. But the rich for the most part, in order that they may satisfy ambition, wickedly immerse themselves in vices and heavenly things having been spurned, devoting themselvesto earthly things only, they covet the increase of transitory possessions and the amassing of wealth. On the other hand, those among the just who are placed in charge of others because of the merit of their virtues, rejecting what is passing and meditating on heavenly matters, diligently attend to increasing their master's money, so that faithful in a few things, they may deserve to be put in charge of many. The aspirations, therefore, of the prelates of the church, thoroughly contrary to the desires of the rich, bestow remedies suited to the avoidance of these latter cravings. Similarly, to the carnal passions of all the reprobate are opposed the spiritual predilections of the just, since the former with the bridle of holy temperance removed, give in to the ignoble enticements of the flesh ; but the latter, restraining by temperate control illicit emotions, with a spiritual rod chastise carnal desires and to avoid the perversity of the reprobate, administer adequate antidotes. Further, eternal punishment results from the carnal pleasures of the reprobate ; on the other hand, the labors of the just have as effect the ineffable glory which in contrast to the penalties of the reprobate, brings to the just the desired restorative.

And now I should like each reader of this book, if it should by chance find at least one reader, to be prevailed upon to say with charitable affection and pious consideration : May Peter's soul rest in peace !

In addition, it should be noted that alongside each chapter of this treatise there is found mention of which book of the *Moralia* the chapter is taken from. Similarly, if a given chapter is composed of selections from different books, this too is indicated in the margin, so that should the reader wish to drink from the fountain whence the rivulet emanates, he may without difficulty find what he is seeking.

For your part, my esteemed Father Richard, by your prayers frequently supply moisture to what you have planted, so much so that God giving the increase, both of us may happily merit the flower of humble conversion and the fruit of holy renewal.

REMEDIARIVM CONVERSORVM

PROLOGVS TOTIVS OPERIS

Reuerendo patri Ricardo, ecclesiae Londoniensis episcopo tertio, suus Petrus archidiaconus eiusdem ecclesiae : Sic currere per temporalia ut brauium apprehendat aeternum.

4 De beata mentis solitudine necnon et euangelicae paupertatis beatitudine, tua me frequenter commonuit exhortatio. Et ut animam filii delicati lucrifaceres, et ad sanctae conuersationis desiderium facilius animum inclinares, pium intentionis
8 tuae propositum et affectatae conuersionis secretum mihi communicasti.

Verum cum animus meus, temporalium uoluptate captiuus, ad sanctae commonitionis uerba titubaret, ad sacrarum litterarum lectionem me quasi cum quadam uiolentia contuli, ne
12 tam pii patris semen ab auibus sublatum, aut a spinis suffocatum, aut alio modo deperditum, flore penitus defraudaretur et fructu. Ad remedium igitur infirmitatis meae, sanctorum patrum scripta percurrens, tandem in beati Gregorii
16 libris moralibus ancoram defixi, ex quorum lectione animus confricatus incalesceret et secus salutarium aquarum decursum ad fructum faciendum coalesceret. In his quippe reprobus ab
20 effrenato uoluptatum suarum fluxu compescitur ; in his iustus ad pudicam sanctae conuersationis perseuerantiam roboratur ; ibi peccator foeda sua conspiciens, quantum a profectu distet manifeste perpendit ; ibi paenitens peccata sua considerans

---

[Prol.] **2/3** cfr I Cor. 9, 24.   **13/15** cfr Matth. 13, 4-8.   **18/19** cfr Ps. 1, 3.

INCIPIT PROLOGVS PRESENTIS TRACTATVS QUI REMEDIARIVM APPELLATVR *A*, PROLOGVS TO-TIVS OPERIS *G*, PROLOGVS IN LIBRVM SEQUENTEM QVI REMEDIARIVM CONVERSORVM DICITUR (NUNCUPATUR *T*) C_1 C_2 *E H* L_1 O_1 O_3 P_2 *T*, INCIPIT EXCERPTVM DE LIBRO QVI INTITVLATVR REMEDIARIVM CONVERSORVM : PROLOGVS ACCURTATVS *K*, INCIPIT PROLOGVS IN LIBELLVM QVI DICITVR REMEDIARIVM L_2, *lacuna* O_2, *om.* O_4, INCIPIT PROLOGVS TOTIVS OPERIS SEQVENTIS P_1, REMEDIARIVM CONVERSORVM EX DICTIS BEATI GREGORII IN MORALIBVS P_3

[Prol.] **1** uiro uenerabili et domino ecclesie C_2 | lundoniensis *E* **2** petrus] blesensis *add.* O_4 **8** conuersionis] -sationis P_1 **11** sacrarum] sacram P_1 **22** a profectu] a-spectu P_1 **23** peccata] *corr. ex* pulchra L_1 *T*, pulchra P_1

24 quantum proficiat reuerenter attendit ; ibi peruersus post desideriorum suorum infelicem consummationem, gehennae cruciatibus addicendus terretur ; ibi conuersus post agonis sui felicem concertationem, aeterno brauio coronandus refouetur.

28 Verum quantum in praefatis libris historiae grauitas declaratur, allegorica profunditas discutitur, necnon et morum quorumlibet qualitas depingitur, non possunt tam ardua tamque spatiosis uoluminibus diffusa, ab animo temporalibus 32 occupationibus angustato et aestuante, de facili comprehendi ; et si forte aliquando ex multo studio comprehensa fuerint, non nisi a bonae fidei memoria et uacante, ualent detineri. Quod in mea imbecillitate diligenter considerans ad excerpendas senten- 36 tias tantum morales, stilum conuerti et eas quae aut in aedificationem forma consimiles aut quasi quadam cognatione doctrinae conuenientes se inuicem respiciunt, per multa dispersas uolumina in seriem continuam et breuiatam contraxi, ut 40 prae manibus semper habeam unde famelicus degustem et uiatori cuilibet qui ad flumen aut non uult aut non uacat diuertere de fluminis immensitate, ciatum saltem sorbillandum propinem, ut etiam quilibet cum elephante in fluminis altitudine 44 natare non praesumens, in eiusdem plana breuitate cum agno ambulare non formidet.

Hoc ergo opusculum in duas partes distinxi, quarum utraque sex libellis consummatur. In quarum prima de repro- 48 borum tam incentiuis quam iniquitatibus, et easdem iniquitates consequentibus calamitatibus disseritur. Secunda uero parte de initiis iustitiae sanctorum, de statu eorumdem et felici consummatione tractatur.

52 Pars itaque prima sex libris distinguitur, quorum primus de suggestionibus diaboli, secundus de peccato, tertius de uitiis, quartus de diuitibus, quintus de reprobis, sextus de poena reproborum inscribitur. Suggestiones quippe diaboli cum per 56 consensum ad intima cordis admittuntur, peccati laqueos initiunt. Peccatum uero cum per delectationem placuerit, in uitia specialia deriuatur, quibus huius saeculi diuites et reprobi quilibet obnoxii, post uoluptatum suarum breuitatem ad aeternum 60 mortis carcerem pertrahuntur.

Secunda uero pars sex similiter libris consummatur, quorum primus de gratia Dei, secundus de paenitentia, tertius de uirtutibus, quartus de praelatis, quintus de iustis, sextus de 64 gloria iustorum intitulatur. Gratia namque Dei peccatorem ad

paenitentiam adducens, uirtutibus incrementum praestat,
quibus ecclesiarum rectores et ceteri iusti decorati, post
laborum suorum consummationem ad aeternum uitae praemi-
68 um sublimantur.

Tractatus igitur praesens *Remediarium Conuersorum* dicitur, quia sex libri partis secundae remedia procul dubio conferunt ad ea de quibus primae partis sex libris disseritur. Sug-
72 gestiones quippe diaboli ad peccatum instigant, gratia uero Dei
contra suggestiones diaboli remedium potissimum bonum
omne in nobis praeueniens, ad paenitentiam inflammat quae
peccatum detergens ad idem delendum remedium est sufficiens.
76 Et sicut peccatum cogitatione, locutione et opere perpetratur,
ita paenitentia cordis compunctione, oris confessione et
eleemosynarum largitione perficitur. Per peccati autem dilectionem, ad uitia specialia dilabimur. Per paenitentiae uero
80 exsecutionem ad uirtutes subleuamur quae uitiis contrariae ad
eadem congruentia praestant remedia. Diuites autem, ut ambitioni suae satisfaciant, uitiis se plerumque irreuerenter immergunt et, contemptis caelestibus, solis terrenis incumbentes
84 augendis caducis et multiplicandis pecuniis inhiant. Econtra
uero iusti uirtutum merito ceteris praelati, caduca respuentes et
caelestia meditantes, multiplicandae pecuniae domini sollerter
inuigilant, ut in paucis fideles, supra multa mereantur constitui.
88 Vota igitur praelatorum ecclesiae desideriis diuitum penitus
contraria ad eadem declinanda conuenientia conferunt remedia.
Similiter reproborum omnium carnalibus concupiscentiis con-
trarii sunt iustorum spiritales affectus cum hi, soluto sanctae
92 sobrietatis freno, in foedas se carnis illecebras relaxent, isti uero
moderamine sobrio motus illicitos cohibentes desideria carnalia
spiritali uirga castigant et ad declinandam reproborum peruersi-
tatem, remedia congrua ministrant. Voluptates autem repro-
96 borum poena consequitur aeterna ; labores uero iustorum
ineffabilis subsequitur gloria quae poenis reproborum contraria,
iustis optatum confert remedium.

Exoratum igitur esse uelim quemlibet huius libelli lectorem,
100 si tamen forte lectorem inuenerit, ut caritatis affectu et pietatis

---

85/87 cfr Matth. 25, 14/23.

---

84 econtra] econtrario P_1 92 isti] iusti P_1 96 consequitur] sub- P_1

intuitu dicat : Anima Petri requiescat in pace.

Notandum autem quod in quolibet huius tractatus capitulo extra signatum reperitur a quoto *Moralium* libro idem capitu-
104 lum transsumptum sit. Similiter etiam si aliquod capitulum diuersis fuerit ex locis corrogatum, hoc ipsum in margine desig-natur, ut si forte lector a fonte a quo riuulus deductus est, hau-rire desiderat, sine difficultate id quod quaerit inueniat.

108 Tu uero, pater mi uenerande, orationibus tuis plantationem tuam frequenter irriga quatenus, Deo incrementum praestante, humilis conuersionis florem et sanctae conuersationis fructum mereamur utrique feliciter apprehendere. Amen. Explicit pro-
112 logus.

108/109 cfr 1 Cor. 3, 6.

PARS PRIMA

LIBER PRIMVS

DE SVGGESTIONIBVS DIABOLI

CAPITVLVM I

DE CONDITIONE HOMINIS DIGNISSIMA, QVI SIC CREATVS EST VT POSSET NON MORI ET
SPONTE FACTVS EST DEBITOR MORTIS

Ipsa humanae conditionis qualitas indicat quam longe rebus
4 ceteris praestat, nam collata homini ratio asserit quantum
omnia quae uel uita, uel sensu, uel ratione carent, natura
rationalis antecedit.

Ad hoc autem in paradiso positus fuerat homo, ut si se ad
8 conditoris sui oboedientiam uinculis caritatis astringeret, ad
caelestem angelorum patriam quandoque sine morte carnis
transiret. Sic namque immortalis est conditus ut tamen si peccaret, mori posset ; et sic mortalis est factus ut si non peccaret,
12 non mori posset ; atque ex merito liberi arbitrii beatitudinem
regionis illius attingeret in qua uel peccare, uel mori non posset. Quo igitur post redemptionis tempus, carnis morte interposita, electi transeunt, illo procul dubio parentes primi, si in con-
16 ditionis suae statu perstitissent, etiam sine morte corporum
transferri potuissent.

Sic itaque primus homo conditus fuit ut per augmenta temporum tendi posset eius uita tantummodo, non euolui. Sed
20 quia sponte ad culpam decidit, quo attigit uetitum, pertulit
decursum, quem nunc homo praesentis uitae desiderio

[I] **3/6** *CC* XXV, I, 1/4 ; μ 788.   **7/17** *CC* IV, XXVIII, 2/12 ; μ 126.   **18/29** *CC* IX,
XXXIII, 15/22, 33/36 ; μ 310.

[I] **3** conditionis humane P_1 **3/4** ceteris rebus P_1 **7** positus homo fuerat P_1 **9**
carnis morte P_1 **11** mori] et *praem.* P_1 | factus] conditus P_1 | non] etiam *praem.*
P_1 **13** regionis illius P_1 **14** quo] ubi P_1 **15** illo] illuc P_1

oppressus indesinenter et tolerat et optat. Ne enim finiatur,
uiuere appetit, sed per augmenta uitae cotidie ad finem tendit.
24 Nec deprehendit ualde temporum incrementa quam nulla sint,
nisi cum repente transacta fuerint quae uenientia longa uidebantur. Terra itaque hominis paradisus exstitit, quae hunc
inconcussum tenere potuit, si per innocentiam stare uoluisset.
28 Sed quia ad mutabilitatis undas per culpam cecidit, ad
praesentis uitae maria post terram uenit.
    Sicut ergo diximus, ita conditus fuit homo ut manente illo
decederent tempora, nec cum temporibus ipse transiret. Stabat
32 autem momentis decurrentibus : quia nequaquam ad uitae terminum per dierum incrementa tendebat. Stabat tanto robustius
quanto semper stanti artius inhaerebat. At ubi uetitum contigit,
mox offenso creatore coepit ire cum tempore. Statu uidelicet
36 immortalitatis amisso, cursus eum mortalitatis absorbuit. Et
dum iuuentute ad senium, senio traheretur ad mortem, trans-
eundo didicit stando quid fuit. Cuius nos quia de propagine
nascimur, radicis amaritudinem quasi in uirgulto retinemus.
40 Nam quia ex illo originem ducimus, eius cursum nascendo sor-
timur, ut ipso eo cotidiano momento quo uiuimus, incessanter
a uita transeamus, et uiuendi nobis spatium unde crescere
creditur, inde decrescat.
44   Diabolus itaque in illa nos parentis primi radice supplan-
tans, sub captiuitate sua quasi iuste tenuit hominem qui libero
arbitrio conditus, ei iniusta suadenti consensit. Ad uitam
namque conditus in libertate propriae uoluntatis, sponte sua
48 factus est debitor mortis.

30/43 *CC* XXV, III, 38/51 ; μ 788/789.   **44/48** *CC* XVII, xxx, 32/36 ; μ 552.

[I] **34/36** cfr Gen. 3, 6 ; Eccli. 25, 33.

---

26 itaque] uero P_1 **31** nec] L_1 P_1, ne μ *ed.*   **41** eo ipso P_1

CAPITVLVM II

DE INVIDIA DIABOLI ERGA HOMINEM CVIVS POTESTAS IVSTA, VOLVNTAS AVTEM
INIQVA ET SEMPER SVGGERENS MALA

In paradiso sano homini diabolus inuidens superbiae uulnus
4 inflixit, quia amissa beatitudine minorem se immortalitate
illius agnouit, ut qui mortem non acceperat conditus, mereretur
elatus.

Scit autem idem hostis noster, licet afflictionem iustorum
8 semper appetat, quia si ab auctore nostro potestatem non
acceperit, ad temptationis articulum nullatenus conualescit.
Unde et omnis uoluntas diaboli iniusta est, et tamen permit-
tente Domino, omnis potestas iusta. Ex se enim temptare
12 quoslibet iniuste appetit, sed eos qui temptandi sunt, non nisi
temptari Deus iuste permittit. Unde etiam in libris Regum
scriptum est de diabolo : *Quia spiritus Domini malus irruebat
in Saul.* Vbi iuste quaeritur : Si Domini, cur malus ; si malus,
16 cur Domini dicatur ? Sed duobus uerbis comprehensa est et
potestas iusta in diabolo, et uoluntas iniusta. Nam et ipse dicitur malus spiritus per nequissiman uoluntatem ; et idem spiritus Domini per acceptam iustissiman potestatem.
20 Bene autem de ipso scriptum est : *De naribus eius procedit
fumus sicut ollae succensae atque feruentis.* Narium nomine
insidiae atque suggestio diaboli designantur. Per fumum uero
caligo nequissimae cogitationis intellegitur. De naribus ergo
24 diaboli fumus procedit, quando in reproborum cordibus insidi-
arum suarum aspirationibus ex amore uitae temporalis aestum
congerit multiplicium cogitationum ; et uelut fumi globos multiplicat, quando inanissimas uitae praesentis curas in ter-
28 renorum hominum mente coaceruat. Iste fumus ex naribus eius

---

[II] **3/6** *CC* XXXI, I, 1/3, V, XLVI, 6/7 ; μ 995, 178.   **7/19** *CC* XVIII, II, 29/42 ; μ
558.   **20/81** *CC* XXXIII, XXXVI, 1, 2/5, XXXVII, 1, 26/55, 92/120 ; μ 1111, 1112/1113,
1114.

[II] **14/15** I Reg. 16, 23 ; 18, 10.   **20/21** Iob 41, 11.

[II] **18** spiritus malus P_1 **28** eius naribus P_1

prodiens aliquando ad tempus etiam electorum oculos tangit.
Hunc namque intrinsecus fumum patiebatur propheta cum
diceret : *Turbatus est prae ira oculus meus.* Huius inundatione
32 premebatur, dicens : *Cor meum conturbatum est in me, et
lumen oculorum meorum non est mecum.* Fumus quippe iste
obtundit aciem cordis, quia caliginis suae nubilo serenitatem
intimae turbat quietis. Cognosci uero nisi tranquillo corde non
36 potest Deus. Vnde per eumdem rursum prophetam dicitur :
Vacate et uidete quoniam ego sum Deus. Vacare autem mens
non potest quae huius fumi inundationibus premitur, quia in
ea cogitationum terrenarum uolumina ex praesentis uitae
40 actione glomerantur. Lumen ergo quietis aeternae hoc fumo
amittitur, quia curarum prurigine cordis oculus dum confunditur, tenebratur.

Sed fumus iste aliter electorum animos turbat, aliter repro-
44 borum oculos excaecat. A bonorum quippe oculis spiritalium
desideriorum flatu respergitur, ne praeualente misera cogitatione densetur. In prauorum uero mentibus quo se licentius per
taetras cogitationes colligit, eo ab eis ueritatis lumen funditus
48 tollit. Fumus iste reproborum cordibus quot illicita desideria
ingerit, quasi per tot ante illos globos intumescit. Et certe fumi
globos nouimus, quia cum alii superius inanescunt, alii inferius
surgunt ; sic et in cogitatione carnali etsi alia prauitatis
52 desideria transeunt, alia succedunt.

Per tot igitur globos de Leuiathan naribus fumus surgit, per
quot nimirum pestes frugem cordis reprobi occulta aspiratione
consumit. Cuius adhuc fumi uim sollicite Dominus exprimit,
56 cum ilico subiungit : *Sicut ollae succensae atque feruentis.* Olla
enim   succenditur   cum   mens   humana   maligni   hostis
suasionibus instigatur. Olla autem feruet cum iam etiam per
consensum in desideriis prauae persuasionis accenditur, et tot
60 undas quasi feruendo proicit per quot se nequitias usque ad
exteriora opera extendit. Hunc namque carnalis conscientiae, id
est, ollae feruorem ex Leuiathan fumo uenientem propheta conspexerat cum dicebat : *Ollam succensam ego uideo, et faciem*

---

31 Ps. 6, 8.   32/33 Ps. 37, 11.   37 Ps. 45, 11   56 Iob 41, 11.   63/64 Ier. 1, 13.

---

40 actione] amore P_1 **46** densetur] denseatur P_1 **51** sic] sicut P_1 | in] *om.* P_1 **60**
feruendo] *om.* P_1 **61** carnalis] in tabernaculo P_1

64 *eius a facie Aquilonis.* Ab Aquilonis enim facie humani cordis
olla succenditur cum per instigationem aduersarii spiritus illicitis desideriis inflammatur. Ille namque qui ait : *Sedebo in*
monte testamenti, in lateribus Aquilonis, super astra exaltabo
68 *solium meum, similis ero Altissimo* ; mentem quam semel
ceperit, malignis persuasionis suae flatibus, quasi suppositis
ignibus accendit quatenus non contenta praesentibus,
indesinenter per desideria aestuet, ut alia contemnenda appetat,
72 alia adepta contemnat ; ut modo suis compendiis inhiet, modo
alienis commodis etiam cum proprio detrimento contradicat,
modo carnis illecebris satisfaciat, modo quasi in quodam culmine per cogitationis superbiam rapta, carnali cura postposita,
76 totam se in typhum elationis atollat. Quia ergo cor per uaria
desideria ducitur, quod instigatione Leuiathan istius
inflammatur, recte eius fumus succensae et feruenti ollae
similis esse perhibetur, quia per tot feruores afflata, eius temp-
80 tationibus conscientia se erigit, per quot intra se cogitationes
intumescit.

CAPITVLVM III

DE GENERIBVS INSIDIARVM DIABOLI

Simul uenerunt latrones eius et fecerunt sibi uiam per me.
Latrones Dei maligni sunt spiritus qui in exquirendis hominum
4 mortibus occupantur. Qui uiam sibi in afflictorum cordibus
faciunt, quando inter aduersa quae exterius tolerantur, cogitationes quoque prauas immittere non desistunt. De quibus
adhuc dicitur : *Et obsederunt in gyro tabernaculum meum.* In
8 gyro enim tabernaculum obsident quando ex omni latere mentem suis temptationibus cingunt, quam modo lugere de temporalibus, modo desperare de aeternis, modo in impatientiam

---

[III] **2/24** *CC* XIV, xxxviii, 1/13, 20/32 ; μ 453/454.

66/68 Is. 14, 13-14.   [III] **2.7** Iob 19, 12.

67/68 super *usque* meum] *om.* P_1 **76** totam] totum L_1 | atollat] ex- P_1 **79** esse
similis P_1 | feruores] se *praem.* P_1 **80** se$_1$] *om.* P_1 [III] **3** in] *om.* P_1 **8/9** suis
temptationibus mentem P_1

ruere atque in Deum uerba blasphemiae iaculari, pessima sug-
12 gestione persuadent.

Sed mirum ualde est, cum latrones diceret, cur addidit *eius*,
ut uidelicet eosdem latrones et Dei esse monstraret. Qua in re
si potestas ac uoluntas malignorum spirituum discernatur, cur
16 Dei latrones dicantur aperitur. Maligni quippe spiritus ad
nocendum nos incessabiliter anhelant ; sed cum prauam uoluntatem ex semetipsis habeant, potestatem tamen nocendi non
habent, nisi eos uoluntas summa permittat. Et cum ipsi quidem
20 iniuste nos laedere appetunt, quemlibet tamen laedere non
ualent nisi cum iuste a Domino permittuntur. Quia ergo in eis
et uoluntas iniusta est, et potestas iusta, et latrones dicuntur et
Dei, ut ex ipsis sit quod inferre mala iniuste desiderant, et ex
24 Deo, quod desiderata iuste consummant.

Sciendum itaque est quod bona nostra tribus modis hostis
insequitur ut uidelicet hoc, quod rectum coram hominbus agitur, in interni iudicis conspectu uitietur. Aliquando namque in
28 bono opere intentiomen polluit ut omne quod in actione sequitur, eo purum mundumque non exeat, quo hoc ab origine perturbat. Aliquando uero intentionem boni operis uitiare non
praeualet sed in ipsa actione se quasi in itinere opponit, ut cum
32 per propositum mentis securior quisque egreditur subducto
latenter uitio quasi ex insidiis perimatur. Aliquando uero nec
intentionem uitiat nec in itinere supplantat, sed opus bonum in
fine actionis illaqueat. Quantoque uel a domo cordis uel ab
36 itinere operis longius recessisse se simulat, tanto decipiendum
bonae actionis terminum astutius exspectat, et quo incautum
quemque quasi recedendo reddiderit, eo illum repentino nonnumquam uulnere durius insanabiliusque transfigit.

40 Intentionem quippe in bono opere polluit, quia cum facilia
ad decipiendum corda hominum conspicit, eorum desideriis
auram transitorii fauoris apponit, ut in his quae recta faciunt,
ad appetenda ima, tortitudine intentionis inclinentur. Vnde
44 recte sub Iudaeae specie de unaquaque anima laqueo miserae

---

25/126 *CC* I, xxxvi, 8/105, 106/112 ; *μ* 34/36.

---

11 blasphemie uerba P_1 14 et] *om.* P_1 15 uoluntas ac p. P_1 21 cum] *om.* P_1 24 desiderata] et *praem.* P_1 25 hostis] antiquus *praem.* P_1 32 subducto] subiuncto P_1 41 decipiendum] peccandum P_1 43 inclinentur] -antur P_1

intentionis capta per prophetam dicitur : *Facti sunt hostes eius in capite.* Ac si aperte diceretur : Cum bonum opus non bona intentione sumitur, huic aduersantes spiritus ab ipso cogita-
48 tionis exordio principantur ; tantoque eam plenius possident, quanto et per initium dominantes tenent.

Cum uero intentionem uitiare non praeualet, in uia positos laqueos tegit ut in eo quod bene agitur cor ex latere ad uitium
52 deriuetur quatenus quod incohans aliter proposuerat, in actione longe aliter quam coeperat percurrat. Saepe etenim bono operi dum laus humana obuiat, mentem operantis immutat, quae quamuis quaesita non fuerat, tamen oblata delectat. Cuius
56 delectatione dum mens bene operantis resoluitur ab omni intentionis intimae uigore dissipatur. Saepe se bene incohatae nostrae iustitiae ex latere ira subiungit, et dum zelo rectitudinis immoderatius mentem turbat, cunctam quietis intimae salutem
60 sauciat. Saepe grauitatem cordis quasi subiuncta ex latere tristi- tia sequitur atque omne opus quod mens bona intentione incohat, haec uelamine maeroris obumbrat. Quae et nonnum- quam tanto tardius repellitur quanto et pressae menti quasi
64 serior famulatur. Saepe se bono operi laetitia immoderata sub- iungit, cumque mentem plus quam decet, hilarescere exigit, ab actione bona omne pondus grauitatis repellit. Quia enim etiam bene incohantibus subesse in itinere laqueos psalmista conspex-
68 erat, recte prophetico plenus spiritu dicebat ; *In uia hac qua ambulabam, absconderunt laqueos mihi.* Quod bene ac subtili- ter Ieremias insinuat, qui dum gesta foris referre studuit, quae intus apud nosmetipsos gererentur indicauit, dicens : *Venerunt*
72 *octoginta uiri de Sichem et de Silo et de Samaria, rasi barba, et scissis uestibus, squalentes ; et munera et thus habebant in manu ut offerrent in domo Domini. Egressus autem Ismael filius Nathaniae in occursum eorum de Maspha incedens et*
76 *plorans ibat. Cumque occurrisset eis dixit ad eos : Venite ad Godoliam filium Aicham. Qui cum uenissent ad medium ciuitatis, interfecit eos.* Barbam quippe radunt qui sibi de propriis uiribus fiduciam subtrahunt. Vestes scindunt qui

---

45/46 Thren. 1, 5.   **68/69** Ps. 141, 4.   **71/78** Ier. 41, 8.

---

64 serior] *ed.,* serio L_1 P_1 | famulatur] dominatur P_1 **65** plus mentem P_1 **69** la- queos] -um P_1 *Vulg.*   **72** rasi barba] P_1 *Vulg.,* rasis barbis L_1

80 sibimetipsis in exterioris decoris laceratione non parcunt. Obla-
    turi in domo Domini thus et munera ueniunt qui exhibere se in
    Dei sacrificio orationem cum operibus pollicentur. Sed tamen
    si se in ipsa sanctae deuotionis uia caute circumspicere nesci-
84 unt, Ismael Nathaniae filius in eorum occursum uenit quia
    nimirum quilibet malignus spiritus, prioris sui, satanae uideli-
    cet exemplo, in superbiae errore generatus se ad laqueum
    deceptionis opponit. De quo et bene dicitur : *Incedens et*
88 *plorans ibat,* quia ut deuotas mentes interimere feriendo praeu-
    aleat, semetipsum quasi sub uelamine uirtutis occultat ; et dum
    concordare se uere lugentibus simulat ad cordis intima securius
    admissus, hoc quod intus de uirtute latet, occidat. Qui
92 plerumque spondet se ad altiora prouehere. Vnde et dixisse
    perhibetur : *Venite ad Godoliam filium Aicham* ; atque dum
    maiora promittit etiam minima subtrahit. Vnde recte dictum
    est : *Qui cum uenissent ad medium ciuitatis interfecit eos.* Viros
96 ergo ad offerenda Deo munera uenientes interficit in medio
    ciuitatis, quia diuinis deditae operibus mentes nisi magna se
    circumspectione custodiant, subripiente hoste, dum deuotionis
    portant hostiam in ipso itinere perdunt uitam. De cuius hostis
100 manu non euaditur nisi citius ad paenitentiam recurratur. Vnde
    illic apte subiungitur : *Decem autem uiri reperti sunt inter eos*
    qui dixerunt ad Ismael : Noli occidere nos quia habemus
    thesauros in agro frumenti et hordei et olei, et mellis ; et non
104 *occidit eos.* Thesaurus quippe in agro est spes in paenitentia
    quae quia non cernitur, quasi in terra cordis suffossa contine-
    tur. Qui ergo thesauros in agro habuerunt seruati sunt, quia qui
    post incautelae suae uitium, ad lamentum redeunt, nec capti
108 moriuntur.
        Cum uero antiquus hostis neque in exordio intentionis ferit,
    neque in itinere actionis intercipit, duriores in fine laqueos ten-
    dit. Quem tanto nequius obsidet quanto solum sibi remansisse
112 ad decipiendum uidet. Hos namque fini suo appositos laqueos
    propheta conspexerat cum dicebat : *Ipsi calcaneum meum ob-*

113/114 Ps. 55, 7.

---

80 sibimetipsis] sibimet P_1 89 et] *ed.*, ut L_1 P_1 92 se spondet P_1 94 promittit
maiora P_1 95 in medio ciuitatis interficit P_1 97 mentes operibus P_1 104 est in
agro L_1 106 thesauros habuere in P_1 107 lamentum] -a P_1 111 sibi solum
P_1 112 appositos] *ed.* L_2, oppositos L_1 P_1

seruabunt. Quia enim in calcaneo finis est corporis quid per
hunc nisi terminus signatur actionis ? Siue ergo maligni spiri-
116 tus, seu praui quique homines, illorum sequaces, hominis calcaneum obseruant cum actionis bonae finem uitiare desiderant.
Vnde et eidem serpenti dicitur : *Ipsa tuum obseruabit caput et
tu eius calcaneum.* Caput quippe serpentis obseruare, est initia
120 suggestionis eius aspicere. Qui tamen cum ab initio deprehenditur, percutere calcaneum molitur quia etsi suggestione prima
intentionem non percutit, decipere in fine tendit. Si autem
semel cor in intentione corrumpitur, sequentis actionis medie-
124 tas et terminus ab hoste callido secure possidetur, quoniam
totam sibi arborem fructus ferre conspicit, quam ueneni dente
in radice uitiauit.

CAPITVLVM IV

QVOD SVGGESTIO DIABOLI, PRIVS MOLLIS, FACILE CONTERITVR ; SED SI INVALESCIT,
DIFFICILE SVPERATVR

Stringit caudam suam quasi cedrum. Prima serpentis sug-
4 gestio mollis ac tenera est, et facile uirtutis pede conterenda,
sed si haec inualescere neglegenter admittitur, eique ad cor
aditus licenter praebetur, tanta se uirtute exaggerat, ut captam
mentem deprimens, usque ad intolerabile robur excrescat.
8 Caudam itaque quasi cedrum stringere dicitur, quia semel eius
recepta in corde temptatio, in cunctis quae subsequenter intu-
lerit quasi ex iure dominatur. Hostis ergo maligni caput herba
est, cauda cedrus, quia ex prima quidem suggestione blandiens
12 substernitur, sed per usum uehementer inualescens, succres-
cente temptationis fine, roboratur. Superabile namque est omne
quod initio suggerit, sed inde sequitur, quod uinci uix possit.
Prius enim quasi consulens blanda ad animum loquitur ; sed
16 cum semel dentem delectationis infixerit, uiolenta post con-

---

[IV] **3/59** *CC* XXXII, xix, 1/60 ; μ 1064/1065.

118/119 Gen. 3, 15 (iuxta LXX). [IV] **3** Iob 40, 12.

---

116 illorum] superbie *add.* P_1 | hominis] *om.* P_1 **118** eidem] in eisdem P_1 [IV] **10**
hostis] huius P_1 | maligni] behemoth P_1

suetudine paene insolubiliter innodatur. Vnde et bene stringere
caudam dicitur. Dente enim uulnerat, cauda ligat, quia prima
suggestione percutit, sed percussam mentem, ne euadere ualeat,
20 inualescente fine temptationis, astringit. Quia enim peccatum
tribus modis admittitur, cum uidelicet serpentis suggestione,
carnis delectatione, spiritus consensione perpetratur, diabolus
prius suggerens, linguam exserit ; post, ad delectationem per-
24 trahens, dentem figit ; ad extremum uero, per consensionem
possidens, caudam stringit. Hinc est enim quod nonnulli peccata longo usu perpetrata in semetipsis ipsi reprehendunt, atque
haec ex iudicio fugiunt, sed uitare opere nec decertantes pos-
28 sunt ; quia dum Behemoth caput non conterunt, plerumque
cauda et nolentes ligantur. Quae contra eos cedri more
induruit, quia a blanda uoluptate exordii usque ad uiolentiam
retentionis excreuit. Dicatur ergo : *Stringit caudam suam quasi*
32 *cedrum,* ut tanto quisque debeat initia temptationis fugere,
quanto finem illius intellegit citius solui non posse.

Sciendum quoque est quod plerumque eis quos ceperit tunc
grauiores culpas ingerit, cum praesentis uitae termino illos pro-
36 pinquare cognoscit ; et quo se consummaturum temptationem
considerat, eo his iniquitatum pondera grauiora coaceruat.
Behemoth igitur caudam suam quasi cedrum stringit, quia quos
per praua initia ceperit, ad finem deteriores reddit, ut tempta-
40 menta eius quo citius cessatura sunt, eo ualentius compleantur.
Quia enim suis poenis eorum satagit aequare supplicium, in eis
ardentius ante mortem nititur omne exaggerare peccatum.
Plerumque uero Behemoth iam cor male subditum possidet,
44 sed tamen diuina illum gratia repellit, et manus misericordiae
eicit, quem ad se captiua uoluntas introduxit. Cumque a corde
expellitur, infigere acriores iniquitatum stimulos conatur, ut eos
temptationum fluctus mens ab illo impugnata sentiat, quos
48 etiam possessa nesciebat. Quod bene in euangelio exprimitur,
cum exire de homine immundus spiritus Domino iubente nar-
ratur. Nam cum daemoniacus puer fuisset oblatus, scriptum
est : *Comminatus est Iesus spiritui immundo, dicens : Surde et*

51/53 Marc. 9, 24-25.

---

22 diabolus] behemoth iste P_1 23 prius] illicita *add.* P_1 28 caput] istius *praem.*
P_1 40 eo] *om.* P_1 43 behemoth] iste *add.* P_1 44 illum diuina gratia P_1 46
acriores infigere P_1 50 puer] ille *praem.* P_1

52 *mute spiritus, ego tibi praecipio, exi ab eo, et amplius ne*
    introeas in eum. Et exclamans, et multum discerpens eum, exiit
    ab eo. Ecce eum non discerpserat cum tenebat, exiens discerp-
    sit ; quia nimirum tunc peius cogitationes mentis dilaniat, cum
56 iam egressui diuina uirtute compulsus appropinquat. Et quem
    mutus possederat, cum clamoribus deserebat ; quia plerumque
    cum possidet, minora temptamenta irrogat ; cum uero de corde
    pellitur, acriori infestatione perturbat.

CAPITVLVM V

QVOD SVGGESTIO DIABOLI PRIVS LENITER SVBREPIT
ET POSTMODVM VIOLENTER TRAHIT

Caput aspidum suget, et occidet eum lingua uiperae. Aspis
4   paruus est serpens, uipera uero prolixioris est corporis ; et
    aspides oua gignunt, atque ex ouis eorum filii procreantur,
    uiperae autem cum conceperint, filii earum in uentre saeuiunt,
    qui ruptis lateribus uel uisceribus matrum ex earum uentribus
8   procedunt. Vnde et uipera, eo quod ui pariat, nominatur.
    Vipera namque sic nascitur ut uiolenter exeat et cum matris
    suae exstinctione producatur. Quid ergo per aspides paruos nisi
    latentes suggestiones immundorum spirituum figurantur qui
12 cordibus hominum parua prius persuasione subripiunt ? Quid
    uero per linguam uiperae nisi uiolenta diaboli temptatio desig-
    natur ? Prius enim leniter subripit, postmodum etiam uiolenter
    trahit. Caput itaque aspidum sugit, quia initium suggestionis
16 occultae paruum prius in corde nascitur ; sed occidit eum
    lingua uiperae, quia postmodum capta mens ueneno uiolentae
    temptationis necatur. Primum subtilibus consiliis ad cor homi-
    nis immundi spiritus loquuntur, qui dum leniter persuadent,
20 quasi uenenum aspidum infundunt. Vnde scriptum est : *Oua*

[V] **3/44** *CC* XV, xv, 1/35, 44/51 ; μ 475/476.

[V] **3** Iob 20, 16.   **20/22** Is. 59, 5.

---

53 exiit] exiuit P_1 **54** non eum P_1 [V] **4** est₂] *om.* P_1 **7** uel uisceribus] *om.*
P_1 **11** qui] in *add.* P_1 **12** persuasione] suggestione P_1 **14** etiam] uero P_1 **18**
consiliis subtilibus P_1

aspidum ruperunt et telas araneae texuerunt. Qui comederit de
ouis eorum morietur, et quod confotum est erumpet in regulum.
Oua quippe aspidum prauis hominibus rumpere est malig-
24 norum spirituum consilia quae in eorum cordibus latent,
peruersis operibus aperire. Telas quoque araneae texere est pro
huius mundi concupiscentia temporalia quaelibet operari.
Quae dum nulla stabilitate solidata sunt, ea procul dubio
28 uentus uitae mortalis rapit. Bene autem hic additur : *Qui*
comederit de ouis eorum morietur, quia qui immundorum spirituum consilia recipit, uitam in se animae occidit. *Et quod con-*
fotum est erumpet in regulum ; quia consilium maligni spiritus
32 quod corde tegitur ad plenam iniquitatem nutritur. Regulus
namque serpentum rex dicitur. Quis uero rex reproborum nisi
diabolus ? Quod ergo confotum fuerit, erumpet in regulum,
quia is qui in se nutrienda aspidis consilia receperit, membrum
36 iniqui capitis factus in corpus diaboli accrescit.

Potest autem hoc quod dictum est et aliter intellegi. Nam
quia ueneno suo aspis concite, uipera autem tardius occidit, per
aspidem uiolenta et subita, per uiperam lenis et diuturna temp-
40 tatio designatur. Vnde et illi mors in suctione capitis, uiperae
autem in lingua esse perhibetur, quia repentina temptatio saepe
inopinatam mentem mox ut sugit interficit ; longa uero temptatio quia praua diutius persuadendo suggerit, uelut ex lingua
44 uipera occidit.

CAPITVLVM VI

DE PERPLEXITATE PECCATORVM EX SVGGESTIONE DIABOLI PROVENIENTE

Nerui testiculorum eius perplexi sunt. Nerui testiculorum
eius sunt pestifera argumenta machinationum. Per ipsa quippe
4 calliditatis suae uires erigit, et fluxa mortalium corda corrum-

---

[VI] **2/93** *CC* XXXII, xx, 1/95 ; μ 1065/1067.

[VI] **2** Iob 40, 12.

---

22 regulum] regulam P_1 **25** est] sunt L_1 **28** hic] his P_1 **32** quod] in *add.*
P_1 **33/34** rex$_2$ *usque* diabolus] caput reproborum est nisi antichristus P_1 **42** sugit]
surgit P_1

pit. Testes eius sunt suggestiones prauae, quibus in mentis corruptione feruescit, atque in constuprata anima iniqui operis
prolem gignit. Sed horum testiculorum nerui perplexi sunt,
8   quia suggestionum illius argumenta implicatis inuentionibus
alligantur ; ut plerosque ita peccare faciant, quatenus si fortasse
peccatum fugere appetant, hoc sine alio peccati laqueo non eua-
dant ; et culpam faciant dum uitant, et nequaquam se ab una
12 ualeant soluere, nisi in alia consentiant ligari. Quod melius
ostendimus, si qua ex conuersatione hominum illigationis
exempla proferamus. Quia uero in tribus sancta Ecclesia ordi-
nibus consistit, coniugatorum uidelicet, continentium, atque
16 rectorum ; unde et Ezechiel tres uiros liberatos uidet, Noe scilicet, Daniel, et Iob ; et in euangelio Dominus dum alios in agro,
alios in lecto, atque esse alios in molendino perhibet, tres procul dubio in Ecclesia ordines ostendit ; liquido satisfacimus, si
20 singula ex singulis exquiramus.
      Ecce enim quidam dum mundi huius amicitias appetit,
cuilibet alteri similem sibi uitam ducenti quod secreta illius
omni silentio contegat se iureiurando constringit ; sed is cui
24 iuratum est adulterium perpetrare cognoscitur, ita ut etiam
maritum adulterae occidere conetur. Is autem qui iusiurandum
praebuit ad mentem reuertitur, et diuersis hinc inde cogitationibus impugnatur ; atque hoc silere formidat, ne silendo,
28 simul adulterii et homicidii particeps fiat ; prodere trepidat, ne
reatu periurii se obstringat. Perplexis ergo testiculorum neruis
ligatus est, qui in quamlibet partem declinet, metuit ne a
transgressionis contagio liber non sit.
32   Alius cuncta quae mundi sunt deserit, atque per omnia
frangere proprias uoluntates quaerens, alieno se subdere regimini appetit ; sed eum qui sibi ad Deum praeesse debeat minus
cauta inquisitione discernit. Cui fortasse is qui sine iudicio eli-
36 gitur, cum praesse iam coeperit, agi quae Dei sunt prohibet,
quae mundi sunt iubet. Pensans itaque subditus uel quae sit
culpa inoboedientiae uel quod contagium saecularis uitae ; et
oboedire trepidat, et non oboedire formidat ; ne aut oboediens
40 Deum in suis praeceptis deserat, aut rursum inoboediens Deum
in electo priore contemnat ; et aut, illicitis obtemperans, hoc
quod pro Deo appetit contra Deum exerceat, aut rursum, non

[VI] **19** ostendit ordines P_1 **28** adulterii simul P_1 **29** se periurii P_1 **29** ob-
stringat] astringat P_1 **40** inobediens] non obediens P_1

obtemperans, eum quem suum iudicem quaesierat suo iudicio
44 supponat. Aperte ergo iste per indiscretionis suae uitium perplexis testiculorum neruis astringitur, qui aut obtemperans, aut
certe non obtemperans, in culpa transgressionis ligatur. Stude-
bat proprias uoluntates frangere, et curat eas etiam contempto
48 priore solidare. Decreuit mundum funditus relinquere, et ad
curas mundi uel ex aliena uoluntate compellitur redire. Perplexi
itaque nerui sunt, cum sic nos argumenta hostis illigant, ut culparum nodi quo quaeruntur solui, durius astringant.
52   Alius pensare pondus honoris ecclesiastici neglegens, ad
locum regiminis praemiis ascendit. Sed quia omne quod hic
eminet plus maeroribus afficitur quam honoribus gaudet, dum
cor tribulatione premitur, ad memoriam culpa reuocatur ;
56 doletque se ad laborem cum culpa peruenisse, et quam sit iniquum quod admiserit ex ipsa fractus difficultate cognoscit.
Reum se igitur cum impensis praemiis agnoscens, uult adeptae
sublimitatis locum deserere ; sed timet ne grauius delictum sit
60 suscepti gregis custodiam reliquisse ; uult suscepti gregis curam
gerere, sed formidat ne deterior culpa sit regimina pastoralis
gratiae empta possidere. Per honoris ergo ambitum ligatum
culpa hinc inde se conspicit. Esse quippe sine reatu criminis
64 neutrum uidet, si aut susceptus semel grex relinquatur, aut rursum sacra actio saeculariter empta teneatur. Vndique metuit, et
suspectus latus omne pertimescit, ne aut stans in empto regimine non digne lugeat, quod non etiam deserens emendat ; aut
68 certe regimen deserens, dum aliud flere nititur, rursus aliud de
ipsa gregis destitutione committat. Quia ergo Behemoth ita
inexplicabilibus nodis ligat, ut plerumque mens in dubium
adducta, unde se a culpa soluere nititur, inde in culpa artius
72 astringatur, recte dicitur : *Nerui testiculorum eius perplexi sunt.*
Argumenta namque machinationum eius quasi quo laxantur ut
relinquant, eo magis implicantur ut teneant.
    Est tamen quod ad destruendas eius uersutias utiliter fiat, ut
76 cum mens inter minora et maxima peccata constringitur, si
omnino nullus sine peccato euadendi aditus patet, minora
semper eligantur ; quia et qui murorum undique ambitu ne
fugiat clauditur, ibi se in fugam praecipitat, ubi breuior murus

---

45/46 aut certe non obtemperans] *om.* P_1 **50** illigant] alligant P_1 **52** ecclesiastici
honoris P_1 **62** gratie] cure P_1 **67** non digne lugeat] *post corr.* P_1 **69** ergo] hoc P_1 |
behemoth] iste *add.* P_1 **73** eius] illius P_1

80 inuenitur. Et Paulus quosdam cum in Ecclesia incontinentes aspiceret, concessit minima, ut maiora declinarent, dicens : *Propter fornicationem autem unusquisque suam uxorem habeat.* Et quia tunc solum coniuges in admixtione sine culpa sunt cum
84 non pro explenda libidine, sed adipiscenda prole miscentur, ut hoc etiam quod concesserat sine culpa, quamuis minima, non esse monstraret, ilico adiunxit : *Hoc autem dico secundum indulgentiam, non secundum imperium.* Non enim est sine
88 uitio quod ignoscitur, et non praecipitur. Peccatum profecto uidit ; quod possit indulgeri praeuidit. Sed cum in dubiis constringimur, utiliter minimis subdimur, ne in magnis sine uenia peccemus. Ita plerumque neruorum Behemoth perplexitas
92 soluitur dum ad uirtutes maximas per commissa minora transitur.

CAPITVLVM VII

DE CONSILIIS DIABOLI ET QUAE SIT DIFFERENTIA INTER CONSILIA ET SVGGESTIONES

Ossa Leuiathan uelut fistulae aeris. Per ossa illius consilia designantur. Nam sicut in ossibus positio corporis roburque
4 subsistit, ita in fraudulentis consiliis tota se eius malitia erigit. Neque enim ui quempiam premit, sed calliditate pestiferae persuasionis interficit. Et rursum, sicut ossa confortant ea quae medullae irrigant, ita eius consilia per spiritalis naturae poten-
8 tiam infusa ingenii subtilitas roborat. Hoc uero testiculi eius ab ossibus, id est suggestiones a consiliis, distant, quod per illas aperte noxia inserit, per haec autem quasi ex bono consulens ad culpam trahit, per illas pugnando superat, per haec uelut
12 consulendo supplantat. Vnde et bene eius ossa, id est haec eadem consilia, aeris fistulis comparantur. Aeris quippe fistulae

---

[VII] **2/103** *CC* XXXII, xxi, 1/106 ; μ 1067/1069.

---

82 I Cor. 7, 2.   **86/87** I Cor. 7, 6.   [VII] **2** Iob 40, 13.

---

81 declinarent] -et P_1 **82** uxorem unusquisque suam P_1 **83** sine culpa in admixtione P_1 **84** adipiscenda] pro suscipienda P_1 **89** possit] posse P_1 **91** behemoth] istius *add.* P_1 [VII] **2** uelut] quasi P_1 **6/7** ossa que irrigant medulle confortant P_1

sonoris aptari cantibus solent, quae admotae auribus dum blandum carmen subtiliter concinunt, interiora mentis in exteriora
16 delectationis trahunt ; et cum dulce est quod auribus sonant, uirilitatem cordis in uoluptatis fluxum debilitant. Cumque auditus ad delectationem trahitur, sensus a statu suae fortitudinis eneruatur. Ita quoque astuta eius consilia dum quasi
20 blanda persuasione consulunt, cor a forti intentione peruertunt ; et dum dulcia resonant, ad noxia inclinant. Quasi ergo aeris sunt fistulae, quae dum libenter audiuntur, ab interna intentione animum in exterioris uitae delectationem deiciunt.
24 Hoc enim malignus spiritus magnopere ad exsequendam deceptionem satagit, ut dum peruersitatis suae consilium quasi utile ostendit, suauiter ualeat sonare quod dicit, quatenus et ostensa utilitate mentem mulceat, et absconsa iniquitate corrumpat.

28 Quae apertius in cunctis ostendimus, si pauca breuiter consiliorum eius argumenta pandamus. Ecce enim quidam rebus contentus propriis, decreuit nullis mundi occupationibus implicari, ualde formidans quietis suae commoda perdere, et ualde
32 despiciens cum peccatis lucra cumulare. Ad hunc hostis callidus ueniens, ut intentionem bonae deuotionis subruat, quasi utilitatis consilium subministrat, dicens : Ea quidem quae sunt in praesenti sufficiunt, sed his deficientibus quid acturus es ? Si
36 etiam post haec nulla prouidentur, adsunt quae ad praesens impendenda sunt filiis, sed tamen paranda sunt quae seruentur. Deesse citius potest quod est, si sollicitudo prouida cesset parare quod deest. An non et terrena potest actio peragi, et
40 tamen in actione culpa declinari, quatenus et exteriora stipendia praebeat, et tamen internam rectitudinem non flectat ? Haec interim blandiens insinuat, et seorsum iam in terreno negotio quod prouidet peccati laqueos occultat. Ossa itaque
44 eius sicut fistulae aeris sunt, quia perniciosa eius consilia auditori suo consulentis uocis suauitate blandiuntur.

Alius quoque non solum decreuit commoda terrena non quaerere, sed etiam cunctis quae possidet renuntiare, ut in dis-
48 cipulatu caelestis magisterii tanto se liberius exerceat, quanto et expeditior redditus, ea quae possidentem premere poterant deserens calcat. Huius cor hostis insidians occulta suggestione alloquitur, dicens : Vnde haec tantae temeritatis surrexit auda-

---

16 cum] dum P_1 24 malignus spiritus] behemoth iste P_1 30 mundi] huius *praem.* P_1 38 potest citius P_1 42/43 negotio terreno P_1 46 terrena commoda P_1 51 temeritatis tante P_1

52 cia, ut credere audeas quod omnia relinquendo subsistas ?
Aliter te Redemptor condidit, atque aliter tute ipse disponis ;
ualentiorem te robustioremque faceret, si te sequi sua uestigia
cum inopiae necessitate uoluisset. An non plerique terrena
56 patrimonia nequaquam deserunt, et tamen ex his per misericordiae opera supernae sortis bona aeterna mercantur ? Haec blandiens suggerit, seorsum uero in eisdem rebus quas retineri
admonet ante oculos retinentis delectationes pestiferas deci-
60 piens apponit ; quatenus seductum cor ad blanda exteriora pertrahat, et intima perfectionis uota peruertat. Ossa itaque eius
sicut fistulae aeris sunt, quia dolosa eius consilia dum blandum
de exterioribus sonum reddunt, perniciosum dispendium de
64 interioribus ingerunt.

Alius, relictis omnibus quae exterius possederat, ut ordinem
sublimioris discipulatus apprehendat, etiam intimas frangere
uoluntates parat, ut rectioribus se alterius uoluntatibus subdens,
68 non solum prauis desideriis, sed ad perfectionis cumulum
etiam in bonis uotis sibimetipsi renuntiet ; et cuncta quae sibi
agenda sunt ex alieno arbitrio obseruet. Hunc hostis callidus
tanto mollius alloquitur, quanto ab excelsiore loco deicere
72 ardentius conatur, moxque uirulenta suggestione blandiens,
dicit : O quanta per temetipsum agere miranda poteris, si
nequaquam te iudicio alterius subdis ! Cur profectum tuum sub
studio meliorationis imminuis ? Cur intentionis tuae bonum,
76 dum ultra quam necesse est extendere niteris, frangis ? Quae
enim dum uoluntate propria usus es, peruerse perpetrasti ? Qui
ergo tibi plene ad bene uiuendum sufficis, alienum super te
iudicium cur requiris ? Haec blandiens intimat, seorsum uero
80 in uoluntatibus eius propriis exercendae superbiae causas
parat ; et dum laudat cor de intestina rectitudine, inuestigat
callide ubi subruat in prauitate. Ossa itaque eius sicut fistulae
aeris sunt, quia clandestina eius consilia unde quasi blanda
84 animum delectant, inde perniciosa a recta intentione dissipant.

Alius, fractis plene uoluntatibus suis, multa iam uetusti
hominis uitia, et immutatione uitae et lamentatione paenitentiae excoxit ; et tanto maiori zelo contra aliena peccata accendi-
88 tur, quanto sibimetipsi funditus mortuus, iniquitatibus propriis

---

53 redemptor] creator P_1 54 sequi te P_1 55 terrena] et *praem.* P_1 59 retinentis
oculos P_1 | delectationes] delicationes P_1 73 miranda agere P_1 79 requiris] queris
P_1

non tenetur. Hunc hostis callidus, quia zelo iustitiae etiam
ceteris prodesse cognoscit, quasi prospere consulentibus uerbis
appetit, dicens : Quid te ad aliena curanda dilatas ? Vtinam tua
92 considerare conualescas. An non perpendis quia cum ad aliena
extenderis, erga curanda quae tua sunt minor inueniris ? Et
quid prodest alieni uulneris cruorem tergere, et putredinem
proprii neglegendo dilatare ? Haec dum quasi consulens dicit,
96 zelum caritatis adimit ; et omne bonum quod prodire ex caritate poterat, gladio subintroducti torporis exstinguit. Si enim
proximos diligere sicut nosmetipsos praecipimur, dignum est ut
eorum zelo sic contra uitia, sicuti nostro flagremus. Quia igitur
100 dum suauiter consulit, mentem ab intentione propria alienam
reddit, recte dicitur : *Ossa eius sicut fistulae aeris.* Quando
enim per fraudulenta consilia audientis animo blandum sonat,
quasi cum fistula aeris cantat, ut unde mulcet, inde decipiat.

CAPITVLVM VIII

QVOD DIABOLVS IN HIS NOS TEMPTAT AD QUAE NOVIT MENTEM FACILIVS INCLINARI

Abscondita est in terra pedica eius, et decipula illius super
semitam. In terra pedica absconditur cum culpa sub terrenis
4 commodis occultatur. Inimicus quippe insidians ostendit
humanae menti in terreno lucro quid appetat et occultat peccati
laqueum ; ut eius animam stringat, quatenus uideat quod concupiscere ualeat, et tamen nequaquam uideat in quo culpae
8 laqueo pedem ponat. Decipula uero a decipiendo uocata est.
Et tunc ab hoste peruicaci super semitam decipula ponitur
quando in actione huius mundi quam mens appetit, peccati
laqueus paratur ; quae uidelicet non facile deciperet, si uideri
12 potuisset. Sic quippe decipula ponitur ut dum esca ostenditur,
nequaquam ipsa a transeunte uideatur. Quasi esca quippe in
laqueo est lucrum cum culpa et huius mundi prosperitas cum

[VIII] **2/31** *CC* XIV, xiii, 1/31 ; μ 441.

[VIII] **2/3** Iob 18, 10.

---

99 sic eorum zelo P_1 | sicuti] sicut P_1 | igitur] *om.* P_1 **103** fistula] -is P_1 [VIII] **6**
quod] quidem *praem.* P_1 **9** hoste] antiquo *praem.* P_1 | peruicaci] *om.* P_1 **14/15** cum
iniquitate prosperitas P_1

iniquitate. Dum itaque a concupiscente lucrum appetitur quasi
16 pedem mentis apprehendit decipula, quae non uidetur. Saepe
ergo proponuntur animo cum culpa honores, diuitiae, salus et
uita temporalis ; quae mens infirma dum quasi escam uidet et
decipulam non uidet, per escam quam uidens appetit, in culpa
20 constringitur quae non uidetur. Exsistunt enim qualitates
morum, quae certis uitiis sunt uicinae. Nam mores asperi aut
crudelitati, aut superbiae solent esse coniuncti ; mores etiam
blandi, et quam decet paulo amplius laetiores, nonnumquam
24 luxuriae et dissolutioni. Intuetur igitur inimicus noster uniuscuiusque mores cui uitio sint propinqui ; et illa opponit ante
faciem ad quae agnoscit mentem facilius inclinari, ut blandis ac
laetis moribus saepe luxuriam, nonnumquam uanam gloriam
28 suggerat : asperis uero mentibus iram, superbiam, uel crudelita-
tem proponit. Ibi ergo decipulam ponit ubi esse semitam
mentis conspicit ; quia illic deceptionis periculum inserit ubi
uiam inuenerit esse propinquae cogitationis.

CAPITVLVM IX

QVOD DIABOLVS VITIA SUB SPECIE VIRTVTVM OCCVLTAT VT DECIPIAT

Et exclamantes plorauerunt. Aliquando pium quid hostis
insidians simulat ut ad crudelitatis terminum deducat ; sicut
4 est cum plecti per disciplinam culpam prohibet, quatenus quae
hic non reprimitur, gehennae igne feriatur. Aliquando discretionis imaginem oculis obicit et ad indiscretionis laqueos perducit ; sicut est cum impulsu eius, pro infirmitate nobis plus
8 alimentorum quasi discrete concedimus, sed indiscrete contra
nos bella carnis excitamus. Aliquando affectum simulat
bonorum operum sed per hunc inquietudinem irrogat

[IX] **2/20** *CC* III, xxxvi, 1, 6/24 ; μ 99/100.

[IX] **2** Iob 2, 12.

---

15 concupiscente] -tia P_1 **20** enim] etenim P_1 **22** etiam] autem P_1 **24** igitur] ergo
P_1 | noster] generis humani P_1 **26** agnoscit] cognoscit P_1 | facilius inclinari mentem
P_1 **28** suggerat] *om.* P_1 **29** proponit] -at P_1 | semitam esse P_1 **30** periculum deceptionis P_1 **31** esse inuenerit P_1

laborum ; sicut est cum quis quiescere non ualet et quasi de
12 otio iudicari timet. Aliquando imaginem humilitatis ostentat ut
effectum utilitatis subtrahat. Sicut est cum quosdam, plus quam
sunt infirmos atque inutiles sibimetipsis asserit, ut dum se
nimis indignos considerant, res in quibus prodesse proximis
16 poterant, ministrare pertimescant.

Sed haec uitia quae sub uirtutum specie antiquus hostis
occultat, ualde subtiliter manus compunctionis examinat. Qui
enim intus ueraciter dolet, quae agenda foris, quaeue non
20 agenda sint, fortiter praeuidet.

De praedicta igitur simulatione diaboli scriptum est : *Car-*
tilago eius quasi laminae ferreae. Quid per cartilaginem nisi
simulatio exprimitur ? Cartilago namque ossis ostendit
24 speciem, sed ossis non habet firmitatem. Et sunt nonnulla uitia
quae ostendunt in se rectitudinis speciem, sed ex prauitatis prodeunt infirmitate. Hostis enim noster tanta malitiae arte se palliat, ut plerumque ante deceptae mentis oculos culpas uirtutes
28 fingat, ut inde quisque quasi exspectet praemia, unde aeterna
dignus est inuenire tormenta. Plerumque enim in ulciscendis
uitiis crudelitas agitur, et iustitia putatur, atque immoderata ira
iusti zeli meritum creditur ; et cum a distortis moribus pec-
32 cantes dirigi caute debeant, uiolenta inflexione franguntur.
Plerumque dissoluta remissio quasi mansuetudo ac pietas
habetur ; et dum plus quam decet delinquentibus temporaliter
parcitur, ad aeterna supplicia crudeliter reseruantur. Nonnum-
36 quam effusio misericordia creditur, et dum male reseruare
possessa culpa sit, peius spargi quod acceptum est non timetur.
Nonnumquam tenacitas putatur parcitas, et cum graue sit
uitium non tribuere, uirtus creditur accepta retinere. Saepe
40 malorum pertinacia constantia dicitur, et dum se mens a prauitate sua flecti non patitur, quasi ex recta defensione gloriatur.
Saepe inconstantia quasi tractabilitas habetur ; et quo fidem

---

21/74 *CC* XXXII, xxii, 1/55 ; μ 1069/1070.

21/22 Iob 40, 13.

[IX] **19** ueraciter intus P_1 **22** quid] enim *add.* P_1 **26** malitie tanta se arte P_1 **31**
a] *om.* P_1 **37** possessa] *om.* P_1 **38** parcitas computatur P_1 **40** se] *om.* P_1 **41** rec-
ta] -ti P_1 **42/43** fidem integram quisque P_1

integram quisque nulli seruat, eo se amicum omnibus aestimat.
44 Aliquando timor incompetens humilitas creditur, et cum temporali formidine pressus quisque a defensione ueritatis taceat,
arbitratur quod iuxta Dei ordinem humilem se potioribus exhibeat. Aliquando uocis superbia ueri libertas aestimatur, et cum
48 per elationem ueritati contradicitur, loquendi procacitas ueritatis defensio putatur. Plerumque pigritia quasi continentia
quietis attenditur ; et cum grauis culpae sit recta studiose non
agere, magnae uirtutis meritum creditur a praua tantum actione
52 cessare. Plerumque inquietudo spiritus, uigilans sollicitudo
nominatur ; et cum quietem quisque non tolerat, agendo quae
appetit, uirtutis debitae implere se exercitium putat. Saepe ad
ea quae agenda sunt incauta praecipitatio laudandi studii feruor
56 creditur ; et cum desideratum bonum intempestiua actione corrumpitur, eo agi melius quo celerius aestimatur. Saepe
accelerandi boni tarditas consilium putatur ; et cum exspecta-
tur ut ex tractatione proficiat, hoc insidians mora supplantat.
60 Igitur cum culpa uelut uirtus aspicitur, necessario pensandum
est quia tanto tardius mens uitium suum deserit, quanto hoc
quod perpetrat, non erubescit ; tanto uitium suum tardius
deserit, quanto, per uirtutis speciem decepta, praemiorum
64 etiam de eo retributionem quaerit. Facile autem culpa corrigitur quae et erubescitur quia culpa esse sentitur. Quia itaque
error cum uirtus creditur difficilius emendatur, recte dicitur :
Cartilago eius quasi laminae ferreae. Iniquus enim quo sub
68 praetextu boni calliditatem suam fraudulentius exhibet, eo in
culpa durius mentem tenet.

    Hinc est quod nonnumquam hi qui quasi ad uiam sancti-
tatis applicantur, in errorem lapsi tardius emendantur. Rectum
72 quippe aestimant esse quod agunt, et sicut excolendae uirtuti,
sic uitio perseuerantiam iungunt. Rectum esse aestimant quod
agunt, et idcirco suo iudicio enixius seruiunt.

---

61 suum] *om.* P_1 **66** difficilius] L_1 *post corr.*, difficile P_1 **67** iniquus] behemoth iste
P_1 **69** mentem durius P_1 **70/71** quasi sanctitatis uiam appetunt P_1 **72** estimant
esse P_1 **74** seruiunt] unde bene ieremias cum diceret . candidiores nazarei eius
niue nitidiores lacte rubicundiores ebore antiquo sapphiro puriores . denigrata est
super carbones facies eorum et non sunt cogniti in plateis ilico adiunxit . adhesit cutis
eorum ossibus aruit et facta est quasi lignum (Thren. 4, 7/8) *add.* P_1

CAPITVLVM X

QVALITER PECCATVM EX PECCATO NASCITVR DVM CVLPA, PER IMAGINEM RATIONIS
INCOHANS, AD PECCATVM PERTRAHIT

Inuolutae sunt semitae gressuum reproborum. Sciendum est
4 quod plerumque culpa per culpam perpetratur. Nam saepe
furto negationis fallacia iungitur et saepe culpa fallaciae periurii
reatu cumulatur. Saepe quodlibet uitium impudenti praesumptione committitur, et saepe, quod omni culpa fit grauius, etiam
8 de commisso uitio superbitur. Nam quamuis de uirtute nasci
elatio soleat, nonnumquam tamen stulta mens de perpetrata se
nequitia exaltat. Sed cum culpae culpa adiungitur, quid aliud
quam inuolutis semitis atque innodatis uinculis prauorum
12 gressus ligantur ? Vnde bene contra peruersam mentem sub
Iudaeae specie per Isaiam dicitur : *Erit cubile draconum et pas-*
cua struthionum et occurrent daemonia onocentauris, et pilosus
clamabit alter ad alterum. Quid namque per dracones nisi mal-
16 itia, quid uero struthionum nomine nisi hypocrisis designatur ?
Struthio quippe speciem uolandi habet, sed usum uolandi non
habet quia et hypocrisis cunctis intuentibus imaginem de se
sanctitatis insinuat, sed tenere uitam sanctitatis ignorat. In
20 peruersa igitur mente draco cubat et struthio pascitur, quia et
latens malitia callide tegitur et intuentium oculis simulatio bo-
nitatis antefertur. Quid uero onocentaurorum nomine, nisi et
lubrici figurantur et elati ? Graeco quippe eloquio ονος asinus
24 dicitur, et appellatione asini luxuria designatur, propheta attestante qui ait : *Vt carnes asinorum, carnes eorum.* Tauri autem
uocabulo ceruix superbiae demonstratur, sicut uoce dominica
de Iudaeis superbientibus per psalmistam dicitur : *Tauri*
28 *pingues obsederunt me.* Onocentauri ergo sunt qui, subiecti luxuriae uitiis, inde ceruicem erigunt, unde humiliari debuerunt.

[X] **3/64** *CC* VII, xxviii, 1/2, 83/144 ; μ 226, 227/229.

[X] **3** Iob 6, 18.   **13/15** Is. 34, 13/14.   **25** Ez. 23, 20.   **27/28** Ps. 21, 13.

[X] **9** mens] mentis elatio P_1 **18** et] *om.* P_1 | cunctis] *om.* P_1 **24/25** attestante
propheta P_1 **25** ut] *om.* $L_1 P_1$ **28** subiecti] subditi P_1

Qui, carnis suae uoluptatibus seruientes, expulsa longe uerecundia, non solum se amittere rectitudinem non dolent sed adhuc
32 etiam de opere confusionis gaudent. Onocentauris autem daemonia occurrunt, quia maligni spiritus ualde eis ad uotum
deseruiunt quos de his gaudere conspiciunt quae flere
debuerunt. Vnde et apte subiungitur : *Et pilosus clamabit alter*
36 *ad alterum.* Qui namque pilosi appellatione figurantur nisi hi
quos Graeci panas, Latini incubos uocant ? Quorum nimirum
forma ab humana effigie incipitur, sed bestiali extremitate
terminatur. Pilosi ergo nomine cuiuslibet peccati asperitas
40 designatur, quod et si quando quasi ab obtentu rationis incipit,
semper tamen ad irrationabiles motus tendit. Et quasi homo in
bestiam desinit, dum culpa per rationis imaginem incohans,
usque ad irrationabilem effectum trahit, Nam saepe edendi
44 delectatio seruit gulae et se seruire simulat indigentiae naturae ;
cumque uentrem per ingluuiem extendit, membra in luxuriam
erigit. Pilosus autem alter ad alterum clamat, cum perpetrata
nequitia perpetrandam malitiam prouocat, et quasi quadam
48 cogitationis uoce, commissa iam culpa, culpam adhuc quae
committatur inuitat. Saepe namque ut dictum est, gula dicit :
Si abundanti corpus alimento non reficis, in nullo utili labore
subsistis. Cumque mentem per desideria carnis accenderit, mox
52 quoque luxuria uerba propriae suggestionis facit, dicens : Si
misceri corporaliter Deus homines nollet, membra ipsa coeundi
apta usibus non fecisset. Cumque haec quasi ex ratione suggerit, mentem ad libidinum effrenationem trahit. Quae saepe
56 deprehensa, patrocinium mox fallaciae et negationis inquirit,
reamque se esse non aestimat si mentiendo uitam defendat.
Pilosus ergo alter ad alterum clamat, quando sub aliqua
ratiocinandi specie peruersam mentem culpa subsequens ex
60 occasione culpae praecedentis illaqueat. Cumque hanc peccata
dura atque aspera deprimunt, quasi conuocati in ea concorditer
pilosi dominantur ; sicque fit ut semper se gressuum semitae
deterius inuoluant, dum mentem reprobam culpa per culpam

35/36 Is. 34, 14.

35 unde et] ubi P_1 36 pilosi] alii *praem.* P_1 | hi] *om.* L_1 37 panas] faunos L_1 41
et] *om.* P_1 42 bestiam] bestia P_1 44 seruire se P_1 45 per] in P_1 49 dictum est]
diximus P_1 51 subsistis] per- P_1 52 luxuria] L_1 P_1 μ, -ae *ed.*   53 misceri deus
homines corporaliter P_1 56 fallacie et] fallacis P_1 59 subsequens] sequens P_1

64 ligat.

CAPITVLVM XI

QVALITER EX TEMPTATIONE SVGGESTIONIS, SVB VELAMENTO NECESSITATIS VOLVP-
TATES SE INGERVNT

Squalentes calamitate et miseria. Aegra caro si studiose
4 curari neglegitur, squalore desuper ducto in infirmitate deterius
grauatur ; et dum calamitati aegritudinis neglegentiae miseria
additur, grauior molestia oborto squalore toleratur.

Natura igitur humana bene condita, sed ad infirmitatem
8 uitio propriae uoluntatis lapsa, in calamitatem cecidit ; quia
pressa innumeris necessitatibus, nihil in hac uita nisi unde
affligeretur inuenit. Sed cum eisdem naturae nostrae necessitatibus plerumque plus quam expedit deseruimus mentisque
12 curam neglegimus, ex miseria neglegentiae infirmitati nostrae
addimus squalorem culpae. Necessitates namque naturales hoc
habere ualde periculosum solent, quia saepe in eis minime discernitur quid circa illas per utilitatis studium et quid per uolup-
16 tatis uitium agatur. Crebro enim occasione seductionis inuenta,
dum necessitati debita reddimus, uoluptatis uitio deseruimus,
et infirmitatis uelamine ante discretionis oculos excusatio nostra se palliat, ac quasi sub patrocinio explendae utilitatis occul-
20 tat. Infirmitatem uero naturae nostrae per neglegentiam relaxare, nihil est aliud quam calamitati miseriam addere, ac
uitiorum squalorem ex eadem miseria multiplicare. Vnde sancti
uiri in omne quod agunt studiosissima intentione discernunt,
24 ne quid plus ab eis naturae suae infirmitas, quam sibi debetur
exigat, ne sub necessitatis tegmine in eis uitium uoluptatis
excrescat. Aliud enim ex infirmitate, aliud ex temptationis suggestione sustinent ; et quasi quidam rectissimi arbitres inter

---

[XI] **3/48** *CC* XX, xiv, 64/112 ; μ 649/650.

[XI] **3** Iob 30, 3.

[XI] **4** desuper ducto] superducto P_1 | in] *om.* L_1 P_1 **6** oborto] ab orto P_1 **11** ex-
pedit] necesse est P_1 **14** quia] quod P_1 **15** illas] illa P_1 **17** necessitati] -tis P_1 | red-
dimus] credimus P_1 **27** arbitres] *ed.*, arbitri L_1 P_1

28 necessitatem uoluptatemque constituti, hanc consulendo subleuant, illam premendo frenant. Vnde fit ut etsi infirmitatis
suae calamitatem tolerant, tamen ad squalorem miseriae per
neglegentiam non descendant. Hoc ipsum enim esse in calami-
32 tate, est necessitates naturae ex carnis adhuc corruptibilis
infirmitate sustinere. Quas uidelicet necessitates cupiebat
euadere, qui dicebat : *De necessitatibus meis eripe me.* Sciebat
enim plerumque uoluptatum culpas ex necessitatum occasione
36 prorumpere ; et ne quid sponte illicitum admitteret, hoc ipsum
satagebat euelli, quod nolens ex radice tolerabat.

At contra praui gaudent in his corruptionis suae necessitatibus, quia nimirum eas ad usum uoluptatum retorquent. Cum
40 enim reficiendis cibo corporibus naturae seruiunt, per delectationem gulae in uoluptatis ingluuie distenduntur. Cum
tegendis membris uestimenta quaerunt, non solum quae tegant,
sed etiam quae extollant expetunt ; et contra torporem frigoris,
44 non solum quae per pinguedinem muniant, sed etiam quae per
mollitiem delectent ; non solum quae per mollitiem tactum
mulceant, sed etiam quae per colorem oculos seducant. Necessitatis igitur causam in usum uoluptatis uertere, quid aliud est
48 quam calamitati suae squalorem miseriae sociare ?

CAPITVLVM XII

QVOD DIABOLVS ID QUOD DEUS MINATVR LEVIGAT, UT SIC SALTEM DECIPIAT

Et reddet homini iustitiam suam. Iustitia nostra dicitur, non
quae ex nostro nostra est, sed quae diuina largitate fit nostra,
4 sicut in dominica oratione dicimus : *Panem nostrum cotidianum da nobis hodie.* Ecce et nostrum dicimus ; et. tamen, ut
detur oramus. Noster quippe fit, cum accipitur, qui tamen Dei
est, quia ab illo datur. Et Dei ergo est ex munere, et noster fit
8 ueraciter per acceptionem. Ita ergo hoc loco homini suam iusti-

---

[XII] **2/33** *CC* XXIV, VII, 1/33 ; μ 765.

---

34 Ps. 24, 17. [XII] **2** Iob 33, 26. **4/5** Matth. 6, 11 ; Luc. 11, 3.

---

28 consulendo] *ed.*, consolando L_1 P_1 **31** enim ipsum P_1 **47** est aliud P_1 **48**
calamitati] -tis P_1 [XII] **7** est ergo P_1 **7/8** ueraciter fit P_1 | fit] *post corr.* P_1

tiam Dominus reddit, non quam ex semetipso habuit, sed
quam conditus ut haberet accepit, et in qua lapsus perseuerare
noluit. Illam ergo iustitiam reddet Deus homini, ad quam con-
12 ditus fuit, ut inhaerere Deo libeat, ut minacem eius sententiam
pertimescat, ut serpentis callidi blandis iam promissionibus
non credat.

Quod enim in paradiso egit, hoc cotidie antiquus hostis
16 agere non desistit. Verba quippe Dei de cordibus hominum
molitur euellere, atque in eis ficta promissionis suae blandimenta radicare ; cotidie id quod Deus minatur leuigat, et ad
hoc credendum quod falso promittit inuitat. Falso enim polli-
20 cetur temporalia, ut mentibus hominum ea supplicia leuiget
quae Deus minatur aeterna. Nam cum praesentis uitae gloriam
spondet, quid aliud dicit quam : *Gustate et eritis sicut dii* ? Ac
si aperte dicat : Temporalem concupiscentiam tangite, et in hoc
24 mundo sublimes apparete. Et cum timorem diuinae sententiae
amouere conatur, quid aliud loquitur quam id quod primis
hominibus dixit : *Cur praecepit uobis Deus ut non comederetis*
de omni ligno paradisi ? Sed quia diuino munere redemptus
28 homo iustitiam recepit, quam dudum conditus amisit, robus-
tiorem se iam contra blandimenta callidae persuasionis exercet,
quia experimento didicit quantum oboediens esse debeat praecepto. Et quem tunc culpa duxit ad poenam, nunc poena sua
32 restringit a culpa, ut tanto magis delinquere metuat, quanto
cogente supplicio et ipso iam quod perpetrauit accusat.

CAPITVLVM XIII

QVOD DIABOLVS MVLTOTIENS IN SOMNIS BLANDITVR REPROBIS ET IVSTOS IMPVGNAT

Terrebis me per somnia et per uisiones horrore concuties.
Exquirendum est quot modis tangant animum imagines som-
4 niorum. Aliquando namque somnia uentris plenitudine, uel
inanitate, aliquando illusione, aliquando cogitatione simul et

---

[XIII] **2/55** *CC* VIII, xxiv, 45/46, 58/111 ; μ 261, 262/263.

---

22 cfr Gen. 3, 5.   **26/27** Gen. 3, 1.   [XIII] **2** Iob 7, 14.

---

26 deus uobis P_1 **31** culpa tunc P_1 [XIII] **3** est] nobis *praem.* P_1 **5** illusione]
uero *praem.* P_1

illusione, aliquando reuelatione, aliquando autem cogitatione simul et reuelatione generantur. Sed duo quae prima diximus
8 omnes experimento cognoscimus, subiuncta autem quattuor in sacrae scripturae paginis inuenimus. Somnia etenim nisi plerumque ab occulto hoste per illusionem fierent, nequaquam hoc uir sapiens indicaret dicens : *Multos errare fecerunt somnia*
12 *et illusiones uanae.* Vel certe : *Non augurabimini nec obserua-bitis somnia.* Quibus profecto uerbis cuius sint detestationis ostenditur quae auguriis coniunguntur. Rursum nisi aliquando ex cogitatione simul et illusione procederent, Salomon minime
16 dixisset : *Multas curas sequuntur somnia.* Et nisi aliquando somnia ex mysterio reuelationis orirentur, Ioseph praeferendum se fratribus per somnium non uideret ; nec Mariae sponsum ut ablato puero, in Aegyptum fugeret per somnium angelus
20 admoneret. Rursum nisi aliquando somnia cogitatione simul et reuelatione procederent, nequaquam Daniel propheta, Nabuchodonosor uisionem disserens, a radice cogitationis incohasset dicens : *Tu rex cogitare coepisti in stratu tuo quid*
24 *esset futurum post haec ; et qui reuelat mysteria ostendit tibi quae uentura sunt.* Et paulo post : *Videbas et ecce quasi statua una grandis ; statua illa magna et statura sublimis stabat con-tra te,* et cetera. Daniel itaque dum somnium adimplendum
28 reuerenter insinuat et ex qua ortum sit cogitatione manifestat, patenter ostenditur quia hoc plerumque ex cogitatione simul et reuelatione generetur.

Sed nimirum cum somnia tot rerum qualitatibus alternent,
32 tanto eis credi difficilius debet quanto et ex quo impulsu ueni-ant, facilius non elucet. Saepe namque malignus spiritus his quos amore uitae praesentis uigilantes intercipit prospera etiam dormientibus promittit. Et quos formidare aduersa considerat,
36 eis haec durius somnii imaginibus intentat, quatenus indiscre-tam mentem diuersa qualitate afficiat eamque aut spe suble-uans, aut deprimens timore, confundat. Saepe autem etiam

---

11/12 cfr Eccli. 34, 7. **12/13** Leu. 19, 26. **16** Eccli. 5, 2. **16/18** cfr Gen. 37, 7. **18/20** cfr Matth. 2, 13/14. **23/25** Dan. 2, 29. **25/27** Dan. 2, 31.

6/7 aliquando autem cogitatione simul et reuelatione] *om.* P_1 **9** nisi] si P_1 **10** fierent] non *praem.* P_1 **18** per somnium] somnio P_1 **25** futura *corr. ex* uentura P_1 **27** adimplendum] et implendum P_1 **34** intercipit uigilantes P_1 **38** autem] *om.* P_1

sanctorum corda afficere somniis nititur, ut ab intentione cogi-
40 tationis solidae, ad tempus saltem momentumque deriuentur,
quamuis ipsi protinus animum ab illusionis imaginatione dis-
cutiunt. Sed hostis insidians quo eos uigilantes minime superat,
eo dormientes grauius impugnat. Quem tamen haec maligne
44 agere superna dispensatio benigne permittit, ne in electorum
cordibus ipse saltem a passionis praemio somnus uacet. Bene
ergo rectori omnium dicitur : *Si dixero : Consolabitur me lec-*
tulus meus et releuabor loquens mecum in stratu meo ; terrebis
48 *me per somnia et per uisiones horrore concuties,* quia nimirum
Deus mirabiliter cuncta dispensat et ipse facit quod malignus
spiritus iniuste facere appetit, qui hoc fieri nonnisi iuste permittit. Sed quia iustorum uita et per uigilias temptatione quatitur,
52 et per somnium illusione fatigatur, foris corruptionis suae
molestias tolerat, intus apud semetipsam grauiter illicitas cogitationes portat, quid est quod faciat, ut pedem cordis a tot
scandalorum laqueis euellat ?

CAPITVLVM XIV

QVOD DEVS MISERICORDITER VIRTVTES NOBIS LARGITVR ET DIABOLVS
FRAVDVLENTER VITIA SVGGERIT

Per quam uiam spargitur lux, diuiditur aestus super terram ?
4 Lucis nomine iustitia designatur, sicut scriptum est : *Populus*
qui sedebat in tenebris, uidit lucem magnam. Quicquid autem
spargitur, non continue, sed sub quadam intermissione iactatur.
Et idcirco spargi lux dicitur, quia etsi iam quaedam ut sunt per-
8 spicimus, quaedam tamen ut uidenda sunt non uidemus. Cor
namque Petri lux sparsa tenuerat qui tanto fidei, tanto miraculorum fulgore claruerat ; et tamen conuersis gentibus dum cir-

---

[XIV] **3/85** *CC* XXIX, xxii, 33/119 ; μ 936/937.

46/48 Iob 7, 13/14.   [XIV] **3** Iob 38, 24.   **4/5** Is. 9, 2

41/42 discutiunt] -ant P_1 **47** releuabor] reuelabor P_1 **50** qui] quia P_1 [XIV] **4**
lucis] quid enim *praem.* P_1 | iustitia] nisi *praem.* P_1 | sicut] de qua P_1 **5** quicquid]
omne P_1 | autem] quod *add.* P_1 **7** dicitur lux P_1 **9** tanto fidei] *om.* P_1 **10** fulgore]
forte *praem. et del.* P_1

cumcisionis pondus imponeret, quid rectum diceret nesciebat.
12 Lux ergo in hac uita spargitur, quia ad omnes res intellegentia
continua non habetur. Dum enim aliud sicut est comprehen-
dimus, et aliud ignoramus, quasi sparsa luce et ex parte cernimus ; et in obscuritate ex parte remanemus. Tunc uero lux
16 nobis sparsa iam non erit, quando mens nostra ad Deum funditus rapta fulgescet.
   Quia haec eadem lux quibus modis humano cordi
insinuetur ignoratur, recte in percunctatione dicitur : *Per quam*
20 *uiam spargitur lux ?* Ac si aperte diceretur : Dic quo ordine
iustitiam meam occultis sinibus cordis infundo, cum et per
accessum non uideor, et tamen uisibilia opera hominum inuisibiliter immuto ; cum unam eamdemque mentem modo hac,
24 modo illa uirtute irradio ; et tamen per lucem sparsam adhuc
ex parte aliqua eam in temptationis tenebris remanere per-
mitto. Requiratur homo nesciens per quam uiam lux spargitur,
ac si ei patenter dicatur : Dum dura corda emollio, dum rigida
28 inflecto, dum aspera mitigo, dum frigida accendo, dum debilia
roboro, dum uaga stabilio, dum nutantia confirmo, intuere si
uales, incorporaliter ueniens quibus ea meatibus illustro. Haec
quippe omnia nos facta cernimus, nam qualiter intrinsecus
32 efficiantur ignoramus. Hanc uiam lucis esse nobis inuisibilem,
in euangelio Veritas ostendit, dicens : *Spiritus ubi uult spirat ;*
et uocem eius audis, et nescis unde ueniat et quo uadat.
   Sed quia cum lux spargitur mox ab occulto aduersario con-
36 tra fulgentem mentem temptamenta succrescunt, recte subiungitur : *Diuiditur aestus super terram.* Hostis namque callidus
quos luce iustitiae enitescere conspicit, eorum mentes illicitis
desideriis inflammare contendit, ut plerumque plus se urgeri
40 temptationibus sentiant, quam tunc cum lucis internae radios
non uidebant. Vnde et Israelitae postquam uocati sunt, contra
Moysen de excrescente labore conqueruntur, dicentes : *Videat*
Dominus et iudicet, quoniam fetere fecistis odorem nostrum
44 *coram Pharaone et seruis eius ; et praebuistis ei gladium, ut*

33/34 Ioh. 3, 8.   **42/45** Ex. 5, 21.

12 omnes res intellegentia] omnis rei intellegentiam P_1 **14** luce sparsa P_1 **15** uero]
ergo P_1 **16** nostra] *om.* P_1 **18** quia] et *praem.* P_1 **19** per percunctationem P_1 **21**
et] *om.* P_1 **24** sparsam lucem P_1 **26** requiritur P_1 | spargitur lux P_1 **31** nam] ta-
men P_1 **32** afficiantur P_1 | nobis esse P_1 **34** et$_2$] sed P_1

interficeret nos. Volentibus quippe ex Aegypto discedere,
Pharao paleas subtraxerat et tamen eiusdem mensurae lateres
requirebat. Quasi ergo contra legem mens submurmurat, post
48 cuius cognitionem temptationum stimulos acriores portat ; et
cum sibi labores crescere conspicit, in eo quod aduersario
displicet, quasi fetere se in oculis Pharaonis dolet. Post lucem
ergo aestus sequitur, quia post illuminationem diuini muneris
52 temptationis certamen augetur.

Recte uero etiam diuidi aestus dicitur, quia nimirum non
singuli omnibus, sed quibusdam uicinis ac iuxta positis uitiis
fatigantur. Prius enim conspersionem uniuscuiusque antiquus
56 aduersarius perspicit, et tunc temptationis laqueos apponit.
Alius namque laetis, alius tristibus, alius timidis, alius elatis
moribus exsistit. Quo ergo occultus aduersarius facile capiat,
uicinas conspersionibus deceptiones parat. Quia enim laetitiae
60 uoluptas iuxta est, laetis moribus luxuriam proponit. Et quia
tristitia in iram facile labitur, tristibus poculum discordiae porrigit. Quia timidi supplicia formidant, pauentibus terrores
intentat. Et quia elatos extolli laudibus conspicit, eos ad
64 quaeque uoluerit blandis fauoribus trahit. Singulis igitur hominibus uitiis conuenientibus insidiatur. Neque enim facile capti-
uaret, si aut luxuriosis praemia, aut auaris scorta proponeret ;
si aut uoraces de abstinentiae gloria, aut abstinentes de gulae
68 imbecillitate pulsaret ; si mites per studium certaminis aut ira-
cundos capere per pauorem formidinis quaereret. Quia ergo in
temptationis ardore callide singulis insidians uicinos moribus
laqueos abscondit, recte dicitur : *Diuiditur aestus super terram.*
72 Sed cum praemittitur : *Per quam uiam spargitur lux,* sta-
timque subiungitur : *Diuiditur aestus super terram.* Nimirum
per eamdem uiam per quam lux spargitur etiam diuidi aestus
indicatur. Alta quippe et incomprehensibilis sancti Spiritus gra-
76 tia cum luce sua mentes nostras irradiat, etiam temptationes
aduersarii dispensando modificat ;ut simul multae non ueniant,
ut ipsae tantummodo quae ferri possunt illustratam iam a Deo
animam tangant, ut cum tactus sui ardore nos cruciant, perfec-
80 tionis incendio non exurant ; Paulo attestante qui ait : *Fidelis*

80/82 I Cor. 10, 13.

---

47 submurmurat] murmurat P_1 **69** ergo] igitur P_1 **75** et] atque P_1 **76** nostras
mentes P_1 **78** a] *om.* P_1

autem Deus, qui non patietur uos temptari supra quam potestis,
sed faciet cum temptatione etiam exitum, ut possitis sustinere.
Hunc ergo aestum aliter diuidit callidus supplantator, aliter
84 misericors conditor. Ille diuidit ut per illum citius interimat,
iste ut eum tolerabilem reddat.

CAPITVLVM XV

DE MVLTIPLICITATE SVGGESTIONVM DIABOLI QUASI POTVM DVLCEM PROPINANTIS

Dulcis fuit glareis Cocyti. Graeca lingua cocytus luctus dicitur, qui tamen luctus feminarum uel quorumlibet infirmantium
4 solet intellegi. Sapientes uero huius saeculi, a luce ueritatis
exclusi, quasi umbras quasdam de ueritatis inquisitione tenere
conati sunt. Vnde Cocyton fluuium currere apud inferos
putauerunt, uidelicet designantes quod hi qui digna doloribus
8 opera faciunt, in infernum ad luctum decurrunt. Sed nos despi-
ciamus umbram carnalis sapientiae, qui iam de ueritate lucem
tenemus et cognoscamus uoce beati uiri Cocyton luctum
infirmantium dici. Scriptum quippe est : *Viriliter agite et con-*
12 *fortetur cor uestrum.* Qui enim in Domino confortari renuunt,
ad luctum per animi infirmitatem tendunt. Glareas uero lapil-
los fluminum appellare consueuimus, quos aqua defluens trahit.
Quid ergo per glareas Cocyti nisi reprobi designantur qui suis
16 uoluptatibus dediti, quasi semper a flumine ad ima detrahun-
tur ? Qui enim contra uoluptates huius saeculi stare fortiter
nolunt, glareae Cocyti fiunt quia suis cotidie lapsibus ad luctum
tendunt, ut in aeternum post lugeant, qui modo se in suis
20 uoluptatibus delectabiliter relaxant. Et quia antiquus hostis
corda reproborum multipliciter ingressus, dum dona peruersis
tribuit, dum eos in hoc mundo honoribus extollit, dum eorum
oculis delectabilia ostendit, dum fluxae mentes ipsum admiran-

---

[XV] **2/45** *CC* XV, LX, 1/46 ; μ 498/499.

[XV] 2 Iob 21, 33. **11/12** Ps. 30, 25.

---

81 quam] id quod P_1 **82** exitum] prouentum P_1 [XV] **6** apud inferos currere
P_1 **10** uoce] uox P_1 **12** confortari in d. P_1 **15** ergo] igitur P_1 **17** fortiter stare
P_1 **21** corda reproborum multipliciter] suum uas illum hominem reprobum P_1 **23**
delectabilia ostendit] prodigia extollit P_1 | dum] *om.* P_1 | ipsum] hunc in suis prodigiis
P_1

24 tur et sequuntur ; bene de eo dicitur : *Dulcis fuit glareis Cocyti.*
Cum enim hunc electi despiciunt, cum mentis calce contemnunt, illi eum sequentes diligunt, qui uelut ab aqua uoluptatis
ad perpetuum luctum trahuntur, qui per terrenam concupiscen-
28 tiam more glareae cotidianis lapsibus ad ima dilabuntur. Aliis
namque gustum suae dulcedinis per superbiam, aliis per auaritiam, aliis per inuidiam, aliis per fallaciam, aliis per luxuriam
porrigit ; et ad quanto uitiorum genera pertrahit, quasi tot suae
32 dulcedinis potus propinat. Nam cum aliquid superbum in
mente persuadet, fit dulce quod dicit, quia uideri praelatus
ceteris homo peruersus appetit. Dum menti auaritiam infundere molitur, fit dulce quod occulte loquitur, quia per abundan-
36 tiam necessitas uitatur. Dum aliquid de inuidia suggerit, fit
dulce quod dicit quia peruersa mens dum alium decrescere
uiderit, exsultat se eo minorem minime uideri. Cum aliquid de
fallacia persuadet, fit dulce quod suggerit, quia eo ipso quo fal-
40 lit ceteros, prudens uidetur sibi. Cum luxuriam deceptae menti
loquitur, fit dulce quod suadet, quia in uoluptate animum re-
soluit. Quot ergo uitia carnalium cordibus inserit, quasi tot
potus suae eis dulcedinis porrigit. Quam tamen ut praedixi,
44 eius dulcedinem non percipiunt nisi qui praesentibus uoluptatibus dediti, ad perpetuum luctum trahuntur.

CAPITVLVM XVI

QVOD DIABOLVS CVM PER SE NON POTEST, PER EOS QUI NOBIS ADHAERENT, DECIPERE CONATVR

Dixit autem illi uxor sua : Adhuc permanes in simplicitate
4 *tua ? Benedic Deo et morere.* Antiquus hostis humanum genus
duobus modis temptare consueuit, ut uidelicet corda stantium
aut tribulationibus frangat aut persuasionibus molliat.
Ex uerbis autem male suadentis coniugis uigilanter debemus

[XVI] **3/6, 7/26** *CC* III, VIII, 1/5, 39/59 ; μ 77/78.

[XVI] **3/4** Iob 2, 9.

---

26 ab] *om. P*₁ **39** quo] *post corr. P*₁ **41** animum] -am *P*₁ [XVI] **4** deo] *post corr.*
*P*₁ **5** uidelicet ut *P*₁

8 aspicere quod antiquus hostis non solum per semetipsum sed
per eos etiam qui nobis adhaerent, statum satagit nostrae
mentis inclinare. Cum enim cor nostrum sua persuasione non
subruit ad hoc nimirum per linguas adhaerentium repit. Hinc
12 enim scriptum est : *A filiis tuis caue et a domesticis tuis
attende.* Hinc per prophetam dicitur : *Unusquisque se a proximo suo custodiat et in omni fratre suo non habeat fiduciam.*
Hinc rursum scriptum est : *Inimici hominis domestici eius.*
16 Callidus namque aduersarius cum a bonorum cordibus repelli
se conspicit, eos qui ab illis ualde diliguntur exquirit ; et per
eorum uerba blandiens loquitur, qui plus ceteris amantur ; ut
dum uis amoris cor perforat, facile persuasionis eius gladius ad
20 intimae rectitudinis munimina irrumpat. Post damna igitur
rerum, post funera pignorum, post uulnera scissurasque membrorum, antiquus hostis linguam mouit uxoris. Et notandum
quo tempore uiri mentem studuit uirulento sermone corrum-
24 pere. Verba enim post uulnera intulit ut nimirum cum uis
doloris ingrauesceret, facile persuasionis suggestio peruersa
praeualeret.
Sciendum itaque est quia carnales in Ecclesia aliquando
28 metu, aliquando uero audacia suadere peruersa contendunt ;
cumque ipsi uel pusillanimitate uel elatione deficiunt, haec iustorum cordibus infundere quasi ex dilectione moliuntur. Carnalem uidelicet mentem Petrus ante Redemptoris mortem
32 resurrectionemque retinebat ; carnali mente Saruiae filius duci
suo Dauid adiunctus inhaeserat ; sed tamen unus formidine
alter elatione peccabat. Ille quippe magistri mortem audiens
dixit : *Absit a te, Domine, non erit tibi hoc.* Hic uero iniurias
36 ducis non ferens, ait : *Numquid pro his uerbis non occidetur
Semei, qui maledixit Christo Domini ?* Sed illi mox dicitur :
Redi post me, satanas ; et hic cum germano protinus audiuit :
*Quid mihi et uobis, filii Saruiae, cur efficimini mihi hodie in
40 satan ?* Male itaque suadentes, angeli apostatae appellatione

---

27/50 *CC* III, xx, 28/51 ; μ 88/89.

12/13 Eccli. 32, 26.   13/14 Ier. 9, 4.   15 Matth. 10, 36.   35 Matth. 16, 22.   36/37
II Reg. 19, 21.   38 Matth. 16, 23.   39/40 II Reg. 19, 22.

---

8 hostis] aduersarius P_1 19 ad] *om.* P_1 22 mouit linguam P_1

censentur, qui blandis uerbis ad illicita quasi diligentes trahunt. Valde uero deteriores sunt qui huic culpae non formidine, sed elatione succumbunt, quorum specialiter beati Iob uxor figuram
44 tenuit, quae marito suadere superba temptauit dicens : *Adhuc permanes in simplicitate tua ? Benedic Deo et morere.* Simplicitatem in marito redarguit, quod transitura cuncta despiciens, puro corde sola aeterna concupiscit. Ac si dicat : Quid simpli-
48 citer aeterna appetis et sub malis praesentibus aequanimiter ingemiscis ? Excedens, aeterna despice et mala praesentia uel moriens euade.

CAPITVLVM XVII

QVOD SVGGESTIONES DIABOLI NIHIL CONTRA NOS POSSVNT, NISI CVM EX LIBERO
ARBITRIO EIS CONSENTIMVS

Circumdedit me lanceis suis, conuulnerauit lumbos meos.
4 Sancta Ecclesia lanceis ab hoste suo circumdatur quando in membris suis ab impugnatore callido temptationum iaculis impetitur. Bene autem circumdari lanceis dicimur, quia antiquus hostis temptationis suae uulnere ab omni parte nos
8 impetit. Saepe enim dum gula restringitur, ut libido subiciatur, inanis gloriae aculeis mentem pulsat. Si autem corpus abstinentiae afflictione non atteratur, contra mentem libidinis flamma se excitat. Saepe dum seruare parsimoniam nitimur, ad tena-
12 ciam labimur. Et saepe dum possessa effuse tribuimus, ad auaritiam ducimur quia rursum colligere quaerimus quod tribuamus. Dum ergo antiqui hostis iacula ubique nos impetunt, recte nunc dicitur : *Circumdedit me lanceis suis.* Et quia omne
16 peccatum hostis quidem callidus suadet, sed nos eius suasionibus consentiendo perpetramus, apte subiungitur : *Conuulnerauit lumbos meos.* In lumbis quippe luxuria est. Vnde et is qui cupiebat uoluptatem libidinis a corde exstinguere, praedi-

---

[XVII] **3, 4/30** *CC* XIII, xvi, 1/2, 10/36 ; μ 424.

[XVII] **3** Iob 16, 14.

---

44 adhuc] tu *add.* P_1 [XVII] **6** dicimur] dicitur P_1 **8** subiciatur] subigatur P_1 **9** aculeis] -us P_1 **10** atteratur] -itur P_1 **19** uoluptatem] uoluntate P_1

20 cabat dicens : *Succincti lumbos mentis uestrae.* Cum ergo anti-
    quus hostis fidelem populum ad luxuriam pertrahit, hunc pro-
    cul dubio in lumbis ferit. Vbi notandum quoque est quod non
    ait : *Vulnerauit,* sed : *Conuulnerauit lumbos meos.* Sicut enim
24 loqui aliquando unius est, colloqui uero duorum, uel fortasse
    multorum, sic antiquus hostis, quia nos ad culpam sine nostra
    uoluntate non rapit, nequaquam lumbos nostros *uulnerare* sed
    conuulnerare dicitur : quia hoc quod nobis ille male suggerit,
28 nos sequentes ex uoluntate propria implemus ; et quasi cum
    ipso nos pariter uulneramus, quia ad perpetrandum malum ex
    libero arbitrio ducimur.

CAPITVLVM XVIII

QVOD DIABOLVS ALITER RELIGIOSOS, ALITER HVIC MVNDO DEDITOS TEMPTAT

    Quis reuelabit faciem indumenti eius ? Leuiathan aliter reli-
    giosas hominum mentes, aliter uero huic mundo deditas temp-
4   tat ; nam prauis mala quae desiderant aperte obicit, bonis
    autem latenter insidians sub specie sanctitatis illudit. Illis uelut
    familiaribus suis iniquum se manifestius insinuat : istis uero
    uelut extraneis cuiusdam quasi honestatis praetextu se palliat,
8   ut mala quae eis publice non ualet, tecta bonae actionis uelami-
    ne subintromittat. Vnde et membra eius saepe cum aperta
    nequitia nocere non possunt, bonae actionis habitum sumunt ;
    et prauos quidem se opere exhibent sed sanctos specie men-
12 tiuntur. Iniqui enim si aperte mali essent, a bonis recipi
    omnino non possent ; sed sumunt aliquid de uisione bonorum,
    ut dum boni uiri in eis recipiunt speciem quam amant, permix-
    tum sumant etiam uirus quod uitant. Vnde quosdam Paulus
16 apostolus intuens sub praedicationis uelamine uentris studio
    seruientes, ait : *Ipse enim satanas transfigurat se in angelum
    lucis.* Quid ergo mirum si ministri eius transfigurentur uelut

---

[XVIII] **2/29** *CC* XXXIII, xxiv, 1/29 ; μ 1102/1103.

---

20 I Petri 1, 13.   [XVIII] **2** Iob 41, 4.   **17/18** II Cor. 11, 14.

---

22 quoque notandum P_1 **26** non] *om.* P_1 **30** libero] simul *add.* P_1 [XVIII] **15**
etiam sumant P_1

ministri iustitiae ? Hanc transfigurationem Iosue timuit,
20 quando uidens angelum, cuius esset partis inquisiuit dicens :
Noster es, an aduersariorum ? ut uidelicet si aduersae uirtutis
esset, eo ipso quo se suspectum cognosceret, ab illusione resi-
liret. Quia ergo Leuiathan in eo quod iniquitatis opus molitur,
24 saepe specie sanctitatis induitur ; et quia nisi per diuinam gratiam simulationis eius detegi indumenta non possunt, bene
dicitur : *Quis reuelabit faciem indumenti eius ?* Subaudis nisi
ego, qui seruorum meorum mentibus gratiam subtilissimae
28 discretionis inspiro, ut reuelata malitia faciem eius nudam
uideant, quam coopertam ille sub habitu sanctitatis occultat.

CAPITVLVM XIX

QVOD DIABOLVS ILLIS MAGIS INSIDIATVR QUI, DESPECTIS TERRENIS,

CAELESTIA DESIDERANT

Absorbebit fluuium et non mirabitur ; et habebit fiduciam
4 *quod influat Iordanis in os eius.* Fluuii nomine humani generis
decursio designatur, quae uelut a fontis sui origine nascendo
surgit, sed quasi ad ima defluens moriendo pertransit. Iordanis
autem appellatione signantur hi qui iam imbuti sunt
8 sacramento baptismatis. Quia enim Redemptor noster in hoc
flumine baptizari dignatus est, eius nomine debent omnes baptizati exprimi, in quo hoc ipsum contigit sacramentum baptismatis incohari. Quia igitur diabolus a mundi origine exor-
12 tum, uix paucis electis euadentibus, humanum genus in ima
defluens usque ad redemptionis tempora quasi quemdam in se
fluuium traxit, bene nunc dicitur : *Absorbebit fluuium et non*
mirabitur. Quia uero et post Mediatoris aduentum quosdam
16 qui recte uiuere neglegunt etiam fideles rapit, recte subiungitur : *Et habet fiduciam quod influat Iordanis in os eius.* Ac si

---

[XIX] **3/118** *CC* XXXIII, vi, 1/121 ; μ 1082/1084.

---

21 Ios. 5, 13.   [XIX] **3/4** Iob 40, 18.

---

23 leuiathan] iste *add. P*₁   **26** reuelabit] -auit *P*₁   [XIX] **4** quod] ut *P*₁   **6/7** iordanis *usque* hi] qui autem signantur appelatione iordanis nisi hi *P*₁   **9/10** baptizati
omnes *P*₁   **11** diabolus] iste *add. P*₁   **17** quod] ut *P*₁ | os] *post corr. P*₁

aperte diceretur : Ante Redemptorem mundi mundum non
miratus absorbuit, sed, quod est acrius, etiam post Redemptoris
20 aduentum quosdam qui baptismatis sacramento signati sunt
deglutttire se posse confidit. Alios namque sub Christianitatis
nomine positos deuorat quia in ipso eos fidei errore supplantat.
Alios a rectitudine fidei nequaquam deuiat sed ad usum prauae
24 operationis inclinat. Alios quantum uult in operatione immunditiae inflectere non ualet ; sed apud semetipsos intus in studio
intentionis intorquet ut dum a caritate mentem diuidunt, rectum non sit quicquid extrinsecus operantur. Et fidem tenent,
28 sed uitam fidei non tenent, quia aut aperte illicita faciunt, aut
ex peruerso corde quae agunt praua sunt, etiam si sancta
uideantur. Quia enim nonnulli confitendo fideles sunt, non
uiuendo, hinc est quod uoce Veritatis dicitur : *Non omnis qui*
32 *dicit mihi : Domine, Domine, intrabit in regnum caelorum.*
Hinc rursum ait : *Quid autem uocatis me : Domine, Domine, et*
non facitis quae dico ? Hinc Paulus ait : *Confitentur se nosse*
Deum, factis autem negant. Hinc Ioannes dicit : *Qui dicit se*
36 *nosse Deum et mandata eius non custodit, mendax est.* Hinc est
quod de ipsa prima sua Dominus plebe conqueritur, dicens :
Populus hic labiis me honorat ; cor autem eorum longe est a
me. Hinc etiam psalmista ait : *Dilexerunt eum in ore suo, et*
40 *lingua sua mentiti sunt ei.* Sed minime mirum fuit quod diabolus ante lauacri undam, ante sacramenta caelestia, ante cor-
poream praesentiam Redemptoris, humani generis fluuium
hiatu profundae persuasionis absorbuit ; sed hoc ualde mirum,
44 hoc ualde terribile est, quia multos aperto ore et post cognitionem Redemptoris suscipit, post lauacri undam polluit, post
sacramenta caelestia ad inferni profundum rapit. Dicatur ergo,
dicatur terribiliter uoce Veritatis : *Absorbebit fluuium et non*
48 *mirabitur ; et habet fiduciam quod influat Iordanis in os eius.*
Neque enim pro magno diabolus habuit, quod infideles tulit,
sed toto nunc annisu in illorum mortem se erigit, quos contra
se regeneratos tabescit. Nemo igitur fidem sibi sine operibus

---

31/32 Matth. 7, 21.   **33/34** Luc. 6, 46.   **34/35** Tit. 1, 16.   **35/36** I Ioh. 2,
4.   **38/39** Marc. 7, 6. (Is. 29, 13).   **39/40** Ps. 77, 36.

---

18 diceretur] diceret P_1 | mundi redemptorem P_1 **21** confidit] *post corr.* P_1 **24**
operationis] actionis P_1 **27** extrinsecus] exterius P_1 **37** plebe Dominus P_1 **39**
etiam] etenim P_1 **40/41** diabolus] iste *add.* P_1 **44** et] etiam P_1

52 sufficere posse confidat, cum scimus quod scriptum est : *Fides sine operibus otiosa est*. Nullus Behemoth morsum ex sola confessione fidei plene euasisse se aestimet, quia iam quidem fluuium absorbuit, sed adhuc Iordanem sitit ; et totiens in ore
56 illius Iordanis fluit, quotiens Christianus quisque ad iniquitatem defluit. Os quidem eius iam fide nos subleuante fugimus, sed magno studio curandum est ne in hoc lubrica operatione dilabamur. Si ambulandi cautela neglegitur, incassum credendo
60 rectum iter tenetur ; quia uia quidem fidei ad caelestem patriam proficit, sed offendentes minime perducit.

Habemus adhuc quod hac in re subtilius perpendamus. Hi enim quos per Iordanem diximus exprimi, possunt per fluuium
64 designari. Qui enim fidem iam ueritatis agnouerunt sed uiuere fideliter neglegunt, recte fluuius dici possunt, quia uidelicet deorsum fluunt. Iordanis uero hebraeo uocabulo descensio eorum dicitur. Et sunt nonnulli qui uias ueritatis appetentes
68 semetipsos abiciunt, atque a uitae ueteris elatione descendunt ; cumque aeterna cupiunt, ualde se ab hoc mundo alienos reddunt, dum non solum aliena non appetunt, sed etiam sua derelinquunt ; non solum in eo gloriam non quaerunt, sed hanc
72 cum se obtulerit, etiam contemnunt. Hinc est enim quod uoce Veritatis dicitur : *Si quis uult post me uenire, abneget semetipsum*. Semetipsum enim abnegat qui, calcato typho superbiae, ante Dei oculos esse se alienum demonstrat. Hinc psalmista
76 ait : *Memor ero tui de terra Iordanis et Hermoniim*. Iordanis quippe, ut dixi, descensio, Hermon autem anathema, id est alienatio interpretatur. De terra ergo Iordanis et Hermoniim Dei reminiscitur, qui in eo quod semetipsum deicit, atque a se
80 alienus exsistit, ad conditoris sui memoriam reuocatur. Sed antiquus hostis pro magno hoc non habet, cum sub iure suae tyrannidis terrena quaerentes tenet. Propheta quippe attestante cognouimus quia *esca eius electa*. Neque enim mirum deputat,
84 si eos absorbeat, quos superbia erigit, auaritia tabefacit, uoluptas dilatat, malitia angustat, ira inflammat, discordia separat,

---

52/53 cfr Iac. 2, 20   73/74 Luc. 9, 23.   76 Ps. 41, 7.   83 cfr Hab. 1, 16.

---

52 est] sit P_1 53 otiosa] mortua P_1 | behemoth] diaboli P_1 64 iam fidem P_1 67 uias] uiam P_1 74 superbie typho P_1 75 esse se] *ed.*, sese a se $L_1 P_1$ 83 electa] est *add.* P_1

inuidia exulcerat, luxuria inquinans necat. Absorbebit ergo
fluuium et non mirabitur ; quia pro magno non aestimat cum
88 eos deuorat, qui per ipsa suae uitae studia deorsum currunt ;
sed illos magnopere rapere nititur quos, despectis terrenis studiis, iungi iam caelestibus contemplatur. Vnde absorpto fluuio
recte subiungitur : *Et habet fiduciam quod influat Iordanis in os*
92 *eius* ; quia illos insidiando rapere appetit, quos pro amore
supernae patriae a praesentis uitae gloria semetipsos deicere
agnoscit. Nonnulli quippe mundum deserunt et honorum trans-
euntium uana derelinquunt ; et ima humilitatis appetentes,
96 humanae conuersationis morem bene uiuendo transcendunt ;
atque in tanta studiorum arce proficiunt, ut signorum iam uirtutes operentur ; sed quia semetipsos circumspiciendo tegere
neglegunt, inanis gloriae telo percussi, peius de alto ruunt. Hinc
100 est enim quod aeternus iudex, qui occulta cordis examinat,
eiusdem ruinae casum praenuntians intentat, cum dicit : *Multi*
dicent mihi in illa die : Domine, Domine, nonne in nomine tuo
prophetauimus, et in nomine tuo daemonia eiecimus, et in tuo
104 *nomine uirtutes multas fecimus ? Et tunc confitebor illis quia*
numquam noui uos ; discedite a me qui operamini iniquitatem,
nescio qui estis. Hinc etiam per prophetam dicitur : *Vocabit*
Dominus iudicium ad ignem et deuorabit abyssum multam, et
108 *comedet partem domus.* Iudicium quippe ad ignem uocatur,
cum iustitiae sententia ad poenam iam aeternae concremationis
ostenditur. Et multam abyssum deuorat, quia iniquas atque
incomprehensibiles hominum mentes concremat, quae nunc se
112 hominibus etiam sub signorum miraculis occultant. Pars autem
domus comeditur, quia et illos quoque gehenna deuorat, qui
nunc quasi in sanctis actibus de electorum numero se esse
gloriantur. Qui igitur hic Iordanis, ipsi illic pars domus uocan-
116 tur. Antiquus ergo hostis habet fiduciam quia in os eius et Iordanis influat ; quia nonnumquam calliditatis suae insidiis eos
etiam qui iam electi putantur, necat.

101/106 Matth. 7, 22/23 ; cfr Luc. 13, 27. **106/108** cfr Am. 7, 4.

---

88 uite sue P_1 **90** iam iungi P_1 | absorpto] *ed.*, absorte L_1 P_1 **93** superne] eterne
P_1 **101** cum dicit] dicens P_1 **105** qui] omnes *praem.* P_1 **106** qui] quid P_1 **110**
multam] iam *add.* P_1 **113** et] *om.* P_1 **116** et] *om.* P_1

CAPITVLVM XX

QVOD DIABOLVS EOS FORTIVS IMPVGNAT QVOS SIBI RESISTERE VIDET

Qui parati sunt suscitare Leuiathan. Omnes qui ea quae
mundi sunt mente calcant, et ea quae Dei sunt plena intentione
4   desiderat, Leuiathan contra se suscitant, quia eius malitiam
instigatione suae conuersationis inflammant. Nam qui eius
uoluntati subiecti sunt quasi quieto ab illo iure possidentur ; et
superbus eorum rex quasi quadam securitate perfruitur dum
8   eorum cordibus inconcussa potestate dominatur. Sed cum
uniuscuiusque spiritus ad conditoris sui desiderium recalescit,
cum torporem neglegentiae deserit et frigus insensibilitatis pristinae igne sancti amoris accendit. Cum libertatis ingenitae
12 meminit et teneri ab hoste seruus erubescit, quia idem hostis se
considerat despici, quia uias Dei uidet apprehendi, dolet contra
se captum reniti. Et mox zelo accenditur, mox ad certamen
mouetur, mox ad temptationes innumeras contra rebellantem
16 mentem se excitat atque in omni arte lacerationis instigat, ut
temptationum iacula intorquendo confodiat cor quod dudum
quieto iure possidebat, quasi dormiebat quippe dum sopitus in
prauo corde quiesceret, sed excitatur in prouocatione certami-
20 nis cum usum amiserit peruersae dominationis.
    Hostis namque noster adhuc in hac uita nos positos, quanto
magis nos sibi rebellare conspicit, tanto amplius expugnare contendit. Eos enim pulsare neglegit, quos quieto iure possidere se
24 sentit. Contra nos uero eo uehementius incitatur, quo ex corde
nostro quasi ex iure propriae habitationis expellitur. Hoc enim
in seipso Dominus sub quadam dispensatione figurauit, qui
diabolum non nisi post baptisma se temptare permisit, ut sig-
28 num nobis quoddam futurae conuersationis innueret, quod
membra eius postquam ad Deum proficerent, tunc acriores
temptationum insidias tolerarent.

[XX] **2/20** *CC* IV, XXIII, 1/20 ; μ 120.   **21/30** *CC* XXIV, XI, 66/75 ; μ 772.

[XX] **2** Iob 3, 8.

[XX] **2** omnes] enim *add.* P_1 **13** uias] uas P_1 **20** usum] ius P_1

Saepe etiam cum eloquiis sacris intendimus, malignorum
32 spirituum insidias grauius toleramus, quia menti nostrae terrenarum cogitationum puluerem aspergunt, ut intentionis nostrae oculos a luce intimae uisionis obscurent. Quod nimirum
psalmista pertulerat, cum dicebat : *Declinate a me, maligni, et*
36 *scrutabor mandata Dei mei*, uidelicet patenter insinuans quod
mandata Dei perscrutari non poterat quia malignorum
spirituum insidias in mente tolerabat. Quod etiam in Isaac
opere sub Allophylorum prauitate cognoscimus designari, qui
40 puteos quod Isaac foderat terrae congerie replebant. Hos enim
nos nimirum puteos fodimus cum in scripturae sacrae abditis
sensibus alta penetramus. Quos tamen occulte replent Allophyli quando nobis ad alta tendentibus immundi spiritus terre-
44 nas cogitationes ingerunt et quasi inuentam diuinae scientiae
aquam tollunt.

Quia igitur mater neglegentiae securitas solet esse, ne securitas neglegentiam generet, scriptum est : *Fili, accedens ad serui-*
48 *tutem Dei, sta in iustitia et timore, et prepara animam tuam ad*
temptationem. Quisquis enim accingi in diuino seruitio properat, quid aliud quam se contra antiqui aduersarii certamen
parat ut liber in certamine ictus suscipiat, qui quietus sub
52 tyrannide in capituitate seruiebat ? Sed in eo ipso quod mens
contra hostem accingitur, quod alia uitia subigit, aliis relucta-
tur, aliquando de culpa aliquid quod tamen non ualde noceat,
remanere permittitur.

56 Et saepe mens quae aduersa multa et fortia superat, unum
in se et fortasse minimum, quamuis magna intentione inuigilet,
non expugnat. Quod diuina nimirum dispensatione agitur, ne
ex omni parte uirtutibus splendens, in elatione subleuetur, ut
60 dum in se paruum quid reprehensibile uidet sed tamen hoc
subigere non ualet, nequaquam sibi, sed auctori uictoriam tri-

---

31/45 *CC* XVI, xviii, 8/22 ; μ 509.   **46/49** *CC* XXIV, xi, 61/65 ; μ 772.   **49/62** *CC*
IV, xxiii, 26/39 ; μ 121.

35/36 Ps. 118, 115.   **47/49** Eccli. 2, 1.

32/33 cogitationum terrenarum P_1 36 quod] quia P_1 37 quia] cum P_1 49 temp-
tationem] non enim ait ad requiem sed ad temptationem *add.* P_1 53 quod] quo
P_1 60 in] *om.* L_1

buat in his quae subigere fortiter ualet.

CAPITVLVM XXI

QVOD DIABOLVS CONTRA SIBI RESISTENTES INSIDIAS ET ARMA MVLTIPLICAT

Effosa terra, *in occursum pergit armatis.* Hostes armati sunt
immundi spiritus, contra nos innumeris fraudibus accincti. Qui
4 cum suadere nobis iniqua nequeunt, ea sub uirtutum specie
nostris obtutibus opponunt ; et quasi sub quibusdam armis se
contegunt, ne in sua malitia a nobis nudi uideantur. His hostibus armatis in occursum pergimus, quando eorum insidias
8 longe praeuidemus. Effosa igitur terra, armatis hostibus in
occursum pergimus cum domita carnis superbia dolos immundorum spirituum mirabiliter exploramus. Effosa terra, armatis
hostibus in occursum pergimus cum deuicta carnali nequitia,
12 contra spiritalia uitia certamina subimus. Nam qui adhuc
secum eneruiter pugnat, frustra contra se bella extra posita sus-
citat. Qui enim semetipsum carnalibus subiugat, quomodo spiritalibus uitiis resultat ? Aut quomodo de labore externi certa-
16 minis triumphare appetit, qui adhuc apud semetipsum domes-
tico libidinis bello succumbit ?
Vel certe armatis hostibus in occursum pergimus, quando
per exhortationis studium eorum insidias et in alieno corde
20 praeuenimus. Quasi enim ex loco in quo fuimus ad locum
alium obuiam hostibus uenimus, quando, nostra cura ordinate
postposita, accessum daemonum a proximi mente prohibemus.
Vnde fit plerumque ut hostes callidi militem Dei iam etiam de
24 intestino bello uictorem tanto de semetipso terribilius temptent,
quanto illum contra se et in alieno corde praeualere fortiter
uident ; ut dum illum ad se tuendum reuocant, aliena corda

[XXI] **2/33** *CC* XXXI, xxxviii, 4, xxxix, 1/33 ; μ 1031/1032.

[XXI] **2** Iob 39, 21.

[XXI] **3** innumeris contra nos P_1 **6** his] quibus P_1 **6/7** armatis hostibus P_1 **9**
pergimus cum] pergere est P_1 | domita] edomita P_1 **10** exploramus] explorare
P_1 **11** pergimus cum] pergere est P_1 **12** subimus] subire P_1 **13** eneruiter secum
P_1 **22** demonum] immundorum spirituum P_1

liberius quae eius exhortatione protegebantur, inuadant.
28 Cumque eum superare non possunt, saltem occupare conantur ; quatenus dum miles Dei de semetipso concutitur, non
ipse, sed is quem defendere consueuerat perimatur. Sed mens
in Deum immobiliter fixa temptationum spicula despicit, nec
32 alicuius terroris iacula pertimescit. Supernae namque gratiae
fretus auxilio, sic uulnera infirmitatis suae curat, ut aliena non
deserat.

Item cum uidet diabolus sanctae mentis studium contra se
36 et aliis prodesse, multiplicata hanc satagit temptatione confun-
dere. Vnde et saepe contingit ut hi qui regendis aliis praesunt
temptationum certamina fortiora patiantur, quatenus corporalium more bellorum dum dux ipse in fugam uertitur,
40 resistentis exercitus constipata unanimitas sine labore dissi-
petur. Hostis itaque callidus contra caelestem militem diuersa
percussionum uulnera exquirens, modo ex pharetra per insidias
eum sagitta uulnerat ; modo ante eis faciem hastam uibrat,
44 quia uidelicet uitia et alia sub uirtutum specie contegit, et alia
ut sunt aperta eius oculis opponit. Vbi enim infirmari Dei militem conspicit, illic fraudis uelamina non requirit. Vbi autem
sibi resistere fortem considerat, illic contra uires procul dubio
48 dolos parat.

CAPITVLVM XXII

QVALITER SIT RESISTENDVM TEMPTATIONIBVS DIABOLI

Saepe antiquus hostis postquam temptationes inflixit ad
tempus recedit, non ut illatae malitiae finem praebeat sed ut
4 securos reddat, et inopinatus rediens facilius irrumpat. Vnde ad
temptandum Iob iterum redit quem Dei pietas retinendo concedit, ei dicens : *Ecce in manu tua est, uerumtamen animam*

34/48 *CC* XXXI, XLI, 2/15 ; μ 1032/1033.   [XXII] 2/46 *CC* III, XXVIII, 71/78, XXIX,
1/17, XXX, 1/16, 18/43 ; μ 95/97.

[XXII] 6/7 Iob 2, 6.

---

30 deum] deo P_1 31 alicuius] cuiuslibet P_1 32 namque] enim P_1 [XXII] 3/4
sed *usque* irrumpat] sed ut corda que per quietem secura reddiderit repente rediens
facilius inopinatus irrumpat P_1 4/5 unde *usque* retinendo] hinc est quod ad
temptandum beatum iob iterum redit eiusque cruciatus expetit quem tamen
ei superna pietas retinendo P_1 6 uerumtamen] tantum P_1

illius serua. Sic nos deserit ut custodiat, sic custodit ut in temp-
8 tatione nostra infirmitatem nobis ostendat.

Qui mox a facie Domini exiit atque a planta pedis usque ad
uerticem acceptum uulnerauit, quia cum licentiam percipit, a
minimis usque ad maiora perueniens, quasi omne corpus
12 mentis temptatione lacerando perfigit. Sed ad animam non
peruenit quia sancti propositi intentio temptationibus resistit ut
quamuis delectatio mentem mordeat, deliberationem tamen
rectitudinis usque ad consensum non inflectat. Per asperitatem
16 tamen paenitentiae tergenda sunt uulnera delectationis, et censura districtionis fluxa cogitationum mundanda.

Vnde subditur : *Qui testa saniem radebat.* Per testam uigor
districtionis, per saniem fluxus illicitae cogitationis intellegitur.
20 Percussi igitur testa saniem radimus, cum post illicitam cogitationem aspere nos iudicando mundamus. Vel testa fragilitas
mortalitatis intellegitur, per quam saniem mundamus cum eam
pensando putredines miserae delectationis tergimus. Haec citius
24 tergitur si in consideratione nostra fragilitas quasi in manu
testa teneatur.

Non enim paruipendenda sunt quae, etsi ad effectum non
trahunt, tamen in mente illicite uersantur. Vnde Dominus : *Si*

---

18 Iob 2, 8.   **27/29** Matth. 5, 28.

---

7 sic nos deserit] sic ille quippe nos deserit P_1 7/8 ut *usque* ostendat] ut tamen per-
misso temptationis articulo statum nobis nostre infirmitatis ostendat P_1 10 quia]
nimirum *add.* P_1 11 minimis] incipiens *add.* P_1 12 temptatione] illatis tempta-
tionibus P_1 | perfigit] transfigit P_1 | Sed] tamen *add.* P_1 | animam] feriendo *add.* P_1 13
quia *usque* resistit] quia cunctis cogitationibus interior inter ipsa uulnera delectatio-
num que suscipit arcani propositi intentio resistit P_1 14 mordeat] remordeat P_1 | ta-
men] sancte *add.* P_1 15 consensum] consensus mollitiem P_1 15/17 per *usque* mun-
danda] debemus tamen per asperitatem penitentie ipsa delectationum uulnera tergere
et censura districtionis rigide si quid fluxum emanat in cogitatione mundare P_1 18
unde] bene mox *add.* P_1 | qui] quia P_1 *ed.* µ | per testam] quid enim *praem.* P_1 |
uigor] nisi *praem.* P_1 19 per] quid *praem.* P_1 | fluxus] nisi *praem.* P_1 | intellegitur] ac-
cipitur P_1 20 igitur] ergo P_1 20/21 post *usque* mundamus] post pollutiones
cogitationis illicite nosmetipsos asperediiudicando mundamus P_1 21 uel] potest
etiam P_1 22 intellegitur] intellegi P_1 22/23 per *usque* tergimus] testa ergo saniem
mundare est mortalitatis cursum fragilitatemque pensare et putredinem
misere delectationis abstergere P_1 26 non] neque P_1 | etsi] quamuis P_1 | ad] usque
praem. P_1 27 trahunt] pertrahunt P_1 | illicite in nostra mente P_1 27/28 unde *usque*
quis] hinc est quod quasi a uulneribus redemptor radere saniem uenerat cum dicebat .
audistis quia dictum est antiquis . non mechaberis . ego autem dico uobis quod si
quis P_1

28 *quis uiderit mulierem ad concupiscendum eam, iam moechatus
    est eam in corde suo.* Sanies igitur tergitur, cum culpa non tan-
    tum ab opere sed etiam a cogitatione resecatur. Vnde Ierobaal
    cum a paleis frumenta excuteret, angelum uidit ad cuius
32 imperium haedum coxit, quem super petram posuit et ius car-
    nium desuper fudit ; quae angelus uirga tetigit, eaque ignis de
    petra exiens consumpsit. Frumentum igitur uirga caedere est
    recto iudicio a uitiis uirtutum grana separare. Haec agentibus
36 angelus apparet quia tunc Dominus interiora nuntiat cum ho-
    mines ab exterioribus se purgant. Qui occidi haedum praecipit,
    id est, nostrae carnis appetitum immolari carnesque super
    petram, id est, Christum, poni ; quod facimus cum corpus nos-
40 trum in eius imitatione cruciamus. Super quem etiam ius car-
    nium fundimus cum in ipso carnales cogitationes exinanimus.
    Quae et angelus uirga tangit quia Dei adiutorium intentionem
    nostram non deserit. De petra ignis exiens, ius et carnes con-
44 sumit quia ius compunctionis a Christo ueniens, cor nostrum
    concremat ut quod in eo illicitum est operationis et cogitationis
    exurat.

30/34 Iud. 6, 11/12.19/21.   38/39 cfr I Cor. 10, 4.

---

29 igitur] itaque P_1 29/30 tantum] solum P_1 30 unde] hinc est quod P_1 32 im-
perium] protinus *add.* P_1 33 fudit] effudit P_1 33/34 exiens de petra P_1 34/35
frumentum *usque* separare] quid est enim frumentum uirga cedere nisi rectitudine
iudicii a uitiorum paleis uirtutum grana separare P_1 35 hec] sed *praem.* P_1 36
tunc] tanto magis P_1 | nuntiat] denuntiat P_1 | cum] quanto se studiosius P_1 37 se] *om.*
P_1 38 appetitum nostre carnis P_1 | appetitum] omnem *praem.* P_1 39/46 id *usque*
exurat] poni et ius carnium desuper fundi . quem alium signat petra nisi eum de quo
per paulum dicitur . petra autem erat christus (I Cor. 10, 4) . carnes ergo super petram
cum corpus nostrum in christi imitatione cruciamus . ius etiam carnium desuper fundit qui in conuersatione christi ipsas etiam carnales cogitationes exinanit . quasi
enim ius ex carne liquida in petra funditur quando mens a cogitationum carnalium
fluxu uacuatur . que tamen mox angelus uirga tangit quia intentionem nostram nequaquam potestas diuini adiutorii deserit . de petra autem ignis exit et ius carnesque
consumit quia afflatus spiritus a redemptore tanta cor nostrum flamma compunctionis
concremat ut omne quod in eo est illicitum et operis et cogitationis exurat P_1

CAPITVLVM XXIII

QVOD SVGGESTIONES DIABOLI VIRILI CENSVRA REPRIMENDAE SVNT

Sciendum est quia plerumque in prosperis importuna temptatione mens tangitur ; sed tamen aliquando et aduersa exterius
4 patimur et intus temptationis impulsu fatigamur, ut et carnem
flagella crucient et tamen ad mentem carnalis suggestio inun-
det. Vnde et bene post tot beati Iob uulnera, adhuc subiuncta
sunt etiam male suadentis uxoris uerba, quae ait : *Adhuc per-*
8 *manes in simplicitate tua ? Benedic Deo et morere.* Vxor quippe
male suadens est carnalis cogitatio mentem lacessens. Saepe
enim ut dictum est, et foris flagellis atterimur et intus carnali
suggestione fatigamur. Hinc est enim quod Ieremias deplorat,
12 dicens : *Foris interficit gladius et domi mors similis est.* Foris
enim gladius interficit cum nos exterius feriens uindicta
configit. Sed domi mors similis est quia et flagella quidem sustinet, et tamen intus conscientia a temptationis sordibus munda
16 non est. Hinc Dauid ait : *Fiant sicut puluis ante faciem uenti et*
angelus Domini affligens eos. Qui enim in corde suo aura temptationis rapitur quasi ante uenti faciem puluis eleuatur. Et cum
inter haec diuina districtio percutit, quid aliud quam angelus
20 Domini affligit ?
Sed haec aliter aguntur a reprobis, aliter ab electis. Illorum
namque corda ita temptantur ut consentiant. Istorum uero,
temptationes quidem suscipiunt sed repugnant. Illorum mens
24 delectabiliter capitur ; etsi ad tempus quod male suggeritur
displicet sed postmodum per deliberationem libet. Isti uero sic
temptationum iacula excipiunt, ut semper resistendo fatigen-
tur ; et si quando usque ad delectationem temptata mens rapi-
28 tur, ipsam tamen citius subreptionem suae delectationis erubescunt et forti censura redarguunt quicquid intra se exsurgere car-

---

[XXIII] **2/42** *CC* III, xxxi, 52/58, xxxii, 1/25, xxxiii, 1/12 ; μ 98/99.

[XXIII] **7/8** Iob 2, 9. **12** Thren. 1, 20. **16/17** Ps. 34, 5.

[XXIII] **6** tot] *om.* P_1 **10** enim] *om.* P_1 **16** sicut] tamquam P_1 | faciem uenti
P_1 **22** namque] quoque P_1 **25** libet] placet P_1 **26** excipiunt] suscipiunt P_1 **29**
et] quia P_1

nale deprehendunt.

Vnde et bene mox subditur : *Locuta es quasi una ex stultis*
32 *mulieribus. Si bona suscepimus de manu Domini, mala quare*
non sustineamus ? Dignum quippe est ut sancta mens spiritali
correptione comprimat, quicquid apud se carnale insolenter
immurmurat, ne caro aut loquens aspera ad impatientiam illam
36 pertrahat, aut loquens blanda ad libidinis fluxa dissoluat. Censura igitur uirilis, illicitae cogitationis suggestionem redarguens,
dissolutam turpitudinis mollitiem reprimat dicens : *Locuta es*
quasi una ex stultis mulieribus. Et rursum consideratio mune-
40 rum cogitationis asperae impatientiam refrenet, dicens : *Si*
bona suscepimus de manu Domini, mala quare non sus-
tineamus ?

CAPITVLVM XXIV

QVOD ORATIO ET LACRIMAE FLAMMAM SVGGESTIONVM DIABOLI EXSTINGVVNT

Halitus eius prunas ardere facit. Quid prunas nisi succensas
in terrenis concupiscentiis reproborum hominum mentes appel-
4 lat ? Ardent enim cum quodlibet temporale appetunt, quia
nimirum urunt desideria quae quietum uel integrum esse
animum non permittunt. Totiens igitur Leuiathan halitus prunas accendit, quotiens eius occulta suggestio humanas mentes
8 ad delectationes illicitas pertrahit. Alias namque superbiae,
alias inuidiae, alias luxuriae, alias auaritiae facibus inflammat.
Superbiae quippe facem menti Euae supposuit, cum hanc ad
contemnenda uerba dominicae iussionis instigauit. Inuidiae
12 quoque flamma Cain animum succendit, cum de accepto fratris
sacrificio doluit, et per hoc usque ad fratricidii facinus peruenit.
Luxuriae facibus cor Salomonis exussit, quem tanto mulieribus
amore subdidit, ut, usque ad idolorum uenerationem deductus,

[XXIV] **2/27** *CC* XXXIII, xxxviii, 1/22, xxxix, 1/5 ; μ 1114/1115.

31/33 Iob 2, 10.   [XXIV] **2** Iob 41, 12.   **10/11** Gen. 3, 5.   **11/13** Gen. 4,
5/8.   **14/17** III Reg. 11, 4.

---

32 suscepimus] accepimus P_1 | mala] autem *add. P_1*   **35** illam] *om. P_1*   **41** suscep-
imus] accepimus P_1 [XXIV] **6** animum] *om. P_1*   **13** fratricidii] -ium P_1

16 dum carnis delectationem sequeretur, conditoris reuerentiae
obliuisceretur. Auaritiae quoque igne Achab animum concremauit, cum eum ad petendam alienam uineam impatien-
tibus desideriis impulit, et per hoc usque ad reatum homicidii
20 pertraxit. Tanto igitur Leuiathan halitu in prunis flat, quanto
annisu suggestionis occultae humanas mentes ad illicita
inflammat.

Vnde et bene mox subditur : *Et flamma de ore eius egredi-*
24 *tur.* Flamma quippe oris eius est ipsa instigatio occultae locutionis. Prauae enim suasionis uerba ad uniuscuiusque animum
facit, sed flamma est quae de ore eius egreditur, quia ardet in
desideriis animus cum eius suggestionibus instigatur.

28 Quicquid enim diabolus suggerit ignis est quo infructuosa
ligna concremantur. Igne autem terrenae concupiscentiae
eorum mens tangitur qui nequaquam fieri pretiosa metalla concupiscunt. Qui ergo oris eius non uult flamma affici, iuxta doc-
32 toris ueri sententiam, non lignum, fenum, stipula, sed aurum,
argentum et pretiosus lapis curet inueniri, quia tanto ignis
suasionis illius amplius incendit, quanto se ei ad consentien-
dum molliorem quisque praebuerit. Sed quia nulla ratione
36 conceditur ut mens in hac corruptibili carne posita nequaquam
suasionis eius ardore tangatur, restat ut a malignis flatibus
adusta, ad orationis opem se sine cessatione conuertat. Flammam quippe suggestionum illius exstinguit citius unda lacri-
40 marum.

Unusquisque ergo nostrum tanto se plenius auctori subiciat,
quanto contra se uerius uiolentas aduersarii uires pensat. Quid
namque nos nisi puluis sumus ? Quid uero ille, nisi unus ex
44 caelestibus spiritibus, et quod adhuc maius est, summus ? Quis
ergo de propria uirtute audeat, quando contra angelorum principem puluis pugnat ? Sed dignum est ut uincatur a puluere qui

---

28/40 *CC* XXXIII, xxxix, 15/27 ; μ 1116.   **41/54** *CC* XXXII, xxiv, 44/50, 54/62 ; μ 1074.

17/20 III Reg. 21, 1/19.   **23/24** Iob 41, 12.

---

16 sequeretur] sequitur P_1 **18** petendam] appetendam P_1 **20** leuiathan] iste *add.*
P_1 **25** praua P_1 **26** que] quod P_1 | eius] *om.* P_1 **27** suggestionibus] instigationibus
P_1 **44** quis] quid P_1 **46** a] *om.* P_1

fortem se credidit deserto creatore, ut inueniatur superatus,
48 quia defecit elatus. Valde autem saeuiens anhelat, quod eum
ima cruciant, homo ad summa conscendat ; quod in illa celsitudine subuecta caro permanet, a qua tantus ille spiritus sine
fine proiectus iacet. Sed loca mentium mutauit ordo meri-
52 torum. Sic sic superbia meruit deici, sic humilitas exaltari,
quatenus et caelestis spiritus erigendo se tartarum toleret, et
terra humilis sine termino super caelos regnet.

CAPITVLVM XXV

QVOD SEMPER VIGILANDVM EST CONTRA INSIDIAS DIABOLI

Electi quique quamdiu in hac uita sunt, securitatis sibi
confidentiam non promittunt, Horis enim omnibus contra
4 temptamenta suspecti, occulti hostis insidias metuunt qui si
etiam temptationes cessant, uel sola grauiter suspicione turbantur. Nam saepe multis graue periculum incauta securitas fuit,
ut callidi hostis insidias non temptati, sed iam prostrati cognos-
8 cerent. Vigilandum quippe semper est, ut continue sollicita
numquam relaxetur ab intentione superna, et laboriosa
deserens, in cogitationibus fluxis, quasi in quibusdam mollibus
stramentis iacens, uenienti corruptori diabolo mens se resoluta
12 prostituat. Semper uero est ad certamen aduersarii erigendus
animus, semper contra occultas insidias cautela prouidenda.
Hinc etenim Habacuc propheta ait : *Super custodiam meam
stabo.* Hinc rursum scriptum est : *Statue tibi speculam ; pone*
16 *tibi amaritudines qui euangelizas Sion.* Hinc per Salomonem
dicitur : *Beatus uir qui semper est pauidus ; qui autem mentis
est durae, corruet in malum.* Hinc iterum dicit : *Uniuscuiusque
ensis super femur suum, propter timores nocturnos.* Nocturni

[XXV] **2/38** *CC* XX, III, 61/69 ; μ 638.

[XXV] **15/16** Hab. 2, 1.   **16/17** cfr Ier. 31, 21; Is. 40, 9.   **17/18** Prou. 28,
14.   **18/19** Cant. 3, 8.

---

47 inueniatur superatus] superatus inueniat P_1 **48** eum] cum ipsum P_1 **50** ille spir-
itus] ipse P_1 **54** celum P_1 [XXV] **8** est] sit P_1 **13** contra] ad *s. l.* P_1 **14**
propheta habacuc P_1

ensis super femur suum, propter timores nocturnos. Nocturni
20 quippe timores sunt insidiae temptationis occultae. Ensis autem
super femur est custodia uigilans, carnis illecebram premens.
Ne ergo nocturnus timor, id est, occulta et repentina temptatio
subrepat, semper necesse est ut femur nostrum superpositus
24 custodiae ensis premat. Sancti etenim uiri sic de spe certi sunt,
ut tamen semper sint de temptatione suspecti ; quippe quibus
dicitur : *Seruite Domino in timore et exsultate ei cum tremore,*
ut et de spe exsultatio, et de suspectione nascatur tremor.
28 Quorum uoce iterum psalmista dicit : *Laetetur cor meum ut*
timeat nomen tuum. Vbi notandum quod non ait : Laetetur ut
securus sit, sed : Laetetur ut timeat. Meminerunt namque,
quamuis eorum actio prosperetur, quia adhuc in hac uita sunt ;
32 de qua per eumdem Iob dicitur : *Temptatio est uita humana*
super terram. Meminerunt rursum quod scriptum est : *Corpus*
quod corrumpitur aggrauat animam et deprimit terrena inhabi-
tatio sensum multa cogitantem. Meminerunt et metuunt, et
36 certitudinem sibi in se promittere non praesumunt ; sed positi
inter gaudium spei et temptationis metum ; confidunt et
timent ; confortantur et titubant ; certiorantur et suspecti sunt.

CAPITVLVM XXVI

DE DIVERSIS APPELLATIONIBVS DIABOLI SECVNDVM DIVERSAS EIVS NEQVITIAS

Leuiathan interpretatur additamentum eorum, scilicet hominum, quorum recte additamentum dicitur quia culpam quam
4 intulit augere non desistit. Vel per exprobrationem additamentum dicitur hominum. In paradiso namque diuinitatem promittendo, aliquid eis addere se spopondit ; quod dum fecit, callide
habita subtraxit. Vnde propheta : *Super Leuiathan uectem,*

[XXVI] **2/13** *CC* IV, ix, 32/47, 50/54 ; μ 110/111.

---

26 Ps. 2, 11. **28/29** Ps. 85, 11. **32/33** cfr Iob 7, 1. **33/35** Sap. 9, 15. [XXVI]
7/8 Is. 27, 1.

---

29 ubi] et P_1 [XXVI] **5** hominum dicitur P_1 | in paradiso namque] quia quos im-
mortales repperit P_1 **6** eis] se *praem.* P_1 | quod dum fecit] et ita P_1 **7/8** uectem
usque serpentem] serpentem uectem P_1

8   *super Leuiathan serpentem tortuosum.* Sinibus quoque tortuosis
ad homines irrepsit quia dum impossibilia promisit, possibilia
sustulit. Quem propheta ut durum signaret et mollem, uectem
nominat et serpentem. Durus quippe est per malitiam, mollis
12 per blandimenta ; inde uectis dicitur quia usque ad necem percutit, serpens quia molliter insidias infundit.
   Satan etiam leo dicitur pro crudelitate, tigris uero quia
maculis simulationis aspersus est et astutiae uarietate. Qui
16 etiam myrmicoleon dicitur quod est animal ualde paruum, for-
micis aduersum, quod abscondens se sub puluere, formicas
interficit et consumit, et interpretatur myrmicoleon, formicarum leo. Sic diabolus de caelo in terram proiectus iustorum
20 mentes bonorum operum sibi refectionem parantes in actionis
itinere quasi formicas frumenta gestantes improuisus necat. Qui
leo et formica recte dicitur quia contra consentientes fortis est
ut leo, contra resistentes debilis est ut formica.
24 Aquilonis etiam nomine item appellatur qui torporis frigore
peccatorum corda constringit.
   Item dicitur coluber lubricus et tortuosus, quia decipiendo
homini colubri ore locutus est. Qui idcirco tortuosus dicitur
28 quia in ueritatis rectitudine non stetit ; lubricus uero idcirco
dicitur quia si suggestioni eius primae non resistitur, repente
totus ad interna cordis dum non sentitur, illabitur.
   Item maligni spiritus uulpes dicuntur et uolucres. Vulpes
32 ualde fraudulenta sunt animalia quae in fossis uel in specubus
absconduntur, cumque apparuerint, numquam rectis itineribus
sed tortuosis anfractibus currunt.
   Volucres uero ut nouimus, alto uolatu se in aera subleuant.
36 Nomine ergo uulpium dolosa atque fraudulenta, nomine autem

---

14/15 *CC* V, xxii, 3/5 ; μ 157.   **15/19** *CC* V, xx, 37/40 ; μ 156.   **19/23** *CC* V, xxii,
14/22 ; μ 158.   **24/25** *CC* XVII, xxiv, 2/3 ; μ 547.   **26/30** *CC* XVII, xxxii, 2/4, 9/11 ;
μ 554/555.   **31/43** *CC* XIX, i, 9/21 ; μ 604.

8/11 sinibus *usque* serpentem] *om.* P_1 **12** inde] *om.* P_1 | dicitur] *om.* P_1 **13** serpens]
tortuosus P_1 | molliter insidias] se per insidias molliter P_1 **14** satan etiam] *om.* P_1 |
dicitur] *om.* P_1 | uero] *om.* P_1 **17/19** quod *usque* leo] quod se sub puluere abscondit
et formicas frumenta gestantes interficit . myrmicoleon latine dicitur formicarum leo
uel formica et leo P_1 **20** mentes] que *add.* P_1 | sibi] *om.* P_1 | parantes] preparant
DDP_1 | in] *add.*ipso P_1 **21** itinere] *add.* obsidet P_1 | quasi] cumque has per insidias
superat *praem.* P_1 **22** recte] *om.* P_1 **23** est] *om.* P_1 **28** uero] *om.* P_1 **29** dicitur]
om. P_1 **30** illabitur] elabitur P_1

uolucrum, haec eadem superba daemonia designantur. Vnde
scriptum est : *Vulpes foueas habent et uolucres caeli nidos ;*
Filius autem hominis non habet ubi caput suum reclinet. Ac si
40 dicat : Fraudulenta et elata daemonia in corde uestro, item in
cogitatione superbiae inueniunt habitationem suam. Filius
autem hominis ubi caput suum reclinet non habet, id est,
humilitas mea requiem in superba mente uestra non inuenit.
44 Perditionis quoque et mortis nomine maligni spiritus designantur qui inuentores mortis et perditionis exstiterunt, sicut de
ipso eorum principe subministri eius specie per Ioannem dicitur : *Et nomen illi mors,* cui subiecti sunt omnes superbiae spi-
48 ritus.
Item antiquus hostis nomine bestiae accipitur, qui deceptionem primi hominis saeuus impetiit, et integritatem uitae
illius male suadendo laniauit. Hic quia ad lacerationem mentis
52 pertingere temptando non potuit in Redemptore nostro, ad
mortem carnis anhelauit. Haec nimirum bestia multa et electorum corda tenuit, sed hanc ab illis moriens Agnus excussit.
Vnde in euangelio Dominus : *Nunc princeps huius mundi*
56 *eicietur foras.* Qui miro rectoque iudicio dum confessiones
illuminans suscepit, superborum oculos deserens clausit. Vnde
ei per psalmistam dicitur : *Posuisti tenebras et facta est nox ; in*
ipsa pertransibunt omnes bestiae siluae ; catuli leonum
60 *rugientes ut rapiant et quaerant a Deo escam sibi.* Tenebras
quippe Dominus ponit, cum peccatis iudicia rependens, lumen
intellegentiae suae subtrahit. Et nox efficitur quia mens prauorum ignorantiae suae erroribus excaecatur. In qua omnes bes-
64 tiae siluae pertranseunt dum maligni spiritus sub opacitate
fraudis latentes in reproborum cordibus prauitates suas
explendo percurrunt. In qua et catuli leonum rugiunt, quia
nequissimarum sed tamen eminentium potestatum ministri

44/48 *CC* XIX, ii, 2/6 ; μ 604.   49/74 *CC* XXVII, xxvi, 2/4, 21/43 ; μ 876.

38/39 Matth. 8, 20.   **47/48** Apoc. 6, 8.   **51/52** cfr Matth. 4, 3/11.   **55/56** Ioh. 12,
31.   **58/60** Ps. 103, 20/21.

---

44 nomine] quid nisi *add. P₁*   **49** item] *om. P₁*   **53** carnis] *om. P₁* | et] *om. P₁*   **55**
unde] et *add. P₁*   **62** sue intellegentie *P₁* | mens] mors *L₁ T* | prauorum mens *P₁*   **63**
cecatur *P₁*

68 spiritus importunis temptationibus insurgunt. Qui tamen a Deo
escam expetunt, quia nimirum capere animas nequeunt, nisi
iusto iudicio praeualere diuinitus permittantur. Vbi et apte subditur : *Ortus est sol, et congregati sunt et in cubilibus suis collo-*
72 *cabuntur.* Quia ueritatis lumine per carnem apparente, a
fidelium mentibus excussi quasi ad cubilia sua reuersi sunt
dum sola infidelium corda tenuerunt.

Item Leuiathan dicitur diabolus, id est, *additamentum*
76 *eorum*, ut dictum est, uel alia interpretatione *serpens in aquis*.
Behemoth etiam dicitur quod belua interpretatur ; item etiam
iumentum, draco et auis dicitur. Cuius nomina citius agnoscimus, si tergiuersationis illius astutiam subtiliter exploremus.
80 De caelo quippe ad terram uenit, et ad spem caelestium nulla
iam respiratione se erigit. Irrationale animal ac quadrupes est
per actionis immundae fatuitatem, draco per nocendi malitiam,
auis per subtilis naturae leuitatem. Quod enim hoc contra se
84 agit ignorat, bruto sensu belua est ; quia malitiosa nobis nocere
appetit, draco est ; quia uero de naturae suae subtilitate
superbe extollitur, auis est. Rursum, quia in hoc quod inique
agit ad utilitatem nostram diuina uirtute possidetur, iumentum
88 est ; quod uero latenter mordet, serpens est ; quia autem nonnumquam per indomitam superbiam se etiam lucis angelum
simulat, auis est. Humanum etenim genus quamuis inexplica-
bili iniquitatis arte lacessat, tribus tamen uitiis ualde temptat,
92 ut uidelicet alios sibi per luxuriam, alios per malitiam, alios per
superbiam subdat.

Non ergo immerito in eo quod agere nititur ex ipso actionum suarum nomine uocatur, cum iumentum, draco, uel auis
96 dicitur. In eis quippe quos ad stultitiam luxuriae excitat,
iumentum est ; in eis quos ad nocendi malitiam inflammat,
draco est ; in eis autem quos in fastum superbiae quasi alta

75/76 *CC* XXXIII, ix, 2 ; μ 1086.   76/113 *CC* XXXIII, xv, 7, 9/45 ; μ 1094/1095.

71/72 Ps. 103, 22.

---

75 item] *om. P*₁   79 astutiam] -as *P*₁ | exploremus] -amus *P*₁   81 irrationale ergo et
quadrupes animal est *P*₁   82 malitiam nocendi *P*₁   83 quod] quia *P*₁ | hoc] quod
*add. P*₁   86 in] ad *P*₁

sapientes eleuat, auis est ; in illis uero quos pariter in luxuriam,
100 malitiam et superbiam polluit, iumentum, draco simul et auis
exsistit. Per tot namque ad deceptorum cor se species intulit, in
quot eos nequitias implicauit. Multarum igitur rerum nomine
uocatur, quia ante deceptorum mentes in uarias formarum
104 species uertitur. Cum enim hunc per carnis luxuriam temptat,
sed tamen minime superat, mutata suggestione cor illius in
malitia inflammat. Quia ergo ad eum belua uenire non ualuit,
draco uenit. Illum ueneno malitiae corrumpere non ualet, sed
108 tamen bona sua eius oculis opponit, et cor illius in superbiam
extollit. Huic ergo ut draco subripere non ualuit, sed tamen
adducto phantasmate inanis gloriae, coram cogitationis eius
obtutibus quasi auis uolauit. Quae nimirum auis tanto contra
112 nos immanius extollitur, quanto nulla naturae suae infirmitate
praepeditur.

Vt igitur Satanae suggestionibus, consiliis et fraudibus uiriliter resistere ualeamus, ad psalmistae consilium decurramus
116 dicentis : *Sumite psalmum et date tympanum.* In tympano
corium siccatur ut sonet. Sumere igitur psalmum et dare tympanum est accipere spiritale canticum cordis et reddere temporalem macerationem corporis. In quibus duobus, in oratione
120 et ieiunio eiciuntur daemonia, auxiliante mediatore Dei et
hominum Christo Iesu, qui cum Patre et Spiritu Sancto uiuit et
regnat Deus in saecula saeculorum. Amen.

114/119 *CC* XXXIII, xvii, 22/26 ; μ 1097.   **119/120** uide *CC* XXXII, xix, 50/54 (cfr
Matth. 17, 21) ; μ 1065.   **120/122** (auxiliante ... Amen) desunt in *CC*, μ et *Matth.*

---

116 Ps. 80, 3.

99/100 luxuria malitia et superbia P_1 **106** malitiam P_1 **116** tympano] etenim *add.*
P_1 **117/118** sumere *usque* accipere] quid est ergo dicere sumite psalmum et date
tympanum nisi accipite P_1 **118** reddere] reddite P_1 **119** corporis] carnis P_1 **121**
iesu christo P_1

LIBER SECVNDVS

DE PECCATO

PROLOGVS

In secundo libro primae partis de peccato agitur, quoniam
suggestionum diaboli peccatum solet esse sequela. Peccatum
uero tripliciter perpetratur : cogitatione, locutione et opere.
4 Vnde non immerito de peccato cogitationis et de peccato locutionis, necnon et de peccato operationis tractatur.

Quique autem remedium contra peccatum desiderat, ad
librum secundum secundae partis, qui de paenitentia inscribi-
8 tur, decurrat et ad peccatum cogitationis, locutionis et operis
remedium inueniet : cordis compunctionem, oris confessionem,
eleemosynarum largitionem, de quibus in eodem plenius
instruetur.

CAPITVLVM I

DE PECCATO

Omne peccatum fundamentum non habet, quia non ex
propria natura subsistit. Malum quippe sine substantia est.
4 Quod tamen, utcumque sit, in boni natura coalescit. Et
quamuis inter iniquitatem atque peccatum nihil distare perhi-
beat Ioannes apostolus qui ait : *Iniquitas peccatum est,* ipso
tamen uso loquendi plus iniquitas quam peccatum sonat et
8 omnis se homo libere peccatorem fatetur, iniquum uero dicere
nonnumquam erubescit. Inter scelera uero et delicta hoc distat
quod scelus etiam pondus peccati transit ; delictum uero

[I] **2/4** *CC* XXVI, xxxvii, 2/4 ; μ 844.   **4/18** *CC* XI, xlii, 15/29 ; μ 386.

[I] **6** I Ioh. 3, 4 ; 5, 17.

[Prol] **6** quicumque   **8** et] *om.* P_1 [I] **5** atque] et P_1 **6** ipso] in *praem.* P_1 **10**
peccati pondus P_1

pondus peccati non transit quia et cum offerri sacrificium per
12 legem iubetur, nimirum praecipitur sicut pro peccato, ita etiam
pro delicto. Et numquam scelus nisi in opere est, delictum uero
plerumque in cogitatione. Vnde et per psalmistam dicitur : *Delicta quis intellegit ?* Quia uidelicet peccata operis tanto citius
16 cognoscuntur, quanto exterius uidentur ; peccata uero cogitationis eo ad intellegendum difficilia sunt, quo inuisibiliter perpetrantur.

Hoc autem inter peccatum distat et crimen quod omne cri-
20 men peccatum est, non tamen omne peccatum crimen. Et in
hac uita multi sine crimine, nullus uero esse sine peccato ualet.
Vnde et praedicator sanctus, cum uirum dignum gratia sacer-
dotali describeret, nequaquam dixit : Si quis sine peccato ;
24 sed : *Si quis sine crimine est.* Quis uero sine peccato esse
ualeat, cum Ioannes dicat : *Si dixerimus quia peccatum non
habemus, nosipsos seducimus et ueritas in nobis non est ?* In
qua uidelicet peccatorum et criminum distinctione pensandum
28 est quia nonnulla peccata animam polluunt, nam crimina
exstinguunt. Vnde beatus Iob crimen luxuriae definiens, ait :
Ignis est usque ad perditionem deuorans, quia nimirum huius
reatus facinoris non usque ad inquinationem maculat, sed
32 usque ad perditionem deuorat.

Quisquis igitur aeternitatis desiderio anxius apparere uenturo iudici desiderat mundus, tanto se subtilius nunc examinat,
quanto nimirum cogitat, ut tunc terrori illius liber assistat, et
36 ostendi sibi exorat ubi displicet, ut hoc in se per paenitentiam
puniat seque hic diudicans iniudicabilis fiat.

Sed inter haec intueri necesse est quanta peregrinationis
nostrae poena nos perculit, qui in eam caecitatem uenimus, ut
40 nosmetipsos ignoremus. Perpetramus mala, nec tamen haec
celerius deprehendimus uel perpetrata. Exclusa quippe mens a
luce ueritatis nil in se nisi tenebras inuenit, et plerumque in

---

19/32 *CC* XXI, XII, 9/23 ; μ 688.   **33/43** *CC* XI, XLII, 29/39 ; μ 386/387.

14/15 Ps. 18, 13.   **24** Tit. 1, 6.   **25/26** I Ioh. 1, 8.   **30** Iob 31, 12.

---

11 cum et P_1 **13** numquam] nonnumquam P_1 | nisi] *om.* P_1 **14** cogitatione] sola
praem. P_1 **21** peccatis P_1 **22** et] *om.* P_1 **23** si quis] *om.* L_1 **24** esse sine peccato
P_1 **28** nam] uel sed *add. s. l.* P_1 **39** nos] *om.* L_1 **41** scelerius L_1

peccati foueam pedem porrigit et nescit.

CAPITVLVM II

QVOD PECCATVM TRIBVS MODIS PERPETRATVR

Sciendum est quod peccatum tribus modis admittitur. Nam aut ignorantia, aut infirmitate, aut studio perpetratur. Et
4 grauius quidem infirmitate quam ignorantia, sed multo grauius studio quam infirmitate peccatur. Ignorantia Paulus peccauerat, cum dicebat : *Qui prius fui blasphemus, et persecutor, et contumeliosus ; sed misericordiam consecutus sum, quia ignorans*
8 *feci in incredulitate.* Petrus autem in infirmitate peccauit, quia omne in eo robur fidei quod Domino perhibuit una uox puellae concussit, et Deum quem corde tenuit uoce denegauit. Sed quia infirmitatis culpa uel ignorantiae eo facilius tergitur, quo non
12 studio perpetratur, Paulus quae ignorauit sciendo correxit, et Petrus motam et quasi arescentem iam radicem fidei lacrimis rigando solidauit. Ex industria uero peccauerunt hi de quibus ipse magister dicebat : *Si non uenissem et locutus eis fuissem,*
16 *peccatum non haberent ; nunc autem excusationem non habent de peccato suo.* Et paulo post : *Et uiderunt, et oderunt me et Patrem meum.* Aliud est enim bona non facere, aliud bonorum odisse doctorem ; sicut aliud est praecipitatione, aliud delibera-
20 tione peccare. Saepe enim peccatum praecipitatione committitur, quod tamen consilio et deliberatione damnatur. Ex infirmitate enim plerumque solet accidere amare bonum, sed implere non posse. Ex studio uero peccare est bonum nec
24 facere nec amare. Sicut ergo nonnumquam grauius est peccatum diligere, quam perpetrare, ita nequius est odisse iustitiam quam non fecisse. Sunt ergo nonnulli in Ecclesia qui non solum bona non faciunt, sed etiam persequuntur ; et quae ipsi facere

---

[II] **2/46** XXV, xi, 2/36, xii, 1, 3/13 ; μ 803/804.

[II] **6/8** I Tim. 1, 13.   **15/17** Ioh. 15, 22.   **17/18** Ioh. 15, 24.

[II] **8** autem] uero P_1 | in] *om.* P_1 | quia] quando P_1 **9** omne robur in eo P_1 **14** peccauerant P_1 **15** locutus non fuissem eis P_1 **20** precipitatione peccatum P_1 **23/24** nec amare nec facere P_1 **27** etiam] *om.* P_1

28 neglegunt, etiam in aliis detestantur. Horum peccatum scilicet
non ex infirmitate uel ignorantia, sed solo studio perpetratur,
quia uidelicet si uellent implere bona, nec tamen possent, ea
quae in se neglegunt saltem in aliis amarent. Si enim ea ipsi uel
32 solo uoto appeterent, facta ab aliis non odissent ; sed quia bona
eadem audiendo cognoscunt, uiuendo despiciunt, animaduertendo persequuntur, recte dicitur : *Qui ex industria recesserunt
ab eo.*
36 Vnde et apte subiungitur : *Et omnes uias eius intellegere
noluerunt,* quia saepe quae facere despiciunt, etiam scire contemnunt. Quia enim scriptum est : *Seruus nesciens uoluntatem
domini sui, et faciens digna plagis, uapulabit paucis ; et seruus
40 sciens uoluntatem domini sui, et non faciens iuxta eam, uapulabit multis ;* impunitatem peccandi existimant remedium nesci-
endi. Qui nimirum sola superbiae caligine tenebrescunt, atque
ideo non discernunt quia aliud est nescisse, aliud scire noluisse.
44 Nescire enim ignorantia est ; scire noluisse, superbia. Et tanto
magis excusationem non possunt habere quia nesciant, quanto
magis eis etiam nolentibus opponitur quod cognoscant.

CAPITVLVM III

QVOD QVATTVOR MODIS PECCATVM PERPETRATVR IN CORDE, QVATTVOR IN OPERE

Quattuor modis peccatum perpetratur in corde, quattuor
consummatur in opere. In corde namque suggestione, delecta-
4 tione, consensu et defensionis audacia perpetratur. Fit enim
suggestio per aduersarium, delectatio per carnem, consensus per
spiritum, defensionis audacia per elationem. Culpa enim quae
terrere mentem debuit, extollit et deiciendo eleuat, sed grauius
8 eleuando supplantat. Vnde et illam primi hominis rectitudinem
antiquus hostis his quattuor ictibus fregit. Nam serpens suasit,

[III] 2/74 *CC* IV, xxvii, 9/33, 63/64, 66/67, 68/72, 73/79, 99/137 ; μ 123/126.

34/37 Iob 34, 27.   38/41 Luc. 12, 47/48.

29 solo] ex *praem.* P_1 34 qui] quia quasi P_1 37 noluerunt] non enim ait in
infirmitate non intellegunt sed intellegere noluerunt *add.* P_1 39 faciens] non *praem.*
P_1 43 est] *om.* P_1 46 magis] *om.* P_1

Eua delectata est, Adam consensit, qui etiam requisitus, confiteri culpam per audaciam noluit. Hoc uero in humano
12 genere cotidie agitur quod actum in primo parente nostri generis non ignoratur. Serpens suasit quia occultus hostis mala cordibus hominum latenter suggerit. Eua delectata est quia carnalis sensus, ad uerba serpentis mox se delectationi substernit.
16 Assensum uero Adam mulieri praepositus praebuit quia dum caro in delectationem rapitur, etiam a sua rectitudine spiritus informatus inclinatur. Et requisitus Adam culpam confiteri noluit, quia uidelicet spiritus, quo peccando a ueritate disiungi-
20 tur, eo in ruinae suae audacia nequius obduratur. Hisdem etiam quattuor modis peccatum consummatur in opere. Prius namque culpa latens agitur ; postmodum uero etiam ante oculos hominum sine confusione reatus aperitur ; dehinc et in con-
24 suetudinem ducitur, ad extremum quoque uel falsae spei seductionibus, uel obstinatione miserae desperationis enutritur.

Latens igitur in mente culpa ex suggestione nascitur ; cum uero delectatio accesserit, in apertum exire non erubescit. Vnde
28 propheta : *Et peccatum suum sicut Sodoma praedicauerunt, nec absconderunt.* Cum autem peccator de iniquitate sua non confunditur, iniquitate eadem etiam adminiculis pessimae consuetudinis roboratur. Dum uero culpa in usum coeperit,
32 nimirum se uel falsa spe diuinae misericordiae uel aperta miseria desperationis pascit, ut eo nequaquam ad correptionem redeat, quo uel factorem suum pium sibi inordinate simulat, uel hoc quod fecit inordinate formidat. Cui rei hoc deterius
36 accidit quod ei multorum similium lingua consentit, cum multi etiam male gesta laudibus exaggerant ; unde fit ut incessanter crescat culpa fauoribus nutrita. Curari autem uulnus neglegitur quod dignum praemio laudis uidetur. Vnde et bene per Salo-
40 monem dicitur : *Fili mi, si te lactauerint peccatores ne acquiescas eis.* Peccatores etenim lactant, cum uel perpetranda mala blandimentis inferunt, uel perpetrata fauoribus extollunt. An non lactatur, de quo per psalmistam dicitur : *Quoniam lauda-*

[III] **28/29** Is. 3, 9.   **40/41** Prou. 1, 10.   **43/45** Ps. 10, 3 (iuxta Hebr.).

[III] **11** culpam confiteri P_1 | uero] *om.* P_1 **15** delectatione P_1 **17** delectatione L_1 **18** confiteri culpam P_1 **20** audaciam P_1 | isdem P_1 **22** latens culpa P_1 **26** culpa in mente P_1 **27** erubescit] pertimescit P_1 **30** iniquitate] in *praem.* P_1 **39** et *om.* P_1

44 *tur peccator in desideriis animae suae et qui inique gerit benedi-*
citur ?

Sciendum quoque est, quod tres illi modi peccantium iuxta
descensus sui ordinem facilius corriguntur, quartus uero iste
48 difficilius emendatur. Vnde et Redemptor noster puellam in
domo, iuuenem extra portam, in sepulcro autem Lazarum sus-
citat. Adhuc quippe in domo mortuus iacet, qui latet in peccato. Iam quasi extra portam educitur cuius iniquitas usque ad
52 uerecundiam publicae perpetrationis aperitur. Sepulturae uero
aggere premitur, qui in perpetratione nequitiae etiam usu consuetudinis grauatur. Sed hos ad uitam miseratus reuocat quia
plerumque diuina gratia, non solum in occultis sed etiam in
56 apertis iniquitatibus mortuos, et mole prauae consuetudinis
pressos, respectus sui lumine illustrat. Quartum uero mortuum
Redemptor noster nuntiante discipulo agnoscit, nec tamen sus-
citat quia ualde difficile est ut is quem post usum malae con-
60 suetudinis etiam adulantium linguae excipiunt, a mentis suae
morte reuocetur. De quo et bene dicitur : *Sine mortuos ; sepeli-*
ant mortuos suos. Mortui enim mortuum sepeliunt cum peccatores peccatorem fauoribus premunt. Quid enim est aliud pec-
64 care quam occumbere ? Sed qui peccantem laudibus prose-
quuntur, exstinctum sub uerborum suorum aggere abscondunt.
Erat autem et Lazarus mortuus sed tamen non a mortuis
sepultus. Fideles quippe mulieres illum obruerant quae et eius
68 mortem uiuificatori nuntiabant. Vnde et protinus ad lucem
rediit, quia cum in peccato animus moritur citius ad uitam
reducitur, si super hunc sollicitae cogitationes uiuunt. Aliquando autem sicut et superius dictum est, falsa spes mentem
72 non intercipit sed hanc deterius desperatio configit, quae dum
omnem spem ueniae funditus interimit, erroris lacte animum
uberius nutrit.

61/62 Luc. 9, 60.

---

46 est] *om.* P_1 **52** uerecundiam] inuerecundiam *ed.* P_1 **55** in₂] *om.* L_1 **59** is] his
L_1 **67** illum mulieres P_1 **69** redit P_1 **73** erroris] in *praem.* P_1 |animam P_1

CAPITVLVM IV

QVOD OMNE PECCATVM NISI CITIVS TERGATVR, AVT ALIVD PECCATVM GENERAT AVT
ALTERIVS EST POENA PECCATI

Omne peccatum, quod citius paenitendo non tergitur, aut
4 peccatum est et causa peccati, aut peccatum et poena peccati.
Peccatum namque quod paenitentia non diluit ipso suo pondere mox ad aliud trahit.

Quod bene in infidelibus et lubricis Paulus quasi quoddam
8 semen erroris aspexerat, cum dicebat : *Qui cum cognouissent*
Deum, non sicut Deum glorificauerunt, aut gratias egerunt ; sed
euanuerunt in cogitationibus suis. Sed quid ex eius erroris semine pullulauit, ilico adiungit, dicens : *Propter quod tradidit illos*
12 *Deus in desideria cordis eorum, in immunditiam, ut contumeliis*
afficiant corpora sua in semetipsis.

Prioris enim peccati merito peccatorum subsequens fouea
tegitur, ut qui malum sciens perpetrat, deinceps iuste in aliis
16 etiam nesciens cadat. Cum enim omnipotens Deus ad paenitentiam tempus indulget, quod tamen humana malitia ad usum
suae iniquitatis intorquet, nimirum iusto Dei iudicio augeri
culpa permittitur, ut ad feriendum altius quandoque cumuletur.
20 Hinc etenim rursum de quibusdam, Paulus dicit : *Ut impleant*
peccata sua semper. Hinc uoce angeli ad Ioannem dicitur : *Qui*
nocet, noceat adhuc ; et qui in sordibus est, sordescat adhuc.
Hinc Dauid dicit : *Appone iniquitatem super iniquitatem*
24 *eorum, ut non intrent in iustitiam tuam.* Hinc rursus de Domino ab eodem psalmista dicitur : *Immissiones per angelos malos*

[IV] **3/46** *CC* XXV, IX, 12/15, 28/34, 39/41, 43/57, 58/63, 77/88 ; μ 799/800.

[IV] **8/10** Rom. 1, 21.   **11/13** Rom. 1, 24.   **20/21** I Thess. 2, 16.   **21/22** Apoc.
22, 11.   **23/24** Ps. 68, 28.   **25/26** Ps. 77, 49/50.

[IV] **5** namque] quippe P_1 **10** erroris] oris P_1 **12** immunditia P_1 **14** enim] ergo
P_1 | subsequentium P_1 **16** cadat] hoc quippe agitur ut culpis culpe feriantur quatenus
supplicia fiant peccantium ipsa incrementa uitiorum *add.* P_1 | cum enim] nam quia
P_1 **18** dei] *om.* P_1 **20** paulus] apostolus *add.* P_1 **21** angelica P_1 **23** dicit] ait
P_1 **24** iusticia tua P_1 | rursum P_1

uiam fecit semitae irae suae. Cor quippe Dominus prioribus meritis aggrauatum iuste permittit etiam subsequentibus malig-
28 norum spirituum persuasionibus falli, quod dum digne in culpa trahitur, reatus eius in poena cumulatur. Latior est enim uia quam semita. Ex semita uero irae suae uiam facere est irae causas districte iudicando dilatare, ut qui illuminati agere recte
32 noluerunt, iuste caecati adhuc faciant, unde amplius puniri mereantur. Hinc per Moysen dicitur : *Nondum completa sunt peccata Amorrhaeorum.*

Plerumque autem unum atque idem peccatum, et peccatum
36 est et poena peccati et causa peccati. Quod melius ostendimus si res ipsas ad medium deducamus. Effrenata enim uentris ingluuies in feruorem luxuriae plenitudinem carnis instigat. Perpetrata autem luxuria saepe aut periurio, aut homicidio tegi-
40 tur, ne humanarum legum ultione puniatur. Ponamus ergo ante oculos quod quidam uoracitatis sibi frena laxauit, qua uoracitate superatus adulterii facinus admisit ; deprehensus autem in adulterio, latenter uirum adulterae, ne ad iudicium traheretur,
44 occidit. Hoc itaque adulterium, inter uoracitatem et homicidium positum, de illa uidelicet nascens, hoc generans, et poena est peccati praecedentis et causa subsequentis.

De hoc etiam scriptum est : *Concidit me uulnere super*
48 *uulnus.* In infirmis suis sancta Ecclesia uulnere super uulnus concidit, quando peccatum peccato additur ut culpa uehementius exaggeretur. Quem enim auaritia pertrahit ad rapinam, rapina ducit ad fallaciam, ut, perpetrata culpa, ex falsitate
52 etiam defendatur, quid iste nisi super uulnus concisus est uulnere ? Vnde bene quoque per prophetam dicitur : *Maledictum, et mendacium, et homicidium, et furtum, et adulterium inundauerunt, et sanguis sanguinem tetigit.* Solet etenim sanguinis
56 nomine signari peccatum. Vnde is qui a peccatis liberari desiderat per paenitentiam clamat : *Libera me de sanguinibus.*

47/58 *CC* XIII, xvii, 1/12 ; µ 424/425.

33/34 Gen. 15, 16.   **47/48** Iob 16, 15.   **53/55** Os. 4, 2.   **57** Ps. 50, 16.

---

29 cumulatur] unde et ne ire sue dominus uiam de semita fecisse perhibetur *add.*
P_1 **35** atque idem] idemque P_1 **36** causa peccati et pena p. P_1 **53** quoque] *om.*
P_1

Sanguis ergo sanguinem tangit cum culpa culpae copulatur.

CAPITVLVM V

DE PECCATO COGITATIONIS

*Oculi eius super uias hominum, et omnes gressus eorum
considerat.* Ad Deum quasi tot gressibus mens accedit, quot
4 bonis motibus proficit. Et rursum tot gressibus longe fit, quot
malis cogitationibus deterescit. Vnde plerumque contingit ut
necdum procedat in opere motus mentis, et tamen perfecta iam
culpa sit ex ipso reatu cogitationis, sicut scriptum est : *Manus
8 in manu, non erit innocens malus.* Manus enim in manu iungi
solet, quando quiescit in otio, et nullus eam in usus laboris
exercet. *Manus ergo in manu, non erit innocens malus.* Ac si
diceret : Cum manus cessat ab iniquo opere, malus tamen non
12 est innocens per cogitationem. Quia ergo nouimus quod districte
omnia non solum facta, sed saltem cogitata pensantur, quid
faciemus de incessu mali operis, si sic subtiliter Deus iudicat
gressus cordis ? Ecce occulta mentis nostrae itinera nullus hominum
16 minum uidet, et tamen ante Dei oculos tot gressus ponimus
quot affectus mouemus. Totiens ante illum labimur quotiens a
recto itinere infirmae cogitationis pede claudicamus. Nisi enim
in conspectu eius iste assiduus nostrarum mentium lapsus
20 incresceret, per prophetam scilicet non clamaret : *Auferte
malum cogitationum uestrarum ab oculis meis.* Haec nimirum
dicens, uim coopertae malitiae nostrae quasi ferre se non posse
testatur. Quae cooperta illi esse non potest, quia uidelicet
24 importune eius conspectui ingeritur quicquid a nobis illicitum
occulte cogitatur. *Omnia enim,* sicut scriptum est, *nuda et
aperta sunt oculis eius.*

[V] **2/26** *CC* XXV, v, 1/2, 39/62 ; μ 789, 790.

[V] **2/3** Iob 34, 21.   **7/8** Prou. 11, 21.   **20/21** Is. 1, 16.   **25/26** Hebr. 4, 13.

[V] **3** considerat] tunc *usque* cumulare (= Pars II, Liber I, viii, 4/35), *add.* P_1 **4**
motibus] moribus L_1 **10** in] *om.* P_1 **11** cum] et *praem.* P_1 **17** illum] eum
P_1 **18** infirmo L_1 **26** eius] meis L_1

CAPITVLVM VI

QVOD GRAVITER PECCATVR IN COGITATIONE ETSI FORIS NIHIL AGATVR IN OPERE

Si peccaui et ad horam pepercisti mihi, cur ab iniquitate mea mundum me esse non pateris ? Ad horam Dominus pecca-
4 tori parcit, cum reatum culpae concessis protinus fletibus diluit. Sed ab iniquitate nostra mundos nos esse non patitur quia uolentes quidem culpam fecimus, sed nonnumquam nolentes eius memoriam cum delectatione toleramus. Saepe namque hoc
8 quod a conspectu iudicis iam fletu interueniente deletum est ad animum redit et deuicta culpa ad delectationem rursus inserpere nititur, atque in antiquum certamen rediuiua pulsatione reparatur ; ita ut quod prius egit in corpore, hoc importuna
12 cogitatione postmodum uerset in mente. Vnde propheta : *Computruerunt et deteriorauerunt cicatrices meae, a facie insipientiae meae.* Cicatrices computrescere est sanata iam peccatorum uulnera rursus in temptationem serpere atque ex eorum sugges-
16 tionibus, post superductam cutem paenitentiae, fetorem culpae iterum doloremque sentire. Qua uidelicet in re et nihil foris opere agitur et sola intus cogitatione peccatur ; districtoque se reatu mens obligat nisi hoc sollicitis lamentis tergat.
20 Vnde bene per Moysen dicitur : *Si fuerit inter uos homo qui nocturno pollutus sit somnio, egredietur extra castra ; et non reuertetur prius quam ad uesperam lauetur aqua, et post solis occasum regredietur in castra.* Nocturnum quippe somnium est
24 temptatio occulta per quam tenebrosa cogitatione turpe aliquid corde concipitur, quod corporis opere non expletur. Sed somnio nocturno pollutus egredi extra castra praecipitur quia uide-

---

[VI] **2/33** *CC* IX, LV, 1/12, 13/14, 17/33, 36/38, 41/44; μ 324/325.

[VI] **2/3** Iob 10, 14. **12/14** Ps. 37, 6. **20/23** Deut. 23, 10/11.

[VI] **4** parcit] non *praem.* L_1 | conscessis L_1 | fletibus protinus P_1 **8** iam iudicis P_1 **11** ita] atque *praem.* P_1 | ut] *om.* P_1 **12/13** unde propheta] quod caute ille conspicere athleta spiritales nouerat qui dicebat P_1 **14** cicatrices] quippe *add.* P_1 | putrescere P_1 **15** temptatione P_1 **17** qua] quia P_1 **23** est somnium P_1 **25** quod] tamen *add.* P_1 | corpore operis P_1

licet dignum est ut qui immunda cogitatione polluitur, indig-
28 num se cunctorum fidelium societatibus arbitretur. Qui ad
uesperam lauatur aqua, cum defectum suum conspiciens ad
paenitentiae lamenta conuertitur. Post aquam autem occum-
bente sole ad castra reuertitur, qui post lamenta paenitentiae,
32 frigescente flamma cogitationis illicitae, ad fidelium merita
praesumenda reparatur.

CAPITVLVM VII

QVOD SVPERFLVAE COGITATIONES SVAVITATEM ANIMAE PERDVNT

Quid in hac uita laboriosius quam terrenis desideriis aes-
tuare ? Aut quid hic quietius quam nihil huius saeculi
4 appetere ? Hinc est quod israeliticus populus custodiam Sab-
bati accepit in munere ; hinc contra est Aegyptus muscarum
multitudine percussa. Populus namque qui Deum sequitur
accepit sabbatum, id est requiem mentis, ut nullo in hac uita
8 desideriorum carnalium appetitu fatigetur. Aegyptus uero quae
huius mundi speciem tenet muscis percutitur. Musca enim
nimis insolens et inquietum animal est. In qua quid aliud
quam insolentes curae desideriorum carnalium designantur ?
12 Vnde alias dicitur : *Muscae morientes perdunt suauitatem
unguenti,* quia cogitationes superfluae quae assiduae in animo
carnalia cogitante et nascuntur et deficiunt, eam suauitatem
qua unusquisque intrinsecus per spiritum unctus est perdunt,
16 quoniam integritate eius perfrui non permittunt. Aegyptus ergo
muscis percutitur, quia eorum corda qui terrenam uitam diligunt, desideriorum suorum inquietudinibus feriuntur, turbis
cogitationum carnalium ad ima depressa sunt, ut ad quietis
20 intimae desiderium non leuentur. Vnde cum mira ope pietatis
ad cor ueritas uenit, prius ab eo cogitationum carnalium aestus
eicit et post in eo uirtutum dona disponit. Quod bene nobis

[VII] **2/31** *CC* XVIII, XLIII, 17/48 ; μ 588/589.

[VII] **12/13** Eccle. 10, 1.

---

30 autem] quippe P_1 [VII] **5** accepit] *T*, accipit L_1 P_1 **7** accipit P_1 **9** mundi
huius P_1 **16** ergo] uero P_1

sacra euangelii historia innuit, in qua ad resuscitandam filiam
24 principis inuitatus Dominus cum duceretur, protinus additur :
Et cum eiecta esset turba, intrauit et tenuit manum eius et
surrexit puella. Foras ergo turba eicitur ut puella suscitetur ;
quia si non prius a secretioribus cordis repellitur importuna
28 saecularium multitudo curarum, anima quae intrinsecus iacet
mortua non resurgit. Nam dum se per innumeras terrenorum
desideriorum cogitationes spargit, ad considerationem sui sese
nullatenus colligit.

CAPITVLVM VIII

QVOD PER OCVLOS AD ILLICITAS COGITATIONES TRAHIMVR ET PER CONSENSVM
DELECTATIONIBVS OBLIGAMVR

Si secutus est oculus meus cor meum. Per interioris uigoris
4 custodiam ad exteriorum membrorum disciplinam intenden-
dum est, ut si quid fortasse illicitum cor concupiscit, pressus
per disciplinae magisterium oculus uidere recuset. Sicut enim
saepe temptatio per oculos trahitur, sic nonnumquam concepta
8 intrinsecus compellit sibi extrinsecus oculos deseruire. Nam
plerumque res quaelibet innocenti mente respicitur, sed ipso
conspectu animus concupiscentiae gladio confoditur. Non
enim Dauid Vriae coniugem ideo studiose respexit, quia concu-
12 pierat, sed potius ideo concupiuit quia incaute respexit. Fit
uero rectae retributionis examine ut qui exteriori neglegenter
utitur, interiori oculo non iniuste caecetur. Saepe autem iam
intrinsecus concupiscentia dominatur, et illecebratus animus ad
16 usus suos sensus corporeos famulari more tyrannidis exigit,
suisque uoluptatibus oculos seruire compellit ; atque, ut ita
dicam, fenestras luminis ad tenebras aperit caecitatis. Vnde
sancti uiri cum sinistra pulsari delectatione se sentiunt, ipsa per

---

[VIII] **3/23** *CC* XXI, VIII, 1/23 ; μ 684/685.

25/26 Matth. 9, 25.   [VIII] **3** Iob 31, 7.   **10/12** cfr II Reg. 11, 2.

[VIII] **5** cor illicitum P_1 | concupisceret P_1 **6** recusaret P_1 **11** enim] ut exempli
causa iam diximus *add.* P_1 **14** cecetur] P_1, cecatur L_1 T **18** fenestras] P_1 T fenestra
L_1

20 quae formae species ad mentem ingreditur disciplinae magisterio lumina restringunt, ne prauae cogitationi uisio lenocinata
famuletur. Quae si umquam subtiliter custodiri neglegitur, cogitationis immunditia protinus ad operationem transit.

24 Prouidendum itaque nobis est, quia intueri non debemus
quod non licet concupisci, ne lubricum quid in cogitatione uer-
semus. Species siquidem formae cordi per oculos illigata uix
magni luctaminis manu soluitur. Oculi enim nostri quasi
28 quidem raptores sunt ad culpam. Non enim Eua lignum contigisset, nisi hoc prius incaute respiceret. Hinc sub Iudaeae uoce
propheta dicit : *Oculus meus depraedatus est animam meam.*
Concupiscendo enim uisibilia, per oculum corporis inuisibiles
32 uirtutes amisit.

Beatus quoque Iob oculos sapientiae uigore restrinxit. Ait
enim : *Pepigi foedus cum oculis meis ut ne cogitarem quidem
de uirgine.* Sciebat nimirum luxuriam in corde esse refrenan-
36 dam, sciebat per Spiritus sancti donum, quod Redemptor
noster ueniens legis praecepta transcenderet, et ab electis suis
non solum luxuriam carnis, sed etiam cordis aboleret, dicens :
*Scriptum est : Non adulterabis ; ego autem dico uobis, quoniam
40 omnis qui uiderit mulierem ad concupiscendum eam, iam moechatus est eam in corde suo.* Per Moysen quippe luxuria perpetrata, per auctorem uero munditiae luxuria cogitata damnatur. Hinc enim discipulis Petrus dicit : *Propter quod succincti
44 lumbos mentis uestrae, sobrii perfecte sperate in eam quae
offertur uobis, gratiam.* Lumbos enim carnis succingere est luxuriam ab effectu refrenare. Lumbos uero mentis succingere est
hanc etiam a cogitatione restringere. Hinc est quod angelus, qui
48 Ioannem alloquitur, zona aurea super mamillas cinctus esse

---

24/53 *CC ibid.*, II, 37/39, 35/37, 40/42, 47/51, 60/62, 64/84 ; μ 679/680.

---

30 Thren. 3, 51. **34/35** Iob 31, 1. **39/41** Matth. 5, 27/28. **43/45** I Petri 1,
13. **47/49** cfr Apoc. 1, 13.

---

24 debemus] debet P_1 **25/28** ne lubricum *usque* culpam] ut enim munda mens in
cogitatione seruetur a lasciuia uoluntatis sue deprimendi sunt oculi quasi
quidam raptores ad culpam P_1 **28** non] neque P_1 | lignum] uetitum *add.* P_1 **33** ui-
gore] sapientie *praem.* P_1 **36** sancti spiritus P_1 **39** quoniam] *om.* L_1 **43** enim] est
praem., quod *add.* P_1 | petrus] primus ecclesie pastor P_1

perhibetur. Quia enim testamenti noui munditia etiam cordis luxuriam frenat, angelus qui in eo apparuit in pectore cinctus uenit. Quem bene zona aurea stringit, quia quisquis supernae
52 patriae ciuis est, non iam timore supplicii, sed amore caritatis immunditiam deserit.

Sed inter haec sciendum est aliud esse quod animus de temptatione patitur carnis, aliud uero cum per consensum
56 delectationibus obligatur. Plerumque enim cogitatione praua pulsatur, sed renititur ; plerumque autem cum peruersum quid concipit, hoc intra semetipsum etiam per desiderium uoluit. Et nimirum mentem nequaquam cogitatio immunda inquinat cum
60 pulsat, sed cum hanc sibi per delectationem subiugat. Hinc etenim Paulus dicit : *Temptatio uos non apprehendat, nisi humana.* Humana quippe temptatio est, qua plerumque in cogitatione tangimur etiam nolentes, quia ut nonnumquam et
64 illicita ad animum ueniant, hoc utique in nobismetipsis ex humanitatis corruptibilis pondere habemus. Iam uero dae-moniaca est et non humana temptatio, cum ad hoc quod carnis corruptibilitas suggerit per consensum se animus astringit. Hinc
68 iterum dicit : *Non regnet peccatum in uestro mortali corpore.* Peccatum quippe in mortali corpore non esse, sed regnare pro-hibuit, quia in carne corruptibili non regnare potest, sed non esse non potest. Hoc ipsum namque ei de peccato temptari
72 peccatum est, quo quia quamdiu uiuimus perfecte omnimodo non caremus ; sancta praedicatio quoniam hoc expellere plene non potuit, ei de nostri cordis habitaculo regnum tulit, ut appetitus illicitus etsi plerumque bonis nostris cogitationibus
76 occulte se quasi fur inserit, saltem si ingreditur, non dominetur.

54/76 *CC ibid.*, III, 20/43 ; μ 680/681.

61/62 I Cor. 10, 13. **68** Rom. 6, 12.

---

61 paulus] predicator egregius P_1 | dixit P_1

CAPITVLVM IX

QVOD COGITATIONIBVS ILLICITIS AFFLIGIMVR CVM TERRENIS ACTIBVS LIBENTER
OCCVPAMVR

Sciendum quod idcirco nonnumquam impulsu illicitae cogi-
4 tationis affligimur, quia in quibusdam terrenae conuersationis
actibus, quamuis licitis, libenter occupamur. Vnde et sacerdos
legis, membris hostiae per frusta concisis, caput atque ea quae
erga iecur sunt, iubetur ignibus cremare, pedes uero atque
8 intestina hostiae prius aqua diluere. Nos quippe ipsos
sacrificium Deo offerimus cum uitam nostram cultui diuino
dedicamus. Qui membra hostiae per frusta concisa super ignem
ponimus, cum uitae nostrae opera uirtutibus distinguentes
12 immolamus. Caput atque ea quae erga iecur continentur incen-
dimus, cum in sensu nostro quo omne corpus regitur, atque in
occultis desideriis flamma diuini amoris ardemus. Et tamen
praecipitur ut pedes atque intestina hostiae lauentur. Pedibus
16 enim terra tangitur, intestinis uero stercora gestantur, quia
plerumque iam ex desiderio in aeternitatem succendimur, iam
toto deuotionis sensu ad appetitum nostrae mortificationis inhi-
amus. Sed quia adhuc terrenum prae infirmitate aliquid
20 agimus, nonnulla etiam quae iam subegimus illicita in corde
toleramus. Cumque cogitationes nostras immunda temptatio
inquinat, quid aliud quam intestina hostiae stercus portant ?
Sed ut comburi debeant, lauentur quia nimirum necesse est ut
24 immundas cogitationes timoris fletus diluat quas in acceptione
sacrificii supernus amor incendat. Et quicquid mens uel de
inexperto certamine, uel de conuersationis pristinae memoria
patitur, lauetur ut tanto suauius in conspectu sui spectatoris

---

[IX] **3/29** *CC* IX, LV, 46/48, 51/76 ; µ 325/326.

[IX] **5/8** cfr Leu. 1, 6/13.

[IX] **3** sciendum] quidem *add.* P_1 **5** occupamur] cumque in minimis actio terrena
per desiderium tangitur crescente contra nos antiqui hostis fortitudine mens nostra
non minima importunitate temptationis inquinatur *add.* P_1 **8** ipsos quippe P_1 **11**
uirtutibus] in *praem.* P_1 **12** erga] iuxta P_1 **21** temptatio immunda P_1 **27** specta-
toris] inspectoris P_1

28   ardeat, quanto cum ei assistere coeperit nil terrenum secum, nil
     lubricum in ara suae orationis imponit.

CAPITVLVM X

QVOD QVI COGITATIONES SVAS REGERE NESCIVNT DIABOLO QVASI REGI SVBICIVNTVR

Attenuetur fame robur eius, et inedia inuadat costas illius.
Mos est iustorum ut quod futurum est optent non maledicentis
4   animo, sed praedicentis. Omnis itaque homo, quia ex anima et
     carne constat, quasi ex robore et infirmitate compositus est.
     Infirmitas enim hominis, caro fragilis ; robur uero, anima
     rationalis intellegitur, quae impugnantibus uitiis per rationem
8   resistit. Hoc robur fame attenuatur, quia anima iniqui interno
     cibo non reficitur. De qua fame per prophetam dicitur : *Emit-*
     tam famem in terram, non famem panis neque sitim aquae, sed
     audiendi uerbum Domini. Per costas uero sensus animi desig-
12   nantur, quia sicut costae uiscera continent, ita sensus animi
     latentes cogitationes muniunt. Inedia igitur inuadit costas,
     quando omni spiritali refectione subtracta, sensus mentis
     deficiunt, et cogitationes suas regere uel tueri non possunt.
16   Vnde fit ut cogitationibus exterius sparsis, exteriorem gloriam
     deceptus appetat animus, nihilque diligat nisi quod pulchrum
     foris uiderit.
         Posset autem diues opes et gloriam sine culpa habere si ea
20   cum humilitate habere uoluissent. Sed extollitur rebus, inflatur
     honoribus, dedignatur ceteros omnemque uitae suae fiduciam
     in ipsa rerum abundantia ponit. Vnde et quidam diues

[X] **2/18** *CC* XIV, xv, 1/9, 12/16, 18/23, 28/30 ; µ 442.   **19/24** *CC ibid.*, xvi, 18/26
; µ 442/443.

[X] **2** Iob 18, 12.   **9/11** Am. 8, 11.

[X] **8/9** anima *usque* reficitur] eius anima nulla interni cibi refectione pascitur P_1 **9**
qua] scilicet *add.* P_1 | per] deus *praem.* P_1 | dicitur] loquitur P_1 **11/13** per *usque* la-
tentes] coste uniuscuiusque sunt sensui animi qui latentes P_1 **13** igitur] enim
P_1 **16** exteriorem gloriam] exterioris glorie speciem P_1 **19** possent autem diuites
P_1 | ea] hec P_1 **20** habere cum humilitate uoluissent P_1 **20/21** sed *usque* ceteros]
sed extolluntur rebus inflammantur honoribus dedignantur ceteros P_1 **22** abundantia
rerum ponunt P_1

dicebat : *Anima, habes multa bona reposita in annos plurimos ;*
24 *requiesce, comede, bibe, epulare.* Quas cogitationes dum Deus
aspicit, de hac fiducia eum euellit. Vnde et subditur : *Euellatur*
de tabernaculo suo fiducia eius et calcet super eum quasi rex
interitus. Tabernaculum iniqui terra est ; per interitum uero
28 diabolus qui interitum intulit, designatur. Vel per interitum
peccatum intellegitur quo reprobi ad interitum trahuntur. De
terra ergo fiducia eius euellitur, quando peruersus quisque qui
multa sibi in hac uita ad uotum parauerat, repentina morte dis-
32 sipatur. Et calcat super eum quasi rex interitus, quia uel hic
uitiis premitur, uel mortis suae tempore, cum a diabolo ad supplicia trahitur, eius potestati subiugatur.

CAPITVLVM XI

QVOD PRAVAE COGITATIONES PER QVAS DIABOLVS IN MENTE INIQVI HABITAT
PRAVAS GENERANT OPERATIONES

Cum occasio perpetrandi peccati iniquis deest, desideriorum
4 cogitationes eorum cordibus nullatenus desunt. Et cum semper
diabolum sequantur in opere, ualde tamen se illi obligant in
cogitatione. Prius ergo culpa in cogitatione est, postmodum in
opere. Vnde filiae Babylon dicitur : *Descende, sede in puluere,*
8 *uirgo filia Babylon ; sede in terra.* Cum enim semper puluis
terra sit, non tamen terra semper puluis. Quid ergo per
puluerem nisi cogitationes debemus accipere, quae dum importune ac silenter in mente euolant, eius oculos excaecant ? Et
12 quid per terram nisi terrena actio designatur ? Et quia reproborum mens prius ad praua cogitanda deicitur et postmodum

---

24/34 *CC ibid.*, xvii, 1/4, 13/15, 29/34 ; μ 443.   [XI] **3/18** *CC* XIV, xvii, 35/51 ; μ
443/444.

23/24 Luc. 12, 19.   **25/27** Iob 18, 14.   [XI] **7/8** Is. 47, 1.

24/25 quas *usque* euellit] quas eorum cogitationes dum supernus iudex aspicit de hac
ipsa eos fiducia sua euellit P_1 **25** et] usque adhuc P_1 **27/28** tabernaculum *usque*
qui] hoc loco interitus nomine ipse hostis humani generis qui P_1 **31** ad uotum in
hac uita P_1 **32** hic uel P_1 **33** cum a diabolo] per hoc quod P_1 [XI] **3** iniquis]
om. P_1 **4** eorum] malorum P_1

ad facienda, recte filiae Babylon quae ab internae rectitudinis
iudicio descendit, per ferientem sententiam dicitur ut prius in
16 puluere, et post in terra sedeat, quia nisi se in cogitatione prosterneret, in malo opere non haesisset.

Sequitur : *Habitent in tabernaculo illius socii eius, qui non
est.* Id est, in mente eius apostatae angeli per cogitationes
20 nequissimas conuersentur, eius uidelicet socii qui idcirco iam
non est, quia a summa essentia recessit, et per hoc, cotidie
excrescente defectu, quasi ad non esse tendit, quo semel ab eo
qui uere est cecidit ; qui recte quoque non esse dicitur quia
24 bene esse perdidit, quamuis naturae essentiam non amisit.

Adhuc tamen easdem iniqui cogitationes subtilius expri-
mens subiungit, dicens : *Aspergatur in tabernaculo eius sulphur.*
Sulphur sic ignem nutrit ut in se sit grauissimi fetoris. Ideo in
28 eo peccatum carnis intellegimus. Quod dum peruersis cogitationibus quasi fetoribus mentem replet, aeterna incendia fouet.
Vnde Dominus in Sodomam sulphur et ignem pluisse dicitur
ut ipsa qualitate ultionis notaret maculam criminis. In taberna-
32 culo igitur iniqui sulphur aspergitur, quotiens peruersa carnis
delectatio in eius mente dominatur.

Quem quia indesinenter prauae cogitationes possident,
eumque ferre boni operis fructum uetant, recte subiungitur :
36 *Deorsum radices eius siccentur, sursum autem atteratur messis
eius.* Per radices quae in occulto sitae sunt et germen in
apertum ferunt, cogitationes designantur, quae dum non uidentur in corde, uisibilia opera producunt. Dum igitur iniquus
40 cogitationes in infimis ponit et aeternae uiriditatis gaudia

---

18/26 *CC ibid.,* xviii, 1/10 ; μ 444.   **27/35** *CC ibid.,* xix, 1/6, 10/12, 16/20 ; μ
444.   **36/44** *CC ibid.,* xx, 1/5, 10/15 ; μ 444.

18/19 Iob 18, 15   **26** Iob 18, 15.   **36/37** Iob 18, 16.

---

27 sulphur] quid aliud quam fomentum ignis est quod tamen *add.* P_1 **27/28** ut
usque eo] ut fetorem grauissimum exalet . quid itaque in sulphure nisi P_1 **28** intelle-
gimus] accipimus P_1 **29** fetoribus] quibusdam *praem* P_1 | eterna] ei add. P_1 | fouet]
preparet P_1 **37** per radices] quid namque radicum nomine P_1 **38** cogitationes] nisi
praem P_1 | designantur] accipimus P_1 **39** producunt] unde et messis nomine eadem
aperta operatio signatur que uidelicet ex latenti radice producitur *add.* P_1 | dum igitur
inimicus] quia dum prauus quisque P_1 **40** cogitationes] suas *add.* P_1 | infimis] rebus
add. P_1 | eterne] sempiterne P_1 | neglegit] appetere *praem.* P_1

neglegit, radices suas deorsum siccari permittit. Messis uero
aperta operatio est quae bene sursum atteritur, quia omnis iniqui operatio Dei iudicio quasi nihilum reputatur licet hom-
44 inibus bona uideatur.

CAPITVLVM XII

QVOD VIGILANTER ATTENDENDUM EST DE COGITATIONIBVS VT CORAM DEO
IRREPROBABILES SINT, CVIVS OCVLIS OMNIA SVNT NVDA ET APERTA

Nemo considerare ualet quanta mala per momenta tem-
4 porum prauis cogitationum motibus perpetramus. Facile est
enim opera peruersa uitare, sed nimis difficile est ab illicita
cogitatione cor tergere. Et tamen scriptum est : *Vae uobis qui
cogitatis inutile.* Et rursum : *In die cum iudicabit Dominus*
8 *occulta hominum.* Qui etiam praemisit : *Inter se inuicem cogitationum accusantium, aut etiam defendentium.* Et rursum :
Labia dolosa in corde, et corde locuti sunt mala. Et rursum :
Etenim in corde iniquitates operamini in terra. Quia ergo
12 nolentibus etiam nobis in cogitatione subrepitur, sollerter inspi-
ciendum quanti ante oculos Dei cogitatio praua sit reatus.

Interiores quippe ac subtilissimae cogitationes nostrae
patent oculis Dei. *Omnia enim,* sicut scriptum est, *nuda et*
16 *aperta sunt oculis eius.* Et saepe in exteriori opere ante oculos
hominum inordinati apparere metuimus, et in interiori cogitatione illius respectum non metuimus, quem uidentem omnia
non uidemus. Multo enim magis intrinsecus Deo quam extrin-

[XII] **3/13** *CC* XXIV, xi, 220/228, 234/236 ; μ 775.   **14/36** *CC* XIX, xii, 38/61 ; μ
613/614.

[XII] **6/7** Mich. 2, 1.   **7/8** Rom. 2, 15/16.   **8/9** Ps. 11, 3.   **10** Ps. 57, 3.   **11**
Hebr. 4, 13.

---

41 radices] quid aliud quam *praem.* P_1 **41/42** messis *usque* bene] *om.* P_1 **42** sur-
sum] cuius *praem.,* messis *add.* P_1 **42/43** iniqui] eius P_1 **43** dei] a superno
P_1 **43/44** licet hominibus] etiam si ante humanos oculos P_1 [XII] **4** prauis] ipsis
inconstantibus P_1 **5** peruersa opera P_1 | uitare] mutare P_1 **6** uobis] *om.* P_1 **7**
dominus] deus L_1 **9** etiam] *om.* P_1 **10** locuta L_1 **12** nolentibus] *om.* P_1 | subripi-
tur P_1 **12/13** inspiciendum] est *add.* P_1 **13** quanti sit reatus ante oculos dei cogitatio praua P_1

20 secus hominibus conspicabiles sumus. Vnde et sancti omnes
foris se intusque circumspiciunt, et uel reprehendendos se
exterius, uel iniquos se interius uideri inuisibiliter timent. Hinc
est quod animalia quae per prophetam uidentur, in circuitu et
24 intus plena oculis esse memorantur. Quisquis enim exteriora
sua honeste disponit, sed interiora neglegit, in circuitu oculos
habet, sed intus non habet. Sancti uero omnes, quia et exteriora
sua circumspiciunt, ut bona de se exempla fratribus praebeant
28 et interiora sua uigilanter attendunt, quia sese irreprobabiles
interni iudicis obtutibus parant, et in circuitu et intus oculos
habere perhibentur ; magisque se, quo Deo placeant, in suis
internis componunt, sicut per psalmistam de sancta Ecclesia
32 dicitur : *Omnis gloria eius filiae regis ab intus.* Sed quia
exteriora sua etiam irreprehensibilia custodit, iure de ea subdidit : *In fimbriis aureis circumamicta uarietate,* ut pulchra intus
sibi sit et aliis foris ; et se prouehens per internam gloriam et
36 alios erudiens per exteriora operum exempla.

CAPITVLVM XIII

QVOD NON VALENT PRAVA OPERA RESECARI SI CVLPA PERDVRET IN COGITATIONE

*Si iniquitatem quae est in manu tua abstuleris a te, et non
manserit in tabernaculo tuo iniustitia, tunc leuare poteris faciem*
4 *tuam absque macula ; et eris stabilis et non timebis.* Omne peccatum aut sola cogitatione committitur, aut cogitatione simul et
opere perpetratur. Iniquitas ergo in manu est culpa in opere ;
iniustitia uero in tabernaculo iniquitas in mente. Mens quippe
8 nostra tabernaculum non incongrue uocatur, in qua apud
nosmetipsos abscondimur, cum foris in opere non uidemur.
Prius ergo a manu iniquitatem subtrahi, et post a tabernaculo
admonet iniustitiam abscidi ; quia quisquis iam praua a se
12 opera exterius resecat, necesse profecto est ut ad semetipsum

---

[XIII] **2/51** *CC* X, xv, 1/10, 14/36, 38/58 ; μ 351/352.

32.34 Ps. 44, 14.   [XIII] **2/4** Iob 11, 14/15.

---

29 circuitu] eius *add.* P_1 **30** quo] quod L_1 **31** psalmistam] quoque *add.* P_1 **34**
ut] et *add.* P_1 [XIII] **9** abscondimus L_1 **12** est profecto P_1

rediens, sollerter sese in mentis intentione discernat ; ne culpa,
quam iam in actione non habet, adhuc in cogitatione perduret.
Vnde bene etiam per Salomonem dicitur : *Praepara foris opus*
16 *tuum et diligenter exerce agrum tuum, ut postea aedifices*
domum tuam. Quid namque est praeparato opere agrum diligenter exterius exercere, nisi euulsis iniquitatis sentibus,
actionem nostram ad frugem retributionis excolere ? Et quid
20 est post agri exercitium ad aedificium domus redire nisi quod
plerumque ex bonis operibus discimus quantam uitae munditiam in cogitatione construamus ? Paene cuncta namque bona
opera ex cogitatione prodeunt, sed sunt nonnulla cogitationis
24 acumina quae ex operatione nascuntur ; nam sicut ab animo
opus sumitur, ita rursus ab opere animus eruditur. Mens
quippe diuini amoris exordia capiens imperat bona quae fiant ;
sed postquam fieri imperata coeperint, ipsis suis exercitata
28 actionibus discit, cum imperare bona incohauerat, quantum
minus uidebat. Foris ergo ager excolitur ut domus postmodum
construatur, quia plerumque ab exteriori opere sumimus, quantam subtilitatem rectitudinis in corde teneamus. Nequaquam
32 autem plene animus in cogitatione erigitur, quando adhuc ab
eo extrinsecus in opere erratur.
   Quae si perfecte duo haec tergimus, ad Deum statim sine
macula faciem leuamus. Interna quippe facies hominis mens
36 est, in qua nimirum recognoscimur, ut ab auctore nostro dili-
gamur. Quam scilicet faciem leuare est in Deum animum per
studia orationis attollere. Sed eleuatam faciem macula inquinat,
si intendentem mentem reatus sui conscientia accusat, quia a
40 spei fiducia protinus frangitur, si intenta precibus necdum deuictae culpae memoria mordetur. Diffidit namque accipere se
posse quod appetit, quae profecto reminiscitur nolle se adhuc
facere quod diuinitus audiuit. Hinc per Ioannem dicitur : *Si*
44 *cor nostrum non reprehenderit nos, fiduciam habemus ad*
Deum ; et quicquid petierimus ab eo accipiemus. Hinc Salomon
ait : *Qui auertit aurem suam ne audiat legem, oratio eius erit*
exsecrabilis. Cor quippe nos in petitione reprehendit cum
48 resistere se praeceptis eius quem postulat meminit ; et oratio fit

---

15/17 Prou. 24, 27.   43/45 I Ioh. 3, 21/22.   46/47 Prou. 28, 9.

---

22 bona] *om.* P_1 25 rursum P_1 39 a] ab P_1 44 ad] apud L_1

exsecrabilis cum a censura auertitur legis, quia dignum est profecto ut ab eius beneficiis sit quisque extraneus cuius nimirum
iussionibus non uult esse subiectus.

CAPITVLVM XIV

DE PECCATO LOCVTIONIS

*Numquid qui multa loquitur non et audiet ? Aut uir uerbosus
iustificabitur ?* Mos esse procacium solet ut recte dictis semper
4 e diuerso respondeant, ne si ad prolata consentiant, inferiores
esse uideantur. Quibus iustorum uerba quamlibet pauca
sonuerint multa sunt, quia quo eorum uitia resecant, auditum
grauant. Vnde et ad crimen trahitur hoc quod recta praedica-
8 tione contra crimina profertur. Ipsum quippe qui ex ueritate
fortes sententias dixerat, Sophar redarguens, uerbosum uocat
quia cum ab ore iustorum sapientia culpas increpat, stultorum
auribus superfluitas loquacitatis sonat. Praui namque nihil rec-
12 tum nisi quod ipsi senserint, putant ; et iustorum uerba eo
otiosa aestimant quo suis haec sensibus inueniunt diuersa. Nec
fallacem quidem Sophar sententiam protulit, quod uir uerbosus
iustificari nequaquam possit quia dum quisque per uerba
16 diffluit, perdita grauitate silentii, mentis custodiam amittit.
Hinc quippe scriptum est : *Cultus iustitiae, silentium.* Hinc
Salomon ait : *Sicut urbs patens et absque murorum ambitu, ita
uir qui non potest in loquendo cohibere spiritum suum.* Hinc
20 rursum dicit : In *multiloquio peccatum non deerit.* Hinc
psalmista testatur, dicens : *Vir uerbosus non dirigetur super terram.* Sed uirtus uerae sententiae perditur quae sub discretionis
custodia non profertur. Certum itaque est quod uerbosus
24 iustificari uir nequeat. Sed bonum bene non dicitur quia non

---

[XIV] **2/29** *CC* X, II, 1/29 ; μ 337/338.

[XIV] **2/3** Iob 11, 2.   **17** Is. 32, 17.   **18/19** Prou. 25, 28.   **20** Prou. 10,
19.   **21/22** Ps. 139, 12.

49/50 profecto est P_1 [XIV] **2** et] ipse *add.* L_1 P_1 **6** uitia eorum P_1 **11** nil
P_1 **12** senserint P_1 *post corr.*   **14** sententiam sophar P_1 **16** defluit L_1 **21** uer-
bosus] linguosus P_1

intenditur cui dicatur. Vera quippe contra malos sententia, si
bonorum rectitudinem impetit, suam perdit et eo retusa dissilit,
quo illud est forte quod ferit.

28　　Praui itaque audire bona patienter nequeunt et cum uitae
emendationem neglegunt, ad uerba se responsionis accingunt.
Imperita igitur mens ueritatis sententias grauiter tolerat, et
silentium poenam putat atque omne quod rectum dicitur
32　dedecus suae irrisionis arbitratur ; quia cum uera uox prauorum se auribus admouet, memoriam culpa mordet. In redargu-
tione uitiorum quo intus cognitione mens tangitur, foris ad studium contradictionis excitatur. Ferre uocem non ualet quia
36　tacta in uulnere sui reatus dolet, et per hoc quod generaliter
contra peruersos dicitur, se impeti specialiter suspicatur. Quod
enim intus egisse se meminit, audire foris erubescit. Vnde mox
se ad defensionem praeparat ut reatus sui uerecundiam per
40　uerba prauae refutationis tegat. Sicut enim recti, de quibusdam
quae ab eis non recte gesta sunt, correptionis uocem, ministerium caritatis aestimant, sic peruersi contumeliam derisionis
putant. Illi se protinus ad oboedientiam sternunt, isti ad
44　insaniam suae defensionis eriguntur. Hinc in laude iusti per
Salomonem Veritas dicit : *Doce iustum et festinabit accipere.*
Hinc prauorum contumaciam despicit, dicens : *Qui erudit derisorem, ipse sibi facit iniuriam.* Nam fit plerumque ut cum
48　correpta in se mala defendere nequeunt, ex uerecundia peiores
fiant ; ac sic in sua defensione superbiant, ut quaedam uitia
contra uitam corripientis exquirant ; et eo se criminosos non
aestimant, sed ipsi crimina et aliis imponant. Quae cum uera
52　inuenire nequeunt, fingunt ut et ipsi quoque habeant quod non
impari iustitia increpare uideantur.

30/53 *CC ibid.*, III, 2/17, 22/31 ; μ 338.

---

45 Prou. 9, 9.　　**46/47** Prou. 9, 7.

---

25 si] sed *praem.* L_1　　**28** praui itaque] quia autem praui P_1 | bona patienter audire
P_1　　**29** accingunt] aperte sophar insinuat qui subiungit . tibi soli tacebunt homines et
cum ceteros ut diximus irriseris a nullo confutaberis *add.* P_1　　**30** igitur] *om.* P_1 |
mens] ut diximus *add.* P_1　　**34** mens] mentis P_1　　**38** se] *om.* L_1　　**40** praue] sue
P_1　　**51** sed ipsi] si P_1　　**52** et] *om.* P_1

CAPITVLVM XV

DE QVATTVOR MODIS DICENDI ET DE MALEDICIS

Omne quod dicitur quadripartita potest qualitate distingui :
si aut mala male, aut bona bene, aut mala bene, aut bona male
4 dicantur. Male enim malum dicitur, cum res peruersa suadetur,
sicut scriptum est : *Benedic Deo, et morere.* Bene bonum dicitur, cum recta recte praedicantur, sicut Ioannes ait : *Agite pae-*
nitentiam, appropinquauit enim regnum caelorum. Malum bene
8 dicitur, quando per os dicentis idcirco uitium exprimitur, ut
reprobetur, sicut Paulus ait : *Feminae eorum immutauerunt*
naturalem usum in eum qui est contra naturam. Quo loco
exsecranda quoque uirorum facinora subdidit ; sed honeste
12 inhonesta narrauit, ut multos ad honestatis formam inhonesta
narrando reuocaret. Male autem bonum dicitur, cum rectum
aliquid recto studio non profertur, sicut illuminato caeco pharisaei dixisse perhibentur : *Tu sis discipulus eius.* Quod maledic-
16 tionis utique dixerunt studio, non orationis uoto. Vel sicut
Caiphas ait : *Expedit unum mori pro populo, ut non tota gens*
pereat. Bonum quippe, sed non bene locutus est, quia dum cru-
delitatem necis Christi appetiit, redemptionis gratiam prophe-
20 tauit.

Notandum autem quod qui petit a Deo fieri, quod ipse
facere, uel omnino non posset, uel, si posset, minime deceret,
grauiter peccat. Nam qui maledictionibus inimicum impetunt,
24 quid aliud in illo facere Deum uolunt, nisi quod ipsi facere
nequeunt aut erubescunt ? Mortem namque aduersario
expetunt, quam et si possunt inferre metuunt, ne aut perpetrati
homicidii rei teneantur, aut iniqui appareant etiam cum sunt.

[XV] **2/20** *CC* XXIII, I, 141/159 ; μ 732.   **21/32** *CC* XXII, XII, 2/15 ; μ 709/710.

[XV] **5** Iob 2, 9.   **6/7** Matth. 3, 2.   **8** Rom. 1, 26.   **15** Ioh. 9, 28.   **17/18** Ioh. 11, 50.

[XV] **5** bonum bene P_1 **7** appropinquabit P_1 **8** quando] cum P_1 **10** eum] usum *add.* P_1 **19** christi] *om.* P_1 | appetit L_1 **21** autem] *om.* P_1 **24** facere] aut *add.* P_1 **26** expetunt] exoptant P_1

28 Quid est ergo Deo dicere : *Occide quem odi*, nisi apertis
uocibus ei clamare : Hoc fac meo aduersario, quod me in illum
facere nec peccatorem decet ? Pensandum ergo nobis quod
scriptum est : *Benedicite et nolite maledicere* ; et rursum : *Non*
32 *reddentes malum pro malo, nec maledictum pro maledicto.*

Perfectae autem magnitudinis laus est aduersa perpeti et
exterius fortiter et interius clementer. Nam sunt nonnulla quae
in ipsa quoque familiarium conuersatione corrigi nequeunt sine
36 culpa corrigentis ; atque ideo cum uel corrigentem inquinant,
uel non omnimodo haec agentes grauant, magna magisterii arte
dissimulanda sunt, ipsaque hac dissimulatione toleranda. Quae
contra nos illata citius a corde laxamus, si nostra circa proxi-
40 mos errata cognoscimus. Vnde per Salomonem dicitur :
Cunctis sermonibus qui dicuntur ne accommodes cor tuum, ne
forte audias seruum tuum maledicentem tibi. Scit enim tua con-
scientia, quia et tu crebro maledixisti aliis. Dum enim pen-
44 samus quales erga alios fuimus, esse circa nos tales alios minus
dolemus, quia aliena iniustitia in nobis uindicat quod in se
iuste nostra conscientia accusat.

CAPITVLVM XVI

DE DVOBVS MODIS MALEDICTI

Sacra scriptura duobus modis maledictum memorat : aliud
uidelicet quod approbat, aliud quod damnat. Aliter enim
4 maledictum profertur iudicio iustitiae, aliter liuore uindictae.
Maledictum quippe iudicio iustitiae, ipsi primo homini peccanti prolatum est cum audiuit : *Maledicta terra in opere tuo.*
Maledictum iustitiae iudicio profertur cum ad Abraham dici-

33/46 *CC ibid.*, xiii, 17/31 ; μ 710.   [XVI] 2/33 *CC* IV, i, 48/80 ; μ 105/106.

---

31 Rom. 12, 14.   31/32 I Petri 3, 9.   40/43 Eccle. 7, 22/23.   [XVI] 6 Gen. 3,
17.

28/29 ei apertis uocibus P_1 29 illo P_1 30/31 pensandum *usque* est] in quibus profecto uerbis nobis pensandum est ubi iste uir legerat . diligite inimicos uestros ubi
legerat P_1 32 nec] *Vulg.*, neque $L_1 P_1$ 35 familiarum $L_1 P_1$ 38 ipsaque hac] ipsa
ac P_1 39 nos] nec P_1 | a corde] cotidie P_1 40 unde] bene quoque *add.* P_1

8 tur : *Maledicam maledicentibus tibi.* Rursum quia maledictum
non iudicio iustitiae sed uindictae liuore promitur, uoce Pauli
praedicantis admonemur qui ait : *Benedicite et nolite maledicere.* Et rursum : *Neque maledici regnum Dei possidebunt.*
12 Deus ergo maledicere dicitur et tamen homo maledicere prohibetur, quia quod homo agit malitia uindictae, Deus non facit
nisi examine et uirtute iustitiae. Cum uero sancti uiri maledictionis sententiam proferunt non ad hanc ex uoto ultionis, sed
16 ex iustitiae examine erumpunt. Intus enim subtile Dei iudicium
aspiciunt et mala foris exsurgentia, quia maledicto debeant
ferire, cognoscunt ; et eo in maledicto non peccant quia ab
interno iudicio non discordant. Hinc est quod Petrus in
20 offerentem sibi pecunias Simonem, sententiam maledictionis
intorsit dicens : *Pecunia tua tecum sit in perditione.* Qui enim
non ait *est* sed *sit*, non indicatiuo modo sed optatiuo se haec
dixisse signauit. Hinc Elias duobus quinquagenariis ad se
24 uenientibus dixit : *Si homo Dei sum, descendat ignis de caelo et
consumat uos.* Quorum utrorumque sententia quanta ueritatis
ratione conualuit, terminus causae monstrauit. Nam et Simon
aeterna perditione interiit et duos quinquagenarios desuper
28 ueniens flamma consumpsit. Virtus ergo subsequens
testificatur, qua mente maledictionis sententia promitur. Cum
enim et maledicentis innocentia permanet et tamen eum qui
maledicitur, usque ad interitum maledictio absorbet, ex
32 utriusque partis fine colligitur, quia ab uno et intimo iudice in
reum sententia sumpta iaculatur.

Notandum autem quod Dauid, qui retribuentibus mala non
reddit, cum Saul et Ionathas bello occumberent, Gelboe mon-
36 tibus maledicit dicens : *Montes Gelboe, nec ros nec pluuia*

34/64 *CC ibid.*, PRAEFATIO, 106/109, 131/135, 111/113, 101/103, 137/139, 144/160 ; μ
103/104.

---

8 Gen. 12, 3.   **10/11** Rom. 12, 14.   **11** I Cor. 6, 10.   **21** Act. 8, 20.   **24/25** IV
Reg. 1, 10.   **36/37** II Reg. 1, 21.

[XVI] **9** liuore uindicte P_1 **12** maledicere homo P_1 **15** ex] *om.* P_1 **18** eo] ideo
P_1 | quia] quod P_1 **21** perditionem P_1 **22** indicatiuo sed optatiuo modo P_1 | se] *om.*
P_1 **28** consumpsit] combussit P_1 **32** partis] sue *add.* P_1 **35** reddidit P_1 | ionatha
L_1, ionathan P_1 | occumberet *ed.*

ueniat super uos, et cetera. Idcirco enim montes Gelboe male-
dicuntur ut dum fructus ex arescente terra non oritur,
possessores terrae sterilitatis damno feriantur, quatenus ipsi
40   maledictionis sententiam acciperent qui apud se mortem regis
suscipere iniquitate sua exigente meruissent.

     Similiter Ieremias propheta cum praedicationem suam cer-
neret audientium difficultate praepediri, maledicit dicens :
44   *Maledictus uir qui annuntiauit patri meo dicens : Natus est tibi
puer masculus.* Quia igitur uerba haec in superficie a ratione
discordant sicut et uerba Dauid superius posita, ipsa iam littera
indicat quod in eis sanctus uir iuxta litteram nihil dicat ;
48   extrinsecus ergo humana ratione uacuum, intrinsecus maiori
mysterio plenum est. Mutabilitas igitur generis humani per
poenae meritum ueniens in persona prophetae fluctuantis
designatur ; per patrem uero illius, mundus iste de quo nas-
52   cimur. Vir autem ille qui natiuitatem nostram patri annuntiat
antiquus hostis est, qui cum nos in cogitationibus fluctuare
considerat malorum mentes, qui ex auctoritate huius mundi
praeeminent, ad persuasionem nostrae deceptionis instigat.
56   Cumque nos agere infirma conspexerit, ea quasi fortia fauoribus extollit et quasi natos masculos loquitur, cum corruptores
ueri per mendacium nos exstitisse gratulatur. Patri ergo natum
masculum denuntiat, quando huic mundo eum quem per-
60   suaserit, factum innocentiae corruptorem demonstrat. Nam
cum cuilibet peccanti ac superbienti dicitur : Fecisti sicut uir,
quid aliud quam natus masculus in mundo perhibetur ? Iure
itaque uir qui natum masculum nuntiat, maledicitur quia ipso
64   eius nuntio reprobum gaudium nostri corruptoris indicatur.

44/45 Ier. 20, 15.

---

37 ueniant P_1 | et cetera] *om.* P_1 **41** exigente] *om.* L_1 **48** maiore L_1 **49/53** muta-
bilitas *usque* qui] quid enim persona prophete fluctuantis nisi per pene meritum
ueniens humani generis mutabilitas designatur . et quid per patrem illius nisi iste de
quo nascimur mundus exprimitur . et quis est ille uir qui natiuitatem nostram
patri annuntiat nisi antiquus hostis qui P_1 **53** nos] *om.* P_1 **56** agere nos P_1 **58**
gratulantur   **59.63** masculum natum P_1

CAPITVLVM XVII

DE DVOBVS MODIS LOCVTIONVM HVMANO GENERI VALDE NOXIIS

Duo sunt genera locutionum importuna ualde et noxia generi humano ; unum quod curat etiam peruersa laudare, aliud
4 quod studet semper etiam recta corripere. Illud deorsum cum
fluuio ducitur, hoc uero contra fluenta ueritatis obserare et
alueum conatur. Illud metus premit, hoc elatio erigit. Illud gratiam ex fauoribus captat, hoc ira ut ex certamine ostendatur
8 exagitat. Illud in promptu subiacet, hoc semper e diuerso
tumet. Ex huius ergo qualitate beatus Iob amicos suos fuisse
redarguit cum dicit : *Ad increpandum tantum eloquia concinnatis.* Sed unde usque ad iniustae increpationis audaciam
12 peruenitur, protinus innotuit cum subiunxit : *Et in uentum
uerba profertis.* In uentum enim uerba proferre est otiosa
dicere. Nam saepe dum ab otiosis uerbis nequaquam lingua
compescitur, ad temeritatem quoque stultae increpationis
16 effrenatur. Quibusdam enim ruinae suae gradibus desidiosa
mens in foueam lapsus impellitur. Nam dum otiosa cauere
uerba neglegimus, ad noxia peruenimus ut prius loqui aliena
libeat, et postmodum detractionibus eorum uitam de quibus
20 loquitur, lingua mordeat, quandoque autem usque ad apertas
contumelias erumpat. Hinc seminantur stimuli, oriuntur rixae,
accenduntur faces odiorum, pax tota exstinguitur cordium.
Vnde bene per Salomonem dicitur : *Qui dimittit aquam caput
24 est iurgiorum.* Aquam uero dimittere est linguam in fluxum
eloquii relaxare. Quod contra et in bonam partem asserit
dicens : *Aqua profunda, uerba ex ore uiri.* Qui ergo dimittit
aquam, caput est iurgiorum ; quia qui linguam non refrenat
28 concordiam dissipat. Vnde e diuerso scriptum est : *Qui*

[XVII] **2/46** *CC* VII, xxxvii, 2/48 ; μ 239/240.

[XVII] **10/11.12/13** Iob 6, 26.   **23/24** Prou. 17, 14.   **26** Prou. 18, 4.   **28/29** Prou.
26, 10.

[XVII] **7** iram L_1 P_1 **8** exagitat] excogitat L_1 **17** fouee L_1 P_1 **24** uero] quippe
P_1 **25** quod] quo P_1 | et] *om.* P_1

imponit stulto silentium, iras mitigat.

Quia autem multiloquio quisque seruiens rectitudinem iustitiae tenere non possit, testatur propheta qui ait : *Vir linguosus*
32 *non dirigetur super terram.* Hinc Salomon iterum dicit : *In
multiloquio peccatum non deerit.* Hinc Isaias ait : *Cultus iustitiae silentium,* uidelicet indicans quia mentis iustitia desolatur,
quando ab immoderata locutione non parcitur. Hinc Iacobus
36 dicit : *Si quis putat se religiosum esse, non refrenans linguam
suam, sed seducens cor suum, huius uana est religio.* Hinc rursum ait : *Sit autem omnis homo uelox ad audiendum, tardus
autem ad loquendum.* Hinc iterum adiungit : *Lingua inquietum*
40 *malum, plena ueneno mortifero.* Hinc per semetipsam nos Veritas admonet dicens : *Omne uerbum otiosum quod locuti fuerint
homines, reddent de eo rationem in die iudicii.* Otiosum
quippe uerbum est quod aut ratione iustae necessitatis, aut
44 intentione piae utilitatis caret. Si ergo ratio de otioso sermone
exigitur, pensandum ualde est quae poena illud multiloquium
sequitur in quo etiam per superbiae uerba peccatur.

CAPITVLVM XVIII

QVOD SERMO OTIOSVS A SANCTIS VIRIS TEGITVR PER BONAS OPERATIONES

Manum meam ponam super os meum. Usu sacri eloquii in
manu operatio, in ore locutio solet intellegi. Manum ergo super
4 os ponere est uirtute boni operis culpas tegere incautae locutionis. Quis uero inueniri potest qui, quamlibet perfectus sit, de
otioso tamen sermone non peccet ? Iacobo attestante, qui ait :
Nolite plures magistri fieri, in multis enim offendimus omnes.
8 Et rursum : *Linguam nullus hominum domare potest.* Cuius
culpas redarguens per semetipsam Veritas dicit : *Dico autem*

[XVIII] **2/27** *CC* XXXII, ii, 7/32 ; μ 1046/1047.

31/32 Ps. 139, 12.   **32/33** Prou. 10, 19.   **33/34** Is. 32, 17.   **36/37** Iac. 1,
26.   **38/39** Iac. 1, 19.   **39/40** Iac. 3, 8.   **41/42** Matth. 12, 36.   [XVIII] **2** Iob 39,
34.   **7** Iac. 3, 1.   **8** Iac. 3, 8.   **9/11** Matth. 12, 36.

---

31 qui] quia *ed.* μ P_1 **36** dicit] ait P_1 **40/41** ueritas nos P_1 **45** ualde] *om.* P_1 **46**
per] *om.* P_1 | uerbo P_1 [XVIII] **4** tergere P_1 **6** attestante iacobo P_1

uobis quoniam omne uerbum otiosum quod locuti fuerint homi-
nes, reddent de eo rationem in die iudicii. Sed sancti uiri ante
12 Dei oculos student culpas linguae tegere meritis uitae, student
pondere bonorum operum premere immoderata uerborum.
Vnde in sancta Ecclesia manus super os ponitur, dum in electis
eius cotidie otiosae locutionis uitium uirtute bonae actionis
16 operitur. Scriptum namque est : *Beati quorum remissae sunt*
iniquitates, et quorum tecta sunt peccata. Sed rursum cum
scriptum sit : *Omnia nuda et aperta sunt oculis eius,* quomodo
tegi possunt quae eius oculis cui cuncta nuda sunt abscondi
20 nequaquam possunt ? Sed quia hoc quod tegimus, inferius
ponimus ; atque hoc unde tegimus nimirum superducimus, ut
quod est subterpositum tegamus, tegere peccata dicimur quae
quasi subterponimus dum abdicamus, eisque aliud superdu-
24 cimus, dum bonae actionis opus ad hoc post eligimus ut praeferamus. Qui ergo priora mala deserit, et bona posterius facit,
per hoc quod addit, transactam nequitiam tegit, cui boni operis
merita superducit.

CAPITVLVM XIX

DE MENDACIO

Omne mendacium iniquitas est et omnis iniquitas mendacium, quia profecto ab aequitate discrepat quicquid a ueritate
4 discordat. Nonnumquam autem peius est mendacium meditari,
quam loqui. Nam loqui plerumque praecipitationis est, meditari uero studiosae prauitatis. Et quis ignoret in quanta distan-
tia culpa distinguitur utrum praecipitatione aliquis, an studio
8 mentiatur ? Sed sanctus uir, ut perfecte adhaereat ueritati, nec
studio se perhibet nec praecipitatione mentiri. Summopere

[XIX] **2/48** *CC* XVIII, iii, 5/7, 9/55 ; μ 558/559.

16/17 Ps. 31, 1.   **18** Hebr. 4, 13.

---

11 de eo rationem reddent L_1, rationem pro eo P_1 **13** tergere P_1 **22** superpositum
P_1 **24** eligimus] diligimus P_1 [XIX] **4** discordat] sed inter hoc quod ait loqui et
postmodum subdidit meditari magna distantia est *add.* P_1 | autem] enim P_1 **9** se]
om. P_1

enim cauendum est omne mendacium, quamuis nonnumquam
sit aliquod mendacii genus culpae leuioris, si quisquam prae-
12 stando mentiatur. Sed quia scriptum est : *Os quod mentitur,
occidit animam.* Et : *Perdes eos qui loquuntur mendacium* ; hoc
quoque mendacii genus perfecti uiri summopere fugiunt, ut nec
uita cuiuslibet per eorum fallaciam defendatur ne suae animae
16 noceant, dum praestare carni nituntur alienae ; quamquam hoc
ipsum peccati genus facillime credimus relaxari. Nam si quaelibet culpa sequenti solet pia operatione purgari, quanto magis
haec facile abstergitur, quam mater boni operis pietas ipsa co-
20 mitatur ?

Nonnulli uero ex obstetricum fallacia conantur asserere hoc
mendacii genus non esse peccatum, maxime quod illis mentien-
tibus scriptum est : *Quia aedificauit eis Dominus domos.* In
24 qua magis recompensatione cognoscitur quid mendacii culpa
mereatur. Nam benignitatis earum merces quae eis in aeterna
potuit uita retribui, pro admissa culpa mendacii, in terrena est
recompensatione declinata, ut in uita sua quam mentiendo
28 tueri uoluerunt ea quae fecerunt bona reciperent et ulterius
quod exspectarent mercedis suae praemium non haberent.
Nam etsi subtiliter perpendatur, amore uitae praesentis menti-
tae sunt, non intentione mercedis. Parcendo quippe conatae
32 sunt infantium uitam tegere ; mentiendo, suam.

Et licet in testamento ueteri nonnulla possint talia reperiri,
numquam tamen hoc uel tale genus mendacii a perfectis admis-
sum studiosus ibi lector inueniet, quamuis mendacium quam-
36 dam tenere ueritatis imaginem uideatur ; et sub ueteri forsitan
testamento minoris culpae esse potuit, in quo per taurorum
hircorumque uictimas sacrificium non fuit ipsa ueritas sed
umbra ueritatis. Nam in testamento nouo praeceptis altioribus
40 manifestata per carnem Veritate proficimus ; iustumque est ut
facta quaedam quae in illo populo umbrae ueritatis
deseruierant deseramus. Si quis uero per testamentum uetus
uult suum tueri mendacium, quia minus illic quibusdam for-

[XIX] **12/13** Sap. 1, 11. **13** Ps. 5, 7. **23** Ex. 1, 21.

---

10 est] *om. L*₁ **11** genus mendacii *P*₁ **14** mendacii genus] mendacium *P*₁ **15** an-
ime] uite *P*₁ **16** nititur *P*₁ **22** peccatum non esse *P*₁ **23** domum *L*₁ **24** recog-
niscitur *P*₁ **26** tribui *L*₁ | admixta *P*₁ **28** et] ut *L*₁ **30** etsi] *ed.*, si *L*₁ *P*₁ **34** num-
quam] pene *praem. P*₁ **35** ibi] *om.. P*₁

44 tasse nocuerit, dicat necesse est rerum alienarum raptum, dicat
retributionem iniuriae, quae infirmis illic concessa sunt, sibi
nocere non posse. Quae omnia cunctis liquet quanta animaduersione Veritas insequitur, quae nobis iam significationis
48 suae umbra postposita, in uera carne declaratur.

CAPITVLVM XX

QVANTVM LABORENT QVI MENTIVNTVR

*Terrebit eum tribulatio, et angustia uallabit eum, sicut
regem qui praeparatur ad proelium.* In omne quod agit iniquus
4 tribulatione et angustia uallatur, quia cor eius anxietate et
suspicione confunditur. Alius appetit occulte aliena diripere,
qui laborat in cogitationibus, ne deprehendi ualeat. Alius relicta
ueritate, mentiri deliberat, ut audientium animum fallat. Sed
8 quantus labor est sollicite custodire ne ipsa eius fallacia
deprehendi queat ? Ponit quippe ante oculos quid sibi a ueritatem scientibus responderi possit, et cum magno cogitatu pertractat quomodo per argumenta falsitatis documenta ueritatis
12 exsuperet. Hinc inde se circumtegit, et contra hoc ubi
deprehendi potuerit, ueritati similem responsionem quaerit, qui
si uellet uerum dicere, utique sine labore potuisset. Plana
quippe est ueritatis uia, et graue est iter mendacii. Vnde et per
16 prophetam dicitur : *Docuerunt enim linguam suam loqui mendacium, ut inique agerent laborauerunt.* Bene ergo dicitur : *Terrebit eum tribulatio, et angustia uallabit eum* ; quia apud
semetipsum in labore mentis deficit, qui securitatis sociam ue-
20 ritatem relinquit. Qui bene regi praeparato ad proelium comparatur, quia in eo ipso malo quod agit, et terretur, et festinat,
et ex conscientia trepidat, et ex desiderio anhelat, metuit et
superbit, pauescit suspicionibus, et mentem per audaciam eri-
24 git, et angustia uallatur, sicut rex qui praeparatur ad proelium ;

[XX] **2/27** *CC* XII, xlii, 1/14, 27/31 ; μ 409/410.

[XX] **2/3** Iob 15, 24. **16/17** Ier. 9, 5.

[XX] **3** iniquus agit P_1 **5** occulte appetit P_1 **7** deliberat] desiderat P_1 **15** est
quippe P_1 **19/20** ueritatem] uiam ueritatis P_1

quia uidelicet falsa agens, falsa loquens, formidat ne suos amittat milites, id est, argumenta falsitatis, et ueritatis iaculis pateat, si ei fortasse defuerit quod ex fallacia opponat.

CAPITVLVM XXI

DE ADVLATIONE

Absit a me ut iustos uos esse iudicem ; donec deficiam non recedam ab innocentia mea. Ab innocentia recedit qui bona de
4 malis aestimat, Salomone attestante, qui ait : *Qui iustificat impium et qui condemnat iustum, uterque abominabilis ante Dominum.* Sunt namque nonnulli qui dum male facta hominum laudibus efferunt, augent quae increpare debuerunt. Hinc
8 enim per prophetam dicitur : *Vae qui consuunt puluillos sub omni cubito manus, et faciunt ceruicalia sub capite uniuersae aetatis.* Ad hoc quippe puluillus ponitur, ut molliter quiescatur. Quisquis ergo male agentibus adulatur, puluillum sub capite uel
12 cubito iacentis ponit, ut qui corripi ex culpa debuerat, in ea fultus laudibus molliter quiescat. Hinc rursum scriptum est : *Ipse aedificabat parietem, illi autem liniebant eum.* Parietis quippe nomine peccati duritia designatur. Aedificare ergo est
16 parietem contra se quempiam obstacula peccati construere. Sed parietem liniunt qui peccata perpetrantibus adulantur, ut quod illi peruerse agentes aedificant, ipsi adulantes quasi nitidum reddant.
20   Adulatores autem locustarum nomine designantur sicut scriptum est : *Numquid suscitabis eum quasi locustas ?* Per locustas aliquando Iudaei, aliquando conuersa gentilitas, aliquando per comparationem resurrectio dominica, aliquando

---

[XXI] **2/19** *CC* XVIII, IV, 1/19 ; μ 559/560.   **20/67** *CC* XXXI, xxv, 1/18, 25/36, 65/70, 74/79, 41/64 ; μ 1017/1018.

[XXI] **2/3** Iob 27, 5.   **4/6** Prou. 17, 15.   **8/10** Ez. 13, 18.   **14** Ez. 13, 10.   **21** Iob 39, 20.

---

25 eloquens P_1 [XXI] **20** autem] etiam P_1 **21/22** per *usque* iudei] locustarum nomine aliquando iudeorum populus P_1 **22** gentilitas] aliquando adulantium lingua *add.* P_1 **23** per] uero *praem.* P_1 **23/24** aliquando *usque* designatur] uel predicatorum uita signatur P_1

24 praedicatores sancti, aliquando adulantium lingua designatur.
   Iudaei per locustas significantur sicut de Ioanne scriptum
est : *Qui locustas comedebat et mel siluestre.* Ioannes quippe
Christum signat qui mel siluestrem, id est, Gentiles, et locustas,
28 id est, Iudaeos ex parte in corpus suum conuertit. Iudaei
autem quasi locustae saltus dabant dum praecepta Dei se
implere promittebant. Sed ab eisdem cito recedentes in terram
cadebant. Per locustas etiam gentilitas designatur, Salomone
32 attestante, qui ait : *Florebit amygdalus, impinguabitur locusta,*
dissipabitur capparis. Per amygdalum quae cunctis arboribus
prius floret primordia Ecclesiae notantur in cuius praedicatione
locusta, id est, sterilis gentilitas, impinguata est et caelestis gra-
36 tiae rore perfusa. Capparis uero dissipata est quia Iudaea in sua
sterilitate permanens, bene uiuendi ordinem amisit. Locustae
etiam nomine Christus in resurrectione designatur. Vnde et
per prophetam dicitur : *Excussus sum sicut locusta.* Tentus
40 enim a persecutoribus usque ad mortem, saltu subitae resurrec-

---

26 Matth. 3, 4 ; Marc. 1, 6.   **32/33** Eccle. 12, 5.   **39** Ps. 108, 23.

---

25 iudei *usque* ioanne] quia enim iudeorum populum locuste exprimant uita ioannis
signat de quo P_1 **27/28** qui usque conuertit] locustas et mel siluestre edebat
. ioannes quippe eum quem prophetie auctoritate pronunciat etiam specie ciborum
clamat . in semet enim designauit dominum quem preuenit . qui nimirum in
redemptionem nostram ueniens quia infructuose gentilitatis dulcedinem sumpsit mel
siluestre edidit . quia uero iudeorum plebem in suum corpus ex parte conuertit in cibum locustas accepit P_1 **28/31** iudei usque cadebant] ipsos namque locuste
significant subito saltus dantes sed protinus ad terram cadentes . saltus enim dabant
cum precepta domini se implere promitterent sed citius ad terram cadebant cum per
praua opera hec se audisse denegarent . uideamus in eis quasi quemdam locustarum
saltum . omnia uerba que locutus est dominus et faciemus et audiemus .
uideamus autem quomodo citius ad terram ruunt . utinam mortui essemus in egypto
et non in hac uasta solitudine . utinam pereamus et non inducat nos dominus in terra
ista . locuste ergo erant quia habebant saltum per uocem et casum per operationem
P_1 **31** per] item *praem.* P_1 | etiam] *om.* P_1 **33/37** per amygdalum *usque* amisit] per
florem amygdali que prius cunctis arboribus florescit ecclesie primordia designantur
que in predicatoribus suis primitiuos uirtutum flores aperuit et ad inferenda poma
bonorum operum uenturos sanctos quasi arbusta sequentia preuenit . in qua mox
locusta impinguata est quia sicca gentilitatis sterilitas pinguedine est gratie celestis infusa . capparis dissipatur quia cum gratiam fidei uocata gentilitas attigit iudea in sua
sterilitate permanens bene uiuendi ordinem amisit P_1 **38** et] uoce eius *add.*
P_1 **39/41** tentus *usque* euolauit] teneri se enim a persecutoribus usque ad mortem
pertulit sed sicut locusta excussus est quia ab eorum manibus saltu subite resurrectionis euolauit P_1

tionis a manibus eorum excussus euolauit. Praedicatores etiam
sancti locustae dicuntur qui crura in actiua uita figunt et alis ad
contemplatiuam uitam saltus faciunt.

44   Locustae etiam uocabulo lingua adulantis exprimitur : quod
exhibitae caelitus Aegypti plagae testantur, quae exigentibus
meritis corporaliter semel illatae sunt ; sed quae mala prauas
mentes cotidie feriant, spiritaliter signauerunt. Scriptum
48 namque est : *Ventus urens leuauit locustas, quae ascenderunt
super uniuersam terram Aegypti, operueruntque uniuersam
faciem terrae, uastantes omnia. Deuorata est igitur herba terrae,
et quicquid pomorum in arboribus fuit.* His enim Aegyptus
52 plagis affecta est, in quibus exteriori percussione commota,
dolensque, perpenderet quae deuastationis damna interius
neglegens toleraret, ut dum foris perire minima, sed amplius
dilecta cerneret, per eorum speciem et quae intus pertulerat
56 grauiora sentiret. Quid autem per significationem locustae por-
tendunt, quae plus quam cetera minuta quaeque animantia
humanis frugibus nocent ; nisi linguas adulantium, quae terrenorum hominum mentes, si quando bona aliqua proferre
60 conspiciunt, haec immoderatius laudando corrumpunt ?
Fructus quippe Aegyptiorum est operatio cenodoxorum ; quam
locustae exterminant, dum adulantes linguae ad appetendas
laudes transitorias cor operantis inclinant. Herbam uero locus-
64 tae comedunt, quando adulatores quique uerba loquentium fauoribus extollunt. Poma quoque arborum deuorant, quando
uanis laudibus quorumdam iam quasi fortium et opera
eneruant.

48/51 Ex. 10, 13/15.

---

42 uita] *om.* L_1 P_1 43 uitam] *om.* L_1 P_1 47/48 nam scriptum est P_1 48 eleuauit
P_1 53 dolens L_1 P_1 55 et] *om.* P_1 μ 57 queque] *om.* P_1 61 opera L_1 64/65 fauoris L_1 66 et] *om.* P_1

CAPITVLVM XXII

DE HIS QVI LAVDIBVS ET ADVLATIONIBVS DELECTANTVR

Panis eius in utero illius uertetur in fel aspidum intrinsecus.
Quod panis in utero, hoc est satietas temporalis delectationis in
4 mente. Satietur ergo nunc iniquus illata laude, delectetur
honoribus ; panis eius in utero illius uertetur in fel aspidum
intrinsecus, quia satietas transitoriae delectationis in retributionis fine ad amaritudinem uertetur ; et fel aspidum, id est
8 malignorum spirituum, persuasio fuisse cognoscitur quod hic
laus gloriae esse credebatur. Tunc etenim iniqui uident quod
antiqui serpentis ueneno infecti sunt, dum flammis uitricibus
traditi, cum eodem suo persuasore crucientur. Panis itaque iste
12 aliud in ore sapit, sed aliud in utero, quia transitoriae delectationis laetitia dulcis est, cum hic quasi mandendo agitur ; sed
amarescit in utero quia peracta laetitia degluttitur ad poenam.
Vel certe quia panis scripturae sacrae intellegentia non
16 inconuenienter accipitur, quae mentem reficit eique boni operis
uires praebet, et plerumque hypocrita sacri eloquii erudiri mysteriis studet ; non tamen ut ex eisdem uiuat, sed ut ceteris
hominibus quam sit doctus appareat ; panis eius in utero illius
20 in fel aspidum intrinsecus uertitur, quia dum de sacrae legis
scientia gloriatur, uitae potum conuertit sibi in ueneni poculum ; et inde reprobus moritur unde ad uitam erudiri uidebatur. Neque hoc de his inconuenienter accipitur, quod non-
24 numquam hypocrita, dum doctrinae uerbo ad ostensionem studet, diuino iudicio caecatus, hoc ipsum uerbum praue intellegit
quod male quaerit. Cum uero in errorem haereseos labitur,
contingit ei ut sicut de felle aspidum, sic infelix de pane moria-
28 tur ; et in doctrina sua mortem inuenit quia in uerbis uitae

---

[XXII] **2/29** *CC* XV, xiii, 1/29 ; μ 474.

[XXII] **2** Iob 20, 14.

[XXII] **4** iniquus] ypocrita P_1 **9** credebatur] uidebatur P_1 **11** iste itaque P_1 **12**
sed] *om.* P_1 **15** quia certe P_1 **17** sacri] etiam *praem.* P_1 **20** de] *om.* L_1 **22** erudiri ad uitam P_1

uitam minime quaerit.

CAPITVLVM XXIII

DE DETRACTIONE

Quare persequimini me sicut Deus, et carnibus meis satura-
mini ? Deus persecutor bonus est, sicut de ipso scriptum est :
4 *Detrahentem secreto proximo suo, hunc persequebar.* Malus
uero persecutor est qui non studio purgationis, sed liuoris
facibus accenditur. Homines itaque cum per disciplina aliorum
infirmitatem feriunt, suam considerent, et sic aliis parcant, cum
8 se dignos percussionibus non ignorant ; quod qui non fecerint
sicut Deus persequuntur, quasi de infirmitate more Dei nihil
haberent.
 Bene autem subditur : *Et carnibus meis saturamini ?* Scien-
12 dum est quod hi qui alienae uitae detractione pascuntur, alienis
procul dubio carnibus satiantur. Vnde per Salomonem dicitur : *Noli esse in conuiuiis potatorum, neque comedas cum eis*
qui carnes ad uescendum conferunt. Carnes quippe ad uescen-
16 dum conferre est in collocutione derogationis uicissim proximorum uitia dicere. De quorum illic poena mox subditur :
Quia uacantes potibus et dantes symbolum consumentur, et ues-
tietur pannis dormitatio. Potibus uacant qui de opprobrio
20 alienae uitae se debriant. Symbolum uero dare est, sicut
unusquisque solet pro parte sua cibos ad uescendum, ita in
confabulatione detractionis uerba conferre. Sed uacantes
potibus et dantes symbolum consumentur quia, sicut scriptum
24 est : *Omnis detractor eradicabitur.* Vestietur autem pannis dormitatio, quia despectum et inopem a cunctis bonis operibus
mors sua inuenit, quem hic ad alienae uitae exquirenda crimina detractionis suae languor occupauit.

[XXIII] **2/27** *CC* XIV, LII, 1/2, 3/6, 8/10, 21/28, 35/36, 37/53 ; µ 459/460.

[XXIII] **2/3** Iob 19, 22.   **4** Ps. 100, 5.   **14/15** Prou. 23, 20.   **18/19** Prou. 23,
21.   **24** cfr Prou. 15, 5 ; 20, 13 (iuxta LXX).

[XXIII] **4** secreto] P_1 *Vulg., om.* L_1 **7** parcant aliis P_1 **9** persequitur P_1 **13** sa-
turantur P_1

28   Sed sunt nonnulli qui etsi ex diuino eloquio ab interna se
fame reficiunt, se iam contra temptationes corporis continentiae uirtute fulciunt, adhuc tamen percuti humanis detractionibus metuunt et saepe dum linguarum iacula formidant,
32 peccati se laqueo strangulant.
Vnde scriptum est : *A flagello linguae absconderis.* Flagellum linguae est exprobratio illatae contumeliae. Flagello linguae
bonos feriunt qui eorum opera irridendo persequuntur. Saepe
36 enim lingua a bono opere, dum uituperat, reuocat, et quasi
flagellum se exserit quia dorsum timidae mentis caedit. Hoc
flagellum linguae, electae menti insidiari propheta conspexerat
cum supernum adiutorium pollicens dicebat : *Ipse liberabit me*
40 *de laqueo uenantium et a uerbo aspero.* Venantes enim nihil
aliud quam carnem quaerunt. Sed a uenantium laqueo, et ab
aspero uerbo eripimur, quando et insidias carnalium et irrisionum probra despiciendo superamus. Aspera quippe eorum
44 uerba sunt quae bonis nostris itineribus aduersantur. Sed asperitatem uerbi euadere, est irrisiones detrahentium dissimulando
calcare. Sancta ergo anima a flagello linguae absconditur quia
dum in hoc mundo honorem laudis non quaerit, nec con-
48 tumelias detractionis sentit.

CAPITVLVM XXIV

DE IRRISIONE ET MALA PERSVASIONE

Vtinam peruersi cum ad melius permutari despiciunt, ita
peruersa agerent, ut non ea etiam aliis propinarent. Vtinam illis
4   mors sua sola sufficeret, et non uirulentis persuasionibus
alienam etiam uitam necarent. Inuident enim alios esse quod
non sunt, dolent alios adipisci quod perdunt. Nam si qua forte
in aliorum actibus exoriri bona conspiciunt, mox ea manu pes-

---

28/48 *CC* VI, xxvii, 15/20, xxviii, 1/16 ; μ 201/202.   [XXIV] **2/28** *CC* XX, xiv,
120/147 ; μ 650/651.

---

33 Iob 5, 21.   **39/40** Ps. 90, 3.

---

30 fulciuntur P_1 **33** scriptum est] aperte subditur P_1 **37** quia] et P_1 **39** me] te
P_1 **41** et] atque P_1

8   tiferae exprobrationis euellunt. Vnde scriptum est : *Et mande-*
bant herbas et arborum cortices.

    Quid enim per herbas nisi tenera ac terrae proxima bene
incohantium uita, et quid per arborum cortices nisi exteriora
12 opera eorum qui iam sublimia appetunt designantur ? Praui
namque cum recta incipientes aspiciunt, aut irridendo, aut
quasi consulendo contradicunt. Cum uero iam quosdam pensant ad summa proficere, quia prouectus eorum funditus dissi-
16 pare nequeunt, a quibusdam illos suis operibus diuertunt. Herbas itaque eis et arborum cortices mandere, est uel studia bene
incohantium, uel operationes quorumdam iam more arborum
ad superiora tendentium pestiferis persuasionibus quasi quibus-
20 dam malitiae suae dentibus dissipare. Herbas mandunt reprobi
cum infirmorum initia irridendo consumunt. Arborum quoque
cortices mandunt cum manu peruersi consilii a uita recte cres-
centium tegmen bonorum operum subtrahunt. Hos autem in
24 quibusdam actibus uelut arbores exspoliant ; illos uero uelut
herbas, quia despicientes trahunt, quasi quae calcant comedunt.
Quorumdam iam fortitudinem in alta surgentem irrisionibus
demoliuntur ex parte ; quorumdam uero teneritudinem et
28 adhuc in imis positam penitus conterunt.

    Nonnumquam uero quidam ex bonis operibus irridentur et
repulsi contumeliis, ad seipsos redeunt ; et eo se intus robustius
in Deo solidant, quo foris non inueniunt ubi requiescant. Tota
32 enim spes in Deo figitur et inter irrisionum conuicia solus interior testis imploratur ; et tanto Deo fit animus proximus,
quanto et ab humano fauore alienus ; in precem protinus funditur et pressus exterius, ad penetranda quae intus sunt mun-
36 dius liquatur. Sunt autem nonnulli quos et humanae irrisiones
deprimunt et tamen diuinis auribus exaudibles non sunt. Quia
cum derisio contra culpam nascitur, profecto nullum uirtutis

29/43 *CC* X, xxviii, 8/10, 11/17, 24/31 ; μ 359/360.

[XXIV] **8/9** Iob 30, 4.

[XXIV] **8** scriptum est] sequitur P_1 **13** incipientes aspiciunt] incipiunt L_1 **15**
eorum prouectus P_1 **27** ex parte demoliuntur P_1 **31** ubi] quo P_1 **32** enim] etenim
P_1 | deo] auctore P_1 **33** et *usque* proximus] atque afflicti animus fit deo tanto proximus P_1 **34** ab humano fauore] a gratia humani fauoris P_1 **37** quia] nam P_1

meritum in derisione generatur. Baal etenim sacerdotes
40 clamosis hunc uocibus implorantes, derisi ab Elia fuerant, cum
dicebat : *Clamate uoce maiori, Deus enim est et forsitan loqui-*
tur, aut in diuersorio est. Sed haec eis irrisio ad uirtutis usum
non fuit quia per culpae meritum uenit.

CAPITVLVM XXV

DE LABIIS DOLOSIS

Cum enim dulce fuerit in ore eius malum, abscondet illud
sub lingua sua. In ore peruersi malum dulce est, quia ei est
4 iniquitas suauis in mente. Os quippe cordis cogitatio est, de
qua scriptum est : *Labia dolosa in corde, et corde locuti sunt*
mala. Sed hoc malum quod in ore peruersi dulce est, sub
lingua eius absconditur, quia asperitas malitiae quae latet in
8 mente, sub tegmine blandae locutionis operitur. Malum
namque in lingua et non sub lingua esset, si loquens peruersus
malitiam suae prauitatis aperiret. Sed sicut plerique iustorum,
cum quosdam agere peruerse conspiciunt, qui duris sunt
12 increpationibus feriendi, in lingua asperitatem sumunt ; sed sub
lingua mentis suae benignitatem contegunt. Vnde sanctae
Ecclesiae sponsi uoce dicitur : *Mel et lac sub lingua tua.* Qui
enim mentis suae dulcedinem aperire infirmis nolunt, sed
16 loquentes quadam eos asperitate feriunt, et tamen inter uerba
aspera quasi latenter quiddam dulcedinis intermittunt, hi uidelicet non in lingua sed sub lingua habent dulcedinem ; quia
inter dura quae proferunt emittunt quaedam blanda et dulcia,
20 quibus contristati mens possit ex benignitate refoueri. Ita
peruersi quique qui malum non in lingua, sed sub lingua
habent, sermonibus dulcia praetendunt et cogitationibus
peruersa moliuntur. Hinc est etenim quod Ioab Amasae men-

[XXV] **2/31** *CC* XV, xi, 1/30 ; μ 473.

41/42 III Reg. 18, 27.   [XXV] **2/3** Iob 20, 12.   **5/6** Ps. 11, 3.   **14** Cant. 4,
11.   **23/25** cfr II Reg. 20, 9/10.

---

40 uocibus hunc P_1 **41** maiore P_1 [XXV] **2** abscondit L_1 **5** locuta L_1 **6** mala]
om. P_1 **20** contristari L_1 | mens contristati P_1 **21** qui] quia L_1

24 tum dextera tenuit, sed sinistram ad gladium mittens latenter,
eius uiscera effudit. Dextera quippe mentum tenere est quasi ex
benignitate blandiri. Sed sinistram ad gladium mittit qui
latenter ex malitia percutit. Hinc de ipso quoque eorum capite
28 scriptum est : *Sub lingua eius labor et dolor.* Qui enim non
aperte mala quae cogitat ostendit, laborem et dolorem eorum
quorum mortem appetit, non in lingua exserit, sed sub lingua
premit.

CAPITVLVM XXVI

DE DOLOSA LOCVTIONE ET PERVERSA OPERATIONE

Qui rodebant in solitudine. Nonnumquam solet intellegi solitudo mentis pro uirtute contemplationis. Sed in hoc loco cum
4 solitudo per obiurgationem dicitur, boni destitutio demonstratur. Vnde et sub Iudaeae typo Ieremias peccatoris animam
deplorat, dicens : *Quomodo sedet sola ciuitas plena populo ?*
Sed cum per beatum Iob de prauis dicitur : *Rodebant in solitu-*
8 *dine,* libet intueri hoc etiam quod per psalmistam dictum est :
Inimici eius terram lingent.
Duo quippe sunt genera hominum ambitioni suae seruien-
tium : unum uidelicet quod semper ad auaritiam blandimentis
12 utitur linguae ; aliud uero quod aperta ui intendit rapinae.
Nam rodimus, cum aliquid exterius forti adnisu atterimus.
Lambitur autem quando hoc quod edi facile non potest,
impressa linguae lenitate gustatur. Omnes igitur etiam sub
16 specie fidei praue uiuentes, qui aliena appetunt, sed ea quae
appetunt rapere nequaquam possunt, blandis autem sermonibus et quasi mollitie dulcedinis concupita abstrahere
conantur, quid aliud quam terram lingunt ? Quia terrena
20 quaeque quae uirtute nequeunt auferre, mollitie linguae moli-

---

[XXVI] **2/26** *CC* XX, XIV, 23/24, 25/50 ; μ 648/649.

---

28 Ps. 10, 7 (iuxta Hebr.).   [XXVI] **2** Iob 30, 3.   **6** Thren. 1, 1.   **9** Ps. 71, 9.

---

24 latenter mittens P_1 **29/30** laborem eorum et dolorem quorum P_1 [XXVI] **3**
contemplationis] mentis P_1 **4** boni] quid aliud quam *praem.* P_1 **16** fidei specie
P_1 **18** mollitia P_1 **20** lingue mollitie P_1

untur. Qui uero in hoc mundo aliqua potestate suffulti sunt, et
concupiscentes aliena, blandiri quidem ex fraude despiciunt,
quia etiam iniusto robore possunt implere quod uolunt, hi hoc
24 quod appetunt non lambunt, sed rodunt, quoniam propinquorum uitam fortitudine uirium uelut adnisu dentium demoliuntur.

CAPITVLVM XXVII

QVOD DEVS MINVTISSIMAS COGITATIONES ET TENVISSIMA
VERBA INDISCVSSA NON REL

Nonne ipse considerat uias meas et cunctos gressus meos
4 *dinumerat* ? Viarum nomine actiones designat. Hinc enim per
Ieremiam dicitur : *Bonas facite uias uestras et studia uestra.*
Appellatione uero gressuum motus mentium, uel prouectus
accipimus meritorum. Quibus profecto gressibus ad semetip-
8 sam nos Veritas uocat, dicens : *Venite ad me omnes qui*
laboratis, et onerati estis. Ad se quippe uenire nos Dominus
praecipit, nimirum non gressibus corporis, sed prouectibus
cordis. Ipse namque ait : *Veniet hora quando neque in monte*
12 *hoc, neque in Ierosolymis adorabitis Patrem.* Et paulo post :
Veri adoratores adorabunt Patrem in spiritu et ueritate, nam et
Pater tales quaerit qui adorent eum. In corde ergo esse gressus
insinuat, quando et ut ueniamus uocat et tamen motu corporis
16 nequaquam nos ad alia transire denuntiat. Sic autem Dominus
uniuscuiusque considerat uias, sic dinumerat gressus, ut nec
minutissimae quidem cogitationes eius iudicio ac uerba tenuis-
sima, quae apud nos usu uiluerunt, indiscussa remaneant.
20 Hinc etenim dicit : *Qui irascitur fratri suo, reus erit iudicio.*
Qui dixerit fratri suo : Racha, reus erit concilio. Qui dixerit :

[XXVII] **3/70** *CC* XXI, v, 1/70 ; μ 682/683.

[XXVII] **3/4** Iob 31, 4. **5** Ier. 7, 3. **8/9** Matth. 11, 28. **11/12** Ioh. 4,
21. **13/14** Ioh. 4, 23. **20/22** Matth. 5, 22.

23 iniusto etiam P_1 **25** uirium] uirtutum P_1 [XXVII] **3** cunctos] omnes P_1 **4**
designant L_1 **6** appellatione *usque* motus] quid uero appellatione gressuum nisi uel
motus P_1 **12** patrem] *om.* L_1

Fatue, reus erit gehennae ignis. Racha quippe in hebraeo eloquio uox est interiectionis, quae quidem animum irascentis
24 ostendit, nec tamen plenum uerbum iracundiae exprimit. Prius
ergo ira reprehenditur sine uoce, postmodum uero ira cum
uoce, sed necdum pleno uerbo formata ; ad extremum quoque
cum dicitur : Fatue, ira redarguitur, quae cum excessu uocis
28 expletur etiam perfectione sermonis. Et notandum quod in ira
perhibet reum esse iudicio ; in uoce irae, quod est racha, reum
concilio ; in uerbo uocis quod est fatue, reum gehennae. Per
gradus etenim culpae creuit ordo sententiae, quia in iudicio
32 adhuc causa discutitur, in concilio autem iam causae sententia
definitur, in gehenna uero ignis ea quae de concilio egreditur
sententia expletur. Quia igitur humanorum actuum Dominus
subtili examine gressus enumerat, ira sine uoce, iudicio ; ira in
36 uoce, concilio ; ira uero in uoce atque sermone, gehennae
ignibus mancipatur. Hanc subtilitatem considerationis eius
propheta aspexerat, cum dicebat : *Fortissime, magne, potens*
Dominus exercituum ; nomen tibi, magnus consilio,
40 *incomprehensibilis cogitatu, cuius oculi aperti sunt super omnes*
uias filiorum Adam, ut reddas unicuique secundum uias suas, et
secundum fructum adinuentionum eius.
   Sic easdem uias Dominus subtili examinatione considerat,
44 ut in unoquoque nostrum nec ea quae remuneret bona praetereat, nec mala, quae uidelicet displicent, sine increpatione
relinquat. Hinc est enim quod angelum Pergami Ecclesiae et in
quibusdam laudat, et in quibusdam redarguit dicens : *Scio ubi*
48 *habitas, ubi sedes est satanae, et tenes nomen meum, et non*
negasti fidem meam. Et paulo post : *Sed habeo aduersum te*
pauca, quia habes illic tenentes doctrinam Balaam. Hinc angelo
Thyatirae dicitur : *Noui opera tua, et caritatem tuam, et fidem,*
52 *et ministerium, et patientiam tuam, et opera tua nouissima*
plura prioribus ; sed habeo aduersum te quia permittis
mulierem Iezabel, quae se dicit propheten, docere et seducere
seruos meos, et fornicari, et manducare idolothytum. Ecce bona

---

38/42 Ier. 32, 18/19.   47/49 Apoc. 2, 13.   49/50 Apoc. 2, 14.   51/55 Apoc. 2,
19/20.

---

46 relinquat] delinquat L_1 *ante corr.*, derelinquat P_1 **51** dicit P_1 | tuam] *om.* L_1 **54**
prophetam P_1

56   memorat, nec tamen resecanda mala sine paenitentia relaxat,
      quia scilicet sic singulorum uias considerat, sic gressus
      enumerans pensat, ut subtili examine perpendat uel quantum
      quisque ad bona proficiat, uel quantum ad mala deuians suis
60   prouectibus contradicat. Incrementum quippe meritorum, quod
      bonae uitae studiis augetur, plerumque mali admixtione
      retrahitur ; et bonum quod animus operando construit, hoc alia
      perpetrando peruertit. Vnde sancti uiri tanto se subtilius in
64   cogitatione constringunt, quanto et a superno iudice districtius
      considerari conspiciunt. Mentem quippe discutiunt, inuenire si
      qua deliquerint quaerunt, ut tanto fiant irreprehensibiles iudici,
      quanto semetipsos cotidie et sine cessatione reprehendunt. Nec
68   tamen hac de re iam gaudia securitatis sumunt, quia ab illo se
      uideri considerant qui in eis et illa uidet quae uidere ipsi in
      semetipsis non ualent.

CAPITVLVM XXVIII

DE REFRENATIONE LINGVAE BONORVM ET LOQVACITATE SVPERBORVM

      Sed conceptum sermonem tenere quis possit ? Tria sunt ge-
      nera hominum quae gradatim ductis a se qualitatibus dissident.
4   Sunt namque alii qui et ad loquendum praua concipiunt, et a
      locutione sua nulla silentii grauitate refrenantur. Et sunt alii
      qui cum praua concipiunt, magno se silentii uigore restringunt.
      Et sunt nonnulli qui uirtutum usu roborati, usque ad eam celsi-
8   tudinem prouehuntur, ut ad loquendum, ne in corde quidem
      peruersa concipiant quae silendo compescant. Boni autem uiri
      freno consilii retinent praecipitationem uerbi et caute con-
      siderant ne relaxantes linguae lasciuiam auditorum conscien-
12   tiam incauta locutione transfigant. Vnde bene per Salomonem
      dicitur : *Qui dimittit aquam, caput est iurgiorum.* Aqua quippe
      dimittitur cum linguae fluxus effrenatur. Sed dimissor aquae
      iurgiorum caput efficitur, quia per linguae incontinentiam

---

[XXVIII] **2/19** *CC* V, xiii, 1/9, 13/23 ; μ 151/152.

[XXVIII] **2** Iob 4, 2.   **13** Prou. 17, 14.

---

64 districtus L_1 [XXVIII] **4** et$_1$] *om.* P_1

16 discordiae origo propinatur. Praui igitur sicut in sensu leues
    sunt, ita in locutione praecipites et reticere pertractando
    neglegunt quae loquantur. Sed quod leuis conscientia concipit,
    leuior protinus lingua prodit.
20   Superbus etenim quisque quo in hac uita plus ualet, eo sibi
    linguae frena audacius relaxat ut loquatur peruersa quaelibet,
    nullum de uerbis suis metuat, istos contumeliis feriat, illos
    maledictionibus iaculetur. Nonnumquam uero in blasphemiam
24 contra conditorem rapitur sicut de talibus per psalmistam dici-
    tur : *Posuerunt in caelum os suum, et lingua eorum transiuit in
    terra.* Vnde et diues in igne positus, stillari sibi aquam ex digito
    Lazari in linguam postulabat. Qua ex re intellegitur quia ubi
28 amplius peccauerat, ibi atrocius ardebat.

CAPITVLVM XXIX

DE SILENTIO ET QVANDO SOLVENDVM SIT SILENTIVM

    Omnes elati scientiam non habere appetunt, sed ostendere.
    Quod contra bene per Moysen dicitur : *Vas quod non habuerit*
4   *operculum, nec ligaturam desuper, immundum erit.* Tegmen
    quippe operculi, uel ligatura, est censura disciplinae silentii,
    qua quisquis non premitur, quasi uas immundum pollutumque
    reprobatur.
8   Saepe autem contingit ut sapientes uiri cum se non audiri
    considerant, ori suo silentium indicant ; sed plerumque dum
    conspiciunt quod iniquorum facinora ipsis tacentibus et non
    corripientibus crescunt, uim quamdam spiritus sui sustinent, ut
12 in locutionem apertae correptionis erumpant. Vnde et propheta
    Ieremias cum sibi praedicationis silentium indixisset, dicens :
    Non recordabor eius, neque loquar ultra in nomine illius, ilico

---

20/28 *CC* XII, L, 1/10 ; μ 413.   [XXIX] **2/7** *CC* XXIII, x, 17/22 ; μ 739.   **8/37** *CC*
ibid., XI, 10/39 ; μ 740.

25/26 Ps. 72, 9.   **26/27** cfr Luc. 16, 24.   [XXIX] **3/4** Num. 19, 15.   **14/17** Ier. 20,
9/10.

---

18 loquuntur P_1 **20** etenim] enim P_1 **23** maledictionis L_1 [XXIX] **5** silentii] *om.*
P_1 **6** quisquis] qui P_1 **9** indicant] imponant P_1 **12** locutione L_1 **14** neque] nec
L_1 | illius] eius L_1

adiunxitt : *Et factus est in corde meo quasi ignis exaestuans,*
16 *claususque in ossibus meis ; et defeci, ferre non sustinens ;*
audiui enim contumelias multorum. Pro eo enim quod se
minime audiri conspexerat, silentium appetiit ; sed cum cres-
centia mala cerneret, in eodem silentio non permansit. Quia
20 enim foris tacuit, ex taedio locutionis intus ignem pertulit de
zelo caritatis. Inflammantur quippe corda iustorum, cum non
correpta crescere conspiciunt acta malorum, eorumque culpae
se participes credunt quos in iniquitate crescere silendo permit-
24 tunt. Dauid propheta postquam sibi silentium indixerat,
dicens : *Posui ori meo custodiam, cum consisteret peccator*
aduersum me ; obmutui et humiliatus sum et silui a bonis ; in
ipso ʒuo silentio, isto zelo caritatis exarsit, qui ilico subdidit :
28 *Et dolor meus renouatus est, concaluit cor meum intra me ; et*
in meditatione mea exardescet ignis. Intus ergo cor concaluit,
quia dilectionis ardor per admonitionem locutionis exterius
emanare recusauit. Ignis in meditatione cordis exarsit, quia
32 increpatio delinquentium a correptione oris infrixit. Caritatis
enim zelus consolatione admirabili augendo se temperat,
quando contra iniquorum opera per uocem correptionis
emanat, ut et quae corrigere non ualet, increpare non desinat,
36 ne se participem delinquentium ex consensu taciturnitatis addi-
cat.

CAPITVLVM XXX

QVOD MVLTA DISCRETIONE CONSIDERANDVM EST QVANDO SILERE ET
QVANDO LOQVI DEBEAMVS

Ad increpandum tantum eloquia concinnatis et in uentum
4 *uerba profertis.* Sciendum est quia cum pauore nimio a locutione restringimur, interdum plus quam necesse est intra claus-

---

[XXX] **3/47** *CC* VII, xxxvii, 1/2, 66/109 ; μ 239,240/242.

25/26.28/29 Ps. 38, 2/4.   [XXX] **3/4** Iob 6, 26.

---

21 non] *om.* L_1 **23** in iniquitate] iniquitatibus L_1 | crescere] credere L_1 **24** silenti-
um sibi P_1 **27** qui] et P_1 **29** exardescit P_1 | ergo] *om.* P_1 **32** correctione P_1 **36**
ne] nec P_1 | se] *om.* L_1

tra silentii coartamur ; et dum linguae uitia incaute fugimus,
occulte deterioribus implicamur. Nam saepe dum ab eloquio
8 immoderate compescimur, graue multiloquium in corde
toleramus, ut eo plus cogitationes in mente ferueant, quo illas
uiolenta custodia indiscreti silentii angustat. Et plerumque
tanto latius diffluunt, quanto se esse securiores aestimant, quia
12 foris a reprehensoribus non uidentur. Vnde mens nonnumquam in superbiam atollitur eosque quos loquentes audit quasi
infirmos conspicit. Cumque os corporis claudit quantum se
uitiis superbiendo aperiat non agnoscit. Linguam etenim
16 premit, cogitationem erigit ; et cum se per neglegentiam
minime considerat, tanto apud se cunctos liberius, quanto et
secretius accusat. Plerumque autem nimis taciti cum nonnulla
iniusta patiuntur, eo in acriorem dolorem prodeunt quo ea
20 quae sustinent non loquuntur. Nam si illatas molestias lingua
tranquille diceret, a conscientia dolor emanaret. Vulnera enim
clausa plus cruciant, quia cum putredo quae intrinsecus feruet,
eicitur, ad salutem dolor aperitur. Plerumque nimis taciti dum
24 quorumdam mala respiciunt et tamen in silentio linguam
premunt, quasi conspectis uulneribus usum medicaminis
subtrahunt. Et eo mortis auctores fiunt, quo uirus quod
poterant eicere loquendo, noluerunt. Vnde et immoderatum
28 silentium si in culpa non esset, propheta non diceret : *Vae mihi
quia tacui.*
Quid ergo inter haec, nisi studiose lingua sub magni
moderaminis libratione frenanda est, non insolubiliter obli-
32 ganda ne aut laxata in uitium defluat, aut restricta etiam ab
utilitate torpescat ? Hinc namque per quemdam sapientem
dicitur : *Sapiens tacebit usque ad tempus,* ut nimirum cum
opportunum considerat, postposita censura silentii, loquendo
36 quae congruunt, in usum se utilitatis impendat. Hinc Salomon
ait : *Tempus tacendi et tempus loquendi.* Discrete quippe uicis-
situdinum pensanda sunt tempora, ne aut cum restringi lingua
debet, per uerba se inutiliter soluat ; aut cum loqui utiliter
40 potest, semetipsam pigre restringat. Quod bene psalmista con-

---

28/29 Is. 6, 5.   34 Eccli. 20, 7.   37 Eccle. 3, 7.

[XXX] 11 defluunt L_1 | securos L_1 13 extollitur P_1 18 cum] dum P_1 26 et] quia
P_1 26/27 quod poterant] quo potantur P_1 40 pigra P_1

siderans breui postulatione complexus est dicens : *Pone, Dom-*
ine, custodiam ori meo et ostium circumstantiae labiis meis.
Ostium namque aperitur et clauditur. Qui ergo ori suo nequa-
44 quam poni obstaculum, sed ostium petiit, aperte docuit quod et
per disciplinam retineri lingua debeat ; et ex necessitate laxari,
quatenus os discretum et congruo tempore uox aperiat, et rursum congruo taciturnitas claudat.

48   De hac discretione scriptum est : *Et superponite digitum ori*
uestro. Per digitum discretio designatur, quia digitis quaeque
discernimus. Vnde psalmista : *Benedictus dominus Deus meus*
qui docet manus meas ad proelium, et digitos meos ad bellum ;
52 per manus operationem, per digitos uero discretionem signans.
Digitus igitur ori superponitur cum per discretionem lingua
refrenatur, ne per hoc quod loquitur in stultitiae culpam dilabatur.

CAPITVLVM XXXI

DE PECCATO PRAVAE OPERATIONIS

Eductus et egrediens de uagina sua, et fulgurans in amaritu-
dine sua. Iniquus dum insidiatur depraedationibus proxi-
4 morum et praua cogitatione machinatur, quasi adhuc gladius in
uagina est ; dum uero malum quod cogitauit inique perficit, de
uagina sua egreditur, quia de occultatione suae cogitationis per
iniquitatem malae operationis aperitur. Ostenditur in opere
8 qualis latuit in cogitatione. Et notandum quod ait : *Eductus et*
egrediens de uagina sua ; eductus scilicet per seductorem ;
egrediens uero per propriam uoluntatem. Nam is qui ducitur

48/55 *CC* XV, xxxvii, 5, 8/15 ; μ 486.   [XXXI] **2/34** *CC* XV, xxvi, 1/36 ; μ
481.

41/42 Ps. 140, 3.   **48/49** Iob 21, 5.   **50/51** Ps. 143, 1.   [XXXI] **2/3** Iob 20, 25.

49/50 quia *usque* discernimus] *om.* P_1 **50** unde psalmista] unde et per psalmistam
dicitur P_1 **52** manus] uidelicet *add.* P_1 **53** igitur] ergo P_1 [XXXI] **2/3** amaritu-
dinem suam L_1 P_1 **4** et] adhuc *add.* P_1 | cogitatione] in *praem.* P_1 **6** cogitationis
sue P_1 **8** qualis] quod P_1 **10** is] his L_1

ducentem procul dubio sequitur ; qui autem egreditur, secun-
12 dum suam pergere uoluntatem uidetur. Qui igitur ad mala
quaeque opera et ab antiquo hoste trahitur, et tamen suo libero
arbitrio in eorum desideriis obligatur, de uagina sua eductus et
egrediens dicitur, quoniam hoc quod ex praua cogitatione exiit
16 ad pessimam operationem ; et illius est spiritus qui suggessit, et
eius nequitiae qui ex propria uoluntate consensit.
Cuius adhuc potentiae terror ostenditur cum protinus subinfertur : *Et fulgurans in amaritudine sua.* Fulgur quippe cum
20 repente desuper uenit, cum terrore ante oculos clarescit, claritatem ostendit et anteposita percutit. Sic uidelicet iniquus cum
gloriam uitae praesentis assumpserit, unde in hoc mundo per
potentiam clarus ostenditur, inde agitur ut in ultimo feriatur.
24 Quasi enim fulgurare iniqui, est in huius uitae honore clares-
cere. Sed quia splendor gloriae eius aeternis gehennae suppliciis
mancipatur, recte nunc dicitur : *Fulgurans in amaritudine sua.*
Quia enim modo quasi ex terrore et claritate feriens gaudet,
28 inde supplicia in perpetuum sustinet. Et quidem de quodam
scriptum est quia *epulabatur cotidie splendide.* Sed aliud est
splendidare, aliud fulgurare. Nonnumquam quippe splendor
sine percussione est, fulguris uero nomine splendor exprimitur
32 cum percussione. Qui itaque in potestate positus aliis nocet,
non incongrue fulgurans dicitur, quia unde ipse contra bonos
quasi ex luce gloriae extollitur, inde bonorum uita cruciatur.
Et quia peruersi sciunt quid sequi debeant et quod sciunt
36 facere contemnunt, de his bene dictum est : *Scienti igitur
bonum et non facienti, peccatum est illi.* Et iterum :
Descendant in infernum uiuentes. Viui sentiunt quae erga illos
fiunt. Mortui uero nec sciunt, nec sentiunt. Mortui itaque pro
40 nescientibus, uiui pro scientibus poni solent. Viuentes ergo est

---

35/41 *CC* XVIII, xii, 6/7,8/14 ; μ 565.

---

29 Luc. 16, 19.   **36/37** Iac. 4, 17.   **37/38** Ps. 54, 16.

---

12 igitur] ergo P_1 **13** suo] sub P_1 **28** inde] post *add.* P_1 | quodam] diuite *add.*
P_1 **36** igitur] *om.* L_1 P_1 **37** et] *om.* P_1 **38** uiui] uiuentes sunt qui P_1 **39** fiunt]
faciunt L_1 uero] enim P_1 | nec sciunt] nesciunt omnino P_1 | itaque] qui non sentiunt
add. P_1 **40** uiui] uiuentes uero qui sentiunt P_1 | ergo] uero P_1 **40/41** in infernum
descendere est P_1

in infernum descendere, scientes sentientesque peccare.

CAPITVLVM XXXII

QVOD PRAVA OPERANTES CONTRA DEVM CVRRVNT ERECTO COLLO

Sunt nonnulli qui hoc quod peruerse contra Deum appetunt iusto Dei iudicio implere nequius permittuntur. Et cum eos
4 malitia accendit, potentia roborat, tanto iam semetipsos in errore cognoscere nequeunt, quanto in rebus affluentibus extra se semper per potentiam trahuntur. De quorum intentione dicitur : *Tetendit enim aduersus Deum manum suam, et contra*
8 *Omnipotentem roboratus est.* Contra Deum manum tendere est in operatione praua, despectis Dei iudiciis, perseuerare. Et quia tunc magis irascitur Deus, cum permittit impleri quod saltem concipi in cogitatione non debuit, contra Omnipotentem ini-
12 quus roboratur, quia prosperare in mala sua actione permittitur, quatenus et peruersa faciat et tamen feliciter uiuat. De quo adhuc subditur : *Cucurrit aduersus eum erecto collo.*

Erecto collo contra Deum currere est ea quae Creatori
16 displicent cum audacia perpetrare. De quo recte dicitur : *Cucurrit*, id est, in malo opere obstaculum de aduersitate non habuit. De quo adhuc, additur : *Et pingui ceruice armatus est.* Pinguis ceruix est opulenta superbia, affluentibus uidelicet
20 rebus quasi multis carnibus fulta. Potens igitur iniquus pingui ceruice contra eum armatur quia, rebus temporalibus tumens contra praecepta ueritatis, quasi de pinguedine carnis erigitur. Quid enim paupertas nisi quaedam macies, et quid rerum
24 abundantia nisi pinguedo est uitae praesentis, quam licet totis desideriis appetant, diu stare nequaquam possunt ? Nam quot dies aetatis accipiunt, quasi tot gressibus ad finem tendunt, qui

---

[XXXII] **2/24** *CC* XII, xliii, 18/42 ; µ 411.   **24/31** *CC* VII, xxv, 40/42, 46/51 ; µ 225.

[XXXII] **7/8** Iob 15, 25.   **14.18** Iob 15, 26.

[XXXII] **6** quorum] nunc *add. P*₁   **7** tendit *P*₁ |enim] *om. L*₁   **8** deum] quippe *add. P*₁   **11/12** iniquus] iste *add. P*₁   **26** tot] cotidie *add. P*₁ | tendunt] augeri sibi optant tempora sed quia concessa subsistere nequeunt quot augmenta uiuendi percipiunt de uiuendi spatio totidem perdunt . momenta ergo temporum quo sequuntur fugiunt quo accipiunt amittunt . raptim itaque ad conualles transeunt *add. P*₁

in longum quidem uoluptatum desideria pertrahunt, sed ad
28 inferni claustra repente deducuntur. Quia enim hoc etiam quod
qualibet longaeuitate extensum est, si fine clauditur, longum
non est ; ex fine miseri colligunt breue fuisse quod amittendum
tenuerunt.

32 Caute autem uiuerent si breuitatem uitae praesentis considerantes, non eius usum, sed terminum conspicerent et ex
fine colligerent nihil esse quod transiens delectat. Hinc namque
per Salomonem dicitur : *Si annis multis uixerit homo, et in his*
36 *omnibus laetatus fuerit, meminisse debet tenebrosi temporis et*
dierum multorum ; qui cum uenerint, uanitatis arguentur
praeterita. Hinc rursum scriptum est : *In omnibus operibus tuis*
memorare nouissima tua et in aeternum non peccabis.

CAPITVLVM XXXIII

QVOD PERVERSE OPERANTES QVI DOLORES SEMINANT
ET METVNT EOS, IRA DEI CONSVMVNTVR

Vidi eos qui operantur iniquitatem, et seminant dolores, et
4 *metunt eos, flante Deo perisse, et spiritu irae eius esse consump-*
tos. Dolores seminant qui peruersa peragunt ; dolores metunt
cum de eadem peruersitate puniuntur. Fructus quippe doloris
est retributio damnationis. Sed cum protinus subinfertur quia
8 qui dolores seminant et metunt, flante Deo pereunt et irae eius
spiritu consumuntur, hoc loco doloris messio, non iam poena,
sed adhuc perfectio iniquitatis ostenditur ; quia ex diuinae irae
spiritu eiusdem messionis poena subrogatur. Seminant ergo hic
12 dolores et metunt quia iniqua sunt quae faciunt, et in ipsa iniquitate prosperantur. Sicut de iniquo per psalmistam dicitur :

32/39 *CC* IX, LXI, 2/10 ; μ 330.   [XXXIII] **3/35** *CC* V, XVIII, 1/3, 5/36 ; μ
154/155.

35/38 Eccle. 11, 8.   **38/39** Eccli. 7, 40.   [XXXIII] **3/5** Iob 4, 8/9.

---

32 presentis uite P_1 **36** letatus fuerit] letus fuerit factus P_1 **37** uanitatis] *om.* P_1 | ar-
guentur] *ed.*, arguuntur $L_1 P_1$ [XXXIII] **5** dolores seminant] dolores seminare est
fraudulenta dicere dolores autem metere est dicendo preualere uel certe dolores seminant P_1 **10** sed perfectio adhuc P_1 **11** hic] hii P_1

*Polluuntur uiae eius in omni tempore ; auferuntur iudicia tua a
facie eius, omnium inimicorum suorum dominabitur.* De quo
16 paulo post subditur : *Sub lingua eius labor et dolor.* Dolores
itaque seminat cum peruersa agit ; dolores metit cum ex eisdem peruersitatibus temporaliter excrescit. Quomodo ergo
flante Deo pereunt qui plerumque diu hic subsistere, et iustis
20 felicius, permittuntur ? Hinc namque de illis iterum per psalmistam dicitur : *In laboribus hominum non sunt et cum hominibus non flagellabuntur.* Hinc Ieremias ait : *Quare uia impiorum prosperatur ?* Quia enim sicut scriptum est : *Dominus
24 patiens redditor est,* saepe diu tolerat quos in perpetuum damnat. Nonnumquam uero concite percutit, quia pusillanimitati
innocentium consolando concurrit. Aliquando omnipotens
Deus diu praeualere iniquos patitur ut iustorum mundius uita
28 purgetur. Aliquando uero iniustos celeriter trucidat, eorumque
interitu innocentium corda confirmat. Si enim nunc omnes
male agentes percuteret, extremum iam iudicium quibus exhiberet ? Si autem nullum omnino percuteret quis Deum res
humanas curare credidisset ? Nonnumquam ergo iniquos ferit
32 ut ostendat quia inulta mala non deserit. Nonnumquam uero
iniquos diu tolerat ut considerantibus insinuet, ad quod eos
iudicium reseruet.

36   Sed utinam tales, qui peccata nolunt impugnare temptantia,
flendo tergerent uel commissa ! Vtinam mala sua saltem perpetrata cognoscerent, atque sterili ficulneae cophinum stercoris, id
est infructuosae menti pinguedinem lamentationis admouerent.

36/39 *CC* XX, xiv, 265/269; μ 653.

14/15 Ps. 10, 5 (iuxta Hebr.).   **16** Ps. 10, 7 (iuxta Hebr.).   **21/22** Ps. 72, 5.   **22/23**
Ier. 12, 1.   **23/24** Eccli. 5, 4.

---

26 consolando] consulendo P_1 **28** iniustos] iustos P_1 | sceleriter L_1 **31** quis] qui
L_1 **33** inulta] multa *praem.* P_1 **35** reseruet] *ed.,* reseruat $L_1 P_1$

LIBER TERTIVS

DE VITIIS

PROLOGVS

Peccata cogitationis, locutionis et operis in diuersas transeunt species quae uitia nominantur. Vnde et tractatum de peccato sequitur liber tertius primae partis, qui de uitiis inscriptus
4 est, in quo de octo principalibus uitiis tractatur quae a beato Gregorio distinguuntur. Et licet in eodem libro post tractatum de quolibet uitio aliquid additum sit quod eidem uitio possit occurrere, in tertio tamen libro secundae partis, qui de uirtu-
8 tibus nomen accipit, remedia contra uitia perfecte inuenies, ut uirtus occurrat uitio, et gladio spiritali confodiat.

CAPITVLVM I

DE REGINA VITIORVM ET DVCIBVS CVM EXERCITV QVI NOS IMPVGNANT

Procul odoratur bellum, exhortationem ducum, et ululatum exercitus. Temptantia uitia, quae inuisibili contra nos proelio
4 regnanti super se superbiae militant, alia more ducum praeeunt, alia more exercitus subsequuntur. Neque enim omnes culpae pari accessu cor occupant. Sed dum maiores et paucae neglectam mentem praeueniunt, minores et innumerae ad illam
8 se cateruatim fundunt. Ipsa namque uitiorum regina superbia cum deuictum plene cor ceperit, mox illud septem principalibus uitiis, quasi quibusdam suis ducibus deuastandum tradit. Quos uidelicet duces exercitus sequitur, quia ex eis pro-
12 cul dubio importunae uitiorum multitudines oriuntur. Quod

[I] **2/3** *CC* XXXI, XLIV, 1 ; μ 1034. **3/105** *CC ibid.*, XLV, 1/107 ; μ 1035/1037.

[I] **2/3** Iob 39, 25.

[Prol] **1** et] *om.* P_1 **6** auditum L_1 [I] **4** ducum] iudicum P_1 **5/6** culpe omnes P_1 **10** deuastandum] ad uastandum P_1 **11** eis] his P_1

melius ostendimus, si ipsos duces atque exercitum specialiter,
ut possumus, enumerando proferamus. Radix quippe cuncti
mali superbia est, de qua, scriptura attestante, dicitur : *Initium*
16 *omnis peccati superbia*. Primae autem eius soboles, septem
nimirum principalia uitia, de hac uirulenta radice proferuntur,
scilicet inanis gloria, inuidia, ira, tristitia, auaritia, uentris
ingluuies, luxuria. Nam quia his septem superbiae uitiis nos
20 captos doluit, idcirco Redemptor noster ad spiritale liberationis
proelium spiritu septiformis gratiae plenus uenit.

Sed habent contra nos haec singula exercitum suum. Nam
de *inani gloria* inoboedientia, iactantia, hypocrisis, conten-
24 tiones, pertinaciae, discordiae, et nouitatum praesumptiones
oriuntur. De *inuidia* odium, susurratio, detractio, exsultatio in
aduersis proximi, afflictio autem in prosperis nascitur. De *ira*
rixae, tumor mentis, contumeliae, clamor, indignatio,
28 blasphemiae proferuntur. De *tristitia* malitia, rancor, pusillani-
mitas, desperatio, torpor circa praecepta, uagatio mentis erga
illicita nascitur. De *auaritia* proditio, fraus, fallacia, periuria,
inquietudo, uiolentia, et contra misericordiam obdurationes
32 cordis oriuntur. De *uentris ingluuie* inepta laetitia, scurrilitas,
immunditia, multiloquium, hebetudo sensus circa intellegentiam propagantur. De *luxuria* caecitas mentis, inconsideratio,
inconstantia, praecipitatio, amor sui, odium Dei, affectus prae-
36 sentis saeculi, horror autem uel desperatio futuri generantur.
Quia ergo septem principalia uitia tantam de se uitiorum multitudinem proferunt, cum ad cor ueniunt, quasi subsequentis
exercitus cateruas trahunt. Ex quibus uidelicet septem, quinque
40 spiritalia, duoque carnalia sunt.

Sed unumquodque eorum tanta sibi cognatione iungitur, ut
non nisi unum de altero proferatur. Prima namque soboles
superbiae inanis gloria est, quae dum oppressam mentem cor-
44 ruperit, mox inuidiam gignit, quia nimirum dum uani nominis
potentiam appetit, ne quis hanc alius adipisci ualeat tabescit.
Inuidia quoque iram generat, quia quanto interno liuoris uulnere animus sauciatur, tanto etiam mansuetudo tranquillitatis

---

15/16 Eccli. 10, 15.

---

18 inuidia] *om.* P_1 *nisi in marg. occultatum*   **31** uiolentie P_1 **34** propagatur L_1
P_1 **36** generatur $L_1 P_1$ **38** subsequentes L_1 **43** est gloria P_1

48 amittitur ; et quia quasi dolens membrum tangitur, idcirco
oppositae actionis manus uelut grauius pressa sentitur. Ex ira
quoque tristitia oritur, quia turbata mens quo inordinate concutit se, eo addicendum confundit : et dum dulcedinem tran-
52 quillitatis amiserit, nihil hanc nisi ex perturbatione subsequens
maeror pascit. Tristitia quoque ad auaritiam deriuatur, quia
dum confusum cor bonum laetitiae in semetipso intus amiserit,
unde consolari debeat foris quaerit ; et tanto magis exteriora
56 bona adipisci desiderat, quanto gaudium non habet ad quod
intrinsecus recurrat. Post haec uero duo carnalia uitia, id est
uentris ingluuies et luxuria, supersunt. Sed cunctis liquet quod
de uentris ingluuie luxuria nascitur, dum in ipsa distributione
60 membrorum uentri genitalia subnexa uideantur. Vnde dum
unum inordinate reficitur, aliud procul dubio ad contumelias
excitatur.
Bene autem duces exhortari dicti sunt, exercitus ululare,
64 quia prima uitia deceptae menti quasi sub quadam ratione se
inserunt, sed innumera quae sequuntur, dum hanc ad omnem
insaniam pertrahunt, quasi bestiali clamore confundunt. Inanis
namque gloria deuictum cor quasi ex ratione solet exhortari,
68 cum dicit : Debes maiora appetere, ut quo potestate ualueris
multos excedere, eo etiam ualeas et pluribus prodesse. Inuidia
quoque deuictum cor quasi ex ratione solet exhortari, cum
dicit : In quo illo uel illo minor es ? Cur ergo eis uel aequalis,
72 uel superior non es ? Quanta uales quae ipsi non ualent ? Non
ergo tibi aut superiores esse, aut etiam aequales debent. Ira
enim deuictum cor quasi ex ratione solet exhortari, cum dicit :
Quae erga te aguntur aequanimiter ferri non possunt, immo
76 haec patienter tolerare peccatum est ; quia etsi non eis cum
magna exasperatione resistitur, contra te deinceps sine mensura
cumulantur. Tristitia quoque deuictum cor quasi ex ratione
solet exhortari, cum dicit : Quid habes unde gaudeas, cum
80 tanta mala de proximis portas ? Perpende cum quo maerore
omnes intuendi sunt qui in tanto contra te amaritudinis felle
uertuntur. Auaritia quoque deuictum animum quasi ex ratione
solet exhortari, cum dicit : Valde sine culpa est, quod quaedam
84 habenda concupiscis, quia non multiplicari appetis sed egere

---

51 ad dicendum P_1, addicendo *ed.*, μ   **53** ad] *om.* L_1 **55** unde] et *add* P_1 **57** uero]
om. P_1 **61** inordinate unum P_1 **71** uel] in *add.* L_1 **73** equales etiam P_1 **82** uer-
tuntur] uersantur P_1

pertimescis ; et quod male alius retinet, ipse melius expendis. Ventris ingluuies quoque deuictum cor quasi ex ratione solet exhortari, cum dicit : Ad esum Deus munda omnia condidit, et
88 qui satiari cibo respuit, quid aliud quam muneri concesso contradicit ? Luxuria quoque deuictum cor quasi ex ratione solet exhortari, cum dicit : Cur te in uoluptate tua modo non dilatas, cum quid te sequatur ignoras ? Acceptum tempus in desideriis
92 perdere non debes, quia quam citius transeat nescis. Si enim misceri Deus hominem in uoluptate coitus nollet, in ipso humani generis exordio masculum et feminam non fecisset. Haec est ducum exhortatio quae dum incaute ad secretum
96 cordis admittitur, familiarius iniqua persuadet. Quam uidelicet exercitus ululans sequitur, quia infelix anima semel principalibus uitiis capta, dum multiplicatis iniquitatibus in insaniam uertitur, ferali iam immanitate uastatur.
100 Sed miles Dei, quia sollerter praeuidere uitiorum certamina nititur, bellum procul odoratur ; quia mala praeeuntia, quid menti persuadere ualeant, cogitatione sollicita respicit, exhortationem ducum naris sagacitate deprehendit. Et quia a longe
104 praesciendo subsequentium iniquitatum confusionem conspicit, quasi ululatum exercitus odorando cognoscit.

CAPITVLVM II

DE SVPERBIA

Ipse est rex super omnes filios superbiae. Scriptum est : *Initium omnis peccati superbia.* Alia quippe uitia eas solummodo
4 uirtutes impetunt quibus ipsa destruuntur ; ut uidelicet ira patientiam, gastrimargia abstinentiam, libido continentiam expugnet. Superbia autem, quae omnium uitiorum radix est,

---

[II] **2/110** CC XXXIV, xxiii, 1/2, 5/6, 25/33, 46/74, 130/149, 163/195, 214/236 ; μ 1137/1138, 1140/1142.

92/94 cfr Gen. 1, 27.   [II] **2** Iob 41, 25.   **2/3** Eccli. 10, 15.

---

86 quoque ingluuies P_1 **87** omnia munda P_1 **92** pertranseat P_1 **96** amittitur L_1 **99** feriali L_1 **100** certamina uitiorum P_1 [II] **2** omnes] uniuersos *ed.* μ   **6** que *usque* est] quam uitiorum radicem diximus P_1

nequaquam unius uirtutis exstinctione contenta, contra cuncta
8   animae membra se erigit, et quasi generalis ac pestifer morbus
corpus omne corrumpit, ut quicquid illa inuadente agitur,
etiam si esse uirtus ostenditur, non per hoc Deo, sed soli uanae
gloriae seruiatur.
12   Nonnumquam uero ad tantam elationem mens ducitur, ut
in eo quod tumet, etiam per ostentationem locutionis
effrenetur. Sed tanto facilius ruina sequitur, quanto apud se
quisquis impudentius exaltatur. Hinc enim scriptum est : *Ante*
16   *ruinam exaltatur cor.* Hinc enim per Danielem dicitur : *In aula*
Babylonis deambulabat rex responditque et ait : Nonne haec est
Babylon magna, quam ego aedificaui in domum regni, in
robore fortitudinis meae, in gloria decoris mei ? Sed hunc
20   tumorem quam concita uindicta represserit, ilico adiunxit,
dicens : *Cum adhuc sermo esset in ore regis, uox de caelo ruit :*
Tibi dicitur Nabuchodonosor rex : Regnum transiet a te, et ab
hominibus te eicient ; et cum bestiis ferisque erit habitatio tua ;
24   *fenum quasi bos comedes, et septem tempora mutabuntur super*
te. Ecce quia tumor mentis usque ad aperta uerba se protulit,
patientia iudicis protinus usque ad sententiam erupit ; tantoque
hunc districtius perculit, quanto eius se superbia immoderatius
28   erexit ; et quia enumerando bona dixit in quibus sibi placuit,
enumerata mala in quibus feriretur, audiuit. Sciendum uero est
quod ipsa haec de qua tractamus elatio alios ex rebus saecu-
laribus, alios uero ex spiritalibus possidet. Alius namque
32   intumescit auro, alter eloquio ; alius infimis et terrenis rebus,
alter summis caelestibusque uirtutibus ; una tamen eademque
ante Dei oculos agitur, quamuis ad humana corda ueniens, in
eorum obtutibus diuerso amictu pallietur. Nam cum is qui de
36   terrena prius gloria superbiebat postmodum de sanctitate extollitur, nequaquam cor eius elatio deseruit, sed ad eum consueta
ueniens, ut cognosci nequeat, uestem mutauit.
    Cunctis autem superba apud se cogitatione tumentibus inest
40   clamor in locutione, amaritudo in silentio, dissolutio in hilaritate, furor in tristitia, inhonestas in actione, honestas in ima-

---

15/16 Prou. 16, 18.   **16/19** Dan. 4, 26/27.   **21/25** Dan. 4, 28/29.

---

7 contempta P_1 **8** ac] et P_1 **10** soli] *om.* P_1 **16** enim] *om.* P_1 **22** transibit
P_1 **32** alter] alius P_1 **33** alter] alius P_1 **35** is] his L_1 **40** lucutione L_1

gine, erectio in incessu, rancor in responsione. Horum mens
semper est ad irrogandas contumelias ualida, ad tolerandas
44 infirma ; ad oboediendum pigra, ad lacessendos uero alios
importuna ; ad ea quae facere et debet et praeualet ignaua, ad
ea autem quae facere nec debet nec praeualet semper parata.
Haec in eo quod sponte non appetit nullis exhortationibus
48 flectitur, ad hoc autem quod latenter desiderat quaerit ut cogatur, quia dum metuit ex desiderio suo uilescere, optat uim in
ipsa sua uoluntate tolerare.

Igitur quia humanos animos aliter temptari ex rebus car-
52 nalibus, atque aliter ex spiritalibus diximus, audiant illi :
Omnis caro fenum, et gloria eius sicut flos feni. Audiant isti,
quod quibusdam post miracula dicitur : *Nescio uos unde sitis,
discedite a me, operarii iniquitatis.* Audiant illi : *Diuitiae si*
56 *affluant, nolite cor apponere* ; audiant isti quia fatuae uirgines,
quae uacuis uasculis ueniunt, ab internis nuptiis excluduntur.

Audiant simul omnes : *Deus superbis resistit, humilibus
autem dat gratiam.* Audiant omnes : *Immundus est apud*
60 *Deum omnis qui exaltat cor.* Audiant omnes : *Quid superbis,
terra et cinis ?* Contra huius languoris pestem audiamus cuncti
quod magistra Veritas docet dicens : *Discite a me quia mitis
sum et humilis corde.* Ad hoc namque unigenitus Dei Filius
64 formam infirmitatis nostrae suscepit, ad hoc inuisibilis, non
solum uisibilis, sed etiam despectus apparuit, ad hoc
contumeliarum ludibria, irrisionum probra, passionum tormenta tolerauit, ut superbum non esse hominem doceret
68 humilis Deus. Quanta ergo humilitas uirtus est, propter quam
solam ueraciter edocendam is qui sine aestimatione magnus
est, usque ad passionem factus est paruulus ? Quia enim originem perditionis nostrae se praebuit superbia diaboli,
72 instrumentum redemptionis nostrae inuenta est humilitas Dei.
Hostis quippe noster inter omnia conditus, uideri supra omnia
uoluit elatus. Redemptor autem noster magnus manens supra

---

53 Is. 40, 6. **54/55** Luc. 13, 27. **55/56** Ps. 61, 11. **56/57** cfr Matth. 25,
11/12. **58/59** Iac. 4, 6. **59/60** Prou. 16, 5 (iuxta LXX). **60/61** Eccli. 10,
9. **62/63** Matth. 11, 29.

---

44 obedientiam P_1 **56** quia] qui L_1 **57** uacuis] in *praem.* P_1 **61** languoris huius
P_1 **66** irrisionum] illusionum P_1 **68** humilitatis P_1 **70** paruulus] paruus P_1 **71**
perditioni L_1 **72** inuentum P_1

omnia, fieri inter omnia dignatus est paruus.

76   Sed melius et elationis causam detegimus, et fundamenta
humilitatis aperimus, si breui commemoratione perstringimus
quid mortis auctor, quid uitae conditor dicat. Ille namque ait :
In caelum ascendam ; iste per prophetam dicit : *Repleta est*
80 *malis anima mea, et uita mea in inferno appropinquauit.* Ille
dicit : *Super astra caeli exaltabo solium meum* ; iste humano
generi a paradisi sedibus expulso dicit : *Ecce uenio, et habitabo
in medio tui.* Ille dicit : *Sedebo in monte testamenti, in*
84 *lateribus Aquilonis* ; iste dicit : *Ego sum uermis et non homo ;*
opprobrium hominum et abiectio plebis. Ille dicit : *Ascendam*
super altitudinem nubium, et similis ero Altissimo ; iste, *Cum*
in forma Dei esset, non rapinam arbitratus est esse se aequalem
88 *Deo, sed semetipsum exinaniuit, formam serui accipiens.* Ille
per membra sua loquitur, dicens : *Nullum pratum sit quod non*
pertranseat luxuria nostra ; coronemus nos rosis antequam mar-
cescant, ubique relinquamus signa laetitiae nostrae ; iste
92 membris suis praenuntiat, dicens : *Plorabitis et flebitis uos,*
mundus autem gaudebit. Ille nil aliud mentes sibi subditas
docet quam celsitudinis culmen appetere, cuncta aequalia
mentis tumore transcendere, societatem omnium hominum alta
96 elatione transire, ac sese et contra potentiam conditoris erigere ; sicut de his per psalmistam dicitur : *Transierunt in dispo-*
sitionem cordis, cogitauerunt et locuti sunt nequitias, iniquita-
tem in excelso locuti sunt ; iste ad sputa, ad palmas, ad cola-
100 phos, ad spineam coronam, ad crucem, ad lanceam atque ad
mortem ueniens, membra sua admonet dicens : *Si quis mihi*
ministrat, me sequatur.
    Quia igitur Redemptor noster corda regit humilium, et
104 Leuiathan rex dicitur superborum, aperte cognoscimus quod
euidentissimum reproborum signum superbia est, atque contra
humilitas electorum. Cumque quam quisque habeat agnoscitur,

---

79 Is. 14, 13.   **79/80** Ps. 87, 4.   **81** Is. 14, 13.   **82/83** Zach. 2, 10.   **83/84** Is. 14,
13.   **84/85** Ps. 21, 7.   **85/86** Is. 14, 14.   **86/88** Phil. 2, 6/7.   **89/91** Sap. 2,
8/9.   **92/93** Ioh. 16, 20.   **97/99** Ps. 72, 7/8.   **101/102** Ioh. 12, 26.

---

80 in] *om.* P_1 **81** super] supra L_1 **82** habito *corr. ex* habitabo P_1 **86** ero similis
P_1 | iste] de isto paulus dicit P_1 **93** nichil P_1 **97** his] eis P_1 **98** nequitiam P_1 **104**
leuiathan] iste *add.* P_1 **105** atque] at P_1 **106** cumque] cum ergo P_1 | agnoscitur *corr.*
ex cognoscitur P_1

sub quo rege militet inuenitur. Vnusquisque enim quasi quem-
108 dam titulum portat operis, quo facile ostendat sub cuius seruiat
potestate rectoris. Vnde et per euangelium dicitur : *Ex fructibus
eorum cognoscetis eos.*

CAPITVLVM III

QVOD SVPERBIA STATIM CVM NASCITVR RESECANDA EST NE CONVALESCAT

Vitium superbiae ab ipsa mox radice secandum est, ut cum
latenter oritur, tunc uigilanter abscidatur, ne profectu uigeat,
4 nec usu roboretur. Difficile enim in se quisque inueteratam
superbiam deprehendit, quia nimirum hoc uitium quanto
magis patimur, tanto minus uidemus. Sic quippe in mente
superbia, sicut caligo in oculis generatur. Quo se haec latius
8 dilatat, eo uehementius lumen angustat. Paulisper ergo elatio in
praecordiis crescit, et cum se uastius extenderit, oppressae
mentis oculum funditus claudit, ut captiuus animus elationis
typum et pati possit, et tamen id quod patitur uidere non pos-
12 sit.
Illuminantur autem luce uiuentium, qui despecta superbia
et lumine temporali, ad splendorem internae claritatis recur-
runt, ut ibi uiuant ubi uerum lumen sentiendo uideant, ubi non
16 aliud lumen atque aliud uita, sed ubi ipsa lux uita sit, ubi sic
nos lux exterius circumscribat, ut interius impleat ; sic interius
impleat, ut incircumscripta exterius circumscribat. Illuminantur
ergo luce uiuentium, quam tanto tunc subtilius conspiciunt,
20 quanto nunc ad illam purius uiuunt.

[III] **2/12** *CC* XXIV, XXIII, 28/38 ; μ 784.   **13/20** *CC ibid.*, XII, 4/12 ; μ 776/777.

109/110 Matth. 7, 16.

---

109 et] *om.* P_1 [III] **2** resecandum P_1 **3** prouectu P_1 **4** nec] ne P_1 **7** in oculis
caligo P_1 **9** ostenderit P_1 **11** patimur L_1 **13/14** qui *usque* temporali] qui despecto temporali lumine P_1 **15** lumen uerum P_1 **18** circumscripta P_1 **19** luce] *praem*
hac P_1

CAPITVLVM IV

DE INANI GLORIA

Quisquis transitoriis fauoribus inhiat, perdit percipiendo quod laborat. Veritate attestante qui ait : *Amen dico uobis,*
4 *receperunt mercedem suam.* Sed haec spes recipiendae mercedis non potest diu teneri quia pro ostensis operibus honor tribuitur, sed uita ad terminum urgetur ; laudes resonant, sed ad finem cum laudibus tempora festinant.

8 Vnde scriptum est : *Non ei placebit uecordia sua.* Magna quippe uecordia est laboriosa agere et aurae laudis inhiare ; forti opere praeceptis caelestibus inseruire, sed terrenae retributionis praemium quaerere. Vt enim ita dixerim, qui pro uirtute
12 quam agit humanos fauores desiderat, rem magni meriti uili pretio uenalem portat ; unde caeli regnum mereri potuit, inde nummum transitorii sermonis quaerit. Vili ergo pretio opus uendit qui magna impendit, sed minima recipit. Huiusmodi
16 autem laudes maligni spiritus ad usum perditionis inflectentes, eisdem pascuntur. Vnde bene per prophetam dicitur : *Culmus stans, non est in eis germen et non faciet farinam ; quod et si fecerit, alieni comedent eam.* Culmus quippe germen non habet
20 cum uita meritis uirtutum caret. Farinam culmus non facit cum is qui in praesenti saeculo proficit nihil subtilitatis intellegit, nullum boni operis fructum reddit.

Sed saepe cum fecerit, hanc alieni comedunt, quia et cum
24 bona opera per ostentationem fiunt, de his malignorum spirituum uota satiantur. Qui enim per haec placere Deo non appetunt, non agri dominum, sed alienos pascunt. Ipse etiam

---

[IV] **2/7** *CC* VIII, xlii, 107/113 ; µ 275.   **8/32** *CC ibid.*, xliii, 1/8, 15/18, 19/28, 31, 34/42 ; µ 275/276.

[IV] **4** Matth. 6, 2.5.16.   **8** Iob 8, 14.   **17/19** Os. 8, 7.

[IV] **2** recipiendo P_1 **3** qui] que P_1 **5** teneri diu non potest P_1 **12** humanam fauorem P_1 **15** qui] quis P_1 **18** faciet] *Vulg.*, faciens L_1, facient P_1 *ed.* µ | si et P_1 **19** fecerit] *Vulg.*, fecerint P_1 *ed.* µ   **23** fecerit] hoc *praem.* P_1 **24** per ostentationem fiunt] ypocrite ostendunt P_1 **25** deo placere P_1 | non] nequaquam P_1 **26/31** ipse *usque* nil] hec uero sua uecordia placet interim sed non placebit quia cum retributionis tempus aduenerit displicebit ei quod uecors fuit . tunc se stulte egisse intelleget cum pro delectatione laudis sententiam diuine increpationis acceperit . tunc se uecordem fuisse considerat cum se pro temporali quam percepit gloria perpetua tormenta castigant . tunc ueram scientiam supplicia aperiunt quia per hec profecto colligitur nil P_1

qui fauoribus delectatur hac ipsa sua uecordia pascitur, quae ei
28 placet interim sed non placebit, quia in tempore retributionis
pro delectatione laudis sententiam accipiet diuinae increpationis, et pro temporali, quam percipit, gloria perpetua sustinebit tormenta. Tunc ueraciter sciet nil fuisse omnia quae transire
32 potuerunt.

Vnde recte subditur : *Et sicut tela aranearum fiducia eius.*
Sicut aranearum tela studiose texitur, sed subito flatu dissipatur, ita quicquid pro humana laude cum labore agitur aura
36 humani fauoris tollit ; et quasi in uentum labor euanescit. Doctrinae etiam uerba pro huiusmodi fauoribus prolata auditores
ad laudes potius excutiunt quam ad lacrimas accendant. Quae
enim corde frigido et igne diuini amoris non calente proferun-
40 tur, auditores ad supernum desiderium non inflammant. Nam
quod in se non arserit, aliud non accendit. Vnde dicta eorum
aliquando audientes non erudiunt, sed eos qui ea proferunt elatos laudibus deteriores reddunt. Attestante enim Paulo : *Scien-*
44 *tia inflat, caritas aedificat.* Plerumque etiam huiusmodi homines mira se abstinentia affligunt, omne robur corporis atterunt
et quasi carnis uitam funditus in carne uiuentes exstinguunt,
sicque per abstinentiam morti appropiant ut paene cotidie
48 morientes uiuant. Sed ad haec humanos oculos quaerunt,
admirationis gloriam expetunt. Veritate attestante quae ait :

33/78 *CC ibid.*, XLIV, 1, 7/11, 15/27, 28/63, 66 ; µ 276/277.

---

33 Iob 8, 14.   43/44 I Cor. 8, 1.

---

33 unde] et *add.* P_1 | sicut₂] *om.* P_1 35 ita *usque* agitur] quia ypocrita quicquid cum
labore peragit P_1 36 et] dum in appetitu laudis opus deficit *add.* P_1 | euanescit] sepe
namque et usque ad presentis uite terminum ypocritarum facta perdurant sed quia per
hec auctoris laudem non querunt bona ante dei oculos numquam fuerunt . plerumque
enim ut prediximus sacre legis eruditione fulciuntur *add.* P_1 37 etiam] *om.*
P_1 37/40 uerba *usque* proferuntur] uerba proferunt omne quod sentiunt testimoniis
accingunt nec tamen per hec uitam audientium sed proprios fauores querunt quia nec
proferre alia nouerunt nisi qui auditorum corda ad rependendas laudes excutiant
non autem ad lacrimas accendant . mens quippe concupiscentiis exterioribus occupata
igne diuine amoris non calet . et idcirco ad supernum desiderium inflammare auditores suos nequeunt uerba que frigido corde proferuntur . neque enim res que in se
ipsa non arserit aliud accendit . unde fit plerumque et ypocritarum dicta et audientes
non erudiant et eosdem ipsos qui se proferunt P_1 43 reddant P_1 | paulo] beato
praem. P_1 45 abstinentia se P_1 47 appropinquant P_1

Exterminant facies suas ut appareant hominibus ieiunantes.
Nam ora pallescunt, corpus debilitate quatitur, pectus inter-
52 rumpentibus suspiriis urgetur. Sed inter haec, ab ore proximorum sermo admirationis quaeritur nihilque tanto labore
aliud, nisi aestimatio humana cogitatur. Quos nimirum bene
Simon ille significat qui dominicae passionis tempore in
56 angaria crucem portat ; de quo scriptum est : *Inuenerunt homi-*
nem Cyrenaeum uenientem obuiam sibi, nomine Simonem ;
hunc angariauerunt ut tolleret crucem Iesu. Quod enim per
angariam agimus, non hoc ex studio amoris operamur. Crucem
60 ergo Iesu in angaria portare est afflictionem abstinentiae pro
alia quam necesse est intentione tolerare. An non Iesu crucem
in angaria portat, qui quasi ad praeceptum Domini, carnem
domat, sed tamen spiritalem patriam non amat ? Vnde et
64 Simon idem crucem portat, sed nequaquam moritur, quia
omnis hypocrita corpus quidem per abstinentiam afficit, sed
tamen per amorem gloriae mundo uiuit.

Quod contra bene per Paulum de electis dicitur : *Qui autem*
68 *sunt Christi carnem suam crucifixerunt cum uitiis et concupis-*
centiis. Cum uitiis et concupiscentiis carnem crucifigimus, si sic
gulam restringimus, ut iam de mundi gloria nihil quaeramus.
Nam qui corpus macerat sed honoribus anhelat, crucem carni
72 intulit sed mundo per concupiscentiam peius uiuit ; quia et
saepe per sanctitatis imaginem locum regiminis indignus asse-
quitur, quem, nisi aliquid in se uirtutis ostenderet, nullo percipere labore mereretur. Sed transit quod delectabiliter obtinet, et
76 poenaliter quod sequitur manet. Sanctitatis fiducia in ore hominum ponitur ; sed cum internus iudex secreta cordis examinat,
testes uitae exterius non quaeruntur.

Vnde adhuc subiungitur : *Innitetur super domum suam et*

79/103 *CC ibid.*, xlv, 1, 11/22, 25/26, 38/44, 46/50 ; μ 277/278.

---

50 Matth. 6, 16.   **56/58** Matth. 27, 32.   **67/69** Gal. 5, 24.   **79/80** Iob 8, 15.

---

50 pareant P_1 **54** humana estimatio P_1 | quos] P_1 *post corr.*   **54** bene] *om.* P_1 **56** angariam P_1 **57** sibi obuiam L_1 P_1 **58/59** per angariam agimus] angariamur P_1 **61** alia *usque* est] aliqua necessitatis P_1 **69** uitiis] quippe *add* P_1 **71** anhelat] inhiat P_1 **73** indigne P_1 **76** fiducia] nunc *praem* P_1 **79** adhuc subiungitur] ad hoc subditur P_1

80 *non stabit.* Domus est eius delectatio fauoris quam quasi
quietus inhabitat, quia per cuncta sua opera ad hanc se intra
animum reclinat. Sed stare domus non ualet, quia laus cum
uita praeterit et humanus fauor in extremo iudicio non subsis-
84 tit. Vnde et fatuae uirgines quae oleum in uasis non
sumpserant, quia in alienis scilicet uocibus gloriam et non suis
in conscientiis habebant, turbatae per sponsi praesentiam,
dicunt : *Date nobis de oleo uestro quia lampades nostrae*
88 *exstinguuntur.* Oleum quippe a proximis petere est gloriam
boni operis a testimonio alieni oris implorare. Mens etenim
uacua, cum cunctis suis laboribus nihil se intus tenuisse inuenerit, testimonium foras quaerit.
92   Sed frustra tunc in hac domo laudis innititur quia nihil ei in
iudicio attestatio humana suffragatur. Cum autem sibi alieni
oris testimonia deesse cognouerit, ad sua se opera enumeranda
conuertit. Vnde et subditur : *Fulciet eam et non consurget* ;
96 quod per se stare non ualet, fulcitur ut stet. Vnde et huiusmodi
homines cum uitam suam in iudicio labefactari conspiciunt,
fulcire hanc operum enumeratione contendunt, dicentes : *Do-*
mine, Domine, nonne in nomine tuo prophetauimus et in nom-
100 *ine tuo daemonia eiecimus ; et in nomine tuo uirtutes multas*
fecimus ? Sed domus laudis tot allegationibus fulta minime
consurget, quia protinus iudex dicet : *Numquam noui uos, dis-*
cedite a me qui operamini iniquitatem.

87/88 Matth. 25, 8.   **95** Iob 8, 15.   **98/101** Matth. 7, 22.   **102/103** Matth. 7, 23.

---

80 eius est P_1 **81** se] in *praem.* L_1 **82** inclinat P_1 | domus] hec *add.* P_1 **83** ex-
tremo] *om.* P_1 **84** et] *om.* P_1 **85** sumpserunt P_1 **85/86** in suis P_1 **90** nil P_1 **91**
foris P_1 | querit] ac si aperte fatue uirgines dicant . cum nos repelli conspicitis dicite in
nostro opere quid uidistis *add.* P_1 **92** tunc] ypocrita *add.* P_1 **95** et] adhuc P_1 **96**
quod] hoc namque *praem.* P_1 **96/97** unde *usque* homines] quia P_1 **97** cum] ypocri-
ta *add.* P_1 | labefactari in iudicio P_1 | conspicit P_1 **98** fulcire hanc] hanc fulciendo sta-
tuere P_1 | contendit P_1 | dicentes] an non laudis sue habitaculum hinc inde fulciunt qui
facta sua ut prefati sumus in iudicio enumerantes dicunt P_1 **99** tuo nomine$_2$
P_1 **100** tuo nomine$_2$ L_1 P_1 | multas uirtutes L_1

CAPITVLVM V

ITEM DE INANI GLORIA ET IACTANTIA

Sunt nonnulli qui cum recta operari appetunt, prius mente sollicita eiusdem sui operis testes quaerunt , et tacita cogita-
4 tione pertractant si sunt qui gerenda uideant, si digne haec elo-
qui qui uiderint, possint. Si uero eorum facta nulli fortasse hominum contigerit aspicere, haec se procul dubio aestimant perdidisse. Et quia operi eorum testes desunt, narrant ipsi quae
8 gesserunt. Cumque efferri fauoribus coeperint saepe eisdem suis operibus quae egisse se referunt mentiendo aliquid adiungunt. Cum uero et uera dicunt haec dicendo aliena faciunt, quia quaesitis remunerati fauoribus, ab eorum aeterna retributione
12 uacuantur.

In eo enim quod bona sua patefaciunt, ostendunt malignis spiritibus, quasi insidiantibus, quae praedentur. Quod bene in Ezechia figuratur qui postquam una prece, et sub unius noctis
16 spatio solem reduxit ; postquam uitam propinquante iam ter-
mino coartatam in tempora longiora protelauit, susceptis Babylonici regis nuntiis, bona omnia quae possidebat ostendit. Sed prophetae uoce protinus audiuit : *Ecce dies uenient et aufe-*
20 *rentur omnia quae in domo tua sunt, in Babylonem ; non relin-*
quetur quicquam, dicit Dominus. Hinc per psalmistam dicitur : *Tradidit in captiuitatem uirtutes eorum et pulchritudines eorum*

[V] **2/7** *CC* VIII, xlvii, 102/107 ; μ 281.   **7/54** *CC ibid.*, xlviii, 33/44, 46/51, 56/89 ;
μ 282/283.

[V] **19/21** IV Reg. 20, 17.   **22/23** Ps. 77, 61.

[V] **2** qui] *om. L₁*   **6** contigerit] contingat *P₁*   **7** desunt] deesse contingat *P₁*   **8** gesserint *P₁*   **11** eterna] intima *P₁*   **14** que] hostibus *praem. P₁*   **14/15** quod *usque* figuratur] quorum profecto uitam illa cunctis notissima ezechie culpa figurauit *P₁*   **16** spatio] centum octoginta quinque milia hominum angelo feriente prostrauit . postquam occasui proximum ad altiora celi spatia *add. P₁*   **18** nuntiis] *om. L₁*   **21** dom-
inus] sic sic nimirum ypocrite postquam magnis uirtutibus excrescunt quia cauere malignorum spirituum insidias neglegunt et celari in eisdem uirtutibus nolunt bona sua offendendo ostium faciunt et prodentes subito amittunt quicquid diutius studentes operantur *add. P₁*

in manus inimici. Virtus quippe et pulchritudo arrogantium
24 inimici manibus traditur quia omne bonum quod per concupiscentiam laudis ostenditur occulti aduersarii iuri mancipatur.
Hostes namque ad rapinam prouocat, qui suas eorum notitiae
diuitias denudat. Quousque enim ab aeternae patriae securitate
28 disiungimur, in latronum insidiantium iter ambulamus. Qui
ergo in itinere depraedari formidat, abscondat necesse est bona
quae portat. O miseri qui affectantes laudes hominum, in semetipsis dissipant fructus laborum ; cumque se ostendere alienis
32 oculis appetunt, damnant quod agunt ! Quos nimirum maligni
spiritus cum ad iactantiam prouocant, eorum sicut diximus,
opera captiuantes denudant. Vnde sub cuiusdam gentis specie
antiquorum hostium malitiam signans per prophetam Veritas
36 dicit : *Posuit uineam meam in desertum, decorticauit ficum
meam, nudans exspoliauit eam, albi facti sunt rami eius.* Insidiantibus quippe hostibus, Dei uinea in desertum ponitur cum
plena fructibus anima humanae laudis cupiditate dissipatur.
40 Ficum Dei gens ista decorticat, quia seductam mentem in fauoris appetitum rapiens, quo hanc ad ostentationem pertrahit,
tegmen ei humilitatis tollit ; eamque nudans spoliat quia
quousque in bonis suis absconditur, quasi proprii tegminis cor-
44 tice uestitur. Cum uero mens hoc quod egerit uideri ab aliis
concupiscit, quasi spoliata ficus, eum qui se texerat, corticem
amisit. Vbi apte subditur : *Albi facti sunt rami eius*, quia
ostensa humanis oculis eius opera candescunt, de sanctitate
48 nomen sumitur, cum recta actio diuulgatur. Sed quoniam, subducta cortice, rami fici huius arefiunt, sollerter intuendum est
quia facta arrogantium humanis oculis ostensa unde placere
appetunt inde siccantur. Mens itaque quae per iactantiam pro-
52 ditur, decorticata recte ficus uocatur, quia et candida est per
hoc quod cernitur, et siccitati proxima per hoc quod a tegmine
corticis nudatur.

36/37 Ioel, 1, 7.

---

24 manibus inimici P_1 **37** exspoliauit] spoliauit P_1 **42** ei] eis P_1 **45** eum qui se
texerat] *om.* P_1

CAPITVLVM VI

QVALITER OBVIANDVM SIT INANI GLORIAE

Plerumque si scimus bona quae agimus, ad elationem dedu-
cimur ; si nescimus, minime seruamus. Quis enim aut de uir-
4   tutis suae conscientia non quantulumcumque superbiat ? Aut
quis rursum bonum in se custodiat quod ignorat ; sed contra
utrumque quid superest, nisi ut recta quae agimus sciendo ne-
sciamus, ut haec et recta aestimemus, et minima ; quatenus ad
8   custodiam sensificet animum scientia rectitudinis, et in
tumorem non eleuet aestimatio minorationis ? Quasi latrun-
culus quippe est appetitus humanae laudis, qui recto itinere
gradientibus ex latere iungitur ut ex occultis educto gladio gra-
12 dientium uita trucidetur, quia saepe cum propositae utilitatis
intentio ad priuata studia deducitur, horrendo modo dum fauor
humanus appetitur, unum idemque opus culpa peragit quod
uirtus incohauit.
16   Intus ergo sint bona quae agimus, si ab interno arbitro
uicem recipere nostri operis exspectamus. Hinc est enim quod
per euangelium Veritas dicit : *Nesciat sinistra tua quid faciat
dextera tua, ut sit eleemosyna tua in abscondito ; et Pater tuus*
20 *qui uidet in abscondito, reddet tibi.* Hinc est quod per psalmistam dicitur : *Omnis gloria eius filiae regum ab intus.* Hinc
Paulus ait : *Gloria nostra haec est, testimonium conscientiae*
nostrae. Filia quippe regum Ecclesia est quae in bono opere
24 spiritalium principum praedicatione generata, gloriam intus
habet quia quod agit, in ostensionis iactantia non habet.

[VI] **2/15** *CC* IX, xxv, 2/10, 19/24 ; μ 304/305.   **16/38** *CC* VIII, xlviii, 89/99, 102,
104/116 ; μ 283.

[VI] **18/20** Matth. 6, 3/4.   **21** Ps. 44, 14.   **22/23** II Cor. 1, 12.

[VI] **3** ducimur P_1 **7** ad] et *praem.* P_1 **10** laudis humane P_1 **12** quia sepe cum]
cumque P_1 **13** studia priuata P_1 **13/14** dum fauor humanus appetitur] *om.* P_1 **18**
in euangelio P_1 **19** absconso L_1 **20** quod] de electorum ecclesia *add.* P_1 **21** regis
P_1 **25** quod] hoc *praem.* P_1 | iactantiam L_1 P_1 |habet] gloriam suam paulus testimonium conscientie memorat quia fauoris oris alieni non appetens uite sue gaudia
extra semetipsum ponere ignorat *add.* P_1

Sed licet occultanda sint quae agimus, Veritas tamen dicit : *Videant opera uestra bona et glorificent Patrem uestrum, qui in* 28 *caelis est.* Sed aliud est profecto cum in ostensione operis gloria quaeritur largitoris, aliud cum laus priuata concupiscitur de dono largientis. Vnde et rursum in euangelio haec eadem Veritas dicit : *Attendite ne iustitiam uestram faciatis coram homini-* 32 *bus, ut uideamini ab eis.* Opus ergo nostrum cum hominibus ostenditur, in cordis prius examinatione pensandum est per eius ostensionis studium quid quaeratur. Si enim dantis gloriam quaerimus, et publicata nostra opera, in conspectu 36 illius occulta seruamus. Si uero per haec nostram laudem concupiscimus, foras ab eius conspectu iam fusa sunt etiamsi a multis ignorentur. Vnde et fatuis uirginibus in iudicium ueniens dicet : *Amen dico uobis : nescio uos.* In quibus dum 40 mentis corruptionem considerat, carnis etiam incorruptionem damnat.

Sed ualde perfectorum est sic ostenso opere, auctoris gloriam quaerere ut de illata laude, priuata nesciant exsulta- 44 tione gaudere. Tunc solum namque innoxie hominibus laudabile opus ostenditur, cum per despectum mentis ueraciter laus impensa calcatur. Quam quia infirmi quique perfecte contemnendo non superant, restat necesse est ut bonum quod operan- 48 tur, abscondant.

38/41 *CC ibid.*, xlix, 7/10 ; μ 284.   **42/48** *CC ibid.*, xlviii, 117/123 ; μ 283.

27/28 Matth. 5, 16.   **31/32** Matth. 6, 1.   **39** Matth. 25, 12.

---

26 sed *usque* dicit] occultanda ergo sunt que agimus ne hec in huius uite itinere incaute portantes latrocinantium spirituum incursione perdamus . et tamen ueritas dicit P_1 **33** examine P_1 **34** eiusdem P_1 **35** et] etiam P_1 **36** laudem nostram P_1 **38/41** unde *usque* damnat] *om.* P_1 **43** nesciat $L_1 P_1$

CAPITVLVM VII

DE INVIDIA

Paruulum occidit inuidia. Inuidere non possumus nisi eis
quos nobis in aliquo meliores putamus. Paruulus ergo est qui
4 liuore occiditur, quia ipse sibi testimonium perhibet quod ei
minor sit cuius inuidia torquetur. Hinc est quod hostis callidus
primo homini inuidendo subripuit, quia amissa beatitudine,
minorem se immortalitate illius agnouit. Hinc est quod Cain ad
8 perpetrandum fratricidium corruit ; quia despecto suo
sacrificio, praelatum sibi infremuit cuius hostiam Deus
accepit ; et quem meliorem se esse exhorruit ne utcumque
esset, amputauit. Hinc Esau ad persecutionem fratris exarsit,
12 quia primogenitorum benedictione perdita quam tamen esu
lenticulae ipse uendiderat, minorem se ei quem nascendo
praeibat, ingemuit. Hinc Ioseph fratres sui Ismaelitis transeuntibus uendiderunt, quia cognito reuelationis mysterio ne se
16 melior fieret, eius prouectibus obuiare conati sunt. Hinc Saul
Dauid subditum, lanceam intorquendo, persequitur quia quem
magnis cotidie augeri uirtutum successionibus sensit, ultra se
excrescere expauit. Paruulus itaque est qui inuidia occiditur
20 quia nisi ipse inferior exsisteret, de bono alterius non doleret.
Sed inter haec sciendum est quia quamuis per omne uitium
quod perpetratur, humano cordi antiqui hostis uirus infunditur,
in hac tamen nequitia, tota sua uiscera serpens concutit, et
24 imprimendae malitiae pestem uomit. De quo nimirum scriptum est : *Inuidia diaboli mors intrauit in orbem terrarum.* Nam
cum deuictum cor liuoris putredo corruperit, ipsa quoque
exteriora indicant quam animum uesania instigat. Color quippe
28 pallore afficitur, oculi deprimuntur, mens accenditur et membra

---

[VII] **2/51** *CC* V, xlvi, 1/53 ; μ 178/180.

[VII] **2** Iob 5, 2.   **7/11** cfr Gen. 4, 5/8.   **11/13** cfr Gen. 25, 34 ; 27, 41.   **14/16** cfr
Gen. 37, 19/20.27/28.   **16/19** cfr I Reg. 18, 8/9. 11.   **25** Sap. 2, 24.

[VII] **4** eo $L_1 P_1$ **7** immortalitati P_1 **12** quam] quem P_1 **13** eo $L_1 P_1$ **18** successibus P_1 **24** uomit] mouit P_1 **27** quam] grauiter *add.* P_1

frigescunt, fit in cogitatione rabies, in dentibus stridor ; cumque
in latebris cordis crescens absconditur odium, dolore caeco
terebrat conscientiam uulnus inclusum. Nil laetum de propriis
32 libet quia tabescentem mentem sua poena sauciat, quam felici-
tas torquet aliena ; quantoque extranei operis in altum fabrica
ducitur, tanto fundamentum mentis liuidae profundius
suffoditur ; ut quo alii ad meliora properant eo ipsa deterius
36 ruat ; qua ruina uidelicet etiam illud destruitur, quod in aliis
actibus perfecto opere surrexisse putabatur. Nam inuidia cum
mentem tabefecerit, cuncta quae inuenerit bene gesta consumit.
Vnde bene per Salomonem dicitur : *Vita carnium, sanitas*
40 *cordis ; putredo ossium inuidia.* Quid enim per carnes nisi
infirma quaedam ac tenera ; et quid per ossa nisi fortia acta
signantur ? Et plerumque contingit ut quidam cum uera cordis
innocentia in nonnullis suis actibus infirmi uideantur ; quidam
44 uero iam quaedam ante humanos oculos robusta exerceant sed
tamen erga aliorum bona, intus inuidiae pestilentia tabescant.
Bene ergo dicitur : *Vita carnium, sanitas cordis,* quia si mentis
innocentia custoditur, etiam si qua foris infirma sunt, quan-
48 doque roborantur. Et recte subditur : *Putredo ossium inuidia,*
quia per liuoris uitium, ante Dei oculos pereunt etiam fortia
acta uirtutum. Ossa quippe per inuidiam putrescere, est
quaedam etiam robusta deperire.

CAPITVLVM VIII

QVALITER COMPESCENDA EST INVIDIA

Difficile est ut hoc alteri non inuideat, quod adipisci alter
exoptat ; quia quicquid temporale percipitur, tanto fit minus in
4 singulis quanto diuiditur in multis ; et idcirco desiderantem
mentem liuor excruciat quia hoc quod appetit, aut funditus
alter accipiens adimit, aut a quantitate restringit. Qui ergo
liuoris peste plene carere desiderat, illam hereditatem diligat,

---

[VIII] **2/24** *CC* V, xlvi, 55/77 ; μ 180.

39/40.46.48 Prou. 14, 30.

[VIII] **3** temporaliter P_1 | minus fit P_1

8   quam coheredum numerus non angustat ; quae et omnibus una
       est et singulis tota ; quae tanto largior esse ostenditur, quanto
       ad hanc percipientium multitudo dilatatur. Imminutio ergo
       liuoris est affectus surgens internae dulcedinis, et plena mors
12   eius est perfectus amor aeternitatis. Nam cum mens ab eius rei
       appetitu retrahitur, quae accipientium numero partitur, tanto
       magis proximum diligit, quanto minus ex prouectu illius sua
       damna pertimescit. Quae si perfecte in amore caelestis patriae
16   rapitur, plene etiam in proximi dilectione solidatur ; quia cum
       nulla terrena desiderat, nihil est quod eius erga proximum cari-
       tati contradicat. Quae nimirum caritas quid est aliud quam
       oculus mentis ; qui si terreni amoris puluere tangitur, ab inter-
20   nae lucis mox intuitu laesus reuerberatur ? Quia autem paruu-
       lus est qui terrena diligit, magnus qui aeterna concupiscit,
       potest etiam sic non inconuenienter intellegi : *Paruulum occidit
       inuidia*, quia huius pestis languore non moritur, nisi qui adhuc
24   in desideriis infirmatur.

CAPITVLVM IX

DE IRA

       *Virum stultum interficit iracundia et paruulum occidit
       inuidia.* Cum scriptum sit : *Tu autem, Domine, cum tranquilli-*
4   *tate iudicas*, sciendum nobis magnopere est quia quotiens tur-
       bulentos motus animi sub mansuetudinis uirtute restringimus,
       redire ad similitudinem conditoris conamur. Nam cum tran-
       quillitatem mentis ira diuerberat, dilaniatam quodam modo
8   scissamque perturbat, ut sibimetipsi non congruat cum intimae
       uigorem similitudinis amittat. Quanta ergo sit iracundiae culpa
       pensemus, per quam dum mansuetudo amittitur, supernae ima-
       ginis similitudo uitiatur. Per iram sapientia perditur, ut quid

---

[IX] **2/86** *CC* V, xlv, 1/2, 6/92 ; μ 175/177.

22/23 Iob 5, 2.   [IX] **2/3** Iob 5, 2.   **3/4** Sap. 12, 18.

---

9 largior] longior L_1 | esse] *om.* P_1 **10** ergo] igitur P_1 **12** est eius P_1 **20** quia]
quoniam P_1 [IX] **2** uirum] uere *Vulg.*   **5** animi motus P_1 **8** cum] ac uim P_1 **9**
uigorem] *om.* P_1 **10/11** superne *usque* uitiatur] P_1 T, *om.* L_1

12 quoque ordine agendum sit omnino nesciatur, sicut scriptum
est : *Ira in sinu stulti requiescit* ; quia nimirum intellegentiae
lucem subtrahit cum mentem permouendo confundit. Per iram
uita amittitur, etsi sapientia teneri uideatur sicut scriptum est :
16 *Ira perdit etiam prudentes* ; quia scilicet confusus animus
nequaquam explet, etiam si quid intellegere prudenter ualet.
Per iram iustitia relinquitur sicut scriptum est : *Ira enim uiri
iustitiam non operatur* ; quia dum perturbata mens iudicium
20 suae rationis exasperat, omne quod suggerit rectum putat. Per
iram gratia uitae socialis amittitur, sicut scriptum est : *Noli esse
assiduus cum homine iracundo, ne discas semitas eius et sumas
scandalum animae tuae.* Quia qui se ex humana ratione non
24 temperat, necesse est ut bestialiter uiuat. Per iram concordia
rumpitur, sicut scriptum est : *Vir animosus parat rixas. Et uir
iracundus effundit peccata.* Iracundus quippe peccata effundit
quia etiam malos quos incaute ad discordiam prouocat, peiores
28 facit. Per iram lux ueritatis amittitur, sicut scriptum est : *Sol
non occidat super iracundiam uestram* ; quia cum menti iracundia confusionis tenebras incutit huic Deus radium suae cog-
nitionis abscondit. Per iram sancti Spiritus splendor excluditur,
32 quod contra iuxta uetustam translationem scriptum est : *Super
quem requiescet spiritus meus, nisi super humilem et quietum et
trementem sermones meos ?* Cum enim humilem diceret,
quietum protinus adiunxit. Si ergo ira quietem menti subtrahit,
36 suam sancto Spiritui habitationem claudit, cuius recessione
animus uacuus, ad apertam mox insaniam ducitur et usque ad
superficiem ab intimo cogitationum fundamento dissipatur.
Nam irae suae stimulis accensum cor palpitat, corpus
40 tremit, lingua se praepedit, facies ignescit, exasperantur oculi et
nequaquam recognoscuntur noti. Ore quidem clamorem format, sed sensus quid loquatur ignorat. In quo itaque iste ab
arreptitiis longe est qui actionis suae conscius non est ? Vnde
44 fit plerumque ut usque ad manus ira prosiliat et quo ratio longius recedit, audacior exsurgat ; seque ipsum retinere animus

---

13 Eccle. 7, 10.   **16** Prou. 15, 1 (iuxta LXX).   **18/19** Iac. 1, 20.   **21/23** Prou. 22,
24/25.   **25/26** Prou. 29, 22 (iuxta LXX).   **28/29** Eph. 4, 26.   **32/34** Is. 66, 2.

---

18 enim] *om.* P_1 **19** iustitiam] dei *add.* P_1 *Vulg.*   **20** suggerit] furor *praem.* P_1 **24**
uiuat] solus *praem.* P_1 **25** parit P_1 **27** pieiores L_1

non ualet, quia factus est potestatis alienae ; et eo furor membra foris in ictibus exercet quo intus ipsam membrorum domi-
48 nam mentem captiuam tenet. Aliquando autem manus non
exserit, sed in maledictionis iaculum linguam uertit. Fratris
namque interitum precibus exposcit et hoc Deum perpetrare
expetit, quod ipse peruersus homo facere uel metuit uel erubes-
52 cit. Fitque ut uoto et uoce homicidium peragat etiam cum a
laesione proximi manibus cessat. Aliquando ira perturbato
animo quasi ex iudicio silentium indicit ; et quo se foras per
linguam non exprimit, intus deterius ignescit ut iratus quisque
56 collocutionem suam proximo subtrahat, et nihil dicendo quam
sit auersus dicat. Et nonnumquam haec silentii seueritas per
disciplinae dispensationem geritur si tamen sollicite in intimis
discretionis forma teneatur. Nonnumquam uero dum accensus
60 animus a consueta locutione restringitur per accessum temporis
penitus a proximi dilectione separatur, et acriores stimuli ad
mentem ueniunt, causae quoque quae grauius exasperant oriuntur. Atque in irati oculo festuca in trabem uertitur, dum ira in
64 odium permutatur. Plerumque ira per silentium clausa intra
mentem uehementius aestuat et clamosas tacita uoces format ;
uerba sibi quibus exasperetur obicit, et quasi in causae examine
posita exasperata durius respondet ; quod Salomon breuiter
68 insinuans dicit : *Praestolatio impiorum furor.* Sicque fit ut perturbatus animus maiorem strepitum sui silentii sentiat, eumque
grauius clausae irae flamma comburat. Vnde bene ante nos quidam sapiens dixit : Cogitationes iracundi uipereae sunt genera-
72 tiones, quae mentem comedunt matrem suam.
      Sciendum uero est quod nonnullos ira citius accendit, faci-
lius deserit. Nonnullos uero tarde quidem commouet sed
durius tenet. Alii namque accensis calamis similes, dum
76 uocibus perstrepunt, quasi quosdam accensionis suae sonitus
reddunt ; citius quidem flammam faciunt sed protinus in
fauilla frigescunt. Alii quidem lignis grauioribus durioribusque
non dispares, accensionem tarde suscipiunt, sed tamen accensi

68 Prou. 11, 23.   **71/72** cfr Prudentius, *Amartigenia*, vv. 582/583, 608/620. Vide *CC*
CXXVI, 136/137 ; *PL* LIX, 1052/1054.

52 uoto] ex *praem.* P_1 **53** ira] iratus P_1 **54** indicet L_1 **65** exestuat P_1 **66** quibus
sibi P_1 **67** durius exasperata P_1 **68** insinuat dicens P_1 **70** comburat] consumat
P_1 **78** quidem] autem P_1

80 semel difficilius exstinguuntur et quia tardius se in asperitate
concitant, furoris sui durius ignem seruant. Alii autem quod est
nequius et citius iracundiae flammas accipiunt, et tardius
deponunt. Alii uero has et tarde suscipiunt et citius amittunt.
84 In quibus nimirum quattuor modis liquido lector agnoscit quia
et ad tranquillitatis bonum ultimus plusquam primus appropinquat, et in malo secundum tertius superat.

CAPITVLVM X

QVALITER COMPESCENDA EST IRACVNDIA

Duobus modis fracta possidere animum ira desuescit.
Primus quippe est ut mens sollicita antequam agere quodlibet
4 incipiat, omnes sibi quas pati potest, contumelias praeponat,
quatenus Redemptoris sui probra cogitans, ad aduersa se
praeparet. Quae nimirum uenientia tanto fortior excipit quanto
se cautius ex praescientia armauit. Qui enim improuidus ab
8 aduersitate deprehenditur, quasi ab hoste dormiens inuenitur ;
eumque citius inimicus necat quia non repugnantem perforat.
Nam qui mala imminentia per sollicitudinem praenotat, hos-
tiles incursus quasi in insidiis uigilans exspectat ; et inde ad
12 uictoriam ualenter accingitur unde nesciens deprehendi putabatur. Sollerter ergo animus ante actionis suae primordia, cuncta
debet aduersa meditari ; ut semper haec cogitans, semper contra haec thorace patientiae muniatur ; et quicquid accesserit
16 prouidus superet, et quicquid non accesserit lucrum putet.
Secundus autem seruandae mansuetudinis modus est ut cum
alienos excessus aspicimus, nostra, quibus in aliis excessimus,
delicta cogitemus. Considerata quippe infirmitas propria, mala
20 nobis excusat aliena. Patienter namque illatam iniuriam tolerat
qui pie meminit quod fortasse adhuc ex se habeat, in quo
debeat ipse tolerari. Et quasi aqua ignis exstinguitur, cum surgente furore animi, sua cuique ad mentem culpa reuocatur quia
24 erubescit peccata non parcere, qui uel Deo, uel proximo saepe

---

[X] **2/82** *CC* V, XLV, 96/179 ; μ 177/178.

---

80 se tardius P_1 **83** alii] nonnulli P_1 [X] **4** incipiat] arripuit P_1 **15** muniatur]
munitus *corr. ex* armatus P_1 **20** namque] quippe P_1 **21** ex se] *om.* P_1

se recolit parcenda peccasse.

Sed inter haec sciendum est quod alia est ira, quam impatientia excitat, alia quam zelus format. Illa ex uitio haec ex uir-
28 tute generatur. Si enim nulla ira ex uirtute surgeret, diuinae animaduersionis impetum Phinees per gladium non placasset. Hanc iram quia Heli non habuit, motum contra se implacabiliter supernae ultionis excitauit. Nam quo contra subditorum
32 uitia tepuit, eo contra illum districtio aeterni rectoris exarsit. De hac per psalmistam dicitur : *Irascimini et nolite peccare.* Quod nimirum non recte intellegunt qui irasci nos nobis tantummodo, non etiam proximis delinquentibus uolunt. Si enim
36 sic proximos ut nos amare praecipimur, restat ut sic eorum erratibus sicut nostris uitiis irascamur. De hac per Salomonem dicitur : *Melior est ira risu quia per tristitiam uultus corrigitur animus delinquentis.* De hac iterum psalmista ait : *Turbatus*
40 *est prae ira oculus meus.* Ira quippe per uitium oculum mentis excaecat, ira autem per zelum turbat quia quo saltim recti aemulatione concutitur, ea quae nisi tranquillo corde percipi non potest, contemplatio dissipatur. Ipse namque zelus rectitu-
44 dinis quia inquietudine mentem agitat, eius mox aciem obscurat, ut altiora in commotione non uideat, quae bene prius tranquilla cernebat. Sed inde subtilius ad alta reducitur, unde ad tempus ne uideat, reuerberatur. Nam ipsa recti aemulatio
48 aeterna post paululum in tranquillitate largius aperit quae haec interim per commotionem claudit ; et unde mens turbatur ne uideat inde proficit ut ad uidendum uerius clarescat ; sicut infirmanti oculo cum collyrium mittitur, lux penitus negatur ;
52 sed inde eam post paululum ueraciter recipit unde hanc ad tempus salubriter amittit. Numquam uero commotioni contemplatio iungitur, nec praeualet mens perturbata conspicere ad quod uix tranquilla ualet inhiare, quia nec solis radius cernitur,
56 cum commotae nubes caeli faciem obducunt, nec turbatus fons respicientis imaginem reddit quam tranquillus proprie ostendit, quia quo eius unda palpitat, eo in se speciem similitudinis obscurat.

[X] **33** Ps. 4, 5. **38/39** Eccle. 7, 4. **39/40** Ps. 6, 8.

---

25 parcendo P_1 **32** eo] et L_1 **35** nolunt L_1 **36** amare] diligere P_1 **46** sed] si L_1 **54** turbata P_1 **56** cum] dum P_1 **58** eo] *om.* $L_1 P_1$

60   Sed cum per zelum animus mouetur, curandum summopere
est ne haec eadem quae instrumento uirtutis assumitur, menti
ira dominetur, ne quasi domina praeeat, sed uelut ancilla ad
obsequium parata, a rationis tergo numquam recedat. Tunc
64   enim robustius contra uitia erigitur cum subdita rationi famulatur. Nam quantumlibet ira ex zelo rectitudinis surgat, si immoderata mentem uicerit, rationi protinus seruire contemnit ; et
tanto se impudentius dilatat, quanto impatientiae uitium uirtu-
68   tem putat. Vnde necesse est ut hoc ante omnia qui zelo rectitudinis mouetur, attendat ne ira extra mentis dominium transeat,
sed in ultione peccati tempus modumque considerans, surgentem animi perturbationem subtilius pertractando restringat,
72   animositatem reprimat et motus feruidos sub aequitate
disponat. Vt eo fiat iustior ultor alienus quo prius exstitit uictor
suus, quatenus sic culpas delinquentium corrigat, ut ante ipse
qui corrigit, per patientiam crescat, et feruorem suum transcen-
76   dendo diudicet ne intemperanter excitatus ipso zelo rectitudinis, longe a rectitudine aberret. Quia uero, sicut diximus,
etiam laudanda boni aemulatio mentis oculum turbat, recte
nunc dicitur : *Virum stultum interficit iracundia.* Ac si aperte
80   diceretur : Ira per zelum sapientes turbat, ira per uitium stultos
trucidat quia illa sub ratione restringitur, haec uero irra-
tionabiliter deuictae menti dominatur.

CAPITVLVM XI

DE TRISTITIA

Iniqui semper afflictionem fidelium exspectant eosque in tribulatione uidere desiderant. Et in tenebris domos perfodiunt,
4   dum cor innocentium, sed tamen infirmorum, deiectionis tempore pessima collocutione corrumpunt. Sed plerumque contingit ut dum bonos quosque in deiectione conspiciunt, subito

---

[XI] **2/25** *CC* XVI, LXIII, 2/26 ; μ 530.

---

79 Iob 5, 2.

---

62 ne] nec P_1 **65** ira] *om.* L_1 **69** mentis] P_1 , mentem L_1 **75** suum] si uim
L_1 **80** ira₂] uero *add.* P_1

occulta dispensatione diuina iustus quispiam qui uidebatur
8 oppressus, aliqua saeculi potestate fulciatur eique prosperitas
uitae praesentis arrideat, quem prius aduersitatis tenebrae
premebant. Quam nimirum prosperitatem illius cum peruersi
conspiciunt, sicut praedictum est, perturbantur. Mox enim ad
12 corda sua redeunt, ante mentis oculos reuocant quicquid se
peruerse egisse meminerunt, uindicari in se omne uitium formidant, et unde ille lucet qui potestatem suscepit, inde
peruersus quisque qui corrigi metuit, in tristitia tenebrescit.
16 Bene ergo dicitur : *Si subito apparuerit aurora, arbitrantur
umbram mortis.* Aurora quippe mens iusti est quae peccati sui
tenebras deserens, ad lucem iam erumpit aeternitatis ; sicut de
sancta quoque Ecclesia dicitur : *Quae est ista quae progreditur*
20 *quasi aurora consurgens ?* Quo igitur iustus quisque iustitiae
luce irradians in praesenti uita honoribus sublimatur, eo ante
peruersorum oculos tenebrae mortis fiunt, quia qui peruersa se
egisse meminerunt, corrigi pertimescunt. Semper namque
24 desiderant in suis prauitatibus relaxari, incorrecti uiuere, et de
culpa gaudium habere.
　　Cum autem temptatio huiusmodi subito oborta mentem
transuerberat, cogitationes funditus turbat. Quasi securam
28 quippe urbem inopinatus hostis ingreditur, et repentino gladio
superborum ciuium colla feriuntur. Nihil ergo tunc nisi con-
tinuus luctus agitur, dum capta urbs animi a magnatorum
suorum gloria caede interueniente uacuatur. Non enim sine
32 magna tribulatione agitur, cum tranquilla mens irruente temptatione turbatur. Ipsa namque temptationis aduersitas dum se
menti inserit, quasdam in illa tenebras gignit, eamque obscuritate suae amaritudinis turbat.
36 　　Nam dum mens posita in temptatione considerat quod a
pristina soliditate repellitur, superductis maeroribus, quasi
quibusdam tenebris caecatur, atque ab omni luce gaudii oculus

---

26/35 *CC* XXVI, xlv, 11/17, 26/31 ; μ 850/851.　**36/59** *CC ibid.*, xlvi, 4/8, 12/30, 33/35 ; μ 851/852.

[XI] **16/17** Iob 24, 17.　**19/20** Cant. 6, 9.

[XI] **17** que] qui P_1　**21** radians P_1　**32/33** temptatione] quasi repentino hoste *add.* P_1　**34** illa] ea P_1　**36** a] uirtutis sue *add.* P_1　**37** oculus] *om.* P_1

clauditur. Et dum se in perturbatione conspicit iam paene
40 amisisse quod fuerat, fluctus in se innumeros tumultusque
coaceruat, modo tranquillitatem suam quia perdidit dolet ;
modo ne usque ad praua opera corruat pertimescit ; modo in
quo culmine steterat meminit ; modo in quo uitiorum pro-
44 fundo per delectationem iaceat attendit ; modo ad resumendas
uires se reparat ; modo se eas posse resumere quasi uictus iam
fractusque desperat.
    Cum ergo super addictam mentem tam multiplices cogita-
48 tiones prodeunt, hanc quasi in nocte populi consurgentes
premunt. Quos nimirum non per se, sed per diuinae protec-
tionis auxilium propheta subigere se posse praesumpserat, cum
dicebat : *Protector meus, et in ipso sperabo, subiciens populos*
52 *sub me.* Sanctis quippe mentibus populi subiguntur, cum ab eis
per districtae seueritatis praesentiam cogitationes stultae dissili-
unt, ut non per abrupta phantasmatum rapiant, sed rationi sub-
ditae a corde humiliter conquiescant. Positus ergo in tempta-
56 tione animus, qui tumultus desperationis tolerat, citius tenebras
maeroris incurrit ; et qui in tranquillitate de se alta senserat, in
perturbatione quoque deterius cogitationum se caligine confundit.

CAPITVLVM XII

QVAE SIT CVRA CONTRA TRISTITIAM

    Quamuis pius ac iustus sit conditor noster, nemo tamen
dicat : Quia pius est uenialiter pecco ; nec qui peccat pronun-
4 tiet : Quia iustus est, de peccati remissione despero. Relaxat
enim Deus facinus quod defletur, sed perpetrare quisque timeat
quod si deflere digne possit ignorat. Ante culpam ergo iustitiam
metuat, post culpam tamen de pietate praesumat ; neque ita

[XII] **2/39** *CC* XXXIII, xii, 33/49, 71/93 ; μ 1090/1091.

51/52 Ps. 143, 2.

---

40 fluctus] luctus L_1 **44** iacet L_1 **47** addictam] *ed.*, adductam P_1 **49** nimirum]
populos *add.* P_1 [XII] **3/4** nec *usque* pronuntiet] et nemo qui peccauerit dicat
P_1 **5** deus] *om.* P_1

8   iustitiam timeat ut nulla spei consolatione conualescat ; nec ita
     confidat de misericordia, ut adhibere uulneribus dignae paeni-
     tentiae neglegat medicinam ; sed quam praesumit sibi pie par-
     cere, semper etiam cogitet districte iudicare. Sub pietate itaque
12   eius spes peccatoris gaudeat, sed sub districtione illius paeni-
     tentis correptio contremiscat. Spes ergo praesumptionis nostrae
     habeat etiam morsum timoris ; ut ad corrigenda peccata iustitia
     iudicantis terreat, quem ad fiduciam ueniae gratis parcentis
16   inuitat.
     Sic namque nos semper diuinae dispensationis misericordia
     superbientes reprimit, ne in desperationem corruamus dum de-
     linquentes fulcit. Hinc est quod per Moysen admonet, dicens :
20   *Non accipies loco pignoris superiorem, aut inferiorem molam.*
     Accipere namque aliquando dicimus auferre. Vnde et aues illae
     quae rapiendis sunt auibus, accipitres uocantur. Vnde et Paulus
     apostolus ait : *Sustinetis enim si quis deuorat, si quis accipit.*
24   Ac si diceret : Si quis rapit. Pignus uero debitoris est confessio
     peccatoris. A debitore enim pignus accipitur, cum a peccatore
     iam peccati confessio tenetur. Superior autem et inferior mola
     sunt spes et timor. Spes quippe ad alta subuehit, timor autem
28   cor inferius premit. Sed mola superior et inferior ita sibi neces-
     sario iunguntur, ut una sine altera inutiliter habeatur. In pecca-
     toris itaque pectore incessanter debent spes et formido coni-
     ungi, quia et frustra misericordiam sperat, si non etiam iusti-
32   tiam timeat ; et frustra iustitiam metuit, si non etiam de miser-
     icordia confidat. Loco ergo pignoris mola superior aut inferior
     tolli prohibetur, quia qui peccatori praedicat, tanta dispensa-
     tione praedicationem debet componere ut nec derelicta spe
36   timorem subtrahat, nec subtracta spe, in solo eum timore
     derelinquat. Mola enim superior aut inferior tollitur, si per
     praedicantis linguam in peccatoris pectore aut timor a spe, aut
     spes a timore diuidatur.

[XII] **20** Deut. 24, 6.   **23** II Cor. 11, 20.

---

8 nec] neque P_1 **9** uulneribus] suis *add.* P_1 **12** illius] *om.* P_1 **13** correctio P_1 **18**
superbientes] et *praem.* P_1 | ne] et *praem.* P_1 | in] ad P_1 **18/19** dum delinquentes] *om.*
P_1 **19** hinc est quod] unde etiam P_1 **20** accipies] *ed. Vulg.,* accipias L_1 P_1 **22**
auibus] auide *add.* P_1 **23** ait] dicit P_1 **24** uero] *om.* P_1 **27** sunt] est P_1 **29** iungi-
tur P_1 **30** debet P_1 | formido] *corr. ex* timor P_1 **32** et frustra] incassum P_1 **33**
confidit L_1 **35** componere debet P_1 **39** diuiditur L_1

CAPITVLVM XIII

DE AVARITIA

De auaritia scriptum est : *Radix omnium malorum est cupiditas.* Vnde cui cupiditas dominari dicitur, subiectus procul
4 dubio malis omnibus demonstratur. Sciendum autem quod
auaritia aliquando per elationem subrepit, aliquando uero per
timorem. Sunt namque nonnulli qui dum potentiores uideri
appetunt, ad alienarum rerum ambitum succenduntur. Et sunt
8 nonnulli qui dum sibi subsidiorum necessaria deesse timent,
mentem ad auaritiam relaxant, et aliena ambiunt cum sua sibi
sufficere non posse suspicantur.

Vnde scriptum est : *Quoniam confringens nudauit pauperis*
12 *domum ; rapuit et non aedificauit eam, nec est satiatus uenter
eius.* Domum pauperis confringit et nudat, qui eum quem per
potentiam conterit exspoliare quoque per auaritiam non erubescit. Rapuit eam et non aedificauit. Ac si aperte diceretur : Qui
16 hanc aedificare debuit insuper et rapuit. Venturus namque in
iudicio Dominus dicturus est reprobis : *Esuriui et non dedistis
mihi manducare ; sitiui et non dedistis mihi potum ; hospes
eram et non collegistis me ; nudus et non operuistis me* ; et
20 cetera. Ex qua culpa subiungitur : *Discedite a me, maledicti, in
ignem aeternum, qui paratus est diabolo et angelis eius.* Si igitur tanta poena multatur, qui non dedisse conuincitur, qua
poena feriendus est, qui redarguitur abstulisse ? Rapuit ergo et
24 non aedificauit eam, quia non solum de suo nil tribuit, sed
etiam quod erat alienum tulit. Bene autem subditur : *Nec est
satiatus uenter eius.* Venter quippe iniqui auaritia est, quia in
ipsa colligitur quicquid peruerso desiderio gluttitur. Liquet uero

---

[XIII] **2/4** *CC* XV, xviii, 26/28 ; µ 478.   **4/10** *CC ibid.*, xxv, 2/8 ; µ 480.   **11/35**
CC ibid., xix, 1/26 ; µ 478.

[XIII] **2/3** I Tim. 6, 10.   **11/13** Iob 20, 19/20.   **17/19** Matth. 25, 42/43.   **20/21**
Matth. 25, 41.

[XIII] **13/15** domum *usque* edificauit] *om. P*₁   **17** esuriui] enim *add. P*₁   **19**
cooperuistis *P*₁   **19/20** et cetera] *om. P*₁   **24** nichil *P*₁

28 quia auaritia desideratis rebus non exstinguitur, sed augetur.
Nam more ignis cum ligna quae consumat acceperit, excrescit ;
et unde uidetur ad momentum flamma comprimi, inde paulo
post cernitur dilatari. Et saepe cum omnipotens Deus auarae
32 menti uehementer irascitur, prius ei permittit ad uotum cuncta
suppetere, et post haec per ultionem subtrahit ut pro eis debeat
supplicia aeterna tolerare.

Vnde et subditur : *Et cum habuerit quae concupierat, pos-*
36 *sidere non poterit.* Maioris quippe iracundiae Dei est cum et
hoc tribuitur quod male desideratur, atque inde repentina ultio
sequitur, quia hoc quoque obtinuit quod Deo irascente concupiuit. Vnde et per psalmistam dicitur, cum escas carnis male
40 populus desiderasse perhibetur : *Adhuc escae eorum erant in*
ore ipsorum, et ira Dei ascendit super eos et occidit plurimos
eorum. Solent namque tardius apparere diuina iudicia cum
praepedimur, ne impleri debeant mala uota. Nam quanto citius
44 malum uotum impleri permittitur plerumque tanto celerius
punitur. Vnde ergo iniquus festine multiplicatur ut potens sit,
inde agitur cum celeritate ne sit, quia et arbusta quae tardius
crescunt annosa perdurant ; et quae in temporis breuitate
48 proficiunt celerius arescunt, et quasi cum festinant esse tendunt
ad non esse.

Sequitur : *Cum satiatus fuerit, artabitur.* Prius quippe
anhelat per auaritiam concupita congregare ; et cum quasi in
52 quodam uentre auaritiae multa congesserit, satiatus artatur quia
dum anxiatur qualiter acquisita custodiat, ipsa eum sua satietas
angustat. Diuitis enim cuiusdam uberes fructus ager attulerat,
sed quia ubi eos tantos reponeret non habebat, dixit : *Quid*
56 *faciam, quod non habeo quo congregem fructus meos ? Et*
dixit : Hoc faciam, destruam horrea mea et maiora aedificabo.
Qui ergo ex abundantia coangustatus dicebat : *Quid faciam ?*
quasi multo cibo pressus aestuabat. Pensemus quot uotis

35/49 *CC ibid.*, xx, 1/16 ; μ 478/479.   **50/69** *CC ibid.*, xxii, 1/21 ; μ 479.

35/36 Iob 20, 20.   **40/42** Ps. 77, 30/31.   **50** Iob 20, 22.   **55/57** Luc. 12, 17/18.

---

31 cum] *in marg.* T, *om.* L_1 | omnipotens deus cum P_1 **32** prius] P_1 T, primus
L_1 **33** hec] hanc P_1 **36** dei] *om.* P_1 | et] *om.* P_1 **45** iniquus] ypocrita P_1 **47** an-
nosa] annos P_1 | perdurant] plurimos *add.* P_1 **57** mea mea P_1 **58** ex] *om.* P_1

60 appetiit ut uberes fructus ager illius afferret. Ecce autem uota
completa sunt quia fructus uberes ager attulit. Sed quia ad
recondendum loca non sufficiunt, multiplicatus diues quid
faciat ignorat. O angustia ex satietate nata ! De ubertate agri
64 angustatur animus auari. Dicens namque : *Quid faciam ?* profecto indicat quia uotorum suorum effectibus pressus, sub quodam rerum fasce laborabat. Bene ergo dicitur : *Cum satiatus*
fuerit, artabitur. Quia mens auari, quae prius ex abundantia
68 requiem quaesierat, post ad custodiam grauius laborat.

Vnde hic quoque adhuc subditur : *Aestuabit et omnis dolor*
irruet in eum. Prius namque dolorem habuit in ipsa suae concupiscentiae fatigatione, qualiter concupita raperet, quomodo
72 alia blandimentis, alia terroribus auferret ; at postquam
acquisitis rebus peruenit ad desiderium, alius hunc dolor fatigat, ut cum sollicito timore custodiat quod cum graui labore
meminit acquisitum. Hinc inde insidiatores metuit atque hoc
76 se perpeti quod ipse fecit aliis pertimescit. Formidat potiorem
alterum ne hunc sustineat uiolentum ; pauperem uero cum
conspicit, suspicatur furem. Ipsa quoque quae congesta sunt
curat magnopere ne ex naturae propriae defectu per neglegen-
80 tiam consumantur. In his itaque omnibus quia timor ipsi
poena est, tanta infelix patitur quanta pati timet. Post haec
quoque ad gehennam ducitur, aeternis cruciatibus mancipatur.
Omnis ergo dolor super eum irruet, quem et hic prius poena
84 concupiscentiae, postmodum uero cura custodiae, et illic quandoque poena ultionis cremat.

Mira autem est securitas cordis, aliena non quaerere sed
uniuscuiusque diei sufficientia contentum manere. Ex qua
88 uidelicet securitate etiam perennis requies nascitur, quia a bona
et tranquilla cogitatione ad gaudia aeterna transitur. Quod contra reprobi et hic fatigantur in desideriis, et illic in tormentis ;
eisque de labore cogitationis labor doloris nascitur, dum ab
92 aestu auaritiae trahuntur ad ignem gehennae.

69/92 *CC ibid.*, xxiii, 1/24 ; μ 479/480.

69/70 Iob 20, 22.

---

62 reponendum P_1 **63** ignoret L_1 **68** laborabat P_1 **72** at] atque P_1 **73** hunc]
eum P_1 **79** magnopere curat P_1 **80** ipse P_1 **81** hec] hoc P_1 **84** cura] *om.* P_1

CAPITVLVM XIV

QVALITER OBVIANDVM SIT AVARITIAE

*Semper quasi tumentes super me fluctus timui Deum et
pondus eius ferre non potui.* Fluctus cum tumentes desuper
4 eminent, cumque eam quam deferunt mortem minantur, nulla
tunc nauigantibus cura rerum temporalium, nulla carnis delectatio ad mentem reducitur ; ea ipsa quoque ex naui proiciunt,
pro quibus longa nauigia sumpserunt ; cunctae res in despec-
8 tum mentis ueniunt, amore uiuendi. Quasi ergo tumentes super
se fluctus Deum metuit, qui dum ueram uitam desiderat,
omnia despicit quae hic possidens portat. Nam uelut tempestate deprehensi pondus nauis abicimus, quando ab oppressa
12 mente desideria terrena remouemus. Fitque ut releuata nauis
enatet, quae mergebatur onerata, quia nimirum curae quae in
hac uita deprimunt mentem in profundum trahunt. Quae uidelicet mens tanto altius inter temptationum fluctus attollitur,
16 quanto sollicitius ab huius saeculi cogitatione uacuatur. Est
uero et aliud quod de maris concussione debeat sollerter
intueri. Tempestas quippe cum oritur, et prius lenes undae et
postmodum uolumina maiora concitantur ; ad extremum
20 fluctus se in alta erigunt, et nauigantes quosque ipsa sua altitudine subuertunt. Sic sic nimirum extrema illa properat, quae
uniuersum mundum subruat tempestas animarum. Nunc enim
bellis et cladibus quasi quibusdam undis sua nobis exordia
24 ostendit ; et quanto ad finem cotidie propinquiores efficimur,
tanto grauiora irruere tribulationum uolumina uidemus. Ad
extremum uero commotis omnibus elementis, supernus iudex
ueniens finem omnium apportat, quia uidelicet tunc tempestas
28 fluctus in caelum leuat. Vnde et dicitur : *Adhuc modicum et*

[XIV] **2/43** *CC* XXI, xxii, 1/2, 4/45 ; μ 695/696.

[XIV] **2/3** Iob 31, 23. **28/29** Agg. 2, 7 ; Hebr. 12, 26.

[XIV] **3** potui] a pauore tante similitudinis pensemus si possumus quanta in sancto
uiro fuerit uis timoris *add.* P_1 | fluctus] enim *add.* P_1 **4** imminent P_1 **20** et] *om.*
P_1

ego mouebo non solum terram, sed etiam caelum. Quam scilicet tempestatem quia sancti uiri uigilanter aspiciunt quasi
tumentes super se cotidie fluctus expauescunt, atque ex his tri-
32 bulationibus quae mundum feriunt praeuident quae sequantur.
   Bene autem subditur : *Et pondus eius ferre non potui,*
quoniam qui extremi iudicii aduentum intenta mente considerant, profecto uident quia tantus pauor imminet, quantum
36 non solum tunc uidere, sed se etiam nunc praeuidere pertimescant. Consideratione namque tanti terroris metu animus palpitat, et intentionis suae oculos declinans, intueri quod praeuidet
recusat. Bene ergo dicitur : *Et pondus eius ferre non potui,* quia
40 cum supernae maiestatis uim ad iudicium uenientis ter-
roremque tanti examinis considerando animus conatur
exquirere, mox ad semetipsum refugiens, sese expauescit inuenisse.

CAPITVLVM XV

DE VENTRIS INGLVVIE, ID EST, GVLA

Clamorem exactoris non audit. Nonnulli hoc loco per exac-
torem intellegi uentrem uolunt. Ipse namque a nobis quoddam
4 debitum exigit, quia cotidianum fructum sibi humani laboris
impendi etiam per naturam quaerit. Sciendum itaque quia
quinque nos modis gulae uitium temptat.Aliquando namque
indigentiae tempora praeuenit ; aliquando uero tempus non
8 prauenit, sed cibos lautiores quaerit ; aliquando quaelibet
sumenda sint praeparari accuratius expetit ; aliquando autem et
qualitati ciborum et tempori congruit, sed in ipsa quantitate
sumendi mensuram refectionis excedit. Nonnumquam uero et
12 abiectius est quod desiderat, et tamen ipso aestu immensi
desiderii deterius peccat. Mortis quippe sententiam patris ore
Ionathan meruit quia in gustu mellis constitutum edendi

[XV] **2/42** *CC* XXX, xviii, 1, 12/15, 64/102 ; μ 982/983.

[XV] **2** Iob 39, 7.

---

38 preuidet] presidet L_1 **40** uim] inde L_1 [XV] **2** hoc] in *praem.* P_1 **5** quia] est
praem. P_1 **6** modis nos P_1 **9** appetit P_1

tempus antecessit. Ex Aegypto populus eductus, in eremo
16 occubuit quia, despecto manna, cibos carnium petiit, quos lautiores putauit. Et prima filiorum Heli culpa suborta est, quod
ex eorum uoto sacerdotis puer, non antiquo more coctas uellet
de sacrificio carnes accipere, sed crudas quaereret, quas accura-
20 tius exhiberet. Et cum ad Ierusalem dicitur : *Haec fuit iniquitas
Sodomae, sororis tuae : superbia, saturitas panis et abundantia,*
aperte ostenditur quod idcirco salutem perdidit, quia cum
superbiae uitio mensuram moderatae refectionis excessit. Et
24 primogenitorum gloriam Esau amisit, quia magno aestu
desiderii uilem cibum, id est lenticulum, concupiuit ; quam
dum uendendis etiam primogenitis praetulit, quo in illam appetitu anhelaret indicauit. Neque enim cibus, sed appetitus in
28 uitio est. Vnde et lautiores cibos plerumque sine culpa
sumimus, et abiectiores non sine reatu conscientiae degustamus. Hic quippe quem diximus, Esau, primatum per lenticu-
lam perdidit, et Elias in eremo uirtutem corporis carnes edendo
32 seruauit. Vnde et antiquus hostis quia non cibum, sed cibi concupiscentiam esse causam damnationis intellegit, et primum
sibi hominem non carne, sed pomo subdidit ; et secundum non
carne, sed pane temptauit. Hinc est quod plerumque Adam
36 culpa committitur, etiam cum abiecta et uilia sumuntur. Neque
enim Adam solus ut a uetito se pomo suspenderet praeceptum
prohibitionis accepit. Nam cum alimenta quaedam saluti
nostrae Deus contraria indicat, ab his nos quasi per sententiam
40 uetat. Et cum concupiscentes noxia attingimus, profecto quid
aliud quam uetita degustamus ? Ea itaque sumenda sunt quae
naturae necessitas quaerit et non quae edendi libido suggerit.

20/21 Ez. 16, 49.   **24/26** cfr Gen. 25, 29/34.   **31/32** cfr III Reg. 17, 6.   **33/34** cfr
Gen. 3, 6.   **34/35** cfr Matth. 4, 3.

---

21 sororis] et *praem. L*$_1$ **32** cibi] sibi *L*$_1$

CAPITVLVM XVI

QVALITER EDOMANDVM SIT VITIVM GVLAE

Ad conflictum spiritalis agonis non assurgitur, si non prius
intra nosmetipsos hostis positus, gulae uidelicet appetitus,
4 edomatur ; quia si non ea quae nobis sunt uiciniora proster-
nimus, nimirum inaniter ad ea quae longius sunt impugnanda
transimus. Incassum namque contra exteriores inimicos in
campo bellum geritur, si intra ipsa urbis moenia ciuis insidians
8 habetur. Mens quoque ipsa certantis sub graui confusionis
dedecore a spiritalis certaminis congressione repellitur, quando
infirma in carnis proelio gulae gladiis confossa superatur. Nam
cum se paruis prosterni conspicit, confligere maioribus erubes-
12 cit.
   Nonnulli uero ordinem certaminis ignorantes, edomare
gulam neglegunt et iam ad spiritalia bella consurgunt. Qui aliquando multa etiam quae magnae sunt fortitudinis faciunt, sed
16 dominante gulae uitio, per carnis illecebram omne quod fortiter
egerint perdunt ; et dum uenter non restringitur, per carnis
concupiscentiam simul cunctae uirtutes obruuntur. Vnde et de
Nabuchodonosor uincente scribitur : *Princeps cocorum destrux-*
20 *it muros Ierusalem.* Quid enim per muros Ierusalem significans
Scriptura exprimit, nisi uirtutes animae, quae ad pacis
uisionem tendit ? Aut quis cocorum princeps, nisi uenter accipitur, cui diligentissima a coquentibus cura seruitur ? Muros
24 Ierusalem princeps cocorum destruxit, quia animae uirtutes
dum non restringitur uenter, periclitantur. Hinc est quod
Paulus contra Ierusalem moenia decertanti uires cocorum prin-
cipi subtrahebat, cum diceret : *Castigo corpus meum, et in*
28 *seruitutem subicio, ne forte aliis 'praedicans, ipse reprobus*

[XVI] **2/90** *CC* XXX, xviii, 23/63, 102/108, 112/155 ; μ 982/984.

[XVI] **19/20** IV Reg. 25, 8/10 (iuxta LXX) ; Ier. 52, 12/14 (iuxta LXX). **27/30** I
Cor. 9, 26/27.

[XVI] **16** dominantis P_1 **23** muros] igitur *add.* P_1 **24** uirtutes anime P_1 **25** peri-
clitantur] perdit P_1 **27** subtrahet L_1 **28** seruitute L_1

efficiar. Hinc etiam praemisit, dicens : *Sic curro, non quasi in*
incertum ; sic pugno, non quasi aerem uerberans. Quia cum
carnem restringimus, ipsis abstinentiae nostrae ictibus non
32 aerem, sed immundos spiritus uerberamus ; et cum hoc quod
est intra nos subicimus, extra positis aduersariis pugnos damus.
Hinc est quod cum rex Babylonis succendi fornacem iubet,
naphthae, stuppae, picis et malleoli ministrari congeriem prae-
36 cipit ; sed tamen abstinentes pueros hoc igne minime consumit,
quia antiquus hostis licet innumeras ciborum concupiscentias
nostris obtutibus opponat, quo libidinis ignis crescat, bonis
tamen mentibus superni Spiritus gratia insibilat ; et a carnalis
40 concupiscentiae aestibus illaesae perdurant, ut etsi usque ad
temptationem cordis flamma ardeat, usque ad consensum
tamen temptatio non exurat.
　　Magnus igitur discretionis labor est uentri aliquid impen-
44 dere et aliquid denegare ; et non dando gulam restringere, et
dando naturam nutrire. Quae discretio notatur cum dicitur :
Clamorem exactoris non audit. Sermo namque huius exactoris
est necessaria postulatio naturae. Clamor uero eius est men-
48 suram necessitatis transiens appetitus gulae. Sciendum uero est
quia sic uoluptas sub necessitate se palliat, ut uix eam perfectus
quisque discernat. Nam dum solui debitum necessitas petit, uoluptas expleri desiderium suppetit ; et tanto gulam securius in
52 praeceps rapit, quanto sub honesto nomine necessitatis explendae se contegit. Saepe autem in ipsa edendi uia furtiue ad-
iuncta subsequitur ; nonnumquam uero impudenter libera
etiam praeire conatur. Facile autem est deprehendere cum uo-
56 luptas eius necessitatem praeuenit, sed ualde est difficile discernere cum in ipso esu necessario se occulta subiungit. Nam quia
praeeuntem naturae appetitum sequitur, quasi a tergo ueniens
tardius uidetur. Eo enim tempore quo necessitati debitum
60 soluitur, quia per esum uoluptas necessitati miscetur, quid
necessitas petat, et quid, sicut dictum est, uoluptas suppetat, ignoratur. Saepe uero et discernimus ; et quia utramque sibi con-

---

46 Iob 39, 7.

---

31 ipsi P_1 | continentie P_1 33 intra nos est P_1 35 naphthe] et *add.* P_1 3536 pre-
cepit P_1 40 etsi] si L_1 45 naturam] gulam L_1 | que] fortasse *add.* P_1 | notatur] sub-
infertur P_1 46 huius] *om.* P_1 48 uero] *om.* P_1 55 est autem P_1 57 in] *om.* P_1 |
necessarie L_1

iunctam per experientiam nouimus, in hoc quod extra metas
64 rapimur, libet ut sciendo fallamur ; et dum sibi mens ex necessitate blanditur, ex uoluptate decipitur. Scriptum quippe est :
Carnis curam ne feceritis in desideriis. Quae igitur fieri in
desiderio prohibetur, in necessitate conceditur.
68   Sed   saepe   dum   incaute   necessitati   condescendimus,
desideriis deseruimus. Nonnumquam uero dum desideriis
immoderatius obuiare nitimur, necessitatis miserias augemus.
Sic enim necesse est ut arcem quisque continentiae teneat,
72 quatenus non carnem, sed uitia carnis occidat. Nam plerumque
dum plus iusto caro restringitur, etiam ab exercitatione boni
operis eneruatur, ut ad orationem uel praedicationem non
sufficiat, dum incentiua uitiorum in se funditus suffocare fes-
76 tinat. Adiutorem quippe habemus intentionis internae hunc
hominem quem exterius gestamus, et ipsi insunt motus lasciuiae, ipsi effectus suppetunt operationis bonae. Saepe uero dum
in illo hostem insequimur, etiam ciuem quem diligimus truci-
80 damus ; et saepe dum quasi conciui parcimus, ad proelium
hostem nutrimus. Eisdem namque alimentis uitia superbiunt,
quibus nutritae uirtutes uiuunt. Et cum uirtus alitur, plerumque
uires uitiis augentur. Cum uero immensa continentia uitiorum
84 uires extenuat, etiam uirtus deficiens anhelat. Vnde necesse est
ut interior homo noster aequus quidam arbiter praesideat inter
se, et eum quem exterius gestat, quatenus ei homo suus exterior
et semper ad debitum ministerium seruire sufficiat, et num-
88 quam superbe libera ceruice contradicat ; nec moueat si quid
suggerendo submurmurat, dummodo eum semper superposita
calce dominationis premat.

---

66 Rom. 13, 14.

---

74 uel] quisque *praem.* P_1 **83** uero] *om.* P_1 **84** unde] et *add.* P_1

CAPITVLVM XVII

DE CVRA CARNIS IN DESIDERIIS PROHIBITA, ET IN NECESSITATE CONCESSA

Plerumque se ad uiam rectitudinis animus accendit, torporem decutit ; tantoque in caelestibus desiderio rapitur, ut
4 paene nil ex eo inferius remansisse uideatur. Et tamen cum ad carnis curam reducitur, sine qua praesentis uitae uia nullo modo expletur, ita hunc inferius depressum tenet, ac si adhuc de summis nulla contigisset. Auditis uerbis caelestis oraculi, in
8 amorem patriae caelestis erigitur ; sed resurgente protinus praesentis uitae studio, sub terrenae curae aggere sepelitur. Atque in terra cordis nequaquam supernae spei semen proficit, quia cogitationis infimae spina densescit. Quam uidelicet spi-
12 nam per semetipsam Veritas manu exhortationis sanctae eradicat dicens : *Nolite solliciti esse in crastinum.* Contra hoc quoque per Paulum dicitur : *Carnis curam ne feceritis in concupiscentiis.* Sed in his nimirum ducis ac militis uerbis agnos-
16 cimus quia tunc ab ea mortifero uulnere animus pungitur, cum in ea mensurae aequitas non tenetur.

Neque enim mortali adhuc in carne uiuentibus funditus cura carnis absciditur, sed ut discrete animo seruiat temperatur.
20 Nam quia sollicitos nos esse Veritas in crastinum prohibet, habere utcumque curam in praesentibus non negat, quam tendi ad tempus quod sequitur uetat. Et nimirum Paulus cum curam carnis fieri in concupiscentia non sinit, procul dubio in necessi-
24 tate concedit. Discretione ergo magni moderaminis cura frenanda est ut seruiat et minime principetur, ne quasi domina animum uincat sed, subacta mentis dominio, quasi ancilla famuletur ; ut iussa adsit atque ad nutum cordis repulsa dissi-
28 liat, ut uix a tergo sanctae cogitationis appareat, et numquam

---

[XVII] **2/64** *CC* IX, LXVI, 109/172 ; μ 335/336.

[XVII] **13** Matth. 6, 34.   **14/15** Rom. 13, 14.

[XVII] **2** rectitudinis uiam P_1 | accendit] accingit P_1 **3** discutit P_1 **6** ita] *om.*
P_1 **12** sancte exhortationis P_1 **13** hoc] hanc P_1 **14/15** concupiscentiis] desideriis
ed. Vulg.   **16.17** ea] eo P_1 **23** concupiscentiam P_1 **24** cura] carnis *praem.* P_1

contra faciem recta cogitantis obsistat. Quod bene nobis historia sacrae lectionis innuitur, cum Abraham tribus angelis occurrisse memoratur. Ipse quippe uenientibus extra ostium
32 occurrit, Sara uero post ostium substitit quia uidelicet ut uir ac dominus domus spiritalis, noster scilicet intellectus, debet in cogitatione Trinitatis claustra carnis excedere, et quasi habitationis infimae ianuam exire. Cura autem carnis ut femina, foris
36 non appareat ; et uideri iactanter erubescat ut quasi post tergum uiri sub discretione spiritus, solis necessariis intenta, nequaquam sciat procaciter detegi, sed uerecunde moderari. Cui tamen saepe cum dicitur ut de se minime praesumat, sed
40 totam se in diuinae spei fiduciam transferat, despicit ; et cessante studio, adesse sibi uitae subsidia posse diffidit. Vnde et haec eadem Sara promissiones Dei audiens ridet, sed ridens corripitur, correpta autem protinus fecundatur. Et quae iuuen-
44 tute uigens fecundari non potuit, annis fracta senilibus, utero marcescente, concepit quia cum cura carnis sui confidentiam habere desierit, contra spem ex diuina promissione accipit quod habituram se ex humana ratione dubitauit. Vnde bene et
48 Isaac, id est, risus dicitur qui generatur, quia cum supernae spei fiduciam concipit, quid mens nostra aliud quam gaudium parit ? Curandum itaque est ne aut necessitatis metas cura carnis transeat, aut in eo quod moderate exsequitur, de se
52 praesumat. Saepe uero animus fallitur, ut quod uoluptuose appetit, necessarium suspicetur, quatenus omne quod libet uitae debitam utilitatem putet. Et saepe quia effectus prouidentiam sequitur, in sui fiducia mens leuatur. Cumque sibi adest
56 quod deesse ceteris uiderit, cogitatione tacita de magnitudine suae prouisionis hilarescit ; tantoque iam a uera prouisione longe fit, quanto ipsam quoque elationem quam patitur nescit. Vnde sollerti semper custodiae intentione pensandum est uel
60 quid opere agimus, uel quid corde uersamus, ne aut mentem praepediens, foris se terrena cura multiplicet, aut saltem de eius moderamine intus se cogitatio exaltet ; ut cum diuina iudicia temporali circumspectione metuimus, sempiterni iudicii hor-

---

29/31 cfr Gen. 18, 2.

---

34 cogitatione] *T ed.*, cognitione $L_1 P_1$ 39 se minime] P_1 *T*, semine L_1 45 cum] P_1 *T*, non L_1 55 fiduciam P_1 56 uidet P_1 60 uersamus] pensamus P_1 63/64 sempiterni supplicia horroris P_1

64 rores euadamus.

CAPITVLVM XVIII

DE LVXVRIA

Beatus Iob crimen luxuriae definiens, ait : *Ignis est usque ad perditionem deuorans*, quia nimirum reatus facinoris non usque
4 ad inquinationem maculat, sed usque ad perditionem deuorat. Et quamlibet alia fuerint bona opera, si luxuriae scelus non abluitur, immensitate huius criminis obruuntur ; unde adiunxit : *Et omnia eradicans genimina.* Genimina quippe sunt
8 animae operationes bonae. Cui tamen si peruerso ordine caro dominatur, igne luxuriae omnia bene prolata concremantur. Nulla quippe ante omnipotentis Dei oculos iustitiae pietatisque sunt opera quae corruptionis contagio monstrantur immunda.
12 Quid enim prodest si pie quisquam necessitati compatitur proximi, quando impie semetipsum destruit habitationem Dei ? Si ergo per cordis munditiam libidinis flamma non exstinguitur, incassum quaelibet uirtutes oriuntur, sicut per
16 Moysen dicitur : *Ignis exarsit ab ira mea et ardebit usque ad inferos deorsum ; comedet terram et nascentia eius.* Ignis quippe terram atque eius nascentia comedit, cum libido carnem, atque per hanc omnia bene acta consumit. Nam quicquid
20 prodit ex fruge rectitudinis, hoc nimirum concremat flamma corruptionis.

Malum igitur luxuriae aut cogitatione perpetratur, aut opere. Callidus namque aduersarius noster cum ab effectu operis
24 expellitur, secreta polluere cogitationis molitur. Vnde et serpenti a Domino dicitur : *Pectore et uentre repes.* Serpens uidelicet uentre repit, quando hostis lubricus per humana membra

---

[XVIII] **2/21** *CC* XXI, xii, 19/39 ; μ 688.   **22/33** *CC ibid.*, ii, 84/96 ; μ 680.

[XVIII] **2/3.7** Iob 31, 12.   **16/17** Deut. 32, 22.   **25** Gen. 3, 14 ; cfr 3, 15 (iuxta LXX).

[XVIII] **5** et] quia *add.* P_1 | fuerint alia P_1 **6** unde] secutus P_1 **9** dominetur P_1 **10** dei omnipotentis P_1 **17** infernum P_1 **23** aduersarius] hostis P_1 **24** cogitatione P_1

sibimet subdita usque ad expletionem operis luxuriam exercet.
28 Serpens autem repit pectore, quando eos quos in opere luxuriae
non ualet polluit in cogitatione. Alius itaque luxuriam iam perpetrat actione, huic serpens repit ex uentre. Alius autem perpetrandum uersat in mente, huic serpens repit ex pectore. Sed
32 quia per cogitationem ad opera explenda peruenitur, recte serpens prius pectore, et postmodum repere uentre describitur.

Seminaria uero coitus uiris in lumbis inesse, feminis autem
in umbilico, perhibentur. Vnde scriptum est : *Fortitudo eius in*
36 *lumbis eius, et uirtus illius in umbilico uentris eius.* Hinc etiam
Veritas discipulis dicit : *Sint lumbi uestri praecincti.* Hinc
Petrus, cum luxuriam a corde restringeret, admonebat, dicens :
Succincti lumbos mentis uestrae. Hinc Paulus cum per Abrahae
40 sacrificium Melchisedech tempore Leui sacerdotium diceret
decimatum, ubi tunc in Abrahae corpore Leui lateret ostendens, ait : *Adhuc enim in lumbis patris erat.* Quia uero seminarium luxuriae feminis in umbilico continetur propheta testa-
44 tur qui, sub feminae specie prostitutae, Iudaeae petulantiam
increpans, ait : *In die ortus tui non est praecisus umbilicus tuus.*
In die quippe ortus umbilicum praecidere est conuersionis tempore carnis luxuriam resecare. Quia enim difficile est male
48 incohata corrigere ; et semel formata deformiter in melius
reformare, de ortu suo Iudaea reprehenditur ; quae dum in Deo
nata est, impraecisum umbilicum retinuit, quia fluxa luxuriae
non abscidit. Quia ergo potestati diaboli utriusque generis sexus
52 ualde ex luxuriae infirmitate substernitur, et fortitudo eius in
lumbis contra masculos, et uirtus illius contra feminas in
umbilico perhibetur.

Sollerter igitur attendendum est quia diabolus, postquam

34/61 *CC* XXXII, xiv, 1/22, 25/31 ; μ 1058.

35/36 Iob 40, 11.   **37** Luc. 12, 35.   **39** I Petri 1, 13.   **42** Hebr. 7, 10.   **45** Ez. 16,
4.

---

27 sibimet] sibi P_1 **35/36** unde *usque* eius] *om.* P_1 **36** etiam] est enim quod
P_1 **44** feminea P_1 **49** deo] deum P_1 **51** potestate *ed.* μ   **52** ex] et L_1 **54** perhi-
betur] esse *praem.* P_1 **55** sollerter *usque* diabolus] sed cur cum behemoth
istum comedere fenum intulit prima deceptionis eius argumenta luxurie damna subiunxit nisi quod liquido omnibus patet quia P_1

56 semel hominis spiritum ceperit, mox se ad corruptionem carnis
   extendit. Quod in ipsis quoque hominibus primis agnoscimus,
   qui, dum post perpetratam superbiam pudenda membra contegunt, patenter indicarunt quia postquam apud semetipsos
60 intus arripere alta conati sunt, mox in carne foris erubescenda
   pertulerunt.

CAPITVLVM XIX

DE FORNICATIONE QVAE EX LOCO VEL ORDINE CONCVPISCENTIS DISCERNITVR

   Quamuis nonnumquam a reatu adulterii nequaquam
   discrepet culpa fornicationis, cum Veritas dicat : *Qui uiderit*
4 *mulierem ad concupiscendum eam iam moechatus est eam in*
   corde suo. Quia enim graeco uerbo moechus adulter dicitur,
   cum non coniux, sed mulier uideri prohibetur, aperte Veritas
   ostendit quia etiam solo uisu cum turpiter uel innupta concu-
8 piscitur, adulterium perpetratur. Tamen plerumque ex loco, uel
   ordine concupiscentis discernitur, quia sic hunc in sacro ordine
   studiosa concupiscentia, sicut illum adulterii inquinat culpa. In
   personis tamen non dissimilibus idem luxuriae distinguitur
12 reatus, in quibus fornicationis culpa, quia ab adulterii reatu discernitur, praedicatoris egregii lingua testatur ; qui inter cetera
   asserit dicens : *Neque fornicarii, neque idolis seruientes, neque*
   adulteri regnum Dei possidebunt. Qui enim disiuncto reatui
16 sententiam subdidit, quam ualde a se dissideat ostendit. Per
   hoc autem quod dicitur : *Si deceptum est cor meum super*
   mulierem, nec cogitasse uir sanctus de fornicationis macula
   monstratur. Per hoc autem quod subicit : *Et si ad ostium amici*
20 *mei insidiatus sum*, patenter innotescit quod a reatu adulterii
   liber fuit. Sed ad haec fortasse aliquis dicat : Quid de se mirum
   sanctus uir asserit, si non solum ab adulterii crimine, uerum
   etiam a fornicationis inquinatione se liberum seruauit ? Nec-

---

[XIX] **2/32** *CC* XXI, XI, 2/25, 26/35 ; μ 687.

[XIX] **3/5** Matth. 5, 28.   **14/15** I Cor. 6, 9/10   **17/18.20/21** Iob 31, 9.

---

56 corruptionem] obrutionem P_1 **58** qui] quia P_1 **60** alta] alia L_1 [XIX] **16** dis-
sidat P_1 **17** autem] ergo P_1 **19** monstratur] demonstratur *ed.* μ   **23** seruauit] hec
autem paruipendimus si uirtutum eius tempora minime pensamus *add.* P_1

24 dum enim ad restrictionem carnis reuelatae gratiae districtior
censura processerat, quae non solum corporis sed et cordis las-
ciuiam reprehendit. Necdum multorum continentium castitatis
bona imitanda prodierant, et tamen beatus Iob exempla mundi-
28 tiae quae non acceperat, tradebat. A multis autem nunc etiam
post prohibitionem Dei carnis immunditia perpetratur. Hinc
ergo colligendum est quia cum tanta culpa nunc etiam post
praeceptum in grauibus delinquitur, cum quanta laude antea a
32 grauibus abstinebatur.

CAPITVLVM XX

QVALITER OBVIANDVM SIT LVXVRIAE

Nemo tortitudinem suam, nisi cum rectus esse coeperit,
deprehendit. Nam qui omnino peruersus est, neque potest
4 uidere quod est. Qui uero peccatorem se intellegit, iam ex parte
aliqua esse iustus incohauit, atque id quod non iustus fecerat,
ex eo quod est iustus accusat. Qua accusatione sua Deo inhaerere incohat, dum rectum contra se iudicium proferens, hoc
8 in se quod illi sentit displicere condemnat. Ideo autem nonnulli
peccasse se nesciunt quia homines non attendunt. Nam si con-
siderarent homines, citius agnoscerent quantum peccando infra
homines cecidissent. Et quamuis scriptura sacra aliquando ho-
12 mines ponere soleat humana sapientes, sicut ait apostolus :
Cum enim sit inter uos zelus et contentio, nonne carnales estis ?
et paulo post subdidit, dicens : *Nonne homines estis ?* nonnumquam tamen homines dicit eos quos a bestiis ratio distinguit, id
16 est, quos non atteri bestiali passionum motu demonstrat.
Quibus per prophetam Dominus dicit : *Vos autem greges pas-*
cuae meae homines estis, quia illos nimirum Dominus pascit
quos uoluptas carnis iumentorum more non afficit. At contra,

[XX] **2/32** *CC* XXIV, viii, 2/9, 12/37 ; μ 766.

[XX] **13.14** I Cor. 3, 3/4.   **17/18** Ez. 34, 31.

[XX] 3 neque] hoc *add. P*₁   **3/4** uidere potest *P*₁   **8** contemnat *L*₁   **9** se peccasse
*P*₁   **14** subdidit] subicit *P*₁   **15** dicit homines *P*₁ | ratio] ratione *L*₁ *P*₁   **18** nimirum
illos *P*₁

20 hi qui carnali affectioni succumbunt, non iam homines sed
iumenta nominantur ; sicut de quibusdam in peccato suo mori-
entibus per prophetam dicitur : *Computruerunt iumenta in stercore suo.* Iumenta quippe in stercore suo computrescere est car-
24 nales homines in fetore luxuriae uitam finire. Non enim esse
homines, sed iumenta declarantur, de quibus per prophetam
dicitur : *Unusquisque ad uxorem proximi sui hinniebat.* Et de
quibus propheta alius dicit : *Carnes asinorum, carnes eorum ;*
28 *et fluxus equorum, fluxus eorum.* Vnde et per Dauid dicitur :
Homo cum in honore esset, non intellexit ; comparatus est
iumentis insipientibus et similis factus est illis. Bene ergo hi
uocantur homines qui ratione suffulti sunt, et irrationabilia
32 nominantur iumenta hi qui carnali delectationi deseruiunt.
　Caro autem cuius delectationi deseruitur uermis nomine
designatur, beato Iob attestante qui ait : *Homo putredo et filius*
hominis uermis. Et iterum: *Dulcedo illius uermis.* Quanta igitur
36 sit caecitas luxoriosi cuiuslibet et carnis uoluptatibus dediti,
manifeste demonstratur. Quid namque caro nisi putredo ac
uermis est ? Et quisquis carnalibus desideriis anhelat, quid
aliud quam uermem amat ? Quae enim sit carnis substantia,
40 testantur sepulcra. Quis parentum, quis amicorum fidelium,
quamlibet dilecti sui tangere scaturientem audet uermibus carnem ? Caro itaque cum concupiscitur, pensetur quid sit exanimis et intellegitur quid amatur. Nil quippe sic ad edomandum
44 desideriorum carnalium appetitum ualet, quam ut unusquisque
hoc quod uiuum diligit, quale sit mortuum penset. Considerata etenim corruptione carnali, citius cognoscitur quia cum
illicite caro concupiscitur, tabes desideratur. Bene ergo de lux-
48 uriosi mente dicitur : *Dulcedo illius uermis ;* quia is qui in

33/50 *CC* XVI, LXIX, 8/26 ; μ 533/534.

22/23 Ioel 1, 17.　26 Ier. 5, 8.　27/28 Ez. 23, 20.　29/30 Ps. 48, 13.　34/35 Iob
25, 6.　35 Iob 24, 20.

30 bene] recte P_1　31 uocantur homines hi P_1 | ratione] iustitie *praem.* P_1　32 iu-
menta nominantur P_1　35/37 quanta *usque* demonstratur] luxoriosi ergo cuiuslibet
atque carnis uoluptatibus dediti quanta sit cecitas demonstratur cum dicitur . dulcedo
illius uermis P_1　41 audet] *om.* P_1　41/42 carnem] potest *add.* P_1　42 cum caro
itaque P_1

desiderio carnalis corruptionis exaestuat, ad fetorem putredinis anhelat.

CAPITVLVM XXI

QVOD EX SVPERBIA NASCITVR LVXVRIA ET PER HVMILITATEM SVPERATVR

Qui docet nos super iumenta terrae, et super uolucres caeli erudit nos. Iumenta terrae sunt, qui usu uitae carnalis ima
4 appetunt ; uolucres uero caeli sunt, qui superbae curiositatis studio sublimia perscrutantur. Illi uiuendo se deponunt infra quam sunt, isti inquirendo se eleuant ultra quam possunt. Illos in infima uoluptas deicit carnis, istos quasi in superiora erigit
8 libido curiositatis. Illis per sacra eloquia dicitur : *Nolite fieri sicut equus et mulus, quibus non est intellectus ;* istorum superbus labor increpatur, dum dicitur : *Altiora te ne quaesieris, et fortiora te ne scrutatus fueris.* Illis dicitur :
12 *Mortificate membra uestra, quae sunt super terram, fornicationem, immunditiam, libidinem, concupiscentiam malam ;* istis dicitur : *Nemo uos seducat per philosophiam et inanem fallaciam.* Docet nos igitur Deus super iumenta terrae et uolucres
16 caeli, quia dum hoc quod sumus agnoscimus, nec carnis nos infirmitas deicit, nec superbiae spiritus eleuat ; nec defluendo imis subicimur, nec superbiendo de sublimibus inflamur. Qui enim labitur carne, iumentorum appetitu prosternitur ; qui
20 uero extollitur mente, more uolucrum quasi leuitatis penna subleuatur.

Sed si uigilanter intenditur ut et mentis humilitas, et carnis castimonia teneatur, cito cognoscimus, quia alterum custoditur
24 ex altero. Nam multis saepe superbia luxuriae seminarium fuit, quia dum eos spiritus quasi in altum erexit, caro in infima mer-

---

[XXI] **2/90** *CC* XXVI, xvii, 1/90 ; μ 823/825.

[XXI] **2/3** Iob 35, 11. **8/9** Ps. 31, 9. **10/11** Eccli. 3, 22. **12/13** Col. 3, 5. **14/15** Col. 2, 8.

[XXI] **5** sublimia] sullimio L_1 **8** libido] dum *add.* L_1 | curiositatis] studio sublimia perscrutantur *add.* L_1 (*cfr supra* 4) **9** quibus] in *praem.* P_1 **10** dum] cum L_1 **14** seducat] decipiat P_1 *ed.* μ **14/15** fallaciam *corr. ex* sapientiam P_1

sit. Hi enim secreto prius eleuantur ; sed postmodum publice
corruunt, quia dum occultis intumescunt motibus cordis,
28 apertis cadunt lapsibus corporis. Sic sic elati iusta fuerant retributione feriendi, ut quia superbiendo se hominibus praeferunt,
luxuriando usque ad iumentorum similitudinem deuoluantur.
Homo quippe cum in honore esset, non intellexit, comparatus
32 *est iumentis insipientibus, et similis factus est illis.* Quasi scientiae enim illos in altum penna subleuauerat, de quibus Paulus
hoc quod et superius protulimus dicebat : *Quia cum cog-*
nouissent Deum, non sicut Deum glorificauerunt, aut gratias
36 *egerunt, sed euanuerunt in cogitationibus suis.* Quomodo autem
in iumentorum, aut plus quam iumentorum uoluptatem
ceciderunt, subdidit dicens : *Tradidit eos Deus in desideria*
cordis eorum, in immunditiam. Ecce caro mersit quos superba
40 scientia subleuauit, et a uolatu uolucrum ultra appetitum lapsi
sunt iumentorum ; atque inde sub se prostrati sunt, unde super
se ire uidebantur. Curandum itaque est, et omni custodia
mens a superbiae tumore seruanda. Non enim ante oculos Dei
44 uacuae transuolant cogitationes nostrae ; et nulla momenta
temporis per annum transeunt sine statu retributionis. Intus
ergo uidet Deus quod mentem eleuat, et idcirco foris permittit
inualescere quod deponat. Intus prius extollitur, quod foris
48 postmodum luxuriae corruptione feriatur. Occultam uidelicet
culpam sequitur aperta percussio, ut malis exterioribus
interiora puniantur et cor publice corruat, quod latenter tume-
bat. Hinc quippe per Osee contra Israelitas dicitur : *Spiritus*
52 *fornicationis in medio eorum, et Dominum non cognouerunt.*
Qui ut ostenderet quod causa libidinis ex culpa proruperit elationis, mox subdidit dicens : *Et respondebit arrogantia Israel in*
faciem eius. Ac si diceret : Culpa quae per elationem mentis in
56 occulto latuit per luxuriam carnis in aperto respondit. Proinde
per humilitatis custodiam seruanda est munditia castitatis. Si
enim pie spiritus sub Deo premitur, caro illicite super spiritum
non leuatur. Habet quippe spiritus commissum sibi dominium

31/32 Ps. 48, 13.   34/36 Rom. 1, 21.   38/39 Rom. 1, 24.   51/52.54/55 Os. 5,
4/5.

---

26 prius secreto P_1 29 preferunt hominibus P_1 40 subleuauit] eleuauit P_1 50 cor]
om. P_1 56 occulto] oculo P_1 | carnis luxuriam P_1 59 quippe] om. P_1

60 carnis, si tamen sub Domino recognoscit iura legitimae serui-
    tutis. Nam si auctorem suum superbiendo contemnit, iure et a
    subiecta carne proelium suscipit. Vnde et ille primus inoboedi-
    ens mox ut superbiendo peccauit, pudenda contexit. Quia enim
64 contumeliam spiritus Deo intulit, mox contumeliam carnis
    inuenit. Et quia auctori suo esse subditus noluit, ius carnis sub-
    ditae quam regebat amisit, ut in seipso uidelicet inoboedientiae
    suae confusio redundaret, et superatus disceret quid elatus
68 amisisset.
        Nullus ergo qui, postquam superna appetere coeperit, si
    carnis uoluptate prosternitur, tunc se uictum iudicet, cum
    aperte superatur. Si enim plerumque uirus libidinis de radice
72 nascitur elationis, tunc caro uicit, cum spiritus latenter
    intumuit ; iam tunc anima per originem culpae in iumentorum
    petulantiam cecidit, cum efferendo se, more uolucrum, ultra
    quam debuit euolauit. Hinc est enim quod longa continentia
76 repente soluitur, hinc quod plerumque et usque ad senium uir-
    ginitas seruata uitiatur. Quia enim neglegitur humilitas cordis,
    rectus iudex despicit etiam integritatem corporis ; et
    quandoque per apertum malum reprobos annuntiat, quos
80 dudum reprobos in occulto tolerabat. Nam qui diu seruatum
    bonum subito perdidit, apud semetipsum intus aliud malum
    tenuit, ex quo ad aliud subito erupit per quod ab omnipotente
    Deo etiam tunc alienus exstitit, quando se ei per munditiam
84 corporis inhaerere monstrauit. Quia igitur mentis elatio ad pol-
    lutionem pertrahit carnis, reproborum cor a uolatu uolucrum
    ad petulantiam mergitur iumentorum. Sancti autem uiri ne
    appetitu bestiali ad luxuriae uoraginem deuoluantur, sollicite
88 cogitationes mentis a superbiae uolatu custodiunt ; ac ne in
    infima desipiendo corruant, omne quod sublimiter sapiunt,
    humiliter premunt.

62/63 cfr Gen. 3, 7.

---

62 et] *om.* P_1 65 quia] qui P_1 69 ergo] igitur P_1 | qui] *om.* P_1 72 uicit] euicit
P_1 75 enim est P_1 76 et] *om.* P_1 84 igitur] ergo P_1

CAPITVLVM XXII

DE AVARITIA ET IMPIETATE, SVPERBIA ET INANI GLORIA

Hi quos auaritiae pondus grauat per plumbi laminam a beato Iob designantur, quibus per increpantem prophetam dici-
4 tur : *Filii hominum, usquequo graui corde ?* per plumbum uero cuius natura grauis est ponderis, peccatum auaritiae specialiter designatur, quod mentem quam infecerit ita grauem reddit, ut ad appetenda sublimia attolli nequaquam possit. Hinc enim in
8 Zacharia scriptum est : *Leua oculos tuos et uide. Quid est hoc quod egreditur ? Et dixi : Quidnam est ? Et ait : Haec est amphora egrediens ; et dixit : Haec est oculus eorum in uniuersa terra. Et ecce talentum plumbi portabatur, et ecce mulier*
12 *una sedens in medio amphorae ; et dixit : Haec est impietas. Et proiecit eam in medio amphorae, et misit massam plumbi in os eius.* Qui de hac uisione amphorae, et mulieris, et plumbi, ut latius quid cognouisset ostenderet, adhuc secutus adiunxit : *Et*
16 *leuaui oculos meos et uidi ; et ecce duae mulieres egredientes, et spiritus in alis earum ; et habebant alas quasi alas milui, et leuauerunt amphoram inter terram et caelum. Et dixi ad angelum qui loquebatur in me : Quo istae deferunt amphoram ?*
20 *Et dixit ad me : Vt aedificetur ei domus in terra Sennaar.* Volens Deus ostendere prophetae ex qua maxime culpa genus humanum ab eo dilabatur, per imaginem amphorae quasi patens os auaritiae designauit.
24 Sequitur : *Haec est oculus eorum in uniuersa terra.* Multos obtusi sensus homines esse uidemus, et tamen eos in malis actibus astutos cernimus ; propheta attestante qui ait :

[XXII] **2/81** *CC* XIV, LIII, 24/43, 47/49, 51/67, 70/76, 82/101, 104/106, 107/121 ; μ 460/462.

[XXII] **4** Ps. 4, 3.   **8/14** Zach. 5, 5/8.   **15/20** Zach. 5, 9/11.   **24** Zach. 5, 6.

[XXII] **4** graui] L_1 P_1 *Vulg.*, -es *ed.* μ.   **4** uero] namque P_1 **21/22** ex qua *usque* dilabatur] humanus genus ex qua maxime ab eo culpa dilabatur P_1 **23** designauit] auaritia quippe uelut amphora est que os cordis in ambitu apertum tenet *add.* P_1 **24** sequitur] et dixit P_1 **25** uidemus] cernimus P_1 **26** cernimus] uidemus P_1 | propheta] quoque *add.* P_1

Sapientes sunt ut faciant mala, bene autem facere nesciunt. Hi
28 itaque sensu torpent, sed in his quae appetunt auaritiae
stimulis excitantur ; et quia ad bona uidenda caeci sunt, exci-
tantibus praemiis, ad peragenda mala uigilantes fiunt. Vnde
recte de eadem auaritia subiungitur : *Haec est oculus eorum in*
32 *uniuersa terra.* Sequitur : *Et ecce talentum plumbi portabatur.*
Quid est talentum plumbi, nisi ex eadem auaritia pondus peccati ? Sequitur : *Et ecce mulier una sedens in medio amphorae.*
Et determinauit quae sit mulier cum subdit : *Haec est impietas.*
36 *Et proiecit eam in medio amphorae.* Impietas in medio
amphorae proicitur, quia nimirum in auaritia semper impietas
tenetur. *Et misit massam plumbi in os eius.* Massa plumbi in
os mulieris mittitur, quia scilicet impietas auaritiae peccati sui
40 pondere grauatur.
　　Et leuaui oculos meos, et uidi ; et ecce duae mulieres
egredientes, et spiritus in alis earum. Istae duae mulieres duo
principalia sunt uitia, scilicet superbia et inanis gloria, quae
44 impietati auaritiae indubitanter adiunguntur. Quae et in alis
spiritum habere dicuntur, quia et in actibus suis satanae uoluntati deseruiunt. *Et habebant alas, quasi alas milui.* Miluus
naturae semper pullorum studet insidiari. Habent igitur istae
48 duae mulieres alas quasi milui, quia actiones earum diabolo
procul dubio similes sunt, qui uitae paruulorum incessanter
inuident. *Et leuauerunt amphoram inter caelum et terram.*
Habent hoc superbia et uana gloria proprium, ut eum quem
52 infecerint in cogitatione sua super ceteros extollant ; et modo
per ambitum rerum, modo per desiderium dignitatum quem

---

27 Ier. 4, 22. **31/32** Zach. 5, 6/7. **34** Zach. 5, 7. **35/36.38** Zach. 5,
8. **41/42.46.50** Zach. 5, 9.

---

31 de] hac *add.* P_1 | subiungitur] dicit P_1　**32** sequitur] *om.* P_1　**34** sequitur] *om.*
P_1　**35/36** et determinauit *usque* amphore] *om.* P_1　**40** grauatur] si enim ad ea que
deorsum sunt non ambiret erga deum ac proximum impia nequaquam existerent *add.*
P_1　**42** iste due mulieres] quid aliud in his duabus mulieribus nisi P_1　**43/44** scilicet
usque adiunguntur] superbiam uidelicet et inanem gloriam intellegendum est que impietati absque ulla dubitatione coniuncta sunt P_1　**44** alis] suis *add.* P_1　**45** dicuntur]
narrantur P_1 | et] *om.* P_1　**46/47** miluus semper nature studet insidiari pullorum
P_1　**47/50** habent *usque* inuident] iste ergo mulieres alas habent quasi alas milui quia
actiones earum diabolo sunt procul dubio similes qui insidiatur semper pauulorum
uite P_1　**50** terram et celum P_1　**51** superbia et uana gloria habent hoc P_1　**52**
ceteros] homines *add.* P_1

semel captum tenuerint quasi in honoris altitudinem eleuent.
Qui autem inter caelum et terram est, et ima deserit et ad
56 superiora minime pertingit.

Leuant igitur istae duae mulieres amphoram inter caelum et
terram, quia superbia et inanis gloria mentem per honoris auaritiam captam ita extollunt, ut quoslibet proximos despicientes
60 deserant, et gloriantes sublimia cupiant. Sed dum superbiunt,
et eos cum quibus habitant, id est, de quorum numero sunt,
mente transeunt, iusto Dei iudicio superioribus ad quae conantur minime iunguntur. Amphora ergo inter caelum et terram
64 leuata dicitur, quia auari quique per superbiam atque inanem
gloriam et proximos iuxta se despiciunt, et superiora quae ultra
ipsos sunt nullatenus apprehendunt. *Et dixi ad angelum qui
loquebatur in me : Quo istae deferunt amphoram ? Et dixit ad
68 me : Ut aedificetur ei domus in terra Sennaar.* Sennaar fetor
eorum dicitur. Sicut bonus odor ex uirtute est, Paulo attestante
qui ait : *Odorem notitiae suae manifestat per nos in omni loco,
quia Christi bonus odor sumus Deo.* Ita per contrarium fetor ex
72 uitio. *Radix enim omnium malorum est cupiditas.* Et quia
quodlibet malum per auaritiam gignitur, dignum est ut domus
auaritiae in fetore construatur. Et sciendum est quod Sennaar
latissima uallis est, in qua turris a superbientibus aedificari coe-
76 perat, quae linguarum facta diuersitate, destructa est. Quae
turris Babylon dicta est, pro mentium atque linguarum confusione. Merito igitur ibi auaritiae amphora ponitur, ubi
Babylon, id est confusio aedificatur, quia dum per auaritiam et
80 impietatem omnia mala certum est exsurgere, recte haec auaritia et impietas in confusione perhibentur habitare.

66/68 Zach. 5, 10/11.   70/71 II Cor. 2, 14/15.   72 I Tim. 6, 10.

---

54 quasi] *om.* P_1 57 igitur] ergo P_1 | due] *om.* P_1 58/59 auaritiam honoris P_1 59
extollunt] leuant P_1 60 deserant] quasi *praem.* P_1 | et *usque* cupiant] et alta gloriantes
petant P_1 60/63 sed *usque* minime] sed tales quique dum superbiunt et eos mente
transeunt cum quibus sunt et superioribus ciuibus minime P_1 63/64 leuata inter c.
et t. P_1 65 ultra] intra L_1 68 fetor] quippe *praem.* P_1 69 sicut] et *praem.* P_1 71
per contrarium] econtrario P_1 72 est] *om.* P_1 74 et] *om.* P_1 75 est] quoque
praem. P_1 77 turris] scilicet *praem.* P_1 77/78 mentium atque linguarum con-
fusione] ipsa uidelicet confusione mentium atque linguarum P_1 78 merito igitur] nec
immerito P_1 80 certum est omnia mala P_1 | hec] ipsa *add.* P_1 81 et] atque P_1

CAPITVLVM XXIII

DE BELLO VITIORVM : QVALITER NVNC AB VNO, NVNC AB ALIO VINCIMVR

Sunt nonnulli qui seducentibus uitiis obuiare quasi tota intentione deliberant sed irruente temptationis articulo, in deli-
4 berationis proposito non perdurant. Alius namque, prauo ausu superbiae inflatus, cum magna esse praemia humilitatis considerat, aduersum semetipsum se erigit et quasi tumorem turgidi fastus deponit, exhibere se quibuslibet contumeliis
8 humilem promittit. Sed cum repente hunc unius iniuria uerbi pulsauerit, ad consuetam protinus elationem redit sicque ad tumorem ducitur, ut nequaquam quia humilitatis bonum concupierat recordetur. Alius auaritia aestuans augendis faculta-
12 tibus anhelat. Is cum praeterire omnia uelociter conspicit, uagantem per concupiscentias mentem figit, decernit iam nihil appetere adepta tantummodo sub magni moderaminis freno possidere. Sed cum repente fuerint oculis oblata quae placeant,
16 in ambitione protinus mens anhelat, semetipsam non capit, adipiscendi haec occasionem quaerit et oblita continentiae quam secum pepigerat, cogitationum se stimulis per desideria acquisitionis inquietat. Alius luxuriae tabe polluitur et longa
20 iam consuetudine captus tenetur ; quanta autem castitatis sit munditia conspicit et a carne uinci turpe deprehendit. Restringere ergo uoluptatum fluxa deliberat et resultare consuetudini quasi totis se uiribus parat. Sed uel obiecta oculis specie, uel ad
24 memoriam reducta cum subita temptatione concutitur, protinus a pristina praeparatione dissipatur ; et qui contra hanc clipeum deliberationis erexerat, delectationis iaculo confossus iacet, sicque eum luxuria eneruem superat ac si nulla contra
28 eam intentionis arma praeparasset. Alius irae flammis accenditur et usque ad inferendas proximis contumelias effrenatur. Cum uero nulla furoris occasio animum pulsat, quanta sit mansuetudinis uirtus, quanta patientiae altitudo considerat seque

---

[XXIII] 2/78 CC VII, xxviii, 3/81 ; μ 226/227.

[XXIII] 6 aduersus P_1 15 oblata oculis P_1 22 ergo] uero P_1 | uoluptatem L_1 23 se totis P_1 27 eneruem] inermem P_1 29 proximi L_1

32 etiam contra contumelias patientem parat ; sed cum parua
quamlibet commotionis occasio nascitur, repente ad uoces et
contumelias medullitus inflammatur, ita ut non solum ad
memoriam patientia promissa non redeat, sed et semetipsam
36 mens et ea quae loquitur conuicia non agnoscat. Cumque furori
plene satisfecerit, quasi post exercitium in tranquillitatem
redit ; et tunc se ad silentii claustra recolligit cum linguae non
patientia, sed procacitatis suae satisfactio frenum ponit. Vix igi-
40 tur sero post conuicia illata se cohibet, quia et a cursu saepe
spumantes equos non praesidentis dextera, sed campi terminus
coercet. Bene ergo de reprobis dicitur : *Inuolutae sunt semitae
gressuum eorum,* quia recta quidem deliberando appetunt, sed
44 ad consueta semper mala replicantur ; et quasi extra se tensi,
ad semetipsos per circuitum redeunt qui bona quidem cupiunt,
sed a malis numquam recedunt. Esse quippe humiles sed
tamen sine despectu ; esse contenti propriis sed sine necessi-
48 tate ; esse casti sed sine maceratione corporis ; esse patientes
sed sine contumeliis uolunt ; cumque adipisci uirtutes quaerunt
sed labores uirtutum fugiunt, quid aliud quam et belli certamina in campo nesciunt, et triumphare in urbibus de bello concu-
52 piscunt ?

Quamuis hoc quod eorum semitae inuolutae memorantur,
adhuc intellegi et aliter possit. Saepe namque nonnulli contra
quaedam se uitia uehementer accingunt, sed quaedam subigere
56 neglegunt ; cumque se contra ista non erigunt et illa contra se
reparant quae subegerunt. Alius namque iam carnem a luxuria
domuit sed tamen adhuc mentem ab auaritia non refrenauit ;
cumque se in mundo pro exercenda auaritia retinet, cumque a
60 terrenis actibus non recedit erumpente occasionis articulo,
etiam in luxuriam labitur quam iam subegisse uidebatur. Alius
auaritiae aestum uicit sed nequaquam uim luxuriae subdidit ;
cumque explendae luxuriae pretium praeparat iugo quoque
64 auaritiae, quam dudum edomuit, cordis ceruicem subdit. Alius
rebellantem iam impatientiam strauit, sed inanem gloriam necdum uicit et cum se per hanc mundi honoribus inserit, confixus

---

[XXIII] **42/43** Iob 6, 18.

---

32 patientem] patienter *ed.* | parat] temperat *ed.*   **42** cohercet L_1, coheret P_1 **44** ten-
si] extensi P_1 **47** propriis contenti P_1 | sed] tamen *add.* P_1

causarum stimulis ad impatientiam captus redit ; cumque
68 inanis gloria ad defensionem sui animum erigit et illam uictus
tolerat, quam superauit. Alius inanem gloriam subdidit sed
tamen impatientiam necdum strauit ; et cum multa resistentibus per impatientiam minatur, erubescens non implere quod
72 loquitur, sub inanis gloriae iugo reuocatur ; et hoc uictus per
aliud tolerat quod plene se uicisse gaudebat. Sic ergo ope
uicaria fugitiuum suum uitia retinent et quasi iam amissum
sub dominii iure recipiunt, atque ad uindictam sibi uicissim
76 tradunt. Peruersis itaque inuolutae sunt gressuum semitae, quia
etsi deuicta una nequitia pedem leuant regnante tamen altera,
hunc in ea etiam quam deuicerant implicant.

CAPITVLVM XXIV

QVALITER VITIA VITIIS SVCCEDVNT ET DVM VNVM SVPERATVR, ALIVD SVPERAT

Vadent et uenient super eum horribiles. Horribiles hoc loco
maligni spiritus appellantur, bonis mentibus pauendi atque
4 fugiendi. Et quia idem maligni spiritus certis quibusque uitiis
singuli obsequi sunt credendi, cum peruersus alia quidem uitia
ad momentum deserere uidetur sed alia agere incipit, super
hunc profecto horribiles uadunt et ueniunt, quia peruersi men-
8 tem etsi alia mala deserunt, alia occupant. Saepe namque
uideas iniquum in terrena potestate constitutum, graui furore
commoueri, quicquid ira suggesserit exsequi ; et cum furor
abscesserit, mox eius mentem luxuria deuastat ; et cum luxuria
12 ad tempus intermittitur, elatio protinus quasi de continentia in
eius cogitatione subrogatur, atque ut a ceteris timeatur, appetit
uideri terribilis. Sed cum res exigit ut loqui dupliciter debeat,
quasi postposito terrore superbiae, remissa locutione blanditur ;
16 et cum superbus uideri desierit, duplex effici non pertimescit.

[XXIV] 2/20 *CC* XV, xxvii, 1/21 ; μ 481/482.

[XXIV] 2 Iob 20, 25.

---

74 retinent] detinent P_1 **75** dominii] domini L_1 [XXIV] **2** ueniunt L_1 **3** bonis]
uidelicet *add.* P_1 **4** idem] iidem *ed.* μ   **5** singulis P_1 | peruersus] iste *add.* P_1, ista
add. ed.   **11** et] *om.* P_1 **14** loqui] quid *add.* P_1

In cuius ergo mentem uitia uitiis succedunt, recte de eo dicitur ; *Vadent et uenient super eum horribiles* ; quia quot uitiis
decedentibus et succedentibus premitur, tot malignis spiritibus
20 eius animus quasi euntibus ac redeuntibus deuastatur.
   Saepe autem mens misera quid iam transierit uidet, sed ubi
adhuc retineatur non uidet. Gaudet de quibusdam uitiis quia
eis subiecta iam non sit, et praecauere ac gemere neglegit quia
24 eorum uice successerunt alia, quibus fortasse nequius succumbit ; sicque fit ut dum alia uitia transeunt et semper alia succedunt, a uitiis cor reproborum sine intermissione teneatur.
Vnde bene per Ioel prophetam dicitur : *Residuum erucae*
28 *comedit locusta ; et residuum locustae comedit bruchus ; et resi-*
duum bruchi comedit rubigo. Expergiscimini, ebrii, et flete.
Quid enim per erucam, quae toto corpore in terra repit, nisi
luxuria designatur ? Quae cor quod tenet, ita polluit, ut in
32 superioris munditiae surgere amorem non possit. Quid per
locustam quae saltibus euolat, nisi inanis gloria exprimitur,
quae se uanis praesumptionibus exaltat ? Quid per bruchum,
cuius paene totum corpus in uentre colligitur, nisi edendi inglu-
36 uies figuratur ? Quid per rubiginem, quae dum tangit, incendit,
nisi ira innuitur ? Residuum ergo erucae locusta comedit, quia
saepe cum luxuriae uitium a mente recesserit, inanis gloria
succedit. Nam quia iam per amorem carnis non sternitur, quasi
40 sanctam se ex castitate gloriatur. Et residuum locustae bruchus
comedit, quia saepe cum inani gloriae, quae quasi ex sanctitate
ueniebat, resistitur, uel uentri uel quibuslibet ambitionis
desideriis immoderatius indulgetur. Mens enim Dei nescia,
44 tanto atrocius ad quemlibet ambitum ducitur, quanto nullo uel
humanae laudis amore refrenatur. Residuum bruchi rubigo
consumit, quia saepe dum uentris ingluuies per abstinentiam
restringitur, irae impatientia acrius dominatur ; quae more

21/54 *CC* XXXIII, xxxvii, 55/87, 90/92 ; μ 1113/1114.

27/29 Ioel 1, 4/5.

---

17 mente P_1 **19** descendentibus L_1 **21** quid] que L_1 **23** sit] sint L_1 **26** a uitiis]
ab hoc serpente P_1 **28/29** residium L_1 **31** signatur P_1 **32** surgere] consurgere
P_1 **35** uentrem P_1 **37** comedit locusta P_1 **40** se] *om.* P_1 **40/41** comedit bruchus
P_1

48　rubiginis quasi exurendo messem comedit, quia uirtutum
fructus impatientiae flamma tabefacit. Dum ergo uitiis uitia
succedunt, agrum mentis alia pestis deuorat, dum alia relinquit.

Bene autem illic subditur : *Expergiscimini, ebrii, et flete* ; id
52　est, somnium uestrae insensibilitatis excutite ; et in deuasta-
tione cordis tot sibi succedentibus uitiorum pestibus, uigilan-
tibus lamentis obuiate.

CAPITVLVM XXV

QVANTIS COGITATIONVM TVMVLTIBVS PREMANTVR QVI VITIIS SUBIECTI SVNT

Omnes qui illicita appetunt, uel in hoc mundo uideri aliquid uolunt, densis cogitationum tumultibus in corde
4　comprimuntur dumque desideriorum turbas intra se excitant,
prostratam mentem pede miserae frequentationis calcant. Alius
namque iuri se luxuriae subdit atque ante mentis oculos sche-
mata turpium perpetrationum fingit, et cum effectus non tribui-
8　tur operis hoc crebrius agitur intentione cogitationis. Voluptatis
perfectio quaeritur et concussus eneruiter animus, hinc inde et
sollicitus et caecatus, occasionem nequissimae expletionis rima-
tur. Mens itaque haec quasi quemdam populum patitur quae
12　insolenti cogitationum tumultu uastatur. Alius irae se dominio
strauit, et quid in corde nisi iurgia, etiam quae desunt peragit ?
Hic saepe praesentes non uidet, absentibus contradicit, intra
semetipsum contumelias profert et recipit, receptis autem
16　durius respondet. Et cum qui obuiet nullus adsit magnis
clamoribus rixas in corde componit. Turbam itaque hic intus
sustinet quem pondus uehemens inflammatae cogitationis
premit. Alius iuri se auaritiae tradidit et fastidiens propria,
20　aliena concupiscit. Hic plerumque concupita adipisci non
ualens, dies quidem in otium, noctem uero in cogitationem
uersat. Torpet ab utili opere quia fatigatur illicita cogitatione ;
consilia multiplicat et sinum mentis cogitationum immensita-

[XXV] **2/63** *CC* IV, xxx, 1/35, 37/65 ; μ 128/129.

---

52 est] ebrii quippe uocati sunt qui a mundi huius amore confusi mala non sentiunt
que patiuntur . quid est ergo dicere expergiscimini ebrii et flete nisi *add.* P_1　　[XXV]
7 non] nisi *add.* L_1　　**18** inflammate] P_1 *T*, inflammante L_1　　**21** quidem] quippe
P_1

24 tibus latius expandit ; peruenire ad concupita satagit atque ad
obtinenda haec quosdam secretissimos causarum meatus
quaerit. Qui mox ut in causa aliquid subtile inuenisse se exis-
timat iam se obtinuisse quod concupierat, exsultat ; iam quid
28 etiam adeptae rei adiungat, excogitat atque ut in meliori statu
debeat excoli, pertractat. Quam quia iam quasi possidet et
quasi ad meliorem speciem adducit, mox insidias inuidentium
considerat, et quid contra se iurgii moueatur pensat. Exquirit
32 quid respondeat et cum rem nullam teneat, iam in defensione
rei quam appetit, uacuus litigator elaborat. Quamuis ergo nil de
re concupita receperit, habet tamen in corde iam fructum concupiscentiae, laborem rixae. Alius se tyrannidi superbiae subi-
36 cit et cor miserum dum contra homines erigit, uitio substernit.
Honorum sublimium infulas appetit, exaltari successibus
exquirit totumque quod esse desiderat, sibi apud semetipsum
in cogitationibus depingit. Iam quasi tribunal praesidet, iam
40 sibi parere obsequia subiectorum uidet, iam ceteris eminet, iam
aliis mala irrogat, aliis qui irrogauerint recompensat. Iam apud
semetipsum stipatus cuneis ad publicum procedit, iam quibus
obsequiis fulciatur conspicit, qui tamen haec cogitans solus
44 repetit ; iam alia conculcat, alia subleuat; iam de conculcatis
satisfacit odiis, iam de subleuatis recipit fauores. Qui igitur tot
phantasmata cordi imprimit quid iste aliud quam somnium
uigilans uidet ? Quia ergo tot rerum causas quas fingit tolerat,
48 nimirum intrinsecus natas ex desideriis turbas portat. Alius illicita refugit sed tamen bonis mundi carere pertimescit ;
concessa tenere appetit, uideri inter homines minor erubescit et
curat summopere ne inops in domo sit, ne despectus in publi-
52 co. Exquirit quid sibi sufficiat, quid necessitas subiectorum
petat ; atque ut sufficienter iura patronatus subditis expleat,
patronos quaerit quibus ipse famuletur. Sed his dum familiari-
ter iungitur, eorum procul dubio causis implicatur quibus saepe
56 consentit in illicitis, et mala quae propter semetipsum non
appetit, committit propter alia quae non dereliquit. Nam saepe
dum honorem suum in hoc mundo imminui trepidat, ea apud
maiores personas approbat quae iam per proprium iudicium

26/27 existimat] estimat P_1 **28** excogitat] cogitat P_1 **32** defensionem P_1 **33** nichil
P_1 **34** concupita re P_1 |receperit] ceperit P_1 **35** rixe] graui itaque populo premitur
qui instigantis auaritie tumultu uastatur *add.* P_1 **45** odio P_1 **53** patronatus] *T ed.*,
patrocinatus L_1, patrinatus P_1 **54** dum his P_1 **57** derelinquit P_1

60 damnat. Is dum sollicite cogitat, quid patronis debeat, quid
subiectis, quid sibi augeat, quid affectibus prosit, quasi tanta
frequentia turbarum premitur quanta curarum importunitate
laceratur.

CAPITVLVM XXVI

QVOD QVI OFFENDIT IN VNO REUS EST OMNIVM

Iustitia indutus sum et uestiuit me sicut uestimentum. Ille
iustitia sicut uestimento uestitur, qui se undique bono opere
4 protegit et nullam partem actionis suae peccato nudam relinquit. Nam qui in aliis actionibus iustus est, in aliis iniustus ;
quasi hoc latus cooperuit, illud nudauit, nec iam bona sunt
opera quae subortis aliis prauis operibus inquinantur. Hinc
8 enim per Salomonem dicitur : *Qui in uno offenderit, multa
bona perdet.* Hinc Iacobus dicit : *Quicumque totam legem
seruauerit, offendat autem in uno, factus est omnium reus.*
Quam uidelicet sententiam suam ipse diligenter exposuit, cum
12 subiunxit : *Qui enim dixit : Non moechaberis, dixit et : Non
occides. Quod si non moechaberis, occidas autem, factus es
transgressor legis.*
Cordis ergo oculis circumquaque porrectis, undique nobis
16 adhibenda custodia est. Vnde recte quoque per Salomonem
dicitur : *Omni custodia serua cor tuum, quia ex ipso uita procedit.* Dicturus enim custodiam, praemisit omni, ut uidelicet
unusquisque hinc inde se diligenter inspiciat, et quamdiu in
20 hac uita est, contra spiritales inimicos in acie se positum sciat,
ne mercedem quam per has actiones colligit, per alias amittat,
ne hinc hosti fores obstruat et aliunde aditum pandat. Si qua
etenim ciuitas contra insidiantes inimicos magno ualletur
24 aggere, fortibus cingatur muris, insomni muniatur custodia,

---

[XXVI] **2/61** *CC* XIX, xxi, 1/2, 3/61 ; μ 621/622.

[XXVI] 2 Iob 29, 14. **8/9** Eccle. 9, 18. **9/10** Iac. 2, 10. **12/14** Iac. 2,
11. **17/18** Prou. 4, 23.

[XXVI] 2 uestiui P_1 5 est] *om. P_1* 9 dicit] ait P_1 10 obseruauerit P_1 12 subiungit L_1 13 es] est L_1 19 inspiciat] P_1 *T ed.,* conspiciat L_1 21 colligit P_1 24
insomni] in omni L_1

unum uero foramen in ea tantummodo immunitum per
neglegentiam relinquatur, inde procul dubio hostis ingreditur,
qui undique exclusus esse uidebatur. Pharisaeus namque ille,
28 qui in templum oraturus ascendit, ciuitatem mentis suae
quanta munitione uallauerit, audiamus : *Ieiuno,* inquit, *bis in*
sabbato, decimas do omnium quae possideo. Qui praemisit :
Gratias tibi ago, magna certe munimina adhibuit. Sed
32 uideamus ubi insidianti hosti immunitum foramen reliquit :
Quia non sum sicut publicanus iste. Ecce ciuitatem cordis sui
insidiantibus hostibus per elationem aperuit, quam frustra per
ieiunium et eleemosynas clausit. Incassum munita sunt cetera,
36 cum locus unus de quo hosti pateret aditus, munitus non est.
Gratias recte egit, sed peruerse se super publicanum extulit.
Ciuitatem cordis sui extollendo prodidit, quam abstinendo et
largiendo seruauit. Victa est per abstinentiam gula, destructa
40 uentris ingluuies, superata est largitate tenacia, auaritia
depressa. Quibus hoc laboribus actum credimus ? Sed o quot
labores uno uitio percussi ceciderunt, quanta bona unius culpae
gladio sunt perempta ! Vnde magnopere oportet et semper bona
44 agere, et ab ipsis nos semper bonis operibus caute in cogitatione custodire, ne si mentem eleuant, bona non sint, quae non
auctori militant, sed elationi.

De qua re non inordinate agimus, si ex libris, licet non
48 canonicis, sed tamen ad aedificationem Ecclesiae editis, testimonium proferamus. Eleazar namque in proelio elephantem
feriens strauit, sed sub ipso quem exstinxit occubuit. Quos ergo
iste significat quem sua uictoria oppressit, nisi eos qui uitia
52 superant, sed sub ipsis quae subigunt, superbiendo succumbunt ? Quasi enim sub hoste quem prosternit moritur, qui de
culpa quam superat eleuatur. Pensandum ergo magnopere est
quia bona prodesse nequeunt, si mala quae subrepunt non
56 cauentur. Perit omne quod agitur, si non sollicite in humilitate
custoditur. Vnde bene quoque de ipso primo parente dicitur :
Posuit eum Dominus in paradiso uoluptatis, ut operaretur et

29/30 Luc. 18, 12.   **31.33** Luc. 18, 11.   **49/50** cfr I Mac. 6, 46.   **58/59** Gen. 2,
15.

---

25 in ea foramen P_1 **27** ille] *om.* P_1 **28** templum] *ed.*, templo L_1 P_1 **29** inquit]
*om.. * P_1 **36** unus locus P_1 | de] *om.* P_1 **39** destructa] est *add.* P_1 **42** ceciderunt
percussi P_1 **42/43** gladio unius culpe P_1 **43** bona semper P_1 **47** si] sed L_1 **50**
ergo] *om.* P_1 **52** sub] ab P_1

custodiret. Operatur quippe qui agit bonum quod praecipitur,
60 sed quod operatus fuerit non custodit, cui hoc subrepit quod
prohibetur.

LIBER QVARTVS

DE DIVITIBVS

PROLOGVS

Post tractatum uitiorum sequitur liber quartus primae
partis, in quo de seruis uitiorum maioribus, id est diuitibus,
plenissime disseritur, qui temporalibus multiplicandis insu-
4 dantes, per uoluptatum suarum lubricum quasi per amoena
prata in mortis carcerem deducuntur.

In quarto autem libro secundae partis de praelatis Ecclesiae
tractatur, qui inter uirtutum cultores maiores habentur qui
8 utique non terrenis sed spiritalibus lucris insistentes, pecuniam
Domini multiplicant, quorum caritas, desiderio diuitum contraria, si diligenter attenditur, remedium contra diuitiarum
amorem diligenti conferet lectori.

CAPITVLVM I

QVOD NON POSSVNT SIMVL DILIGI DEVS ET DIVITIAE TEMPORALES

Qui terrenarum rerum amore uincitur, in Deo nullatenus
delectatur. Esse quidem sine delectatione animus numquam
4 potest, nam aut infimis delectatur aut summis ; et quanto
altiori studio exercetur ad summa, tanto maiori fastidio tor-
pescit ad infima ; quantoque acriori cura inardescit ad infima,
tanto tepore damnabili frigescit a summis. Vtraque simul enim
8 et aequaliter amari non possunt. Vnde Ioannes apostolus
sciens inter spinas amorum saecularium supernae caritatis
messem germinare non posse, priusquam aeterni amoris
semina proferat, de audientium cordibus sancta uerbi manu
12 amorum saecularium spinas eradicat, dicens : *Nolite diligere*

[I] **2/21** *CC* XVIII, ɪx, 2/24 ; μ 563/564.

[I] **12/13** I Ioh. 2, 15.

[Prol.] **11** conferunt P_1 [I] **7** tepore] torpore P_1 | enim simul P_1

mundum, neque ea quae in mundo sunt. Moxque subiungit :
Quia si quis diligit mundum, non est caritas Patris in eo. Ac si
aperte dicat : Vtrique se amores in uno corde non accipiunt ;
16 nec in eo seges supernae caritatis pullulat, in quo illam spinae
infimae delectationis necant. Atque ipsas ex hac infima delectatione nascentes enumerat punctiones, dicens : *Quia omne quod*
in mundo est, concupiscentia carnis est, et concupiscentia ocu-
20 *lorum, et superbia uitae, quae non est ex Patre, sed ex mundo*
est ; et mundus transit, et concupiscentia eius. Delectari ergo in
Deo non ualet cuius mentem spinae terreni amoris premunt.

Hinc est quod de anima terrenis desideriis aggrauata sub
24 Ephraim specie per prophetam dicitur : *Factus est Ephraim*
subcinericius panis, qui non reuersatur. Ex natura quippe bene
condita est nobis intentio, quae surgat in Deum ; sed ex
conuersatione nequiter assueta inest uoluntas, quae praesens
28 premat in saeculum. Panis autem subcinericius ex ea parte est
mundior, quam inferius occultat ; atque ex ea parte sordidior,
qua desuper cinerem tolerat. Quisquis ergo intentionem qua
Deum debuisset quaerere neglegit, quasi more panis subcineri-
32 cii mundiorem partem inferius premit ; et cum curas saeculi
libenter tolerat, quasi congestum cinerem superius portat.
Reuersaretur autem panis subcinericius, si desideriorum carnalium cinerem repelleret, et intentionem bonam, quam in se
36 dudum despiciendo oppresserat, superius ostentaret. Sed reuer-
sari renuit cum mens, amore curarum saecularium pressa,
molem superpositi cineris abicere neglegit, dumque assurgere
intentione bona non appetit, quasi mundiorem faciem subter
40 premit.

23/40 *CC* XXXII, x, 13/31 ; μ 1053.

18/21 I Ioh. 2, 16/17.   24/25 Os. 7, 8.

---

15 accipiunt] capiunt P_1 20 est] *om.* P_1 21 ergo] igitur P_1 22 deo *usque* spine]
deo ypocrita non ualet quia in eius mente desideria superna non prodeunt
quam profecto spine P_1 23 de] *om.* L_1 25 bene] bona P_1 26 surgit P_1 29 parte]
est *add.* P_1 34 subcinericius panis P_1

CAPITVLVM II

Omnes huius saeculi dilectores in terrenis rebus fortes sunt,
4 in caelestibus debiles. Nam pro temporali gloria usque ad mortem desudare appetunt, et pro spe perpetua nec parum quidem
in labore subsistunt. Pro terrenis lucris quaslibet iniurias
tolerant, et pro caelesti mercede uel tenuissimi uerbi ferre con-
8 tumelias recusant ; terreno iudici toto etiam die assistere fortes
sunt, in oratione uero coram Deo uel unius horae momento
lassantur. Saepe nuditatem, deiectionem, famem, pro
acquirendis diuitiis atque honoribus tolerant, et earum rerum
12 se abstinentia cruciant ad quas adipiscendas festinant ; superna
autem laboriose quaerere tanto magis dissimulant, quanto ea
retribui tardius putant.

Nec tamen sine grauibus curarum molestiis possunt tem-
16 poralia quae appetunt, uel non habita quaerere, uel quaesita
seruare, inter aequales praestantiorem gloriam expetere, a
minoribus reuerentiam plus quam oportet exigere, et minus
quam debent eamdem maioribus exhibere ; plerumque poten-
20 tiam per iniustitiam ostendere ; semper praua agere et tamen
ne opinionem prauitatis habeant, formidolose custodire. Haec
profecto omnia miseros pungunt, sed easdem punctiones ipso
rerum temporalium uicti amore non sentiunt. Vnde scriptum
24 est : *Et esse sub sentibus delicias computabant,* quia peccatorum delectationibus pressi, ex affectu uitae praesentis quam
sint aspera quae patiuntur ignorant.

Laetantur itaque, sed sub sentibus, quia rebus quidem tem-
28 poralibus gaudent, sed tamen dum dispensare sine tribulatione

---

[II] **3/14** *CC* XIX, xxvii, 46/58 ; μ 630.   **15/93** *CC* XX, xv, 13/95 ; μ 654/655.

[II] **24** Iob 30, 7.

[II] **1** terrenorum dilectores P_1 **2** laxantur P_1 **9** deo] domino P_1 | uel] *om.* P_1 **15**
tamen] enim P_1 **20** iniustitiam] impotentiam P_1 **23/24** scriptum est] et recte nunc
dicitur P_1

eadem temporalia non ualent, ea cura punguntur miseri qua
premuntur. Manent sub sentibus et hoc ipsum delicias aestimant, quia et dura quidem ex praesentis uitae amore tolerant,
32 et tamen affectu nimiae cupiditatis obligati, laborem eiusdem
tolerantiae uoluptatem putant. Vnde recte Ieremias totius in se
humanae conuersationis speciem sumens, per lamentum queritur dicens : *Inebriauit me absynthio* ; ebrius quisque quod pati-
36 tur nescit. Qui uero absynthio debriatur, et hoc quod sumpsit
amarum est, et tamen non intellegit eamdem amaritudinem
qua repletur. Humanum igitur genus recto Dei iudicio in
uoluptatibus suis sibi dimissum, atque per easdem uoluptates
40 spontaneis tribulationibus traditum, absynthio est ebrium, quia
et amara sunt quae pro huius uitae amore tolerat, et tamen
eamdem amaritudinem caecitate cupiditatis quasi insensi-
bilitate ebrietatis ignorat. Mundi enim gloriam sitiens, dum
44 multas pro ea tribulationes repperit, amarum est quod bibit.
Sed quia hoc nimis inhianter sumpsit, eiusdem amaritudinis
malum discernere iam prae ipsa ebrietate non sufficit. Amant
enim peruersi homines pro huius mundi gloria etiam tribula-
48 tiones cunctisque pro ea sudoribus libenter seruiunt, et grauium
laborum iugo deuotissime colla submittunt. Quod bene sub
Ephraim specie Osee prophetante describitur, qui ait : *Ephraim*
uitula docta diligere trituram. Vitula enim triturae laboribus
52 assueta, relaxata plerumque ad eumdem laboris usum etiam
non compulsa reuertitur. Ita prauorum mens huius mundi
seruitiis dedita et rerum temporalium fatigationibus assueta,
etiamsi sibi libere uacare liceat, subesse tamen terrenis
56 sudoribus festinat, et usum miserae conuersationis trituramque
laboris quaerit, ut a iugo mundanae seruitutis cessare non
libeat, etiam si licet. Quod uidelicet iugum Dominus a discipulorum ceruice soluebat qui cum diceret : *Attendite uobis, ne*
60 *forte grauentur corda uestra in crapula et ebrietate* ; ilico adiunxit : *Et curis huius uitae ; et superueniat in uos repentina dies*
illa. Et rursum : *Venite ad me omnes qui laboratis et onerati*

---

35 Thren. 3, 15. **50/51** Os. 10, 11. **59/62** Luc. 21, 34. **62/64** Matth. 11,
28/29.

---

35 absynthio] ut enim in superiore parte iam prediximus *add.* P_1 44 pro ea multas
P_1 | reperit P_1 56 usu P_1 | trituram P_1 61 curis] in *praem.* P_1

estis et ego uos reficiam. Tollite iugem meum super uos et dis-
64 *cite a me, quia mitis sum et humilis corde.* Quid est enim
Domino mitem se in magisterio atque humilem dicere, nisi relictis exercendae elationis difficultatibus plana quaedam bene
uiuendi itinera demonstrare ? Sed quia prauorum mentes plus
68 per aspera elationis quam per blanda humilitatis ac mansuetudinis delectantur, esse sub sentibus delicias deputant. Dura
enim pro amore saeculi quasi quaedam mollia ac delectabilia
ferre parati sunt, dum in hac uita rerum culmina apprehendere
72 conantur.
   Cessationem Dominus a mundi laboribus imperat, sanctae
quietis dulcedinem persuadet ; et tamen uesana iniquorum
mens plus se assequi aspera carnaliter quam tenere blanda spi-
76 ritaliter gaudet, plus acerbitate fatigationis quam quietis dulcedine pascitur. Quod aperte in semetipso nobis israeliticus
populus ostendit, qui dum refectionem mannae desuper perci-
peret, ab Aegypto ollas carnium, pepones, porros cepasque con-
80 cupiuit. Quid enim signatur in manna, nisi esca gratiae, suaue
sapiens, ad refectionem interioris uitae bene uacantibus desuper
data ? Et quid per ollas carnium, nisi carnalia opera, uix tribulationum laboribus quasi ignibus excoquenda ? Quid per
84 pepones, nisi terrenae dulcedines ? Quid per porros ac cepas
exprimitur, quae plerumque qui comedunt, lacrimas emittunt,
nisi difficultas uitae praesentis, quae a dilectoribus suis et non
sine luctu agitur, et tamen cum lacrimis amatur ? Manna igitur
88 deserentes, cum peponibus ac carnibus porros cepasque
quaesierunt, quia uidelicet peruersae mentes dulcia per gratiam
quietis dona despiciunt, et pro carnalibus uoluptatibus
laboriosa huius uitae itinera, etiam lacrimis plena, concupis-
92 cunt ; contemnunt habere ubi spiritaliter gaudeant, et
desideranter appetunt, ubi et carnaliter gemant.

77/80 cfr Ex. 16, 3 ; Num. 11, 4/6.

---

63 reficiam uos P_1 **87** et] *om.* P_1

CAPITVLVM III

Habent hoc potentes et diuites proprium ut, fallacibus diui-
4 tiis occupati, ueras Dei opes neglegant ; et quanto minus quod
uerum est inquirunt, tanto amplius falsis diuitiis extolluntur.
Cura etenim multiplex terrenarum rerum occupat et excaecat.
Vnde et difficile ad requiem perueniunt potentes, qui innumeris
8 obsequentium cuneis constipati, tam duris rationum multiplicium nexibus astringuntur ; attestante scriptura quae ait : *Iudicium durissimum in his qui praesunt fiet.* Vnde in euangelio
Veritas dicit : *Cui multum datum est, multum quaeretur ab eo.*
12 Raro autem contingit ut qui possident aurum, ad requiem tendant dum per semetipsam Veritas dicat : *Difficile, qui pecunias
habent, intrabunt in regnum caelorum.* Nam qui hic multiplicandis diuitiis inhiant quae alterius uitae gaudia sperant ?
16 Quod tamen ut Redemptor noster ualde rarum, et ex solo
diuino miraculo euenire posse monstraret : *Apud homines,*
inquit, *hoc impossibile est, apud Deum autem omnia possibilia
sunt.*
20 Qui ergo terrenis opibus se abundare conspiciunt, ueras Dei
diuitias non requirunt. Nec tamen est census in crimine sed
affectus. Cuncta enim quae Deus condidit bona sunt ; sed qui
bonis male utitur profecto agit ut, quasi per edacitatis inglu-
24 uiem, eo per quem uiuere debuit pane moriatur. Pauper ad
requiem Lazarus uenerat, superbum uero diuitem tormenta
cruciabant. Sed tamen diues Abraham fuerat qui in sinu

[III] **3/6** *CC* XII, XLIII, 44/48 ; μ 411.   **7/19** *CC* IV, PRAEFATIO, 86/91, 93/101 ; μ
103.   **20/39** *CC* X, XXX, 6/7, 9/27 ; μ 361.

[III] **9/10** Sap. 6, 6.   **11** Luc. 12, 48.   **13/14** Luc. 18, 24.   **17/19** Matth. 19,
26.   **24/27** cfr Luc 16, 23.

[III] **9** scriptura attestante P_1 **11** queritur P_1 **12** contingit P_1 | aurum possident
P_1 **18** autem] *om.* P_1 **20** se] *om.* P_1 **21** requirunt] querunt P_1 **24** pane] de
praem. P_1

Lazarum tenebat ; qui tamen auctori suo colloquens dicit :
28 *Loquar ad Dominum meum, cum sim puluis et cinis.* Quid
itaque iste diuitias suas aestimare nouerat, qui semetipsum
puluerem cineremque pensabat ? Aut quando hunc res posses-
sae extollerent, qui de se quoque, earum uidelicet possessore,
32 tam abiecta sentiret ?

Atque iterum sunt nonnulli quibus et res terrenae non suppetunt et tamen apud se per fastum tumoris eriguntur. Hos et
census ad ostensionem potentiae minime subuehit, et tamen
36 morum proteruia inter reprobos diuites addicit. Quoscumque
sequentis uitae amor non humiliat, hoc sacer sermo diuites
appellat, quia in iudicii quique ultione non discrepant utrum
rebus an solum moribus intumescant.

CAPITVLVM IV

Et sicut summitates spicarum conterentur. Spicarum summi-
4 tates, aristae sunt. Aristae autem coniunctae in spica prodeunt,
sed crescendo paulisper, a se hirsutae et rigidae disiunguntur.
Sic nimirum sic ad huius mundi gloriam praui diuites surgunt.
Naturae enim sibi communione coniuncti sunt, sed contra se
8 uicissim crescendo diuiduntur. Alius quippe alium despicit, et
alter in alterum inuidiae facibus ignescit. Qui ergo ex tumore
mentis a caritatis unitate separantur, quasi aristarum more contra se rigidi stant. Quid ergo prauos huius mundi diuites dix-
12 erim nisi aristas quasdam generis humani ? Qui dum contra se
superbiunt, sed bonorum uitam unanimiter affligunt, aduersum
se quidem diuisi sunt, sed tamen concorditer grana deorsum
premunt.
16 Nunc igitur aristae ad alta prosiliunt, grana latent, quia et

---

[IV] **3/29** *CC* XVII, x, 1/27 ; μ 539/540.

---

28 Gen. 18, 27.   [IV] **3** Iob 24, 24.

---

37 sequentis] ergo *praem.* P_1 | hoc] in loco *add.* P_1 **39** solum] solis P_1 [IV] **10**
separantur] se separant P_1 **16** prosiliunt] proficiunt P_1

reproborum potentia eminet et electorum gloria non apparet. Illi se honorum fastibus ostendunt, isti se in humilitate deprimunt. Sed triturae tempus adueniet quod et aristarum 20 rigiditatem frangat, et solida grana non conterat. Tunc quippe superbia iniquorum comminuitur, tunc electorum uita quanta integritate fulgeat declaratur, quia cum iniusti deficiunt, ex hac ipsa aristarum contritione agitur ut grana appareant quae 24 latebant. Cumque aristae franguntur, granorum candor ostenditur, quia iniquis in supplicia aeterna cadentibus, sanctorum iustitia quanta ueritate candeat demonstratur. Vnde recte quoque per Ioannem dicitur : *Cuius uentilabrum in manu sua* 28 *est, et permundabit aream suam ; et triticum quidem recondet in horreo, paleas autem comburet igni inexstinguibili.*

CAPITVLVM V

QVOD NON SVNT DILIGENDA TEMPORALIA NEQVE IN EIS FIDVCIA PONENDA QVAE AD
VSVM, NON AD DELECTATIONEM, SVNT HABENDA

De creatore desperat qui spem in creatura ponit. In rebus 4 dubiis spem fixerat diues ille qui dicebat : *Anima, habes multa bona posita in annos plurimos ; requiesce, comede, bibe, epulare.* Sed hunc superna uox increpat, dicens : *Stulte, hac nocte animam tuam repetunt a te ; quae autem parasti, cuius erunt ?* 8 Eadem enim nocte sublatus est, qui in rerum sibi abundantia multa tempora fuerat praestolatus, ut scilicet qui in longum sibi subsidia colligendo prospiceret, subsequentem diem uel unum minime uideret. Quasi in aquis enim defluentibus funda-12 mentum ponere est in rebus labentibus spei fiduciam uelle solidare. Stante enim in perpetuum Deo, transeunt omnia. Quid ergo nisi a stante fugere, est transeuntibus rebus inhaerere ? Quis namque umquam decurrentium fluminum tumidis uerti-

---

[V] **3/32** *CC* XXII, ii, 6/36 ; μ 698.

27/29 Matth. 3, 12.   [V] **4/6,6/7** Luc. 12, 19/20.

---

18 in] *om.* P_1 **20** rigiditate L_1 **27** quoque] *om.* P_1 **29** horreo] suo *add.* P_1 [V]
3 rebus] autem *add.* P_1 **5** reposita P_1 **9** sibi qui in longum P_1 | colligenda P_1 **11**
enim in aquis P_1 **12** labentibus] latentibus L_1

16 cibus raptus manere ipse fixus potuit, deorsum unda
defluente ? Quisquis ergo defluere deuitat, superest ut quod
defluit fugiat, ne per hoc quod amat in hoc cogatur peruenire
quod uitat. Qui enim rebus labentibus inhaeret, illo uidelicet
20 trahitur, quo tendit quod tenet. Prius itaque curandum est ne
quisque temporalia diligat, ac deinde ne in eisdem temporalibus quae non ad delectationem sibi, sed ad usum retinet,
fiduciam ponat, quoniam coniunctus decurrentibus mox statum
24 suum animus perdit. Nam uitae praesentis fluctus trahit quem
leuat, et ualde demens est qui in unda uoluitur, et plantam
figere conatur. Sed sunt plerique qui etsi in rebus transeuntibus
fiduciam nequaquam ponunt, cum tamen sibimet ad usus
28 necessarios abunde adsunt, mente tacita laetantur. Qua in re
dubium non est, quia tanto quisque minus dolet quod desint
aeterna, quanto magis gaudet quod adsint temporalia ; et qui
minus dolet quod desint temporalia, certius exspectat ut adsint
32 aeterna.

CAPITVLVM VI

QVOD DIVITIAE SOMNO COMPARANTVR, DE QVIBVS DIVES MORIENS NIHIL AVFERT NISI
QVOD PAVPERIBVS EROGAVERIT

Diues cum dormierit, nihil secum auferet ; aperiet oculos
4 *suos et nihil inueniet.* Cui nimirum sententiae psalmista con-
cinens ait : *Turbati sunt omnes insipientes corde ; dormierunt*
somnum suum et nihil inuenerunt omnes uiri diuitiarum in
manibus suis. Vt enim in sua manu diuites post mortem suam
8 quicquam inueniant, eis ante mortem dicitur in quorum
manibus ponant diuitias suas : *Facite uobis amicos de mam-*
mona iniquitatis, ut cum defeceritis, recipiant uos in aeterna
tabernacula. Diues cum dormierit, nihil secum auferet. Res suas

---

[VI] **3/63** *CC* XVIII, xviii, 1/65 ; μ 568/569.

[VI] **3/4** Iob 27, 19.   **5/7** Ps. 75, 6.   **9/11.11** Luc. 16, 9 ; Iob 27, 19.

---

21 quisque] quis P_1 **24** perdet L_1 | quem] eum *praem.* P_1 **26** sed] et P_1.   [VI] **3**
auferet] *Vulg. ed.*, aufert L_1 P_1 | aperiet] *Vulg. ed.*, aperit L_1 P_1 **5** ait] dicit P_1 **7**
manu sua P_1 **8/9** diuitias suas in quorum manibus P_1 **11** auferet] *Vulg. ed.*, aufert
L_1 P_1

12 cum moreretur secum tolleret, si ad petentis uocem cum
uiueret sibi tulisset. Nam terrena omnia quae seruando amittimus, largiendo seruamus ; patrimoniumque nostrum reten-
tum perditur, manet erogatum. Diu enim cum rebus nostris
16 durare non possumus, quia aut illas moriendo deserimus, aut
illae nos uiuentes quasi deserunt pereundo. Agendum ergo
nobis est ut res absolute perituras, in non pereuntem cogamus
transire mercedem.

20 Sed mirandum ualde est quod dicitur : *Cum dormierit,*
aperiet oculos suos et nihil inueniet. Ut dormiamus quippe,
oculos claudimus et euigilantes aperimus. Sed hac in re, quia
ex anima et corpore constat homo, cum unius rei somnus dici-
24 tur, alterius uigiliae demonstrantur, quia cum corpus obdormis-
cit in morte, tunc anima euigilat in uera cognitione. Et dormit
ergo diues et oculos aperit, quia cum carne moritur, eius anima
uidere cogitur quod prouidere contempsit. Tunc profecto in
28 uera cognitione euigilat, tunc nihil esse conspicit quod tenebat.
Tunc se uacuum inuenit, qui plenum rebus prae ceteris hominibus se esse laetabatur. Dormit et nihil secum aufert, nihil
nimirum de rebus quas tenuit. Nam culpa rerum simul ducitur,
32 quamuis omnia hic, pro quibus culpa perpetrata est, relinquan-
tur. Eat ergo nunc et acceptis rebus tumeat seseque super
ceteros extollat, glorietur se habere quod proximus non habet.
Veniet quandoque tempus ut euigilet et tunc cognoscat quam
36 uacuum fuerit quod in somno tenuerat. Saepe namque contingit dormienti inopi ut se per somnium diuitem uideat atque
ex eisdem rebus animum extollat, laetetur se habere quod non
habuit iamque dedignari quaerat a quibus se dedignatum esse
40 doluit. Sed repente euigilans, euigilasse se doleat qui interim
diuitiarum imaginem uel dormiens tenebat. Gemit enim protinus sub paupertatis pondere, inopiae suae angustiis premitur ;
et eo peius quo ad tempus breuissimum, uel uacue diues fuit.
44 Sic sic nimirum huius mundi diuites sunt qui rebus acceptis
tument. Bene operari de sua abundantia nesciunt, quasi dormientes sunt diuites ; sed paupertatem suam euigilantes inueni-

---

15 nostris rebus P_1 **16** illas aut P_1 **18/19** transire cogamus P_1 **20** est ualde P_1 |
cum] dum P_1 **21** aperiet] *Vulg. ed.,* aperit $L_1 P_1$ **22** in hac re P_1 **23** homo ex anima constat et corpore P_1 **25** uigilat L_1 **27** prouideri L_1 **32** hic omnia P_1 **39**
dedignatum se esse P_1 **40** euigilans] euigilat P_1 | doleat] dolet P_1 **43** breuissimum]
-iss- *in marg.* L_1 **44** sunt diuites P_1

unt, quia nihil secum ad illud iudicium quod permanet ferunt,
48 et quanto nunc ad breue tempus sublimius elati sunt, tanto
contra se in perpetuum grauius ingemiscunt. Dicat ergo :
Aperiet oculos suos et nihil inueniet ; quia illic aperit ad supplicia, quos ad misericordiam hic clausos tenebat. Aperit oculos et
52 pietatis fructum non inuenit, quos hic clausos tenuit cum
inuenit. Tarde quoque illi oculos aperiunt qui teste Sapientia,
damnationis suae tempore dicturi referuntur : *Quid nobis pro-*
fuit superbia, et diuitiarum iactantia quid contulit nobis ?
56 *Transierunt omnia illa tamquam umbra, et tamquam nuntius*
percurrens. Vilia et fugitiua fuisse quae tenuerant, iam amissa
cognoscunt, quae quamdiu aderant stultis eorum cordibus
magna et mansura uidebantur. Sero diues aperuit oculos,
60 quando Lazarum requiescentem uidit, quem iacentem ante
ianuam uidere contempsit. Intellexit ibi quod hic facere noluit ;
in damnatione sua cognoscere compulsus est quid fuit quod
perdidit, quando indigentem proximum non agnouit.

CAPITVLVM VII

QVAM STVLTVM SIT DIVITIAS ET GLORIAM QVAERERE, CVM DIVITES ET GLORIOSI
MORIANTVR ET PVTRESCANT

Memoria uestra comparabitur cineri. Omnes qui cogitatione
4 terrena huic saeculo conformantur per omne quod agunt huic
mundo relinquere sui memoriam conantur. Alii bellorum
titulis, alii altis aedificiorum moenibus, alii disertis doctri-
narum saecularium libris instanter elaborant, sibique memoriae
8 nomen aedificant. Sed cum ipsa ad finem celerius uita percurrat, quid in ea fixum stabit quando et ipsa celeriter mobilis pertransit ? Aura etenim cinerem rapit, sicut scriptum est : *Non*
sic impii, non sic sed tamquam puluis, quem proicit uentus a
12 *facie terrae.* Recte ergo stultorum memoria cineri comparatur,

---

[VII] **3/19** *CC* XI, xxx, 1/18 ; *µ* 381.

54/57 Sap. 5, 8/9.   **59/61** cfr Luc. 16, 23.   [VII] **3** Iob 13, 12.   **10/12** Ps. 1, 4.

---

50 aperiet] *Vulg. ed.*, aperit L_1 P_1 **51** hic clausos ad misericordiam P_1 **53** inuenit]
uiueret P_1 **56** illa omnia P_1 **62** est] *om.* P_1 [VII] **8** celerius ad finem P_1

quia illic ponitur, ubi ab aura rapiatur. Quantumlibet etenim quisque pro perficienda gloria sui nominis elaboret, memoriam suam quasi cinerem posuit, quia hanc citius uentus mortalitatis
16 rapit. Quod contra de iusto scriptum est : *In memoria aeterna erit iustus.* Eo ipso enim, quo facta sua solius Dei oculis imprimit, nomen suae memoriae in aeternitatem figit.

Sequitur : *Et redigentur in lutum ceruices uestrae.* Sicut per
20 oculum uisus, sic per ceruicem solet superbia designari. Ceruix itaque in lutum redigitur, cum superbus quisque humiliatur in morte, et elata caro tabescit in putredine. Intueamur enim qualia in sepulcris iaceant diuitum cadauera, quae illa exstincta
24 carne sit imago mortis, quae tabes corruptionis. Et certe ipsi erant qui extollebantur honoribus, habitis rebus tumebant, despiciebant ceteros et quasi solos se esse gaudebant ; et dum non perpenderent quo tendebant, nesciebant quid erant. Sed in
28 lutum ceruix redacta est, quia despecti iacent in putredine qui tumebant in uanitate. In lutum ceruix redigitur, quia quantum carnis potentia ualeat, tabes corruptionis probat.

CAPITVLVM VIII

QVOD DIVITES QVI IN MVLTIPLICANDIS DIVITIIS LABORANT REPENTE AD AETERNAM
POENAM RAPIVNTVR

Et tabernaculum impiorum non subsistet. Tabernaculum
4 construitur ut ab aestu corpus et frigore defendatur. Tabernaculi ergo nomine aedificatio terrenae felicitatis exprimitur per quam super se reprobi casura multiplicant, ut se a praesentis uitae necessitatibus quasi ab aestu et imbribus defendant.
8 Honoribus namque excrescere ambiunt ne despecti uideantur. Terrena aggregando exaggerant ne inopiae frigore tabescant.

19/30 *CC ibid.*, xxxi, 1/13 ; μ 381.   [VIII] **3/52** *CC* VIII, LIV, 1/20, 39/70 ; μ 286/288.

16/17 Ps. 111, 7.   **19** Iob 13, 13.   [VIII] **3** Iob 8, 22.

---

17 dei solius P_1 **23** iacent P_1 | illa] ex *praem.* P_1 | extincta] in *praem. ed.* μ **24** sit] est P_1 [VIII] **1** in] *om.* P_1 **4** construitur] quippe *praem.* P_1 **4/5** tabernaculi *usque* edificatio] quid itaque hoc loco tabernaculi nomine nisi edificatio P_1

Contemnunt curare quod sequitur et tota intentione satagunt
ne quid in praesentibus desit. Student nomen dilatare ne
12 lateant ; et si cuncta ad desiderium suppetant, munitos se in
omnibus et felices putant. Vbi ergo mentis habitationem construunt, ibi procul dubio tabernacula fixerunt. Aduersa
impatienter perferunt, remisse in prosperis laetantur. Sola quae
16 adsunt cogitant nec ad affectum caelestis patriae ulla recorda-
tione respirant. Gaudent sibi suppetere bona quae cupiunt ;
atque ubi carne requiescunt ibi et mentem exstinguendo sepeliunt quia, saecularis curae telo trucidati, terrenarum rerum
20 aggerem quem foris exquirendo multiplicant, hunc semper
interius per cogitationem portant.
   Et quanto longius ab aeternae patriae hereditate diuisi sunt,
tanto in terra altius fundamenta cogitationis figunt. Hinc est
24 quod ab ipso humanae conditionis exordio, in electa prole
Enoch septimus nascitur. Hinc est quod Cain primum filium
suum Enoch uocat atque ex eius nomine ciuitatem quam condidit appellat. Enoch quippe dedicatio dicitur. Iniqui ergo se in
28 primordiis dedicant quia in hac uita quae ante est, cordis radicem plantant ut hic ad uotum floreant, et a sequenti patria funditus arescant. Iustis uero Enoch septimus oritur quia eorum
uitae festa dedicatio in fine seruatur. Hinc est quod attestante
32 Paulo, Abraham in casulis habitat, quia habentem fundamenta
ciuitatem quam supernus artifex construxit, exspectat. Hinc est
quod Iacob greges ouium sequens humiliter graditur, atque huic
Esau obuiam ueniens tumultu multiplicis comitatus eleuatur,
36 quia nimirum et electi hic elationem non habent et in bonis
carnis reprobi laeti tument. Hinc ad Israel Dominus dicit : *Si
elegeris unum de populo terrae et constitueris principem super
te, non faciet sibi equos et equites.* Et tamen primus rex ab
40 eodem populo electus, repente ut culmen potestatis attigit, tria
milia sibimet equites elegit, in elationem protinus prodiit, ad
aedificationem percepti culminis erupit, quia foris restringi sub
aequalitate non poterat quod intus animus super ceteros tume-

---

23/25 cfr Gen. 5, 3/18.   25/27 cfr Gen. 4, 17.   31/33 cfr Hebr. 11, 9/10.   33/37 cfr
Gen 32, 13 ss. ; 33,4 ss.   37/39 cfr Deut. 17, 15/16.   39/44 cfr I Reg. 13, 2.

---

12 suppetunt P_1 16 effectum P_1 23 altius in terra P_1 26 suum] *om.* P_1 28 quia]
qui P_1 35 multiplici P_1 38 principem] *ed., om.* L_1 P_1 40 attigerat P_1 41 si-
bimet] sibi P_1

44 bat. Quasi munitum sibi diues ille tabernaculum construxerat
qui dicebat : *Anima, habes multa bona reposita in annos pluri-*
mos ; requiesce, comede et bibe, et epulare. Sed quia eius tabernaculum in ueritatis fundamento non subsistit, ilico audiuit :
48 *Stulte, hac nocte repetunt animam tuam abs te ; quae prae-*
parasti, cuius erunt ? Bene ergo dicitur : *Tabernaculum*
impiorum non subsistet, quia uitae fugientis amatores dum studiose se in praesentibus construunt, repente ad aeternam
52 poenam rapiuntur.

CAPITVLVM IX

DE HIS QVI QVAERVNT DIVITIAS ET GLORIANTVR IN TERRENIS
QVOMODO IN FINE DISSIPANTVR

Qui timent pruinam, irruet super eos nix. Pruina inferius
4 congelascit, nix autem de superioribus ruit. Et saepe nonnulli
dum temporalia aduersa pertimescunt districtioni aeternae
animaduersionis se obiciunt. De quibus bene per psalmistam
dicitur : *Illic trepidauerunt timore, ubi non erat timor.* Iste
8 namque ueritatem iam libere defendere appetit, sed tamen in
ipso suo appetitu trepidus indignationem potestatis humanae
pertimescit ; cumque in terra hominem contra ueritatem pauet,
eiusdem ueritatis iram caelitus sustinet. Ille peccatorum
12 suorum conscius, ea quae possidet indigentibus iam largiri
desiderat, sed tamen ne datis rebus egeat ipse formidat.
Cumque carnis subsidia reseruando trepidus praeparat, ab
alimentis misericordiae animam necat ; et cum pati in terra
16 inopiam metuit, aeternam sibi abundantiam supernae refectionis abscidit. Recte ergo dicitur : *Qui timent pruinam, irruet*
super eos nix, quia qui conculcanda ab infimis metuunt a
summis metuenda patiuntur ; et cum transire nolunt quod cal-

[IX] **3/25** *CC* VII, XXVI, 1/23 ; μ 225.

45/46 Luc. 12, 19. **48/49** Luc. 12, 20. [IX] **3** Iob 6, 16. **7** Ps. 13, 5.

---

48 hac] ac L_1 **51** eterna P_1 **52** penam] *om.* P_1 [IX] **3** timet P_1 | eum P_1 **5** dis-
trictioni] *ed.* μ, districtionis L_1 P_1 **6** se] *om.* P_1 | abiciunt P_1 **14** carni P_1 **17**
timet P_1 **18** eum P_1

20 care poterant, iudicium de supernis excipiunt quod tolerare
nequaquam possunt. Sed haec agentes, mundi gloriam temporaliter obtinent. Quid autem tempore uocationis suae facturi sunt
cum cuncta simul pauidi deserunt quae hic cum graui timore
24 seruauerunt ?
Vnde et apte subditur : *Tempore quo fuerint dissipati peri-*
bunt. Quos enim praesentis uitae sollicitudo ordinat, amissio
dissipat ; et tunc etiam exterius pereunt qui intus dudum
28 aeterna neglegendo perierunt. De quibus recte additur : *Et ut*
incaluerint, soluentur de loco suo. Iniquus etenim quisque cum
incaluerit de loco suo soluitur, quia iudicio intimae districtionis
appropinquans, cum iam per cognitionem poenae feruere coe-
32 perit, ab ea cui dudum inhaeserat, carnis suae delectatione
separatur. Hinc est enim quod per prophetam contra reprobos
dicitur : *Et tantummodo sola uexatio intellectum dabit auditui,*
quia uidelicet aeterna non intellegunt, nisi cum pro tem-
36 poralibus iam sine emendatione puniuntur. Tunc mens aestuat
et infructuosae paenitentiae se ignibus inflammat, duci ad supplicium timet, praesentem uitam ex desiderio retinet, sed de
loco suo soluitur, quia oblectamenta carnis deserens, eius duri-
40 tia per supplicium liquatur.

CAPITVLVM X

QVAE SIT CONSOLATIO DIVITVM IN PRAESENTI QVI TAMEN NVLLAM
HABENT IN FVTVRO

Oculi autem impiorum deficient et effugium peribit ab eis.
4 Oculi autem impiorum sunt intentiones in eis carnalium
desideriorum. Qui idcirco deficiunt quia aeterna neglegunt, et
sola semper transitoria praestolantur. Adipisci quippe terrenam
gloriam cogitant, multiplicari rebus temporalibus exoptant, ad

---

25/40 *CC ibid.*, xxvii, 1/16 ; μ 225/226.   [X] 3/34 *CC* X, xxiii, 1/2, 8/38 ; μ
357/358.

25/26.28/29 Iob 6, 17.   34 Is. 28, 19.   [X] 3 Iob 11, 20.

---

30 districtionis iudicio intime P_1 33/34 contra reprobos dicitur] dicitur de reprobis
P_1 35 intellegit P_1 36 punitur P_1 39 quia] qui P_1 [X] 3 autem] ergo P_1

8   mortem cotidie cursu rerum labentium tendunt, sed cogitare
    mortalia mortaliter nesciunt. Carnis uita per momenta deficit
    et tamen carnale desiderium crescit. Res habita instanti fine
    corrumpitur, et habendi anxietas non finitur. Sed cum mors
12 impios subtrahit, eorum profecto desideria cum uita terminan-
    tur. Quorum scilicet oculi tunc superna ultione deficiunt, quia
    suo hic iudicio a terrena deficere dilectione noluerunt. Hos ocu-
    los illorum a iucunditate pristina claudi psalmista circum-
16 spexerat, cum dicebat : *In illa die peribunt omnes cogitationes
    eorum* ; quia et aeterna mala numquam cogitata reperiunt et
    subito amittunt bona temporalia quae diu tractata tenuerunt. A
    quibus omne effugium perit, quia eorum malitia ab animaduer-
20 sione districti iudicis quo se ualeat occultare non inuenit. Nam
    nunc iniqui cum tristitia aliqua uel aduersa patiuntur, effugii
    latebras inueniunt quia ad uoluptatem protinus desideriorum
    carnalium recurrunt. Ne enim paupertas cruciet, · diuitiis
24 animum demulcent. Ne despectus proximorum deprimat sese
    dignitatibus exaltant. Si fastidio corpus atteritur, antepositis
    epularum diuersitatibus nutritur. Si quo animus maestitiae
    impulsu deicitur, mox per interposita iocorum blandimenta
28 releuatur. Tot hic ergo habent effugia, quot sibi praeparant
    delectamenta. Sed quandoque eis effugium perit, quando eorum
    mens, amissis omnibus, solummodo se et iudicem conspicit.
    Tunc uoluptas subtrahitur, sed uoluptatis culpa seruatur et
32 repente miseri pereundo discunt quia peritura tenuerunt. Qui
    tamen quousque corporaliter uiuunt quaerere nocitura non
    desinunt.
        Cum autem mentis taedio affecti sunt, huius saeculi diuites
36 solent bona temporalia accepta conspicere et tristitiam delinire.
    Cum enim maerore quodam tangi se sentiunt, equos aspiciunt,
    auri argentique sui metalla contemplantur, praedia circumeunt.
    Cumque per haec temporalia oculos libenter trahunt, obortum

---

35/41 *CC* XVIII, XLI, 29/35 ; μ 587.

16/17 Ps. 145, 4.

---

8 cursum P_1 **10** instante P_1 **14** delectatione P_1 **15/16** conspexerat P_1 **16** die
illa P_1 **19** omne] et *praem.* P_1 **25** exultant L_1 **28** ergo hic P_1 **29** quando] quia
P_1 **30** se solummodo P_1 **31** uoluptatis] uoluptatibus L_1 **36** tristitia P_1

40 animae maerorem uincunt. Vnde eis in euangelio Veritas dicit :
    Vae uobis diuitibus, qui habetis consolationem uestram.

CAPITVLVM XI

DE MVLTIPLICI PROSPERITATE DIVITVM QUAE IN PVNCTO AD INFERNA DEDVCITVR

Plerique diuites diuitiis subleuantur et cum esse potentes
incipiunt, diu etiam in hac uita subsistere permittuntur. Et
4 quos substantia eleuat in fastu suae potentiae dierum longitudo
confortat. Cumque honoribus subleuati et diuitiis confortati fuerint, cum magno patrimonio dantur eis heredes ; et ne qua
mentem intestina cogitatio exurat et tranquillitatis gaudia
8 domestica rixa transuerberet, securitas eis praestatur, et dum
uirga eos supernae disciplinae non percutit, tanto amplius in
culpa proficiunt, quanto minus ex culpa feriuntur.
In agris quoque prosperitas eis arridet, sicut scriptum est :
12 *Bos eorum concepit et non abortiuit ; uacca peperit, et non est*
priuata fetu suo. Vulgari usu bos masculus et uacca femina
uocatur, sed litteraturae locutio bouem communis generis
appellat. Vnde nunc dicitur : *Bos eorum concepit et non abor-*
16 *tiuit ; uacca peperit, et non est priuata fetu suo.* Ac si diceret :
Grex eorum concipit, et quod conceptum est ad partum uenit,
et quod partum est per nutrimenta ad prouectum producitur.
Ad fecunditatem quoque gregum fecunditas familiae subro-
20 gatur. Vnde et dicitur : *Egrediuntur quasi greges paruuli eorum.*
Et cum domini honoribus et rebus tument, subiecti eorum in

[XI] **2/6** *CC* XV, xxxix, 4/7, 9 ; μ 486. **6/8** *CC ibid.*, xL, 2/3, 11/12 ; μ
487. **8/20** *CC ibid.*, xLi, 2, 4/17, 22/24 ; μ 487. **20/25** *CC ibid.*, xLii, 1, 9/10, 2,
8/9, 14 ; μ 487.

---

41 Luc. 6, 24.   [XI] **12/13** Iob 21, 10.   **20.22/24.25/26** Iob 21, 11/13.

---

41 habetis] hic *add.* L_1 [XI] **3** diu] diuites P_1 **4** fastus P_1 **6** et] ac P_1 **7** men-
tem] ne *add.* L_1 | cogitatio intestina P_1 *ante corr.*   **8** transuerberat L_1 **13/14** uulgari
usque uocatur] uulgaris locutio est ut bouem masculum et uaccam feminam uocet
P_1 **19** gregum] mox *add.* P_1 **20** unde et] cum P_1 **21/22** et cum *usque* gaudent] et
infantes eorum exultant lusibus . ut sicut maiora ad habendum concessa sunt ita multi
germinent ad custodiendum . sed quia dixit exultant lusibus ipsum quoque infantium
lusum in domo iniquorum ne uilem ualde esse crederemus P_1

actibus ludicris gaudent. Vnde et sequitur : *Infantes eorum ex-*
sultant lusibus. Tenent tympanum et citharam et gaudent ad
24 *sonitum organi.* Sed tantam eorum uoluptatem quid sequitur
audiamus : *Ducunt in bonis dies suos et in puncto ad inferna*
descendunt. Omnis longitudo temporis uitae praesentis punctus
esse cognoscitur, cum fine terminatur. Cum enim ad extremum
28 quisque perducitur, de praeterito iam nihil tenet quia tempora
cuncta delapsa sunt ; in futuro nil habet quia unius horae
momenta non restant. Vita ergo quae sic angustari potuit
punctus fuit.
32   Vnde bene de eis scriptum est : *Subito morientur, et in*
media nocte curuabuntur populi, et pertransibunt. Quamlibet
sero de hac uita tollantur iniqui, subito et repente tolluntur,
quia finem suum cogitando praeuidere nesciunt. Subito diues
36 ille raptus est qui horrea quae praeparabat deseruit, et inferni
locum quem non praeuidebat inuenit. Vnde ei propter hanc
ignorantiam caecitatis suae bene dicitur : Hac nocte animam
tuum repetunt a te. In nocte quippe ablata est quae in obscuri-
40 tate cordis amissa, quae pati potuit praeuidere nolebat. Vnde
bene discipulis futura cogitantibus Paulus apostolus dicit : *Vos*
autem, fratres, non estis in tenebris, ut uos dies illa tamquam
fur comprehendat. Omnes enim uos filii lucis estis, et filii diei ;
44 *non sumus noctis neque tenebrarum.* Dies enim exitus tamquam fur in nocte comprehendit, quando stultorum animas
futura non praeuidentes eicit. Vnde hic quoque apte subiungitur : *Et in media nocte curuabuntur populi, et pertransibunt.* In
48 media enim nocte curuati pertranseunt, qui in obscuritate suae
neglegentiae humiliati rapiuntur.

25/31 *CC ibid.*, xliii, 1/2, 4/9 ; μ 487/488. **32/49** *CC* XXV, iii, 1/4, 5/7, 11/24 ; μ
788.

32/33 Iob 34, 20. **38/39** Luc. 12, 20. **41/44** I Thess. 5, 4/5.

22/23 unde *usque* lusibus] subiungens ait P_1 | exultant] gaudent L_1 **28** nil P_1 **33** cu-
rabuntur L_1 **35** nesciunt] subitum est quod ante cogitari non potuit *add.* P_1 **36**
raptus] sublatus P_1, tultus *ed.* μ **38** bene] per diuinam sententiam *add.* P_1 **39/40**
que *usque* nolebat] que considerationis lucem habere noluit ut quod poterat pati
preuideret P_1 **42** in tenebris non estis L_1 **42/43** ut *usque* comprehendat] *om.* P_1 |
tamquam] quasi L_1 | enim] autem L_1 **43** dei] L_1 P_1 **44/45** tamquam] sicut P_1 **48**
enim] autem P_1

CAPITVLVM XII

DE INOPIA DIVITVM MISERABILI POST MORTEM

Apprehendet eum quasi aqua inopia, nocte opprimet eum tempestas. Videamus nunc inopiam ardentis diuitis cuius tanta
4 abundantia fuit epulantis. Ait enim : *Pater Abraham, miserere mei et mitte Lazarum, ut intingat extremum digiti sui in aquam et refrigeret linguam meam quia crucior in hac flamma.* Quibus uerbis non hoc nobis innotescitur, quia illic in tanto
8 ardore una tunc ad sufficientiam refrigerii aquae stilla requiratur ; sed quod is qui de abundantia peccauerit, illic aestuante nimis cremetur inopia. Videmus enim in uerbis diuitis ex subtilissimo Dei iudicio quam digna tali culpae poena respon-
12 dit. Agente namque inopia, illic usque ad minima petenda compulsus est, quia hic agente tenacia, usque ad minima neganda peruenit. Quid retribui subtilius, quid districtius potest ? Guttam aquae petiit qui micas panis negauit.
16 Apprehendit eum quasi aqua inopia. Non immerito aquae tunc illa inopia comparatur, quae in inferno cruciat qui susceptos in profundis absorbens, solet lacus nomine designari. Vnde per prophetam quoque humani generis uoce dicitur :
20 *Lapsa est in lacum uita mea.* De ereptorum uero exsultatione cantatur : *Domine Deus meus, clamaui ad te et sanasti me ; Domine, abstraxisti ab inferis animam meam, saluasti me a descendentibus in lacum.*
24 *Nocte opprimet eum tempestas.* Quid hic noctem, nisi absconditum tempus repentini exitus appellat ? Tempestatis uero nomine, iudicii turbinem designat. Quod etiam psalmista testatur, dicens : *Deus manifeste ueniet, Deus noster et non sile-*
28 *bit ; ignis in conspectu eius exardescet et in circuitu eius*

[XII] **2/45** *CC* XVIII, xix, 1/42, 49/51 ; μ 569/570.

[XII] **2/3** Iob 27, 20. **4/6** Luc. 16, 24. **20** Thren. 3, 53. **21/23** Ps. 29, 3/4. **27/29** Ps. 49, 3.

[XII] **9** estuante] *ed.* μ, estuanti L_1 P_1 **11/12** responderit P_1 **13** ad] *om.* L_1 **16** apprehendet L_1 P_1 **17** qui] que P_1 **20** de] *om.* P_1

tempestas ualida. De qua tempestate Sapientia per Salomonem dicit : *Ego quoque in interitu uestro ridebo et subsannabo, cum uobis quod timebatis aduenerit, cum irruerit repentina calami-*
32 *tas, et interitus quasi tempestas ingruerit.* Et quia ipsa uenturi exitus ignorantia nox uocatur, nocte opprimit eum tempestas, id est, turbo eum diuini iudicii dum ignorat apprehendit. Hinc est namque quod per semetipsam Veritas dicit : *Si sciret pater-*
36 *familias qua hora fur ueniret, uigilaret utique et non sineret per-fodi domum suam. Et uos estote parati, quia qua hora non putatis filius hominis ueniet.* Hinc etiam contra malum seruum dicitur : *Si autem dixerit malus seruus ille in corde suo :*
40 *Moram facit dominus meus uenire et coeperit percutere con-seruos suos ; manducet autem et bibat cum ebriis ; ueniet domi-nus serui illius in die qua non sperat et hora qua ignorat.* Ait ergo : *Nocte opprimet eum tempestas.* Quia enim non uult agere
44 bona quae uidet, deprehenditur interitus sui tempestate quam non uidet.

CAPITVLVM XIII

QVOD DIVITES DIABOLVM VOLVPTATIBVS SVIS PASCVNT

Huic montes herbas ferunt. Per montes saecularium potesta-tum tumor exprimitur, de quibus psalmista ait : *Montes sicut*
4 *cera fluxerunt a facie Domini,* quia multi qui prius alta rigidi-tate tumuerant, Deo in carne apparente, magno sunt per paeni-tentiam timore liquefacti. Vel sicut idem propheta iterum dicit : *Ascendunt montes, et descendunt campi.* Plerique enim
8 persecutores Domini superbi contra eum ueniunt, sed ab eo humiles reuertuntur. Qui montes ascendunt per tumorem potentiae, sed campi descendunt, plani uidelicet facti per cogni-

---

[XIII] **2/38** *CC* XXXIII, ɪ, 1, 37/74 ; μ 1075.

30/32 Prou. 1, 26/27.   **35/38** Luc. 12, 39/40.   **39/42** Matth. 24, 48/50.   [XIII] 2
Iob 40, 15.   **3/4** Ps. 96, 5.   7 Ps. 103, 8.

---

29 tempestate] etiam *add.* P_1 **33** opprimet L_1 P_1 **34** diuini eum P_1 **39** seruus malus L_1 **40/41** conseruos] seruos P_1 [XIII] **5/6** penitentiam] potentiam L_1 **6** isdem L_1

tionem culpae.

12   Sed quia nonnulli in elationis suae altitudine remanent, et
ad diuina obsequia flecti humiliter dedignantur, pro eo quod
iuxta desiderium antiqui hostis praua cogitare ac perpetrare
non desinunt, recte hoc loco de Behemoth dicitur : *Huic*
16   *montes herbas ferunt.* Elati namque saeculi huic Behemoth herbas ferunt, quia ex eo illum reficiunt quod nequiter operantur.
Huic Behemoth herbas ferunt, quia suas illi offerunt fluxas et
lubricas uoluptates. *Erunt enim,* ait apostolus, *homines seipsos*
20   *amantes.* Quorum descriptionem complexus est, dicens :
Voluptatum amatores magis quam Dei. Quae est ergo herba
montium, nisi uoluptas fluxa, quae ex corde gignitur superborum ? Qui nisi Deum superbiendo contemnerent, nequa-
24   quam tot lubrica lasciuiendo perpetrarent. Quibus nimirum
herbis iste Behemoth pascitur, quia in eis poenam aeternae
mortis esuriens, eorum perditis moribus satiatur. Superbi enim
diuites huius saeculi, etsi quando supernae dispensationis
28   ordine praepediti, ab expletione prauorum operum cessant,
praua tamen ex cogitatione multiplicant ; modo ut se potentiores ceteris rebus et honoribus ostendant ; modo ut eamdem
suam potentiam in studio alienae laesionis exerceant ; modo ut
32   lubricis motibus ducti, per facta se leuia uoluptatesque dissoluant. Qui dum rebus diuinitus acceptis nequaquam recta, sed
praua semper agere cogitant, quid aliud faciunt, nisi suis contra
Dominum donis pugnant ? Quia igitur Behemoth iste in super-
36   borum diuitum mentibus sua semper desideria recognoscit,
quasi herbas in montibus inuenit, quibus refectus suae malitiae
uentrem tendit.

Bene autem subditur : *Omnes bestiae agri ludent ibi.* Quid
40   per bestias nisi immundi spiritus, quid per agrum nisi praesens
saeculum designatur ? Vnde de ipso malignorum spirituum
principe contra Ephraim dicitur : *Bestia agri scindet eos.* Vel
sicut Isaias ait : *Mala bestia non transibit per eam.* Quod

39/56 CC ibid., ii, 1/18 ; μ 1076/1077.

19/20.20/21 II Tim. 3, 2.4.   39 Iob 40, 15.   42 Os. 13, 8.   43 Is. 35, 9.

17/18 ex *usque* quia] L_1 *in marg.*   25 behemoth iste P_1 27 diuites] *om.* P_1 29 ex]
in P_1 36 diuitum] *om.* P_1 40 spiritus] signantur *add.* P_1 43 quod] quia P_1

44 autem agri nomine mundus accipitur, dominicus per
euangelium sermo testatur, qui ait : *Ager autem est mundus.*
Agri ergo bestiae in herbis montium ludunt, quia proiecta de
superioribus in hoc mundo daemonia prauis superborum
48 operibus delectantur. Bestiae in herbis ludunt cum reprobi spiritus humana corda in illicitas cogitationes pertrahunt.
Immundis enim spiritibus ludere est mentes hominum ad Dei
imaginem conditas, modo ficta promissione decipere, modo
52 uacuis terroribus irridere, modo eis transitoria gaudia quasi
mansura imprimere, modo mansuras poenas quasi transitorias
leuigare. Harum procul dubio bestiarum illusionem per-
timuerat, qui dicebat : *Deus meus, in te confido, non erubes-*
56 *cam ; neque irrideant me inimici mei.*

CAPITVLVM XIV

QVOD PAVPERES QVI DIVITIAS CONCVPISCVNT CORAM DEO REI SVNT SICVT
DIVITES REPROBI

Sunt nonnulli qui in hoc mundo diuitias non habent, sed
4 habere concupiscunt, elati esse appetunt ; quamuis in hoc
mundo quod cupiunt obtinere non possunt ; et cum nullis
rebus uel honoribus fulti sint, per mala tamen desideria in conspectu aeterni iudicis reos conscientia addicit. Talis etenim
8 quisque plerumque ideo affligitur, quia ditescere ac superbire
non praeualet. De quo scriptum est : *Alius uero moritur in
amaritudine animae absque ullis opibus.* Ecce unde diues
superbo corde inaniter gaudet, inde pauper alius superbo corde
12 inanius affligitur. Bene autem de utrisque subiungitur : *Et
tamen simul in puluere dormient et uermes operient eos.* In
puluere enim dormire est in terrenis desideriis oculos mentis
claudere. Vnde unicuique peccanti et in culpa sua dormienti

[XIV] **3/27** *CC* XV, LVI, 32/57 ; μ 495.

---

45 Matth. 13, 38. **55/56** Ps. 24, 2/3. [XIV] **9/10.12/13** Iob 21, 25/26.

---

45 qui ait] dicens P_1 **47** hoc mundo] hunc mundum P_1 **49** in] ad P_1 **50** im-
mundis] an non *praem.* P_1 | enim] *om.* P_1 [XIV] **9** scriptum est] et dicitur P_1 **10**
anime] sue *add.* L_1 P_1 | diues unde P_1

16 dicitur : *Surge qui dormis et exsurge a mortuis ; et illuminabit te Christus.* Vermes uero qui de carne nascuntur eos simul operiunt, quia siue diuitis, siue pauperis superbientis animum curae carnales premunt. In rebus enim terrenis pauper et diues
20 reprobus, quamuis non pari prosperitate fulciantur, pari tamen anxietate turbantur, quia quod ille iam cum metu habet, iste cum anxietate appetit ; et quia habere non ualet, dolet. Dicatur ergo : *Simul in puluere dormient et uermes operient eos,* quia
24 etsi non simul rebus temporalibus subleuantur, simul tamen in cura rerum temporalium mentis torpore sopiuntur. Simul eos uermes operiunt, quia uel istum ut concupita habeat, uel illum ne habita amittat, carnales cogitationes premunt.

CAPITVLVM XV

DE SVPERBIA ET INIQVITATE EORVM QVI DIVITIBVS ADHAERENT

Operuit faciem eius crassitudo. Visus in facie est, in qua et prima corporis honorabilior pars est. Non ergo immerito
4 mentis intentio per faciem designatur, quam quolibet uertimus, illuc uidemus. Faciem ergo crassitudo operit, cum desiderata terrenarum rerum abundantia oculos mentis premit, et hoc quod in eis esse honorabile debuit, ante Dei oculos foedat, quia
8 curis multiplicibus aggrauat. Quibus tamen non solum sufficit ut ipsi superbiant, nisi et hi qui eis coniuncti sunt de eorum pinguedine etiam ipsi glorientur. Nam sunt nonnulli qui patronis maioribus adiuncti superbiunt, et de eorum potentia
12 contra inopes extolluntur.
     Vnde adhuc subditur : *Et de lateribus eius aruina dependet.* Quia aruina pinguedo carnis est, et latera dicere diuitum solemus eos quos eis coniunctos cernimus, aruina de eius
16 lateribus dependet ; quia quisquis potenti et iniquo adhaeret,

---

[XV] **2/13** *CC* XII, xliv, 1/12 ; μ 411.   **13/21** *CC ibid.,* xlv, 1/9 ; μ 411/412.

16/17 Eph. 5, 14.   [XV] **2.13** Iob 15, 27.

---

19 diues] et *add.* L_1 **20** pari₁] pares L_1 **23** uermis operiet P_1 **25** simulque P_1 [XV] **2** in₁] quippe *praem.* P_1 **3** est pars P_1 **4** quodlibet P_1 **5** cum] quia P_1 **14** diuitum dicere P_1 **15** eos] hos P_1 **15/16** lateribus eius P_1

ipse quoque de eius potentia, uelut ex pinguedine rerum, tumet
ut patroni peruersi iniquitatem sequens, Deum non timeat,
quos ualet et quantum ualet ; pauperes affligat ; de gloria tem-
20 porali cor eleuet. Cum ergo talis est qui iniquo potenti
adhaeret, de eius profecto latere aruina dependet.

CAPITVLVM XVI

DE INORDINATO AMORE PROPINQVORVM ET QVALITER SINT DILIGENDI

Considerate semitas Theman, itinera Saba. Theman auster,
Saba rete interpretatur. Per austrum, qui afflata teporibus mem-
4 bra dissoluit, fluxa uiuendi remissio ; per rete, actionis obliga-
tio demonstratur. Qui enim dissoluta mente ea quae aeterna
sunt appetunt, ne gressu libero ad Deum pergant, ipsi se suis
inordinatis conatibus ligant ; et cum fluxis actibus implicantur,
8 quasi remansuros in retis maculis pedes ponunt.
   Sunt autem nonnulli qui cuncta quae possederant in mundo
derelinquunt, nullam praesentis uitae gloriam requirunt, sed
tamen adhuc uinculo carnalis cognationis obligati, dum amori
12 propinquitatis indiscrete deseruiunt, ad ea saepe per effectum
cognationum redeunt quae iam cum proprio despectu subegerunt. Vnde pro inordinatis affectibus propinquorum praetoria
irrumpunt, terrenarum rerum iurgiis uacant, libertatem intimae
16 quietis relinquunt et mundi in se studia iam dudum destructa
reparant.
   Qui autem districto studio aeternae sponsionis praemium
sequuntur, cum necesse sit pro Deo ut quibus ualent cunctis

[XVI] **2/79** *CC* VII, xxx, 1/9, 28/31, 32/35, 40/43, 46/47, 49/74, 79/81, 90/121 ; μ
230/232.

[XVI] **2** Iob 6, 19.

---

19 et quantum ualet] *om.* P_1 [XVI] **2** theman$_1$] thema L_1 **3** saba] autem *add.* P_1 |
per] quid hic *praem.* P_1 **4** fluxa] nisi *praem.* P_1 | per] quid *praem.* P_1 **7** et cum]
cumque P_1 | fluxis] conuersationis sue *add.* P_1 **9** in] hoc *add.* P_1 **10** derelinquunt]
semetipsos despiciunt *add.* P_1 |requirunt] ab huius mundi se actionibus separant et
pene quicquid prosperitas arriserit calcant *add.* P_1 **11** amore P_1 **12/13** affectum
cognationis P_1 | iam] et *add.* P_1 **16** derelinquunt P_1 **18** studio] et non dissolutis
gressibus *add.* P_1 **19** sequuntur] sicut semetipsos pro diuino amore despiciunt sic
cuncta quibus se sentiunt prepediri postponunt et *add.* P_1 | pro deo necesse est ut
P_1

20 deseruiant, pro Deo priuata obsequia etiam propinquis negant. Hinc est enim quod quidam cum diceret : *Permitte mihi prius ire et sepelire patrem meum* ; Veritatis ore protinus audiuit ; *Sine ut mortui sepeliant mortuos suos, tu autem uade, et*
24 *annuntia regnum Dei.* Qua in re notandum est quia electus discipulus dum a parentis sepultura compescitur, hoc deuotum quemque exhibere patri mortuo ex affectu carnali propter Dominum non licet, quod propter Dominum et exteris debet.
28 Hinc rursum Veritas dicit : *Si quis uenit ad me et non odit patrem suum, et matrem, et uxorem, et filios, et fratres, et sorores, adhuc autem et animam suam, non potest meus esse discipulus.* Quo in loco uidelicet dum propinquorum odio
32 animae quoque odium subinfertur, patenter ostenditur quia sic propinquos, sicut nosmetipsos odio habere praecipimur, ut hos ad aeterna rapientes eorumque carnalem gratiam cum praepedit postponentes, discamus temperata eos discretionis arte et
36 conuenienter diligere, et salubriter odio habere, quatenus sic sciat per amorem odium surgere, ut ualeamus eos uerius per odium amare. Hinc rursum per Moysen dicitur : *Qui dixit patri suo et matri suae : Nescio uos ; et fratribus suis : Ignoro uos ; et*
40 *nescierunt filios suos, hi custodierunt eloquium tuum et pactum tuum et seruauerunt iudicia tua.* Ille enim scire Deum familiarius appetit qui pro amore pietatis nescire desiderat quos carnaliter sciuit. Graui etenim damno scientia diuina minuitur, si
44 cum carnis notitia partitur.

Debemus autem et temporaliter his, quibus uicinius iungimur, plus ceteris prodesse, quia et flamma admotis rebus incendium porrigit, sed hoc ipsum prius ubi nascitur incendit.
48 Sic autem quisque propinquorum debet necessitatibus compati, ut tamen per compassionem non sinat uim suae intentionis impediri, ut affectus quidem mentis uiscera repleat, sed tamen ab spiritali proposito non auertat. Neque enim sancti uiri ad
52 impendenda necessaria propinquos carnis non diligunt, sed amore spiritalium ipsam in se dilectionem uincunt, quatenus

---

21/22 Matth. 8, 21.   **23/24** Luc. 9, 60.   **28/31** Luc. 14, 26.   **38/41** Deut. 33, 9/10.

---

20 inseruiant P_1 **24** quia] quod P_1 **29** et filios] *om.* P_1 **32** quoque] nostre *add.* P_1 **33** hos] nos L_1 **34** eorumque] horumque L_1 **39** uos₂] illos P_1 **42** pro amore] per amorem P_1

sic eam discretionis moderamine temperent, ut per hanc in paruo saltem ac minimo a recto itinere non declinent. Quos
56 bene nobis per significationem uaccae innuunt quae, sub arca Domini ad montana tendentes, affectu simul et rigido sensu gradiuntur. Sicut scriptum est : *Tollentes duas uaccas quae lactabant uitulos, iunxerunt ad plaustrum uitulosque earum*
60 *clauserunt domi, et posuerunt arcam Dei super plaustrum.* Et paulo post : *Ibant in directum uaccae per uiam quae ducit Bethsames et itinere uno gradiebantur, pergentes et mugientes et non declinantes neque ad dexteram, neque ad sinistram.* Ecce
64 enim reclusis domi uitulis, uaccae quae sub arca Domini ad plaustrum religantur, gemunt et pergunt, dant ab intimis mugitus et tamen ab itinere non demutant gressus. Amorem quidem per compassionem sentiunt, sed colla posterius non
68 deflectunt. Sic sic necesse est ut incedere debeant qui sacrae legis iugo suppositi, iam per internam scientiam Domini arcam portant, quatenus per hoc quod propinquorum necessitatibus condolent a coepto rectitudinis itinere non declinent. Beth-
72 sames quippe domus solis dicitur. Arca ergo Domini superposita Bethsames pergere, est cum superna scientia ad aeternae lucis habitaculum propinquare. Sed tunc uere Bethsames tendimus cum uiam rectitudinis gradientes, ad uicina erroris latera
76 nec pro affectu pignorum declinamus. Quorum nimirum gratia mentem nostram tenere debet, sed reflectere non debet, ne haec eadem mens aut si affectu non tangitur, dura sit ; aut plus tacta si inflectitur, remissa.

CAPITVLVM XVII

QVOD CONVIVIA DIVITVM SINE PECCATO CELEBRARI VIX POSSVNT ET QVOD VOLVPTAS
TINEAE COMPARATVR

Absit ne sancti Iob filios per conuiuiorum studia ingurgi-

[XVII] **3/8** *CC* II, xv, 64/70 ; μ 49.

58/63 I Reg. 6, 10/12.

---

71 a cepto] accepto L_1 | bethsamis L_1 **71/72** bethsames *usque* dicitur] *om.* P_1 **72** domini] *om.* P_1 **73** bethsamis L_1

4   tando uentri uacasse suspicemur ; sed tamen ueraciter nouimus
    quia etsi per disciplinae quisque custodiam necessitatis metas
    edendo non transit, accensa tamen mentis intentio inter
    conuiuia torpescit, et minus in quanto sit temptationum bello
8   considerat quae se per securitatem relaxat. Vnde sanctus uir
    quia celebrari conuiuia sine culpa uix posse nouerat, mittebat
    et sanctificabat filios. Et peractis diebus conuiuii, purgationem
    pro singulis adhibebat holocausti. Nouerat quippe quia magna
12 purgatione sacrificiorum diluendae sunt epulae conuiuiorum ;
    et quicquid in semetipsis filii conuiuantes inquinauerant, pater
    sacrificium immolando tergebat. Nonnulla quippe sunt uitia
    quae a conuiuiis aut separari uix possunt, aut certe nequaquam
16 possunt. Semper enim epulas comitatur uoluptas. Nam dum
    corpus in refectionis delectatione resoluitur, cor ad inane gau-
    dium relaxatur. Vnde scriptum est : *Sedit populus manducare*
    et bibere et surrexerunt ludere.
20   Paene autem semper epulas loquacitas sequitur cumque
    uenter reficitur, lingua effrenatur. Vnde recte diues apud inferos
    aquam petere describitur dicens : *Pater Abraham, miserere mei*
    et mitte Lazarum, ut intingat extremum digiti sui in aquam, et
24 *refrigeret linguam meam, quia crucior in hac flamma.* Prius
    epulatus cotidie splendide dicitur et post aquam petere in
    lingua memoratur. Quia enim ut diximus inter epulas ualde
    diffluere loquacitas solet, ex poena indicat culpam, cum eum,
28 quem epulatum cotidie splendide Veritas dixerat, in lingua plus
    ardere perhibebat. Nihil autem contra diuitem de loquacitate
    memoratur, sed dum poena in lingua dicitur, quae in conuiuio
    inter alias grauior fuerit culpa monstratur.
32   Illi autem quos infirmitatis suae delectatio sternit bene uelut
    a tinea consumi describuntur. Tinea quippe damnum facit et
    sonitum non facit ; ita iniquorum mentes, quia damna sua con-

---

8/31 *CC* I, VIII, 8/9, 4, 7/8, 9/28, 35/37 ; μ 20.   **32/43** *CC* V, XXXVIII, 78/89 ; μ
171/172.

[XVII] **18/19** Ex. 32, 6 ; I Cor. 10, 7.   **22/24** Luc. 16, 24.

[XVII] **11** per singulos μ   **19** et₁] *om.* L₁   **20** autem] *om.* P₁   **21** effrenatur]
diffrenatur P₁   **22** aquam] *om.* L₁ P₁   **23** intingat] *ed.*, intinguat L₁ P₁ | aqua P₁   **34**
quia] qui P₁

siderare neglegunt, integritatem quasi nescientes perdunt. Amit-
36 tunt namque a corde innocentiam, ab ore ueritatem, a carne
continentiam et per accessum temporis ab aetate uitam. Sed
haec se indesinenter amittere nequaquam conspiciunt, dum
toto desiderio curis temporalibus occupantur. Quasi ergo a
40 tinea consumuntur quia sine sonitu, culpae morsum tolerant
dum quanta detrimenta uitae et innocentiae patiantur,
ignorant.

Vnde et bene scriptum est : *De mane usque ad uesperam*
44 *succidentur.* A mane usque ad uesperam peccator succiditur
dum a uitae exordio usque ad terminum, iniquitatis perpetratione uulneratur. Omni namque tempore reprobi per augmentum malitiae contra se ictus ingeminant quibus succisi in pro-
48 fundum ruant. De quibus bene per psalmistam dicitur : *Viri*
sanguinum et dolosi non dimidiabunt dies suos. Dies quippe
dimidiare, est tempus uitae male in uoluptatibus ductum ad
paenitentiae lamenta diuidere, atque hoc ad bonum usum par-
52 tiendo reparare. Sed iniqui dies suos nequaquam dimidiant
quia peruersam mentem nec in extremo tempore immutant.
Quo contra bene Paulus admonet dicens : *Redimentes tempus*
quoniam dies mali sunt. Tempus quippe redimimus quando
56 anteactam uitam, quam lasciuiendo perdidimus flendo
reparamus. Stulti autem, uoluptatibus suis decepti dum quae
uident temporaliter diligunt, a semetipsis alienati non uident
ubi in aeternum ruunt.
60 Iuxta mensuram quippe uniuscuiusque peccati intellegentiae
caecitas generatur in sensibus ; et secundum quod quisque egit
exterius, in eo obstupescit quod de internis atque inuisibilibus
intellegere potuit. Vnde scriptum est : *Omnis homo qui*
64 *comederit uuam acerbam, obstupescent dentes eius.* Per dentes
interni sensus accipiuntur ; per uuam acerbam peccatum desig-

---

43/57 *CC ibid.*, xxxix, 1/15 ; μ 172.   57/59 *CC ibid.*, xl, 11/13 ; μ 172.   60/75 *CC*
XI, xxxiii, 15/20, 12/13, 20/30 ; μ 382.

43/44 Iob 4, 20.   48/49 Ps. 54, 24.   54/55 Eph. 5, 16.   63/64 Ier. 31, 30.

---

39 a] *om.* L_1 43 scriptum est] subditur P_1 44 peccator] *om.* P_1 | succiditur] suc-
cidentur P_1 45 uita L_1 | uite] sue *add.* P_1 63 unde] et recte etiam *add.* P_1 65/66
per *usque* designatur] quid namque acerba uua nisi peccatum est P_1

natur. Vua quippe acerba est fructus ante tempus. Quisquis
autem praesentis uitae delectationibus satiari desiderat quasi
68 fructus ante tempus comedere festinat. Qui igitur uuam acerbam comedit, dentes eius obstupescunt, quia qui praesentis
mundi delectatione pascitur, interni eius sensus ligantur, ut iam
spiritalia mandere, id est intellegere nequeant, quia unde in
72 exterioribus delectati sunt, inde in intimis obstupescunt. Et
dum peccato anima pascitur, panem iustitiae edere non ualet,
quoniam ligati dentes, ex peccati consuetudine, iustum quod
intus sapit edere nequaquam possunt.

---

66 uuua L_1 67 autem] enim P_1 70 delectationibus P_1 71 in] *ed.*, *om.* L_1 71/72
in exterioribus] exterius P_1

LIBER QVINTVS

DE REPROBIS

PROLOGVS

Tractatum de diuitibus, qui inter reprobos eminentiores habentur, sequitur liber quintus primae partis qui de reprobis inscriptus est ; in quo de reproborum diuersis agitur iniquita-
4 tibus qui actus suos ad illicita laxantes, uitae praesentis tempora uoluptatum lubrico dedicata in desideriis consumunt carnalibus, quibus in breui consummatis ad aeterna subito pertrahuntur supplicia.
8 Horum uotis contraria penitus sunt desideria iustorum, de quibus libro quinto partis secundae disseritur ; in quo contra reproborum insaniam remedium inuenies, si mores iustorum de quibus in eodem agitur imitari uolueris.

CAPITVLVM I

DE FORTITVDINE REPROBORVM ET DE EORVMDEM EGESTATE

Reproborum fortitudo est transitoria sine cessatione diligere, contra flagella conditoris incessabiliter perdurare, ad
4 amore rerum temporalium nec ex aduersitate quiescere, ad inanem gloriam etiam cum uitae detrimento peruenire, malitiae augmenta exquirere, bonorum uitam non solum uerbis ac moribus sed etiam gladiis impugnare, in semetipsis spem ponere,
8 iniquitatem cotidie sine ullo desiderii defectu perpetrare. Hinc propheta reprobis dicit : *Vae qui potentes estis ad bibendum*

[I] **2/19** *CC* VII, xxi, 8/15, 17/19, 22/24, 29/35 ; μ 221/222.

[I] **9/10** Is. 5, 22.

[Prol.] **5** dedicata lubrico P_1 **6/7** supplicia subito pertrahuntur P_1 **9** disseritur] describitur P_1 **11** uolueris imitari P_1 [I] **3** incessabiliter] insensibiliter P_1 *ed.* μ **5** cum] *om.* P_1 **8** perpetrare] hinc est quod electis per psalmistam dicitur . uiriliter agite et confortetur uestrum cor omnes qui speratis in domino (Ps. 30, 25) *add.* P_1

uinum et uiri fortes ad miscendam ebrietatem. Hinc psalmista
contra reprobos in passione positi uocem Redemptoris in-
12 sinuans ait : *Ecce occupauerunt animam meam, irruerunt in
me fortes.* Bene itaque reprobi fortes sunt qui ad praesentis
uitae concupiscentiam tot laboribus currunt, periculis se
audenter obiciunt, pro lucris contumelias libenter ferunt, ab
16 appetitus sui libidine nulla uicti contrarietate resiliunt, percussionibus durescunt et mala mundi tolerant pro mundo
eiusque, ut ita dixerim, gaudia quaerentes perdunt, nec tamen
haec perdendo fatigantur.
20   Vnde et fortitudo reproborum egestas eorum proprie dicitur,
quia dum replentur uitiis, uirtutum diuitiis uacuantur. Quibus
saepe euenit ut per elationis dementiam subleuati, dum nequaquam ruinae suae damna considerant, esse se etiam a bonis
24 actibus inopes non agnoscant. Vnde uoce angeli praedicatori
Laodiceae dicitur : *Dicis quod diues sum, et locupletatus, et nullius egeo ; et nescis quia tu es miser, et miserabilis, et pauper, et
caecus, et nudus.* Quasi diuitem se asserit, qui per arrogantiam
28 sanctitatis extollitur, sed pauper et caecus et nudus arguitur.
Pauper utique, quia uirtutum diuitias non habet ; caecus, quia
nec paupertatem quam patitur, uidet ; nudus, quia primam sto-
lam perdidit, sed peius, quia se nec perdidisse cognoscit. Quia
32 ergo, ut diximus, egestas reproborum est defraudatio meritorum, bene de diabolo scriptum est : *Faciem eius praecedet
egestas.* Nemo quippe cognitioni eius iungitur, nisi prius uirtutum diuitiis denudetur. Prius etiam bonas cogitationes subtra-
36 hit, et tunc eis apertiorem notitiam suae iniquitatis infundit.

20/44 *CC* XXXIV, iii, 29/46, 51/59 ; μ 1118.

12/13 Ps. 58, 4.   **25/27** Apoc. 3, 17.   **33/34** Iob. 41, 13.

---

10 fortes uiri P_1 *ante corr.* | ebrietatem] hinc per salomonem dicitur quod sancti
quique sine ulla debilitate desiderii internam requiem contemplantur . en lectulum
salomonis sexaginta fortes ambiunt ex fortissimis israel (Cant. 3, 7) *add.* P_1 **13**
fortes] quam bene utramque fortitudinem isaias complexus ait . qui confidunt in domino mutabunt fortitudinem (Is. 40, 31) . qui enim nequaquam sument sed mutabunt
dixit profecto patenter innotuit aliam esse que ponitur et aliam que incohatur *add.* P_1
| bene itaque] an non etiam P_1 **16** uicti] *om.* L_1 **28** et,] *om.* P_1 **31** nec se P_1 **33**
bene *usque* est] recte de leuiathan dicitur P_1 **34** prius] *om.* P_1 **35** etiam] enim P_1 |
cogitationes bonas P_1 **36** eis] ei L_1

Faciem ergo eius egestas praeire perhibetur, ac si aperte dicatur, quia cum insidians temptat, priusquam uideatur spoliat. Hinc est quod de Ephraim per prophetam dicitur : *Comederunt*
40 *alieni robur eius, et ipse ignorauit.* Alieni quippe intellegi apostatae spiritus solent, qui robur comedunt, cum uirtutem mentis peruertendo consumunt. Quod Ephraim et pertulit, et nesciuit, quia in temptatione malignorum spirituum et robur animi per-
44 didit, et hoc ipsum quia perdiderit non intellexit.

CAPITVLVM II

QVOD HI QVI IN PECCATA SE DEICIVNT DIFFICILE RESVRGVNT ET CVM PECCARE
CONSVEVERINT AD PECCANDVM MAGIS ACCENDVNTVR

Immisit in rete pedes suos, et in maculis eius ambulat. Qui
4 pedes in rete mittit, non cum uoluerit eicit, sic qui in peccatis se deicit non mox ut uoluerit surgit ; et qui in maculis retis ambulat, gressus suos ambulando implicat ; et cum expedire ad ambulandum nititur, ne ambulet obligatur. Saepe namque con-
8 tingit ut quis, huius mundi delectatione persuasus, in eo ad honoris gloriam pertingat, ad desideriorum suorum effectum perueniat et peruenisse se ad hoc quod expetiit laetetur. Sed quia bona mundi non habita in amore sunt et plerumque
12 habita uilescunt, percipiendo discit quam sit uile quod expetit. Vnde reuocatus ad mentem exquirit qualiter sine culpa fugiat, quod se cum culpa conspicit adeptum ; sed ipsa eum dignitas quae implicauit tenet, et sine culpis aliis fugere non ualet hoc
16 ubi non sine culpa peruenit. Immisit ergo in rete pedes suos et in maculis eius ambulat, quia cum expediri nititur, tunc ueraciter conspicit quam duris nexibus tenetur. Neque enim uere obligationem nostram cognoscimus, nisi cum euadere nitentes,
20 quasi leuare pedes conamur.

[II] **3/22** *CC* XIV, xi, 1/24 ; μ 440.

39/40 Os. 7, 9.   [II] **3** Iob 18, 8.

---

37 preire egestas P_1 | dicatur] diceret P_1 **39** est] enim *add.* P_1 **40/41** apostate spiritus intellegi P_1 **44** quia] quod P_1 [II] **4** peccata P_1 **8** delectationibus P_1 **10** se] *om.* P_1 **14** eum ipsa P_1

Vnde et hanc eamdem obligationem aperte ostendens subiungit : *Tenebitur planta illius laqueo.* Quia uidelicet stringetur
finis in peccato.

24   Et quia hostis generis humani, cum uniuscuiusque uitam in
culpa obligat, ad eius mortem anxius anhelat, recte subiungitur : *Et exardescit contra eum sitis.* Antiquus quippe noster inimicus, cum in peccato uitam illaqueat, sitit ut mortem pecca-
28   toris bibat. Quod tamen intellegi et aliter potest. Nam peruersa
mens, cum in peccatum se uenisse conspicit, quadam cogitationis superficie euadere peccati laqueos quaerit ; sed uel terrores, uel opprobria hominum timens, eligit in aeternum mori,
32   quam ad tempus aliquid aduersitatis perpeti. Vnde totum se
uitiis deserit quibus iam semel se obligatum sentit. Cuius ergo
usque ad finem uita in culpa constringitur, eius planta laqueo
tenetur. Sed quia se quo malis obligatum pensat eo de suo
36   reditu desperat, ipsa iam desperatione acrius ad huius mundi
concupiscentias aestuat, fit desideriorum feruor in mente ; et
peccatis praecedentibus irretitus animus ad maiora etiam delicta succenditur. Vnde et subditur : *Et exardescit contra eum*
40   *sitis.* In eius quippe animo contra eum sitis exardescit quia quo
agere peruersa consueuit, eo ad ebibenda mala uehementer
accenditur. Impio quippe sitire est huius mundi bona concupiscere. Vnde et Redemptor noster ante pharisaei domum hydro-
44   picum curat, et cum contra auaritiam disputaret, scriptum est :
Audiebant autem omnia haec pharisaei, qui erant auari et deri-
debant illum. Quid est ergo quod ante pharisaei domum hydropicus curatur, nisi quod per alterius aegritudinem corporis, in
48   altero exprimitur aegritudo cordis ? Hydropicus quippe quo
amplius bibit, amplius sitit, quia et omnis auarus ex potu sitim
multiplicat, qui cum ea quae appetit adeptus fuerit, ad
appetenda alia amplius anhelat. Qui enim adipiscendo plus
52   appetit, huic sitis ex potu crescit.

22/52 *CC ibid.*, xii, 1/28 ; μ 440/441.

22.26 Iob 18, 9.   45/46 Luc. 16, 14.

21/22 aperte ostendens subiungit] aperit subiungens P_1 22 illius] eius L_1 26 et]
om. L_1 P_1 | exardescit] *ed.*, -et L_1 P_1 μ   38 etiam] *om.* P_1 39 exardescit] *ed.*, -et L_1
P_1 μ   46 illum] eum P_1 | domum pharisei P_1 52 huic] huius P_1

CAPITVLVM III

QVOD PER CONSVETVDINEM PECCANDI COR REPROBORVM EXCAECATVR

Sciendum est quod aliquando prius oculus intellectus obtunditur et postmodum captus animus per exteriora desideria
4 uagatur, ut caeca mens quo ducitur nesciat et carnis suae illecebris sese libenter subdat. Aliquando uero desideria carnis prius ebulliunt, et post longum usum illiciti operis oculum cordis claudunt. Nam saepe mens recta cernit, nec tamen au-
8 dacter contra peruersa se erigit ; et renitens uincitur dum, hoc ipsum quod agit diiudicans, carnis suae delectatione superatur. Quia enim plerumque prius oculus contemplationis amittitur, et post per carnis desideria mundi huius laboribus animus
12 subiugatur, testatur Samson ab Allophylis captus qui, postquam oculos perdidit, ad molam deputatus est, quia nimirum maligni spiritus, postquam temptationum stimulis intus aciem contemplationis effodiunt, foris in circuitum laborum mittunt. Rursum
16 quia saepe et recta operatio exterius perditur, et tamen adhuc rationis lumen in corde retinetur, propheta Ieremias insinuat, qui dum Sedechiae captiuitatem narrat, ordinem captiuitatis internae denuntiat dicens : *Et occidit rex Babylonis filios*
20 *Sedechiae in Reblatha in oculis eius ; et omnes nobiles Iuda occidit rex Babylonis, oculos quoque Sedechiae eruit.* Rex quippe Babylonis est antiquus hostis, possessor intimae confusionis qui prius filios ante intuentis oculos trucidat, quia
24 saepe sic bona opera interficit ut haec se amittere qui captus est dolens cernat. Nam gemit plerumque animus ; et tamen, carnis suae delectationibus uictus, bona quae genuit amans perdit, ea quae patitur damna considerat nec tamen uirtutis brachium
28 contra regem Babylonis leuat. Sed dum uidens nequitiae per-

---

[III] **2/45** *CC* VII, xxviii, 145/190 ; μ 229/230.

[III] **12/13** cfr Iud. 16, 21. **19/21** Ier. 39, 6/7.

[III] **1** reproborum cor P_1 **5/6** prius desideria carnis P_1 **7/8** audacter] audenter P_1 **11** huius mundi P_1 **12** ab] in P_1 **15** circuitu P_1 **19** et] *om.* P_1 **21** rex babylonis] *ed. Vulg., om.* L_1 P_1

petratione percutitur, ad hoc quandoque peccati usu perducitur
ut ipso quoque rationis lumine priuetur. Vnde rex Babylonis
exstinctis prius filiis, Sedechiae oculos eruit, quia malignus spi-
32 ritus subductis prius bonis operibus, post et intellegentiae
lumen tollit. Quod bene Sedechias in Reblatha patitur. Reblatha quippe, multa haec interpretatur. Ei enim quandoque et
lumen rationis clauditur, qui prauo usu ex iniquitatis sua mul-
36 titudine grauatur. Quoquo autem modo culpa prodeat, uel quibuslibet ex occasionibus erumpat, reproborum tamen semitae
semper inuolutae sunt ut prauis concupiscentiis dediti, aut
bona nulla appetant, aut appetentes infirmo desiderio, ad haec
40 nequaquam mentis liberos gressus tendant. Recta enim aut non
incipiunt, aut, in ipso fracti itinere, ad haec minime pertingunt.
Vnde fit plerumque ut ad morem suum lassati redeant seseque
ab intentione animi in carnis uoluptatibus sternant, sola quae
44 transeunt cogitent, nulla quae secum permaneant curent.

Vnde subiungitur : *Ambulabunt in uacuum et peribunt.* In
uacuum quippe ambulant quia nihil secum de fructu laboris sui
portant. Alius namque adipiscendis honoribus desudat, alius
48 multiplicandis facultatibus aestuat, alius promerendis laudibus
anhelat ; sed cuncta haec quisquis hic moriens deserit, labores
in uacuum perdidit, qui secum ante iudicem nihil tulit. Quod
contra bene per legem dicitur : *Non apparebis in conspectu Do-*
52 *mini uacuus.* Qui enim promerendae uitae mercedem bene
agendo non prouidet, in conspectu Domini uacuus apparet.
Hinc de iustis per psalmistam dicitur : *Venientes autem uenient*
cum exsultatione, portantes manipulos suos. Ad examen quippe
56 iudicii portantes manipulos ueniunt qui in semetipsis recta
opera, quibus uitam mereantur, ostendunt, Hinc quoque de
unoquoque electo psalmista iterum dicit : *Qui non accepit in*

45/68 *CC ibid.*, XXIX, 1/24 ; μ 230.

---

45 Iob 6, 18. **51/52** Ex. 23, 15 ; Deut. 16, 16 ; Eccli. 35, 6. **54/55** Ps. 125,
6. **58/59** Ps. 23, 4.

---

30 babylonis rex P_1 **33** bene] recte P_1 **34** quippe] autem P_1 **42** morem] amorem
L_1 **44** cogitant P_1 **45** unde] apte *add.* P_1 | subiungitur] subditur P_1 **46** quia] qui
P_1 | sui laboris P_1 **47** exsudat P_1 **49** hic quisquis P_1 **50** nil P_1 **57** quoque] *om.*
P_1 **58** accipit L_1

uano animam suam. In uano quippe animam suam accipit qui,
60 sola praesentia cogitans, quae se sequantur in perpetuum non
attendit. In uano animam suam accipit qui, eius uitam
neglegens, ei curam carnis anteponit. Sed animam suam in
uanum iusti non accipiunt, quia intentione continua ad eius
64 utilitatem referunt quicquid corporaliter operantur, quatenus et
transeunte opere, operis causa non transeat quae uitae praemia
post uitam parat. Sed haec curare reprobi neglegunt, quia profecto ambulantes in uacuum, uitam sequentes fugiunt,
68 inuenientes perdunt.

CAPITVLVM IV

QVOD CONSVETVDO PECCANDI REPROBIS DESPERATIONEM INDVCIT

Omnis qui uiam uitae deserens in peccatorum se tenebras
deicit, semetipsum quasi in puteum uel foueam mergit. Si uero
4 diutina perpetratione etiam consuetudine iniquitatis opprimitur
ne ad superiora iam possit exsurgere, quasi angusto ore putei
coartatur. Vnde Dauid propheta sub specie peccantium exorat
dicens : *Non me demergat tempestas aquae, neque absorbeat*
8 *me profundum, neque urgeat super me puteus os suum.* Quem
enim mali operis iniquitas a bona stabilitate commouit, quasi
tempestas aquae rapuit ; sed si adhuc consuetudine non prae-
ualuit, non demersit. Iam in puteum cecidit qui hoc quod
12 diuina lex prohibet perpetrauit. Sed si adhuc longa consuetudo
non deprimit, nequaquam os suum puteus coangustauit. Tanto
ergo facilius egreditur, quanto minore consuetudine coartatur.
Vnde propheta Ieremias, dum Iudaeam iniquitatibus longa con-
16 suetudine obrutam fuisse conspiceret, in lamentis suis sub eius
specie semetipsum deplorat dicens : *Lapsa est in lacum uita*
mea, et posuerunt lapidem super me. In lacum quippe uita labitur cum labe iniquitatis inquinatur. Lapis uero superponitur

---

[IV] **2/43** *CC* XXVI, xxxvi, 2/44 ; μ 843.

[IV] **7/8** Ps. 68, 16. **17/18** Thren. 3, 53.

---

63 uano P_1 [IV] **3** uel] in *add.* P_1 **14** facilius] felicius P_1 **15** ieremias propheta
P_1 **16** obrutam] corruptam P_1 **19** lapis uero] lapsis uero lapis P_1

20 cum etiam dura consuetudine mens in peccato deuoratur ; ut si
uelit exsurgere, iam utcumque non possit, quia moles desuper
malae consuetudinis premit. Sed quia diuinae potentiae
subiacet, et post angustiam prauae consuetudinis ad bonae
24 actionis amplitudinem reuocari meretur, idcirco dicitur : *Salua-
bit te de ore angusto latissime.* Latissime quippe de ore angusto
saluatur, qui et post iniquitatum iugum ad libertatem boni
operis paenitendo reducitur.

28   Quaedam namque quasi conclusi oris angustia est ab
opprimente mala consuetudine exsurgere uelle, et non posse ;
iam quidem desiderio ad superna tendere, sed adhuc actu in
infimis remanere ; praeire corde, nec tamen sequi opere et in
32 semetipso contradictionem perpeti a semetipso. Cum uero ita
tendens anima manu gratiae exaltantis adiuuatur, ab angusto
ore ad latitudinem peruenit ; quia uictis difficultatibus, opera
bona perficit quae concupiscit. Dauid propheta conclusionem
36 angusti oris aspexerat, cum dicebat : *Saluam fecisti de necessitatibus animam meam, nec conclusisti me in manus inimici.*
Latissime saluatum se nouerat, cum subderet, dicens : *Statuisti
in loco spatioso pedes meos.* In spatioso quippe loco pedes sta-
40 biliti sunt, quando ad congruentia bona tendimus, et nulla
difficultate praepedimur. Quasi enim per latum locum quo
uolumus pergimus, quia nullis obiectis difficultatibus angus-
tamur.

44   Sequitur : *Non habente fundamentum subter se.* Sicut qui in
puteum mergitur putei profundo retinetur, ita corruens quasi in
quodam fundi loco consisteret anima, si semel lapsa in aliqua
se peccati mensura retineret. Sed dum peccato in quod labitur
48 non potest esse contenta, dum cotidie ad deteriora deicitur,
quasi in puteo quo cecidit fundum non inuenit quo figatur.
Esset enim putei fundus, si fuisset mensura peccati ; unde alias
dicitur : *Peccator cum uenerit in profundum malorum, contem-*

44/54 *CC ibid.*, XXXVII, 1/2, 27/38 ; μ 844.

24/25 Iob 36, 16.   **36/37.38/39** Ps. 30, 8/9.   **44** Iob 36, 16.   **51/52** Prou. 18, 3.

---

20 si] etsi P_1 29 et non] nec P_1 31 et] atque P_1 32 a semetipso] semetipsum
P_1 33 exultantis P_1 38 saluatum] autem *praem.* P_1 44 habente] *ed. Vulg.*, -ti L_1
P_1 45 profundo] fundo P_1 48 contenta] contempta P_1 | deicitur] eicitur L_1

52 *nit.* Redire namque dissimulat, quia misereri sibi posse
desperat. Sed cum desperando amplius peccat, quasi puteo suo
fundum subtrahit, ne ubi retineri possit inueniat.

CAPITVLVM V

QVOO PECCANDI CONSVETVDO QVASI QVIDAM CARCER EST QVO
INCLVDITVR PECCATOR

Si destruxerit, nemo est qui aedificet. Omnipotens Deus
4 humanum cor destruit cum relinquit, aedificat cum replet.
Neque enim humanam mentem debellando destruit sed
recedendo, quia ad perditionem suam sufficit sibi dimissa.
Vnde plerumque fit ut cum audientis cor exigentibus culpis
8 omnipotentis Dei gratia non repletur, incassum exterius a
praedicatore moneatur, quia mutum est os omne quod loquitur ; si ille interius in corde non clamet qui aspirat uerba quae
audiuntur. Hinc propheta ait : *Nisi Dominus aedificauerit*
12 *domum, in uanum laborauerunt qui aedificant eam.* Hinc Salomon dicit : *Considera opera Dei quod nemo possit corrigere*
quem ille despexerit. Nec mirum si a corde reprobo praedicator
minime auditur, dum nonnumquam ipse quoque Dominus in
16 his quae loquitur resistentium moribus impugnatur. Hinc est
enim quod Cain et diuina uoce admoneri potuit, et mutari non
potuit ; quia exigente culpa malitiae, iam intus Deus cor reliquerat cui foris ad testimonium uerba faciebat. Bene autem
20 subditur : *Si incluserit hominem, nullus est qui aperiat.* Quia
omnis homo per id quod male agit, quid sibi aliud quam conscientiae suae carcerem facit, ut hunc animi reatus premat,
etiamsi nemo exterius accuset ? Qui cum iudicante Deo, in
24 malitiae suae caecitate relinquitur, quasi intra semetipsum clauditur, ne euadendi locum inueniat quem inuenire minime
meretur. Nam saepe nonnulli exire a prauis actibus cupiunt,

[V] **3/53** *CC* XI, ix, 1, 2/53 ; μ 370/371.

[V] **3** Iob 12, 14.   **11/12** Ps. 126, 1.   **13/14** Eccle. 7, 14.   **20** Iob 12, 14.

[V] **11** dominus] deus L_1 **13** dicit] ait P_1 | dei] domini P_1 **15** dominus] deus
L_1 **23** accusat P_1

sed quia eorumdem actuum pondere premuntur, in malae con-
28 suetudinis carcere inclusi, a semetipsis exire non possunt. Et
quidam culpas proprias punire cupientes, hoc quod recte se
agere aestimant, in grauiora peccata uertunt ; fitque modo
miserabili ut quod putabant exitum hoc inclusionem inueniant.
32 Sic uidelicet reprobus Iudas cum mortem sibi contra peccatum
intulit, ad aeternae mortis supplicia peruenit et peius de peccato paenituit quam peccauit.

Dicatur ergo : *Si incluserit hominem, nullus est qui aperiat,*
36 quia sicut nemo obsistit largitati uocantis, ita nullus obuiat iustitiae relinquentis. Includere itaque Dei est clausis non aperire.
Vnde et ad Moysen dicitur de Pharaone : *Ego obdurabo cor*
eius. Obdurare quippe per iustitiam dicitur quando cor repro-
40 bum per gratiam non emollit. Recludit itaque hominem quem
in suorum operum tenebris relinquit. Quasi enim aperire hanc
inclusionem Isaac primogenito filio uoluit, cum hunc fratri
praeponere benedicendo conatus est. Sed filium quem pater
44 uoluit Deus reprobauit, et quem Dominus uoluit pater etiam
nolendo benedixit ut qui iam primogenita fratri pro esca uendiderat primogenitorum benedictionem non acciperet, quam ex
cupidine gulae reliquisset. Qui terrena ambiens, fugitiua
48 sequens, hereditare cupiens benedictionem, reprobatus est. Non
enim inuenit paenitentiae locum, quamquam cum lacrimis
inquisisset eam, quia uidelicet fructum non habent lamenta
quae student cum gemitu desiderare peritura. Aperire itaque
52 Isaac nec filio potuit, quem Deus omnipotens iusto iudicio in
suae malitiae carcere inclusit.

32/34 cfr Matth. 27, 5 ; Act. 1, 18.   38/39 Ex. 4, 21 ; 7, 3.   41/53 cfr Gen 27,
1/40.

---

29 quidem P_1 | proprias culpas P_1 31 exitum putabant P_1 35 nullus] nemo P_1 39
dicitur per iustitiam P_1 40 emollitur L_1 44 uoluit$_1$] noluit L_1 | deus] dominus
P_1 45 qui] quia L_1 47 reliquerat P_1 50 quia] qui L_1 51 que] cum P_1

CAPITVLVM VI

DE OBDVRATIS IN PECCATO QVI NEC ETIAM PER FLAGELLA POSSVNT REVOCARI

Qui auertit hic oculos a respectu criminis, in futuro declinare non ualet sententiam damnationis. Saepe uero hi qui
4 supplicia aeterna non metuunt, praua agere pro temporali saltem percussione pertimescunt. Sed sunt nonnulli qui ita in iniquitate duruerunt, ut nec ipsis metuant feriri quae amant, dummodo quae peruerse cogitauerint expleant.
8 Vnde de iniqui obduratione scriptum est : *Quid enim ad eum pertinet de domo sua post se ? aut si numerus mensium eius dimidietur ?* Neque sic debemus accipere, ut iniquus postea quam damnatus aeternis suppliciis fuerit de doma sua, id
12 est, de cognatis quos reliquerit, minime cogitabit ; cum per semetipsam Veritas dicat quia diues qui in inferno sepultus fuerat, de quinque fratribus quos reliquerat etiam in supplicio positus curam gerebat. Omnis namque peccator prudens erit in
16 poena qui stultus fuit in culpa ; quia ibi iam dolore constrictus ad rationem oculos aperit, quos hic uoluptati deditus clausit : et poena torquente exigitur ut sapiat, qui hic excaecante se superbia desipiebat. Cui tamen sua sapientia iam tunc minime
20 proderit, quia hic ubi operari iuxta sapientiam debuit, tempus amisit. Pro summo namque hic bono concupiscit germen generis habere, domum familia et opibus replere, et diu in hac carnis corruptione uiuere. Sed si fortasse aliquid ad eius
24 desiderium ueniat, quod tamen obtinere non possit nisi cum offensione conditoris eius animus ad paululum perturbatus cogitat ; quia si hoc egerit unde offensam sui creatoris incurrat, in domo, in filiis, in uita percutitur. Sed superbia sua protinus

---

[VI] **2/8** *CC* XV, LII, 4/11 ; μ 492/493.   **8/40** *CC ibid.*, LIII, 1/34 ; μ 493.

[VI] **8/10** Iob 21, 21.   **13/15** cfr Luc. 16, 28.

[VI] **2** in futuro] illic P_1 **6** ipsis] in *praem.* P_1 | feriri] ferre P_1 **7** peruerse que P_1 | cogitauerunt P_1 **8** unde] hoc in loco *add.* P_1 | iniqui] huius *add.* P_1 | scriptum est] subiungitur P_1 **10** neque] enim *add.* P_1 | iniquus] iste *add.* P_1 **16** dolore iam P_1 **26** creatoris] conditoris P_1

28 instigatus obdurescit ; et quamlibet in domo, quamlibet in uita
percussionem sentiat, nequaquam curat, dummodo quae cogi-
tauerit expleat ; et quousque uiuit, uoluptates suas perficere
non desistit. Ecce enim domus pro culpa percutitur ; sed *quid*
32 *ad eum pertinet de domo sua post se* ? Ecce pro ultione praui
operis ea quae esse potuit uitae longitudo breuiatur ; sed quid
ad eum pertinet, *si numerus mensium eius dimidietur* ? Et in
hoc ergo se peccator contra Deum erigit, ubi Deus omnipotens
36 eius erectionem frangit ; et nec illata percussio mentem humiliat, quam in deliberatione contra Dominum obstinatio
obdurat. Et notandum quam grauis culpae reatus sit, et poenam
pro culpa menti proponere ; et tamen nec tormenti metu sub
40 iugo conditoris ceruicem cordis inclinare.

CAPITVLVM VII

DE OBDVRATIS QVI NEC TIMORE DEI NEC VERECVNDIA HOMINVM NEC
FLAGELLIS REVOCANTVR

Sunt nonnulli quos ad perpetrandam nequitiam oborta
4 subito malitia inuitat, sed tamen humana uerecundia reuocat.
Et plerumque per hoc quod exterius erubescunt, ad interiora
sua redeunt et contra se internum iudicium sumunt : quia si
propter hominem mala facere metuunt, quanto magis propter
8 Deum qui cuncta inspicit, nec appetere mala debuerunt ? In
quibus fit ut mala maiora corrigant per bona minima, scilicet
per exteriorem uerecundiam interiorem culpam. Et sunt quidam qui postquam Deum in mente contempserint, multo
12 magis humana iudicia spernunt ; atque malum omne quod
appetunt, audacter peragere non erubescunt. Quos ad perpetrandum malum occulta iniquitas inuitat et nulla aperta uerecundia retardat ; sicut et de quodam iniquo iudice dicitur :
16 *Deum non timebat et hominem non uerebatur.* Hinc est etiam

---

[VII] **3/22** *CC* XIV, xxvii, 2/22 ; μ 447.

[VII] **16** Luc. 18, 2.

---

32 domus] eius *add.* P_1 **36** et] sed P_1 *ante corr.*   [VII] **12** omne malum P_1 **15**
iudice iniquo P_1 **16** reuerebatur P_1

quod de quibusdam impudenti fronte peccantibus dictum est :
Et peccatum suum quasi Sodoma praedicauerunt. Plerumque
ergo tales sunt iniqui qui a perpetrandis malis nec timore Do-
20 mini, nec hominum pudore refrenantur. Quibus bene per
beatum Iob dicitur : *Et non erubescitis opprimentes me,* quia et
prauum fuit mala uoluisse, et peius est male appetita non eru-
bescere.
24 Quamuis enim animus trepidet, quamuis conscientia
accuset, cupiditate tamen sua iniquus uincitur ; et suppresso
pauore audaciam de iniquitatibus sumit. Et saepe etiam ultione
menti proposita, se contra Deum erigit, quaelibet ab eo aduersa
28 perpeti deliberat, dummodo hic dum ualet, omne quod placet
agat.
Cum ergo etiam flagella despicit, constat nimirum quod
tanto in futuro grauioris uindictae supplicia sentiat, quanto in
32 praesente maioris prouidentiae gratiam contemnit. Vnde scriptum est : *Si audierint et obseruauerint, complebunt dies suos in
bono et annos suos in gloria. Si autem non audierint, transibunt
per gladium, et consumentur stultitia.* Per bonum recta actio,
36 per gloriam uero superna retributio designatur. Qui ergo praeceptis caelestibus student oboedire, dies suos in bono complent,
et annos in gloria ; quia et cursum praesentis temporis in recto
opere, et consummationem suam perficiunt felici retributione.
40 *Si uero non audierint, transibunt per gladium, et consumentur
stultitia,* quia et uindicta eos in tribulatione percutit et finis in
fatuitate concludit. Sunt etenim nonnulli ut diximus quos a
perditis moribus nec tormenta compescunt. De quibus per pro-
44 phetam dicitur : *Percussisti eos nec doluerunt ; flagellasti eos, et
renuerunt accipere disciplinam.* Et de quibus sub Babylonis
specie dicitur : *Curauimus Babylonem, et non est sanata.* Et de

---

23/28 *CC* XII, xlii, 31/36 ; μ 410.   29/32 *CC* XXVI, xxx, 12/16 ; μ 839.   32/56
CC ibid., xxxi, 1/25 ; μ 839/840.

---

18 Is. 3, 9.   21 Iob 19, 3.   33/35.40/41 Iob 36, 11/12.   44/45 Ier. 5, 3.   46 Ier.
51, 9.

---

19 iniqui] aduersarii sancte ecclesie P_1 20 refrenantur pudore P_1 31 in futuro] illic
P_1 31/32 in presente] hic P_1 32 presenti L_1 | maiori L_1 | contemnit] calcat
P_1 32/33 scriptum est] et sequitur P_1 35 consumuntur P_1 38 et$_1$] *om.* P_1 42 fa-
tuitate] *ed.,* -tem L_1 P_1 | etenim] enim P_1 | ut diximus] *om.* P_1

quibus rursum dicitur : *Interfeci et perdidi populum meum, et*
48 *tamen a uiis suis non sunt reuersi.* Hi nonnumquam deteriores
exsistunt ex uerbere, quia pulsati doloribus, aut contumacia
pertinaciae duriores exsistunt ; aut, quod peius est, in
blasphemiae etiam exasperationem prosiliunt. Bene ergo dicitur
52 quod per gladium transeunt et stultitia consumuntur, quia peccata quae flagellis emendare debuerant, flagellis exaggerant. Et
hic iam poenas percussionis sentiunt, et illic iustae retributionis
supplicia non euadunt. Fatuitas quippe stultitiae est quod eos
56 iniquitas sic obligat, ut a culpa illos nec poena compescat.

CAPITVLVM VIII

DE REPROBIS CONTEMPTORIBVS ET DEVM NON ESSE CREDENTIBVS

Qui dixerunt Deo : Recede a nobis. Haec uerbis dicere uel
stulti minime praesumunt ; sed tamen peruersi omnes Deo
4 *recede*, non uerbis, sed moribus dicunt. Qui enim illa agunt
quae Deus omnipotens prohibet, quid aliud faciunt quam suum
animum contra Omnipotentem claudunt ? Sicut enim eius
praecepta cogitare eum ad se introducere est, ita eius mandatis
8 obsistere eum a cordis habitatione repellere est. Dicunt :
Recede a nobis, quia ei ad se praebere aditum recusant eumque
prauis actibus impugnant, etiam si uerbis laudare uideantur.
Dicunt etiam : *Scientiam uiarum tuarum nolumus*, eo ipso
12 quo eius scientiam apprehendere contemnunt. Sed notandum
est quod aliud est nescisse, aliud scire noluisse. Nescit namque
qui apprehendere uult et non ualet. Qui autem ut nesciat
aurem a uoce ueritatis auertit, iste non nesciens sed contemptor

---

[VIII] **2/11** *CC* XV, XLIV, 1/11 ; μ 488.   **11/29** *CC ibid.*, XLV, 1/2, 8/25 ; μ
488/489.

47/48 Ier. 15, 7.   [VIII] **2.11** Iob 21, 14.

---

48 non sunt reuersi a uiis suis P_1 **53** flagellis] in *praem.* P_1 [VIII] **4** qui] quia
P_1 **8** dicunt] ergo *add.* P_1 **12/13** sed *usque* aliud$_1$] sunt namque nonnulli qui ex eo
quod ueritas dicit . seruus qui non cognouit uoluntatem domini sui et non facit digna
plagis uapulabit paucis . et seruus sciens uoluntatem domini sui et non faciens iuxta
eam uapulabit multis (Luc. 12, 47/48) . nolunt scire quod faciant et quasi minus se
uapulaturos estimant si nesciant quod operari debuerut . sed aliud P_1

16 addicitur. Via autem Dei pax, humilitas et patientia est. Sed
quia omnia iniqui despiciunt, dicunt : *Scientiam uiarum*
tuarum nolumus. Dum enim in praesenti uita superbiunt, dum
honoribus inflantur, dum etiam si non habent appetunt, uias
20 Dei in sua cogitatione contemnunt. Quia enim uia Dei in hac
uita humilitas fuit, ipse hic Deus et Dominus Redemptor
noster ad probra, ad contumelias, ad passionem uenit et
aduersa huius mundi aequanimiter pertulit, prospera fortiter
24 uitauit, ut et prospera doceret aeternae uitae appeti et aduersa
praesentis uitae non formidari. Sed quia iniqui gloriam uitae
praesentis appetunt, ignominiam fugiunt, dicere memorantur :
Scientiam uiarum tuarum nolumus. Scire quippe nolunt quod
28 facere contemnunt.

Quorum adhuc uerba subduntur, dum dicitur : Quis est
Omnipotens, ut seruiamus ei ? Mens enim hominis male
exterius fusa, sic in rebus corporeis sparsa est, ut neque ad
32 semetipsam intus redeat neque eum qui est inuisibilis cogitare
sufficiat. Vnde carnales uiri iussa spiritalia contemnentes,
Deum quia corporaliter non uident, quandoque ad hoc perueniunt ut etiam non esse suspicentur. Vnde scriptum est : *Dixit*
36 *insipiens in corde suo : Non est Deus.* Vnde nunc quoque dicitur : *Quis est Omnipotens, ut seruiamus ei ?* Plerumque enim
plus appetunt homines seruire hominibus quos corporaliter
uident, quam Deo seruire quem non uident. Per omne enim
40 quod faciunt, ad finem oculorum tendunt ; et quia in Deum
oculos corporis tendere non possunt, ei obsequia praebere uel
despiciunt, uel si coeperint, fatigantur. Esse, sicut dictum est,
non credunt quem corporaliter non intuentur. Qui si auctorem
44 omnium Deum humiliter quaererent, id quod non uidetur, ea
re quae uidetur melius, in semetipsis inuenirent. Ipsi quippe ex
anima inuisibili et corpore uisibili subsistunt ; sed si hoc ab eis
quod non uidetur, abstrahitur, ilico corruit quod uidetur. Sunt

---

29/51 *CC ibid.*, XLVI, 1/19, 28/32 ; μ 489.

29/30 Iob 21, 15.   **35/36** Ps. 13, 1.

---

16 pax] est uia dei *add. P₁* | humilitas] uia dei *add. P₁* | et] *om. P₁* omnia] hec *add.*
P₁ **39** seruire deo *P₁* **42** esse] enim *add. P₁* **44** deum] dominum *P₁* **45** ipse
L₁ **47** non] *om. L₁* | uidetur₂] et patent quidem carnis oculi sed uidere quicquam uel
sentire non possunt . sensus enim uisionis periit quia habitator recessit . et domus
carnis remanet uacua quia abscessit ille inuisibilis spiritus qui per eius respicere
fenestras solebat *add. P₁*

48   uero nonnulli qui Deum et esse et incomprehensibilem esse non ambigunt ; qui tamen ab eo non ipsum sed dona exteriora quaerunt. Quae cum ei seruientibus deesse conspiciunt, ipsi seruire contemnunt.

CAPITVLVM IX

DE INVENTORIBVS MALORVM ET QVI LAETANTVR CVM MALE FECERINT

Iuxta multitudinem adinuentionum suarum, sic et sustinebit. Qui multa inuenit ad culpam, nouis inuentionibus cruciatur in
4   poena. Nam quod hic suspicari non potuit, hoc illic ultioni traditus sentit. Sicut enim exercitati in bonis operibus electi nonnumquam plus student agere quam eis dignatus est Dominus iubere. Carnis enim uirginitas nequaquam iussa est, sed tan-
8   tummodo laudata ; nam si illa iuberetur, nimirum iam coniugium culpa crederetur, et tamen multi uirtute uirginitatis pollent, ut uidelicet plus impendant obsequio quam acceperunt praecepto. Sic plerumque peruersi quique in prauis actionibus
12   exercentur, ut plus inueniant in peruersa operatione quod faciant, quam ex usu reproborum iniquitatis accipere exempla potuerunt. Vnde et amplioris retributionis tormento feriuntur, quia et ipsi ex semetipsis amplius actiones prauas de quibus
16   feriri debeant, inuenerunt. Bene itaque dicitur : *Iuxta multitudinem adinuentionum suarum, sic et sustinebit.* Non enim inueniret iniquitatem nouam nisi et quaereret ; et non quaereret nisi ex studio perpetrare festinaret. Pensatur ergo in
20   tormento eius nimietas malae cogitationis et dolorem recipit dignae retributionis. Et quamuis damnatorum sit omnium dolor infinitus, grauiora tamen tormenta recipiunt, qui multa iniquitatibus ex suis quoque desideriis inuenerunt.
24   Notandum praeterea quod nonnulli qui iniquitates perpetrant inde gaudere non cessant. De quibus per Salomonem

---

[IX] **2/23** *CC* XV, xviii, 1/23 ; μ 477/478.   **24/37** *CC* VI, xvi, 190/203 ; μ 193.

[IX] **2.16/17** Iob 20, 18.

[IX] **3** qui] enim *add.* P_1 **14** ampliori L_1 **21** omnium sit P_1 **24** qui] *om.* P_1 **25** inde] et P_1

dicitur : *Qui laetantur cum malefecerint et exsultant in rebus pessimis.* Et rursum : *Sunt impii qui ita securi sunt, ac si ius-*
28 *torum facta habeant.* Hi nimirum non sospitate eriguntur sed insania, qui superbiunt cum affligi debuerant ; et inde miseri in exsultatione defluunt, unde a bonis flentur. Phreneticorum uidelicet sensibus similes, insaniam qua praeualent, uirtutem
32 putant ; qui ex morbo esse nesciunt hoc quod amplius sanis possunt ; et quasi creuisse se uiribus aestimant dum ad uitae terminum per augmenta languoris appropinquant. Qui quia rationis sensum non habent, flentur et rident ; et tanto in
36 magna exsultatione se dilatant, quanto et insensibiles malum quod patiuntur ignorant.

CAPITVLVM X

DE SIMVLATORIBVS ET CALLIDIS

Simulatores et callidi prouocant iram Dei. Cum simulatores diceret, apte subiunxit *et callidi,* quia nisi ingenio calleant,
4 quod uideri appetunt congrue simulare non possunt. Sunt enim nonnulla uitia quae etiam a sensu tardioribus facile perpetran-tur. Elatione namque intumescere, auaritiae aestibus inhiare, luxuriae pulsanti succumbere, etiam quilibet obtusis sensibus
8 potest ; simulationis uero falsitatem exsequi, nisi qui subtilioris ingenii fuerit, non potest. Quisquis enim talis est, ad custo-dienda uidelicet duo continua obseruatione diuiditur ; ut cal-lide nouerit et occultare quod est, et ostentare quod non est ; et
12 uera mala premere, et bona falsa monstrare ; nec se aperte in hoc quod uidetur extollere atque, ut maiorem gloriam teneat, saepe se simulare gloriam declinare. Quia enim ante oculos hominum sequendo eam apprehendere non potest, studet
16 plerumque gloriam tenere fugiendo. Haec itaque simplicibus minime congruunt, quia si congruunt, iam simplices non sunt.

[X] **2/34** *CC* XXVI, xxxii, 1/35 ; μ 840.

26/27 Prou. 2, 14.   **27/28** Eccle. 8, 14.   [X] 2 Iob 36, 13.

---

28 hi] *om. L₁*   **34** qui] *om. P₁*   **35** flent *L₁*   [X] **3** quia] qui *P₁*   **11** ostendere *P₁*   **12** mala] male *add. L₁*

Bene autem cum diceret *Simulatores et callidi,* non subdidit, *merentur,* sed *prouocant iram Dei.* Iram quippe Dei
20 mereri, est etiam nesciendo peccare. Prouocare uero est mandatis illius sciendo contraire ; scire bonum, sed despicere ;
facere posse, nec uelle. Hi enim perpetratione nequitiae intrinsecus tenebrescunt, et ostentatione iustitiae superficie tenus
24 dealbantur. Quibus uoce dominica dicitur : *Vae uobis, scribae
et pharisaei hypocritae, quia similes estis sepulcris dealbatis,
quae foris apparent hominibus speciosa, intus uero plena sunt
ossibus mortuorum et omni spurcitia ; ita et uos foris quidem*
28 *apparetis hominibus iusti, intus autem pleni estis hypocrisi et
iniquitate.* Foris ergo ostendendo seruant quae uiuendo intus
impugnant. Intus uero mala cogitantes exaggerant quae foris
aliud superducentes occultant. Ante districtum itaque iudicem
32 excusationem iam de ignorantia habere non possunt, quia dum
ante oculos hominum omnem modum sanctitatis ostentant,
ipsi sibi sunt testimonio quia bene uiuere non ignorant.
Per omne itaque quod faciunt uel loquuntur, simplicitatem
36 exterius exhibent, sed subtilitate interius duplicitatis callent ;
puritatem in superficie simulant sed semper malitiam sub
specie puritatis occultant. Quos contra bene per Moysen dicitur : *Non indues uestem ex lana linoque contextam.* Per lanam
40 quippe simplicitas, per linum uero subtilitas designatur. Et
nimirum uestis quae ex lana linoque conficitur, linum interius
celat, lanam in superficie demonstrat. Vestem ergo ex lana
linoque contextam induit, qui in locutione uel actione qua uti-
44 tur intus subtilitatem malitiae operit et simplicitatem foris
innocentiae ostendit. Quia enim sub puritatis imagine
deprehendi calliditas non ualet, quasi sub lanae grossitudine
linum latet.

35/47 *CC* VIII, LI, 12/24 ; μ 285.

24/29 Matth. 23, 27/28.   **39** Deut. 22, 11.

---

24 dominica uoce P_1 **37** in] *om.* P_1 **38** bene] *om.* P_1 **44/45** innocentie foris
P_1 **46** reprehendi L_1

CAPITVLVM XI

DE SVSPICIOSIS

Sonitus terroris semper in auribus illius ; et cum pax sit, ille semper insidias suspicatur. Nil aliud simplici corde felicius,
4 quia quo innocentiam erga alios exhibet, nihil est quod pati ab aliis formidet. Habet enim quasi arcem quamdam fortitudinis simplicitatem suam. Nec suspectus est pati quod se fecisse non meminit. Vnde bene per Salomonem dicitur : *In timore Domi-*
8 *ni fiducia fortitudinis.* Qui et rursum ait : *Secura mens, quasi iuge conuiuium.* Quasi enim continuatio refectionis est ipsa tranquillitas securitatis. At contra mens praua semper in laboribus est, quia aut molitur mala quae inferat, aut metuit ne
12 haec sibi ab aliis inferantur. Et quicquid contra proximos excogitat, hoc contra se excogitari a proximis formidat. Fit undique suspecta, undique trepida. Omnis qui ad memoriam uenit exquirere contraria creditur. Cui ergo tranquillitas securitatis
16 deest, huic procul dubio terroris sonitus semper in auribus est. Et saepe contingit ut alia quilibet proximus sibi loquatur, nihil aduersum cogitans. Sed cum pax sit, ille semper insidias suspicatur ; quia qui semper dolose agit, simpliciter erga se agi non
20 aestimat. Et quia scriptum est : *Impius cum in profundum uenerit peccatorum, contemnit,* inuolutus iniquitatis suae tenebris iam de luce desperat.

[XI] **2/22** *CC* XII, xxxix, 1/22 ; μ 408/409.

[XI] **2/3** Iob 15, 21.   **7/8** Prou. 14, 26.   **8/9** Prou. 15, 15.   **20/21** Prou. 18, 3.

[XI] **2** illius] ipsius P_1 **3** semper] *om.* P_1 | aliud] autem P_1 **12** proximum P_1 **17** nil P_1 **18** cogitet P_1 | semper] *om.* P_1 **19** agit] egit P_1

CAPITVLVM XII

DE CALVMNIATORIBVS

Propter multitudinem calumniatorum clamabunt et eiula-
bunt propter uim brachii tyrannorum. Calumniatores recte
4 dicere possumus omnes iniquos, non solum qui exteriora bona
rapiunt, sed etiam qui malis suis moribus, et uitae reprobae
exemplo interna nostra dissipare contendunt. Illi namque ea
quae nobis extra sunt inuadere ambiunt, isti nos praedari
8 interius quaerunt. Illi amore rerum, isti non cessant odio
saeuire uirtutum. Illi inuident quod habemus, isti quod
uiuimus. Illi student rapere bona exteriora, quia placent ; isti
satagunt interiora bona dissipare, quia displicent. Quanto igitur
12 morum uita a rerum distat substantia, tanto grauior calumnia-
tor est qui male uiuendo uim nostris infert moribus, quam qui
uiolenter opprimendo damna ingerit rebus. Nihil iste de nostra
sustentatione subtraxit, sed exempla nobis perditionis apposuit.
16 Eo ergo grauiorem calumniam intulit, quo quietum cor in
temptatione commouit. Qui etsi nequaquam nobis actionis
suae opera persuasit, pugnam tamen temptationis ingessit.
Grauem igitur de uita eius calumniam sustinemus, quia
20 nimirum intus patimur quod cum labore uincamus. Et quia
tales abundant qui electos crucient, bene dicitur : *Propter multi-*
tudinem calumniatorum clamabunt.
    Quia uero quae uerbis suadere non ualent, extorquere non-
24 numquam uiribus student, subiungitur : *Et eiulabunt propter*
uim brachii tyrannorum. Qui peccatum suadens etiam terrere

[XII] **2/30** *CC* XXVI, xiv, 1/25, 27/32 ; μ 821.

[XII] **2/3** Iob 35, 9.

[XII] **1** calumpniantibus P_1 **11** bona interiora P_1 **14** rebus] nobis L_1 **17** temptationem P_1 **20** patimur] patiuntur P_1 **21/22** quia *usque* dicitur] quia in hoc mundo abundat malorum uita que cruciet recte dicitur P_1 **23** que] ea *praem.* P_1 **24**
uiribus] effrenatis *praem.* P_1 | subiungitur] apte *praem.* P_1 **25** tyrannorum] quisquis
enim male uiuere suo nos   exemplo compellit adhuc in nobis uoce
calumpniatoris utitur *add.* P_1 | qui] quisquis uero P_1

nos appetit, contra nos brachio tyrannidis saeuit. Aliud est enim uitia suadere uiuendo, aliud iubere terrendo. Nam dum
28 exempla mali aspicimus, quasi strepitum calumniatoris audimus ; dum uero ui peccare cogimur, tyrannum in corde sustinemus.

CAPITVLVM XIII

DE HYPOCRITIS

Hypocrita, qui latina lingua simulator dicitur, iustus esse non appetit, sed refugit uideri quod est, et ante oculos homi-
4 num superducta quadam innocentiae honestate se palliat. Vnde in euangelio dicitur : *Vae uobis, hypocritae, quia similes facti estis sepulcris dealbatis, quae foris quidem apparent hominibus speciosa, intus uero plena sunt ossibus mortuorum et omni spur-*
8 *citia. Ita et uos foris quidem apparetis hominibus iusti, intus uero pleni estis auaritia et iniquitate.* De his ergo scriptum est : *Numquid uiuere potest scirpus absque humore, aut crescere carectum sine aqua ?* Scirpus uel carectum hypocritarum signat
12 uitam, quae speciem uiriditatis habet, non fructum utilitatis ; quae opere arida solo sanctitatis nomine uiridescit. Sed scirpus uel carectum sine aqua non proficit, quia hypocritae ad bona Dei opera gratiam percipiunt, scilicet ut signa faciant, ab

---

[XIII] **2/9** *CC* XVIII, VII, 2/4, 10/17 ; μ 561/562. **9/11** *CC* VIII, XLI, 27/29 ; μ 273. **11/52** *CC ibid.*, XLII, 4/16, 21/22, 24/26, 31/37, 39/41, 47/48, 50/51, 54/61, 80/88, 89/90, 94/96, 99/107, 117/118 ; μ 273/275.

[XIII] **5/9** Matth. 23, 27/28. **10/11** Iob 8, 11.

---

26 contra] iam *praem.* P_1 **26/27** enim est P_1 **27** nam] *om.* P_1 | dum] ergo *add.* P_1 **28** mali] male actionis P_1 | aspicimus] accipimus L_1 | quasi] adhuc *add.* P_1 **29** tyrannum] iam *praem.* P_1 [XIII] **3** et] sed L_1 **11** sine] absque L_1 | scirpus uel carectum] scirpi uel carecti nomine P_1 **11/12** uitam signat P_1 **12** non] sed ad humanos usus P_1 **13** que] non habet *praem.* P_1 | opere] sterilitate operis P_1 | arida] permanens *add.* P_1 | nomine] colore P_1 **13/14** scirpus *usque* non] neque sine humore scirpus neque sine aqua carectum P_1 **14** proficiunt L_1 | ypocrite] ypocritarum uita P_1 **15** dei] *om.* P_1 | gratiam percipiunt] infusionem quidem superni muneris percipit P_1 **15/17** scilicet *usque* sed] sed in cunctis que agit exteriores laudes appetens P_1

16 obsessis corporibus spiritus pellant, per prophetiam uentura
praesciant ; sed a fructu perceptae gratiae inanescunt, quia in
cogitatione non largitoris gloriam, sed proprios fauores
quaerunt. Fitque eis amplitudo muneris incrementum damna-
20 tionis quibus in iudicio dicentibus : *Domine, Domine, nonne in
nomine tuo prophetauimus*, et cetera, Dominus dicet : *Numquam noui uos* ; quia hypocritae ex bona sua operatione
propriam laudem quaerunt, in aqua uirides, sed tamen inanes
24 crescunt.
Vnde subditur : *Cum adhuc sit in flore, nec carpatur manu,
ante omnes herbas arescit.* Scirpus in flore est hypocrita in
laude. Carectum acutis angulis surgens, in flore suo manum
28 carpentis incidit quia hypocrita in laude si quis de prauitate sua
corripiat, dedignatur et protinus asperitate sua corripientem
secat. Sanctus enim non esse sed uideri appetit ; cum corripitur, in contumelias consurgit et innocentem se non suis actibus,
32 sed aliorum criminibus monstrare contendit. Vnde Salomon :
Noli arguere derisorem ne oderit te. Nam derisoris contumeliae
iusto timendae non sunt, sed ne tractus ad odium peior fiat.
Et notandum quod iustorum bona, quia ex corde incipiunt,
36 usque ad finem uitae crescunt. Hypocritarum uero opera, quia
in corde non radicantur, ante finiuntur. Vnde : *Ante omnes*

20/22 Matth. 7, 22/23.   **25/26** Iob 8, 12.   **33** Prou. 9, 8.

---

17 gratie] infusionis P_1 | inanescit P_1 **17/19** quia *usque* querunt] sed eo postmodum
eos districtior sententia percutit quo nunc superna bonitas et ingratos largius infundit
P_1 **20** quibus in iudicio dicentibus] quia irrigati fructum non ferunt sed
sub uiriditatis colore uacui in altum crescunt . quos bene per euangelium
ueritas exprimit dicens P_1 **20/24** domine *usque* crescunt] multi dicent mihi in illa
die . domine domine nonne in nomine tuo prophetauimus et in nomine tuo
demonia eiecimus et in tuo nomine uirtutes multas fecimus . et tunc confitebor
illis quia numquam noui uos discedite a me qui operamini iniquitatem P_1 **21/22**
numquam] non L_1 **25** unde] bene autem P_1 **26** est] *om.* L_1 **27** carectum *usque*
surgens] acutis uero angulis surgens carectum manu non carpitur quia exasperatis per
arrogantium sensibus de prauitate sua ypocrita corripi dedignatur P_1 **29** et *usque*
corripientem] in flore suo manum carpentis incidit quia in laude ypocrita positus si
hunc quisque corripere audeat asperitate sua protinus uitam corripientis P_1 **30**
enim] namque P_1 **31** innocentes P_1 **32** aliorum] alienis P_1 **33/34** nam *usque*
sunt] neque enim iusto timendum est ne derisor cum corripitur contumelias inferat
P_1 **34** iusto] iuste L_1 **35** et notandum] inter hec sciendum est P_1 **36** finem uite]
presentis uite terminum P_1 **37** in *usque* finiuntur] nequaquam sunt in
occulto radicata sepe ante deficiunt quam presens uita finiatur P_1

herbas arescit. Iuxta carnem enim et iusti herbae sunt, ut
propheta ait : *Omnis caro fenum.* Sed ante omnes herbas
40 scirpus arescere dicitur quia, iustis in bono suo manentibus, a
uia recta hypocritae siccantur. Nam licet opera iustorum cum
carnis uita deficiant, hanc ariditatem scirpus praeuenit quia
hypocrita bona quae in se ostendebat ante finem relinquit. Hi
44 sunt *fenum tectorum, quod priusquam euellatur arescit,* quia
hypocrita adhuc in praesenti uita subsistit et iam sanctitatis
opera quasi uiriditatem amittit. Cui autem scirpus uel carectum
competit, ostendit cum subdit : *Sic uiae omnium qui obliuis-*
48 *cuntur Deum.* In omnibus enim operibus suis hypocrita sperat
honoris reuerentiam, a melioribus metui, ab hominibus sanctus
dici. Sed haec permanere non possunt quia mens in illa gloria
non figitur quae sine fine possidetur. Vnde sequitur : *Et spes*
52 *hypocritae peribit.* Sunt autem nonnulli, qui dum praesentis
mundi gloriam eiusdem mundi actionibus adipisci non possunt, speciem sanctitatis appetunt, habitum uenerationis
sumunt, imitatores antiquorum patrum uideri concupiscunt. Et
56 licet eorumdem patrum merita adipisci non quaerant, loca
atque regimina apprehendere satagunt ; et cum tranquille
nequeunt haec plerumque assequi, etiam dirupta concordiae
pace moliuntur.

52/59 *CC* XX, xiv, 154/158, 217/220 ; μ 651/652.

---

39 Is. 40, 6.   **44** Ps. 128, 6.   **47/48.51/52** Iob 8, 13.

---

38 enim] quippe P_1 | ut] attestante P_1 **39** ait] qui *praem.* P_1 **40** arescere scirpus P_1 |
suo] opere *add.* P_1 | permanentibus P_1 **41** uia *usque* siccantur] uiriditate
assumpte rectitudinis ypocritarum uita siccatur P_1 nam *usque* iustorum] arescunt
herbe etiam relique quia iustorum opera P_1 **42** deficiunt P_1 | hanc] sed herbarum
P_1 **43** ypocrita *usque* relinquit] priusquam ypocrita de carne transeat ea que in se
ostenderat uirtutum facta derelinquit P_1 **44** quod] quia L_1 **45** adhuc] et P_1 | uita]
adhuc *praem.* P_1 **46** uiriditatem] uiridatatis speciem P_1 **47** subdit] dicit P_1 **48** in
usque suis] quid enim in cunctis suis operibus P_1 | sperat] nisi *add.* P_1 **49** a] gloriam
laudis *praem.* P_1 **49/50** ab *usque* dici] sanctus ab omnibus uocari P_1 **50** hec *usque*
mens] permanere spes ypocrite non ualet quia eternitatem non querens fugit quod
tenet . nequaquam quippe mentis eius intentio P_1 **51** non *om.* P_1 **52** peribit] perit
L_1

CAPITVLVM XIV

DE HIS QVI DEFENDVNT PECCATA SVA, QVOD MAXIME FACIVNT HYPOCRITAE

Sit nox illa solitaria. Sunt nonnulli qui non solum nequaquam deflent quod faciunt, sed etiam laudare et defendere non
4 desistunt. Et nimirum cum defenditur culpa, geminatur. Contra
quod recte per quemdam dicitur : *Peccasti ? ne adicias iterum.*
Peccatum quippe peccato adicit qui male etiam gesta defendit ;
et noctem solitariam non relinquit qui culpae suae tenebris
8 etiam patrocinia defensionis adiungit. Hinc est quod primus
homo de erroris sui nocte requisitus, eamdem noctem esse solitariam noluit, quia dum requisitione ad paenitentiam uocare-
tur, ei adminicula excusationis adiunxit dicens : *Mulier, quam*
12 *dedisti mihi sociam, dedit mihi de ligno et comedi.* Scilicet
excessus sui uitium in auctorem latenter intorquens, ac si
diceret : Tu occasionem delinquendi praebuisti qui mulierem
dedisti. Hinc est quod huius erroris ramus in humano genere
16 ex illa nunc usque radice protrahitur, ut quod male agitur,
adhuc etiam defendatur.
Vnde scriptum est : *Compactum squamis se prementibus.*
Fertur quia draconis corpus squamis tegitur, ne citius iacula-
20 tione penetretur. Ita corpus omne diaboli, id est multitudo
reproborum, cum de iniquitate sua corripitur, quibus ualet ter-
giuersationibus se excusare conatur ; et quasi quasdam defensionis squamas obicit, ne transfigi sagitta ueritatis possit.
24 Quisquis enim dum corripitur, peccatum suum magis excusare
appetit quam deflere, quasi squamis tegitur, dum a sanctis
praedicatoribus gladio uerbi iaculatur. Squamas habet, et idcirco ad eius praecordia transeundi uiam uerbi sagitta non

[XIV] **2/17** *CC* IV, xxi, 1/17 ; μ 119/120. **18/65** *CC* XXXIII, xxix, 1/12, 50/85 ; μ 651/652.

[XIV] **2** Iob 3, 7. **5** Eccli. 21, 1. **11/12** Gen. 3, 12. **18** Iob 41, 6.

[XIV] **2** solitaria] nec laude digna *add.* P_1 **4** cum] dum P_1 **6** qui] cum P_1 | gesta etiam P_1 **8** patrocinium P_1 | defensionis] de *praem.* L_1 **11** adiungit L_1 **24** excusare magis P_1

28 habet. Duritia enim carnali repellitur, ne spiritalis ei gladius
infigatur.

Sciendum tamen est quod istae defensionum squamae,
quamuis paene omne humanum genus contegant, hypocritarum
32 tamen specialiter et callidorum hominum mentes premunt. Ipsi
etenim culpas suas tanto uehementius confiteri refugiunt,
quanto et stultius uideri ab hominibus peccatores erubescunt.
Correpta itaque sanctitatis simulatio, et malitia occulta
36 deprehensa, squamas obicit defensionis, et ueritatis gladium
repellit. Vnde bene per prophetam contra Iudaeam dicitur : *Ibi
cubauit lamia et inuenit sibi requiem ; ibi habuit foueam hericius.* Per lamiam quippe hypocritae, per hericium uero mali-
40 tiosi quique, qui diuersis se defensionibus contegunt, designantur. Lamia etenim humanam habere faciem dicitur, sed corpus
bestiale ; sic et omnes hypocritae in prima facie quod ostendunt quasi ex ratione sanctitatis est ; sed bestiale est corpus
44 quod sequitur, quia ualde iniqua sunt quae sub boni specie
moliuntur. Hericii autem nomine malitiosarum mentium
defensio designatur, quia uidelicet hericius cum apprehenditur,
eius et caput cernitur ; pedes uidentur et corpus omne con-
48 spicitur ; sed mox ut apprehensus fuerit, semetipsum in
sphaeram colligit, pedes introrsus trahit, caput abscondit ; et
intra tenentis manum totum simul amittitur, quod totum simul
ante uidebatur. Sic nimirum sic malitiosae mentes sunt, cum in
52 suis excessibus comprehenduntur. Caput enim hericii cernitur,
quia quo initio ad culpam peccator accesserit, uidetur. Pedes
hericii conspiciuntur, quia quibus uestigiis nequitia sit perpetrata cognoscitur ; et tamen, adductis repente excusationibus,
56 malitiosa mens introrsus pedes colligit, quia cuncta iniquitatis
suae uestigia abscondit. Caput subtrahit, quia miris defensionibus nec incohasse se prauum aliquid ostendit ; et quasi
sphaera in manu tenentis remanet, quia is qui corripit, cuncta
60 quae iam cognouerat subito amittens, inuolutum intra conscientiam peccatorem tenet ; et qui totum iam deprehendendo

---

37/39 Is. 34, 14/15.

---

31 contegunt P_1 **36/37** gladius repellitur ueritatis P_1 **37** contra iudeam per prophetam P_1 **46** defensiones designantur P_1 **47** pedes] et *praem.* P_1 **50** manus P_1 **53**
peccator ad culpam P_1 **59** manet P_1 | is] his L_1

uiderat, tergiuersatione prauae defensionis illusus, totum pariter
ignorat. Foueam ergo hericius in reprobis habuit, quia mali-
64 tiosa mens sese intra se colligens in tenebris defensionis
abscondit.

CAPITVLVM XV

DE DEFENDENTIBVS PECCATA ALIORVM

Protegunt umbrae umbram eius. Vmbrae diaboli sunt
omnes iniqui ; qui dum imitationi iniquitatis eius inseruiunt,
4 quasi ab eius corpore imaginis speciem trahunt. Sicut autem
umbrae eius sunt pluraliter reprobi, ita singulariter eius umbra
est unusquisque peccator. Sed dum doctrinae iustorum mali
contradicunt, dum ab eis iniquum quemlibet corrigi non per-
8 mittunt, umbrae Behemoth istius umbram eius protegunt, quia
peccatores quique in quo sibi male conscii sunt, in eo et alium
peccantem defendunt. Vmbrae umbram eius protegunt, dum
nequissimorum facta nequiores peruersis patrociniis tuentur.
12 Quod hoc nimirum studio faciunt, ne dum culpa in qua et ipsi
obligati sunt, in aliis corrigitur, ad ipsos quandoque ueniatur.
Se igitur tegunt dum alios protegunt, quia suam uitam
praeuident impeti, unde alios considerant libera correptione
16 confundi. Sicque fit ut summa criminum dum defenditur
augeatur ; et uniuscuiusque nequitia eo sit ad perpetrandum
facilis, quo difficilis ad puniendum. Scelera quippe peccantium
tanto maiora incrementa percipiunt, quanto per defensionem
20 potentium diu inulta tolerantur. Sed tales qui seu intra
Ecclesiam seu extra sanctam Ecclesiam esse uideantur, tanto se
apertiores Dei hostes exhibent, quanto maiores sunt patroni
uitiorum. Contra illum quippe suis defensionibus pugnant, cui

---

[XV] **2/41** *CC* XXXIII, iv, 1/40 ; μ 1080/1081.

[XV] **2** Iob 40, 17.

---

64 sese] se P_1 | tenebras L_1 [XV] **2** umbre₂] quippe *add.* P_1 | sunt diaboli P_1 **3**
eius] ei L_1 **5** sunt] *om.* P_1 | umbra eius P_1 **9** sunt conscii P_1 **15** libera] aperta
P_1 **16** dum] cum P_1 **19** defensionum L_1 **20** qui] quippe P_1 | intra] sanctam *add.*
P_1 **21** sanctam ecclesiam] *om.* P_1

24 ea quae displicent, defendendo multiplicant. Quod factum bene
per prophetam Dominus sub Babylonis specie redarguit,
dicens : *Oriuntur in domibus eius spinae et urticae, et paliurus
in munitionibus eius.* Quid namque per urticas nisi cogitatio-
28 num prurigines ; quid uero per spinas nisi uitiorum punctiones
accipimus ? In domibus igitur Babylonis urticae et spinae pul-
lulant, quia in confusione mentis reprobae et desideria cogitationum surgunt quae exasperant, et operum peccata quae
32 pungunt. Sed haec agentes habent etiam nequiores alios defensores suos. Vnde illic apte protinus subdidit : *Et paliurus in
munitionibus eius.* Paliurus quippe tanta spinarum circumdatione densescit, ut prae asperitate uix tangi possit. Intus igitur
36 urtica et spina nascitur sed utrumque hoc exterius per paliurum
munitur, quia uidelicet minores iniqui mala quaelibet faciunt,
sed ea nequissimi maiores tuentur. Vnde bene et hic dicitur :
Protegunt umbrae umbram eius. Dum enim malum peior uin-
40 dicat, quasi umbra umbram, ne a ueritatis lumine irradietur,
obscurat.

CAPITVLVM XVI

DE PERTINACI VNITATE REPROBORVM, PECCATA SVA INVICEM DEFENDENTIVM

Squamae peccantium, ne ab ore praedicantium aliquo uitae
spiraculo penetrentur, et obduratae sunt et coniunctae sunt.
4 Quos enim similis reatus sociat, concordi pertinacia etiam
defensio peruersa constipat, ut de facinoribus suis alterna se
inuicem defensione tueantur. Sibi etenim quisque metuit, dum
admoneri uel corrigi alterum cernit ; et idcirco contra corri-
8 pientium uerba unanimiter assurgit, quia se in altero protegit.
Bene ergo de eis scriptum est : *Vna uni coniungitur, et ne spira-
culum quidem incedit per eas* ; quia in iniquitatibus suis, dum

---

[XVI] **2/12** *CC* XXXIII, xxx, 2/15 ; μ 1108.

26/27 Is. 34, 13.   [XVI] **9/10** Iob 41, 7.

---

24 ea] illa P_1 | displicent que P_1 **31** exasperent P_1 **32** pungunt] *ed. μ*, -ant L_1
P_1 **34** eius] suis P_1 **36** spina et urtica P_1 [XVI] **3** sunt$_2$] *om.* P_1 **6** etenim]
enim P_1 **7/8** corripientem P_1 **9** de eis scriptum est] dicitur P_1

uicissim superba defensione se protegunt, sanctae exhortationis
12 spiracula ad se nullatenus intrare permittunt.

Quorum pestiferam concordiam adhuc apertius subdit,
dicens : *Vna alteri adhaerebit, et tenentes se nequaquam separabuntur.* Qui enim diuisi corrigi poterant, in iniquitatum suarum
16 pertinacia uniti perdurant, et tanto magis cotidie a cognitione
iustitiae separabiliores fiunt, quanto a se inuicem nulla increpatione separantur. Nam sicut esse noxium solet si unitas desit
bonis, ita perniciosum est si non desit malis. Peruersos quippe
20 unitas corroborat, dum concordat ; et tanto magis incorrigibiles, quanto unanimes facit. De hac unitate reproborum per
Salomonem dicitur : *Stuppa collecta, synagoga peccantium.* De
hac Nahum propheta ait : *Sicut spinae inuicem se complectun-*
24 *tur, sic conuiuium eorum pariter potantium.* Conuiuium
namque reproborum est delectatio temporalium uoluptatum. In
quo nimirum conuiuio pariter potant qui delectationis suae illecebris se concorditer debriant.

CAPITVLVM XVII

DE ARROGANTIBVS ET QVATTVOR SPECIEBVS QVIBVS TVMOR
ARROGANTIVM DEMONSTRATVR

Non parua condemnatio est ex eo bono quod communiter
4 datur priuate gloriari, scire bonum unde acceperit, et nescire
quomodo uti debeat bono quod accepit. Quattuor quippe sunt
species quibus omnis tumor arrogantium demonstratur : cum
bonum aut a semetipsis habere se aestimant ; aut si sibi datum
8 desuper credunt, pro suis se hoc accepisse meritis putant ; aut
certe cum iactant se habere quod non habent ; aut despectis
ceteris, singulariter uideri appetunt habere quod habent. A
semetipso enim bonum se habere iactabat, cui per apostolum

13/27 *CC ibid.*, xxxi, 1/15 ; μ 1108/1109.   [XVII] 3/51 *CC* XXIII, vi, 4/52 ; μ
736/737.

14/15 Iob 41, 8.   22 Eccli. 21, 10.   23/24 Nah. 1, 10.

---

14 adherebunt P_1 21 facit] fiunt P_1 [XVII] 5 uti bono debeat P_1 6 cum] dum
P_1 7 si] dum P_1

12 dicitur : *Quid autem habes quod non accepisti ? Si autem accepisti, quid gloriaris quasi non acceperis ?* Rursum ne dari nobis bonum gratiae pro nostris praecedentibus meritis crederemus, idem apostolus admonet dicens : *Gratia estis*
16 *saluati per fidem, et hoc non ex uobis, Dei donum est, non ex operibus, ut ne quis glorietur.* Qui etiam de semetipso ait : *Qui prius fui blasphemus, et persecutor, et contumeliosus ; sed misericordiam consecutus sum.* Quibus uerbis aperte declarat quod
20 gratia non pro meritis tribuatur, dum ex seipso docuit et quid de malitia meruit, et quid de beneuolentia accepit. Rursum nonnulli iactant se habere quod non habent, sicut diuina uoce per prophetam de Moab dicitur : *Superbiam Moab et arrogan-*
24 *tiam eius ego noui, et quod non sit iuxta eam uirtus eius.* Et sicut angelo ecclesiae Laodiceae dicitur : *Quia dicis quod diues sum, et locupletatus, et nullius egeo ; et nescis quia tu es miser, et miserabilis, et pauper, et caecus, et nudus.* Rursum nonnulli,
28 despectis ceteris, uideri appetunt singulariter bonum habere quod habent. Vnde et pharisaeus idcirco de templo absque iustificatione descendit, quia bonorum operum merita sibi quasi singulariter tribuens, oranti publicano se praetulit. Sancti
32 quoque apostoli ab hoc elationis uitio reuocantur, qui de praedicatione redeuntes, cum elati dicerent : *Domine, in nomine tuo etiam daemonia nobis subiecta sunt,* ne de hac miraculorum singularitate gauderent, ilico eis respondit Dominus,
36 dicens : *Videbam satanam uelut fulgur de caelo cadentem.* Ipse quippe singulariter elatus dixerat : *Super astra caeli exaltabo solium meum, sedebo in monte testamenti, in lateribus Aquilonis, similis ero Altissimo.* Et mire Dominus, ut in disci-
40 pulorum cordibus elationem premeret, mox iudicium ruinae rettulit, quod ipse magister elationis accepit, ut in auctore superbiae discerent quid de elationis uitio formidarent. In hac itaque arrogantiae quarta specie crebro humanus animus labi-
44 tur, ut id quod habet habere se singulariter glorietur. In qua

---

[XVII] **12/13** I Cor. 4, 7.   **15/17** Eph. 2, 8/9.   **17/19** I Tim. 1, 13.   **23/24** cfr Ier. 48, 29/30.   **25/27** Apoc. 3, 17.   **29/31** cfr Luc. 18, 10/14.   **31/36** Luc. 10, 17/18.   **37/39** Is. 14, 13/14.

---

13 rursus P_1 **16** donum dei P_1 **17** operibus] uestris *add.* L_1 | ut] *om.* P_1 **20** pro] *om.* L_1 **24** ego noui] *ed.* μ, agnoui L_1, cognoui P_1 |eam] L_1 *post corr.*   **30** bona P_1 **36** uelut] sicut P_1 **39** similis] et *praem.* P_1 |ut mire dominus L_1

tamen diabolicae similitudini uicinius appropinquat ; quia
quisquis bonum se habere singulariter gaudet, quisquis uideri
sublimior ceteris quaerit, illum uidelicet imitatur, qui despecto
48 bono societatis angelorum, sedem suam ad Aquilonem ponens,
et Altissimi similitudinem superbe appetens, per iniquum
desiderium quasi ad quoddam culmen conatus est singularitatis
erumpere.

CAPITVLVM XVIII

QVAM BREVIS SIT GLORIA INIQVORVM QVAE REPENTE IN NIHILVM DISSIPATVR

Eleuati sunt ad modicum et non subsistent. Iniquorum
gloria cum plerumque in annorum multitudinem tenditur, ab
4   infirmorum mentibus esse longa et quasi stabilis aestimatur.
Sed cum repentinus hanc finis intercipit, breuem procul dubio
fuisse deprehendit, quoniam finis determinans innotescit, quia
quod praeterire potuit, modicum fuit. Eleuantur ergo ad modi-
8   cum, et minime subsistunt, quia eo ipso quo uideri alti
appetunt, a uera Dei essentia longe per elationem fiunt. Subsistere etenim nequeunt, quia ab aeternae essentiae soliditate
diuiduntur atque hanc primam ruinam tolerant, quia per priua-
12 tam gloriam in semetipsis cadunt. Hinc enim per psalmistam
dicitur : *Deiecisti eos, dum alleuarentur* ; quia eo intrinsecus
corruunt quo male extrinsecus surgunt. Hanc breuitatem
gloriae temporalis aspiciens, iterum dicit : *Vidi impium*
16 *superexaltatum et eleuatum super cedros Libani ; et transiui et*
ecce non erat. Hinc rursum ait : *Pusillum adhuc, et non erit*
peccator. Hinc Iacobus dicit : *Quae est enim uita uestra ? uapor*
est ad modicum parens. Hinc propheta breuitatem gloriae car-
20 nalis pensans, denuntiat dicens : *Omnis caro fenum et omnis*
gloria eius sicut flos feni. Iniquorum quippe potentia feni flori

---

[XVIII] **2/33** *CC* XVII, VIII, 1/33 ; μ 538/539.

[XVIII] **2** Iob 24, 24.   **13** Ps. 72, 18.   **15/17** Ps. 36, 35/36.   **17/18** Ps. 36,
10.   **18/19** Iac. 4, 15.   **20/21** Is 40, 6 ; I Petri 1, 24.

---

49 appetens superbe P_1 [XVIII] **3** multitudine P_1 **8** quo] quod P_1 **9** uera] ueri
L_1 **13** intrinsecus eo L_1 **16** super] sicut P_1 **18** dicit] ait P_1 |enim] *om.* P_1

comparatur, quia nimirum carnalis gloria dum nitet, cadit ; dum apud se extollitur, repentino intercepta fine terminatur.
24 Sic namque aurarum flatu in altum stipula rapitur, sed casu concito ad ima reuocatur. Sic ad nebula fumus attollitur, sed repente in nihilum tumescendo dissipatur. Sic ab infimis nebula densescendo se erigit ; sed exortus hanc solis radius, ac
28 si non fuerit, abstergit. Sic in herbarum superficie nocturni roris humor aspergitur, sed diurni luminis subito calore siccatur. Sic spumosae aquarum bullae incohantibus pluuiis excitatae, ab intimis certatim prodeunt ; sed eo celerius diruptae depereunt,
32 quo inflatae altius extenduntur. Cumque excrescunt ut appareant, crescendo peragunt ne subsistant.

CAPITVLVM XIX

DE REPROBIS QVI ETIAM INSTANTE MORTE RELINQVENDA OMNIA QVASI POSSIDENDA DISPONVNT

Reproborum mens erga diem praesentis uitae tanto amore
4 constringitur, ut sic semper hic appetant uiuere, quatenus si ualeant uiuendi cursum desiderent numquam finire. Cogitare quippe uentura despiciunt, spem totam in rebus transeuntibus ponunt, habere nulla nisi quae praetereunt concupiscunt.
8 Cumque nimis transeuntia cogitant et mansura nullatenus sperant, sic caecitate insensibili cordis oculus clauditur ut aeternae luci nullatenus intendatur. Vnde fit ut saepe iam corpus molestia quatiat et uicina mors uirtutem uitalis spiritus incidat,
12 nec tamen curare quae mundi sunt desinant. Iamque eos ultor ad iudicium pertrahit ; et tamen ipsi ordinatione sollicita rebus transeuntibus occupati, nihil aliud cogitant nisi in hoc mundo adhuc qualiter uiuant. Relinquenda omnia quasi possidenda
16 disponunt quia spes uiuendi non frangitur, etiam cum uita terminatur. Iam ad iudicium trahuntur per sententiam et tamen adhuc habendis rebus inhaerent per curam. Dura etenim mente abesse mors longe creditur, etiam cum sentitur. Sicque a carne

---

[XIX] **3/24** *CC* VIII, xii, 1/23 ; μ 253/254.

---

27 nebula] nubila P_1 | descendendo L_1 [XIX] **3** dies P_1 | uite presentis P_1 **4** quatenus] ut P_1 **18** inherent] adherent P_1

20 anima soluitur ut erga praesentia immoderato amore se
retinens, cum ad aeternum supplicium ducitur, hoc ipsum
quoque nesciat quo ducatur. Et deserens quae amare cum termino noluit, repente sine termino inuenit quae numquam
24 praeuidit.

Hi etenim uitam carnis quasi permanentem diligunt, qui
quanta sit uitae sequentis aeternitas non intendunt ; cumque
soliditatem perennitatis non considerant exsilium patriam,
28 tenebras lucem, cursum stationem putant, quia qui maiora nesciunt, iudicare de minimis nequaquam possunt. Idcirco itaque
mens reproba praesentis uitae cursum aestimare non sufficit
quia admirationi illius ex amore succumbit.

CAPITVLVM XX

QVQD REPROBI QVI DESIDERIA SVA COMPLENT, QVASI PER AMOENA PRATA IN
CARCEREM DVCVNTVR

Numquid non perditio est iniquo et alienatio operantibus ini-
4 *quitatem ?* Festina consolatio bonorum est consideratus finis
malorum. Dum enim ex eorum interitu malum conspiciunt
quod euadunt, leue aestimant quicquid aduersum in hac uita
patiuntur. Eant ergo nunc reprobi, et delectationum suarum
8 desideria compleant, in finis sui damnatione sensuri sunt quia
mortem male uiuentes amauerunt. Transitorio autem uerbere
affligantur electi, ut a prauitate flagella corrigant quos paterna
pietas ad hereditatem seruat. Nunc etenim flagellatur iustus, et
12 uerbere disciplinae corrigitur, quia ad aeternae hereditatis patrimonium praeparatur. In suis autem uoluptatibus relaxatur
iniustus, quia quanto ei temporalia bona suppetunt, tanto
aeterna denegantur. Iniustus ad debitam mortem currens,
16 effrenatis uoluptatibus utitur, quia et uituli qui mactandi sunt

---

25/31 *CC ibid.*, xiii, 1/6, 9/11 ; μ 254.   [XX] **3/36** *CC* XXI, iv, 1/35 ; μ
681/682.

[XX] **3/4** Iob 31, 3.

---

23 numquam] non P_1 **28** lucem] lumen P_1 [XX] **2** deducuntur P_1 **6** estimant]
existimant P_1

in liberioribus pastibus relinquuntur. At contra iustus a delectationis transitoriae iucunditate restringitur, quia et nimirum uitulus ad laboris usum uitae deputatus sub iugo retinetur.
20 Negantur electis in hac uita bona terrena, quia et aegris quibus spes uiuendi est nequaquam a medico cuncta quae appetunt conceduntur. Dantur autem reprobis bona quae in hac uita appetunt, quia et desperatis aegris omne quod desiderant non
24 negatur. Perpendant igitur iusti quae sint mala quae iniquis permanent, et nequaquam eorum felicitati inuideant quae percurrit. Quid est enim quod de eorum gaudiis admirentur, quando et ipsi per iter asperum ad salutis patriam, et illi quasi
28 per amoena prata ad foueam tendunt ? Dicat ergo uir iustus : *Numquid non perditio est iniquo et alienatio operantibus iniquitatem ?* Quod uidelicet alienationis uerbum durius sonaret, si hoc interpres in suae linguae uoce tenuisset. Quod enim apud
32 nos alienatio, hoc apud Hebraeos anathema dicitur. Tunc ergo alienatio erit reprobis, cum ab hereditate districti iudicis se anathema esse conspiciunt, quia hic eum peruersis moribus contempserunt. Floreat igitur iniquus, a flore aeternae heredi
36 tatis alienus.

Sed eo atrocius in tormentis obruetur, quo altius in peccatis eleuatur, quia transit quod extollitur, permanet quod punitur. Quia honoratur in uia, in peruentione damnabitur. Et quasi per
40 amoena prata in carcerem peruenit qui per praesentis uitae prospera ad interitum tendit. Gloriam autem morituri nihil esse, in ipsa iam morte pensare infirmi quilibet possunt. Tunc enim ei etiam illi derogant qui hanc et usque ad mortem
44 sequentes amant.

37/44 *CC* VI, vi, 24/29, 46/49 ; μ 184/185.

---

17 liberioribus] liberis P_1 28 iustus] sanctus P_1 31 interpretes P_1 | tenuissent P_1 39 damnatur P_1 40 in] ad P_1

LIBER SEXTVS

DE POENIS REPROBORVM

PROLOGVS

Liber sextus et ultimus primae partis de poena disserit reproborum, qui tractatui in quo de reproborum prauis actibus tractatur idcirco proximo loco adicitur, quoniam huiusmodi
4 militia talibus digne remuneratur stipendiis. Sicut enim ait apostolus : *Stipendium peccati mors.*

Poenis autem reproborum contraria est gloria iustorum, de qua sexto et ultimo libro partis secundae tractatur ; quod si
8 remedium contra reproborum poenas requisieris, non aliud conuenientius quam iustorum beatitudinem poteris inuenire.

CAPITVLVM I

DE MAGNITVDINE IVDICIS IN DIE IVDICII ET TERRORE IVDICII

Et quis poterit tonitruum magnitudinis illius intueri ? Hunc tonitruum aduentus Christi Dauid psalmista insonat, dicens :
4 *Deus manifeste ueniet, Deus noster, et non silebit ; ignis in conspectu eius ardebit et in circuitu eius tempestas ualida.* De eodem Isaias : *Ecce dies Domini ueniet crudelis, et indignationis plenus, et irae furorisque, ad ponendam terram in solitu-*
8 *dinem, et peccatores eius conterendos de ea.* Hunc Sophonias propheta denuntiat, dicens : *Iuxta est dies Domini magnus, iuxta et uelox nimis. Vox diei Domini amara, tribulabitur ibi*

[I] **2/5** *CC* XVII, xxxiii, 15/16, 18/21 ; μ 556. **5/8** *CC* XX, xxxii, 88/90 ; μ 667. **8/37** *CC* XVII, xxxiii, 21/52 ; μ 556.

[Prol.] **5** Rom. 6, 23. [I] **2** Iob 26, 14. **4/5** Ps. 49, 3. **6/8** Is. 13, 9. **9/13** Soph. 1, 14/16.

[I] **2** illius] eius P_1 **3** christi] illius etiam P_1 | intonat L_1 **6/7** indignatione L_1 **8** de] ex P_1

fortis. Dies irae dies illa, dies tribulationis et angustiae, dies
12 *calamitatis et miseriae, dies tenebrarum et caliginis, dies nebu-*
lae et turbinis, dies tubae et clangoris. Terrorem ergo districti
examinis quem Sophonias tubam, beatus Iob tonitruum appellat. Quem Ioel quoque considerans ait : *Conturbentur omnes*
16 *habitatores terrae, quia uenit dies Domini, quia prope est dies*
tenebrarum et caliginis, dies nubis et turbinis : Magnus enim
dies Domini et terribilis ualde ; et quis sustinebit eum ? Sed
quam incomprehensibilis sit atque inconsiderabilis illa magni-
20 tudo qua in secunda ostensione uenturus est, bene utcumque
perpendimus, si primi aduentus pondera sollicita consideratione pensamus. Certe ut nos a morte redimeret, mori Dominus uenit, defectum nostrae carnis in suo corpore poenasque
24 tolerauit. Qui priusquam ad crucis patibulum perueniret, teneri, conspui, illudi, alapis caedi se pertulit. Ecce ad quanta
propter nos uenire probra consensit ; et tamen priusquam se
teneri permitteret, persecutores suos requisiuit, dicens : *Quem*
28 *quaeritis ?* Cui ilico responderunt : *Iesum Nazarenum.* Quibus
cum repente diceret : *Ego sum,* uocem solummodo mitissimae
responsionis edidit, et armatos persecutores suos protinus in
terram strauit. Quid ergo facturus est, cum iudicaturus uenerit,
32 qui una uoce hostes suos perculit, etiam cum iudicandus
uenit ? Quod est illud iudicium quod immortalis exseret qui in
una uoce non potuit ferri moriturus ? Quis eius iram toleret
cuius et ipsa non potuit mansuetudo tolerari ? Consideret ergo
36 uir sanctus et dicat : *Cum uix paruam stillam sermonum eius*
audierimus, quis poterit tonitruum magnitudinis illius intueri ?

CAPITVLVM II

QVOD VALDE TIMENDVM EST EXTREMVM IVDICIVM IN QVO MINIMVM ETIAM
MANDA TUM CHRISTVS INDISCVSSVM NON RELINQVET

Et librum scribat ipse qui iudicat. Timenti adhuc populo lex

[II] **3/19** *CC* XXII, xviii, 1/6, 8/19 ; μ 719.

15/18 Ioel 2, 1/2.   **17/18** Ioel 2, 11.   **28/29** Ioh. 18, 4/5.   **36/38** Iob 26, 14.   [II]
3 Iob 31, 35.   **3/5** cfr Ioh. 1, 17.

---

26 uenire propter nos P_1 **33** uenit] aduenit P_1

4 est transmissa per seruum, diligentibus uero filiis euangelii gratia est collata per Dominum, qui ad redemptionem nostram
ueniens nouum nobis testamentum condidit, sed de eiusdem
nos testamenti mandatis discutiens, quandoque etiam iudex
8 uenit. Ipsa enim per se Veritas dicit : *Pater non iudicat quem-*
quam, sed omne iudicium dedit Filio. Erit ergo tunc auctor iudicii, qui nunc est conditor libri, ut tunc districtus exigat quod
modo mansuetus iubet. Sic namque cotidie conspicimus quod
12 magistri pueris elementa litterarum blandientes imponunt, sed
haec ab eis saeuientes exigunt ; et quae dant cum mansuetudine, cum uerbere exquirunt. Blanda namque nunc sonant eloquii diuini mandata, sed erunt aspera in exactione sentienda.
16 Mansueta modo est admonitio uocantis, sed tunc districta uentura est iustitia iudicis, eo quod certum est quia nec uel
minimum mandatum indiscussum praetereat. Quo uidelicet
constat quia librum scripsit ipse qui iudicat.
20   Vnde scriptum est : *Fugite ergo a facie gladii, quia ultor ini-*
quitatum gladius est et scitote esse iudicium. Omnis qui
peruerse agit, eo ipso quo hoc timere despicit, esse Dei iudicium nescit. Si enim hoc timendum sciret, quae in illo sunt
24 punienda non ageret. Nam sunt plerique qui extremum esse
iudicium uerbo tenus sciunt, sed peruerse agendo testantur quia
nesciunt. Qui enim hoc non formidat ut debet, necdum cognouit cum quanto turbine terroris adueniat. Si enim pensare
28 pondus tremendi examinis nosset, irae diem utique timendo
praecaueret. Faciem itaque gladii fugere est animaduersionis
districtae sententiam prius quam appareat placare. Vitari
namque terror iudicis non nisi ante iudicium potest. Modo non
32 cernitur sed precibus placatur. Cum uero in illo tremendo
examine sederit, et uideri potest, et placari iam non potest,
quia facta prauorum quae diu sustinuit tacitus, simul omnia

20/39 *CC* XIV, LIX, 15/34 ; μ 468.

8/9 Ioh. 5, 22.   **20/21** Iob 19, 29.

[II] **7** testamenti nos P_1 **8** per se] *om. P*$_1$ **9** iudicium omne P_1 **15** exactione] actione L_1 **17** eo quod] *ed.*, eoque L_1 P_1 **17/18** nec *usque* mandatum] nil uel minimi
mandati P_1 **22** dei] *om. L*$_1$ **23** timendo L_1 | illo] ipso P_1 **26** hoc] *om. P*$_1$ **28**
tremendi] extremi P_1 | nosset] posset P_1 **29** itaque] quoque P_1 **33** et$_1$] *om. P*$_1$

reddet iratus. Vnde necesse est nunc timere iudicem, cum nec-
36 dum iudicium exercet, cum diu sustinet, cum adhuc mala
tolerat quae uidet, ne cum semel manum in retributione
ultionis excusserit, tanto in iudicio districtius feriat quanto ante
iudicium diutius exspectauit.

CAPITVLVM III

DE ORDINIBVS IVDICANTIVM ET IVDICANDORVM IN IVDICIO

Duae sunt partes, electorum scilicet, atque reproborum. Sed
bini ordines eisdem singulis partibus continentur. Alii namque
4 iudicantur et pereunt ; alii non iudicantur et pereunt. Alii iudicantur et regnant ; alii non iudicantur et regnant. Iudicantur et
pereunt quibus dominica inclamatione dicitur : *Esuriui, et non
dedistis mihi manducare ; sitiui, et non dedistis mihi bibere ;*
8 *hospes eram, et non collegistis me ; nudus, et non operuistis
me ; aeger et in carcere, et non uisitastis me.* Quibus praemittitur : *Discedite a me, maledicti, in ignem aeternum, qui
praeparatus est diabolo et angelis eius.* Alii uero in extremo
12 iudicio non iudicantur et pereunt, de quibus propheta ait : *Non
resurgunt impii in iudicio.* Et de quibus Dominus dicit : *Qui
autem non credit, iam iudicatus est.* Et de quibus Paulus ait :
Qui sine lege peccauerunt, sine lege peribunt. Resurgunt uero
16 etiam omnes infideles, sed ad tormenta, non ad iudicium. Non
enim eorum tunc causa discutitur, qui ad conspectum districti
iudicis iam cum damnatione suae infidelitatis accedunt. Profes-
sionem uero fidei retinentes, sed professionis opera non
20 habentes, redarguuntur ut pereant. Qui uero nec fidei sacramenta tenuerunt, increpationem iudicis in extrema examinatione non audiunt ; quia, praeiudicati infidelitatis suae tenebris,
eius quem despexerant inuectione redargui non merentur. Illi

[III] **2/30** *CC* XXVI, xxvii, 18/45, 51/52 ; μ 835/836.

[III] **6/11** Matth. 25, 41/43.   **12/13** Ps. 1, 5.   **13/14** Ioh. 3, 18.   **15** Rom. 2, 12.

---

35 reddit P_1 | timeri L_1 **37** toleret L_1 [III] **5** iudicantur$_2$] iudicant L_1 **9** uisi-
tastis] uenistis ad L_1 **11** paratus P_1 **16** tormentum P_1 **22** preiudicanti L_1

24 saltem uerba iudicis audiunt, quia eius fidei saltem uerba
tenuerunt. Isti in damnatione sua aeterna iudicis nec uerba percipiunt, quia eius reuerentiam nec uerbo tenus seruare
maluerunt. Illi legaliter pereunt, quia sub lege positi pec-
28 cauerunt ; istis in perditione sua de lege nil dicitur, quia nihil
legis habere conati sunt. Neque enim lege necesse est perimi,
qui lege numquam potuit teneri.

Notandum etiam quod reprobi Christum iudicem non in
32 diuinitatis forma sed tantum in humanitate, in qua
comprehendi potuit, conspicient, quem oculos ipsorum reducta
tunc ad memoriam peccata reuerberant ne claritatem diuinitatis
uideant.

36 Ex electorum uero parte alii iudicantur et regnant, qui
maculas uitae lacrimis tergunt, qui mala praecedentia factis
sequentibus redimentes, quicquid illicitum aliquando fecerunt
ab oculis iudicis eleemosynarum superductione cooperiunt.
40 Quibus iudex ueniens dicet : *Esuriui, et dedistis mihi mandu-*
care ; sitiui, et dedistis mihi bibere ; hospes eram, et collegistis
me ; nudus, et cooperuistis me ; infirmus, et uisitastis me ; in
carcere eram, et uenistis ad me. Quibus praemittit, dicens :
44 *Venite, benedicti Patris mei, possidete paratum uobis regnum a*
constitutione mundi. Alii autem non iudicantur et regnant, qui
omnia relinquentes, a Domino audierunt : *Vos qui reliquistis*
omnia et secuti estis me, cum sederit filius hominis in sede
48 *maiestatis suae, sedebitis et uos super duodecim thronos, iudi-*
cantes duodecim tribus Israel.

31/35 *CC* XXVII, v, 14/20 ; μ 856.   36/49 *CC* XXVI, xxvii, 56/67, 70/73 ; μ
836/837.

40/43 Matth. 25, 34/35.   44/45 Matth. 25, 34.   46/49 Matth. 19, 28.

24/25 uerba saltem P_1 25 eterni P_1 25/27 isti *usque* maluerunt] *om.* L_1 27 quia]
qui L_1 28 nichil] nil P_1 32 tantum] *om.* P_1 37 uite maculas P_1 40 ueniens]
etiam consistentibus *add.* P_1 40/46 et *usque* audierunt] et cetera . alii autem non
iudicantur et regnant qui etiam precepta legis perfectionis uirtute transcendunt quia
nequaquam hoc solum quod cunctis diuina lex precipit implere contenti sunt sed
prestantiori desiderio plus exhibere appetunt quam preceptis generalibus audire
meruerunt . quibus dominica uoce dicitur P_1 42 operuistis L_1

CAPITVLVM IV

DE INFERNO : QVOMODO SIT TERRA TENEBROSA ET TERRA MISERIAE

*Antequam uadam, et non reuertar, ad terram tenebrosam et
opertam mortis caligine.* Quid terrae tenebrosae nomine nisi
4 taetra tartari claustra signantur ? Quae et aeternae mortis
caligo operit, quia damnatos quosque in perpetuum a uitae luce
disiungit. Nec immerito infernus terra dicitur, quia quique ab
eo capti fuerint, stabiliter tenentur. Scriptum quippe est : *Gene-*
8 *ratio praeterit et generatio aduenit ; terra uero in aeternum stat.*
Recte igitur inferni claustra tenebrosa terra nominantur quia
quos puniendos accipiunt, nequaquam poena transitoria, uel
phantastica imaginatione cruciant, sed ultione solida perpetuae
12 damnationis seruant. Quae aliquando tamen laci appellatione
signantur propheta attestante, qui ait : *Portauerunt ignominiam
suam cum his qui descendunt in lacum.* Infernus ergo et terra
nominatur, quia susceptos stabiliter tenet ; et lacus dicitur quia
16 hos quos semel ceperit semper fluctuantes et trepidos tormentis
circumfluentibus absorbet. Sanctus autem uir siue sua, seu
humani generis uoce dimitti se postulat, antequam uadat ; non
quia ad terram tenebrosam qui culpam deflet iturus est sed
20 quia ad hanc procul dubio qui plangere neglegit uadit. Sicut
debitori suo creditor dicit : Solue debitum prius quam pro
debito constringaris ; qui tamen non constringitur, si quod
debet soluere non moratur. Vbi et recte subditur : *Non reuertar,*
24 quia nequaquam ultra misericordia parcentis liberat quos semel
in locis poenalibus iustitia iudicantis damnat.
    Quae adhuc subtilius loca describuntur, cum dicitur : *Ter-*
ram miseriae et tenebrarum. Miseria ad dolorem pertinet, tene-
28 brae ad caecitatem. Ea ergo quae a conspectu districti iudicis
expulsos tenet, miseriae et tenebrarum terra perhibetur quia

[IV] **2/26** *CC* IX, ʟxɪɪɪ, 1/27 ; *μ* 331.   **26/39** *CC ibid.*, ʟxɪv, 1/13 ; *μ* 331/332.

[IV] **2/3** Iob 10, 21.   **7/8** Eccle. 1, 4.   **13/14** Ez. 32, 24.   **26/27** Iob 10, 22.

[IV] **3** quid] enim *add. P*₁   **5** operuit *L*₁   **6** quicumque *P*₁   **9** nominatur *P*₁   **17**
seu] siue *P*₁   **24** misericordia ultra *P*₁   **26/27** terra *L*₁

foris dolor cruciat quos diuisos a uero lumine intus caecitas
obscurat. Quamuis miseriae et tenebrarum terra intellegi et
32 aliter potest. Nam haec quoque terra in qua nascimur est
quidem miseriae, sed tenebrarum non est quia multa hic corruptionis mala patimur, sed tamen adhuc in ea per conuersionis gratiam ad lucem redimus, Veritate suadente quae ait :
36 *Ambulate dum lucem habetis ne uos tenebrae comprehendant.*
Illa uero simul miseriae et tenebrarum terra est, quia quisquis
ad toleranda eius mala descenderit, nequaquam ulterius ad
lucem redit.

CAPITVLVM V

DE IGNE INFERNI ET ORDINE DAMNATORVM PRO QVALITATE MERITORVM

Ubi umbra mortis et nullus ordo. Sicut mors exterior ab
anima diuidit carnem, ita mors interior a Deo separat animam.
4 Vmbra ergo mortis est obscuritas diuisionis, quia damnatus
quisque cum aeterno igne succenditur, ab interno lumine tenebratur. Natura uero ignis est, ut ex se ipso et lucem exhibeat, et
concremationem ; sed transactorum illa ultrix flamma uitiorum
8 concremationem habet et lumen non habet. Hinc est enim
quod reprobis Veritas dicit : *Discedite a me, maledicti, in
ignem aeternum qui praeparatus est diabolo et angelis eius.*
Quorum rursus omnium corpus in unius persona significans
12 dicit : *Ligate ei manus et pedes et mittite eum in tenebras
exteriores.* Si itaque ignis qui reprobos cruciat lumen habere
potuisset, is qui repellitur nequaquam mitti in tenebras diceretur. Hinc etiam psalmista ait : *Super eos cecidit ignis et non
16 uiderunt solem.* Ignis enim super impios cadit, sed sol igne
cadente non cernitur quia quos illa gehennae flamma deuorat, a

---

[V] **2/79** *CC* IX, LXV, 1/79 ; μ 332/333.

---

36 Ioh. 12, 35.   [V] **2** Iob 10, 22.   **9/10** Matth. 25, 41.   **12/13** Matth. 22,
13.   **15/16** Ps. 57, 9.

---

34 mala] nostre *praem.* P_1 **36** tenebre uos P_1 **38** mala eius P_1 [V] **11**
significans] designans P_1 **13/14** habere potuisset lumen P_1 **17** cadente] candente P_1
| quos illa] quo illos P_1

uisione ueri luminis caecat ; ut et eos foris dolor combustionis
cruciet et intus poena caecitatis obscuret ; quatenus qui auctori
20 suo corpore et corde deliquerunt, corpore et corde simul puniantur. Et utrobique poenas sentiant, qui dum hic uiuerent
prauis suis delectationibus ex utroque seruiebant. Vnde bene
per prophetam dicitur : *Descenderunt ad infernum cum armis*
24 *suis.* Arma quippe peccantium sunt membra corporis, quibus
peruersa desideria quae concipiunt exsequuntur. Vnde recte per
Paulum dicitur : *Neque exhibeatis membra uestra arma iniquitatis peccato.* Cum armis ergo ad infernum descendere est cum
28 ipsis quoque membris quibus desideria uoluptatis expleuerunt
aeterni iudicii tormenta tolerare, ut tunc eos undique dolor
absorbeat, qui nunc suis delectationibus subditi, undique contra
iustitiam iuste iudicantis pugnant.
32   Mirum uero ualde est quod dicitur : *Vbi nullus ordo.* Neque
enim omnipotens Deus qui mala bene punit, inordinata esse
ullo modo uel tormenta permittit, quia ipsa quoque supplicia
quae ex lance iustitiae prodeunt inferri sine ordine nequaquam
36 possunt. Quomodo namque in suppliciis ordo non erit, dum
damnatum quemque iuxta modum criminis retributio sequitur
ultionis ? Hinc quippe scriptum est : *Potentes potenter
tormenta patientur, et fortioribus fortior instat cruciatio.* Hinc
40 in Babylonis dicitur damnatione : *Quantum exsultauit se et in
deliciis fuit, tantum date illi tormenta et luctum.* Si igitur iuxta
modum culpae poena distinguitur, constat nimirum quod in
suppliciis ordo seruatur. Et nisi tormentorum summam meri-
44 torum acta dirimerent, nequaquam iudex ueniens dicturum se
messoribus esse perhiberet : *Colligite zizania et ligate ea fasciculis ad comburendum.* Si enim nullus in suppliciis ordo serua-
bitur, cur comburenda zizania in fasciculis ligantur ? Sed
48 nimirum fasciculos ad comburendum ligare est hos qui aeterno
igni tradendi sunt pares paribus sociare, ut quos similis culpa
inquinat, par etiam poena constringat ; et qui nequaquam
dispari iniquitate polluti sunt nequaquam dispari tormento cru-

---

23/24 Ez. 32, 27. 26/27 Rom. 6, 13. 38/39 Sap. 6, 7.9. 40/41 Apoc. 18,
7. 45/46 Matth. 13, 30.

---

18 ut] et dicitur *add. et eras.* P_1 | foris eos P_1 20 corpore et corde simul] simul et
corpore et corde P_1 23 ad] in P_1 37 criminis] et *add.* P_1 40 damnatione dicitur
P_1 | exaltauit P_1 49 similis] simul L_1

52 cientur, quatenus simul damnatio conterat quos simul elatio
subleuabat. Quosque non dissimiliter dilatauit ambitio, non
dissimilis angustet afflictio et par cruciet flamma supplicii quos
in igne luxuriae par succendit flamma peccati. Sicut enim *in*
56 *domo Patris mansiones multae sunt* pro diuersitate uirtutis, sic
damnatos diuerso supplicio gehennae ignibus subicit disparili-
tas criminis. Quae uidelicet gehenna quamuis cunctis una sit,
non tamen cunctos una eademque qualitate succendit. Nam
60 sicut uno sole omnes tangimur nec tamen sub uno ordine
omnes aestuamus, quia iuxta qualitatem corporis sentitur etiam
pondus caloris, sic damnatis et una est gehenna quae afficit et
tamen non una omnes qualitate comburit quia quod hic agit
64 dispar ualetudo corporum, hoc illic exhibet dispar causa meritorum. Quomodo ergo nullus inesse ordo suppliciis dicitur, in
quibus profecto quisque iuxta modum culpae cruciatur ?
    Sed sanctus uir postquam umbram mortis intulit, quanta sit
68 confusio in damnatorum mente subiungit, quia ipsa quoque
supplicia quae ordinata per iustitiam ueniunt ordinata procul
dubio in corde morientium non sunt. Vt enim paulo superius
diximus, damnatus quisque flamma succenditur, intus caeci-
72 tatis igne deuoratur, atque in dolore positus, exterius
interiusque confunditur, ut sua confusione deterius crucietur.
Repulsis ergo ordo in supplicio non erit quia in eorum morte
atrocius ipsa confusio mentis saeuit. Quam tamen mira poten-
76 tia iudicantis aequitas ordinat ut poena animum quasi inordinata confundat. Vel certe abesse ordo suppliciis dicitur, quia
quibuslibet rebus in poenam surgentibus propria qualitas non
seruatur.

55/56 Ioh. 14, 2.

---

53 dilatabat P_1 58 uidelicet] scilicet P_1 60 uno] eo *praem.* P_1 61 estuamus
omnes P_1 62 et,] *om.* P_1 65 suppliciis ordo P_1 71 flamma] foris *praem.* P_1 73
deterius confusione P_1 75/76 potentia] et *add.* P_1 77 ordo abesse P_1

CAPITVLVM VI

DE IGNE INFERNI QVI AD ALIQVID LVCET ET AD ALIQVID NON LVCET, ET DE DAMNATIS
PVNIENDIS CVM DIABOLO

Et sempiternus horror inhabitans. In huius uitae tormentis
4 timor dolorem habet, dolor timorem non habet, quia nequaquam mentem metus cruciat cum pati iam coeperit quod
metuebat. Infernum uero et umbra mortis obscurat, et sempiternus horror inhabitat quia eius ignibus traditi, et in suppliciis
8 dolorem sentiunt, et in doloris angustia pulsante se semper
pauore feriuntur ; ut et quod timent tolerent, et rursus quod
tolerant sine cessatione pertimescant. De his etenim scriptum
est : *Vermis eorum non morietur et ignis eorum non exstingue-*
12 *tur.* Hic flamma quae succendit illuminat ; illic ut superius
uerbis psalmistae docuimus, ignis qui cruciat obscurat. Hic
metus amittitur cum tolerari iam coeperit quod timebatur ; illic
dolor dilaniat et pauor angustat. Horrendo igitur modo erit
16 tunc reprobis dolor cum formidine, flamma cum obscuritate.
Sic sic uidelicet a damnatis sentiri pondus summae aequitatis
debet, ut qui a uoluntate conditoris nequaquam sunt ueriti
discrepare dum uiuerent, in eorum quandoque interitu ipsa a
20 suis qualitatibus etiam tormenta discordent, quatenus quo se
impugnant, cruciatus augeant et cum uarie prodeunt multipliciter sentiantur. Quae tamen supplicia in se demersos et ultra
uires cruciant, et in eis uitae subsidium exstinguentes seruant,
24 ut sic uitam terminus puniat ; quatenus semper sine termino
cruciatus afficiat quia et ad finem per tormenta properat, et sine
fine deficiens durat. Fit ergo miseris mors sine morte, finis sine
fine, defectus sine defectu, quia et mors uiuit et finis semper
28 incipit, et deficere defectus nescit. Quia igitur et mors perimit

---

[VI] **3/106** *CC* IX, LXVI, 1/108 ; μ 333/335.

[VI] **3** Iob 10, 22.   **11/12** Is. 66, 24 ; Marc. 9, 45.

[VI] **1** et] *om.* P_1 **3** inhabitat μ *Vulg.*   **8** se] *om.* P_1 **9** rursum P_1 **11** uermes P_1 |
morientur P_1 **13** hic] hinc P_1 **14** illic] et *add.* P_1 **19** a] *om.* L_1 **21** cruciatibus
L_1 **28** et$_2$] *om.* P_1

et non exstinguit ; dolor cruciat, sed nullatenus pauorem fugat ;
flamma comburit, sed nequaquam tenebras discutit ; quantum
per notitiam praesentis uitae colligitur, supplicia ordinem non
32 habent, quae non suam per omnia qualitatem tenent.
   Quamuis illic ignis et ad consolationem non lucet et tamen
ut magis torqueat ad aliquid lucet. Nam sequaces quosque suos
secum in tormento reprobi flamma illustrante uisuri sunt,
36 quorum amore deliquerunt, quatenus qui eorum uitam carnaliter contra praecepta conditoris amauerant, ipsorum quoque eos
interitus in augmentum suae damnationis affligat. Quod
profecto, euangelio teste, colligimus ; in quo Veritate nuntiante,
40 diues ille quem contigit ad aeterni incendii tormenta descendere quinque fratrum describitur meminisse, qui Abraham
petiit ut ad eorum eruditionem mitteret, ne illuc eos quandoque uenientes par poena cruciaret. Qui igitur ad doloris sui
44 cumulum propinquorum absentium meminit, constat procul
dubio quia eos ad augmentum supplicii Paulo post potuit etiam
praesentes uidere. Quid autem mirum si secum quoque reprobos aspiciat cremari qui, ad doloris sui cumulum, eum quem
48 despexerat in sinu Abrahae Lazarum uidit ? Si ergo cui poena
cresceret et uir electus apparuit, cur non credendum sit, quod
uidere in supplicio eos etiam quos contra Deum dilexerat possit ? Qua ex re colligitur quod eos quos inordinate nunc reprobi
52 diligunt miro iudicii ordine secum tunc in tormentis uidebunt,
ut poenam propriae punitionis exaggeret illa auctori praeposita
carnalis cognatio pari ante oculos ultione damnata. Ignis itaque
qui obscuritate cruciat credendum est quia lumen ad tormen-
56 tum seruat. Quod si approbare testimoniis in sua expressione
non possumus, superest ergo ut e diuerso doceamus.
   Tres quippe Hebraeae gentis pueri, per Chaldaei regis
imperium, succensis camini ignibus, ligatis manibus
60 pedibusque proiecti sunt ; quos tamen cum idem rex in camini
incendio miseratus exploraret, illaesis uestibus deambulantes
uidit. Vbi aperte colligitur quia mira dispensatione conditoris

---

38/48 cfr Luc. 16, 23/28.

---

33 et₁] om. P₁   37/38 interitus eos P₁   45 eos quia P₁   48 si] is P₁ | cui] ut add.
P₁   55 qui] in add. P₁ | tormenta P₁   57 deceamus P₁   60/61 miseratus idem r. in
c. incendio P₁

ignis qualitas, in diuersa uirtute temperata, et uestimenta non
64 attigit, et uincula incendit, sanctisque uiris et ad inferendum
tormentum flamma friguit, et ad solutionis ministerium exarsit.
Sicut ergo electis ignis ardere nouit ad solatium et tamen ardere
ad supplicium nescit ; ita e diuerso gehennnae flamma reprobis
68 et nequaquam lucet ad consolationis gratiam et tamen lucet ad
poenam ; ut damnatorum oculis ignis supplicii et nulla claritate
candeat, et ad doloris cumulum, dilecti qualiter crucientur
ostendat. Quid autem mirum si gehennae ignem credimus
72 habere supplicium simul obscuritatis et luminis, quando experimento nouimus quia et taedarum flamma lucet obscura ? Tunc
edax flamma comburit quos nunc carnalis delectatio polluit,
tunc infinite patens inferni barathrum deuorat quos inanis ela-
76 tio nunc exaltat ; et qui quolibet ex uitio hic uoluntatem callidi
persuasoris expleuerunt, tunc cum duce suo reprobi ad tormenta perueniunt.

Et quamuis angelorum atque hominum longe sit natura dis-
80 similis, una tamen poena implicat quos unus in crimine reatus
ligat. Quod bene ac breuiter insinuat propheta qui ait : *Ibi
Assur et omnis multitudo eius et in circuitu eius sepulcra illius.*
Quis namque Assur superbi regis nomine nisi ille per elationem
84 cadens hostis antiquus exprimitur, qui pro eo quod multos ad
culpam trahit, cum cuncta sua multitudine ad inferni claustra
descendit ? Sepulcra autem mortuos tegunt. Et quis alius mortem acrius pertulit quam is qui, conditorem suum despiciens,
88 uitam reliquit ? Quem uidelicet mortuum cum humana corda
suscipiunt, eius procul dubio sepulcra fiunt. Sed in circuitu eius
sepulcra illius sunt quia in quorum se mentibus nunc per
desideria sepelit, hos sibi postmodum per tormenta coniungit.
92 Et quoniam nunc in semetipsis reprobi malignos spiritus illicita
perpetrando suscipiunt, tunc sepulcra cum mortuis ardebunt.

Ecce quae maneat damnatos poena cognouimus ; et
instruente nos sacro eloquio, quantus in damnatione ignis,
96 quanta in igne obscuritas, quantus in obscuritate pauor sit, nul-

---

81/82 Ez. 32, 22.

66/67 ad supplicium nescit ardere P_1 **72** obscurationis P_1 | quandoquidem
P_1 **75/76** nunc inanis elatio P_1 **80** quos] quod L_1 **84** antiquus hostis P_1 **85** pertrahit P_1 **96** quantus] quantusqus P_1

latenus ambigimus. Sed quid prodest ista praenosse si non contingat euadere ? Tota ergo intentione curandum est ut, cum
uacationis tempus accipimus, bene uiuendi studio, malorum
100 ultricia tormenta fugiamus. Hinc quippe per Salomonem dicitur : *Quodcumque potest manus tua facere, instanter operare,
quia nec opus, nec ratio, nec scientia, nec sapientia erit apud
inferos, quo tu properas.* Hinc Isaias ait : *Quaerite Dominum*
104 *dum inueniri potest, inuocate eum dum prope est.* Hinc Paulus
ait : *Ecce nunc tempus acceptabile, ecce nunc dies salutis.* Hinc
rursus ait : *Dum tempus habemus, operemur bonum ad omnes.*

CAPITVLVM VII

QVOD DAMNATI CORPORE SIMVL ET ANIMA TORQVEBVNTVR IGNE CORPOREO ET TAMEN INEXSTINGVIBILI

Luet quae fecit omnia, nec tamen consumetur. Persoluit
4 enim in tormentis ea quae hic illicite seruauit desideria ; et
flammis ultricibus traditus, semper moritur quia semper in
morte seruatur. Non enim in morte consumitur quia si con-
sumeretur uita morientis, cum uita poena etiam finiretur. Sed
8 ut sine fine crucietur, uiuere sine fine in poena compellitur, ut
cuius uita hic mortua fuit in culpa, illic mors eius uiuat in
poena. Dicat ergo : *Luet quae fecit omnia, nec tamen consume-*
tur ; quia cruciatur et non exstinguitur ; moritur et uiuit ;
12 deficit et subsistit ; finitur semper et sine fine est. Haec solo
auditu ualde sunt terribilia, quanto magis passione !
    Sed quia multitudo iniquitatis reproborum exigit ut carere
suppliciis numquam possint, bene de eis dicitur quia uastitatem
16 et famem passuri sunt, cum damnati in extremo iudicio ab
aeterni panis uisione separantur. Scriptum namque est : *Tolla-*
tur impius ne uideat gloriam Dei. Et per semetipsum Dominus

[VII] **3/15** *CC* XV, XVII, 1/14 ; μ 477.   **15/25** *CC* VI, XXX, 2/11 ; μ 202.

101/103 Eccle. 9, 10.   **103/104** Is. 55, 6.   **105** II Cor. 6, 2.   **106** Gal. 6,
10.   [VII] **3** Iob 20, 18.   **17/18** Is. 26, 10 (iuxta LXX).

---

102 erit] erunt P_1 [VII] **4** illicita P_1 **7** uita] *om.* P_1 | etiam pena P_1 **9** eius mors
P_1 **14** reproborum] eorum P_1 **15** bene] apte P_1 **16** in] *om.* L_1

dicit : *Ego sum panis uiuus, qui de caelo descendi.* Simul ergo
20 eos uastitas famesque cruciat qui non solum foris tormenta
sentiunt, sed intus etiam inediae peste moriuntur. Vastat
gehenna quia concremat, fames interficit quia suam illis faciem
Redemptor abscondit. Bene namque retributionem interius
24 exteriusque recipiunt quia et cogitando miseri et operando deliquerunt. Et quia in anima simul et carne peccauerunt, illic
anima pariter et carne cruciantur. Vnde per psalmistam dicitur : *Pones eos ut clibanum ignis, in tempore uultus tui ; Domi-*
28 *nus in ira sua conturbabit eos et deuorabit eos ignis.* Clibanus
namque intrinsecus ardet, is uero qui ab igne deuoratur, ab
exteriore parte incipit concremari. Vt ergo sacra eloquia ardere
exterius et interius reprobos demonstrarent, eos et ab igne de-
32 uorari et sicut clibanum poni testantur, ut et per ignem crucientur in corpore et per dolorem ardeant in mente.
   Et quia apparente iudice, a uisione illius eorum multitudo
repellitur, intus quidem per desiderium ardet conscientia et
36 foris carnem cruciat ignis gehennae. Qui cum sit corporeus, et
in se missos reprobos corporaliter exurat, nec studio humano
succenditur nec lignis nutritur, sed creatus semel durat inex-
stinguibilis, et succensione non indiget, et ardore non caret.
40 Bene ergo de quolibet iniquo dicitur : *Deuorabit eum ignis qui*
non succenditur ; quia Omnipotentis iustitia, futurorum prae-
scia, ab ipsa mundi origine gehennae ignem creauit, qui in
poena reproborum esse semel inciperet, sed ardorem suum
44 etiam sine lignis numquam finiret.

25/33 *CC* XV, xxix, 15/23 ; μ 482. 34/36 *CC ibid.*, xxxii, 7/8, 12/13 ; μ
484. 36/44 *CC ibid.*, xxix, 6/14 ; μ 482.

---

19 Ioh. 6, 41.51. **27/28** Ps. 20, 10. **40/41** Iob 20, 26.

---

20 qui] quia P_1 **23** redemptor] saluator P_1 **28** conturbauit L_1 **30** exteriori P_1 | in-
cipit parte P_1 **31** interius et exterius L_1 **32** et$_2$] *om.* P_1 **35** intus] et *praem.* P_1 |
quidem] *om.* P_1 **36** gehenne ignis P_1 **37** se missos] semetipso P_1 **40** quolibet]
hoc P_1 **41/42** precia L_1

CAPITVLVM VIII

QVOD QVORVMDAM POENAE HIC INCIPIVNT ET IN AETERNVM DVRABVNT, ET
QVOMODO INTELLEGATVR QVOD DEVS NON IVDICAT BIS IN IDIPSVM

Emittet super eum et non parcet. Peccatorem Deus quotiens
4   feriendo corrigit, ad hoc flagellum emittit ut parcat. Cum uero
eius uitam in peccato permanentem feriendo concludit, flagellum emittit, sed nequaquam parcit. Qui enim flagellum emisit
ut parceret, ad hoc emittit quandoque ne parcat. In hac nam-
8   que uita Dominus tanto magis studet ut parcat, quanto magis
exspectando flagellat, sicut ipse uoce angeli ad Ioannem ait :
Ego quos amo, arguo et castigo. Et sicut alias dicitur : *Quem
diligit Dominus castigat, flagellat autem omnem filium quem*
12 *recipit.* Econtra autem de flagello damnationis scriptum est : *In
operibus manuum suarum comprehensus est peccator.* De quo
per Ieremiam Dominus dicit, dum incorrigibiliter delinquentes
populos uidet, quos non iam sub disciplina filios, sed sub di-
16 stricta percussione hostes intuetur : *Plaga inimici percussi te,
castigatione crudeli.* Et quod dicitur : *Non parcet* ; ibi quoque
uerbis aliis declaratur : *Quid clamas super contritione tua ?
insanabilis est dolor tuus.* Vnde hoc semper electi prouident ut
20 ante ad iustitiam redeant, quam sese ira iudicis inexstinguibili-
ter accendat, ne ultimo flagello deprehensi simul eis finiatur
uita cum culpa. Flagellum namque diluet culpam, cum
mutauerit uitam. Nam cuius mores non mutat, actiones non
24 expiat. Omnis ergo diuina percussio, aut purgatio in nobis uitae
praesentis est, aut initium poenae sequentis. Propter eos enim
qui ex flagello proficiunt dictum est : *Qui fingis dolorem in
praecepto.* Quia dum flagellatur iniquus et corrigitur ; audire

---

[VIII] **3/50** *CC* XVIII, xxii, 1/50 ; μ 571/572.

[VIII] **3** Iob 27, 22.   **10** Apoc. 3, 19.   **10/12** Hebr. 12, 6.   **12/13** Ps. 9,
17.   **16/17** Ier. 30, 14.   **18/19** Ier. 30, 15.   **26/27** Ps. 93, 20.

[VIII] **6** emittit] -et L_1 **16** hostes] inimicos P_1 **17** quod] hic *add.* P_1 **18** clamas]
ad me *add.* L_1, a me *add.* P_1 **22** namque] tunc *add.* P_1 | diluet] *ed.*, -it $L_1 P_1$ **27** et]
non *add.* P_1

28   praeceptum noluit, audit dolorem. Dolor ergo in praecepto
     fingitur ei qui a malis operibus quasi praecepti uice, dolore
     cohibetur. De his uero quos damnant flagella et non liberant,
     dicitur : *Percussisti eos nec doluerunt ; attriuisti eos et re-*
32   *nuerunt accipere disciplinam.* His flagella ab hac uita incohant
     et in aeterna percussione perdurant. Vnde per Moysen Dom-
     inus dicit : *Ignis exarsit ab ira mea et ardebit usque ad inferos*
     deorsum. Quantum ad praesentem etenim percussionem spec-
36   tat, recte dicitur : *Ignis exarsit ab ira mea.* Quantum uero ad
     aeternam damnationem, apte mox subditur : *Et ardebit usque*
     ad inferos deorsum. Licet a quibusdam dici soleat illud quod
     scriptum est : *Non iudicat Deus bis in idipsum.* Qui tamen hoc
40   quod per prophetam de iniquis dicitur non attendunt : *Et*
     duplici confusione contere eos. Et id quod alias scriptum est :
     Iesus populum de terra Aegypti saluans, secundo eos qui non
     crediderunt, perdidit. Quibus tamen si consensum praebemus,
44   quamlibet culpam bis feriri non posse, hoc ex peccato percussis
     atque in peccato suo morientibus debet aestimari, quia eorum
     percussio hic coepta illic perficitur, ut incorrectis unum flagel-
     lum sit quod temporaliter incipit ; sed in aeternis suppliciis
48   consummatur, quatenus eis qui omnino corrigi renuunt iam
     praesentium flagellorum percussio sequentium sit initium tor-
     mentorum.
         Vnde scriptum est : *Et dolores diuidet furoris sui.* Qui enim
52   aeternos dolores impio ad retributionem seruat, et aliquando
     eius mentem etiam temporali dolore transuerberat, quia hic
     quoque et illic percutit, furoris sui super impium dolores
     diuidit. Neque enim poena praesens, quae iniusti animum a
56   prauis desideriis non immutat, ab aeternis suppliciis liberat.
     Vnde per psalmistam dicitur : *Pluet super peccatores laqueos,*
     ignis, sulphur et spiritus procellarum pars calicis eorum.

51/64 *CC* XV, XLIX, 19/33 ; μ 490/491.

31/32 Ier. 5, 3.   **34/35** Deut. 32, 22.   **39** cfr Nah. 1, 9.   **40/41** Ier. 17, 18.   **42/43**
Iudae 5.   **51** Iob 21, 17.   **57/58** Ps. 10, 7.

---

31 percusti P_1 **33** eterna] extrema P_1 | dominus] *om.* P_1 **34** dicitur P_1 **39** hoc] id
P_1 **41** contritione P_1 **43** crediderint L_1 **49/50** tormentorum initium P_1 **51**
unde] et *add.* P_1 **52** ad] per P_1

Dicendo enim laqueos, ignis, sulphur et spiritus procellarum,
60 multos nimirum intulit dolores. Sed quia ab his doloribus peccator qui non corrigitur, ad aeterna supplicia uocatur, eosdem
dolores non iam totum calicem, sed partem calicis dixit ; quia
uidelicet eorum passio hic quidem per dolores incipit sed in
64 ultione perpetua consummatur.

CAPITVLVM IX

DE DAMNATIONE PARVULORVM QVI STATIM CVM NASCVNTVR ET ANTEQVAM RENATI
FVERINT, MORIVNTVR

Et multiplicabit uulnera mea etiam sine causa. Nonnulli
4 prius a praesenti luce subtrahuntur quam ad proferenda bona
malaue merita actiuae uitae perueniant. Quos quia a culpa originis salutis sacramenta non liberant, et hic ex proprio nihil
egerunt, et illic ad tormenta perueniunt. Quibus unum uulnus
8 est corruptibiliter nasci, aliud carnaliter emori. Sed quia post
mortem quoque aeterna mors sequitur, occulto eis iustoque
iudicio etiam sine causa uulnera multiplicantur. Perpetua
quippe tormenta percipiunt et qui nihil ex propria uoluntate
12 peccauerunt. Hinc namque scriptum est : *Non est mundus in
conspectu eius nec unius diei infans super terram.* Hinc per
semetipsam Veritas dicit : *Nisi quis renatus fuerit ex aqua et
Spiritu sancto, non potest introire in regnum Dei.* Hinc Paulus
16 ait : *Eramus natura filii irae, sicut et ceteri.* Qui itaque, nullum
proprium adiungens, ex solo originis reatu perimitur, quid iste
in illo extremo examine, quantum ad humani sensus aestima-
tionem, etiam nisi sine causa uulneratur ? Sed tamen sub
20 diuina districtione iustum est ut propago mortalis, uelut infruc-

---

[IX] **3/22** *CC* IX, XXI, 1/20 ; *μ* 303.

[IX] **3** Iob 9, 17.   **12/13** cfr Iob 15, 14.   **14/15** Ioh. 3, 5.   **16** Eph. 2, 3.

---

59 ignis] *om.* L_1 **60** dolores intulit P_1 | his] eis P_1 **62** iam] non *add.* L_1 [IX] **3**
multipicabit] *ed. Vulg.*, -uit L_1 P_1 **4** prius] enim P_1 | proferenda] *ed. μ*, -merenda L_1
P_1 **5/7** quos *usque* perueniunt] *om.* P_1 **8** corruptibiliter] *ed.*, -biles L_1 P_1 **10** multiplicantur uulnera P_1 **13** infans unius diei P_1 **15** sancto] *om.* P_1 **19** etiam] *om.*
P_1

tuosa arbor, et in ramis seruet amaritudinem quam traxit ex radice.

CAPITVLVM X

DE STVLTA OPINIONE QVORVMDAM QVI PVTANT REPROBOS NON IN PERPETVVM DAMNARI

Sunt nonnulli qui idcirco peccatis suis ponere finem
4 neglegunt, quia habere quandoque finem futura super se iudicia suspicantur. Quibus breuiter respondemus : Si quandoque finienda sunt supplicia reproborum, quandoque ergo finienda sunt etiam gaudia beatorum. Per semetipsam namque Veritas
8 dicit : *Ibunt hi in supplicium aeternum, iusti autem in uitam aeternam.* Si igitur hoc uerum non est quod minatus est, neque illud uerum est quod promisit. At inquiunt : Ideo aeternam poenam peccantibus minatus est, ut eos a peccatorum perpetra-
12 tione compesceret, quia creaturae suae aeterna supplicia minari debuit, non inferre. Quibus citius respondemus : Si falsa minatus est ut ab iniustitia corrigeret, etiam falsa est pollicitus ut ad iustitiam prouocaret. Et quis hanc eorum uesaniam
16 toleret, qui dum promissionibus suis reproborum supplicia finiri asserunt, assertione sua etiam electorum praemia remune-rationesque confundunt ? Quis hanc eorum uesaniam toleret, qui conantur astruere uerum non esse, quod Veritas de aeterno
20 igne minata est, et dum satagunt Dominum perhibere miseri-cordem, non uerentur praedicare fallacem ?

At inquiunt : Sine fine puniri non debet culpa cum fine. Iustus nimirum est omnipotens Deus, et quod non aeterno pec-
24 cato commissum est, aeterno non debet puniri tormento. Quibus citius respondemus quod recte dicerent, si iudex iustus districtusque ueniens, non corda hominum, sed facta pensaret. Iniqui enim ideo cum fine deliquerunt quia cum fine uixerunt.

[X] **3/75** *CC* XXXIV, XIX, 16/91 ; μ 1132/1133.

[X] **8/9** Matth. 25, 46.

[X] **3** finem ponere P_1 **15** uesaniam eorum P_1 **24** tormento] non *praem.* P_1 *ante corr.*

28 Voluissent sine fine uiuere, ut sine fine potuissent in iniquitatibus permanere. Nam magis appetunt peccare quam uiuere ; et
ideo hic semper uiuere cupiunt, ut numquam desinant peccare,
cum uiuunt. Ad districti ergo iudicis iustitiam pertinet, ut num-
32 quam careant supplicio, quorum mens in hac uita numquam
uoluit carere peccato ; et nullus detur iniquo terminus ultionis,
quia quamdiu ualuit, habere noluit terminum criminis.

At inquiunt : Nullus iustus crudelitatibus pascitur, et delin-
36 quens seruus a iusto domino idcirco caedi praecipitur, ut a
nequitia corrigatur. Ad aliquid ergo caeditur cum non eius
dominus cruciatibus delectatur. Iniqui autem gehennae ignibus
traditi quo fine semper ardebunt ? Et quia certum est quod
40 pius atque omnipotens Deus non pascitur cruciatibus iniquorum, cur cruciantur miseri si non expiantur ? Quibus citius
respondemus quod omnipotens Deus, quia pius est, miserorum
cruciatu non pascitur ; quia autem iustus est, ab iniquorum
44 ultione in perpetuum non sedatur. Sed iniqui omnes aeterno
supplicio, et quidem sua iniquitate, puniuntur ; et tamen ad
aliquid concremantur, scilicet ut iusti omnes et in Deo uideant
gaudia quae percipiunt, et in istis respiciant supplicia quae
48 euaserunt, ut tanto in aeternum magis diuinae gratiae debitores
se esse cognoscant, quanto in aeternum mala puniri conspiciunt
quae eius adiutorio uitare potuerunt.

At inquiunt : Et ubi est quod sancti sunt, si pro inimicis
52 suis, quos tunc ardere uiderint, non orabunt, quibus utique dictum est : *Pro inimicis uestris orate* ? Sed citius respondemus :
Orant pro inimicis suis eo tempore, quo possunt ad fructuosam
paenitentiam eorum corda conuertere, atque ipsa conuersione
56 saluare. Quid enim aliud pro inimicis orandum est, nisi hoc
quod ait apostolus : *Vt det illis Deus paenitentiam, et resipis-*
cant a diaboli laqueis, a quo capti tenentur, ad ipsius uolunta-
tem ? Et quomodo pro illis tunc orabitur, qui iam nullatenus
60 possunt ad iustitiae opera ab iniquitate commutari ? Eadem
itaque causa est cur non oretur tunc pro hominibus aeterno

---

53 Matth. 5, 44.   57/59 II Tim. 2, 25/26.

---

28 sine] quippe *praem.* P_1 30 ideo] idem L_1 *corr. in marg. m. r.*   31 cum] dum
P_1 32 supplicio] iudicio *praem.* P_1 *ante corr.*   34 quia] qui P_1 47 istis] iniustis
P_1 49 esse] *om.* P_1 | agnoscant P_1 55 eorum] *om.* P_1 57 deus] *om.* L_1 58 tene-
tur omnes capti P_1 59 et] tunc *add.* P_1 | tunc] *om.* P_1

igne damnatis, quae nunc causa est ut non oretur pro diabolo
angelisque eius aeterno supplicio deputatis. Quae nunc etiam
64 causa est, ut non orent sancti homines pro hominibus infidelibus impiisque defunctis, qui de eis utique quos aeterno
deputatos supplicio iam nouerunt ante illum iudicis iusti conspectum orationis suae meritum cassari refugiunt. Quod si
68 nunc quoque uiuentes iusti mortuis et damnatis iniustis
minime compatiuntur, quando adhuc aliquid iudicabile de sua
carne se perpeti etiam ipsi nouerunt ; quanto districtius tunc
iniquorum tormenta respiciunt, quando, ab omni uitio corrup-
72 tionis exuti, ipsi iam iustitiae uicinius atque artius inhaere-
bunt ? Sic quippe eorum mentes per hoc quod iustissimo iudici
inhaerent, uis districtionis absorbet, ut omnino eis non libeat
quicquid ab illius internae regulae subtilitate discordat.

CAPITVLVM XI

QVOD DIABOLVS IN DIE IVDICII, CVNCTIS VIDENTIBVS, CVM REPROBIS IN GEHENNAM
PRAECIPITANDVS SIT

Et uidentibus cunctis praecipitabitur. Aeterno iudice terribi-
4 liter apparente, astantibus angelorum choris, assistente cuncto
ministerio caelestium potestatum ; atque electis omnibus ad
hoc spectaculum deductis, diabolus crudelis et fortis in medium
captiuus deducitur ; et cum suo corpore, id est cum reprobis
8 omnibus, aeternis gehennae incendiis mancipatur, cum dicitur :
*Discedite a me, maledicti, in ignem aeternum, qui praeparatus
est diabolo et angelis eius.* O quale erit illud spectaculum,
quando haec immanissima bestia electorum oculis ostendetur,
12 quae hoc belli tempore nimis illos terrere potuerat, si uideretur
! Sed occulto ac miro Dei consilio agitur, ut et nunc per eius
gratiam a pugnantibus non uisa uincatur, et tunc a laetis uic-

[XI] **3/19** *CC* XXXIII, xx, 1, 2/24 ; μ 1099/1100.

[XI] **3** Iob 40, 28.   **9/10** Matth. 25, 41.

63 nunc] etiam *add.* P_1 **66** iusti iudicis P_1 **67** cassari] L_1 *corr. ex* cessari   [XI] **4**
choris] legionibus P_1 | l. angelorum P_1 **6** diabolus] diabolis L_1, ista belua P_1 *ed.* μ   **7**
captiua P_1 **12** ostenditur P_1

toribus iam captiua uideatur. Tunc autem iusti diuino
16 adiutorio quantum debitores sunt plenius recognoscunt,
quando tam fortem bestiam uiderint quam nunc infirmi
uicerunt, et in hostis sui immanitate conspiciunt quantum
debeant gratiae defensoris sui. Petrus apostolus dicit : *Angelis*
20 *peccantibus non pepercit, sed rudentibus inferni detractos, in tar-*
tarum tradidit in iudicio cruciandos reseruari.

19/21 *CC* XIII, xlviii, 13/15 ; μ 435.

19/21 II Petri 2, 4.

---

16 plenius] *om.* P_1 **18** sui] *om.* P_1 **21** reseruans L_1 P_1

PARS SECVNDA

LIBER PRIMVS

DE GRATIA DEI

PROLOGVS

Secunda pars huius operis sex libris consummatur, qui ad ea de quibus in sex libris primae partis tractatur, remedium diligenti conferent lectori, sicut in principio uniuscuiusque libri
4 poteris inuenire.

Primus itaque liber huius secundae partis de gratia Die nomen accipit, quoniam contra suggestiones diaboli de quibus primo libro primae partis agitur, perfectum esse remedium
8 nemo sani capitis discredit. Et sicut suggestiones diaboli mala in nobis praeueniunt et prouocant, sic gratia Dei, sine qua nihil boni possumus, omnia bona nostra misericorditer excitat et anticipat.

CAPITVLVM I

DE GRATIA DEI QVAE HOMINEM REDEMIT ET VIAM VITAE OSTENDIT

Redemptor humani generis, mediator Dei et hominum per carnem factus, iustus in hominibus solus apparuit et tamen ad
4 poenam culpae etiam sine culpa perueniens et hominem arguit ne delinqueret, et Deo obstitit ne feriret, exempla innocentiae praebuit, poenam malitiae suscepit. Patiendo ergo culpam hominis, iustitiam aspirando, corripuit et iram iudicis moriendo
8 temperauit. Atque in utrisque manum posuit, qui et exempla hominibus quae imitarentur praebuit, et Deo in se opera

---

[I] **2/18** *CC* IX, xxxviii, 37/52, 53/56 ; μ 317.

[Prol] **2** tractantur P_1 [I] **2** hominis P_1 **3** factus] quia *add.* P_1 | iustus] intus P_1 **4** peruenit P_1 **6** ergo] utrumque arguit qui et *add.* P_1 **7** corrupit L_1 **8** in] *om.* L_1 | qui] quia P_1

quibus erga homines placaretur, ostendit. Nullus quippe ante
hunc exstitit qui sic pro alienis erratibus intercederet, ut
12 propria non haberet. Aeternae igitur morti tanto quis in aliis
obuiare non poterat quanto hunc reatus de propriis astringebat.
Venit itaque nouus homo ad homines, contradictor ad culpam,
amicus ad poenam ; mira monstrauit, crudelia pertulit. Qui hoc
16 quoque ipsis suis miraculis mirabilius praebuit quia corda delinquentium mansuetudine potius quam terrore correxit.

Vnde et scriptum est : *Auferat a me uirgam suam et pauor
eius non me terreat.* Per legem quippe uirgam Deus tenuerat,
20 cum dicebat : Si quis haec uel illa fecerit, morte moriatur. Sed
incarnatus uirgam abstulit quia uias uitae per mansuetudinem
ostendit. Vnde per psalmistam dicitur : *Intende, prospere pro-
cede et regna propter ueritatem et mansuetudinem et iustitiam.*
24 Timeri quippe quasi Deus noluit sed quasi pater ut amaretur
inspirauit. Quod liquido Paulus dicit : *Non enim accepistis spiritum seruitutis iterum in timore, sed accepistis spiritum adoptionis filiorum, in quo clamamus : Abba pater.*
28 Vnde hic quoque apte subiungitur : *Loquar et non timebo
eum.* Vir etenim sanctus, qui Redemptorem humani generis
uenire mitem conspicit, non metum ad Dominum sed affectum
ad patrem sumit ; et timorem despicit quia per adoptionis gra-
32 tiam ad amorem surgit. Hinc Ioannes ait : *Timor non est in
caritate sed perfecta caritas foras mittit timorem.* Hinc
Zacharias dicit : *Vt sine timore de manu inimicorum nostrorum
liberati seruiamus illi.* A peccati igitur morte timor nos susci-
36 tare non ualuit, sed ad statum uitae aspirata mansuetudinis gratia erexit. Quod bene per Elisaeum Sunamitis filium
suscitantem signatur, qui cum baculo puerum mittens,
exstincto filio uitam minime reddidit ; per semetipsum uero

18/28 *CC ibid.*, xxxix, 1/12 ; μ 317.   **28/58** *CC ibid.*, xl, 1/31 ; μ 317/318.

[I] **18/19** Iob 9, 34.   **22/23** Ps. 44, 5.   **25/27** Rom. 8, 15.   **28/29** Iob 9,
35.   **32/33** I Ioh. 4, 18.   **34/35** Luc. 1, 74.   **37/43** cfr IV Reg. 4, 30/35.

---

15 pertulit] manum ergo suam in ambobus posuit quia unde reum recta docuit inde
iratum iudicem placauit *add.* P_1 **18** et scriptum est] subditur P_1 **19** deus uirgam
P_1 **22** unde] ei *add* P_1 **29** etenim] enim P_1 | qui] quia P_1 | humani generis redemptorem P_1 **34** manibus P_1

40 ueniens seque super mortuum sternens, atque ad eius membra
se colligens, huc illucque deambulans, et in ore mortui septies
aspirans, hunc ad rediuiuam lucem protinus per ministerium
compassionis animauit. Auctor quippe humani generis Deus
44 quasi mortuum puerum doluit, cum exstinctos nos iniquitatis
aculeo miseratus aspexit. Et quia per Moysen terrorem legis
protulit quasi per puerum uirgam misit. Sed puer cum baculo
mortuum suscitare non ualuit quia, Paulo attestante : *Nihil ad*
48 *perfectum adduxit lex.* Ipse autem per semetipsum ueniens et
super cadauer se humiliter sternens, ad exsequenda sibi mortui
membra se colligit : *Quia cum in forma Dei esset, non rapinam*
arbitratus est esse se aequalem Deo ; sed semetipsum exinaniuit
52 *formam serui accipiens, in similitudinem hominum factus et*
habitu inuentus ut homo. Huc illucque deambulat, quia
Iudaeam iuxta et longe positas gentes uocat. Super mortuum
septies oscitat quia per apertionem diuini muneris gratiae septi-
56 formis spiritum in peccati morte iacentibus aspirat. Moxque
uiuens erigitur, quia is quem terroris uirga suscitare non potuit,
per amoris spiritum puer ad uitam rediit.

CAPITVLVM II

DE GRATIA DEI ET LIBERO HOMINIS ARBITRIO

Saluabitur innocens, saluabitur autem munditia manuum
suarum. Haec sententia si de caelestis regni retributione pro-
4 mittitur, ueritate fulcitur ; quia cum de Deo scriptum sit : *Qui*
reddit unicuique secundum opera eius ; illum in extremo examine iustitia aeterni iudicis saluat, quem hic eius pietas ab
immundis operibus liberat. Sin uero ad hoc saluari quisque hic
8 munditia manuum suarum creditur, ut suis operibus innocens
fiat, procul dubio erratur, quia si superna gratia nocentem non
praeuenit, numquam profecto inueniet quem remuneret

[II] **2/30** *CC* XVI, xxv, 1/29 ; μ 511/512.

47/48 Hebr. 7, 19.   **50/53** Phil. 2, 6/7.   [II] **2/3** Iob 22, 30.   **4/5** Rom. 2, 6.

---

40 seque] seseque P_1 **41** se] sese P_1 **44** puerum mortuum P_1 **49** exequanda
P_1 **53** quia] et *add.* P_1 [II] **3/4** promitur P_1 **7/8** munditia hic P_1 *ante corr.*   **10**
inueniet] *ed.* μ, inuenit L_1 P_1

innocentem. Vnde ueridica Moysis uoce dicitur : *Nullusque*
12 *apud te per se innocens est.* Superna ergo pietas prius agit in
nobis aliquid sine nobis ut, subsequente quoque libero nostro
arbitrio, bonum quod iam appetimus agat nobiscum, quod
tamen per impensam gratiam in extremo iudicio ita remunerat
16 in nobis, ac si solis processisset ex nobis. Quia diuina nos bonitas ut innocentes faciat, praeuenit, Paulus ait : *Gratia autem*
Dei sum id quod sum. Quia uero eamdem gratiam nostrum
liberum arbitrium sequitur, adiungit : *Et gratia eius in me*
20 *uacua non fuit, sed abundantius illis omnibus laboraui.* Qui
dum se de se nihil esse conspiceret, ait : *Non autem ego.* Et
tamen quia se esse aliquid cum gratia inuenit, adiunxit : *Sed*
gratia Dei mecum. Non enim diceret *mecum* si cum
24 praeueniente gratia subsequens liberum arbitrium non haberet.
Vt ergo se sine gratia nihil esse ostenderet, ait : *Non autem ego.*
Vt uero se cum gratia operatum esse per liberum arbitrium
demonstraret, adiunxit ; *Sed gratia Dei mecum.* Munditia
28 itaque manuum suarum innocens saluabitur, quia qui hic
praeuenitur dono ut innocens fiat, cum ad iudicium ducitur, ex
merito remuneratur.

CAPITVLVM III

QVOD DEVS ILLOS CORRIPIT QVOS AD SALVTEM CVRAT REDVCERE

Beatus homo qui corripitur a Domino. Prima uirtus est ne
perpetrari debeant uetita peccata ; secunda autem, saltem
4 perpetrata corrigere. Sed plerumque culpas non solum
imminentes minime uitamus, uerum etiam nec commissas
agnoscimus. Et peccatoris mens tanto altius tenebrescit quanto
nec damnum suae caecitatis intellegit. Vnde fit plerumque
8 diuini muneris largitate, ut culpam poena subsequatur et

[III] **2/26** *CC* VI, xxiii, 1/27 ; μ 199.

11/12 Ex. 34, 7.   **17/18.19/20.21.22/23** I Cor. 15, 10.   [III] **2** Iob 5, 17.

---

11 moysis] *ed.* μ, moysi L_1 P_1 **13** nostro libero P_1 **16** soliis P_1 *ante corr.* | quia]
enim *add.* P_1 **17** innocens L_1 **21** se₁] *om.* P_1 **22** quia] *om.* L_1 **26** uero] ergo P_1 |
per] *om.* P_1 **27** adiungit L_1 [III] **3** uetita] uitata P_1

flagella oculos delinquentis aperiant quos inter uitia securitas
caecabat. Torpens quippe animus percussione tangitur ut exci-
tetur, quatenus qui suae statum rectitudinis securus perdidit,
12 afflictus consideret quo iacet. Hinc itaque ipsa asperitas correptionis origo fit luminis. Vnde et per Paulum dicitur : *Omne*
quod arguitur, a lumine manifestatur, argumentum ergo salutis
est uis doloris. Hinc est enim quod Salomon ait : *Curatio ces-*
16 *sare faciet peccata maxima*. Hinc iterum dicit : *Quem enim*
diligit Dominus, castigat, flagellat autem omnem filium quem
recipit. Hinc uoce angelica ad Ioannem Dominus loquitur
dicens : *Ego quos amo, arguo et castigo*. Hinc Paulus ait :
20 *Omnis autem disciplina in praesenti quidem non uidetur esse*
gaudii, sed maeroris ; postea autem fructum pacatissimum exer-
citatis per eam reddit iustitiae. Quamuis ergo conuenire simul
nequeant dolor et beatitudo, recte tamen nunc dicitur : *Beatus*
24 *homo qui corripitur a Domino*, quia per hoc quod peccator
dolore correptionis premitur, quandoque ad beatitudinem quae
sine interuentu est doloris, eruditur.
    Sequitur : *Quia ipse uulnerat et medetur ; percutit et manus*
28 *eius sanabunt*. Duobus modis omnipotens Deus uulnerat, quos
reducere ad salutem curat. Aliquando enim carnem percutit et
mentis duritiam suo pauore tabefacit. Vulnerando ergo ad salutem reuocat cum electos suos affligit exterius, ut interius
32 uiuant. Vnde per Moysen loquitur dicens : *Ego occidam et*
uiuere faciam ; percutiam et ego sanabo. Occidit enim ut
uiuificet, percutit ut sanet ; quia idcirco foris uerbera admouet
ut intus uulnera delictorum curet. Aliquando autem etiam si
36 flagella exterius cessare uideantur, intus uulnera affligit, quia
mentis nostrae duritiam suo desiderio percutit, sed percutiendo
sanat, quia terroris sui iaculo transfixos ad sensum nos
rectitudinis reuocat. Corda enim nostra male sana sunt, cum
40 nullo Dei amore sauciantur, cum peregrinationis suae aerum-

---

27/53 *CC ibid.*, xxv, 1/28 ; μ 200.

13/14 Eph. 5, 13.   15/16 Eccle. 10, 4.   16/18 cfr Prou. 3, 12 ; Hebr. 12, 6.   19
Apoc. 3, 19.   20/22 Hebr. 12, 11.   27/28 Iob 5, 18.   32/33 Deut. 32, 39.

---

11 statum sue P_1 12/13 correctionis P_1 14/15 est salutis P_1 31 reuocat] secat
P_1 32 et] ego *add.* P_1 36 infligit P_1

nam non sentiunt, cum erga infirmitatem proximi nec quamlibet minimo affectu languescunt. Sed uulnerantur ut sanentur,
quia amoris sui spiculis mentes Deus insensibiles percutit,
44 moxque eas sensibiles per ardorem caritatis reddit. Vnde
sponsa in Canticis canticorum dicit : *Vulnerata caritate ego
sum.* Male enim sana anima, atque in huius exsilii stratum
caeca securitate prostrata, nec uidebat Dominum, nec uidere
48 requirebat ; percussa autem caritatis eius spiculis, uulneratur in
intimis affectu pietatis, ardet desiderio contemplationis et miro
modo uiuificatur ex uulnere quae prius mortua iacebat in
salute. Aestuat, anhelat et iam uidere desiderat quem fugiebat.
52 Percussione ergo ad salutem reducitur quae ad securitatem
quietis intimae amoris sui perturbatione reuocatur.

Percussionum autem diuersa sunt genera. Alia namque est
percussio, qua peccator percutitur ut sine retractione puniatur ;
56 unde Iudaeae dictum est : *Insanabilis est dolor tuus.* Alia, qua
peccator percutitur ut corrigatur ; sicut cuidam in euangelio
dicitur : *Ecce sanus factus es, iam noli peccare ne deterius tibi
aliquid contingat.* Alia, qua nonnumquam quisque percutitur,
60 non ut praeterita corrigat, sed ne uentura committat ; unde
Paulus : *Ne magnitudo reuelationum extollat me, datus est*

54/69 *CC* PRAEFATIO, v, 23/52 ; μ 12/13.

4546 Cant. 2, 5 (iuxta LXX).   **56** Ier. 30, 15.   **58/59** Ioh. 5, 14.   **61/62** II Cor. 12,
7.

---

46 huius] eius P_1 **49** ardet] et *praem.* L_1, et *add.* P_1 **54** autem] quippe P_1 | est
namque P_1 **55** retractatione P_1 **56** unde iudee dictum est] alia qua peccator
percutitur per quam nec preterita culpa corrigatur nec futura prohibeatur sed dum
inopinata salus percussionem sequitur saluantis uirtus cognita ardentius ametur
cumque innoxius flagello atteritur ei per patientiam meritorum summa cumuletur .
aliquando enim peccator percutitur ut absque retractatione puniatur sicut periture
iudee dicitur . plaga inimici percussi te castigatione crudeli (Ier. 30, 14) . et rursum .
quid clamas ad me super contritione tua (Ier. 30, 15) P_1 | alia qua] aliquando P_1 **58**
factus] effectus P_1 | tibi deterius P_1 **59/62** alia qua *usque* colaphizet] uerba enim
saluantis indicant quia peccata precedentia habiti uim doloris exigebant . aliquando
quisque non pro preterita culpa diluenda sed pro futura uitanda percutitur .
quod aperte paulus de semetipso testatur dicens . ne magnitudo reuelationum extollat
me datus est mihi stimulus carnis mee angelus satane qui me colaphizet (II Cor. 12,
7) . qui enim non ait quia extulit sed ne extollat aperte indicat quod percussione illa
ne eueniat compescitur non autem que euenit culpa purgatur P_1

mihi stimulus carnis meae, angelus satanae qui me colaphizet.
Alia, qua plerumque percutitur per quam nec praeterita culpa
64 corrigitur nec futura prohibetur sed ut, dum inopinata salus
percussionem sequitur, cognita uirtus saluantis ardentius diliga-
tur ; cumque innoxius flagello atteritur ei per patientiam meritorum summa cumuletur ; quod bene de caeco nato intellegitur
68 de quo Veritas respondit : *Neque hic peccauit, neque parentes
eius, sed ut manifestentur opera Dei.* Diligenter praeterea notandum quod cum nec percussionibus corrigimur nec praeceptis
oboedimus, exemplis Deus nos prouocat et confundit ; nec
72 eorum solum exemplis quos lex astrinxit, sed quos lex a peccato nulla cohibuit.

Circumscripsit siquidem nos diuina prouidentia, circumue-
nit excusationem nostram : undique conclusus est aditus tergi-
76 uersationis humanae. Iob, homo gentilis, uir simplex, rectus et
timens Deum, homo sine lege, ad medium adducitur, ut eorum
qui sub lege sunt prauitas confundatur. Vnde propheta :
Erubesce, Sidon, ait mare. In Sidone figuratur stabilitas in lege
80 positorum ; in mari, uita gentilium. Erubesce igitur Sidon, ait
mare, quia ex uita gentilium redarguitur uita sub lege positorum, atque ex actione saecularium confunditur actio reli-
giosorum, dum illi etiam promittendo non seruant quae in
84 praeceptis audiunt. Et isti uiuendo ea custodiunt, in quibus
nequaquam mandatis legalibus astringuntur.

69/85 *CC ibid.*, II, 18/32 ; μ 9.

68/69 Ioh. 9, 3.   **79** Is. 23, 4.

63/68 alia qua *usque* respondit] nonnumquam uero quisque nec pro preterita nec pro
futura culpa percutitur sed ut sola diuine uirtutis potentia ex amputata percussione
monstretur . unde cum domino in euangelio de ceco nato diceretur si hic peccauit aut
parentes eius ut cecus nasceretur respondit dominus dicens P_1 **64** ut] *om.* L_1 **67**
cumulatur L_1 **72** astringeret P_1 **73** cohiberet P_1 **74** siquidem] *om.* P_1 **76** iob]
om. P_1 | uir] T, ut L_1 **76/77** uir *usque* deum] *om.* P_1 **78** unde propheta] quod bene
per prophetam ac breuiter dicitur P_1 **79** sidone] quippe *add* P_1 **80** mari] autem
add. P_1 | igitur] ergo P_1

CAPITVLVM IV

    Cum infirmantur electi, atque in desideriis ruunt, in hoc
4 plerumque diuini muneris manu retinentur, quod uoluntatis
miserae nullos effectus inueniunt. Cumque eorum uotis ualida
contrarietas nascitur, plerumque ex ipsa impossibilitate corriguntur ; et miro internae dispositionis ordine, per conuer-
8 sionem mutatio malae uoluntatis sequitur, dum per
infirmitatem perfectio denegatur. Hinc est enim quod, sub
specie uniuscuiusque animae, de Iudaea infirmante, atque in
prauis itineribus gradiente, per prophetam Dominus dicit :
12 *Ecce ego sepiam uiam tuam spinis, et sepiam eam maceria, et*
semitas suas non inueniet, et sequetur amatores suos, et non
apprehendet eos, et quaeret eos, et non inueniet et dicet :
Vadam et reuertar ad uirum meum priorem, quia mihi bene
16 *erat tunc magis quam nunc.* Spinis enim electorum uiae sepiun-
tur, dum dolorum punctiones inueniunt in hoc quod temporaliter concupiscunt. Quasi interposita maceria uiis eorum obuiat,
quorum nimirum desideria, perfectionis difficultas impugnat.
20 Horum perfecto animae amatores suos quaerunt, et non inueniunt, dum sequendo malignos spiritus, nequaquam eas quas
appetunt huius saeculi uoluptates apprehendunt. Bene autem
subditur quod ex ipsa difficultate mox dicat : *Vadam et reuer-*
24 *tar ad uirum meum priorem, quia bene erat mihi tunc magis*
quam nunc. Prior quippe uir Dominus est, qui castam sibi
animam sancti Spiritus interposito amore coniunxit. Quem
tunc mens uniuscuiusque desiderat, cum multiplices amaritu-
28 dines uelut quasdam spinas inuenit in eis delectationibus quas

[IV] **3/35** *CC* XXXIV, ɪɪ, 18/50 ; *μ* 1116/1117.

[IV] **12/16.23/25** Os. 2, 6/7.

[IV] **3** desideriis] illicitis *add.* P₁ **10** infirmante iudea P₁ **15** bene erat mihi
P₁ **18** eorum] iustorum P₁ **21** nequaquam] *om.* P₁ **22** seculi] nequaquam *add.*
P₁ **24** bene] melius L₁ **25** dominus uir P₁ | sibi castam P₁

temporaliter concupiscit. Nam dum aduersitatibus mundi quem diligit, morderi anima coeperit, tunc plenius intellegit quanto illi cum priore uiro melius fuit.

32   Eos ergo quos uoluntas praua peruertit, plerumque aduersitas corrigit. Vnde et nimis timendum est ne sequantur prospera cum desiderantur iniusta, quia difficilius malum corrigitur, quod perfectionis etiam prosperitate fulcitur.

CAPITVLVM V

DE MISERICORDIA DEI VOCANTIS AD PAENITENTIAM ET SEVERITATE INGRATOS IVDI CANTIS

Numquid clamorem eius audiet Deus cum uenerit super eum
4   *angustia* ? Clamorem illius angustiae tempore Deus non audit, quia tranquillitatis tempore in praeceptis suis ipse clamantem Dominum non audiuit. Scriptum quippe est : *Qui auertit aurem suam ne audiat legem, oratio eius erit exsecrabilis.*
8   Sanctus itaque uir intuens quia omnis qui nunc operari recta contemnit extremo se tempore ad petitionis uerba conuertit, dicit : *Numquid clamorem eius audiet Deus ?* Quibus profecto uerbis uocibus nostri Redemptoris obsequitur, qui ait : *Nouis-*
12   *sime ueniunt fatuae uirgines dicentes : Domine, Domine, aperi nobis Et respondetur eis : Amen dico uobis, nescio uos* ; quia tanto magna tunc exercetur seueritas, quanto nunc maior praerogatur misericordia ; et districte tunc iudicium non
16   correctis exserit, qui pietatem nunc delinquentibus patienter impendit. Hinc etenim propheta ait : *Quaerite Dominum dum inuenire potest, inuocate eum dum prope est.* Modo enim non uidetur et prope est ; tunc uidebitur et prope non erit. Necdum
20   in iudicio apparuit, et si quaeritur, inuenitur. Nam miro modo cum in iudicio apparuerit et uideri potest, et inueniri non

---

[V] **3/43** *CC* XVIII, VIII, 1/42 ; μ 563.

[V] **3/4** Iob 27, 9.   **6/7** Prou. 28, 9.   **11/13** Matth. 25, 11/12.   **17/18** Is. 55, 6.

[V] **3** exaudiet P_1 | eum] illum P_1 **4** illius] eius P_1 **6** dominum] deum P_1 **10** dicit] *ed.*, dicat L_1 P_1 **13** amen] amen *add.* L_1 **15/16** non correctis] correctionis P_1 **21/22** non potest inueniri P_1

potest. Hinc Salomon sapientiam refert et suauiter blandientem
et terribiliter iudicantem, dicens : *Sapientia foris praedicat, in*
24 *plateis dat uocem suam.* Cuius uocem quoque insinuat, subdens : *Vsquequo paruuli diligitis infantiam et stulti ea quae sibi
sunt noxia cupiunt, et imprudentes odiunt scientiam ? Conuer-
timini ad correptionem meam ; en proferam uobis spiritum*
28 *meum et ostendam uerba mea.* En qualibus uerbis expressa est
dulcedo uocantis. Videamus nunc quibus insinuatur modis
seueritas increpantis, ut in fine quandoque se exerceat districtio
punientis. *Quia uocaui,* inquit, *et renuistis : extendi manum*
32 *meam et non fuit qui aspiceret ; despexistis omne consilium
meum et increpationes meas neglexistis.* Dicat iam qualiter
feriat, quos ad se nullatenus reuertentes tanta longanimitate
sustentat. *Ego quoque in interitu uestro ridebo et subsannabo,*
36 *cum uobis quod timebatis aduenerit, cum irruerit super uos
repentina calamitas et interitus quasi tempestas ingruerit,
quando uenerit super uos tribulatio et angustia. Tunc
inuocabunt me et non exaudiam ; mane consurgent et non*
40 *inuenient me.* Ore itaque sapientissimi Salomonis cuncta de
superno iudicio diligenter expressa sunt, quia et prius dulciter
uocat, et postmodum terribiliter increpat, et ad extremum
irretractabiliter damnat.

CAPITVLVM VI

DE BENIGNITATE DEI SPATIVM PAENITENTIAE LARGIENTIS ET ETIAM INGRATIS DONA
SVA NON DENEGANTIS

Quia pius conditor facturam suam non deserit, mala homi-
4 num et per suam sapientiam tolerat, et per eorum quandoque
conuersionem relaxat. Cum duras atque insensibiles mentes
respicit, modo eas minis, modo uerberibus, modo reuela-
tionibus terret ; ut quae pessima securitate duruerant, salubri

---

[VI] **3/15** *CC* XXIX, IX, 4/17 ; μ 926.

23/24 Prou. 1, 20.   **25/28** Prou. 1, 22/23.   **31/33** Prou. 1, 24/25.   **35/40** Prou. 1, 26/28.

---

30 exerceat se P_1 **39** audiam P_1

8 saltem timore mollescant, quatenus uel sero redeant, et hoc
ipsum, quod diu exspectati sunt erubescant. Scit enim Dominus quia extrema uitae nostrae plus iudicat, et idcirco electos
suos in fine sollicitius purgat. Scriptum quippe est : *Dominus*
12 *iudicabit fines terrae.* Tanto igitur impensius ultimis nostris
inuigilat, quanto in ipsis pendere initia uitae sequentis pensat.
Misericorditer ergo facit, pietate sua in medium deducta, quod
etiam sero conuersos peccatores recipit.

16 Et qui districtus quandoque ostenditur illator poenae, ipse
diu tacitus exstitit testis culpae. Hinc etenim per prophetam
dicitur : *Ego sum iudex et testis. Hinc rursum ait : Tacui
semper, silui, patiens fui, sicut parturiens loquar.* Parturiens
20 namque cum dolore eicit quod diu in abditis cum pondere por-
tauit. Post longum ergo silentium sicut parturiens, Dominus
loquitur, quia quod apud se nunc tacitus tolerat, in ultione
quandoque iudicii quasi cum dolore manifestat.

24 Sciendum igitur est quia benignitas Dei peccatoribus spatium paenitentiae largitur. Sed quia accepta tempora non ad
fructum paenitentiae, sed ad usum iniquitatis uertunt, quod a
diuina misericordia mereri poterant amittunt. Quamuis omni-
28 potens Deus illud tempus uniuscuiusque ad mortem praesciat
quo eius uita terminatur, nec alio in tempore quisquam mori
potuit nisi ipso quo moritur. Omnipotens enim Deus, etsi
plerumque mutat sententiam, consilium numquam. Nam si
32 Ezechiae anni additi ad uitam quindecim memorantur, tempus
quidem uitae creuit ab illo termino quo mori ipse merebatur.
Nam diuina dispositio eius tempus tunc praesciuit quo hunc
postmodum ex praesenti uita subtraxit.

36 Diligenter ergo intuendum est quia etiam ingratis sua dona

---

16/23 *CC* IX, xxiii, 4/12 ; μ 304.   **24/35** *CC* XVI, x, 16/23, 5/7, 23/27 ; μ
505/506.   **36/41** *CC ibid.*, xii, 2/7 ; μ 507.

[VI] **11/12** I Reg. 2, 10.   **18** Ier. 29, 23.   **18/19** Is. 42, 14.   **31/33** cfr IV Reg. 20,
6 ; Is. 38, 5.

[VI] **8** saltem] *om. P₁*   **9** ipsum] saltem *add. P₁*   **9/10** dominus] deus *P₁*   **12** igi-
tur] ergo *P₁*   **20** quod] quos *L₁*   **24** dei] est *add. P₁*   **25** largiri *P₁* | tempora] *om.*
L₁   **26** a] ad *L₁*   **30/31** omnipotens *usque* numquam] 31/35 nam *usque* subtraxit
praem. P₁   **31** numquam consilium *P₁*   **32** addici *P₁*

Deus non denegat, ut aut benignitatem conditoris erubescant et
ad bonitatem redeant ; aut redire omnino contemnentes. Inde
illic grauius puniantur, unde hic et bonis Dei largioribus mala
40 reddiderunt, ut duriora eos tunc supplicia puniant quorum hic
malitiam nec dona uicerunt.

CAPITVLVM VII

DE HIS QVI ABVTVNTVR SPATIO PAENITENTIAE

Quisquis delinquit et uiuit, idcirco hunc diuina dispensatio
in iniquitate tolerat, ut ab iniquitate compescat. Sed qui diutius
4 toleratur, nec tamen ab iniquitate compescitur, munus quidem
supernae patientiae percipit, sed reatus sui uinculis, ex ipso se
munere artius astringit. Nam quia accepta paenitentiae tempora
diuertit ad culpam, districtus in ultimis iudex impensa argu-
8 menta misericordiae conuertit ad poenam. Hinc namque per
Paulum dicitur : *An ignoras quia patientia Dei ad paenitentiam
te adducit ? Tu autem secundum duritiam tuam et cor impaeni-
tens thesaurizas tibi iram in die irae et reuelationis iusti iudicii*
12 *Dei.* Hinc Isaias ait : *Puer centum annorum morietur, et peccator centum annorum maledictus erit.* Ac si aperte nos deterreat,
dicens : Vita quidem pueri in longum trahitur, ut a factis pueri-
libus corrigatur ; sed si a peccati perpetratione nec temporis
16 longinquitate compescitur, haec ipsa uitae longinquitas quam
per misericordiam accepit, ei ad cumulum maledictionis crescit. Vnde necesse est ut cum nos diutius exspectari conspicimus, ipsa praerogatae pietatis tempora quasi damnationis
20 argumenta timeamus, ne ex clementia iudicis crescat supplicium peccatoris ; et unde quisque eripi a morte poterat, inde
grauius ad mortem tendat. Quod idcirco plerumque agitur, quia
nequaquam a praesentibus mentis oculus separatur. Con-
24 siderare namque peccator Redemptoris uias neglegit et idcirco

---

[VII] **2/26** *CC* XVII, vi, 2/28 ; μ 537.

[VII] **9/12** Rom. 2, 4/5.   **12/13** Is. 65, 20.

---

39 largitoribus P_1 *ante corr.*   **40** supplicia tunc P_1 [VII] **9** ignoras] *ed.* μ, nescis L_1
P_1 **16** quam] qua L_1 **24** redemptionis P_1

in suis itineribus sine cessatione ueterascit.

Vnde et subditur : *Oculi enim eius sunt in uiis illius.* Vias enim suas peccator intuetur. Quia sola cogitare, sola cernere
28 nititur quae sibi ad commodum temporale suffragentur. Hinc etenim Paulus dicit : *Omnes enim quae sua sunt quaerunt, non quae Iesu Christi.* Via namque elati, superbia ; uia raptoris, auaritia ; uia est lubrici, concupiscentia carnalis. In uiis ergo
32 suis iniquus quisque oculos deprimit, quia solis uitiis, ut per haec animo satisfaciat, intendit. Vnde et per Salomonem dicitur : *Oculi stultorum in finibus terrae* ; quia hoc solum tota cordis intentione conspiciunt, per quod ad finem terreni de-
36 siderii perducantur. Nequaquam uero suae considerationis obtutum in terra peccator figeret, si ad sancta sui Redemptoris itinera mentis oculos leuaret. Vnde per Salomonem rursum dicitur : *Oculi sapientis in capite eius,* quia uidelicet sapiens
40 quisque illum tota intentione considerat, cuius se membrum esse per fidem pensat.

CAPITVLVM VIII

QVOD HI QVI ABVTVNTVR SPATIO PAENITENTIAE SVBITO TOLLVNTVR LICET

DIV TOLERENTVR

Oculi eius super uias hominum, et omnes gressus eorum
4 *considerat.* Tunc Deus nequaquam considerare creditur, quando peruersus omne malum quod potest inulte perpetrat. Aestimatur Deus iniusti acta non cernere, quia differt iuste damnare ; et magna eius patientia quasi quaedam neglegentia
8 putatur. Iniquus quoque ipse totiens se in peccatis suis non

---

26/41 *CC ibid.,* VII, 1/16 ; μ 537/538.   [VIII] **3/36** *CC* XXV, v, 1/35 ; μ 789/790.

---

26 Iob 24, 23.   **29/30** Phil. 2, 21.   **34** Prou. 17, 24.   **39** Eccle. 2, 14.   [VIII] **3/4**
Iob 34, 21.

---

29 enim] *om. P*₁   **30** que] sunt *add. P*₁ |christi iesu *P*₁   **31** conscientia *P*₁   **38** unde]
et *add. P*₁   [VIII] N.B. *P*₁ *pr.* = Pars I, Liber II, v (*cfr* Preface, *supra* p. 4); *P*₁ *sec.* =
in hoc cap.; *P*₁ = in utroque.   **3/4** et *usque* considerat] *om. P*₁ *sec.*   **4** credebatur
*P*₁   **5** peruersus] uiolentus iste *P*₁ | poterat *P*₁ |perpetrabat *P*₁   **6** estimabatur *P*₁ |
differebat *P*₁   **8** putabatur *P*₁

uideri a Deo credit, quotiens inulte peccat. Cui per quemdam
sapientem dicitur : *Ne dicas, peccaui, et quid accidit mihi
triste ?* Emendare non uult nequitiam, pro qua dignam non per-
12 tulit poenam ; quo pie exspectatus est, eo est ad peccandum
nequiter instigatus ; et patientiam supernae longanimitatis
despiciens, unde corrigere culpam suam debuit, inde cumulauit,
sicut per sanctum Iob dicitur : *Dedit ei Deus locum paeniten-*
16 *tiae, et ille abutitur eo in superbia.* Saepe etiam, quia poenam
quam meretur repente non suscipit, hoc ipsum non aestimat
Deo displicere quod facit, Eat itaque nunc, et ad quaelibet
blasphema praesumendo prorumpat ; uoluptatum suarum
20 nequitias impleat, aliena rapiat, innocentium oppressione
satietur, et quia necdum percutitur, uias suas a Domino aut
non uideri aestimet, aut quod peius est, approbari ! Veniet profecto, ueniet aeterna et repentina percussio ; et tunc cognoscet
24 cuncta a Deo conspici, quando se improuiso exitu uiderit pro
cunctorum retributione damnari. Tunc in poena sua oculos
aperit, quos diu clausos in culpa tenuit. Tunc considerasse
omnia uerum iudicem sentit, quando malorum suorum meri-
28 tum iam euadere sentiendo non possit. Iniquus ergo qui diu
exspectatus est, idcirco est repente sublatus quia *oculi Domini
super uias hominum, et omnes gressus eorum considerat.* Ac si
diceret : Quia ea quae diu patienter conspicit, quandoque
32 inulta non deserit. Nam ecce subito uiolentum rapuit, et mala
eius quae exspectando pertulit animaduertendo resecuit. Nemo
igitur dicat humana facta Deum non cernere, cum iniquum
quempiam iniquitates suas libere prospicit cumulare. Subito
36 enim tollitur, qui diu toleratur.

10/11 Eccli. 5, 4.　　15/16 Iob 24, 23.

---

9 credidit P_1 | peccauit P_1　　**15** sanctum] eumdem P_1 | deus] dominus P_1 *pr.*　　**17/18**
deo non estimat P_1 *sec.*　　**20** innocentium] *ed.* μ, -tum L_1 P_1　　**24** uideret L_1　　**26**
considerare P_1 *sec.*　　**33** resecuit] P_1 *sec.*, recensuit P_1 pr., resecauit *ed.*, μ　　**35/36** subito *usque* toleratur] *om.* P_1 *pr.*

CAPITVLVM IX

QVANTVM DEBEAMVS REDEMPTORI QVI NOBIS AB ORE DIABOLI PER PAENITENTIAM
REDITVM CONCESSIT

Aut armilla perforabis maxillam eius ? Armilla Dominus
4 Leuiathan maxillam perforat, quia ineffabili misericordiae suae
potentia sic malitiae antiqui hostis obuiat, ut aliquando eos
etiam quos iam cepit amittat ; et quasi ab ore illius cadunt, qui
post perpetratas culpas ad innocentiam redeunt. Quis enim ore
8 illius semel raptus maxillam eius euaderet, si perforata non
esset ? An non in ore Petrum tenuit, cum negauit ? An non in
ore Dauid tenuit, cum in tantam se luxuriae uoraginem mersit ? Sed cum ad uitam uterque per paenitentiam rediit,
12 Leuiathan iste eos aliquo modo quasi per maxillae suae foramen amisit. Per foramen ergo maxillae ab eius ore abstracti
sunt qui post perpetrationem tantae nequitiae paenitendo redi-
erunt. Quis autem hominum Leuiathan istius os euadit, ut illi-
16 cita nulla committat ? Sed hinc cognoscimus quantum
Redemptori humani generis debitores sumus, quia non solum
nos in os Leuiathan ire prohibuit, sed etiam ab ore redire concessit ; qui spem peccatori non abstulit, qui maxillam eius, ut
20 euadendi uiam tribueret, perforauit, ut saltem postea mortem
fugiat ; qua incautus prius nequaquam morderi metuebat.
Vbique ergo nobis superna medicina occurrit, quia et dedit
homini praecepta ne peccet, et tamen peccanti dedit remedia,
24 ne desperet. Vnde cauendum summopere est ne quis delectatione peccati Leuiathan ore rapiatur ; et tamen, si raptus fuerit,
non desperet ; quia si peccatum perfecte lugeat, adhuc foramen
in maxilla eius inuenit, per quod euadat. Iam dentibus teritur,

[IX] **3/48** *CC* XXXIII, xii, 1, 5/34, 47/62 ; μ 1089/1091.

[IX] **3** Iob 40, 21.   **9** cfr Matth. 26, 70.   **9/11** cfr II Reg. 11, 4.

[IX] **3** dominus] deus P_1 | leuiathan] istius *add.* P_1 **11** cum] dum P_1 **12** aliquo
modo] aliquando P_1 **15** euadat P_1 **17** quia] qui P_1 **19** qui₂] quia P_1 **20** postea]
post P_1 | mortem] morsum P_1 **21** qua] qui P_1 **25** leuiathan] istius *add.* P_1 **26**
non] ne P_1

28 sed adhuc si euadendi uia quaeritur, in maxilla eius foramen
inuenitur. Habet etiam captus quo exeat, qui praeuidere noluit
ne caperetur. Quisquis ergo necdum captus est, maxillam eius
fugiat ; quisquis uero iam captus est, in maxilla foramen
32 quaerat.

Spes ergo praesumptionis nostrae habeat etiam morsum
timoris ; ut ad corrigenda peccata iustitia iudicantis terreat,
quem ad fiduciam ueniae gratia parcentis inuitat. Hinc enim
36 per quemdam sapientem dicitur : *Ne dixeris: Miserationes*
Domini multae sunt, peccatorum meorum non memorabitur.
Pietatem namque eius protinus, et iustitiam subdit, dicens :
Misericordia enim et ira ab illo. Diuina itaque clementia maxil-
40 lam Behemoth istius perforans, ubique humano generi et misericorditer et potenter occurrit ; quia nec libero admonitionem
praecauendi tacuit, nec capto remedium fugiendi subtraxit. Ad
hoc quippe in scriptura sacra uirorum talium, id est Dauid et
44 Petri, peccata sunt indita, ut cautela minorum sit ruina
maiorum. Ad hoc uero utrorumque illic et paenitentia insinuatur et uenia, ut spes pereuntium sit recuperatio perditorum. De
statu ergo suo Dauid cadente, nemo superbiat. De lapsu etiam
48 suo Dauid surgente, nemo desperet.

CAPITVLVM X

DE HIS QVI AD TEMPVS COMPVNGVNTVR SED AB INIQVITATE NON RECEDVNT VEL
STATIM AD EAM REDEVNT

Sunt nonnulli qui cum ad mentem redeunt Dei iustitiam et
4 rectitudinem contemplantur, et orando ac flendo contremiscunt, sed postquam contemplationis hora transierit, sic audaces
ad iniquitates redeunt ac si, post dorsum eius positi, a iustitiae
eius lumine minime uideantur. Hi itaque apud se in abscondito
8 quasi corporaliter uidentem accipiunt faciem Dei, quia ei et

---

[X] **3/24** *CC* XI, xxix, 12/24, 27/36, 38/39 ; μ 380/381.

36/37.39 Eccli. 5, 6/7.

---

29 etiam] enim P_1 **33** etiam] *om.* P_1 **37** sunt] *ed.* μ, *om.* L_1 P_1 **41** libero] *om.*
P_1 **43** quippe] *om.* P_1 [X] **4** ac] et P_1 **5** postquam] priusquam L_1

cum praesentes fiunt blandiuntur fletibus, et cum quasi aspectu
eius recedunt moribus detrahunt. Qui tanto amplius de malis
suis feriendi sunt, quanto et in occulto cogitationis recta Dei
12 iudicia cognoscunt.

Vnde scriptum est : *Statim ut se commouerit, turbabit uos ;
et terror eius irruet super uos.* Iusti autem uiri ante Deum
metuunt quam eius contra eos ira moueatur et ne commotum
16 sentiant, tranquillum timent. At contra peruersi, tunc iam feriri
pertimescunt cum feriuntur, eosque tunc terror eius a somno
sui torporis exsuscitat, cum uindicta perturbat. Vnde et per
prophetam dicitur : *Et tantum sola uexatio intellectum dabit*
20 *auditui.* Cum enim de praeceptis Dei contemptis atque
despectis uerberari per uindictam coeperint, tunc intellegunt
quod audierunt. Et psalmista ait : *Cum occideret eos, tunc
inquirebant eum.* Reprobis ergo cordibus non timor requiem,
24 sed poena timorem parit.

Saepe autem peccator, cognoscens quanto reatu premitur,
erumpere conatur ut hunc in se mente libera, conuersione
integra, persequatur et non potest. Flere ergo dolorem non
28 ualet quia et iniquitatis suae reatum considerat, et tamen prae
terrenae occupationis pondere hanc ei gemere nequaquam uacat.
Flere dolorem suum non ualet qui prauae quidem consuetudini contraire nititur, sed tamen adhuc succrescentibus
32 desideriis carnis grauatur. Huius doloris praesentia prophetae
mentem cruciauerat cum dicebat : *Dolor meus ante me est
semper, quoniam iniquitatem meam ego pronuntio, et cogitabo
pro peccato meo.* Sed solutis iniquitatis uinculis dimissum se
36 nouerat qui exsultabat dicens : *Dirupisti uincula mea, tibi
sacrificabo hostiam laudis.*

25/47 *CC* IX, LXIII, 9/10, 12/35 ; μ 330/331.

[X] **13/14** Iob 13, 11.   **19/20** Is. 28, 19.   **22/23** Ps. 77, 34.   **33/35** Ps. 37,
18/19.   **36/37** Ps. 115, 16/17.

---

9 aspectu] a conspectu P_1 **11/12** iudicia dei P_1 **13** scriptum est] et subditur
P_1 **14** deum ante P_1 **17** eosque] eos P_1 **23** reprobis ergo cordibus] bene itaque
dicitur . statim ut se commouerit turbabit uos et terror eius irruet super uos . quia
reprobis cordibus P_1 **26** conuersione] *om.* P_1 **27** integraque P_1 | dolorem] suum
add. P_1 **33** ante] contra P_1

Tunc igitur ad plangendum dolorem nos Dominus dimittit,
cum et mala nobis quae fecimus demonstrat atque ad haec
40 eadem quae flenda cognoscimus adiuuat. Culpas oculis obicit
et pia manu gratiae uincula cordis soluit ut ad uacationem
paenitentiae mens nostra se erigat, et, carnis soluta com-
pedibus, in auctorem suum libera gressum amoris tendat.
44 Plerumque autem uitam nostram ipsi reprehendimus, sed
tamen libenter agimus hoc quod in nobis recte reprobamus. Ad
iustitiam spiritus nos erigit, ad consuetudinem caro restringit.
Amori suo mens renititur sed protinus delectata captiuatur.
48   Cum autem pia intentio ad conuersionem uocat, sed adhuc
ab hac intentione carnis infirmitas reuocat, quasi quibusdam
uinculis anima ligata praepeditur. Multos enim saepe uidemus
uiam quidem sanctae conuersationis appetere ; sed ne hanc
52 assequi ualeant, modo irruentes casus, modo futura aduersa
formidare. Qui in certa mala dum quasi cauti prospiciunt, in
peccatorum suorum uinculis incauti retinentur. Multa enim
ante oculos ponunt, quae si eis in conuersatione eueniant, sub-
56 sistere se non posse formidant. De quibus Salomon ait : *Iter
pigrorum, quasi sepes spinarum.* Nam cum uiam Dei appetunt,
eos uelut spinae obstantium sepium, sic formidinum suarum
oppositae suspiciones pungunt. Quod quia electos praepedire
60 non solet, bene illic adiunxit : *Via iustorum absque offendiculo.*
Iusti quippe in conuersatione sua quodlibet eis aduersitatis
obuiauerit, non impingunt ; quia temporalis aduersitatis obstacula, aeternae spei et internae contemplationis saltu transcen-
64 dunt.

48/64 *CC* XXV, xv, 30/46 ; μ 979.

56/57.60 Prou. 15, 19.

---

38 dominus nos P_1 **40** cognoscuntur flenda P_1 **41** uocationem P_1 **44** autem]
etenim P_1 **46** nos spiritus P_1 **50** enim] *om.* P_1 **55** eis si P_1 **56** quibus] bene
add. P_1 **57** sepes] sepis P_1 **60** illic] secutus *add.* P_1 | uia] autem *add.* L_1 | uiam P_1
    62/63 obiectacula P_1

CAPITVLVM XI

QVOD NECESSE EST IN VITA BENE OPERARI QVIA IN MORTE BONO VEL MALO SPIRITV
TRADITVR ANIMA IN PERPETVVM

Nec reuertetur oculus meus ut uideat bona. Ad uidenda bona
4 exstincti oculus non redit quia ad exhibenda recta opera exuta
carne anima non recurrit. Hinc est quod diues quem inferni
flamma cruciabat, quia semetipsum reparare operando non
posset agnouerat. Nam nequaquam sibi, sed relictis fratribus
8 prodesse satagebat dicens : *Rogo, pater Abraham, ut mittas
Lazarum in domum patris mei ; habeo enim quinque fratres, ut
testetur illis ne et ipsi ueniant in hunc locum tormentorum.*
Solet namque maestum animum spes uel falsa refouere. Sed ut
12 poenam suam reprobi grauius sentiant et spem de uenia amittunt. Vnde flammis ultricibus traditus, non sibi ut diximus, sed
opitulari fratribus concupiuit, quia numquam se ignium carere
tormentis, adiuncto desperationis supplicio, agnouit. Hinc Salo-
16 mon ait : *Quodcumque potest manus tua facere, instanter
operare ; quia nec opus, nec ratio, nec sapientia, nec scientia,
erit apud inferos, quo tu properas.* Nequaquam ergo ad uidenda
bona oculus reuertitur, quia retributionem suam mens
20 inueniens, ad operationis usum nullatenus reuocatur.

Sequitur : *Nec aspiciet me uisus hominis.* Visus hominis est
misericordia Redemptoris quae insensibilitatis nostrae duritiam, cum respicit, emollit. Vnde in euangelio dicitur : *Respexit*
24 *Iesus Petrum et recordatus est Petrus uerbi quod dixerat Iesus ;
et egressus foras fleuit amare.* Exutum uero carne animam
nequaquam uisus hominis aspicit quia post mortem non

[XI] **3/20** *CC* VIII, xiv, 1/19 ; μ 255. **21/40** *CC ibid.*, xv, 1/18, 22/25 ; μ
255/256.

[XI] **3** Iob 7, 7. **8/10** Luc. 16, 27/28. **16/18** Eccle. 9, 10. **21** Iob 7, 8. **23/25**
Luc. 22, 61/62.

[XI] **9** lazarum] *om.* P_1 **10** locum hunc P_1 **11** ut] et P_1 **12** sentiunt P_1 | et] *om.*
P_1 **14** ignium se numquam P_1 **17** scientia nec sapientia $L_1 P_1$ μ **23** cum] dum P_1
| unde] recte quoque *add.* P_1 **26** uisus] iam *praem* P_1

liberat, quem ante mortem gratia ad ueniam non reformat.
28 Hinc etenim Paulus ait : *Ecce nunc tempus acceptabile ; ecce nunc dies salutis.* Hinc psalmista ait : *Quoniam in saeculum misericordia eius.* Quia nimirum quem nequaquam modo misericordia eripit, sola post praesens saeculum iustitia addicit.
32 Hinc Salomon ait : *Quia lignum in quocumque loco ceciderit, siue ad Austrum, siue ad Aquilonem ibi erit* ; quia cum humani casus tempore, siue sanctus, siue malignus spiritus egredientem animam claustra carnis acceperit, in aeternum secum sine ulla
36 permutatione retinebit, ut nec exaltata ad supplicia proruat, nec mersa aeternis suppliciis, ultra ad remedium ereptionis ascendat. Bene ergo dicitur : *Nec aspiciet me uisus hominis,* quia nimirum Redemptoris gratia, quem nunc non intuetur ut corri-
40 gat. Tunc non respicit ut ab interitu abscondat. Districtus enim ad iudicium ueniens, et ad saluandum non uidet, et ad feriendum uidet, quia quem in praesenti uita misericorditer non respicit, respiciendo postmodum per iudicium exstinguit. Nunc
44 enim peccator quisque Deum non metuit et uiuit, blasphemat et proficit, quia scilicet misericors creator quem exspectando uult corrigere, aspiciendo non uult punire. Sicut scriptum est : *Dissimulas peccata hominum propter paenitentiam.* Sed tunc
48 peccator cum respicitur non subsistit, quia cum districtus iudex merita subtiliter inquirit, reus ad tormenta non sufficit.

Vnde sequitur : *Oculi tui in me et non subsistam.* Quamuis hoc etiam iustorum uoci congruit, quorum mens sollicita
52 semper uenturo examini intendit. Omne enim quod agunt metuunt dum caute considerant ante quantum iudicem stabunt. Intuentur potentiam illius magnitudinis, et pensant quanto reatu constricti sint propriae infirmitatis. Et numerant mala

---

40/64 *CC ibid.,* XVI, 2/11, 26/27, 12/26 ; μ 256.

28/29 II Cor. 6, 2.   **29/30** Ps. 117, 1.   **32/33** Eccle. 11, 3.   **47** Sap. 11, 24.   **50** Iob 7, 8.

---

28 etenim] enim P_1 | ait] dicit P_1 **34** siue$_2$] seu P_1 **36** ad supplicium P_1 **42** uidet] uides P_1 | misericorditer] dispensationis sue miseratione P_1 **43** respicis P_1 | iudicium] iustitiam P_1 | extinguis P_1 **45** creator] conditor P_1 **46** corrigere uult P_1 | punire] perire L_1 **47** dissimulans L_1 P_1 μ   **50** unde *usque* subsistam] *om.* P_1 **51/52** semper sollicita P_1 **53** ante] qui *praem.* P_1 **54** magnitudinem P_1 | et] *om.* P_1 **55** et numerant] enumerant P_1

56 proprii operis, et contra haec exaggerant bona conditoris. Considerant praua quam districte iudicet, bona opera quam subtiliter penset, et perituros se absque ambiguitate praesciunt, si
remota pietate iudicentur, quia hoc ipsum quoque quod iuste
60 uidemur uiuere culpa est, si uitam nostram cum iudicat, hanc
apud se diuina misericordia non excusat. Hinc enim in libro
Iob scriptum est : *Astra non sunt munda in conspectu eius*, quia
apud eum districte iudicati, ipsi quoque maculas inquinationis
64 habent, qui per munditiam sanctitatis lucent.

CAPITVLVM XII

QVOD HI QVI BREVITATEM VITAE CONSIDERANT AD PAENITENTIAM CITIVS FESTINANT

*Ecce enim breues anni transeunt et semitam per quam non
reuertar ambulo.* Omne quod transit breue est, etiam si tardius
4 terminari uideatur. In mortis autem semita per quam non
reuertemur, ambulamus ; non quod ad uitam carnis minime
resurgendo reducimur, sed quod ad labores huius uitae mortalis, uel ad conquirenda laboribus praemia, iterum non ueni-
8 mus.
Sequitur : *Spiritus meus attenuabitur*. Attenuatur spiritus
timore iudicii, quia electorum mentes quo amplius extremo
iudicio propinquare se sentiunt, eo ad discutiendas semetipsas
12 terribilius contremiscunt ; et si quas umquam in se carnales
cogitationes inueniunt, paenitentiae ardore consumunt, nec
cogitationes suas dilatari uoluptate carnali permittunt, quia eo
semetipsos diiudicantes subtilius feriunt, quo districtum iudi-
16 cem praestolantur uicinum. Vnde fit ut propinquam semper
sibi exitum suspicentur. Nam reproborum mentes idcirco
nequiter multa agunt quia se hic uiuere diutius arbitrantur. Ius-

---

[XII] **2/9** *CC* XIII, xxvii, 1/8 ; μ 428.   **9/23** *CC ibid.*, xxviii, 1/15 ; μ 428.

---

62 Iob 25, 5.   [XII] **2/3** Iob 16, 23.   **9.23/24** Iob 17, 1.

---

60 uiuere uidemur P_1 **61** libro] hoc eodem *praem.* P_1 [XII] **5** reuertamur
P_1 **10/11** se extremo i. p. sentiunt P_1 **11** discutiendos semetipsos L_1 **12** in se
carnales umquam P_1 **14** carnali uoluptate P_1 | eo] eos L_1 **16/17** sibi semper
P_1 **18** multa nequiter P_1 | uiuere hic P_1

torum ergo attenuatur spiritus sed crassescit iniquorum. Quo
20 enim per elationem tument, eo attenuationem spiritus non
habent. Iusti uero dum breuitatem uitae suae considerant, elationis et immunditiae culpas declinant.

Vnde et subditur : *Dies mei breuiabuntur, et solum mihi*
24 *superest sepulcrum.* Qui enim considerat qualis erit in morte,
semper fit timidus in operatione ; atque unde in oculis suis iam
quasi non uiuit, inde in oculis sui conditoris ueraciter uiuit.
Nihil quod transeat appetit, cunctis praesentis uitae desideriis
28 contradicit ; et paene mortuum se considerat, quia moriturum
minime ignorat. Perfecta enim uita est mortis imitatio, quam
dum iusti sollicite peragunt, culparum laqueos euadunt. Vnde
scriptum est : *In omnibus operibus tuis memorare nouissima*
32 *tua, et in aeternum non peccabis.* Vnde et beatus Iob quia dies
suos breuiari considerat, et solum sibi superesse sepulcrum
pensat.

CAPITVLVM XIII

DE MISERIA PRAESENTIS VITAE ET EIVSDEM BREVITATE

Homo natus de muliere, breui uiuens tempore, repletur
multis miseriis. In sacro eloquio mulier aut pro sexu ponitur
4 aut pro infirmitate. Pro sexu quippe sicut scriptum est : *Misit*
Deus filium suum factum ex muliere, factum sub lege. Pro
infirmitate uero sicut per quemdam sapientem dicitur : *Melior*
est iñiquitas uiri, quam benefaciens mulier. Vir etenim fortis et
8 discretus quilibet uocatur, mulier uero mens infirma atque
indiscreta accipitur. Et saepe contingit ut discretus etiam
quisque subito labatur in culpam, atque indiscretus alius
infirmus bonam exhibeat operationem. Sed is qui indiscretus

23/34 *CC ibid.*, xxix, 1/12 ; μ 428/429.　　[XIII] **2/47** *CC* XI, xlix, 1/47 ; μ
389/390.

31/32 Eccli. 7, 40.　　[XIII] **2/3** Iob 14, 1.　　**4/5** Gal. 4, 4.　　**6/7.17/18** Eccli. 42,
14.

---

26 ueraciter in oculis sui conditoris P_1　　**27** nil P_1　　[XIII] **7/8** quilibet et discretus
P_1　　**8** atque] uel P_1　　**9** etiam discretus P_1　　**10** alius] et *add.* P_1

12 atque infirmus est nonnumquam de eo quod bene egerit
amplius eleuatur atque grauius in culpam cadit ; discretus uero
quisque etiam ex eo quod male se egisse intellegit, ad districtionis regulam se artius reducit ; et inde altius ad iustitiam
16 proficit, unde ad tempus a iustitia cecidisse uidebatur. Qua in
re recte dicitur : *Melior est iniquitas uiri, quam benefaciens*
mulier, quia nonnumquam etiam culpa fortium occasio uirtutis
fit et uirtus infirmorum occasio peccati. Hoc igitur loco
20 mulieris nomine quid nisi infirmitas mentis designatur, cum
dicitur : *Homo natus de muliere* ? Ac si apertius dicatur :
Quid in se habet fortitudinis, qui natus est ex infirmitate ?
   Breui uiuens tempore, repletur multis miseriis. Ecce sancti
24 uiri uocibus poena hominis breuiter est expressa, quia angustatur ad uitam et dilatatur ad miseriam. Si enim subtiliter consideretur omne quod hic agitur, poena et miseria est. Ipsi
etenim corruptioni carnis seruire ad necessaria atque concessa
28 miseria est ut contra frigus uestimenta, contra famem alimenta,
contra aestum frigora requirantur. Quod multo cautela custoditur salus corporis ; quod etiam custodita amittitur, amissa cum
graui labore reparatur et tamen reparata semper in dubio est.
32 Quid hoc aliud quam mortalis uitae miseria est ? Quod
amamus amicos, suspecti ne offendi ualeant ; formidamus inimicos atque de eis securi non sumus utique quos formidamus ;
quod plerumque inimicis sic fidenter quasi amicis loquimur et
36 nonnumquam pura uerba proximorum, et multum nos fortasse
diligentium, quasi uerba suscipimus inimicorum ; et qui falli
numquam uel fallere uolumus ex cautela nostra grauius
erramus ; quid itaque hoc nisi humanae uitae miseria est ?
40 Quod, amissa caelesti patria, repulsus homo delectatur exsilio,
grauatur curis ; et tamen cogitare dissimulat quam graue sit
quia multa cogitantur. Quod priuatus est interno lumine et
tamen in hac uita diu uult perpeti caecitatem suam ; quid hoc
44 aliud quam de poena nostra nata miseria est ? Sed quamuis hic
diu stare desideret, ipso tamen cursu mortalis uitae compellitur
ut egrediatur.
   Vir sanctus recte subiungit : *Qui quasi flos egreditur et con-*

47/70 *CC ibid.,* 1, 1/18, 28/35 ; μ 390/391.

47/49 Iob 14, 2.

14/15 districtionis] discretionis L_1 **15** artius se P_1 **24** hominibus P_1 | breuiter] *om.*
P_1 | quia] et *add.* P_1 **34** securi de eis P_1 **44** sed] *ed.* μ, sed quia $L_1 P_1$ **44/45** diu
hic P_1 **45** ipso] eo P_1

48 *teritur, et fugit uelut umbra ; et numquam in eodem statu per-*
    manet. Quasi flos enim egreditur quia nitet in carne ; sed con-
    teritur quia redigitur in putredinem. Quid enim sunt nati homi-
    nes in mundo nisi quidam flores in campo ? Tendamus oculos
52 cordis in hanc latitudinem mundi praesentis et ecce quasi tot
    floribus quot hominibus plenus est. Vita itaque in carne, flos in
    feno est. Vnde bene per psalmistam dicitur : *Homo, sicut*
    fenum dies eius ; sicut flos agri, ita efflorebit. Isaias quoque ait :
56 *Omnis caro fenum et omnis gloria eius quasi flos agri.* Homo
    etenim more floris procedit ex occulto et subito apparet in pub-
    lico, qui statim ex publico per mortem retrahitur ad occultum.
    Carnis nos uiriditas ostendit, sed ariditas pulueris ab aspectibus
60 retrahit. Quasi flos apparuimus qui non eramus ; quasi flos
    arescimus, qui temporaliter apparemus.
        Et quia per momenta cotidie homo compellitur ad mortem,
    recte adiungitur : *Et fugit uelut umbra et numquam in eodem*
64 *statu permanet,* quia dum infantia ad pueritiam, pueritia ad
    adolescentiam, adolescentia ad iuuentutem, iuuentus ad senec-
    tutem, senectus transit ad mortem, in cursu uitae praesentis
    ipsis suis augmentis ad detrimenta impellitur ; et inde semper
68 deficit unde se proficere in spatium uitae credit. Fixum etenim
    statum hic habere non possumus ubi transituri uenimus ; atque
    hoc ipsum nostrum uiuere, cotidie a uita transire est.

CAPITVLVM XIV

DE INSTABILI CONTRARIETATE HVIVS VITAE IN QVA NVNC VNO NVNC EIVS
CONTRARIO AFFICIMVR

        Salubrem humilitatis arcem homo deserens, ad infirmitatis
4   iugum superbiendo peruenit et ceruicem cordis erigendo suppo-
    suit ; quia qui subesse diuinis iussionibus noluit, sub suis se
    necessitatibus strauit. Quod melius ostendimus si ea quae

---

[XIV] **3/65** *CC* VIII, xxxii, 9/73 ; μ 268/269.

54/55 Ps. 102, 15.   **56** Is. 40, 6 ; I Petri 1, 24.

---

55 florebit P_1 **56** quasi] sicut P_1 **62** homo cotidie P_1 **64** ad$_2$] *om.* L_1 [XIV] **3**
homo] *om.* P_1 | infirmitates L_1 **5** qui] *om.* P_1

deiectus sustinet, et prius carnis, et post pondera mentis expri-
8 mamus.

Vt enim taceamus hoc, quod dolores tolerat, quod febribus
anhelat, sua quadam aegritudine constringitur ipsa haec nostri
corporis quae salus uocatur. Nam otio tabescit, opere deficit ;
12 inedia deficiens, cibo reficitur ut subsistat ; refectione lasses-
cens, abstinentia releuatur ut uigeat ; aqua perfunditur ne ares-
cat ; linteis tergitur ne nimia perfusione liquefiat ; labore
uegetatur ne quiete torpeat ; quiete refouetur ne laboris exerci-
16 tatione succumbat ; fatigata uigiliis, somno reparatur ; oppressa
somno, uigiliis excutitur ne sua peius quiete lassetur ; uestibus
tegitur ne frigoris aduersitate penetretur ; quaesito calore
deficiens, aurarum flatu refouetur. Cumque inde molestias
20 inuenit unde uitare molestias quaesiuit, male sauciata, ut ita
dixerim, de ipso suo medicamine languescit. Remotis ergo
febribus cessantibusque doloribus, ipsa nostra salus aegritudo
est, cui curandi necessitas numquam deest. Quot enim solatia
24 ad uiuendi usum quaerimus quasi tot aegritudini nostrae medi-
camentis obuiamus. Sed ipsum quoque medicamen in uulnus
uertitur, quia exquisito remedio paulo diutius inhaerentes, ex
eo grauius deficimus quod prouide ad refectionem paramus. Sic
28 nimirum debuit praesumptio corripi, sic superbia sterni. Quia
enim elatum semel sumpsimus spiritum, ecce defluens cotidie
portamus lutum.

Ipsa quoque mens nostra a secreti interioris securo gaudio
32 exclusa, modo spe decipitur, modo pauore uexatur, modo
deficiendo dolore deicitur, modo falsa hilaritate releuatur.
Transitoria pertinaciter diligit eorumque amissione incessanter
atteritur, quia et incessanter cursu rapiente permutatur. Rebus
36 autem mutabilibus subdita et a semetipsa uariatur. Nam
quaerens quod non habet, anxia percipit ; cumque hoc habere
coeperit, taedet hanc percepisse quod quaesiuit. Amat saepe
quod despexerat, despicit quod amabat. Cum labore quae
40 aeterna sunt discit, sed horum repente obliuiscitur, si laborare
desierit. Diu quaerit ut parum quid de summis inueniat, sed ad
consueta citius relabens, nec parum in his quae inuenerit perseuerat. Erudiri appetens, uix suam ignorantiam superat, sed
44 erudita grauius contra scientiae gloriam pugnat. Vix carnis suae

---

7 sustinet] continet P_1 12/13 lacescens L_1 23 curanda L_1 24 nostre egritudini
P_1 26 diu P_1 37 cumque] cum uero P_1

sibi tyrannidem subicit, sed tamen adhuc intus imagines culpae
tolerat cuius iam foris uincendo opera restrinxit. In auctoris sui
inquisitionem se erigit, sed reuerberatam hanc, corporearum
48 rerum amica caligo confundit. Semetipsam qualiter incorporea
corpus regat intueri uult et non ualet. Requirit mire quod sibi
respondere non sufficit, et sub eo ignara deficit quod prudenter
inquirit. Amplam se simul et angustam considerans qualem se
52 ueraciter aestimet, ignorat quia si ampla non esset, nequaquam
tam inuestiganda requireret ; et rursum si angusta non esset,
hoc ipsum saltem quod ipsa requirit inueniret.

Bene ergo dicitur : *Posuisti me contrarium tibi et factus sum*
56 *mihimetipsi grauis,* quia dum repulsus homo et a carne molestias, et a mente quaestiones tolerat, graue nimirum pondus
semetipsum portat. Vndique angoribus premitur, undique
infirmitatibus urgetur ut qui, relicto Deo, se sibi ad requiem
60 sufficere credidit, nihil in se nisi tumultum perturbationis
inueniret, inuentumque se fugere quaereret ; sed auctore contempto, quo se fugeret non haberet. Cuius infirmitatis pondera
bene quidam sapiens contemplatus ait : *Graue iugum super*
64 *filios Adam, a die exitus de uentre matris eorum usque ad diem*
sepulturae in matrem omnium.

CAPITVLVM XV

QVOD BREVITATEM VITAE ATTENDENTES AD MANSVRA NOS PRAEPAREMVS

Saepe dum praesentis uitae breuitas quasi diu perseueratura
diligitur, ab aeterna spe animus frangitur et delectatus praesen-
4 tibus, desperationis suae caligine reuerberatur. Cumque longum
putat quod ad uiuendum sibi spatium restat, repente uitam
deserens aeterna inuenit, quae uitare iam nequeat. Hinc est
enim quod per quemdam sapientem dicitur : *Vae his qui perdi-*
8 *derunt sustinentiam.* Sustinentiam uidelicet perdunt qui, dum

---

[XV] **2/32** *CC* VII, xxx, 146/177 ; μ 233/234.

[XIV] **55/56** Iob 7, 20.   **63/65** Eccli. 40, 1.   [XV] **7/8** Eccli. 2, 16.

---

45 culpe imagines P_1 **46** opera uincendo P_1 **51** inquirit] requirit P_1 **57** a mente]
ante P_1 **60** nil P_1 [XV] **5** uiuendi P_1 | restat] prestat P_1 *ante corr.*

diu se immorari uisibilibus aestimant, spem inuisibilium derelinquunt. Cumque mens in praesentibus figitur, uita terminatur ; et repente ad supplicia improuisa perueniunt quae
12 decepti suis praesumptionibus, aut numquam se contingere aut
tarde crediderunt. Hinc Veritas dicit : *Vigilate itaque quia ne-*
scitis diem neque horam. Hinc rursum scriptum est : *Dies Do-*
mini sicut fur in nocte, ita ueniet. Quia enim ad rapiendam
16 animam propinquans minime conspicitur, furi in nocte comparatur. Tanto igitur debet mors quasi semper ueniens metui
quanto a nobis non ualet uentura praesciri. Vnde et sancti uiri,
quia breuitatem uitae indesinenter aspiciunt, quasi cotidie
20 morientes uiuunt ; et tanto se solidius mansuris praeparant
quanto et nulla esse transitoria semper ex fine pensant. Hinc
quippe psalmista, ueloci cursu uitam transeuntem peccatoris
aspiciens ait : *Pusillum adhuc et non erit peccator.* Hinc iterum
24 dicit : *Homo sicut fenum dies eius.* Hinc Isaias ait : *Omnis caro*
fenum et omnis gloria eius sicut flos feni. Hinc praesumentium
mentes Iacobus corripit dicens : *Quae est uita uestra ? Vapor*
est ad modicum parens. Recte ergo dicitur : *Exspectate pau-*
28 *lisper,* quia et immensum est quod sine termino sequitur et
parum est quicquid finitur. Longum quippe nobis uideri non
debet quod cursu sui temporis tendit ut non sit, quod dum per
momenta ducitur, ipsa hoc momenta sua quae differunt impel-
32 lunt ; atque unde teneri cernitur, inde agitur ne teneatur.

CAPITVLVM XVI

QVOD SEMPER PARATI ESSE DEBEMVS QVIA INCERTVM EST QVANDO MORIEMVR

Constituisti terminos eius, qui praeteriri non poterunt. Nulla

---

[XVI] **2/23** *CC* XII, ii, 1/23 ; μ 392/393.

13/14 Matth. 25, 13.   **14/15** I Thess. 5, 2.   **23** Ps. 36, 10.   **24** Ps. 102, 15.   **24/25**
Is. 40, 6 ; I Petri 1, 24.   **26/27** Iac. 4, 14.   **27/28** Iob 6, 19.   [XVI] **2** Iob 14, 5.

---

15 fur ita in nocte ueniet L_1 **17** mors] *om.* P_1 **22** uitam] fugere *praem.* P_1 | tran-
seuntem] *om.* P_1 **24** eius] tamquam flos agri *add.* L_1 P_1 **25** omnis] *om.* P_1 **25/26**
mentes presumentium P_1 **27** ergo] *om.* P_1 **29** est] *om.* P_1

quae in hoc mundo hominibus fiunt absque omnipotentis Dei
4 occulto consilio ueniunt. Nam cuncta Deus futura praesciens,
ante saecula decreuit qualiter per saecula disponantur. Statutum quippe iam homini est, uel quantum hunc mundi prosperitas sequatur, uel quantum aduersitas feriat, ne electos eius aut
8 immoderata prosperitas eleuet aut nimia aduersitas grauet. Statutum quoque est quantum in ipsa uita mortali temporaliter
uiuat. Nam etsi annos quindecim Ezechiae regi ad uitam addidit omnipotens Deus, cum eum mori permisit, tunc eum prae-
12 sciuit esse moriturum. Qua in re quaestio oritur, quomodo ei
per prophetam dicatur : *Dispone domui tuae quia morieris tu et
non uiues.* Cui cum mortis sententia dicta est, protinus ad eius
lacrimas et uita addita est. Sed per prophetam Dominus dixit
16 quo tempore mori ipse merebatur ; per largitatem uero misericordiae illo eum tempore ad mortem distulit, quod ante saecula
praesciuit. Nec propheta igitur fallax quia tempus mortis innotuit, quo uir ille mori merebatur ; nec dominica statuta conuul-
20 sa sunt quia ut ex largitate Dei anni uitae crescerent, hoc quoque ante saecula praefixum fuit. Atque spatium uitae quod inopinate foris est additum, sine augmento praescientiae fuit intus
statutum.
24   Praefixi enim dies singulis ab interna Dei praescientia nec
augeri possunt, nec minui, nisi contingat ut ita praesciantur, ut
aut cum optimis operibus longiores sint, aut cum pessimis
breuiores ; sicut Ezechias augmentum dierum meruit impen-
28 sione lacrimarum ; et sicut de peruersis scriptum est :
Indisciplinatis obuiat mors. Sed saepe iniquus, quamuis in
occulta Dei praescientia longa uitae eius tempora non sint
praedestinata, ipse tamen quia carnaliter uiuere appetit, longos
32 animo dies proponit. Et quia ad illud tempus peruenire non
ualet, quod exspectat, quasi antequam dies eius impleantur
perit.
Superbire autem minime debuisset, etiam si annorum

24/34 *CC ibid.*, LII, 2/12 ; µ 414.   35/56 *CC ibid.*, XXXVIII, 2/22 ; µ 408.

10/12 cfr IV Reg. 20, 6.   13/14 IV Reg. 20, 1.   29 Prou. 24, 9 (iuxta LXX).

[XVI] 6 est homini P_1 14 est dicta P_1 15 dicit P_1 18 presciuit] ipse *praem.*
P_1 19 uir] *om.* P_1 | merebatur mori P_1

36 suorum numerum certum habere potuisset, ut sciens quantum
uiueret, praesciret quando se ab elatione remoueret. At
postquam praesens uita semper incerta est, tanto semper mors
subripiens timeri debet, quanto numquam praeuideri ualet.
40 Bene autem superbiam impii tyrannidis nomine designatur,
sicut scriptum est : *Et numerus annorum incertus est tyrannidis
eius.* Proprie enim tyrannus dicitur qui in communi republica
non iure principatur. Sed sciendum est quod omnis superbus
44 iuxta modum proprium tyrannidem exercet. Nam quod nonnumquam alius in republica, hoc est, per acceptam dignitatis
potentiam, alius in prouincia, alius in ciuitate, alius in domo
propria, alius per latentem nequitiam hoc exercet apud se in
48 cogitatione sua. Nec intuetur Dominus quantum quisque mali
facere ualeat, sed quantum uelit. Et cum deest potestas foris,
apud se tyrannus est cui iniquitas dominatur intus ; quia etsi
exterius non affligit proximos, intrinsecus tamen habere potes-
52 tatem appetit ut affligat. Et quia omnipotens Deus corda pensat, iam in eius oculis impius egit quod cogitauit. Ad hoc
autem conditor noster latere nos uoluit finem nostrum, ut dum
incerti sumus quando moriamur, semper ad mortem parati
56 uenire debeamus.

41/42 Iob 15, 20.

---

40 tyrannidis nomine designatur] tyrannidem uocant P_1 **43** sed] et P_1 | quod] quia
P_1 **49** ualeat facere P_1

LIBER SECVNDVS

DE PAENITENTIA

PROLOGVS

Quoniam gratia Dei praeuenit et exspectat peccatores ad paenitentiam, consequenter tractatum de gratia Dei subsequitur liber de paenitentia, qui secundus in serie partis secundae,
4 remedium est ad eum qui secundus est in parte prima, qui uidelicet de peccato inscriptus est.

Et sicut peccatum tripliciter perpetratur, cogitatione scilicet, locutione et opere, sic triplex hic remedium docetur, ut peccato
8 cogitationis per compunctionem, peccato locutionis per oris confessionem, peccato peruersae operationis per eleemosynarum largitionem remedium conferatur. Haec quippe uere paenitenti necessaria sunt : uera cordis contritio, oris non
12 ficta confessio, et in opere perfecta satisfactio.

CAPITVLVM I

DE PAENITENTIA ET QVARE AGATVR IN CINERE ET CILICIO

Irruit in me quasi gigas. Facile inimico resistitur si non ei uel in multis lapsibus, uel in uno, diutius consentiatur. Sin uero
4 eius suasionibus anima subesse consueuerit, quanto se ei crebrius subicit ; tanto eum sibi intolerabiliorem facit, ut ei reluctari non ualeat, quia nimirum malignus aduersarius contra hanc ex praua consuetudine deuictam quasi more gigantis pug-
8 nat. Sed tamen plerumque sancta Ecclesia etiam post perpetratas culpas mentes fidelium ad paenitentiam reuocat, et peccata

---

[I] **2/11** *CC* XIII, xviii, 1/11 ; µ 425.

[I] **2** Iob 16, 15.

[Prol] **1** peccatorem   [I] **2** facile] quippe *add.* P_1 **3** sin] si P_1 **5** intolerabilem P_1 **7** more] in ore L_1

operis uirtute spontaneae afflictionis mundat.

Vnde subditur : *Saccum consui super cutem meam ; et*
12 *operui cinere carnem meam.* Quid in sacco et cinere nisi paenitentia, quid in cute et carne nisi peccatum carnis debet intellegi ? Cum ergo quidam post lapsum carnis, ad paenitentiam
redeunt, quasi saccus super cutem consuitur ; et cinere caro
16 operitur, quia culpa carnis per paenitentiam tegitur ne in districti iudicis examine ad ultionem uideatur. Infirma autem
membra sua Ecclesia cum a peccatis retrahit, atque ad paenitentiae remedium ducit, haec procul dubio fletibus adiuuat, ut
20 ad recipiendam auctoris sui gratiam conualescant ; et per fortes
plangit quod non fecit quod in membris suis debilibus quasi
ipsa fecit.

Vnde adhuc bene subditur : *Facies mea intumuit a fletu.*
24 Facies quippe sanctae Ecclesiae sunt hi qui in locis regiminum
positi, apparent primi ut ex eorum specie sit honor fidelis
populi, etiam si quid in corpore latet deforme. Qui nimirum
praelati plebibus plangunt culpas infirmantium, seque sic de
28 alienis lapsibus ac si de propriis affligunt.

Solet autem in cinere et cilicio paenitentia agi, sicut in
euangelio dicitur : *Si in Tyro et Sidone factae essent uirtutes*
quae factae sunt in uobis, olim in cilicio et cinere paenitentiam
32 *egissent.* In cilicio quippe asperitas et punctio peccatorum, in
cinere autem puluis ostenditur mortuorum. Et idcirco
utrumque hoc adhiberi ad paenitentiam solet, ut in punctione
cilicii cognoscamus quid per culpam fecimus ; et in fauilla
36 cineris perpendamus quid per iudicium facti sumus. Con-
siderentur ergo in cilicio pungentia uitia, consideretur in cinere
per mortis sententiam subsequens iusta poena uitiorum. Quia
enim post peccatum carnis contumeliae surrexerunt, uideat
40 homo in asperitate cilicii superbiendo quid fecit, uideat in
cinere usquequo peccando peruenit.

11/23 *CC ibid.*, XIX, 1/13 ; μ 425. **23/28** *CC ibid.*, XX, 1/6 ; μ 425. **29/41** *CC*
XXXV, VI, 2, 4/16 ; μ 1146.

11/12 Iob 16, 16. **23** Iob 16, 17. **30/32** Matth. 11, 21.

---

10 spontane P_1 11 unde] bene *add.* P_1 18 sua] sancta *add.* P_1 23 adhuc] et P_1 |
subditur] additur P_1 24 ecclesie sancte P_1 30 essent] fuissent P_1

CAPITVLVM II

VT DE PECCATIS PAENITENTIAM AGAMVS NE IVDEX ALIQVID IMPVNITVM INVENIAT

Pereat dies in qua natus sum et nox in qua dictum est : Conceptus est homo. Per diem peccati delectatio, per noctem uero
4 caecitas mentis intellegitur per quam se homo patitur in culpae perpetratione prosterni. Optat igitur perire diem ut omne quod blandiri culpa cernitur, uigore iustitiae interueniente destruatur. Optat etiam perire noctem ut quod caecata mens etiam per
8 consensum perpetrat, animaduersione paenitentiae exstinguat.

Sed quaerendum nobis est cur in die homo natus dicitur, in nocte conceptus ? Scriptura sacra tribus modis hominem appellat, scilicet aliquando per naturam, aliquando per culpam,
12 aliquando per infirmitatem. Homo quippe per naturam dicitur sicut scriptum est : *Faciamus hominem ad imaginem et similitudinem nostram.* Homo per culpam sicut scriptum est : *Ego dixi : Dii estis et filii Excelsi omnes ; uos autem sicut homines*
16 *moriemini.* Ac si aperte dicat : Sicut delinquentes obitis. Vnde et Paulus ait : *Cum sit inter uos zelus et contentio, nonne carnales estis et secundum hominem ambulatis ?* Ac si dicat : Qui discordes mentes ducitis nonne adhuc ex reprehensibili huma-
20 nitate peccatis ? Homo per infirmitatem, sicut scriptum est : *Maledictus qui spem suam ponit in homine.* Ac si aperte diceret, in infirmitate. Homo ergo in die nascitur sed in nocte concipitur, quia nequaquam a delectatione peccati rapitur nisi
24 prius per uoluntarias mentis tenebras infirmetur. Ante enim caecus in mente fit et postmodum se reprobae delectationi substernit. Dicatur ergo : *Pereat dies in qua natus sum et nox in qua dictum est : Conceptus est homo* ; id est, pereat delectatio,
28 quae in culpa hominem rapuit : pereat incauta mentis

[II] **2/34** *CC* IV, xiii, 1/2, 10/43 ; μ 114/115.

[II] **2/3** Iob 3, 3. **13/14** Gen. 1, 26. **14/16** Ps. 81, 6/7. **17/18** I Cor. 3, 3. **21** Ier. 17, 5.

[II] **2/3** et *usque* homo] *om.* P_1 **6** uigore] rigore L_1 **16** obibitis P_1 **16/17** sicut *usque* ait] L_1 *in marg.*

infirmitas, quae usque ad tenebras praui consensus excaecauit.
Homo enim per blandimenta delectationis caute non prospicit,
etiam in noctem nequissimae perpetrationis ruit. Sollerter ergo
32 uigilandum est ut cum blandiri culpa incohat, ad quantum
interitum mens trahatur, agnoscat.

Vnde et apte subditur : *Dies ille uertatur in tenebras*. Dies
quippe in tenebras uertitur cum culpa in ipso delectationis
36 exordio ad quem perditionis finem rapiat, uidetur. In tenebras
diem uertimus cum nosmetipsos districte punientes, ipsa
delectationis prauae blandimenta per districta paenitentiae
lamenta cruciamus, cum flendo insequimur quicquid in corde
40 taciti ex delectatione peccamus. Quia enim fidelis quisque
cogitationes in iudicio exquiri subtiliter non ignorat Paulo
attestante, qui ait : *Inter se inuicem cogitationum accusantium,
aut etiam defendentium* ; semetipsum introrsus discutiens, ante
44 iudicium uehementer examinat, ut districtus iudex eo iam tran-
quillior ueniat, quo reatum suum quem discutere appetit, iam
pro culpa punitum cernit.

Vnde et recte subiungitur : *Non requirat eum Deus desuper.*
48 Requirit Deus quae iudicando discutit ; non requirit quae
ignoscendo in suo iam iudicio impunita derelinquit. Hic itaque
dies, id est, haec peccati delectatio, a Domino non requiritur, si
animaduersione spontanea punitur. Paulo attestante qui ait : *Si*
52 *nosmetipsos diiudicaremus, non utique iudicaremur*. Deo ergo
diem nostrum requirere, est contra mentem nostram subtiliter
in iudicio omne quod de culpa gratulatur indagare ; in qua scilicet requisitione illum tunc seuerius percutit quem sibi nunc
56 mollius pepercisse deprehendit. Bene autem sequitur : *Et non*
illustret lumine. In iudicio namque Dominus apparens omne
quod redarguit lumine illustrat. Quasi enim sub quadam obscuritate tegitur, quicquid tunc in memoria iudicis non reuocatur.
60 Scriptum quippe est : *Omnia autem quae arguuntur, a lumine*

34/47 *CC ibid.*, xiv, 1/14 ; μ 115.   **47/78** *CC ibid.*, xv, 1/33 ; μ 115/116.

---

34 Iob 3, 4.   **42/43** Rom. 2, 15.   **47** Iob 3, 4.   **51/52** I Cor. 11, 31.   **56/57** Iob 3,
4.   **60/61** Eph. 5, 13.

---

30 per] dum P_1 **44/45** tranquillius P_1 **52** utique] a domino *add.* P_1 **58** quod]
tunc *add.* P_1 **60** que autem P_1 *ante corr.*

manifestantur. Quasi quaedam tenebrae peccata paenitentium abscondunt de quibus per prophetam dicitur : *Beati quorum remissae sunt iniquitates et quorum tecta sunt peccata.* Quia
64 ergo omne quod tegitur, uelut in tenebris occultatur ; in die extremi iudicii non illustratur lumine quod non discutitur ultione. Actus namque nostros quos tunc iuste punire noluerit, ipsa sibi aliquo modo sciens diuina misericordia abscondit. In
68 lumine uero ostenditur, quicquid tunc in conspectu omnium demonstratur. Hic ergo dies uertatur in tenebras ut uidelicet omne quod delinquimus, nos per paenitentiam feriamus. Hunc diem Dominus non requirat et lumine non illustret ; ut scilicet
72 nobis culpam nostram ferientibus, ipse hanc extremi iudicii animaduersione non increpet.

　　Ipse autem iudex uenturus est qui cuncta penetret, cuncta perstringat. Qui quia ubique est, locus quo fugiatur non est. Sed
76 quia correptionis nostrae fletibus placatur, solus ab illo locum fugae inuenit, qui post perpetratam culpam nunc se in paenitentia abscondit.

CAPITVLVM III

DE TIMORE VERE PAENITENTIVM ET QUOD NIHIL REFERT QVANTVM AD DAMNATIONEM VTRVM PECCETUR IN FIDE AN IN OPERE

Omnis qui peccat seruus est peccati ; quia nimirum quisquis
4 se prauo desiderio subicit, iniquitatis dominio dudum libera mentis colla supponit. Sed huic domino contradicimus cum iniquitati quae nos ceperat, reluctamur ; cum consuetudini uiolenter resistimus et desideria peruersa calcantes contra hanc ius
8 nobis libertatis ingenitae uindicamus ; cum culpam paenitendo percutimus et maculas sordium fletibus lauamus. Plerumque autem iam quidem mens quod peruerse egisse se meminit deplorat ; iam praua acta non solum deserit sed amarissimis

---

[III] **3/21** *CC* IV, xxxvi, 20/39 ; μ 137.

62/63 Ps. 31, 1.　　[III] **3** Ioh. 8, 34.

---

74 cuncta₂] uniuersa P_1　　[III] **4** dominio] domino L_1　　**5** domino] dominio L_1　　**8** uendicamus P_1　　**11** praue P_1

12 lamentis punit ; sed tamen dum eorum quae egit reminiscitur
    graui de iudicio pauore terretur. Iam se perfecte conuertit, sed
    adhuc perfecte in securitate non erigit quia dum quanta sit di-
    strictio extremi iudicii pensat, inter spem ac formidinem solli-
16 cita trepidat, quia iustus iudex ueniens, quid de perpetratis
    reputet, quid relaxet, ignorat. Nam quam praua commiserit,
    meminit ; sed an commissa digne defleuerit nescit ; ac ne cul-
    pae immanitas modum paenitentiae transeat, metuit. Et
20 plerumque culpam iam ueritas relaxat sed mens afflicta adhuc
    de uenia, dum ualde sibi est sollicita, trepidat, quia scriptum
    est : *Et usque ad inferos peccatum illius.* Peccatum quippe
    usque ad inferos ducitur, quod ante finem uitae praesentis per
24 correptionem ac paenitentiam non emendatur. De quo uidelicet
    peccato per Ioannem dicitur : *Est peccatum ad mortem, non
    pro illo dico ut roget quis.* Peccatum namque ad mortem est
    peccatum usque ad mortem, quia scilicet peccatum quod hic
28 non corrigitur, eius uenia frustra postulatur.
       De quo adhuc subditur : *Obliuiscatur eius misericordia.*
    Omnipotentis Dei misericordia obliuisci eius dicitur qui omni-
    potentis Dei iustitiae fuerit oblitus, quia quisquis eum nunc
32 iustum non timet, post inuenire non ualet misericordem. Quae
    nimirum sententia non solum ei intenditur qui uerae fidei prae-
    dicamenta deserit ; sed etiam ei qui in fide recta positus carna-
    liter uiuit quia ultio aeternae animaduersionis non euaditur,
36 utrum in fide an in opere peccetur. Nam etsi damnationis
    dispar est qualitas, culpae tamen quae nequaquam per paeni-
    tentiam tergitur nulla absolutionis suppetit facultas.

22/38 *CC* XVI, LXVIII, 1/19 ; μ 532.

---

22 Iob 24, 19.   25/26 I Ioh. 5, 16.   29 Iob 24, 20.

---

12 lamentis] etiam *praem.* P_1 13 pauore] timore P_1 15 extremi] diuini P_1 | iudicii]
T, iudicis L_1, examinis P_1 *ed.* μ   24 correctionem P_1 31 dei] eius P_1

CAPITVLVM IV

DE IVDICIO IVSTORVM CONTRA SE NE IN FVTVRO IVDICENTVR

Dum possumus, a conspectu aeterni iudicis et male cogitata, et peius perpetrata deleamus ; reuocemus ante oculos cordis
4 quicquid peruerse egimus per nequitiam praesumptionis. Nihil sibi nostra blandiatur infirmitas, atque in his quae recolit, semetipsam delicate non palpet, sed quanto sibi mali sit conscia, tanto in se benignius sit seuera, proponat contra se
8 futurum iudicium, et quaequae in se sentit districte ferienda per sententiam iudicis, haec in se pie feriat per paenitentiam conuersionis.

Sicut scriptum est : *Neque enim ultra in hominis potestate*
12 *est ut ueniat ad Deum in iudicio.* Versus iste tanto maiore disputatione indiget, quanto hoc quod dicit, si neglegitur, acrius dolet. Hic nimirum non illud iudicium designatur, quod per aeternam retributionem punit, sed quod mente conceptum per
16 conuersionem diluit. Ad illud quippe uenire non desiderat, quisquis se per illud damnari formidat. Dum ergo dicitur : *Neque enim ultra in hominis potestate est, ut ueniat ad Deum in iudicio,* profecto ostenditur esse quoddam iudicium quod
20 quandoque etiam a damnatis ac reprobis desideretur. Et quod est illud, nisi hoc, de quo Paulus apostolus dicit : *Si nosmetipsos iudicaremus, non utique iudicaremur?* et de quo per prophetam dicitur : *Non est iudicium in gressibus eorum* ; et de
24 quo Dauid ait : *Honor regis iudicium diligit,* ut uidelicet qui iam Dominum honorat ex fide, sollicite iudicet quid ei debeat in operatione. Vnde rursum scriptum est : *Iudicare coram Domino, et exspecta eum.* Coram Domino scilicet iudicatur,

---

[IV] **2/10** *CC* XXV, vi, 64/72 ; μ 792. **11/82** *CC ibid.,* vii, 1/74 ; μ 792/793.

[IV] **11/12** Iob 34, 23. **21/22** I Cor. 11, 31. **23** Is. 59, 8. **24** Ps. 98, 4. **26/27** Iob 35, 14.

[IV] **2** dum] cum P_1 **6** mali] L_1 μ, male P_1 *ed.* **8** sentit in se P_1 **11** sicut scriptum est] unde apte postquam uiolenti huius pena descripta est sequitur P_1 **22** diiudicaremus P_1 *Vulg.* μ | diiudicaremur P_1 **26** iudicate L_1

28 qui corde Dominum conspicit, et actus suos sub eius praesen-
    tia, sollicita inquisitione discernit. Quem tanto quisque securius
    exspectat, quanto cotidie uitam suam suspectus examinat. Qui
    enim ad extremum eius iudicium uenerit, non iam coram illo,
32 sed ab illo iudicatur. De hoc quoque mentis iudicio obliuiscenti
    animae   per   prophetam   Dominus   dicit :   *Reduc   me   in*
    memoriam, ut iudicemur simul ; narra si quid habes, ut
    iustificeris.

36   Debet enim uniuscuiusque mens et causas suas apud Domi-
    num,   et   causas   Domini   contra   se   sollicita   inquisitione
    discutere ; debet caute pensare, uel quae ab eo bona perceperit,
    uel quae mala bonis illius peruerse uiuendo responderit. Quod
40 electi quidem cotidie facere omnino non cessant. Vnde bene
    Salomon ait : *Cogitationes iustorum, iudicia.* Accedunt enim ad
    secretarium iudicis intra sinum cordis ; considerant quam di-
    stricte quandoque feriat qui diu patienter exspectat ; metuunt
44 in his quae se egisse meminerunt ; et puniunt flendo quod per-
    petrasse se intellegunt ; timent subtilia diuina iudicia, etiam de
    his quae in semetipsis intellegere fortasse non possunt. Vident
    enim uideri diuinitus quod ipsi in se per humanitatem non
48 uident ; conspiciunt districtum iudicem, qui quo tardius uenit,
    eo seuerius percutit. Sanctorum enim patrum residere conuen-
    tum cum eo pariter contemplantur, eorumque uel exempla, uel
    dicta se contempsisse reprehendunt ; atque in hoc secreto
52 interioris iudicii, ipsa mentis suae exsecutione constricti, paeni-
    tendo feriunt quod superbiendo commiserunt. Ibi namque
    apud se quicquid se impugnat, enumerant ; ibi ante oculos suos
    omne quod defleant, coaceruant ; ibi quicquid per iram districti
56 iudicis decerni possit, intuentur ; ibi tot patiuntur supplicia,
    quot pati timent ; nec deest huic iudicio mente concepto omne
    ministerium, quod punire reos suos plenius debeat. Nam con-
    scientia accusat, ratio iudicat, timor ligat, dolor excruciat. Quod
60 iudicium eo certius punit, quo interius saeuit, quia uidelicet ab
    exterioribus non accedit. Unusquisque enim cum causam huius

---

33/35 Is. 43, 26.   **41** Prou. 12, 5.

---

33 dominus dicit] dicitur P_1 **38** percepit P_1 **39** respondit P_1 **42** considerant] et
praem. L_1 | quam] enim *praem.* P_1 **44** meminerint L_1 | et] *om.* P_1 **45** iudicia diuina
P_1 **47** humilitatem L_1 **48** districtum] enim *praem.* P_1 **49** enim] etiam P_1 **54**
apud] aduersum P_1 **57** huic] in hoc P_1

examinis contra se aggredi coeperit, ipse est actor qui exhibet,
ipse reus qui exhibetur ; odit se qualem se esse meminit, et ipse
64 qui est, per semetipsum insequitur illum qui fuit, atque ab ipso
homine aduersus semetipsum fit quaedam rixa in animo, parturiens pacem cum Deo. Hanc cordis rixam Dominus requirebat,
cum per prophetam diceret : *Attendi et auscultaui, nemo quod*
68 *bonum est loquitur, nullus est qui agat paenitentiam super pec-*
cato suo, dicens : Quid feci ? Ista cordis humani rixa placatus
est, dum prophetae suo de Achab rege semetipsum reprehen-
dente loqueretur, dicens : *Vidisti Achab humiliatum*
72 *coram me ? Quia igitur humiliatus est causa mei, non inducam*
malum in diebus eius.

Quia ergo nunc in potestate est internum mentis nostrae
contra nos subire iudicium, recognoscendo accusemus
76 nosmetipsos, quales fuimus paenitendo torqueamus ; non
cessemus dum licet iudicare quod fecimus, audiamus caute
quod dicitur : *Neque enim ultra in hominis potestate est, ut*
ueniat ad Deum in iudicio. Reproborum namque esse
80 proprium solet, semper praua agere, et numquam quae egerint
retractare. Omne enim quod faciunt caeca mente pertranseunt,
factumque suum nisi cum puniti fuerint, non agnoscunt.

CAPITVLVM V

QVOD PAENITENS AMARE DEFLERE DEBET EA QVAE PECCANDO
VOLVPTVOSE PERPETRAVIT

Qui male gesta ad memoriam reducit sibi quam sit iuste
4 damnandus ostendit. Vnde fit ut peccatum omne quod se egisse
reminiscitur, cotidianis fletibus insequitur ; et quo magis ualet
iam quod iustum est cernere, eo ardentius appetit iniustum se

---

[V] **3/8** *CC* XXVII, xviii, 78/83 ; μ 871.

67/69 Ier. 8, 6.   **71/73** III Reg. 21, 29.   **78/79** Iob 34, 23.

---

62 actor] *ed.* μ, auctor L_1 P_1 **63** se esse] fuisse se P_1 **63/64** ipse qui est] *om.*
P_1 **64** per] *om.* L_1 | insequitur semetipsum P_1 | illum] *om.* P_1 **70** dum] cum P_1 **72**
mei causa P_1 **76/77** dum licet non cessemus P_1 **81** enim] *om.* P_1 [V] **4** peccatum omne P_1 **5** insequatur P_1 **5/6** iam ualet P_1

gemitibus punire.

8   Vnde scriptum est : *Post eum rugiet sonitus.* Quem enim Dominus illustrando repleuerit, eius uitam procul dubio in lamentum uertit ; atque illuminatae menti quo magis aeterna supplicia insinuat, eo hanc durius de transacta nequitia gemi-

12 tibus fatigat ; et dolet homo quod fuit, quia bonum iam incipit uidere quod non fuit ; odit qualem fuisse se meminit, amat qualem se esse debuisse cognoscit, et solam iam paenitentiae amaritudinem diligit, quia caute considerat in quantis uolupta-

16 tibus sua delectatione peccauit. Bene ergo dicitur : *Post eum rugiet sonitus,* quia cum mentem Dominus ingreditur, constat procul dubio quod mox paenitentiae gemitus sequatur, ut ei iam salubriter flere libeat, quae prius de iniquitatibus flenda

20 iucunditate gaudebat. Sed quo uberius culpa fletur, eo altior cognitio ueritatis attingitur, quia ad uidendum internum lumen polluta dudum conscientia lacrimis baptizata renouatur.

    Vnde post paenitentiae rugitum apte subiungitur : *Tonabit*

24 *uoce magnitudinis suae.* Voce enim suae magnitudinis Deus tonat, cum se nobis bene iam per lamenta praeparatis quam sit magnus in supernis insinuat. Quasi enim de caelo tonitruus procedit cum nos incuria neglegentiaque torpentes respectus

28 gratiae pauore subito percutit, atque in terra positi sonum de superioribus audimus, quia terrena cogitantes superni terroris sententiam repente pertimescimus ; et mens bene iam de summis sollicita trepidat quae prius in infimis male secura tor-

32 pebat.

8/23 *CC ibid.,* xix, 1/17 ; μ 871.   23/32 *CC ibid.,* xx, 1/9 ; μ 871.

[V] **8.23/24** Iob 37, 4.

---

8 scriptum est] apte dicitur P_1 **17** dominus] deus P_1 **21** agnitio P_1 **27** iniuria L_1 **28** subito pauore P_1

CAPITVLVM VI

QVOD CVM CVRIS TEMPORALIBVS VACAMVS, FACILE PECCATA DEFLERE OMITTIMVS

Discutiamus omne quod agimus, et quicquid in nobis rectitudinis diuinae regulam offendit, accusemus, ut apud districtum
4 iudicem ipsa nos accusatio excuset. In hoc enim mentis nostrae
iudicio tanto citius absoluimur, quanto nos districtius reos
tenemus. Nec ad haec agenda perpendenda sunt tempora, quibus uacat, quia ad haec agenda post huius uitae tempora non
8 uacat. Vacue quippe non dicitur : *Neque enim ultra in hominis
potestate est ut ueniat ad Deum in iudicio.* Idcirco namque
memoramur quod tunc non possumus, ne nunc quod possumus neglegamus. Sed ecce negotia occupant quae nobis inces-
12 santer apposita a considerandis nobismetipsis mentis nostrae
oculum declinant. In istis namque uisibilibus quae intuetur cor
nostrum extra se spargitur ; et quid de se intrinsecus agatur
obliuiscitur dum extrinsecus occupatur. Diuina autem uox
16 terribilibus sententiis suis quasi quibusdam clauis illud pungit
ut euigilet, ut homo occulta super se iudicia quae pressus torpore dissimulat, terrore saltem pulsatus expauescat. Ipso enim
usu uitae ueteris mens male assueta deprimitur et in his quae
20 exspectat exterius quasi dormiens sopitur ; quae iam postquam
semel se ad appetenda uisibilia foras fudit, a contemplandis
inuisibilibus intus euanuit. Vnde nunc necesse est ut quae per
uisibilia spargitur de inuisibilibus iudiciis feriatur ; et quia in
24 his se exterioribus male delectata prostrauit, saltem percussa
requirat quod deseruit. Ecce autem scriptura sacra terrore quodam torpentia corda transfigit, ne in his inhaereant quae

---

[VI] **2/68** *CC* XXV, vii, 172/201, 76/82, 95/114, 143/154 ; μ 795/796, 793, 794,
795.

[VI] **8/9** Iob 34, 23.

[VI] **2/3** diuine rectitudinis P_1 **6** perpendenda] *ed.*, perpenda L_1, perdenda P_1 T,
praetermittenda μ **6/7** perpenda *usque* agenda] L_1 *in marg.*   **9** iudicium *ed.* μ **12**
nobis P_1 **18** ipso] ut enim supra diximus *praem.* P_1 |enim] *om.* P_1 **19** deprimitur]
premitur P_1 **23** uisibilia] inuisibilia L_1 **26** hereant P_1

exterius defluunt, sed quae interius aeterna perdiderunt. Indicat
28 quid sententia occulta decernitur, ne immoderate a nobis haec
publica cogitentur.

Sicut enim non sentimus quomodo crescunt membra,
proficit corpus, mutatur species, nigredo capillorum albescit in
32 canos — haec quippe omnia nescientibus nobis aguntur in
nobis — ita mens nostra per momenta uiuendi ipso curarum
usu a semetipsa permutatur, et non agnoscimus, nisi uigilanti
custodia ad interiora nostra residentes, prouectus nostros
36 cotidie defectusque pensemus.

Ad haec autem agenda exempla patrum et eloquii sacri
praecepta ualde nos adiuuant. Si enim sanctorum opera inspicimus, et diuinis iussionibus aurem praebemus, alia nos con-
40 templata, alia audita succendunt ; et cor nostrum torpore non
constringitur, dum imitatione prouocatur. Vnde bene ad Moysen dicitur : *Ignis in altari semper ardebit, quem nutriet sacerdos, subiciens mane ligna per singulos dies.* Altare quippe Dei
44 est cor nostrum, in quo iubetur ignis semper ardere, quia
necesse est ex illo ad Dominum caritatis flammam indesinenter
accendere. Cui per singulos dies sacerdos ligna subiciat ne
exstinguatur. Omnis enim fide Christi praeditus membrum
48 utique sacerdotis summi effectus est, sicut cunctis fidelibus
Petrus apostolus dicit : *Vos autem genus electum, regale sacerdotium.* Et Ioannes apostolus dicit : *Fecisti nos Deo nostro regnum et sacerdotes.* Sacerdos ergo in altari ignem nutriens,
52 cotidie ligna subiciat, id est fidelis quisque, ne in eo caritatis
flamma deficiat, in corde suo tam exempla praecedentium
quam sacrae scripturae testimonia congregare non desistat.
Nam quasi quaedam fomenta igni dare est in exsecutionem ca-
56 ritatis uel exempla patrum uel praecepta dominica ministrare.

Quod autem diuinis admonitionibus et praecedentium
exemplis adiuti, de huius uitae profundo liberamur, per prophetam Ieremiam in puteo missum bene signatum est, qui ut

---

42/43 Leu. 6, 12.   49/50 I Petri 2, 9.   50/51 Apoc. 1, 6.   58/60 cfr Ier. 38, 11.

---

32 nobis nescientibus P_1 34 nisi] *om.* P_1 35 prouectus] nec *praem.* P_1 36 pensamus P_1 37 sacri eloquii P_1 38 ualde] *om.* P_1 46 ascendere P_1 47 christi fide
P_1 48 summi sacerdotis P_1 49 apostolus] *om.* L_1 | autem *om.* L_1 50 et] sicut *add.*
P_1 | apostolus *om.* L_1 55 excitationem P_1 58 liberemur L_1 | liberamur] bene etiam
add. P_1 58/59 in propheta ieremia   59 misso P_1 | bene] *om.* P_1

60 leuaretur ex puteo, funes ad eum et panni ueteres depositi sunt.
Quid enim funibus nisi praecepta dominica figurantur ? Quae
nos in operatione mala positos, quasi conuinciunt et eripiunt,
quasi ligant et trahunt, coartant et leuant. Sed ne ligatus his
64 funibus dum trahitur incidatur, simul etiam panni ueteres
deponuntur, quia ne diuina praecepta nos terreant, antiquorum
patrum nos exempla confortant, et ex eorum comparatione
facere non posse praesumimus, quod ex nostra imbecillitate
68 formidamus.

Vnusquisque igitur peccatum quod fecit intellegat ; maerore
mentem obnubilet et omnem in se tranquillitatem cordis paenitentiae turbine deuastet.`Nisi enim recognoscentem se animum
72 iste turbo contereret, nequaquam propheta dixisset : *In spiritu
uehementi conteres naues Tharsis.* Tharsis quippe exploratio
gaudii dicitur. Sed cum uehemens paenitentiae spiritus mentem
occupat, omnem in ea explorationem reprehensibilis gaudii per-
76 turbat ut nil ei iam nisi flere libeat, nil nisi quod se terrere
possit attendat. Ponit namque ante oculos illinc districtionem
iustitiae, hinc meritum culpae ; conspicit quo supplicio digna
sit, si parcentis pietas desit, quae per lamenta praesentia ab
80 aeterna eruere poena consueuit. Spiritus ergo uehemens Tharsis
naues conterit cum uis compunctionis ualida mentes nostras
huic mundo, quasi mari deditas, salubri terrore confundit.

Sciendum uero est quod cum peccata impunita relinquimus,
84 a nocte possidemur ; cum uero haec animaduersione paenitentiae plectimus, nimirum nos noctem quam fecimus, possidemus. Sed tunc peccatum cordis sub iuris nostri possessione
reducitur, si cum incipit, reprimatur. Vnde et diuina uoce Cain
88 praua cogitanti dicitur : *In foribus peccatum tuum aderit sed*

69/93 *CC* IV, xix, 3/19, 23/33 ; μ 118.

72/73 Ps. 47, 8.   88/89 Gen. 4, 7.

---

60 leuetur P_1 | deponuntur P_1 62 mala operatione P_1 | positos] et *add. P_1*   69 pecca-
tum] dum *praem. P_1*   70 obnubilat P_1 | et] quasi concusso serene letitie aere *add.*
P_1 71 deuastat P_1 76 nichil] P_1 82 confundit] dicat igitur . noctem illam
tenebrosus turbo possideat (Iob 3,6) . id est perpetrationem culpe non blandimenta
secure quietis foueant sed pie seuiens amaritudo penitentie irrumpat *add. P_1*   83
quod] quia P_1 85 flectimus P_1

sub te erit appetitus eius et tu dominaberis illius. In foribus
quippe peccatum adest cum in cogitationibus pulsat. Cuius
appetitus subter est eique homo dominatur, si cordis nequitia
92 inspecta, citius prematur et priusquam ad duritiam crescat,
reluctanti menti subigatur.

CAPITVLVM VII

QVOD OMNE AVT AB HOMINE AVT A DEO PVNITVR

*Verebar omnia opera mea, sciens quod non parceres delin-
quenti.* Si delinquenti non parcitur, quis ab aeterna morte rapi-
4   tur, cum a delicto mundus nemo reperitur ? An paenitenti parcit et delinquenti non parcit ? Quia cum delicta plangimus,
nequaquam iam delinquentes sumus. Sed quid cum Petrus eum
negat respicitur, et Redemptoris negati respectu ad lacrimas
8   uocatur ? Quid quod Paulus cum Redemptoris nomen in terra
conaretur exstinguere, eius uerba de caelo meruit audire ? Sed
tamen culpa in utroque punita est, quia et de Petro teste
euangelio, scriptum est : *Recordatus Petrus uerbi Iesu, egressus
12 foras, fleuit amare.* Et de Paulo haec eadem, quae hunc uocauit,
Veritas dicit : *Ego ostendam ei quanta eum oporteat pro nomine meo pati.* Delinquenti ergo Dominus nequaquam parcit,
quia delictum sine ultione non deserit. Aut enim ipse hoc
16 homo in se paenitens punit, aut hoc Deus cum homine uindi-
cans percutit. Nequaquam igitur peccato parcitur, quia nullatenus sine uindicta laxatur. Sic Dauid audire post confessionem
meruit : *Dominus transtulit peccatum tuum.* Et tamen multis
20 post cruciatibus afflictus ac fugiens, reatum culpae quam per-
petrauerat exsoluit. Sic nos salutis unda a culpa primi parentis

---

[VII] **2/23** *CC* IX, xxxiv, 1/2, 70/91 ; μ 312/313.

[VII] **2/3** Iob 9, 28.   **11/12** Luc. 22, 61/62 ; Matth. 26, 75.   **13/14** Act. 9, 16.   **19**
II Reg. 12, 13.

---

90 peccatum] tuum *add.* P_1 **91** eique] ei quia P_1 [VII] **2/3** sciens *usque* delin-
quenti] et cetera P_1 **3/4** rapitur] eripitur P_1 **4** repperitur P_1 **6/7** quid *usque*
negat] quid est quod petrus cum negat P_1 **13** oporteat eum P_1 **17** peccatum
P_1 **19/20** post multis P_1

absoluimur ; sed tamen, reatum eiusdem culpae diluentes, absoluti quoque adhuc carnaliter obimus.

24 Vnde scriptum est : *Si lotus fuero quasi aquis niuis et fulse-rint uelut mundissimae manus meae ; tamen sordibus intinges me et abominabuntur me uestimenta mea.* Aquae enim niuis sunt lamenta humilitatis. Quae profecto humilitas, quia ante 28 districti iudicis oculos ceteris uirtutibus praeeminet, quasi per magni meriti colorem candet. Sunt namque nonnulli qui lamenta habent, sed humilitatem non habent ; quia afflicti plangunt, sed tamen in ipsis fletibus uel contra proximorum 32 uitam superbiunt, uel contra ordinationem conditoris eriguntur. Hi nimirum aquas habent sed niuis aquas non habent, et mundi esse nequeunt quia humilitatis fletibus minime lauantur. Aquis autem niuis a culpa se lauerat qui confidenter dicebat : 36 *Cor contritum et humiliatum Deus non spernit.* Qui enim lamentis affliguntur, sed murmurando rebelles sunt, mentem quidem conterunt, sed humiliari contemnunt. Quamuis aquae niuis intellegi et aliter possunt. Aqua enim fontis et fluminis ex 40 terra oritur ; aqua uero niuis ex aere proruit. Et sunt plerique qui per orationum lamenta se cruciant sed tamen totis lamen-torum laboribus ad sola terrena desideria exsudant ; com-punguntur in precibus sed felicitatis transitoriae gaudia 44 exquirunt. Hos itaque niuis aqua non abluit, quia eorum fletus ab imis uenit. Quasi enim ex terrae aqua perfusi sunt qui pro terrenis bonis in precibus compunguntur. Qui uero idcirco plorant, quoniam praemia superna desiderant, aqua niuis hos 48 diluit, quia caelestis compunctio infundit. Nam cum perennem patriam per lamenta appetunt, eiusque accensi desideriis plangunt, a summis accipiunt unde mundentur.

24/50 *CC ibid.*, xxxvi, 1/28 ; μ 314.

24/26 Iob 9, 30/31.   **36** Ps. 50, 19.

---

34 minime] non P_1 **41** totis] se *praem.* P_1

CAPITVLVM VIII

DE AMARITVDINE PAENITENTIS ET CONTEMPLATIONE DISTRICTI IVDICII

Pauore diuini iudicii afflicti, dum quaedam male gesta plangimus, ipsa ui amaritudinis nostrae ad discutiendos nos uigilan-
4 tius excitati, alia in nobis etiam quae amplius defleamus,
inuenimus. Nam saepe quod torpentes latuit, flentibus subtilius
innotescit. Et afflicta mens certius inuenit malum quod fecerat
et nesciebat eique rixa sua uerius aperit, quantum a ueritatis
8 pace deuiauit ; quia reatum suum cuius secura non meminit,
hunc in se commota deprehendit. Succrescens quippe amaritudo paenitentiae, uerecundanti cordi ingerit illicita quae commisit, districtum contra haec iudicem ostendit, suppliciorum
12 minas incutit, pauore animum ferit, pudore confundit, motus
illicitos increpat, quietem noxiae securitatis turbat. Quae ei
conditor bona contulit, quae ipse bonis illius mala responderit
enumerat, quod mire ab eo conditus, quod gratuito nutritus,
16 quod rationis substantia in conditione ditatus est, quod conditoris gratia uocatus, quod sequi ipse et uocatus noluit, quod
uocantis misericordia nec surdum hunc renitentemque
despexit, quod illuminatus donis, quod sua sponte prauis
20 actionibus etiam post dona caecatus est, quod a caecitatis suae
erroribus paternae sollicitudinis flagellis expiatus, quod a flagel-
lorum doloribus ad salutis gaudia misericordiae medicamento
reductus est ; quod quibusdam culpis, etsi non grauibus sub-
24 ditus, peccare tamen et inter flagella non desinit ; quod peccatorem suum superna gratia nec contempta derelinquit. Cum igitur afflictam mentem modo per replicationem donorum Dei,
modo per improperia actionis suae tanta seueritate increpat,
28 habet in corde iustorum amaritudo animae linguam suam quae
tanto eis subtilius loquitur, quanto et interius auditur.
Sancti enim dum quibusdam imaginationibus quam sint

[VIII] **2/29** *CC* VIII, xxii, 2/30 ; μ 259.   **30/40** *CC ibid.*, xxiv, 31/43 ; μ 261.

[VIII] **3** nostre amaritudinis P_1 **5** fletibus subtilibus P_1 **10** ingerit] importune
praem. P_1 **14** respondit P_1 **20** a] *om.* P_1 **23** grauioribus P_1 **24** et] *om.* P_1 **30**
quam] cogitationum *praem.* P_1

subtilia iudicia Dei conspiciunt, quasi in ipsa stratus sui requie
32 somnii uisione turbantur. Contemplantur enim quam districtus
iudex ueniat qui, dum ui immensae magnitudinis cordium
secreta illuminat, omnes ante oculos culpas reducat. Pensant
quanta illa sit uerecundia, in conspectu totius humani generis,
36 angelorum omnium, archangelorumque confundi. Perpendunt
qui post confusionem cruciatus remaneat, cum et reatus
animam immortaliter morientem et indeficienter deficientem
carnem gehenna consumat. Cum itaque tam pauida imagina-
40 tione mens quatitur quasi in stratu triste somnium uidetur.

CAPITVLVM IX

QVOD AMARITVDO PRAESENTIS PAENITENTIAE EXSTINGUIT SVPPLICIA SEQVENTIS IRAE

Qui humani generis conditorem adhuc seruiliter formidat
procul dubio non amat. Nam tunc solum Deo uera obsequia
4 reddimus cum eum propter amoris fiduciam non timemus ;
cum nos ad bona opera affectus, non metus dirigit ; cum
malum menti iam non placet etiam si licet. Nam qui a peruersitatis opere ex timore restringitur, peruerse libenter ageret si
8 liceret. Nequaquam ergo ueraciter rectus est qui adhuc a prauitatis desiderio liber non est. Nec uera obsequia Deo reddimus
si ex timore mandatis illius, et non potius ex amore seruimus.
Sed cum mens nostra dulcedinis amore accenditur, omni
12 desiderio praesentis uitae leuigatur, et sese contra se animus
accendit, ut accusare se de culpis debeat in quibus se ante
supernorum nescius defendebat.
Saepe autem contingit ut cum delinquimus ea quoque quae
16 agimus diiudicamus. Accusat mens ipsa quod perpetrat ; sed
quia hoc ex desiderio minime deserit, erubescit confiteri quod

---

[IX] **2/12** *CC* IX, XLI, 11/19, 20/23 ; μ 318. **12/14** *CC ibid.*, XLII, 3/4 ; μ
318. **15/21** *CC ibid.*, XLIII, 4/9, 12/14 ; μ 318/319.

---

31 dei] diuina P_1 | sui] sue L_1 **35** conspectu] tunc *add.* P_1 **36** angelorum] et *praem.*
L_1 | archangelorum L_1 **37** qui] quis L_1 | cruciatus] reatus L_1 | maneat P_1 **38** animum *ed.* μ **40** quasi] quid aliud quam P_1 [IX] **6** menti] nostre *praem.* P_1 **7**
peruersa P_1 **9** est] bene itaque dicitur . neque enim possum metuens respondere
add. P_1 | nec] quia P_1 | deo] non *add.* P_1 **11** nostra] eius *add.* P_1 **15** autem contingit
ut] uero et P_1

facit. Cum uero toto iam iudicio carnis delectationem premit,
audaci uoce in accusationis suae confessionem se erigit. Sed
20 sunt nonnulli qui apertis uocibus culpas fatentur, sed tamen in
confessione gemere nesciunt, et lugenda gaudentes dicunt.

    Qui autem culpas suas uere detestatur, necesse est ut has in
amaritudine animae loquatur. Vnde scriptum est : *Loquar in*
24 *amaritudine animae meae.* Necesse est enim ut amaritudo
puniat quicquid lingua per mentis iudicium accusat. Amaritudo
enim praesentis paenitentiae exstinguit supplicia sequentis irae.
Duobus autem modis in hac uita hominem iudicat Deus, quia
28 aut per mala praesentia irrogare iam tormenta sequentia
incipit, aut tormenta sequentia flagellis praesentibus exstinguit.
Nisi enim delictis exigentibus iustus iudex et nunc et postmodum quosdam percuteret, Iudas minime dixisset : *Secundo eos*
32 *qui non crediderunt perdidit* ; et de iniquis psalmista non
diceret : *Induantur sicut diploide confusione sua.* Diploidem
quippe duplum uestimentum dicitur. Confusione ergo sicut
diploide induti sunt qui iuxta reatus sui meritum et temporali
36 et perpetua animaduersione feriuntur. Solos quippe poena
praesens a supplicio liberat quos immutat. Nam quos
praesentia mala non corrigunt, ad sequentia perducunt. Si
autem nequaquam quosdam poena praesens a supplicio aeterno
40 defenderet, Paulus minime dixisset : *Cum iudicamur, a Dom-*
ino corripimur ut non cum hoc mundo damnemur. Hinc uoce
angelica ad Ioannem dicitur : *Ego quos amo redarguo et cas-*
tigo. Hinc etiam scriptum est : *Quem diligit Dominus castigat ;*
44 *flagellat autem omnem filium quem recipit.*

22/25 *CC ibid.*, XLIV, 1/4 ; μ 319.   25/44 *CC ibid.*, XLV, 4/23 ; μ 319.

[IX] 23/24 Iob 10, 1.   31/32 Iudae 5.   33 Ps. 108, 29.   40/41 I Cor. 11,
32.   42/43 Apoc. 3, 19.   43/44 Hebr. 12, 6.

22/23 qui *usque* loquatur] *om.* P₁ (cfr infra 24)   23 scriptum est] adhuc apte subiungit P₁   24 necesse est enim ut] qui culpas suas detestans loquitur restat necesse est ut
has in amaritudine loquatur ut hec ipsa P₁   34 dicitur] dicimus P₁   44 autem] *om.*
P₁

CAPITVLVM X

QVOD DEVS PECCATA QVAE PAENITENTIA NON DILVIT QVASI IN
SACCVLO SIGNATA RESERVAT

Tu quidem gressus meos dinumerasti, sed parcis peccatis
4 *meis.* Gressus Deus dinumerat, cum singula quaeque nostra
opera propter retributionem signat. Quid enim in gressibus, nisi
unaquaeque nostra actio designatur ? Omnipotens itaque Deus
et gressus dinumerat, et peccatis parcit, quia et subtiliter acta
8 nostra considerat, et tamen haec paenitentibus misericorditer
relaxat. Qui et duritiam in peccantibus conspicit, sed tamen
hanc, praeueniente gratia, ad paenitentiam emollit. Culpas uero
numerat, cum nos ipsos ad singula quae fecimus, deflenda
12 conuertit. Et quasi misericorditer relaxat, quia ea dum nos ipsi
punimus, ipse nequaquam in extremo examine iudicat, Paulo
attestante, qui ait : *Si nosmetipsos diiudicaremus, non utique*
iudicaremur.
16　　Vnde adhuc subditur : *Signasti quasi in sacculo delicta mea,*
sed curasti iniquitatem meam. Signantur quasi in sacculo delicta nostra, quia hoc quod nos exterius agimus, nisi paenitentia
interueniente diluamus, in secreto Dei iudiciorum sub quadam
20 occultatione seruatur, ut quandoque etiam de sacculo secreti
exeat ad publicum iudicii. Vnde per Moysen dicitur : *Nonne*
haec congregata sunt apud me, et signata in thesauris meis ? In
die ultionis reddam illis. Cum uero pro malis quae fecimus
24 disciplinae flagello atterimur, et haec per paenitentiam
deflemus, iniquitatem nostram signat et curat ; quia nec inulta
hic deserit, nec in iudicio punienda seruat. Signat igitur delicta
quia ea hic subtiliter attendit ut feriat : curat uero quia haec

---

[X] **3/16** *CC* XII, XVI, 1/14 ; *μ* 400.　**16/42** *CC ibid.,* XVII, 1/28 ; *μ* 400/401.

[X] **3/4** Iob 14, 16.　**14/15** I Cor. 11, 31.　**16/17** Iob 14, 17.　**21/23** Deut. 32,
34/35.

[X] **7** parcit peccatis P_1　**10** uero] ergo P_1　**13** diiudicat P_1　**19** iudiciorum dei
P_1　**21** unde] etiam *add.* P_1　**22** congregata] condita P_1　**23** illis] eis P_1　**25** quia]
qui P_1　**27** quia] qui P_1

28 per flagella funditus relaxat. Vnde iniquitatem quoque illius
persecutoris sui, quem in terra prostrauerat, signando curauit ;
cum de illo ad Ananiam dixit : *Vas electionis mihi est iste, ut*
portet nomen meum coram gentibus et regibus et filiis Israel.
32 *Ego enim ostendam illi quanta oporteat eum pro nomine meo*
pati. Cui enim adhuc pro transactis excessibus uenturas passiones minatur, profecto hoc quod deliquerat in corde signatum
tenebat. Sed procul dubio delicta eius signando curauerat,
36 quem uas electionis uocabat. Vel certe peccata nostra signantur
in sacculo cum mala quae fecimus sollicito semper corde pensamus. Quid namque est cor hominis, nisi sacculus Dei ? Vbi
dum studiose conspicimus per quanta delinquimus, peccata
40 nostra quasi in Dei sacculo signata portamus. Peccatum suum
Dauid signatum tenebat in sacculo, qui dicebat : *Iniquitatem*
meam ego agnosco ; et delictum meum coram me est semper.

CAPITVLVM XI

VT PECCATOR DILIGENTER PECCATA DISCVTIAT ET FLENDO EVACVARE NON CESSET

Vnusquisque peccator inquisitione forti terrenas in se cogitationes discutiat. Et quae sibi moles congeritur ex uetusta cogi-
4 tatione, consideret, seque ab illa flendo euacuare non cesset.
Vnde bene et Isaac apud alienam gentem puteos fodisse describitur. Quo uidelicet exemplo discimus ut in hac peregrinationis
aerumna positi, cogitationum nostrarum profunda
8 penetremus ; et quousque nobis uerae intellegentiae aqua
respondeat, nequaquam nostrae inquisitionis manus ab exhau-
rienda cordis terra torpescat. Quos tamen puteos allophyli insidiantes replent, quia nimirum immundi spiritus cum nos stu-
12 diose cor fodere conspiciunt, congestas nobis temptationum
cogitationes mergunt. Vnde semper mens euacuanda est, inces-

[XI] **2/36** *CC* XXXI, xxvii, 22/23, 24/45, 60/72 ; μ 1021/1022.

30/33 Act. 9, 15/16.   **41/42** Ps. 50, 5.   [XI] **5/6** cfr Gen. 26, 15 ss.

32/33 pati pro nomine meo L_1 **37** corde semper P_1 **40** sacculo dei P_1 | peccatum]
an non *praem.* P_1 [XI] **3** ex] in P_1 **6** dicimus L_1 **11** cor fodere] confodere
L_1 **12** mergunt] *ed.*, ingerunt μ, emergunt L_1, immergunt P_1

santerque fodienda, ne si indiscussa relinquitur, usque ad
tumorem peruersorum operum, cogitationum super nos terra
16 cumuletur. Hinc ad Ezechielem dicitur : *Fili hominis, fode
parietem* : id est, cordis duritiam crebris perscrutationum
ictibus rumpe. Hinc ad Isaiam Dominus dicit : *Ingredere in
petram, abscondere fossa humo, a facie timoris Domini, et a*
20 *gloria maiestatis eius.* Petram quippe ingredimur, cum torporis
nostri duritiam penetramus ; atque a facie timoris Domini
fossa humo abscondimur, si terrenas cogitationes egerentes ab
ira districti iudicis in humilitate nostrae mentis celamur.
24   Hinc israelitico populo per Moysen a Domino iubetur ut
cum egreditur ad requisita naturae, mittat paxillum in balteo,
et fossa humo abscondat quae egesta fuerint. Naturae enim corruptibilis pondere grauati, a mentis nostrae utero quaedam
28 cogitationum superflua quasi uentris grauamina erumpunt. Sed
portare paxillum sub balteo debemus, ut uidelicet ad reprehendendos nosmetipsos semper accincti, acutum circa nos stimulum compunctionis habeamus, qui incessanter terram mentis
32 nostrae paenitentiae dolore confodiat, et hoc quod a nobis feti-
dum erupit abscondat. Ventris quippe egestio fossa humo per
paxillum tegitur, cum mentis nostrae superfluitas subtili redar-
gutione discussa, ante Dei oculos, per compunctionis suae
36 stimulum celatur.
    Deus autem mala hominum nec cogitata ignorat, nec perpe-
trata obliuiscitur, nisi ab eius oculis paenitendo deleantur.

37/38 *CC* XXV, vi, 13/15 ; μ 791.

16/17 Ez. 8, 8.   **18/20** Is. 2, 10.

---

17 ad] et *praem.* P_1 **24** populo israelitico P_1 **28** superflua cogitationum P_1 **33**
erumpit P_1

CAPITVLVM XII

QVOD DVPLICEM DEBET PECCATOR HABERE GEMITVM IN PAENITENTIA : DE OMISSO
BONO ET MALO PERPETRATO

Omnis peccator in paenitentia duplicem habere gemitum
4 debet, nimirum quia et bonum quod oportuit non fecit, et
malum quod non oportuit fecit. Hinc est quod per Moysen de
eo qui iuramentum protulit, ut uel male quid uel bene faceret,
atque ipsum hoc obliuione transcendit, dicitur : *Offerat agnam*
8 *de gregibus siue capram, orabitque pro eo sacerdos, et pro pec-*
cato eius. Sin autem non potuerit offerre pecus, offerat duos tur-
tures, uel duos pullos columbarum, unum pro peccato, et
alterum in holocausto. Iuramentum namque proferre est uoto
12 nos diuinae seruitutis alligare. Et cum bona opera promittimus,
bene nos facere spondemus. Cum uero abstinentiam crucia-
tumque carnis nostrae uouemus, male ad praesens nos facere
iuramus. Sed quia nullus in hac uita ita perfectus est, ut quam-
16 libet Deo deuotus sit, inter ipsa quantulumcumque pia uota
non peccet, pro peccato agna offerri de gregibus siue capra praecipitur. Quid enim per agnam nisi actiuae uitae innocentia ;
quid per capram, quae in summis saepe extremisque pendens
20 rupibus pascitur, nisi contemplatiua uita signatur ? Qui ergo se
conspicit promissa ac proposita non implesse, ad sacrificium
Dei sese studiosius debet uel innocentia boni operis, uel in sub-
limi pastu contemplationis accingere. Et bene agna de gregibus,
24 capra uero offerri de gregibus non iubetur, quia actiua uita multorum est, contemplatiua paucorum. Et cum haec agimus quae
multo agere et egisse conspicimus, quasi agnam de gregibus
damus. Sed cum offerentis uirtus ad agnam capramque non
28 sufficit, in remedio paenitentis adiungitur ut duo columbarum
pulli, uel duo turtures offerantur. Scimus quia columbarum

[XII] **3/39** *CC* XXXII, III, 31/68 ; *μ* 1048.

[XII] **7/11** Leu. 5, 6/7.

[XII] **1** habere peccator P_1 **2** perpetrato malo P_1 **7** hoc ipsum P_1 **11** holocaustum P_1 *Vulg. μ*   **14** nos] nobis *add.* P_1 **20** ergo] uero P_1 **26** et] uel P_1

pulli uel turtures pro cantu gemitus habent. Quid ergo per duos columbarum pullos, uel duos turtures, nisi duplex paenitentiae
32 nostrae gemitus designatur, ut cum ad offerenda bona opera non assurgimus, nosmetipsos dupliciter defleamus, quia et recta non fecimus, et praua operati sumus ? Vnde et unus turtur pro peccato, alter uero offerri in holocausto iubetur. Holocaustum
36 namque totum incensum dicitur. Vnum ergo turturem pro peccato offerimus, cum pro culpa gemitum damus ; de altero uero holocaustum facimus, cum pro eo quod bona negleximus, nosmetipsos funditus succendentes, igne doloris ardemus.

CAPITVLVM XIII

DE COMPVNCTIONE

Diuina aspiratio aliquando nos amore, aliquando terrore compungit ; aliquando praesentia quam nulla sint ostendit et
4 ad aeterna diligenda desiderium erigit ; aliquando prius aeterna indicat ut post temporalia uilescant. Aliquando nostra nobis mala aperit et ad hoc nos eo usque, inde ut de alienis etiam malis doleamus, extendit. Aliquando aliena mala nostris obtu-
8 tibus obicit et compunctos mirabiliter a nostra prauitate nos corrigit.

Aliquando etiam flagella publica uel iudicia occulta consideramus, et nosmetipsos afficere flendo non cessamus. Vnde
12 bene scriptum est : *Et erudiens eos instruit disciplina*, quia consideranti menti, et sese per paenitentiam laceranti, quasi quaedam plagae percussionis sunt lamenta compunctionis. Vnde etiam Salomon recte uim percussionis utriusque coniun-
16 gens dicit : *Liuor uulneris abstergit mala, et plagae in secretioribus uentris.* Per liuorem quippe uulneris, disciplinam

---

[XIII] **2/9** *CC* V, xxix, 15/21 ; μ 161.   **10/43** *CC* XXIII, xxi, 4/32, 105/112 ; μ 750/751, 752.

[XIII] **12** Iob 33, 16.   **16/17** Prou. 20, 30.

---

33 et] *om.* P_1 **35** in holocaustum i. P_1 *ed.*, μ   **39** accendentes P_1 [XIII] **4** prius P_1 *in marg.*   **5** nobis nostra P_1 **6** nos *usque* alienis] nos usque ut alienis P_1 *ed.*   **12** scriptum] dictum P_1

insinuat corporeae percussionis. Plagae uero in secretioribus
uentris sunt interna mentis uulnera, quae per compunctionem
20 fiunt. Sicut enim uenter cibis repletus extenditur, ita mens
prauis cogitationibus dilatata subleuatur. Abstergunt igitur mala
et liuor uulneris et plagae in secretioribus uentris, quia et disciplina exterior culpas diluit et extensam mentem compunctio
24 paenitentiae ultione transfigit. Sed hoc inter se utraque
differunt, quod plagae percussionum dolent, lamenta compunc-
tionum sapiunt. Illae affligentes cruciant, ista reficiunt, dum
affligunt. Per illas in afflictione maeror est, per haec in maerore
28 laetitia. Quia tamen ipsa compunctio mentem lacerat, eamdem
compunctionem non incongrue disciplinam uocat.

Quattuor quippe sunt qualitates quibus iusti uiri anima in
compunctione uehementer afficitur : cum aut malorum suorum
32 reminiscitur, considerans ubi fuit ; aut iudiciorum Dei sententiam metuens et secum quaerens, cogitat ubi erit ; aut cum
mala uitae praesentis sollerter attendens, maerens considerat
ubi est ; aut cum bona supernae patriae contemplatur, quae
36 quia necdum adipiscitur, lugens conspicit ubi non est.

Nullus enim fleret extrinsecus quod est, si non intrinsecus
potuisset sentire quod nondum est. Nam nosmetipsos cum
inspicimus bene conditos, sed ad persuasionem diabolicam pes-
40 tifera consensione deceptos, in nobismetipsis attendimus aliud
esse quod fecimus, aliud quod facti sumus ; conditione nos
integros, sed culpa uitiatos. Proinde compuncti appetimus
uitare quod fecimus, ut ad id quod facti fuimus reformemur.

44 Cum ergo nos superna gratia uisitat, statim per lacrimas ad
desideria sua instigat. Mens enim afflatu Spiritus sancti tacta ad
considerationem protinus suae perditionis euigilat, in caelestium inquisitione se excutit, amoris summi aestibus inardescit
48 quae se circumprimunt damna considerat, et plorat proficiens
quae prius laeta peribat. Bene ergo Conditori dicitur :
Reuersusque mirabiliter me crucias ; quia omnipotens Deus

44/45 *CC* IX, LVII, 60/61 ; μ 328. **45/61** *CC ibid.*, LVIII, 9/28 ; μ 328.

---

50 Iob 10, 16.

---

21 abstergunt] *ed.* μ abstergent L_1 **22** et,] *om.*, L_1 **23** extensa L_1 **24** se] hec *add.*
P_1 **26** iste P_1 **28** ipsa] tandem *add.* P_1 **31** aut] autem L_1 **38** namque cum
nosmetipsos P_1 **43** quod,] que P_1 **45** sua desideria P_1 **47** amoris] ardoris
L_1 **48** proficiens P_1 *s. l. a. m.*

unde mentem nostram uisitans ad amorem suum erigit, inde
52 hanc per lacrimas grauius affligit. Ac si aperte dicat : Relinquendo me nequaquam afficis quia insensibilem reddis ; sed
cum reuerteris crucias, quia dum te insinuas, mihi me quam
sim lugendus demonstras. Vnde et nequaquam se poenaliter
56 sed mirabiliter asserit cruciari, quia dum per fletum mens ad
summa rapitur, compunctionis suae poenam gaudens miratur.
Et libet affici quia afflictione sua se conspicit ad alta subleuari.
Quia uero saepe a sancto desiderio torpescimus, Dei pietas
60 exempla bonorum nobis obicit, ut cum mens nostra aliorum
profectus considerat, in se torporem erubescat.

Vnde sequitur : *Instauras testes tuos contra me et multiplicas iram tuam aduersum me.* Testes Dei sunt, qui per sancta
64 opera testantur quae electos praemia sequantur. Vnde pro ueritate passos graece martyres id est testes dicimus. Hos Dominus
instaurat contra nos, cum electorum uitam prauitati nostrae
contrariam ad arguendos nos monstrat, ut qui praeceptis non
68 accendimur, excitemur et in appetitu recti nil mens nostra
difficile putet quod perfecte ab aliis agi uidet. Et fit plerumque
ut cum alienae uitae bona conspicimus, nostrae damna
timeamus.

62/87 *CC ibid.,* LIX, 1/6, 8/10, 19/23, 26/36, 45/50, 51/55 ; μ 328/329.

62/63 Iob 10, 17.

---

51 inde] in L_1 **54** mihi] n^i L_1 **59/61** quia *usque* erubescat] sepe autem cum nos a
sancti desiderii exercitatione torpescere superna pietas cernit exempla se sequentium
nostris obtutibus obicit ut mens per otium remissa quo in aliis uigilantiam
prouectus considerat eo in se pigredinem torporis erubescat P_1 **62** sequitur] et recte
subiungitur P_1 **63** aduersum me] et pene militant in me P_1 | testes] enim *add.* P_1
63/64 sancta opera] exercitium operis sui P_1 **64** premia sequantur] secutura sint
premia ueritatis P_1 **64/65** pro *usque* martyres] hos quoque quos pro passos agnoscimus greco eloquio martyres P_1 **65** dicimus] uocamus . et per ioannem uoce angelica dominus dicit . in diebus testis mei fidelis qui occisus est apud nos (cfr Apoc. 2,
13) P_1 **65/66** hos *usque* cum] sed testes suos contra nos dominus instaurat cum
P_1 **67** nos] non *ed.,* instruendosque *add.* P_1 | monstrat] multiplicat P_1 **68** exci-
temur] saltem exemplis *praem* P_1 |et] atque P_1 | recti] rectitudinis P_1 | mens] sibi
praem. P_1 **69** putet quod] estimat quam P_1 |ab aliis agi] peragi ab aliis P_1 **70** nos-
tre] sollicitius *add.* P_1

72   Vnde subditur : *Et multiplicas iram tuam aduersum me.* Ira
Dei multiplex nobis esse indicatur quia nec ex bonorum uita
noscimus si non emendamur, quanta post ira feriamur. Electos
enim Dei cernimus et pia agere et crudelia multa tolerare. Vnde
76   colligitur districtus iudex quantum ibi feriat quos reprobat, si
hic cruciat sic quos amat. Petro attestante qui ait : *Tempus est
ut iudicium incipiat de domo Dei ; si autem primum a nobis,
quis finis eorum qui non credunt Dei euangelio ?*
80   Sed cum fraterno profectu reficimur, cum districtionem iudicis ex nostro torpore pensamus, restat ut quicquid in nobis
reprehendimus reprobum, affligamus. Vnde sequitur : *Et
poenae militant in me,* quia dum miranda bonorum facta con-
84   spicimus, uitam nostram quae ex eorum nobis comparatione
displicet, cum · afflictione cruciamus. Vt quicquid in nobis pol-
luerunt opera, diluant lamenta ; et si quid adhuc culpa delectationis inquinat, poena maeroris tergat.
        Quapropter et ego non parcam ori meo. Ori suo parcit qui
confiteri malum quod fecit erubescit. In laborem quippe os mit-
4   tere est hoc ad confessionem perpetratae iniquitatis occupare.
Sed iustus ori suo non parcit, quia iram iudicis districti
praeueniens, uerbis contra se propriae confessionis saeuit. Hinc
psalmista ait : *Praeueniamus faciem eius in confessione.* Hinc
8   per Salomonem dicitur : *Qui abscondit scelera sua, non diri-*

[XIV] **2/14** *CC* VIII, xx, 1/13 ; μ 258.

77/79 I Petri 4, 17.   **82/83** Iob 10, 17.   [XIV] **2** Iob 7, 11.   **7** Ps. 94, 2.   **8/10**
Prou. 28, 13.

---

72 unde subditur] et eo patescat quanto post pondere animaduersionis impetimur quo
nunc a bonorum moribus longe discrepamus . unde et testium instauratione memora-
ta protinus apte subiungitur P_1 | aduersum me] *om.* P_1 **73/74** ira *usque* feriamur] eo
nobis multiplicari ira dei dicitur quo esse multiplex indicatur quia ex ipsa nec
bonorum uita et labore cognoscimus si emendari dum tempus est nolumus quanta
post animaduersione feriamur P_1 **75** enim] quippe P_1 | unde] hinc ergo P_1 **76**
quantum ibi] quanta illic P_1 | feriat] districtione *add.* P_1 **77** sic cruciat P_1 **78** de] a
P_1 | dei] domini L_1 **79** dei] *om.* L_1 **80** prouectu P_1 **80/81** iudicis] super nos inter-
ni *praem.* P_1 **81** ex] ipso *add.* P_1 | pensamus] quid *add.* P_1 | restat] nisi ut ad discu-
tiendum se animus redeat et *add.* P_1 **81/82** nobis *usque* affligamus] se reprobum
quicquid prauum deprehendit affligat P_1 **82** sequitur] apte subiungitur P_1 **83** quia]
consideratis dei testibus pene in nobis militant *praem.* P_1 | bonorum] illorum P_1 **85**
cum] studiosa P_1 | afflictione] P_1 μ, affectione L_1, affictione *ed.*   [XIV] **2** ori$_2$] etenim
add. P_1 **3** malum] *om.* P_1 **5** quia] nimirum *add.* P_1 | districte P_1

getur ; qui autem confessus fuerit et dereliquerit ea, misericor-
diam consequetur. Hinc rursum scriptum est : *Iustus in princi-*
pio accusator est sui. Sed nequaquam ad confessionem os pan-
12 ditur, nisi cum ex consideratione districti iudicii per pauorem
spiritus angustatur.

Vnde et apte mox subditur : *Loquar in tribulatione spiritus*
mei. Tribulatio quippe spiritus linguam commouet ut reatum
16 praui operis uox confessionis impugnet. Sciendum quoque est
quia saepe et reprobi peccata confitentur sed deflere contemnunt. Electi autem culpas suas quas uocibus confessionis aperiunt, districtae animaduersionis fletibus insequuntur. Vnde bene
20 beatus Iob postquam se ori suo non parcere spopondit, tribula-
tionem mox subdidit. Ac si aperte fateretur dicens : Sic reatum
lingua loquitur, ut nequaquam expers a maeroris stimulo per
alia spiritus uagetur ; sed culpas loquens, uulnus aperio ; culpas
24 uero ad correptionem cogitans, salutem uulneris ex medicamine maeroris quaero. Qui enim mala quidem quae perpetrauit
insinuat sed flere quae insinuauerit recusat, quasi subducta
ueste uulnus detegit, sed torpenti medicamentum uulneri non
28 apponit. Confessionis igitur uocem solus necesse est ut maeror
excutiat, ne uulnus proditum, sed neglectum, quo licentius per
humanam iam notitiam tangitur, deterius putrescat. Quod contra psalmista plagam cordis non solum detexerat sed detectae
32 etiam medicamentum maeroris adhibebat dicens : *Iniquitatem*
meam ego pronuntio et cogitabo pro peccato meo. Pronuntiando
enim occultum uulnus quidem detegit, cogitando quid aliud
quam medicamentum uulneri apponit ? Sed afflictae menti et
36 sua sollicite damna cogitanti, rixa pro semetipsa oritur contra
semetipsam. Nam cum se ad lamenta paenitentiae instigat,
occulta se increpatione dilaniat.

14/38 *CC ibid.*, XXI, 1/26 ; μ 258/259.

10/11 Prou. 18, 17.   **14/15** Iob 7, 11.   **32/33** Ps. 37, 19.

11/12 os panditur ad confessionem P_1 **24** correctionem P_1 **25** peccauit P_1 **27** torpente P_1 | medicamentum] mente *praem.* P_1 **28** ut] *om.* L_1 **29** lucentius L_1 **29/30** iam per humanam P_1 **34** quidem] *om.* P_1 |quid] autem *praem.* P_1

CAPITVLVM XV

QVOD QVILIBET DEBET PECCATVM SVVM COGNOSCERE ET VOCE
CONFESSIONIS APERIRE

Si abscondi quasi homo peccatum meum, et celaui in sinu
4 *meo iniquitatem meam.* Haec sunt namque uerae humilitatis
testimonia, et iniquitatem suam queınque cognoscere, et cogni-
tam uoce confessionis aperire. At contra, usitatum humani generis uitium est, et labendo peccatum committere, et commis-
8 sum negando abscondere, et conuictum defendendo multiplicare. Ex illo quippe lapsu primi hominis haec augmenta nequitiae ducimus, ex quo ipsam radicem traximus culpae. Sic
namque ille dum lignum uetitum contigisset, abscondit se a
12 facie Domini inter ligna paradisi. In qua absconsione, scilicet
quia Deum latere non poterat, non latendi effectus describitur,
sed affectus notatur. Qui cum argueretur a Domino, quod de
ligno uetito contigisset, ilico respondit dicens : *Mulier quam*
16 *dedisti mihi sociam ipsa mihi dedit de ligno, et comedi.* Ipsa
quoque mulier inquisita respondit : *Serpens decepit me et*
comedi. Ad hoc quippe requisiti fuerant, ut peccatum quod
transgrediendo commiserant confitendo delerent. Vnde et ser-
20 pens ille persuasor, qui non erat reuocandus ad ueniam, non
est de culpa requisitus. Interrogatus itaque homo est ubi esset,
ut perpetratam culpam respiceret, et confitendo cognosceret
quam longe a conditoris sui facie abesset. Sed adhibere sibimet
24 utrique defensionis solatia quam confessionis elegerunt.
Cumque excusare peccatum uoluit uir per mulierem, mulier per
serpentem, auxerunt culpam, quam tueri conati sunt ; oblique
Adam Dominum tangens, quod ipse peccati eorum auctor
28 exstiterit, qui mulierem fecit ; et Eua culpam ad Dominum

[XV] **3/58** *CC* XXII, xv, 1/57 ; μ 712/713.

[XV] **3/4** Iob 31, 33.   **10/12** cfr Gen. 3, 8.   **15/16** Gen. 3,12.   **17/18** Gen. 3,
13.

[XV] **7** libendo L_1 **14** qui] quia P_1 **15** comedisset P_1 | dicens] *om.* P_1 **23** adhi-
bere] plus *add.* P_1 **23/24** utrique sibimet P_1

referens, qui serpentem in paradiso posuisset. Qui enim in ore diaboli fallentis audierant : *Eritis sicut dii,* quia Deo esse similes in diuinitate nequiuerunt, ad erroris sui cumulum
32 Deum sibi facere similem in culpa conati sunt. Sic ergo reatum suum dum defendere moliuntur, addiderunt ut culpa eorum atrocior discussa fieret quam fuerat perpetrata.

Vnde nunc quoque humani generis rami ex hac adhuc radi-
36 ce amaritudinem trahunt, et cum de uitio suo quisque arguitur, sub defensionum uerbis quasi sub quibusdam se arborum foliis abscondit, et uelut ad quaedam excusationis suae opaca secreta faciem cognitoris fugit, dum non uult cognosci quod fecit. In
40 qua uidelicet occultatione non se Domino, sed Dominum abscondit sibi. Agit quippe ne omnia uidentem uideat, non autem ne ipse uideatur. Quod contra cuique peccatori iam exordium illuminationis est humilitas confessionis, quia
44 sibimetipsi iam parcere renuit, qui malum non erubescit confiteri quod fecit ; et qui defendendo accusari potuit, accusando se celerrime defendit. Vnde et mortuo Lazaro, qui mole magna premebatur, nequaquam dicitur : Reuiuisce ; sed:
48 *Veni foras.* Ex qua scilicet resurrectione, quae gesta in illius corpore est, signatur qualiter nos resuscitemur in corde, cum uidelicet mortuo dicitur : *Veni foras,* ut nimirum homo in peccato suo mortuus, et per molem malae consuetudinis iam
52 sepultus, quia intra conscientiam suam absconsus iacet per nequitiam, a seipso foras exeat per confessionem. Mortuo enim *ueni foras* dicitur, ut ab excusatione atque occultatione peccati ad accusationem suam ore proprio exire prouocetur. Vnde
56 Dauid propheta, ab illa tanti morte facinoris reuiuiscens, ad uocem Domini quasi foras exiit, dum per Nathan correptus, quod fecerat accusauit.

---

30 Gen. 3, 5. **48** Ioh. 11, 43. **55/58** cfr II Reg. 12, 13.

---

29 in$_2$] *om. P*$_1$ **30** fauentis *P*$_1$ **30/31** similes esse *P*$_1$ **36** quisque de uitio suo *P*$_1$ **37** se] *om. P*$_1$ **38** abscondunt *P*$_1$ **49** est corpore *P*$_1$ **51** et] *om. P*$_1$ **57** dum] cum *P*$_1$ | correctus *P*$_1$

CAPITVLVM XVI

QVAE SINT INDICIA VERAE CONFESSIONIS

Et celaui in sinu meo iniquitatem meam. Scriptura sacra
plerumque sinum ponere pro mente consueuit, sicut uoce
4 Ecclesiae de persecutoribus nostris, qui nobis natura quidem
coniuncti sunt, sed uita disiuncti, per psalmistam dicitur :
Redde uicinis nostris septuplum in sinu eorum. Ac si aperte
diceretur : In mente sua recipiant hoc quod in nostris cor-
8 poribus saeuientes operantur, ut sicut nos exterius ex parte
puniunt, ipsi interius perfecte puniantur. Quia ergo sinus secretum mentis accipitur, in sinu iniquitatem celare est hanc in
conscientiae latibulis occultare, nec per confessionem detegere,
12 sed per defensionem uelare. Quod contra Iacobus dicit :
Confitemini alterutrum peccata uestra et orate pro inuicem, ut
saluemini. Salomon quoque ait : *Qui abscondit scelera sua, non*
dirigetur ; qui autem confessus fuerit et reliquerit ea, misericor-
16 *diam consequetur.*

Sed inter haec sciendum est quod plerumque homines et
culpas confitentur et humiles non sunt. Nam multos nouimus
qui nullo arguente peccatores se esse confitentur ; cum uero de
20 culpa sua fuerint fortasse correpti, defensionis patrocinium
quaerunt, ne peccatores esse uideantur. Qui si tunc cum id
sponte dicunt peccatores se esse ueraci humilitate cognoscerent,
cum arguuntur ab aliis, esse se quod confessi fuerant non
24 negarent. Qua in re indicia uerae confessionis sunt, si cum
quisque se peccatorem dicit, id de se dicenti etiam alteri non
contradicit. Nam quia scriptum est : *Iustus in principio accusa-*
tor est sui, non magis peccator, sed iustus uideri appetit, cum

---

[XVI] **2/35** *CC* XXII, xv, 62/95 ; μ 713/714.

[XVI] **2** Iob 31, 33.   **6** Ps. 78, 12.   **13/14** Iac. 5, 16.   **14/16** Prou. 28, 13.   **26/27**
Prou. 18, 17.

[XVI] **4** quidem] *om.* P_1 **8** sicut] dum P_1 **8/9** nos ex parte puniunt exterius
P_1 **9** ergo] igitur P_1 **15** dereliquerit P_1 **19** arguente nullo P_1 **21** qui] quod
P_1 **25** etiam] *om.* P_1

28 peccatorem se quisque nullo arguente confitetur, sed confessionis ueritatem probat, cum alter malum quod fecimus
increpat. Quod si superbe defendimus, liquet quia peccatores
nos ex nobis ficte dicebamus. Vnde summopere curandum est
32 ut mala quae fecimus, et sponte fateamur, et haec aliis arguen-
tibus non negemus. Superbiae quippe uitium est ut quod de se
fateri quisque quasi sua sponte dignatur, hoc sibi dici ab aliis
dedignetur.

CAPITVLVM XVII

DE ELEEMOSYNA ET QVALITER SIT DANDA

Si despexi praetereuntem, eo quod non habuerit indumen-
tum et absque operimento pauperem ; si non benedixerunt mihi
4 *latera eius et de uelleribus ouium mearum calefactus est.* Quod
pauperem non despicit, uirtutem humilitatis exhibet ; quod
autem operit, pietatis. Duae istae uirtutes ita sibimet esse
conexae debent, ut uicaria semper ope se fulciant ; quatenus
8 nec humilitas, cum ueneratur proximum, largitatis gratiam
deserat, nec pietas cum largitur intumescat. Erga indigentiam
itaque proximi humilitatem pietas fulciat, humilitas pietatem,
ut cum indigentem rebus necessariis naturae tuae consortem
12 uideris, nec per impietatem desinas tegere, nec per superbiam
neglegas uenerari quem tegis. Nam sunt nonnulli qui mox ut ab
egenis fratribus fuerint necessaria postulati, post dona largituri,
in eis prius contumeliosa uerba iaculantur. Qui etsi rebus
16 ministerium pietatis perficiunt, uerbis tamen gratiam humilitatis perdunt ; ita ut plerumque uideatur quia illatae iam iniuriae satisfactionem soluunt, cum post contumelias dona largiuntur. Nec magni est operis quod postulata tribuunt, quia ipso
20 donationis suae munere uix eumdem excessum sermonis

[XVII] **2/80** *CC* XXI, xix, 1/83 ; μ 692/693.

[XVII] **2/4** Iob 31, 19/20.

33/34 fateri de se *P*₁   [XVII] **5** despexit *P*₁ | exhibuit *P*₁   **6** operuit *P*₁ | iste] quippe
*praem. P*₁   **7** ope semper *P*₁   **8** humilitas nec *P*₁   **15** eis] eos *P*₁   **17** uideatur] *ed.*
μ, -antur *L*₁ *P*₁   **20** dationis *P*₁

tegunt. Quibus bene per Ecclesiasticum librum dicitur : *Omni dato non des tristitiam uerbi mali.* Et rursum : *Ecce uerbum super datum bonum et utraque cum homine iustificato* ; uideli-
24 cet, ut datum exhiberi debeat per pietatem, et bonum uerbum tribui per humilitatem. At contra, alii egenos fratres non student rebus fulcire cum possint, sed blandis tantum sermonibus fouere. Quos tamen uehementer Iacobi praedicatio sancta
28 reprehendit, dicens : *Si autem frater aut soror nudi sint, et indigeant uictu cotidiano, dicat autem aliquis ex uobis illis : Ite in pace, calefacimini et saturamini ; non dederitis autem illis quae necessaria sunt corpori, quid proderit ?* Quos Ioannes apostolus
32 admonet, dicens : *Filioli mei, non diligamus uerbo, neque lingua, sed opere et ueritate.* Dilectio itaque nostra semper exhibenda est et ueneratione sermonis, et ministerio largitatis.

Multum uero ad edomandam dantis superbiam ualet, si
36 cum terrena tribuit uerba sollicite magistri caelestis penset, qui ait : *Facite uobis amicos de mammona iniquitatis, ut cum defeceritis, recipiant uos in aeterna tabernacula.* Si enim eorum amicitiis aeterna tabernacula acquirimus, dantes procul dubio
40 pensare debemus, quia patronis potius munera offerimus quam egenis dona largimur. Hinc per Paulum dicitur : *Vestra abundantia illorum inopiam suppleat, ut et illorum abundantia uestrae inopiae sit supplementum.* Vt uidelicet sollicite perpen-
44 damus quia et eos quos nunc inopes cernimus, abundantes quandoque uidebimus ; et qui abundantes aspicimur, si largiri neglegimus quandoque inopes erimus. Qui itaque nunc temporale subsidium pauperi tribuit, ab eo postmodum perpetua
48 recepturus, ut ita dicam, quasi ad frugem terram excolit, quae quod acceperit uberius reddit. Restat ergo ut numquam elatio surgat ex munere quando uidelicet diues ex eo quod pauperi tribuit agit ut in perpetuum pauper non sit. Beatus igitur Iob
52 ut diligenter ostenderet humilitas atque misericordia quanta in eo fuerit consideratione sociata ait : *Si despexi praetereuntem, eo quod non habuerit indumentum, et absque operimento pau-*

21/22 Eccli. 18, 15. **22/23** Eccli. 18, 17. **28/31** Iac. 2, 15/16. **32/33** I Ioh. 3, 18. **37/38** Luc. 16, 9. **41/43** II Cor. 8, 14.

---

24 uerbum bonum P_1 **29** autem aliquis] et unus L_1 | illis] ipsis P_1 **30** caleficamini L_1, caleficimini P_1 | illis] eis P_1 **31** corpori] *om.* P_1 | ioannes] quoque *add.* P_1

perem ; si non benedixerunt mihi latera eius, et de uelleribus
56 *ouium mearum calefactus est.* Ac si diceret : In amore proximi
uno eodemque ordine et superbiae uitium, et impietatis premens, praetereuntem quempiam et humiliter aspiciens non
despexi, et misericorditer calefeci. Quisquis enim super eum cui
60 aliquid tribuit fastu se elationis extollit, maiorem culpam
intrinsecus superbiendo peragit, quam extrinsecus largiendo,
mercedem, fitque ipse bonis interioribus nudus, cum nudum
despicit uestiens ; eoque agit ut se ipso deterior fiat, quo se
64 indigenti proximo meliorem putat. Minus quippe inops est qui
uestem non habet quam qui humilitatem. Vnde necesse est ut
cum naturae nostrae consortes exteriora non habere conspicimus, quam multa nobis desint bona interiora pensemus ;
68 quatenus sese super inopes cogitatio nostra non eleuet, cum sollerter uidet quia tanto nos uerius quanto et interius indigentes
sumus.

Et quia sunt nonnulli qui pietatis suae uiscera tendere usque
72 ad incognitos nesciunt, sed solis quos per assiduitatem notitiae
didicerint miserentur, apud quos nimirum plus familiaritas
quam natura ualet, dum quibusdam necessaria non quia homines, sed quia noti sunt, largiuntur ; bene nunc per beatum Iob
76 dicitur : *Si despexi praetereuntem, eo quod non habuerit*
indumentum. Ignoto enim proximo misertum se indicat, quem
praetereuntem uocat, quia uidelicet apud piam mentem plus
natura ualet quam notitia. Nam et unusquisque qui indiget, eo
80 ipso quo homo est, ei iam incognitus non est.

CAPITVLVM XVIII

QVOD DANDA SVNT PAVPERIBVS CVM CELERITATE QVAE CVM VERA
HVMILITATE REQVIRVNTVR

Si negaui quod uolebant pauperibus et oculos uiduae exspec-
4 *tare feci.* Per haec dicta uir sanctus ostenditur, non solum ad

---

[XVIII] **3/35** *CC* XXI, xvi, 1/36 ; μ 690/691.

[XVIII] **3/4** Iob 31, 16.

---

64 inops] in bonis P_1 **67** nobis multa P_1 **69** nos tanto P_1 **71** sunt] *om.* P_1

inopiam pauperibus, sed etiam ad habendi desiderium
deseruisse. Sed quid si ipsa uellent pauperes quae fortasse accipere non expediret ? An quia in scriptura sacra dici pauperes
8 humiles solent, ea sola aestimanda sunt quae accipere pauperes
uolunt, quae humiles petunt ? Et procul dubio oportet ut
incunctanter detur quicquid cum uera humilitate requiritur ; id
est, quod non ex desiderio, sed ex necessitate postulatur. Nam
12 ualde iam superbire est, extra metas inopiae aliquid desiderare.
Vnde et superbe petentibus dicitur : *Petitis et non accipitis, eo*
quod male petatis. Quia ergo illi sunt ueraciter pauperes, qui
inflati superbiae spiritu non sunt, quos aperte Veritas exprimit,
16 cum dicit : *Beati pauperes spiritu* ; recte nunc per sanctum
uirum dicitur : *Si negaui quod uolebant pauperibus*, quoniam
qui ea uolunt quae profecto liquet quod non expediunt eis, eo
ipso quod superbiae abundant spiritu, iam pauperes non sunt.
20 Sed beatus Iob dum pauperes humiles appellat, quicquid ab eo
accipere pauper uoluit, non negauit, quia ueraciter quisque
humilis quod non potuit oportere, nec uoluit.
      Sed cum largitatem mentis suae indicat, quia ad uotum se
24 pauperibus concurrisse manifestat, necesse est ut quaeramus ne
lumen misericordiae dationis tarditate fuscauerit. Vnde subiungit : *Et si oculos uiduae exspectare feci.* Petentem se uiduam
exspectare noluit, ut non solum ex munere, sed etiam ex celeri-
28 tate muneris, bonorum operum merita augeret. Vnde alias
scriptum est : *Ne dicas amico tuo : uade et reuertere, et cras*
dabo tibi, cum statim possis dare. Sed nonnulli solent exterius
multa largiri, communis autem gratiam uitae repellentes habere
32 pauperes socios in domestica conuersatione refugiunt.
      Vnde beatus Iob, ut non solum se insinuet exterius multa
praebuisse, sed apud se quosque inopes etiam domestica
conuersatione recepisse, protinus adiungit : *Si comedi bucellam*

35/44 *CC ibid.*, xvii, 1/10 ; μ 691.

13/14 Iac. 4, 3.   **16** Matth. 5, 3.   **29/30** Prou. 3, 28.   **35/36** Iob 31, 17.

[XVIII] **6** ipsa] illa P_1 **9** petunt] *om.* P_1 **10** humilitate] L_1 *in marg.*   **11** non]
om. L_1 **18** eis non expediunt P_1 **21** pauper accipere P_1 **25** dationis] elationis
P_1 **30** solent] possunt P_1 **31** uite gratiam P_1 **34** sed] etiam *add.* P_1 | etiam] in
P_1

36 *meam solus et non comedit pupillus ex ea.* Scilicet pietati
praeiudicium facere aestimans, si solus comederet quod Deus
omnium communiter creasset. Quae profecto communio
conuersationis esse cum talibus intra domesticos parietes debet,
40 ex quibus aeternae proficiant merita retributionis. Vnde sanctus
uir non quemlibet, sed ad manducandum socium pupillum
habuisse se perhibet. Sed tanta haec pietatis uiscera utrum a
semetipso habuerit, an a conditoris sui gratia consecutus sit,
44 innotescat.

CAPITVLVM XIX

QVOD TVNC VALET ELEEMOSYNA CVM PECCATVM PLANGITVR ET ABDICATVR

Quotiens post culpam eleemosynas facimus, quasi pro
prauis actibus pretium damus. Vnde et per prophetam de eo
4 qui haec non agit dicitur : *Non dabit Deo propitiationem suam,
nec pretium redemptionis animae suae.* Nonnumquam uero
diuites elati inferiores opprimunt, aliena rapiunt, et tamen
quasi quaedam aliis largiuntur ; et cum multos deprimant, ali-
8 quando quibusdam opem defensionis ferunt, et pro iniquitatibus quas numquam deserunt dare pretium uidentur. Sed tunc
eleemosynae pretium nos a culpis liberat, cum perpetrata plangimus et abdicamus. Nam qui et semper peccare uult, et quasi
12 semper eleemosynam largiri, frustra pretium tribuit, quia non
redimit animam quam a uitiis non compescit. Vnde scriptum
est : *Non credat frustra errore deceptus, quod aliquo pretio redimendus sit.* Quia eleemosyna superbi diuitis eum redimere non
16 ualet, quam perpetrata simul rapina pauperis ante Dei oculos
ascendere non permittit. Quod fortasse intellegi et aliter potest,
quia saepe superbi diuites cum eleemosynam tribuunt, hanc
non pro aeternae uitae desiderio, sed pro extendenda uita tem-

---

[XIX] **2/24** *CC* XII, li, 2/25 ; μ 413/414.

[XIX] **4/5** Ps. 48, 8/9.   **14/15.21/22** Iob 15, 31.

---

36 pietati] se *add.* P_1 **37** facere preiudicium P_1 | deus] dominus P_1 **43** sit con-
secutus P_1 [XIX] **7** deprimunt P_1 **13/14** scriptum est] nunc dicitur P_1 **14** deceptus errore P_1 **18** cum] et *praem.*P_1 **18/19** non hanc P_1

20 porali largiuntur, et mortem se posse differre dationibus
credunt, sed : *Non credat frustra errore deceptus quod aliquo
pretio redimendus sit,* quia obtinere ex impenso munere non
ualet ut finem debitum euadat cuius etiam nequitia uitam
24 intercidit.

Ille autem bene agit quae pia sunt, qui scit prius seruare
quae iusta, ut collatus in proximis riuus misericordiae de iustitiae fonte ducatur. Nam multi proximis quasi opera misericor-
28 diae impendunt, sed iniustitiae facta non deserunt. Qui si ueraciter proximis misericordiam facere studerent, sibi ipsis prius
debuerant iuste uiuendo misereri. Vnde scriptum est : *Miserere
animae tuae placens Deo.* Qui ergo misereri uult proximo, a se
32 trahat necesse est originem miserendi. Scriptum namque est :
Diliges proximum tuum sicut teipsum. Quomodo ergo alteri
miserendo pius est, qui adhuc iniuste uiuendo fit impius
sibimetipsi ? Vnde per quemdam sapientem dicitur : *Qui sibi*
36 *nequam est, cui bonus erit ?* Ad exhibendam quippe misericordiam ut indigentibus plene exterius ualeat impendi, duo sibi
necessaria congruunt, id est, homo qui praebeat, et res quae
praebeatur. Sed longe incomparabiliter melior est homo quam
40 res. Qui itaque indigenti proximo exteriorem substantiam praebet, sed uitam suam a nequitia non custodit, rem suam Deo
tribuit et se peccato. Hoc quod minus est obtulit auctori, et hoc
quod maius est seruauit iniquitati.

25/43 *CC* XIX, xxiii, 86/106 ; µ 624/625.

30/31 Eccli. 30, 24.   33 Matth. 19, 19.   35/36 Eccli. 14, 5.

---

20 et] *om.* P_1 21 credit P_1 23/24 intercidit uitam P_1 25 autem] quippe P_1 27
deducatur P_1 28/29 proximis ueraciter P_1 29 facere misericordiam P_1 33 ergo]
om. P_1 36 erit bonus P_1 41 sed] et P_1 42 hoc] *om.* P_1

CAPITVLVM XX

QVOD NON PRODEST MANV ELEEMOSYNAM DARE NISI DIMITTATVR QVOD
HABETVR IN MENTE

Foris non mansit peregrinus, ostium meum uiatori patuit.
4 Quia teste Paulo, *caritas patiens et benigna* describitur, per
patientiam aliena mala aequanimiter tolerat, per benignitatem
quoque bona misericorditer impendit sua. Vnde beatus Iob et
patienter domesticos maledicentes pertulit, et uiatores atque
8 peregrinos apud se benigne suscepit ; illis morum exempla tribuens, istis exteriorum ope occurrens ; illis per mansuetudinem
non concitus ad irascendum, istis per misericordiam ad
subueniendum paratus. Vir etenim sanctus Redemptorem gene-
12 ris humani per prophetiae spiritum intuens, praedicamenta
quoque illius in opere seruabat, quibus nos admonet dicens :
Dimittite et dimittetur uobis : date et dabitur uobis. Dare
namque nostrum ad res pertinet quas exterius habemus, dimit-
16 tere autem ad relaxandum dolorem quem interius ex aliena
culpa contraximus. Sed sciendum est quia qui dimittit et non
dat, etsi non plene operatus est, meliorem tamen partem misericordiae tenuit. Qui autem dat et minime dimittit, omnino
20 misericordiam nullam facit, quia ab omnipotente Deo munus
ex manu non accipitur, quod corde obligato in malitia profertur.
Mundari etenim debet prius animus qui eleemosynam prae-
24 bet, quia omne quod datur Deo ex dantis mente pensatur.
Cuncta itaque malitiae macula ab interiori nostro homine cogitationis immutatione tergenda est, quia iram iudicis placare
nescit oblatio, nisi ex munditia placeat offerentis. Vnde scrip-
28 tum est : *Respexit Deus ad Abel et ad munera eius, ad Cain*

[XX] **3/36** *CC* XXII, xiv, 1/35 ; µ 710/711.

[XX] **3** Iob 31, 32.   **4** I Cor. 13, 4.   **14** Luc. 6, 37/38.   **28/29.31/33** Gen. 4,
4/5.

[XX] **3** ostium] sed *praem.* P₁   **6** bona sua m. i. P₁ | unde] et *add.* P₁   **7** pertulit
maledicentes P₁   **9** concurrens P₁   **19** minime] non P₁   **23** prius debet P₁

autem et ad munera eius non respexit. Neque etenim sacrum eloquium dicit : Respexit ad munera Abel et ad Cain munera non respexit, sed prius ait quia *respexit ad Abel,* ac deinde sub-
32 iunxit : *Et ad munera eius.* Et rursum dicit quia *non respexit ad Cain,* ac deinde : *Nec ad munera eius.* Ex dantis quippe corde id quod datur accipitur. Idcirco non Abel ex muneribus, sed ex Abel munera oblata placuerunt. Prius namque ad eum
36 legitur Dominus respexisse qui dabat, quam ad illa quae dabat.

CAPITVLVM XXI

QVOD STATIM DIMITTENDVM EST EI QVI IN NOS PECCAVIT CVM VENIAM PETIT

Abstulisti pignus fratrum tuorum sine causa. In scriptura sacra appellatione pignoris aliquando dona Spiritus sancti, ali-
4 quando uero signatur confessio peccati. Pignus namque accipitur donum Spiritus sancti, sicut per Paulum dicitur : *Qui dedit nobis pignus Spiritus.* Ad hoc enim pignus accipimus, ut de promissione quae nobis fit certitudinem teneamus. Donum
8 ergo Spiritus sancti pignus dicitur, quia per hoc anima nostra ad interioris spei certitudinem roboratur. Rursum pignoris nomine peccati confessio solet intellegi, sicut in lege scriptum est : *Cum debuerit tibi quidpiam frater tuus, et abstuleris pignus*
12 *ab eo, ante solis occasum pignus restitue.* Frater etenim noster debitor nobis efficitur cum quilibet proximus in nos aliquid deliquisse monstratur. Peccata quippe debita uocamus. Vnde et peccatori seruo dicitur : *Omne debitum dimisi tibi.* Et in domi-
16 nica oratione cotidie precamur : *Dimitte nobis debita nostra, sicut et nos dimittimus debitoribus nostris.* A debitore autem

---

[XXI] **2/27** *CC* XVI, v, 1/2, 5/29 ; μ 502.

[XXI] **2** Iob 22, 6.   **5/6** II Cor. 1, 22.   **11/12** cfr Ex. 22, 26.   **15** Matth. 18, 32.   **16/17** Matth. 6, 12.

---

29 autem] uero P_1 | eius] illius P_1 | etenim] enim P_1 **33** nec] subdidit *praem.* P_1 [XXI] **3** spiritus sancti dona intelleguntur P_1 **3/5** aliquando$_2$ *usque* sancti] *om.* P_1 **8** sancti spiritus P_1 | nostra anima P_1 **10** confessio peccati P_1 **12** pignus] *om.* P_1 **14** deliquisse] deliquit P_1 *ante corr.* | uocamus] dicimus P_1 **15** peccanti P_1 **16** cotidie oratione P_1

nostro pignus accipimus, quando ab eo qui in nobis peccasse
cognoscitur peccati eius iam confessionem tenemus, per quam
20 relaxare peccatum quod in nobis perpetratum est postulamur.
Qui enim peccatum quod commisit fatetur et ueniam petit, iam
quasi pro debito pignus dedit. Quod nimirum pignus ante solis
occasum reddere debemus, quia priusquam in nobis per
24 dolorem cordis sol iustitiae occidat, debemus ei confessionem
ueniae reddere a quo confessionem accepimus culpae ; ut qui
se deliquisse in nos meminit a nobis mox relaxatum sentiat
quod deliquit.

---

23 debemus] iubemur P_1 25 reddere uenie P_1

LIBER TERTIVS

DE VIRTVTIBVS

PROLOGVS

Sicut ait beatus Gregorius : Plena malis corda non facile bonum semen suscipiunt, Vnde ad Ieremiam dicitur : *Ecce constitui te hodie super gentes et super regna, ut euellas et destruas,*
4 *et disperdas et dissipes, et aedifices et plantes.* Prius quidem iubetur ut destruat, et postmodum aedificet ; prius ut euellat, et postmodum plantet ; quia nequaquam recte ueritatis fundamentum ponitur, nisi prius erroris fabrica destruatur. Tracta-
8 tum igitur de paenitentia, per quam eradicantur uitia, non incongrue sequitur liber in quo de uirtutibus plantandis disseritur ; qui tertius in ordine secundae partis, remedia docet contra uitia de quibus libro tertio primae partis tractatur.

CAPITVLVM I

DE VIRTVTIBVS QVARVM NVLLA POTEST ESSE PERFECTA SINE ALIA

Alia sunt dona Dei sine quibus ad uitam nequaquam pertingitur, alia quibus uitae sanctitas pro aliorum utilitate
4 declaratur. Humilitas namque, patientia, fides, spes, caritas, dona eiusdem sunt sed ea sine quibus homines ad uitam peruenire nequaquam possunt. Prophetiae autem, uirtus curationum, genera linguarum, interpretatio sermonum, dona eius
8 sunt sed quae uirtutis eius praesentiam pro correctione intuentium ostendunt.

Alia igitur sunt bona summa, alia bona media. Bona etenim

[Prol] **1/7** *CC* XVIII, x, 7/14 ; μ 564.   [I] **2/9** *CC* II, LVI, 50/57 ; μ 73.   **10/31** *CC* XXVII, XLVI, 22/43 ; μ 888.

[Prol] **2/4** Ier. 1, 10.

[I] **4** humilitas] mansuetudo n. h. P_1 **5** eiusdem] eius P_1 **6/7** curationum] *ed.* μ, curatio $L_1 P_1$ **7/8** sunt eius P_1 **10** bona$_2$] *om.* P_1

summa sunt spes, fides, caritas. Quae cum ueraciter habentur,
12 in malum flecti non possunt. Bona autem sunt media : prophetia, doctrina, curationum uirtus, et cetera quae ita inter
utrumque sunt posita, ut aliquando per haec sola aeterna
patria, aliquando uero terrena gloria requiratur. Medias ergo
16 has uirtutes dicimus, quas ad quodcumque mens appetit
inclinamus. Quibus perceptis ita uti animus sicut terrenis diuitiis potest. Per terrenas namque diuitias alii in gloriae ostentatione superbiunt, alii erga proximorum indigentiam ministeria
20 pietatis operantur. Cum per doctrinam igitur atque prophetiam
laus exterior quaeritur, quasi per corporales diuitias terrenae
gloriae culmen ambitur. Cum uero doctrina atque prophetia
luctandis animabus impenditur, quasi acceptae diuitiae egenis
24 fratribus largiuntur. Quia ergo saepe per ipsa dona quae se percipere exsultat, a manu dantis incautus animus elongat, uigilanti prouisione curandum est ut et prius subigantur uitia, et
post sub circumspectione dona teneantur. Nam si in eis mens
28 incaute se deserit, non per haec adiuta subuehitur, sed quasi
pro anteactis laboribus remunerata reprobatur. Vnde fit etiam
ut accepta uirtus dum in usu transitoriae laudis assumitur, quia
uitio militat, uirtus non sit.
32 Quisquis autem uirtute aliqua pollere creditur, tunc ueraciter pollet, cum uitiis ex alia parte non subiacet. Nam si ex
alio uitiis subditur, nec hoc est solidum, ubi stare putabatur.
Vnaquaeque enim uirtus tanto minor est, quanto desunt
36 ceterae. Nam saepe quosdam pudicos uidisse nos contigit, sed
non humiles ; quosdam uero quasi humiles, sed non
misericordes ; quosdam uero quasi misericordes, sed nequaquam iustos ; quosdam uero quasi iustos, sed in se potius
40 quam in Domino confidentes. Et certum est quia nec castitas in
eius corde uera est, cui humilitas deest, quippe quia superbia se

---

32/60 *CC* XXII, I, 14/43 ; *μ* 697.

[I] **12/13** cfr I Cor. 12, 10.

---

11 fides spes P_1 **12** inflecti P_1 **15** uera L_1 | gloria terrena P_1 **18/19** ostentationem P_1 **26** et] *om.* P_1 **28** adiuta] *ed. μ*, ad uitam L_1, ad uitia P_1 **32** creditur] dicitur P_1 **34** alio] *ed. μ*, P_1 *post corr.*, alia L_1 | stare ubi L_1 **38** uero] *om.* P_1 **40/41** corde eius P_1

intrinsecus corrumpente, semetipsum diligens, a diuino amore
fornicatur. Nec humilitas uera est cui misericordia iuncta non
44 est, quia nec debet humilitas dici, quae ad compassionem fra-
ternae miseriae nescit inclinari. Nec misericordia uera est quae
a rectitudine iustitiae exsistit aliena, quia quae potest per iniustitiam pollui, nescit procul dubio sibimetipsi misereri. Nec ius-
48 titia uera est quae fiduciam suam non in conditore omnium,
sed in se fortasse, aut in rebus conditis ponit, quia dum a
creatore spem subtrahit, ipse sibi principalis iustitiae ordinem
peruertit. Vna itaque uirtus sine aliis, aut omnino nulla est,
52 aut imperfecta. Vt enim, sicut quibusdam uisum est, de primis
quattuor uirtutibus loquar : prudentia, temperantia, fortitudo
atque iustitia ; tanto perfectae sunt singulae, quanto uicissim
sibimet coniunctae. Disiunctae autem perfectae esse nequa-
56 quam possunt, quia nec prudentia uera est quae iusta, temperans et fortis non est ; nec perfecta temperantia quae fortis,
iusta et prudens non est ; nec fortitudo integra quae prudens,
temperans et iusta non est ; nec uera iustitia quae prudens,
60 fortis et temperans non est.

CAPITVLVM II

DE HVMILITATE QVAE EST REMEDIVM CONTRA SVPERBIAM

Quia origo uirtutis humilitas est, illa in nobis uirtus ueraciter pullulat, quae in radice propria, id est in humilitate per-
4 durat. A qua nimirum si absciditur arescit, quia uiuificantem se
in intimis humorem caritatis perdit.
Videamus igitur quanta uirtutum munera Dauid perceperat,
atque in his omnibus quam forti se humilitate seruabat. Quem
8 enim non extolleret ora leonum frangere, ursorum brachia dis-

---

[II] 2/36 CC XXVII, XLVI, 44/47, 50/80 ; μ 888/889.

[II] 6/12 cfr I Reg. 17, 36 ; 18, 25.

---

54 sunt perfecte P_1 59 temperans] om. L_1 [II] 4 quia] qui L_1 6 uideamus igi-
tur] sed quia per hoc quod ab eliu dicitur . non audebunt contemplari omnes qui sibi
uidentur esse sapientes (Iob 37, 24) . occulta cordis elatio reprobatur intueri libet
P_1

sipare, despectis prioribus fratribus eligi, reprobato rege ad regni gubernacula ungi, timendum cunctis uno lapide Goliam sternere, a rege proposita, exstinctis Allophylis, numerosa
12 praeputia reportare, promissum tandem regnum percipere, cunctumque israeliticum populum sine ulla contradictione possidere ? Et tamen cum arcam Dei Ierusalem reuocat, quasi oblitus praelatum se omnibus, admixtus populis ante arcam
16 saltat. Et quia coram arca saltare, ut creditur, uulgi mos fuerat, rex se in diuino obsequio per saltatum rotat. Ecce quem Dominus singulariter praetulit, sese sub Domino et exaequando minimis et abiecta exhibendo contemnit. Non potestas regni ad
20 memoriam reducitur, non subiectorum oculis saltando uilescere metuit, non se honore praelatum ceteris ante eius arcam qui honorem dederat recognoscit. Coram Deo egit uilia uel extrema, ut illa ex humilitate solidaret quae coram hominibus
24 gesserat fortia. Quid de eius factis ab aliis sentiatur ignoro ; ego Dauid plus saltantem stupeo quam pugnantem. Pugnando quippe hostes subdidit, saltando autem coram Domino semetipsum uicit. Quem Michol, Saul filia, adhuc ex tumore
28 regii generis insana, cum humiliatum despiceret, dicens : *Quam gloriosus fuit hodie rex Israel discooperiens se ante ancillas seruorum suorum ; et nudatus est, quasi si nudetur unus de scurris*, protinus audiuit : *Viuit Dominus, quia ludam ante*
32 *Dominum, qui elegit me potius quam patrem tuum.* Ac paulo *post ait : Et ludam et uilior fiam plus quam factus sum ; eroque humilis in oculis meis.* Ac si aperte dicat : Vilescere coram *hominibus appeto, quia seruare me coram Deo ingenuum per*
36 *humilitatem quaero.*

12/14 cfr II Reg. 3, 18.   14/16 cfr II Reg. 6, 14.   28/34 II Reg. 6, 20/22.

---

16 coram arca] ante arcam P_1 17 obsequio] eloquio P_1 17/18 dominus] cunctis add. P_1 22 uilia] debilia P_1 31 uiuit *usque* ludam] L_1 μ, *om.* P_1 *ed.*

CAPITVLVM III

DE SIMPLICITATE QVAE INANI GLORIAE CONTRARIA EST ET AD EAMDEM REMEDIVM

Deridetur enim iusti simplicitas. Huius mundi sapientia est,
cor machinationibus tegere ; sensum uerbis uelare ; quae falsa
4 sunt uera ostendere, quae uera sunt fallacia demonstrare. Haec
nimirum prudentia usu a iuuenibus scitur ; haec a pueris pretio
discitur ; hanc qui sciunt ceteros despiciunt superbiendo ; hanc
qui nesciunt subiecti et timidi in aliis mirantur, quia ab eis
8 haec eadem duplicitas iniquitatis, nomine palliata, diligitur,
dum mentis peruersitas urbanitas uocatur. Haec sibi obsequen-
tibus praecipit honorum culmina quaerere, adepta temporalis
gloriae uanitate gaudere, irrogata ab aliis mala multiplicius
12 reddere, cum uires suppetunt nullis resistentibus cedere, cum
uirtutis possibilitas deest, quicquid explere per malitiam non
ualet, hoc in pacifica bonitate simulare. At contra iustorum
sapientia est nihil per ostensionem fingere, sensum uerbis
16 aperire, uera ut sunt diligere, falsa deuitare, bona gratis exhibere, mala libentius tolerare quam facere ; nullam iniuriae
ultionem quaerere, pro ueritate contumeliam pati lucrum
putare ; indignos se omnibus iudicare, etiam cum dignius
20 cunctis uiuant. Sciunt enim quod bona quae innotescunt hominibus, sine periculo esse uix possunt. Et quamuis sapientes esse
se sentiant, uellent tamen esse sapientes, nec uideri, atque hoc
sibi omnimodo quod loquendo proditur pertimescunt ; et si
24 liceat, tacere appetunt dum esse multis tutius silentium cer-
nunt, eosque feliciores putant, quos intra sanctam Ecclesiam
locus inferior per silentium occultat ; et tamen ut sancta

[III] **2/19** *CC* X, xxix, 1/18 ; μ 360.   **19/30** *CC* XXIII, I, 238/249 ; μ 734.

[III] **2** Iob 12, 4.

[III] **4** fallacia] falsa P_1 **5/6** hec *usque* discitur] L_1 *rep. et del.*   **6** superbiendo
despiciunt P_1 **15** nil P_1 **19** putare] portare L_1 **20** cunctis] ceteris P_1 | sciunt enim]
scit e. iustus P_1 **21** sapientem P_1 **22** sentiat P_1 | uellet P_1 | sapiens P_1 **23** per-
timescit P_1 **24** appetit P_1 **24/25** cernit P_1 **25** eosque] esse *add.* P_1 | putat
P_1 **26/27** sanctam ecclesiam P_1

Ecclesia defendatur, quia ad loquendum ui caritatis impellun-
28 tur, ex necessitate quidem officium locutionis suscipiunt, sed ex
magno desiderio otium taciturnitatis quaerunt. Hoc seruant
uoto, illud exercent ministerio.

Sed haec iustorum simplicitas deridetur quia ab huius
32 mundi sapientibus puritatis uirtus, fatuitas creditur. Omne
enim quod innocenter agitur, ab eis procul dubio stultum putatur ; et quicquid in opere ueritas approbat, carnali sapientiae
fatuum sonat. Quid namque stultius uidetur mundo quam
36 mentem uerbis ostendere, nihil callida machinatione simulare,
nullas iniuriis contumelias reddere, pro maledicentibus orare,
paupertatem   quaerere,   possessa   relinquere,   rapienti   non
resistere, percutienti alteram maxillam praebere ? Vnde bene
40 huius mundi dilectoribus ille egregius Dei sapiens dicit : *Abo-*
minationes Aegyptiorum immolabimus Domino Deo nostro.
Oues quippe Aegyptii edere dedignantur ; sed quod abominan-
tur Aegyptii, hoc Israelitae Deo offerunt quia simplicitatem
44 conscientiae, quam inanis gloriae cupidi uelut infimam abiec-
tamque despiciunt, hanc in uirtutis sacrificium uertunt. Et
excolentes recti puritatem ac mansuetudinem Deo immolant,
quam abominantes reprobi fatuitatem putant.
48   Sunt autem nonnulli qui bona faciunt sed in hoc simplices
non sunt, dum non in his retributionem interius sed exterius
fauores quaerunt. Vnde per quemdam sapientem dicitur : *Vae*
peccatori terram ingredienti duabus uiis. Duabus quippe uiis
52 peccator terram ingreditur quando et Dei est quod opere exhibet et mundi quod per cogitationem quaerit. Sunt praeterea
nonnulli ita simplices ut rectum quid sit ignorent, qui dum
cauti esse per rectitudinem nesciunt, innocentes per simplicita-

---

31/47 *CC* X, xxix, 18/35 ; µ 360/361.   **48/53** *CC* I, xxvi, 5/11 ; µ 29.   **53/66** *CC*
ibid., II, 1/2, 4/19 ; µ 18.

40/41 Ex. 8, 26.   **50/51** Eccli. 2, 14.

27/28 impellitur P_1 **28** suscipit P_1 **29** querit P_1 | seruat P_1 **30** exercet P_1 **34** sa-
pientie carnali P_1 **36** nil P_1 **39** maxillam alteram P_1 **40** ille] *om.* P_1 | dicit] ait
P_1 **43** deo] *om.* P_1 **44** inanis glorie cupidi] iniusti quique P_1 **45** in] iusti
praem.   **48** bona] in bonis que P_1 | sed in hoc] *om.* P_1 **50** fauorem P_1 | unde] bene
add. P_1 **54** ignorent] sed eo uere simplicitatis innocentiam deserunt quo
ad rectitudinis non assurgunt *add.* P_1 | qui] quia P_1 **55** nesciunt] nequaquam *add.* P_1 |
innocentes] persistere *add.* P_1

56 tem esse non possunt. Hinc Paulus dicit : *Volo uos sapientes*
    esse in bono, simplices autem in malo. Et iterum : *Nolite pueri*
    effici sensibus sed malitia paruuli estote. Et Dominus in
    euangelio : *Estote prudentes sicut serpentes et simplices sicut*
60 *columbae,* ut astutia serpentis columbae simplicitatem instruat,
    et serpentis astutiam columbae temperet simplicitas. Vnde Spi-
    ritus sanctus non solum in columba sed etiam in igne apparuit.
    Per columbam quippe simplicitas, per ignem zelus indicatur.
64 Qui ergo Spiritu sancto pleni sunt, sic mansuetudini simplici-
    tatis inseruiunt ut contra culpas delinquentium etiam zelo recti-
    tudinis accendantur.
        Sunt et alii simplices qui ad intellegentiae alta perueniunt,
68 quia agere quae intellexerunt uel minima nulla contemnunt ; et
    dum sensum manibus adiuuant, sese ultra altitudinem
    ingeniosorum leuant. Vnde bene per Salomonem dicitur : *Stel-*
    lio manibus nititur et moratur in aedibus regis. Plerumque
72 enim aues quas ad uolatum penna subleuat, in uepribus
    resident ; et stellio qui ad uolatum pennas non habet, nitens
    manibus regis aedificium tenet quia nimirum saepe ingeniosi
    quique dum per neglegentiam torpent in prauis actibus
76 remanent, et simplices quos ingenii penna non adiuuat, ad
    obtinenda aeterni regni moenia uirtus operationis leuat. Stellio
    ergo dum manibus nititur, in regis aedibus moratur quia illo
    simplex per intentionem recti operis peruenit, quo ingeniosus
80 minime ascendit.

67/80 *CC* VI, x, 18/31 ; µ 186/187.

56/57 Rom. 16, 19.   **57/58** I Cor. 14, 20.   **59/60** Matth. 10, 16.   **62** cfr Matth. 3,
16 : Act. 2, 3.   **70/71** Prou. 30, 28.

---

56 esse non] *om.* P_1 | hinc] est quod *add.* P_1 | dicit] discipulos admonet dicens P_1 **59**
et iterum] hinc rursum dicit P_1 **58/59** et d. in e.] hinc per semetipsum ueritas discipulis precipit dicens P_1 **60/61** ut *usque* et] uterque enim necessaria in admonitione
coniunxit ut et simplicitatem columbe astutia serpentis instrueret et rursum P_1 **61**
simplicitas temperaret P_1 **61/62** unde *usque* apparuit] hinc est quod sanctus spiritus
presentiam suam hominibus non in columba solummodo sed etiam in igne patefecit
P_1 **63** ignem] uero *add.* P_1 **64** qui *usque* pleni] in columba ergo et in igne ostenditur quia qui illo pleni P_1 **70/71** stilio L_1 **71** regum L_1 **73** stilio L_1 **74** regum
L_1 **77** eterni regni] regis eterni P_1 | stilio L_1 **78** regum L_1

CAPITVLVM IV

DE CARITATE QVAE PLENITVDO LEGIS EST ET CONTRA INVIDIAM REMEDIVM

Vt ostenderet tibi quod multiplex sit lex eius. Lex Dei caritas accipi debet, per quam in mente legitur qualiter praecepta uitae
4 in opere teneantur. De hac Veritas dicit : *Hoc est praeceptum meum ut diligatis inuicem.* Et Paulus : *Plenitudo legis est dilectio.* Et iterum : *Inuicem onera uestra portate et sic adimplebitis legem Christi.* Huius legis initium dilectio Dei est et dilectio
8 proximi. Sed dilectio Dei per tria distinguitur, quia ex toto corde, ex tota anima, et ex tota fortitudine diligi Deus iubetur, ut qui placere Deo desiderat sibi de se nihil relinquat. Proximi autem dilectio ad duo praecepta deriuatur, cum per quemdam
12 iustum dicitur : *Quod ab alio tibi odis fieri, uide ne tu alteri facias.* Et Veritas dicit : *Quae uultis ut faciant uobis homines, ita et uos facite illis.* Per unum istorum malitia compescitur, per aliud benignitas praerogatur.

[IV] **2/56** *CC* X, VI, 1/2, 43/49, 55/58, 60/67, 74/81, 82/116, 173/177 ; μ 339, 340/341, 343.

[IV] **2** Iob 11, 6.   **4/5** Ioh. 15, 12.   **5/6** Rom. 13, 10.   **6/7** Gal. 6, 2.   **12/13** Tob. 4, 16.   **13/14** Matth. 7, 12 ; Luc. 6, 31.

[IV] **3** in] semper *praem.* P_1 | precepta uite qualiter P_1 **4** opere] actione P_1 | ueritas dicit] etenim lege ueritatis uoce dicitur P_1 **5** et paulus] de hac paulus ait P_1 | est] *om.* L_1 **6** et iterum] de hac iterum dicit P_1 | adimplete L_1 **7/10** huius *usque* desiderat] lex etenim christi quid congruentius intelligi quam caritas potest quam tunc uere perficimus cum fraterna onera ex amore toleramus . sed hec eadem lex multiplex dicitur quia studiosa sollicitudine caritas ad cuncta uirtutum facta dilatatur . que a duobus quidem preceptis incipit sed se ad innumera extendit . huius namque legis initium dilectio dei est ac dilectio proximi . sed dei dilectio per tria distinguitur quia ex toto corde et ex tota anima atque ex tota fortitudine diligi conditor iubetur . qua in re notandum est quod diuinus sermo cum deum diligi precipit non solum narrat ex quo sed etiam informat ex quanto cum subiungitur ex toto ut uidelicet qui perfecte deo placere desiderat P_1 **11** cum] et *add.* P_1 **13** et] per semetipsum *add.* P_1 **14** per] quibus duobus scilicet utriusque testamenti mandatis *praem.* P_1 | istorum] *om.* P_1

16   Nam cum cauet aliquis alteri facere quod sibi non uult fieri, sollicite circumspicit ne superbia usque ad despectum proximi animum eleuet, ne ambitio cogitationem laniet, ne cor luxuria polluat, ne ira exasperet et ad contumelias inflammet, ne
20 inuidia alium mordeat, ne linguam loquacitas pertrahat et ad detractationes extendat, ne odium malitia excitet et ad maledictionem irritet. Rursum cum cogitat ut ea alteri faciat quae ipsa sibi fieri ab altero exspectat, pensat nimirum ut malis bona, ut
24 bonis meliora respondeat ; ut erga procaces mansuetudinem longanimitatis exhibeat ; ut malitiae peste languentibus gratiam benignitatis impendat ; ut discordes pace uniat, ut concordes ad concupiscentiam uerae pacis accingat ; ut indigentibus
28 necessaria tribuat ; ut errantibus uiam rectitudinis ostendat ; ut afflictos uerbo et compassione mulceat ; ut accensos in huius mundi desideriis increpatione restringat ; ut minas potentium ratiocinatione mitiget ; ut oppressorum angustias quanta prae-
32 ualet ope leuet ; ut foris resistentibus opponat patientiam ; ut intus superbientibus exhibeat cum patientia disciplinam ; ut erga errata subditorum sic mansuetudo zelum temperet, quatenus a iustitiae studio non eneruet ; sic ad ultionem zelus
36 ferueat ne tamen pietatis limitem feruendo transcendat : ut ingratos beneficiis ad amorem prouocet ; ut gratos quosque ministeriis in amore seruet ; ut proximorum mala cum corrigere non ualet, taceat, ut cum corrigi loquendo possunt,
40 silentium consensum esse pertimescat ; ut sic ea quae tacet toleret, ne tamen in animo uirus doloris occultet ; ut sic maleuolis munus benignitatis exhibeat ne tamen per gratiam a iure rectitudinis excedat ; ut cuncta proximis quae praeualet impen-
44 dat, sed haec impendendo non tumeat ; ut sic in bonis quae exhibet tumoris praecipitium paueat ne tamen a boni exercitio torpescat ; ut sic quae possidet tribuat, quatenus quanta sit lar-

16/22 nam *usque* irritet] nam cum cauet alteri facere quod nequaquam uult ab altero tolerare sollicita se intentione circumspicit ne superbia eleuet et usque ad despectum proximi animum deiciens exaltet ne ambitio cogitationem laniet cumque hanc ad appetenda aliena dilatat angustet . ne cor luxuria polluat et subiectum desideriis per illicita corrumpat ne ira exasperet et usque ad proferendam contumeliam inflammet ne inuidia mordeat et alienis felicitatibus emula sua se face contempnat ne imoderate linguam loquacitas pertrahat eamque usque ad lasciuiam obtrectationis extendat ne odium malitia excitet et os usque ad iaculum maledictionis irritet P_1 **22** irridet L_1 | ipsa] ipse P_1 **22/53** rursum *usque* est₂] om. O_2 **24** respondeat] rependat P_1 **36** pietas P_1 **43** que preualet proximis P_1 **46** ut] et L_1 | quatenus] ut *praem.* L_1

gitas remunerantis attendat ; ne cum terrena largitur, suam plus
48 quam necesse est inopiam cogitet, et in oblatione muneris
hilaritatis lumen tristitia obscuret.

Bene ergo lex Dei multiplex dicitur quia cum una eademque
sit caritas, si mentem plene ceperit, hanc ad innumera opera
52 multiformiter accendit. Huius autem legis multiplicitatem bene
Paulus enumerat, dicens : *Caritas patiens est, benigna est ; non*
aemulatur, non inflatur ; non agit perperam, non est ambitiosa,
non quaerit quae sua sunt ; non irritatur, non cogitat malum ;
56 *non gaudet super iniquitate, congaudet autem ueritati.*

CAPITVLVM V

QVOD PER CARITATEM AMICI DILIGENDI SVNT IN DEO ET INIMICI PROPTER DEVM

Duobus modis ostendi solet si caritas cor nostrum ueraciter
replet, scilicet si amicos in Deo, et inimicos diligimus propter
4 Deum. Sed sciendum est quia inimici dilectio tunc ueraciter
custoditur, cum nec de profectu addicimur, nec de ruina illius
laetamur. Nam saepe in dilectionis imagine erga inimicum

[V] **2/49** *CC* XXII, xi, 7/54 ; μ 708/709.

53/56 I Cor. 13, 4/6.

---

49 hilaritatis lumen] hilaritatem P_1 | obscuret] non *praem.* P_1 **50** quia] nimirum *add.*
P_1 **52** legis] *om.* P_1 **56** ueritati] caritas quippe patiens est quia illata mala
equanimiter tolerat . benigna uero est quia pro malis bona ministrat . non
emulatur quia per hoc quod in presenti mundo nichil appetit inuidere
terrenis successibus nescit . non inflatur quia cum premium eterne retributionis anxia
desiderat de bonis se exterioribus non exaltat . non agit perperam quia quo se in
solum dei ac proximi amorem dilatat quicquid a rectitudine discrepat ignorat . non
est ambitiosa quia non ardens intus ad sua satagit foris nullatenus aliena concupiscit .
non querit que sua sunt quia cuncta que hic transitorie possidet uelud aliena negligit
cum nichil sibi esse proprium quod secum permaneat agnoscit . non irritatur quia
et iniuriis lassessita ad nullos se ultionis sue motus excitat dum pro magnis laboribus
maiora post premia expectat . non cogitat malum quia in amore munditie mentem
solidans dum omne odium radicitus eruit uersare in animo quod inquinat nescit . non
gaudet super iniquitate quia quo sola dilectione erga omnes inhiat nec de perditione
aduersantium exultat . congaudet autem ueritati quia ut se ceteros diligens per hoc
quod rectum in aliis conspicit quasi de augmento proprii prouectus hilarescit *add.*
L_2 [V] **3** si] et *add.* P_1 **5** prouectu P_1 | addicimur] deicimur P_1

animus fallitur, seque hunc diligere aestimat, si eius uitae con-
8 trarius non exsistat. Sed dilectionis uim occulte et ueraciter aut
profectus inimici, aut casus interrogat. Hac etenim de re ad plenum semetipsam mens hominis nescit, nisi eum quem sibi
aduersarium credit in defectu uel profectu mutasse modum sui
12 status inuenerit. Si enim de prosperitate addicitur, et de calamitate se odientis laetatur, constat quia non amat quem non uult
esse meliorem, eumque etiam stantem uoto persequitur, quem
cecidisse gratulatur.
16 Sed inter haec sciendum est quia euenire plerumque solet ut
non amissa caritate et inimici nos ruina laetificet, et rursum
eius gloria sine inuidiae culpa contristet, cum et ruente eo
quosdam bene erigi credimus, et proficiente illo plerosque
20 iniuste opprimi formidamus. Qua in re mentem nostram nec
iam eius defectus nec eius profectus addicit, si recta nostra
cogitatio non quid in ipso, sed quid de ipso circa alios agatur,
attendit. Sed ad haec seruanda ualde est necessarium subtilis-
24 simae discretionis examen, ne cum nostra odia exsequimur, fallamur sub specie utilitatis alienae. Si autem de inimici morte
gaudendum omnino non esset, psalmista non diceret : *Laetabi-*
tur iustus, cum uiderit uindictam impiorum. Sed aliud est
28 impium, aliud uero inimicum perpeti. Nam sunt plerique
inimici qui non sunt impii ; et sunt nonnulli impii, qui nobis
specialiter non uidentur inimici. Humana autem mens omnem
quem inimicum tolerat, etiam impium et iniquum putat, quia
32 eius culpas apud cogitationem suam liuor accusator exaggerat.
Quibuslibet uero flagitiis prematur, minus iniquus creditur, si
aduersarius minime sentitur. Qua in re discernendum est aliud
esse quod nobis, aliud uero quod sibi et ceteris noster inimicus
36 nocet. Nam si aliis bonus est, sine nostra forsitan culpa esse
non potest nobis malus ; nec omnino iam de eius ruina gaudendum est, cuius nos solum certum est aduersa tolerasse.
Cum uero noster ac multorum hostis perimitur, de ereptione
40 proximorum potius quam de inimici interitu necesse est ut

[V] **26/27** Ps. 57, 11.

---

7 animus] mens P_1 | contraria P_1 **8** existat] estimat L_1 **9** prouectus P_1 **11** prouec-
tu P_1 **12** addiscitur P_1 *ante corr.*   **19** illo] eo P_1 **21** eius iam P_1 **28** uero] est
add. P_1 **29** et *usque* impii] L_1 *in marg.*   **30** omnem] hominem L_1 **32** cogitationes
suas P_1 **34** sentiatur P_1 **36/37** nobis non potest esse malus P_1 **38** tolerare P_1

animus laetetur.

Oportet namque ut pereunte aduersario subtiliter pensare debeamus, et quid debemus ruinae peccatoris, et quid iustitiae
44 ferientis. Nam cum peruersum quemque omnipotens Deus percutit, et condolendum est miseriae pereuntis, et congaudendum iustitiae iudicis, ut nobis et in luctu sit poena morientis proximi, et rursum in gaudium ueniat exhibita aequitas iudicantis
48 Dei, quatenus nec pereunti homini exsistamus aduersarii, nec iudicanti Deo inueniamur ingrati.

CAPITVLVM VI

DE PATIENTIA QVAE CONTRARIA EST IRAE ET CONTRA IRAM REMEDIVM

Qui patientiam seruare contemnit socialem uitam citius per impatientiam deserit. Neque enim seruari umquam concordia
4 nisi per solam patientiam ualet. Crebro namque in humana actione nascitur, unde mentes hominum uicissim a sua unitate ac dilectione separentur ; et nisi ad aduersa toleranda se animus praeparet, procul dubio membrum corpori non
8 inhaeret. Hinc Paulus ait : *Inuicem onera uestra portate et sic adimplebitis legem Christi.* Hinc et Veritas dicit : *In patientia uestra possidebitis animas uestras,* quia cuncta nostra actio, cum quibuslibet uideatur esse uirtutibus, soluitur, nisi per cari-
12 tatis uinculum patientia conseruetur. Sua enim bona perdit opera qui aliena mala renuit perpeti. Feruore quippe iracundi spiritus laesus quisque a dilectione resilit, et cum se exterius grauari non tolerat, intus se per amissum lumen caritatis obscu-

---

[VI] **2/17** *CC* XXI, xxi, 20/21, 25/33, 35/42 ; μ 694/695.

[VI] **8/9** Gal. 6, 2.　**9/10** Luc. 21, 19.

---

42 pereunti P_1　**43** debemus] debeamus L_1　**46** iustitie] est *praem.* P_1　**49** existamus] L_1 *corr. in marg.*　[VI] **3** deserit] a iunctura etenim humerus cadit cum aduersitatis aliquid animus ferre non ualens fraternam concordiam relinquit . et quasi membrum separatur a corpore cum is qui operari bona poterat a bonorum omnium absciditur uniuersitate *add.* P_1 | seruare P_1 | concordiam P_1　**7** membrum] humerus P_1　**8** hinc] etenim *add.* P_1　**9** et] per semetipsam *add.* P_1　**10** uestras] recte autem humero cadente subiungitur . et brachium meum cum suis ossibus conteratur (Iob 31, 32) *add.* P_1 | quia] nimirum *add.* P_1　**13** opera] operari P_1

16 rat ; nec uidet iam quo tendat pedem boni operis, qui oculum
perdit dilectionis. Nullus itaque perfectus est, qui inter proximorum mala patiens non est. Qui enim aequanimiter aliena
mala non tolerat, ipse sibi per impatientiam testis est quia a
20 boni plenitudine longe distat. Abel quippe esse renuit, quem
Cain malitia non exercet.

   Sic in tritura areae grana sub paleis premuntur, sic flores
inter spinas prodeunt, et cum rosa quae redolet, crescit spina
24 quae pungit. Duos namque filios habuit primus homo, sed unus
reprobus, alter electus fuit. Similiter inter tres filios Noe, et
inter duos filios Abrahae, et inter duos quoque filios Isaac, unus
reprobatus est. Ex duodecim similiter filiis Iacob, unus per
28 innocentiam uenditus est, et undecim per malitiam uenditores
exstiterunt. Inter duodecim quoque apostolos unus reprobus
inuentus est. Sic namque iusto peccator cum malitia iungitur,
sicut in fornace auro palea cum igne sociatur, ut quo ardet
32 palea, purgetur aurum. Hi ergo ueraciter boni sunt, qui in bonitate persistere etiam inter malos possunt. Hinc etiam sponsi
uoce sanctae Ecclesiae dicitur : *Sicut lilium inter spinas, sic
amica mea inter filias.* Hinc ad Ezechielem Dominus dicit :
36 *Fili hominis, increduli et subuersores sunt tecum et cum scor-
pionibus habitas.* Hinc Petrus beati Lot uitam glorificat,
dicens : *Et iustum Lot oppressum a nefandorum iniuria
conuersatione eripuit. Aspectu enim et auditu iustus erat, habi-*
40 *tans apud eos qui de die in diem animam iusti iniquis operibus*

17/46 *CC* XX, xxxix, 16/49 ; 673/674.

20/21 cfr Gen. 4, 3/8.   24/25 cfr Gen. 4, 1/8.   25/27 cfr Gen. 9, 18/25 ; 16, 15 ; 21,
2/3 ; 21, 12; 25, 23/25.   27/29 cfr Gen. 37, 28.   29/30 cfr Ioh. 6, 71/72.   34/35
Cant. 2, 2.   36/37 Ez. 2, 6.   38/41 II Petri 2, 7/8.

---

17 perdidit P_1 19/20 a boni] ab omni P_1 23 cum] *hic om.* P_1 | spina] cum *praem.*
P_1 25/30 similiter *usque* inuentus est] tres quoque arca filios continuit sed duobus
in humilitate persistentibus unus ad patris irrisionem ruit . duos abraham filios habuit
sed unus innocens alter uero persecutor fratris fuit . duos quippe isaac filios habuit
unus in humilitate seruatus alter uero et priusquam nasceretur reprobatus est . duodecim iacob filios genuit sed ex his unus per innocentiam uenditus ceteri uero per malitiam uenditores fratris fuerunt . duodecim quoque apostoli in sancta ecclesia sunt
electi sed ne improbati remanerent unus eis admixtus est qui eos persequens probaret
P_1

cruciabant. Hinc Paulus discipulorum uitam glorificat et glorificando confirmat, dicens : *In medio nationis prauae et per-uersae, inter quos lucetis sicut luminaria in mundo, uerbum* 44 *uitae continentes.* Hinc per Ioannem angelus Pergami Ecclesiae attestatur, dicens : *Scio ubi habitas, ubi sedes est satanae, et tenes nomen meum ; et non negasti fidem meam.*

CAPITVLVM VII

DE SPE QVAE EST CONTRARIA TRISTITIAE ET REMEDIVM AD IPSAM

Spes in aeternitatem animum erigit et idcirco nulla mala exterius quae tolerat sentit. Vnde scriptum est : *Et erit egeno* 4 *spes.* Nemo autem sperat id quod uidet. Ille uero bene sperare dicitur qui a praesentis uitae gloria oculos claudit eosque ad caelestis patriae amorem aperit.

Sancta igitur Ecclesia fidelibus suis de pietate et iustitia 8 Redemptoris spem miscet et metum, quatenus nec incaute de misericordia confidant, nec desperate iustitiam timeant. Nam uerbis sui capitis formidantes refouet et ad spem prouocat dicens : *Nolite timere, pusillus grex, quia complacuit Patri ues-* 12 *tro dare uobis regnum.* Et iterum : *Gaudete quia nomina uestra*

[VII] **2/3** *CC* VI, xxii, 63/65 ; μ 199. **3/6** *CC* XV, xvi, 16/18 ; μ 476/477. **7/45** *CC* XX, v, 27/71 ; μ 640/641.

42/44 Phil. 2, 15/16. **45/46** Apoc. 2, 13. [VII] **3/4** Iob 5, 16. **4** cfr Rom. 8, 24. **11/12** Luc. 12, 32. **12/13** Luc. 10, 20.

[VII] **10** et ad spem prouocat] *om. P₁* **11** complacuit] placuit *P₁* **12/44** et *usque* iustitia] atque iterum presumentes terret dum dicit . uigilate ... temptationem . rursum formidantes refouet dicens . gaudete ... celo . sed in semetipsis presumentes deterret cum ait . uidebam ... cadentem . formidantes refouet cum dicit . oues ... mea . sed in semetipsis presumentes deterret dicens . dabunt ... electi . formidantes refouet cum dicit . qui ... erit . presumentes deterret dicens . cum ... terra . metuens refouetur dum latroni dicitur . hodie ... paradiso . sed terretur presumens cum iudas ex aposto-latus gloria in tartarum labitur . de quo per sententie definitionem dicitur . duodecim ... est . formidantem refouet cum dicit . si ... dominus. sed presumentem deterret cum dicit . qui ... tuus . formidantem refouet dicens . ergo ... es . sed presumentem deterret dicens . pater ... cethea . formidantem refouet cum ait . reuertere ... perpetuum . sed presumentem deterret cum prophetam suum ab intercessione prohibet dicens . non ... istum . sancta itaque ecclesia auditorum suorum mentem et de misericordie benignitate subleuat et de iudicii districtione perturbat quatenus in predicatione sua dum bene utrumque permiscet electi eius nec de exhibita iustitia *P₁* (cfr *CC* XX, v, 32/70)

scripta sunt in caelo. Similiter cum dicit : *Oues meae uocem meam audiunt ; et ego cognosco eas et sequuntur me ; et ego uitam aeternam do eis ; et non peribunt in aeternum, et non*
16 *rapiet eas quisquam de manu mea.* Et iterum : *Qui per-seuerauerit usque in finem, hic saluus erit.* Metuens etiam refouetur cum latroni dicitur : *Hodie mecum eris in paradiso.* Et iterum cum dicit : *Si dimiserit uir uxorem suam et recedens*
20 *ab eo duxerit uirum alterum, numquid reuertetur ad eam ultra ? Numquid non polluta et contaminata erit mulier illa ? Tu autem fornicata es cum amatoribus multis ; tamen reuertere ad me, dicit Dominus.* Similiter cum dicit : *Ergo saltem amodo*
24 *uoca me : Pater meus, dux uirginitatis meae tu es.* Et iterum : *Reuertere, aduersatrix Israel, et non auertam faciem meam a uobis ; quia sanctus ego sum, dicit Dominus, et non irascar in perpetuum.* Praesumentes e contrario de misericordia Dei terret
28 cum dicit : *Vigilate et orate, ut non intretis in temptationem.* Et item praesumentibus metum infert cum ait : *Videbam satanam sicut fulgur de caelo cadentem.* Et iterum : *Dabunt signa magna et prodigia, ita ut in errorem inducantur, si fieri potest, etiam*
32 *electi.* Item cum dicit : *Cum uenerit Filius hominis, putas inueniet fidem in terra ?* Item terretur praesumens dum Iudas ex apostolatus gloria in tartarum labitur. De quo per sententiae definitionem dicitur : *Duodecim uos elegi et unus ex uobis dia-*
36 *bolus est.* Similiter cum dicit : *Quid clamas super contritione tua ? Insanabilis est dolor tuus.* Item cum dicit : *Pater tuus Amorrhaeus, et mater tua Cethea.* Et iterum cum prophetam ab intercessione prohibet dicens : *Non assumas pro eis laudem et*
40 *orationem, quia non exaudiam in tempore clamoris eorum ad me in tempore afflictionis ; quia si steterint coram me Moyses et Samuel, non est anima mea ad populum istum.* Sic itaque formidantes ad spem prouocentur, sic praesumentibus metus
44 incutiatur ; ut electi nec de sua iustitia praesumant, nec de praeterita iniquitate desperent.

13/16 Ioh. 10, 27/28.   16/17 Matth. 10, 22 ; 24, 13.   18 Luc. 23, 43.   19/23 Ier. 3, 1.   23/24 Ier. 3, 4.   25/27 Ier. 3, 12.   28 Matth. 26, 41 ; Marc. 14, 38.   29/30 Luc. 10, 18.   30/32 Matth. 24, 24.   32/33 Luc. 18, 8.   35/36 Ioh. 6, 71.   36/37 Ier. 30, 15.   37/38 Ez. 16, 3.   39/41 Ier. 11, 14.   41/42 Ier. 15, 1.

---

14 agnosco L_1 21 non] om. L_1 29 sathan L_1 33 putasne L_1

CAPITVLVM VIII

DE VERA COMPASSIONE IN PROXIMVM QVAE EST REMEDIVM CONTRA AVARITIAM ET
IPSI CONTRARIA

Plerumque multa homines pauperibus largiuntur, non quia
4 eosdem pauperes diligunt, sed quia si minime tribuant, iram
iudicii superni formidant ; qui si Deum non metuerent, quae
habent dare noluissent. Et quidem in bono opere primus inci-
pientium gradus est ut qui adhuc nescit proximum sicut se dili-
8 gere, iam tamen incipiat iudicia superna formidare. Quia igitur
aliud est bonum opus ex praecepto, aliud uero etiam ex affectu
facere, sanctus Iob ut mentem nobis suae operationis insinuet,
dicit : *Pater eram pauperum.* Non ergo se patronum, uel prox-
12 imum, uel adiutorem pauperum, sed patrem fuisse testatur,
quia nimirum magno caritatis officio studium misericordiae
uertit in affectum naturae, ut eos quasi filios cerneret per
amorem, quibus quasi pater praeerat per protectionem.
16   Quamuis enim uera compassio est passioni proximi ex largitate concurrere, nonnumquam tamen, cum exteriora quaeque
abunde ad largiendum suppetunt, celerius dantis manus
dationem inuenit quam animus dolorem. Vnde scire necesse
20 est quia ille perfecte tribuit, qui cum eo quod afflicto porrigit
afflicti quoque in se animum sumit, ut prius in se dolentis passionem transferat, et tunc contra dolorem illius per ministerium concurrat. Nam saepe ut praediximus, largitorem muneris
24 rerum facit abundantia, et non uirtus compassionis. Qui enim
afflicto perfecte compatitur, plerumque et hoc indigenti tribuit,
in quo ipse si dederit angustatur. Et tunc plena est cordis nostri
compassio, cum malum inopiae pro proximo suscipere non

[VIII] **3/15** *CC* XIX, xxiv, 2/16 ; μ 626.   **16/68** *CC* XX, xxxvi, 2/57 ; μ
669/670.

[VIII] **11** Iob 29, 16.

[VIII] **5** superni iudicii P_1 **6** in] *om.* P_1 **7** adhuc] ad hec L_1 | se] seipsum P_1 **10**
iob] uir P_1 **11** patronum] pauperum P_1 **19** inuenit dationem P_1 **20** afflicto]
affectio P_1

28 metuimus, ut illum a passione liberemus.

Quam uidelicet pietatis formam Mediator nobis Dei et hominum dedit. Qui cum posset nobis etiam non moriendo concurrere, subuenire tamen moriendo hominibus uoluit, quia
32 nos uidelicet minus amasset, nisi et nostra uulnera susciperet ; nec uim nobis suae dilectionis ostenderet, nisi hoc quod a nobis tolleret ad tempus ipse sustineret. Passibiles quippe mortalesque nos repperit, et qui nos exsistere fecit ex nihilo, reuo-
36 care uidelicet etiam sine sua morte potuit a passione. Sed ut quanta esset uirtus compassionis ostenderet, fieri pro nobis dignatus est quod esse nos noluit, ut in semetipso temporaliter mortem susciperet, quam a nobis in perpetuum fugaret. An
40 non in diuinitatis suae diuitiis nobis inuisibilis permanens, miris nos potuit uirtutibus ditare ? Sed ut ad internas diuitias rediret homo, foris apparere dignatus est pauper Deus. Vnde et praedicator egregius, ut ad largitatis gratiam uiscera nostrae
44 compassionis accenderet, dixit : *Propter uos egenus factus est, cum diues esset.* Qui si etiam dicit : *Non ut aliis sit remissio, uobis autem tribulatio,* haec procul dubio condescendendo infirmis intulit, quoniam quibusdam inopiam ferre non ualen-
48 tibus tolerabilius est minus tribuere quam post largitatem suam ex inopiae angustia murmurare. Nam ut ad magna largiendi studia audientium mentes accenderet, paulo post intulit dicens : *Hoc autem dico :Qui parce seminat, parce et metet.*
52 Plus autem nonnumquam esse dicimus compati ex corde, quam dare, quia quisquis perfecte indigenti compatitur, minus aestimat omne quod dat. Nisi enim dantis manum bona uoluntas uinceret, idem praedicator egregius discipulis non dixisset :
56 *Qui non solum facere, sed et uelle coepistis ab anno priore.* Facile quippe est in bono opere oboedire etiam nolentem. Sed haec magna in discipulis uirtus exstiterat, eos bonum quod illis praeceptum est et ante uoluisse.
60 Quia itaque uir sanctus apud omnipotentem Deum aliquando magis datum nouerat mentis esse quam muneris, dicit :

44/45 II Cor. 8, 9.   **45/46** II Cor. 8, 13.   **51** II Cor. 9, 6.   **56** II Cor. 8, 10.

29/30 m. dei et h. n. dedit P_1 **32** uulnera nostra P_1 **33** ostenderat] infunderet P_1 **36** a] et L_1 **38** noluit] *ed. μ,* uoluit L_1 P_1 **38/39** mortem temporaliter P_1 **42** deus pauper P_1 **44** uos] *Vulg. ed. μ,* nos L_1 P_1 **53** indigenti perfecte P_1 **61** magis] maius P_1 | dicat P_1

Flebam quondam super eo qui afflictus erat et compatiebatur
anima mea pauperi. Exteriora etenim largiens, rem extra
64 semetipsum praebuit. Qui autem fletum et compassionem proximo tribuit, ei aliquid de semetipso dedit. Idcirco autem plus
compassionem quam datum dicimus, quia rem quamlibet
plerumque dat etiam qui non compatitur, numquam autem qui
68 uere compatitur quod necessarium proximo conspicit negat.

CAPITVLVM IX

DE ABSTINENTIA QVAE CONTRA VENTRIS INGLVVIEM REMEDIVM EST ET
EIDEM CONTRARIA

Versa est in luctum cithara mea et organum meum in
4 *uocem flentium.* Quia organum per fistulas et cithara per chordas sonat, potest per citharam recta operatio, per organum uero
sancta praedicatio designari. Per fistulas quippe organi ora
praedicantium, per chordas uero citharae intentionem recte
8 uiuentium non inconuenienter accipimus. Quae dum ad uitam
aliam per afflictionem carnis tenditur, quasi extenuata chorda
in cithara per intuentium admirationem sonat. Siccatur etenim
chorda, ut congruum in cithara cantum reddat, quia et sancti
12 uiri castigant corpus suum, et seruituti subiciunt, atque ab
infimis ad superiora tenduntur. Pensandum quoque est quod
chorda in cithara si minus tenditur, non sonat ; si amplius, rau-
cum sonat quia nimirum uirtus abstinentiae aut omnino nulla
16 est, si tantum quisque corpus non edomat quantum ualet ; aut
ualde inordinata est, si corpus atterit plus quam ualet. Per
abstinentiam enim carnis uitia sunt exstinguenda, non caro ; et
tanto quisque sibimet debet moderamine praeesse, ut et ad cul-
20 pam caro non superbiat, et tamen ad effectum rectitudinis in
operatione subsistat. Intueri inter haec egregium praedicatorem

---

[IX] **3/31** *CC* XX, XLI, 1/30 ; μ 674/675.

62/63 Iob 30, 25. [IX] **3/4** Iob 30, 31. **11/12** cfr I Cor. 9, 27.

[IX] **9** afflictionem] P_1 *post corr.* | extenta P_1 **11** in cithara] L_1 *in marg.* **13** ten-
dunt P_1 **14** si] et *praem.* P_1 **17** plus quam] *ed.* μ, quantum L_1 P_1, T *om.* **18** ex-
terminanda P_1 **19** sibimetipsi P_1

libet, quanta arte magisterii fidelium animas ueluti in cithara chordas tensas, alias amplius tendendo extenuat, atque alias a
24 tensione sua relaxando conseruat. Aliis etenim dicit : *Non in comessationibus et ebrietatibus, non in cubilibus et impudicitiis.* Et rursus ait : *Mortificate membra uestra quae sunt super terram.* Et tamen praedicatori carissimo scribit, dicens : *Noli*
28 *adhuc aquam bibere, sed uino modico utere, propter stomachum tuum, et frequentes tuas infirmitates.* Illas igitur chordas extenuando tendit, ne non tensae omnimodo non sonent ; hanc uero a tensione temperat, ne dum plus tenditur, minus sonet.

CAPITVLVM X

DE CASTITATE QVAE LVXVRIAE CONTRARIA EST ET AD EAMDEM REMEDIVM

Accinge sicut uir lumbos tuos. Scriptura sacra uiros uocare consueuit qui nimirum uias Domini fortibus et non dissolutis
4 gressibus sequuntur. Vnde per psalmistam dicitur : *Viriliter agite et confortetur cor uestrum.* Vnde Paulus ait : *Remissas manus et dissoluta genua erigite.* Vnde Sapientia in Prouerbiis dicit : *O uiri, ad uos clamito.* Ac si aperte diceret : Ego non
8 feminis, sed uiris loquor, quia hi qui fluxa mente sunt mea uerba percipere nequaquam possunt. Lumbos uero accingere est uel in opere luxuriam uel in cogitatione refrenare. Delectatio namque carnis in lumbis est. Vnde et sanctis praedicatori-
12 bus dicitur : *Sint lumbi uestri praecincti et lucernae ardentes.* Per lumbos enim luxuria, per lucernas autem bonorum operum claritas designatur. Iubentur ergo lumbos accingere et lucernas tenere. Ac si aperte audiant : Prius in uobismetipsis luxuriam
16 restringite et tunc de uobis aliis bonorum operum exempla monstrate. Sed cum beatum Iob tanta praeditum castitate

---

[X] **2/28** *CC* XXVIII, iii, 1/28 ; μ 897/898.

24/25 Rom. 13, 13.   **26/27** Col. 3, 5.   **27/29** I Tim. 5, 23.   [X] **2** Iob 38, 3.   **4/5** Ps. 30, 25.   **5/6** Hebr. 12, 12.   **7** Prou. 8, 4.   **12** Luc. 12, 35.

---

22 animas] *om.* L_1 **26** rursum P_1 **28** modico uino P_1 **29** igitur] ergo P_1 **31** a tensione] attensione L_1 [X] **2** sacra scriptura P_1 **8** qui] quia P_1 *ante corr.*   **14** designatur] demonstratur P_1 *ante corr.*   **16** restringite] castigate P_1

nouerimus, cur ei post tot flagella dicitur : *Accinge sicut uir lumbos tuos*, id est, sicut uir fortis restringe luxuriam, nisi quia
20 alia est carnis luxuria qua castitatem corrumpimus, alia uero luxuria cordis est, qua de castitate gloriamur ? Dicatur ergo ei : *Accinge sicut uir lumbos tuos*, ut qui prius luxuriam corruptionis uicerat, nunc luxuriam restringat elationis, ne de patien-
24 tia uel de castitate superbiens, tanto peius intus ante Dei oculos luxuriosus exsisteret, quanto magis ante oculos hominum et patiens et castus appareret. Vnde bene per Moysen dicitur : *Circumcidite praeputia cordis uestri*, id est, postquam luxuriam
28 a carne exstinguitis, etiam superfluam cogitationem resecate.

Nulla siquidem bona sunt cetera, si occulti iudicis oculis castitatis testimonio non approbantur. Omnes quippe uirtutes in conspectu conditoris uicaria ope se subleuant, ut quia una
32 uirtus sine alia uel nulla est omnino, uel minima, uicissim sua coniunctione fulciantur. Si enim uel castitatem humilitas deserat, uel humilitatem castitas relinquat, apud auctorem humilitatis et munditiae prodesse non praeualet uel superba
36 castitas, uel humilitas inquinata.

CAPITVLVM XI

DE FIDE

In electorum corde prior bonorum sequentium sapientia nascitur atque haec per donum Spiritus quasi primogenita
4 proles profertur. Quae profecto sapientia, nostra fides est, propheta attestante, qui ait : *Nisi credideritis non intellegetis.* Tunc enim uere ad intellegendum sapimus cum cunctis quae conditor dicit, credulitatis nostrae fidem praebemus. Quae si
8 non prima in corde nostro gignitur reliqua quaeque esse bona non possunt, etiamsi bona uideantur. Scriptum quippe est :

29/36 *CC* XXI, III, 4/12 ; μ 680.   [XI] 2/10 *CC* II, XLVI, 6/12, 13/15, 17/18 ; μ 64/65.

---

27 Deut. 10, 16.   [XI] 5 cfr Is. 7, 9..

---

19 uir] *om. P*₁   21 ei] *om. P*₁   24 de] *om. P*₁   [XI] 7 prebemus] in domo ergo fratris primogeniti conuiuantur filii cum uirtutes relique epulantur in fide *add. P*₁   9 uideantur] in domo fratris primogeniti filii conuiuantur dum uirtutes nostre in habitaculo fidei sacri eloquii cibo satiantur *add. P*₁

Sine fide impossibile est placere Deo.

Impius ergo proprie dicitur qui a religionis pietate separatur.
12 De talibus enim propheta ait : *Non resurgent impii in iudicio.*
Sunt autem plerique qui apertos oculos habent in fide,
tenuerunt tamen eos clausos in opere. Vnde bene de Iudaea
dicitur : *Speculatores eius caeci,* quia uidelicet non uidebant
16 opere quod professione cernebant. Vnde etiam de Balaam
scriptum est : *Qui cadens apertos habet oculos.* Cadens quippe
in opere apertos oculos tenuit in contemplatione. Ita ergo hi
etiam oculos aperientes in fide, et non uidentes in opere, intra
20 Ecclesiam positi pia specie, extra Ecclesiam inuenti sunt impia
conuersatione. De quibus bene alias scriptum est : *Vidi impios
sepultos, qui etiam cum aduiuerent, in loco sancto erant, et laudabantur in ciuitate quasi iustorum operum.*
24   Nonnulli autem fidem medullitus tenent, sed uiuere fideliter
nullatenus curant. Insequuntur enim moribus quod credulitate
uenerantur. Quibus diuino iudicio saepe contingit ut per hoc
quod nequiter uiuunt, et illud perdant quod salubriter credunt.
28 Incessanter namque se prauis actionibus polluunt, et super hoc
uindictam iusti iudicii retribui posse diffidunt ; et saepe cum
bene uiuere neglegunt, etiam persequente nullo usque ad
perfidiam dilabuntur. Nam qui imminere districtum iudicium
32 non credunt, qui inulte peccare se suspicantur, quo pacto uel
esse uel dici fideles possunt ? Fidem quippe perdidisse, est
incorrectis malis operibus digna supplicia reddi posse non
credere. Quia ergo digna fidei opera seruare contemnunt, etiam
36 fidem perdunt, quam tenere uidebantur. Super quos per prophetam sub Ierusalem specie inimicorum destruentium uerba
memorantur, a quibus scilicet dicitur : *Exinanite, exinanite
usque ad fundamentum in ea.* Paulus quippe ait : *Fundamen-
40 tum aliud nemo potest ponere praeter id quod positum est, quod*

11/58 *CC* XXV, x, 14/16, 34/44, 57/92 ; μ 801/802.

---

10 Hebr. 11, 6.   **12** Ps. 1, 5.   **15** Is. 56, 10.   **17** Num. 24, 16.   **21/23** Eccle. 8,
10.   **38/39** Ps. 136, 7.   **39/41** I Cor. 3, 11.

---

12 resurgent] *Vulg. ed.* μ, -unt L_1 P_1 **16** cernebant professione P_1 **17** habet] P_1
Vulg. ed. μ, -bebat L_1 **20** pia] *om.* L_1 **21** bene] *om.* P_1 **32** se peccare P_1 **34** in-
correptis P_1 **36** per] bene *praem.* P_1

est Christus Iesus. Inimici ergo destruentes usque ad fundamentum Ierusalem exinaniunt, quando peruersi spiritus a corde fidelium, destructo prius aedificio boni operis, soliditatem
44 quoque exhauriunt religionis. Sicut enim supra fundamentum fabrica, sic super fidem opera construuntur. Vsque ad fundamentum ergo exinanisse est euerso bene uiuendi opere etiam robur fidei dissipasse. Hinc etiam ad Iudaeam per Ieremiam
48 dicitur : *Filii quoque Mempheos et Taphneos constuprauerunt te usque ad uerticem.* Vsque ad uerticem quippe stuprari est post malae operationis usum etiam in ipsa fidei sublimitate corrumpi. Cum enim nequissimi spiritus uniuscuiusque animam
52 in prauis operibus inuoluunt, sed integritatem fidei uitiare non possunt, quasi adhuc inferiora membra polluunt, sed ad uerticem non pertingunt. Quisquis autem in fide corrumpitur, iam usque ad uerticem constupratur. Malignus enim spiritus quasi
56 ab inferioribus membris usque ad summa pertingit, quando actiuam uitam polluens, castam celsitudinem fidei diffidentiae morbo corrumpit.

CAPITVLVM XII

DE TIMORE

Timens Deum et recedens a malo. Deum timere est nulla quae facienda sunt bona praeterire. Vnde per Salomonem dici-
4 tur : *Qui Deum timet nihil neglegit.* Sed quia nonnulli sic bona quaedam faciunt ut tamen a quibusdam malis minime suspendantur, bene postquam timens Deum dicitur, recedensque a malo perhibetur. Scriptum quippe est : *Declina a malo et fac*
8 *bonum.* Neque enim bona a Deo accepta sunt quae ante eius oculos malorum admixtione maculantur. Hinc namque per Salomonem dicitur : *Qui in uno offenderit, multa bona perdet.*

[XII] **2/12** *CC* I, iii, 1/10, 12/13 ; μ 18/19.

48/49 Ier. 2, 16.   [XII] **2** Iob 1, 1.   **4** Eccle. 7, 19.   **7/8** Ps. 36, 27.   **10** Eccle. 9, 18.

---

46 ergo] *om.* P_1 **48** taphneos] *ed.* μ, taphnes *Vulg.*, tamnis L_1, tamfnis P_1 **49** constuprari P_1 **50** in] *om.* P_1 | ipsam f. sublimitatem P_1 [XII] **6** recedensque] recedens quoque P_1 **7** a] *om.* P_1 **8** bona a deo] deo bona P_1 **10** perdet] hinc iacobus attestatur dicens . quicumque totam legem seruauerit offendat autem in uno factus est omnium reus (Iac. 2, 10) *add.* P_1

Hinc Paulus ait : *Modicum fermentum totam massam corrum-*
12 *pit.*

De timore autem scriptum est : *Ecce timor Domini ipsa est
sapientia, et recedere a malo intellegentia.* Ac si aperte diceretur : Ad temetipsum homo reuertere, cordis tui secreta perscru-
16 tare. Si Deum te timere deprehendis, profecto constat quia hac
sapientia plenus es. Quam si adhuc cognoscere non potes quid
sit in se, iam cognoscis interim quid sit in te. Quae enim apud
se ab angelis metuitur, apud te timor Domini uocatur ; quia
20 hanc habere te certum est, si timere te Dominum incertum non
est. Hinc etiam per psalmistam dicitur : *Initium sapientiae,
timor Domini* ; quia tunc penetrare cor incohat, cum hoc
extremi iudicii pauore perturbat. Ad paruitatem igitur nostram
24 sermo diuinus se attrahit : sicut pater cum paruulo filio loquitur, ut ab eo possit intellegi, sponte balbutit. Quia enim
naturam sapientiae penetrare non possumus quid sit in se, ex
condescensione Dei audiuimus quid sit in nobis cum dicitur :
28 *Ecce timor Domini, ipsa est sapientia.* Sed quia ille ueraciter
uim diuini timoris intellegit, qui a cunctis se prauis operibus
custodit, recte subditur : *Et recedere a malo intellegentia.*

CAPITVLVM XIII

DE OBOEDIENTIA

*Et dederunt ei unusquisque ouem unam, et inaurem auream
unam.* Per ouem innocentia, per inaurem oboedientia designa-
4 tur. Per ouem quippe simplex animus, per inaurem uero
ornatus humilitatis gratia auditus exprimitur.

Sed quia ad ostendendam uirtutem oboedientiae occasio
opportuna se praebuit, libet hanc paulo uigilantius sollici-

13/30 *CC* XIX, viii, 1/19 ; μ 610.   [XIII] **2/121** *CC* XXXV, xiv, 127/247 ; μ
1155/1157.

11/12 I Cor. 5, 6.   **13/14** Iob 28, 28.   **21/22** Ps. 110, 10.   [XIII] **2/3** Iob 42,
11.

---

24 se diuinus P_1 **29** se a cunctis P_1 [XIII] **3** per₁] quid *praem.* P_1 | ouem] nisi
add. P_1 | per₂] quid *praem.* P_1 | inaurem] nisi *add.* P_1

8 tiusque discutere, et quanti sit meriti demonstrare. Sola namque uirtus est quae uirtutes ceteras menti inserit, insertasque custodit. Vnde et primus homo praeceptum quod seruaret accepit, cui si se uellet oboediens subdere, ad aeternam 12 beatitudinem sine labore perueniret. Hinc Samuel ait : *Melior est oboedientia quam uictimae, et auscultare magis quam offerre adipem arietum ; quoniam quasi peccatum ariolandi est repugnare, et quasi scelus idololatriae nolle acquiescere.* 16 Oboedientia quippe uictimis iure praeponitur, quia per uictimas aliena caro, per oboedientiam uero uoluntas propria mactatur. Tanto igitur quisque Deum citius placat, quanto ante eius oculos repressa arbitrii sui superbia, gladio praecepti se 20 immolat. Quo contra ariolandi peccatum inoboedientia dicitur, ut quanta sit uirtus oboedientiae demonstretur. Ex aduerso ergo melius ostenditur, quid de eius laude sentiatur. Si enim quasi ariolandi peccatum est repugnare, et quasi scelus idololatriae 24 nolle acquiescere, sola est quae fidei meritum possidet, sine qua quisque infidelis conuincitur, etsi fidelis esse uideatur. Hinc per Salomonem in ostensione oboedientiae dicitur : *Vir oboediens loquitur uictorias.* Vir quippe oboediens uictorias loquitur, 28 quia dum alienae uoci humiliter subdimur, nosmetipsos in corde superamus. Hinc in euangelio Veritas dicit : *Eum qui uenit ad me, non eiciam foras, quia de caelo descendi ; non ut faciam uoluntatem meam, sed uoluntatem eius qui misit me.* 32 Quid enim ? si suam faceret eos qui ad se ueniunt repulisset ? Quis autem nesciat quod uoluntas Filii a Patris uoluntate non discrepet ? Sed quoniam primus homo, quia suam facere uoluntatem uoluit, a paradisi gaudio exiuit, secundus ad 36 redemptionem hominum ueniens, dum uoluntatem se Patris et non suam facere ostendit, permanere nos intus docuit. Cum igitur non suam sed Patris uoluntatem facit, eos qui ad se ueniunt foras non eicit, quia dum exemplo suo nos oboedientiae sub-40 icit, uiam nobis egressionis claudit. Hinc rursum ait : *Non pos-*

10/11 cfr Gen 2, 17.   **12/15** I Reg. 15, 22/23.   **26/27** Prou. 21, 28.   **29/31** Ioh. 6, 37/38.   **34/35** cfr Gen. 3, 23/24.   **40/41** Ioh. 5, 30.

---

12 perueniret sine labore P_1 **14** quoniam] quia P_1 **15** ydolatrie L_1 P_1 **19** oppressa P_1 | sui] *om.* P_1 **23** ydolatrie L_1 P_1 **24** qua sine L_1 **25** etsi] etiam si P_1 **30** descendi de celo P_1 **34** discrepat L_1 P_1 **35** secundus] et *praem.* P_1 **37** docuit] noluit P_1 *ante corr.*

sum ego a meipso facere quicquam, sed sicut audio iudico.
Nobis quippe oboedientia usque ad mortem seruanda praecipitur. Ipse autem si sicut audit iudicat, tunc quoque oboedit, cum
44 iudex uenit. Ne igitur nobis usque ad praesentis uitae terminum oboedientia laboriosa appareat, Redemptor noster indicat
qui hanc etiam cum iudex uenerit seruat. Quid ergo mirum si
peccator homo oboedientiae in praesentis uitae breuitate se
48 subicit, quando hanc mediator Dei et hominum et cum
oboedientes remunerat, non relinquit ?
      Sciendum uero est quod numquam per oboedientiam
malum fieri, aliquando autem debet per oboedientiam bonum
52 quod agitur, intermitti. Neque enim mala in paradiso arbor
exstitit, quam Dominus homini ne contingeret interdixit. Sed
ut per melius oboedientiae meritum homo bene conditus cresceret, dignum fuerat ut hunc etiam a bono prohiberet, quatenus
56 tanto uerius hoc quod ageret uirtus esset : quanto et a bono
cessans, auctori suo se subditum humilius exhiberet. Sed
notandum quod illic dicitur : *Ex omni ligno paradisi edite, de*
ligno autem scientiae boni et mali ne tetigeritis. Qui enim ab
60 uno quolibet bono subiectos uetat, necesse est ut multa con-
cedat, ne oboedientis mens funditus intereat, si a bonis
omnibus penitus repulsa ieiunat. Omnes autem paradisi arbores
ad esum Dominus concessit, cum ab una prohibuit, ut
64 creaturam suam, quam nolebat exstingui, sed prouehi, tanto
facilius ab una restringeret, quanto ad cunctas latius relaxaret.
      Sed quia nonnumquam nobis huius mundi prospera, non-
numquam uero iubentur aduersa, sciendum summopere est
68 quod oboedientia aliquando, si de suo aliquid habeat, nulla
est ; aliquando autem, si de suo aliquid non habeat, minima.
Nam cum huius mundi successus praecipitur, cum locus superior imperatur, is qui ad percipienda haec oboedit, oboedientiae
72 sibi uirtutem euacuat, si ad haec etiam ex proprio desiderio
anhelat. Neque enim se sub oboedientia dirigit, qui ad percipienda huius uitae prospera libidini propriae ambitionis seruit.
Rursum cum mundi despectus praecipitur, cum probra accipi

58/59 Gen. 2, 16/17.

---

45 laboriosa] *om.* P_1 | appareat] pereat P_1 **46** qui] quia P_1 **53** dominus] deus
P_1 **56** et] *om.* P_1 **65** latius] licentius P_1 **73/74** recipienda P_1 **75** accipi] adipisci
P_1

76 et contumeliae iubentur ; nisi haec et ex seipso animus appetat,
oboedientiae sibi meritum minuit, qui ad ea quae in hac uita
despecta sunt inuitus nolensque descendit. Ad detrimentum
quippe oboedientia ducitur, cum mentem ad suscipienda pro-
80 bra huius saeculi nequaquam ex parte aliqua etiam sua uota
comitantur. Debet ergo oboedientia et in aduersis ex suo aliquid habere, et rursum in prosperis ex suo aliquid omnimodo
non habere, quatenus et in aduersis tanto fit gloriosior quanto
84 diuino ordini etiam ex desiderio iungitur, et in prosperis tanto
fit uerior quanto a praesenti ipsa quam diuinitus percipit gloria
funditus ex mente separatur.

Sed hoc uirtutis pondus melius ostendimus, si caelestis
88 patriae duorum uirorum facta memoremus. Moyses namque
cum in deserto oues pasceret, Domino per angelum in igne
loquente uocatus est, ut eripiendae omni Israelitarum multitu-
dini praeesset. Sed quia apud se mente humilis exstitit, oblatam
92 protinus   tanti   regiminis   gloriam   expauit,   moxque   ad
infirmitatis patrocinium recurrit, dicens : *Obsecro, Domine, non
sum eloquens ; ab heri et nudiustertius ex quo coepisti loqui ad
seruum tuum, tardioris et impeditioris linguae sum factus*. Et,
96 se postposito, alium deposcit, dicens : *Mitte quem missurus es*.
Ecce cum auctore linguae loquitur, et ne tanti regiminis potestatem suscipiat, elinguem se esse causatur. Paulus quoque
diuinitus fuerat ut Ierosolymam ascendere debuisset admon-
100 itus, sicut ipse Galatis dicit : *Deinde post annos quattuordecim
iterum ascendi Ierosolymam, assumpto Barnaba et Tito ;
ascenai autem secundum reuelationem*. Isque in itinere cum
prophetam Agabum repperisset, quanta se aduersitas in Ieroso-
104 lymis maneret audiuit. Scriptum quippe est quod idem Agabus
zonam Pauli suis pedibus inserens, dixit : *Virum cuius haec
zona est sic alligabunt in Ierusalem*. A Paulo autem protinus
respondetur : *Ego non solum alligari, sed et mori in Ierusalem*
108 *paratus sum pro nomine Iesu, neque enim pretiosiorem facio*

93/95.96 Ex. 4, 10.13.   **100/102** Gal. 2, 1/2.   **105/106** Act. 21, 11.   **107/109** Act
21, 13 ; cfr Ps. 48, 9/10.

---

76 semetipso P_1 88 memoramus P_1 91 exstitit] stetit P_1 94 heri] enim *add.*
L_1 95 factus sum L_1 99 ut] admonitus *praem.* P_1 | ierosolymam] in *praem.* P_1 | ad-
monitus] *hic om.* P_1 100 sicut] sed *corr. ex* se L_1 104 quod] quos L_1 107 et]
etiam P_1 108 enim] *om.* P_1

animam meam quam me. Praeceptione igitur reuelationis Ierosolymam pergens, aduersa cognoscit, et tamen haec libenter
appetit ; audit quae timeat, sed ad haec ardentior anhelat.
112 Moyses itaque ad prospera de suo nil habet, quia precibus renititur, ne israeliticae plebi praeferatur. Paulus ad aduersa etiam
ex suo uoto ducitur, quia malorum imminentium cognitionem
percipit, sed deuotione spiritus etiam ad acriora feruescit. Ille
116 praesentis potestatis gloriam Deo uoluit iubente declinare ; iste
Deo aspera et dura disponente, se studuit ad grauiora
praeparare. Praeeunte ergo utrorumque ducum infracta uirtute
instituimur, ut si oboedientiae palmam apprehendere ueraciter
120 nitimur, prosperis huius saeculi ex sola iussione, aduersis
autem etiam ex deuotione militemus.

CAPITVLVM XIV

DE PERSEVERANTIA

Curandum est ne cum mala uincimus, bonis lasciuientibus
supplantemur ; ne fortasse fluxa prodeant, ne incircumspecta
4 capiantur, ne per errorem uiam deserant, ne per lassitudinem
fracta anteacti operis meritum perdant. In cunctis enim uigilanter debet se mens circumspicere atque in ipsa circumspectionis suae prouidentia perseuerare. Incassum enim bonum agi-
8 tur si ante terminum uitae deseratur, quia et frustra uelociter
currit qui prius quam ad metas ueniat deficit. Hinc est enim
quod de reprobis dicitur : *Vae his qui perdiderunt sustinentiam.*
Hinc est quod electis suis Veritas dicit : *Vos estis qui perman-*
12 *sistis mecum in temptationibus meis.* Hinc Ioseph qui inter fratres usque ad finem iustus perseuerasse describitur, solus
talarem tunicam habuisse perhibetur. Nam quid est talaris tunica nisi actio consummata ? Quasi protensa tunica talum cor-

---

[XIV] **2/7** *CC* I, xxxvi, 162/167 ; µ 37/38.   **7/21** *CC ibid.*, xxxvii, 2/16 ; µ 38.

[XIV] **10** Eccli. 2, 16.   **11/12** Luc. 22, 28.

---

113 ad] *om. L*₁   **117** se] sese *P*₁   [XIV] **3** ne₁] cum *praem. L*₁   **6** se mens debet
*P*₁   **7** incassum] unde et recte subiungitur . sic faciebat iob cunctis diebus (Iob 1, 5)
*praem. P*₁ | enim] quippe *P*₁   **13/14** talarem solus *P*₁   **15** quasi] enim *add. P*₁ | pro-
tensa] *L*₁ *P*₁ µ, propensa *ed.*

16 poris operit, cum bona actio ante Dei oculos usque ad uitae
nos terminum tegit. Hinc est quod per Moysen caudam hostiae in altari offerre praecipimur, ut uidelicet omne bonum
quod incipimus, etiam perseueranti fine compleamus. Bene igi-
20 tur coepta cunctis diebus agenda sunt, ut cum mala pugnando
repelluntur, ipsa boni uictoria constantiae manu teneatur.

CAPITVLVM XV

QVOD PRO VIRTVTIBVS QVAS HABEMVS SOLLICITE ORANDVM EST NE DEFICIANT

Bona quae agimus dum laetitiam mentis pariunt, et securitatem torporemque plerumque inducunt, et nos per elationem
4 polluunt. Et ideo necesse est quicquid agitur districte discutere
ne bona aestimentur quae mala sunt, neue sufficientia quae
perfecta non sunt. Saepe enim aut qualitate mali aut quantitate
boni fallimur, quod melius orando quam inuestigando penetra-
8 tur. Nam cum mens per compunctionem extollitur, quod sub
ipsam est certius contemplatur.

Vnde scriptum est : *Consurgensque Iob diluculo obtulit holo-
causta per singulos.* Diluculo surgimus cum luce compunctionis
12 perfusi, tenebras mentis deserimus. Holocaustum per singulos
offerimus, cum pro unaquaque uirtute hostias precis Domino
immolamus, ne sapientia eleuet ; ne intellectus per subtilitatem
aberret ; ne consilium dum se multiplicat confundat ; ne forti-
16 tudo dum fiduciam praebet praecipitet ; ne scientia sine dilectione inflet ; ne pietas ex rectitudine inclinet ; ne timor dum
plus iusto trepidat in desperationem mergat.

[XV] **2/4** *CC* I, xxxiii, 11/14 ; μ 32. **4/9** *CC ibid.*, xxxiv, 5/9, 11/16 ; μ
33. **10/35** *CC ibid.*, xxxv, 1/12, 15/16, 21/24, 27/36, 43/51 ; μ 33/34.

17/18 cfr Leu. 3, 9. [XV] **10/11** Iob 1, 5.

---

20 malum P_1 **21** repellitur P_1 [XV] **2** pariunt] perimunt P_1 **3** torporem P_1 **10**
obtulit] offerebat P_1 **11** diluculo] namque *add.* P_1 | consurgimus P_1 | compunctionis
luce P_1 **12** tenebras mentis] humanitatis nostre noctem P_1 | deserimus] et ad ueri
luminis radios oculos mentis aperimus . atque *add.* P_1 | singulos] filios *add.* P_1 **13**
hostias p. d.] hostiam nostre p. P_1 **14** per subilitatem] dum subtiliter currit
P_1 **16/17** sine dilectione] dum nouit et non diligit P_1 **17** ex *usque* inclinet] dum se
extra rectitudinem inclinat intorqueat P_1 **18** in desperationem] in desperationis
foueam P_1

Holocaustum autem totum incensum dicitur. Holocaustum
20 ergo dare est totam mentem igne compunctionis incendere,
quod agere nesciunt nisi qui uirili custodia mentem muniunt.
Vnde inopinate Isboseth exstinguitur quem in domo ostiariam
non ostiarium habuisse legimus. Cuius hostes dum ostiaria pur-
24 gans triticum obdormisset, sumentes spicas latenter ingressi
sunt et eum in inguine percusserunt. Ostiaria triticum purgat
cum mens uirtutes a uitiis discernit. Quae si, quando discernere cessat, malignis spiritibus iter panditur, qui ingressi tollunt
28 spicas quia bonarum germina cogitationum auferunt et in inguine feriunt quia uirtutes cordis carnis delectatione occidunt.
Vnde Isboseth, id est, uir confusionis, dicitur : uir enim confusionis est qui forti custodia munitus non est, quia dum uir-
32 tutes se agere putat, subintrantia uitia non exstirpat. Vnde Salomon : *Omni custodia serua cor tuum quia ex ipso uita procedit.*
Virtutes igitur ab intentionis origine pensandae sunt et orationibus ne deficiant iuuandae.

---

33 Prou. 4, 23.

---

20 incendere] ut in ara amoris cor ardeat et quasi delicta proprie sobolis inquinamen-
ta cogitationis exurat *add*.P_1 **21** quod] sed hec P_1 | nesciunt] nisi hi qui priusquam
cogitationes ad opus prodeant internos suos motus sollicite circumspicientes frenant .
hec agere nesciunt *add.* P_1 | qui] hi *praem.* P_1 | mentem muniunt] munire mentem
nouerunt P_1 **22** unde] recte *add.* P_1 | inopinate] inopinata morte P_1 **22/25** isboseth
usque percusserunt] extinctus isboseth dicitur quem scriptura sacra non in domo ostiarium sed ostiariam habuisse testatur dicens . uenientes filii remmon berothite recha
et banaa ingressi sunt feruente die domum isboseth qui dormiebat super stratum
suum meridie . ingressi sunt autem domum et ostiaria domus purgans triticum obdor-
miuit . assumentesque spicas tritici latenter ingressi sunt et percusserunt eum in inguine (cfr II Reg. 4, 5/6) P_1 **26/27** mens *usque* panditur] mentis custodia discernen-
do uirtutes a uitiis separat . qui si obdormierit in more proprii domini
insidiatores admittit   quia   cum   discretionis   sollicitudo   cessauerit   ad
interficienda anima malignis spiritibus iter pandit P_1 **27/28** spicas tollunt P_1 **28**
quia *usque* auferunt] q. mox b. c. germen a. P_1 | et] atque P_1 **29** uirtutem P_1 | delecta-
tione carnis P_1 **30** enim] autem P_1 **31** custodia] mentis *praem.* P_1 | quia] qui
P_1 **32** putat] estimat P_1 | non extirpat] nescientem necat . tota itaque uirtute
muniendus est aditus mentis ne quando eam insidiando hostes penetrent
foramine neglecte cogitationis P_1 **32/33** unde salomon] hinc s. ait P_1

CAPITVLVM XVI

QVALES DEBEAMVS ESSE IN ORATIONE

Salubre remedium est ut cum se mens ex memoria culpae reprehendit, hoc prius in oratione defleat quod errauit ;
4 quatenus erroris macula cum fletibus tergitur, in petitione sua cordis facies ab auctore suo munda uideatur. Sed curandum nimis est ne dum deplorata iterum culpa committitur, in conspectu iusti iudicis ipsa etiam lamenta leuigentur. Sollerter
8 quippe debemus meminisse quod dicitur : *Ne iteres uerbum in oratione tua.* Quo uidelicet dicto uir sapiens nequaquam nos prohibet saepe ueniam petere, sed culpas iterare. Ac si aperte dicat : Cum male gesta defleueris, nequaquam rursum facias
12 quod in precibus iterum plangas.

Vt ergo ad precem facies sine macula leuetur, ante orationis semper tempora debet sollicite conspici quicquid potest in oratione reprobari ; talemque se mens cum ab oratione cessat
16 exhibere festinet, qualis apparere iudici in ipso orationis tempore exoptat. Saepe namque immunda quaedam uel illicita in animo uersamus, quotiens a precibus uacamus. Sed cum se mens ad studia orationis erexerit, earum rerum imagines reuer-
20 berata patitur, quibus libenter prius otiosa premebatur. Et quasi iam faciem anima ad Deum leuare non sufficit, quia in se nimirum inquinata mente maculas pollutae cogitationis erubescit. Saepe curis mundi libenter occupamur. Cumque post
24 haec studio orationis intendimus, nequaquam se mens ad caelestia erigit, quia pondus hanc terrenae sollicitudinis in profundum mergit ; et in prece facies munda non ostenditur quia cogitationis infimae luto maculatur.
28 Nonnumquam uero cor a cunctis excutimus, et illicitis

[XVI] **2/59** *CC* X, xv, 59/63, 64/117 ; μ 352/353.

[XVI] **8/9** Eccli. 7, 15.

[XVI] **5** suo] *om.* P₁ **6** est] ne ad hoc rursus proruat quod se mundasse fletibus exultat *add.* P₁ **7** iudicis iusti P₁ **8** dicitur] in cunspectu iudicis iusti *add. et del.* P₁ **15** cum] et *praem* P₁ **19** studium P₁

motibus, etiam cum a prece uacat, obuiamus ; sed tamen quia
nos culpas rarius committimus, aliena pigrius delicta relax-
amus ; et quo peccare noster animus sollicitius metuit, eo di-
32 strictius hoc quod in se ab alio delinquitur abhorrescit. Vnde fit
ut eo inueniatur quisque tardus ad ueniam, quo proficiendo
factus est cautus ad culpam. Et quo ipse excedere in alterum
metuit, hoc quod in se exceditur punire durius exquirit. Sed
36 quid hac doloris macula reperiri deterius potest quae in conspectu iudicis caritatem non inquinat, sed necat ? Vitam
quippe animae quaelibet culpa polluit, seruatus uero contra
proximum dolor occidit. Menti namque ut gladius infigitur et
40 mucrone illius ipsa uiscerum occulta perforantur. Qui scilicet a
transfixo corde, si prius non educitur, nihil in precibus diuinae
opis obtinetur, quia et uulneratis membris imponi salutis medicamina nequeunt, nisi ferrum a uulnere ante subtrahatur. Hinc
44 est enim quod per semetipsam Veritas dicit : *Nisi remiseritis
hominibus peccata eorum, nec Pater uester qui in caelis est rem-
ittet uobis peccata uestra.* Hinc admonet dicens : *Cum stabitis
ad orandum, dimittite si quid habetis aduersus alterum.* Hinc
48 rursus ait : *Date, et dabitur uobis ; dimittite, et dimittetur uobis.*
Hinc constitutioni postulationis conditionem praeposuit
pietatis dicens : *Dimitte nobis debita nostra, sicut et nos dimittimus debitoribus nostris ;* ut profecto bonum quod a Deo com-
52 puncti petimus, hoc primum cum proximo conuersi faciamus.
Tunc ergo uere sine macula faciem leuamus, cum nec nos
prohibita mala committimus, nec ea quae in nos commissa
sunt ex proprio zelo retinemus. Graui namque mens nostra
56 orationis suae tempore confusione deprimitur, si hanc aut sua
adhuc operatio inquinat, aut alienae malitiae seruatus
dolor accusat. Quae duo quisque dum terserit, ad ea quae subnexa sunt protinus liber assurgit.

44/46 Matth. 6, 15. **46/47** Matc. 11, 25. **48** Luc. 6, 37/38. **50/51** Matth. 6,
12.

---

32 unde] ut P_1 **33** eo] *ed.*, μ, *om.* $L_1 P_1$ **36** repperiri P_1 **39** figitur P_1 **45** peccata
hominibus P_1 | est in celis P_1 **48** rursum P_1 | dabitur] dabit L_1 **49** posuit P_1 **54**
nos] a proximis *add.* P_1 **57** malitie] *om.* L_1

CAPITVLVM XVII

QVAE SVNT PETENDA IN ORATIONE

Cum Deus in oratione non quaeritur, citius animus in oratione lassatur ; quia cum illa quisque postulat quae fortasse
4 iuxta occultum iudicium Deus tribuere recusat, ipse quoque
uenit in fastidium qui non uult dare quod amatur. Sed se
magis Dominus quam ea quae condidit, uult amari, aeterna
potius quam terrena postulari ; sicut scriptum est : *Quaerite*
8 *regnum Dei et iustitiam eius, et haec omnia adicientur uobis.*
Qui enim non ait, dabuntur, sed *adicientur,* profecto indicat
aliud esse quod principaliter datur, aliud quod superadditur.
Quia enim nobis in intentione aeternitas, in usu uero tempora-
12 litas esse debet, et illud datur, et hoc nimirum ex abundanti
superadditur. Et tamen saepe homines dum bona temporalia
postulant, aeterna uero praemia non requirunt, petunt quod
adicitur, et illud non desiderant ubi adiciatur. Nec lucrum suae
16 esse petitionis deputant, si hic sint temporaliter pauperes, et
illic in beatitudine diuites in aeternum uiuant ; sed solis ut dictum est, uisibilibus intenti, labore postulationis renuunt inuisibilia mercari. Qui si superna quaererent, iam cum fructu
20 laborem exciperent ; quia cum mens in precibus ad auctoris sui
speciem anhelat, diuinis desideriis inflammata, supernis
coniungitur, ab inferioribus separatur, amore feruoris sui se
aperit ut capiat et capiens inflammat. Et superiora amare iam
24 sursum ire est dumque magno desiderio ad caelestia inhiat,
miro modo hoc ipsum quod accipere quaerit, degustat.

[XVII] **2/25** *CC* XV, xlvii, 2/26 ; μ 489/490.

[XVII] **7/8** Matth. 6, 33 ; Luc. 12, 31.

[XVII] **15/16** esse sue P_1 **17** in beatitudine] beatitudinis P_1 **20** exciperent] exhi-
berent P_1

CAPITVLVM XVIII

QVOD VERA ORATIO MAGIS CONSISTIT IN CORDE QVAM IN ORE

Vera postulatio non in oris est uocibus, sed in cogitationibus cordis. Valentiores namque uoces apud secretissimas
4 aures Dei non faciunt uerba nostra, sed desideria. Aeternam
etenim uitam si ore petimus, nec tamen corde desideramus,
clamantes tacemus. Si uero desideramus ex corde, etiam cum
ore conticescimus, tacentes clamamus. Hinc est quod in eremo
8 populus uocibus perstrepit et Moyses a strepitu uerborum
tacet ; et tamen silens aure diuinae pietatis auditur cui dicitur :
Quid clamas ad me ? Intus est ergo in desiderio clamor secretus, qui ad humanas aures non peruenit et tamen auditum con-
12 ditoris replet. Hinc est quod Anna ad templum pergens, ore
quidem tacuit et tamen tot sui desiderii uoces emisit. Hinc in
euangelio Dominus dicit : *Intra in cubiculum tuum et clauso
ostio, ora Patrem tuum in abscondito et Pater tuus, qui uidet in*
16 *abscondito, reddet tibi.* Clauso quippe ostio petit in cubiculo
qui, tacenti ore, in conspectu supernae pietatis fundit affectum
mentis. Et uox auditur in abscondito, cum per sancta desideria
silenter clamatur. Vnde quoque recte per psalmistam dicitur :
20 *Desiderium pauperum exaudiuit Dominus ; desideria cordis
eorum audiuit auris tua.*
Saepe autem in ipso orationis sacrificio importunae se cogitationes ingerunt quae hoc rapere uel maculare ualeant, quod in
24 nobis Deo flentes immolamus. Vnde Abraham cum ad
occasum solis sacrificium offerret, insistentes aues pertulit quas
studiose, ne oblatum sacrificium raperent, abegit. Sic nos cum
in ara cordis sacrificium Deo offerimus, ab immundis hoc uolu-
28 cribus custodiamus, ne maligni spiritus et peruersae cogita-

[XVIII] **2/21** *CC* XXII, xvii, 38/58 ; μ 718/719.   **22/29** *CC* XVI, xlii, 21/29 ; μ 521.

[XVIII] **10** Ex. 14, 15.   **12/13** cfr I Reg. 1, 13.   **14/16** Matth. 6, 6.   **20/21** Ps. 10, 17 (iuxta Hebr.).   **24/26** cfr Gen. 15, 11.

[XVIII] **12** est] *om. L*₁   **19** recte quoque *P*₁   **24** unde] *et add. P*₁

tiones rapiant quod mens nostra offerre se Deo utiliter sperat.

CAPITVLVM XIX

DE PROLIXITATE ORATIONIS ET QVOD PRO ADVERSANTIBVS ORANDVM EST

Sunt nonnulli intra sanctam Ecclesiam, qui prolixas ad Dominum preces habent, sed uitam deprecantium non habent ; nam promissa caelestia petitionibus sequuntur, operibus fugi-
4 unt. Hi nonnumquam lacrimas etiam in oratione percipiunt ; sed post orationis tempora cum eorum mentem superbia pulsauerit, ilico in fastu elationis intumescunt ; cum auaritia insti-
8 gat, mox per incendia auidae cogitationis exaestuant ; cum luxuria temptauerit, illicitis protinus desideriis anhelant ; cum ira suaserit, mox mansuetudinem mentis flamma insaniae concremauit. Vt ergo diximus, et fletus in prece percipiunt ; et tamen,
12 expletis precibus, cum uitiorum suggestione pulsantur, nequaquam pro aeterni regni desiderio se fleuisse meminerunt. Quod aperte de se Balaam innotuit, qui iustorum tabernacula conspiciens, ait : *Moriatur anima mea morte iustorum, et fiant nouis-*
16 *sima mea horum similia.* Sed cum compunctionis tempus abscessit, contra eorum uitam quibus se similem fieri etiam moriendo poposcerat, consilium praebuit ; et cum occasionem de auaritia repperit, ilico oblitus est quicquid sibi de innocentia
20 optauit. Virtutis igitur pondus oratio non habet, quam nequaquam perseuerantia continui amoris tenet. Quod contra bene de Anna flente perhibetur : *Vultusque eius non sunt amplius in diuersa mutati,* quia uidelicet mens eius nequaquam post
24 preces inepta laetitia lasciuiendo perdidit, quod orationis suae tempore gemituum rigor exquisiuit. Nonnullis uero in usum negotiationis uertitur labor orationis. De quibus in euangelio Veritas dicit : *Deuorant domos uiduarum sub obtentu prolixae*
28 *orationis. Hi accipient prolixius iudicium.* In uerbis autem com-

---

[XIX] **2/31** *CC* XXXIII, xxiii, 17/44, 48/51 ; μ 1102.

[XIX] **15/16** Num. 23, 10.   **22/23** I Reg. 1, 18.   **27/28** Marc. 12, 40.

[XIX] **5** etiam lacrimas P_1 **6** sed cum p. o. t. eorum P_1 **8** exestuat P_1 **9** anhelat desideriis P_1 **10/11** concremat P_1 **28** hi] et *praem* L_1 P_1 | accipiunt L_1

positis aperte inanitas orationis ostenditur. Veraciter namque orare, est amaros in compunctione gemitus, et non composita uerba resonare.

32   Pro semetipso autem quilibet tanto citius exaudiri meretur, quanto deuotius pro aliis intercedit. Plus enim pro se ualere preces suas efficit, qui has et aliis impendit. Libentius quippe sacrificium orationis accipitur, quod in conspectu misericordis
36 iudicis proximi dilectione conditur. Quod tunc ueraciter quisque cumulat, si hoc etiam pro aduersantibus impendat. Hinc est enim quod magistra Veritas dicit : *Orate pro persequentibus et calumniantibus uos.* Hinc rursum ait : *Cum*
40 *stabitis ad orandum, dimittite si quid habetis aduersus aliquem, ut et Pater uester qui in caelis est, dimittat uobis peccata uestra.*

CAPITVLVM XX

QVOD ORATIO ET OPERATIO SE INVICEM DEBENT IVVARE

Sciendum est quod quisquis a praeceptis dominicis discordat opere, quotiens ea audit corde suo reprehenditur atque con-
4 funditur, quia id quod non fecerit memoratur. Nam in quo se errasse considerat, ipsa se latenter conscientia accusat. Vnde Dauid propheta deprecatur, dicens : *Tunc non confundar, dum respicio in omnia mandata tua.* Grauiter namque unusquisque
8 confunditur quando mandata Dei uel legendo uel audiendo respicit, quae uiuendo contempsit. Hinc enim Ioannis uoce dicitur : *Si cor nostrum non reprehenderit nos, fiduciam habemus ad Deum ; et quicquid petierimus ab eo, accipiemus.*
12 Ac si diceret : Si id quod praecipit facimus, id quod petimus obtinemus.

Valde namque apud Deum utraque haec sibi necessario congruunt, ut et oratione operatio et operatione fulciatur oratio.

32/41 *CC* XXXV, xi, 8/18 ; μ 1152.   [XX] 2/22 *CC* XVIII, v, 4/25 ; μ 560.

38/39 Matth. 5, 44.   39/41 Marc. 11, 25.   [XX] 6/7 Ps. 118, 6.   10/11 I Ioh. 3, 21/22.

---

32 meruit P_1 33 intercessit P_1 37 aduersariis P_1 [XX] 3 reprehendit L_1 6 deprecabatur P_1 7 perspicio P_1 11 ab eo] a deo P_1

16 Hinc etenim Ieremias ait : *Scrutemur uias nostras et quaeramus, et reuertamur ad Dominum. Leuemus corda nostra cum manibus ad Deum.* Vias etenim nostras scrutari est cogitationum interna discutere. Corda uero cum manibus leuat qui

20 orationem suam operibus roborat. Nam quisquis orat, et operari dissimulat, cor leuat et manus non leuat. Quisquis uero operatur et non orat, manus leuat et cor non leuat.

16/18 Thren. 3, 40/41.

LIBER QVARTVS

DE PRAELATIS

PROLOGVS

Qui in Ecclesia uirtutibus praeeminent merito aliis praeferuntur, et ad aliorum regimen diuina dispensatione uocantur.
Vnde et tractatum de uirtutibus sequitur proximo loco liber
4 quartus secundae partis, qui de praelatis inscribitur.

Liber autem iste ad eum qui quartus est in serie partis primae, remedium esse ostenditur. In illo quippe de diuitibus tractatur, qui inter reprobos eminentiores, lucris temporalibus inhi-
8 ant, et contemptis spiritalibus terrena multiplicant. In isto
autem de praelatis agitur, qui inter Ecclesiae filios uirtutibus
clariores, lucrandis animabus totis uirtutibus insistunt, et terrenis desideriis calcatis commissam sibi pecuniam Domini
12 multiplicant.

CAPITVLVM I

QVOD PRAELATI ET RECTORES ECCLESIARVM QVI EX BENEFICIIS EARVM
SVSTENTANTVR AD PRAEDICANDVM VERBVM DEI TENENTVR

Omnis qui priuato iure domesticam familiam regit, uel pro
4 utilitate communi fidelibus plebibus praeest, in hoc quod iura
regiminis in commissis sibi fidelibus possidet, quasi terram
incolendam tenet. Ad hoc quippe diuina dispensatione ceteris
unusquisque praeponitur, ut subiectorum animus, quasi sub-
8 strata terra, praedicationis illius semine fecundetur. Sunt autem
nonnulli qui sanctis plebibus praelati, uitae quidem stipendia
ex ecclesiastica largitate consequuntur, sed exhortationis ministeria debita non impendunt.

[I] **3/13** *CC* XXII, xxi, 16/22, 60/64 ; μ 724, 725.

[Prol] **3/4** quartus liber P_1 **6** esse] est L_1 [I] **5** quasi] quid aliud quam P_1 **9**
quidem uite P_1

12   Contra quos exemplum sancti Iob recte proponitur, cum ab
eo dicitur : *Si fructus terrae comedi absque pecunia.* Fructus
etenim terrae absque pecunia comedere est ex Ecclesia quidem
sumptus accipere, sed eidem Ecclesiae praedicationis pretium
16 non praebere. De qua uidelicet praedicatione auctoris uoce dicitur : *Oportuit te committere pecuniam meam nummulariis, et
ueniens ego recepissem utique quod meum erat cum usura.* Terrae igitur fructus absque pecunia comedit, qui ecclesiastica
20 commoda ad usum corporis percipit, sed exhortationis ministerium populo non impendit. Quid ad haec nos pastores dicimus,
qui aduentum districti iudicis praecurrentes, officium quidem
praeconis suscipimus, sed alimenta ecclesiastica muti mandu-
24 camus ? Exigimus quod nostro debetur corpori, sed non impen-
dimus quod subiectorum debemus cordi. Ecce uir sanctus tot in
hoc saeculo pignoribus obstrictus, inter occupationes innumeras
liber ad studium praedicationis fuit. Qui fructus terrae num-
28 quam sine pecunia comedit, quia nimirum subditis uerbum
bonae admonitionis reddidit, a quibus fructum corporeae seruitutis accepit. Hoc namque debet omnipotenti Deo omnis qui
praeest populo, hoc qui multis, hoc qui paucioribus praeest, ut
32 sic debita ministeria a subditis exigat, quatenus ipse etiam quid
semper admonitionis debeat sollicitus attendat. Omnes namque
qui sub dispensatione conditoris uicario nobis ministerio iungimur sub uno ac uero Domino, quid nobis aliud nisi inuicem
36 serui sumus ? Cum igitur is qui subest seruit ad obsequium,
restat procul dubio ut is qui praeest seruiat ad uerbum. Cum is
qui subest iussis obtemperat, oportet ut is qui praeest curam
sollicitudinis ac pietatis impendat. Sicque fit ut dum studiose
40 nunc seruire nobis inuicem per caritatem nitimur, quandoque
cum uero Domino communi exsultatione dominemur. Sed sunt
nonnulli qui in eo quod officium praedicationis exhibent, aliis
inuident bonum quod habent, atque ideo iam ueraciter non

13/49 *CC ibid.*, xxıı, 1/37 ; μ 725/726.

[I] **13** Iob 31, 39.   **17/18** Matth. 25, 27.

---

12 iob] uiri P_1 | proponitur] subiungitur P_1 **13** dicitur] subinfertur P_1 | terre] eius P_1
Vulg. ed. μ   **14/15** sumptus quidem P_1 **15** pretium predicationis P_1 **18** ego
ueniens P_1 | erat] est P_1 **20** accipit P_1 **26** seculo] mundo P_1

44 habent. Quibus recte per Iacobum dicitur : *Quod si zelum amarum habetis inter uos, et contentiones sunt in cordibus uestris, non est ista sapientia desursum descendens, sed terrena, animalis, diabolica.*
48 Vnde hic quoque cum dictum est : *Si fructus eius comedi absque pecunia,* recte subditur : *Et animam agricolarum eius afflixi.* Agricolae quippe huius terrae sunt hi qui in minori loco positi, quo ualent zelo, quanto possunt opere, ad eruditionem
52 sanctae Ecclesiae in praedicationis gratia cooperantur. Quos uidelicet huius terrae agricolas hoc est non affligere, eorum laboribus non inuidere, ne rector Ecclesiae dum soli sibi ius praedicationis uindicat, etiam aliis recte praedicantibus inuidia
56 se mordente contradicat. Pia etenim pastorum mens, quia non propriam gloriam sed auctoris quaerit, ab omnibus uult adiuuari quod agit. Fidelis namque praedicator optat, si fieri ualeat, ut ueritatem quam solus loqui non sufficit ora cunctorum sonent.
60 Vnde cum Iosue duobus in castris remanentibus atque prophetantibus uellet obsistere, recte per Moysen dicitur : *Quid aemularis pro me ? Quis tribuat ut omnis populus prophetet et det eis Dominus spiritum suum ?* Prophetare quippe omnes uoluit, qui
64 bonum quod habuit aliis non inuidit.

CAPITVLVM II

QVOD IVVENES ET QVI VITIIS PER CONSENSVM DELECTATIONIS SVBIACENT ANIMARVM
CVSTODIAM NON SORTIANTVR

Hi qui adhuc uitiorum bello subiacent nequaquam praeesse
4 magisterio ceterorum debent. Hinc est quod, iuxta diuinae dispensationis uocem ab anno uigesimo et quinto Leuitae tabernaculo seruiunt, sed a quinquagenario custodes uasorum fiunt. Quid enim per annum uigesimum ac quintum, a quo flos

---

49/64 *CC ibid.,* XXIII, 1/16 ; μ 726.   [II] **3/28** *CC* XXIII, XI, 81/106 ; μ 741.

44/47 Iac. 3, 14/15.   **48/50** Iob 31, 39.   **61/63** Num. 11, 29.

---

44 ːecte] bene P_1 **49** subiungitur P_1 **54** sibi soli P_1 **55** uendicat $L_1 P_1$ [II] **3** nequaquam] per predicationis usum *add.* P_1 **6** in tabernaculum P_1 **7** quintum et uigesimum P_1 | a] in P_1

8 iuuentutis oboritur, nisi ipsa contra unumquodque uitium bella
signantur ? Et quid per quinquagenarium, in quo iubilaei
requies continetur, nisi interna quies edomito bello mentis
exprimitur ? Quid uero per uasa tabernaculi, nisi fidelium
12 animae figurantur ? Leuitae ergo ab anno uigesimo et quinto
tabernaculo seruiunt, et a quinquagenario custodes uasorum
fiunt, ut uidelicet qui adhuc impugnantium uitiorum certamina
per consensum delectationis tolerant, aliorum curam suscipere
16 non praesumant ; cum uero temptationum bella subegerint,
quo apud se iam de intima tranquillitate securi sunt, animarum
custodiam sortiantur. Sed quis haec temptationum proelia sibi
perfecte subigat, cum Paulus dicat : *Video aliam legem in*
20 *membris meis repugnantem legi mentis meae, et captiuum me*
ducentem in lege peccati, quae est in membris meis ? Sed aliud
est bella fortiter perpeti, aliud bellis eneruiter expugnari. In istis
exercetur uirtus, ne extolli debeat ; in illis omnimodo exstingui-
24 tur, ne subsistat. Qui igitur scit fortiter temptationem ferre certaminis, et cum temptatione concutitur in alta arce praesidet
quietis, quia etiam apud semetipsum sub seipso esse contentiones uitiorum conspicit, quibus nulla fractus delectatione con-
28 sentit.

CAPITVLVM III

QVOD REGIMEN NON PER CVPIDITATEM SED PER NECESSITATEM SVSCIPIENDVM EST

Non debet hominum ducatum suscipere, qui nescit homines
bene uiuendo praeire ; ne qui ad hoc eligitur ut aliorum culpas
4 corripiat, quod resecare debuit, ipse committat. Hinc inde ergo
se qui praesunt circumspiciant, ut sibi et subditis uiuant, ut
bonum quod faciunt et intra sinum mentis abscondant ; et
tamen ex eo ad prouectum sequentium exempla rectae opera-
8 tionis impartiant, ut subditorum culpas animaduertentes corri-

[III] **2/48** *CC* XXIV, xxv, 56/104 ; μ 786/788.

[II] **19/21** Rom. 7, 23.

9 quo] et *add.* P_1 **21** que *usque* meis] *om.* P_1 **26** seipso] ipso L_1 [III] **4** corrigat P_1

gant ; nec tamen per uim eiusdem animaduersionis intumescant, ut quaedam leniter correpta tolerent ; nec tamen disciplinae uincula eadem lenitate dissoluant, ut quaedam tolerando
12 dissimulent, nec tamen ea crescere dissimulando permittant.
Laboriosa sunt ista, et nisi diuina gratia fulciat, ad custodiendum difficilia. Recte uero de aduentu districti iudicis per
Sapientiae librum dicitur : *Horrende et cito apparebit, quoniam*
16 *iudicium durissimum in his qui praesunt fiet.* Quia ergo plerumque per potestatem regiminis ad culpam prorumpitur elationis, atque apud districtum iudicem ipsa elatio impietas aestimatur, bene de Domino per Eliu dicitur : *Qui uocat duces*
20 *impios.* De ipso quippe ducatu dum superbiunt, exemplo suo
subditos ad impietatem trahunt.

Vnde magnopere curandum est ut qui regendis hominibus
praefertur, apud se intra secretarium mentis in cathedra
24 praesideat humilitatis. Cumque iudicanti ei a ceteris assistitur,
uigilanti oculo incessanter aspiciat, cui quandoque iudici ipse
de his iudicandus assistat, ut quanto nunc ante eum quem non
uidet, sollicitius trepidat, tanto eum cum uiderit securior cer-
28 nat. Penset ergo qui ad satisfaciendum districto iudici de sua
tantummodo anima fortasse uix sufficit, quia quot regendis
subditis praeest, reddendae apud eum rationis tempore, ut ita
dicam, tot solus animas debet. Quae nimirum cogitatio, si assi-
32 due mentem excoquit, omnem superbiae tumorem premit. Et
rector prouidus tanto iam neque rex apostata, neque dux
impius uocabitur, quanto ei cogitatione sua sollicita potestas
quae accepta est, non honor, sed onus aestimatur. Nam cui esse
36 nunc iudicem libet, huic uidere tunc iudicem non libet.
Numerari enim culpae nequeunt, quae habendae potestatis
amore perpetrantur. Tunc solum uero potestas bene geritur,
cum non amando, sed timendo retinetur. Quae ut ministrari
40 recte ualeat, oportet primum ut hanc non cupiditas, sed necessitas imponat. Percepta autem nec pro formidine debet deseri,
nec ex libidine amplecti ; ne aut peius quis quasi ex humilitate
superbiat, si diuinae dispensationis ordinem fugiendo contem-

---

[III]**19/20** Iob 34, 18.

---

10 correcta P_1 **23** sacrarium P_1 **24** ei] *om.* P_1 **25** incessanter] *om.* P_1 **27** sollicitus P_1

44 nat ; aut eo iugum superni rectoris abiciat, quo eum super
    ceteros priuatum regimen delectat. Potestas ergo cum percipi-
    tur, non ex libidine amanda est, sed ex longanimitate toleranda,
    ut inde tunc ad iudicium salubriter leuis sit, unde nunc ad mi-
48 nisterium patienter grauis innotescit.

CAPITVLVM IV

QVOD PRAELATVS QVI PRAEESSE DELECTATVR ET HONORIS SINGVLARITATE LAETATVR
IN CVLPAM APOSTASIAE LABITVR

Saepe nouimus quod plerique qui praesunt inordinatum sibi
4   metum a subditis exigunt, et non tam propter Dominum quam
    pro Domino uenerari uolunt. Intus enim se tumore cordis
    extollunt, cunctosque subditos in sui comparatione despiciunt,
    nec condescendendo consulunt, sed dominando premunt, quia
8   uidelicet alta cogitatione se erigunt, et aequales se illis quibus
    eos praeesse contingit non agnoscunt. Contra hunc tumorem
    per Ecclesiasticum librum dicitur : *Ducem te constituerunt ;*
    noli extolli, sed esto in illis quasi unus ex illis. Hunc tumorem
12 per prophetam Dominus in pastoribus increpans ait : *Vos*
    autem cum austeritate imperabatis eis, et cum potentia. Ipsa
    enim bona quae subditis dicunt dominando potius quam con-
    sulendo proferunt, quia uidelicet quicquam eis quasi ex aequo
16 dicere semetipsos existimant deiecisse. Singularitate enim gau-
    dent culminis, non aequalitate conditionis. Sed quia haec
    tumentia corda rectorum subtiliter Dominus pensat, bene con-
    tra eos dicitur : *Qui dicit regi : apostata.* Vnusquisque enim
20 superbus rector totiens ad culpam apostasiae dilabitur, quotiens
    praeesse hominibus delectatur, honoris sui singularitate laeta-
    tur. Sub quo enim sit non considerat, et quod aequalibus quasi
    non sit aequalis exsultat. Vnde autem haec uitiorum radix pul-

---

[IV] **3/55** *CC* XXIV, xxv, 2/56 ; μ 785/786.

[IV] **10/11** Eccli. 32, 1.   **12/13** Ez. 34, 4.   **19** Iob 34, 18.

[IV] **5** pro domino] propter hoc quod P_1 **8** se$_2$] *om.* L_1 **9** contigit L_1 **14** dicunt]
fiunt P_1 **16** estimant P_1 **18** tumentia] tumacia P_1 **20** rector superbus P_1 **21** sui]
om. P_1 **22** quod] *om.* L_1 | coequalibus L_1

24 lulat in corde regentium nisi ex imitatione illius, qui despectis
angelorum societatibus, dixit : *Ascendam super altitudinem
nubium, et similis ero Altissimo ?* Quia ergo unusquisque rector quotiens extollitur in eo quod ceteros regit, totiens per lap-
28 sum superbiae a summi rectoris seruitio separatur ; et cum
aequales sibi despicit subditos, eius super se dominium sub quo
omnes aequales sunt, non agnoscit, recte dicitur : *Qui dicit
regi : apostata.*

32   Quia uero dum dominando praesunt, exemplo suae superbiae subditos ad impietatem trahunt, apte subiungitur : *Qui
uocat duces impios.* Ad uiam namque pietatis ducerent si subditorum oculis humilitatis exempla monstrarent. Dux autem
36 impius est, qui a tramite ueritatis exorbitat ; et dum ipse in
praeceps ruit, ad abrupta sequentes inuitat. Dux impius est, qui
per tumoris exempla uiam ostendit erroris. Paulus dux impius
esse metuebat, cum potestatis suae celsitudinem reprimebat,
40 dicens : *Nec quaerentes ab hominibus gloriam, neque a uobis,
neque ab aliis, cum possemus oneri esse, ut Christi apostoli, sed
facti sumus paruuli in medio uestrum.* Paruulus in medio
eorum factus fuerat, quia timebat ne inter discipulos si
44 honorem suae celsitudinis uindicaret, exempla elationis ostenderet. Timebat nimirum ne dum ipse sibi potestatem pastoralis
potentiae quaereret, grex subditus per abrupta sequeretur, et ad
impietatem sequentes duceret, qui pietatis officium suscepisset.

48   Vnde necesse est ut is qui praeest quae exempla subditis
praebeat sollerter attendat ; et tantis se sciat uiuere, quantis
praeesse ; ac uigilanter inspiciat ne in eo quod praelatus est
intumescat ; ne iura debitae potestatis immoderatius exigat ; ne
52 disciplinae ius mutetur in rigorem superbiae ; et unde a peruersitate subditos restringere poterat, inde magis intuentium corda
peruertat ; ne, ut dictum est, impietatis dux per officium
pietatis exsistat.

25/26 Is. 14, 14.   **33/34** Iob 34, 18.   **40/42** I Thess. 2, 6/7.

---

26 et] *om.* P_1 **29** subditos despicit P_1 **32/33** superbie sue P_1 **36** ipse] *om.*
P_1 **45** sibi] *om.* P_1 **53** subditos] *rep.* P_1

CAPITVLVM V

DE POTENTIBVS PRAELATIS VT SE SIBI SVBDITIS AEQVALES CONDITIONE COGNOSCANT

Deus potentes non abicit, cum et ipse sit potens. In usu uitae
mortalis quaedam ex semetipsis sunt noxia, quaedam uero ex
4 his quae circa ipsa uersantur. Ex semetipsis quaedam sunt
noxia, sicut peccata atque flagitia. Quaedam uero nonnumquam nobis ex his quae circa ipsa sunt nocent, sicut temporalis
potentia, uel copula coniugalis. Bonum namque est coniugium,
8 sed mala sunt quae circa illud ex huius mundi cura succrescunt. Vnde Paulus ait : *Qui autem cum uxore est cogitat quae
sunt mundi, quomodo placeat uxori.* Vnde et quibusdam
meliora persuadens, eos a coniugio reuocat, dicens : *Hoc autem*
12 *dico, non ut laqueum uobis iniciam, sed ad id quod honestum
est et quod facultatem praebeat sine impedimento Dominum
obseruandi.* Dum ergo tenetur quod non nocet, ex rebus iuxta
positis committitur plerumque quod nocet ; sicut saepe rectum
16 mundumque iter pergimus, et tamen ortis iuxta uiam uepribus
per uestimenta retinemur. In uia quidem munda non
offendimus sed a latere nascitur quo pungamur. Magna est
etiam potentia temporalis, quae habet apud Deum meritum
20 suum de bona administratione regiminis ; nonnumquam tamen
eo ipso quo praeeminet ceteris, elatione cogitationis intumescit ; et dum ad usum cuncta subiacent, dum ad uotum uelociter iussa complentur, dum omnes subditi si qua bene gesta
24 sunt laudibus efferunt, male gestis autem nulla auctoritate contradicunt, dum plerumque laudant etiam quod obiurgare
debuerunt, seductus ab his quae infra subduntur, super se
animus tollitur ; et dum foris immenso fauore circumdatur,
28 intus ueritate uacuatur ; atque oblitus sui, in uoces se spargit
alienas ; talemque se credit, qualem foris audit, non qualem
intus discernere debuit ; subiectos despicit eosque aequales sibi

---

[V] **2/110** *CC* XXVI, xxvi, 1/33, 36/112 ; μ 832/834.

[V] **2** Iob 36, 5.   **9/10.11/14** I Cor. 7, 33.35.

[V] **8** mundi huius P_1 **13** domino L_1 P_1 **26** debuerant L_1 P_1 **30** intus] se
praem. P_1

naturae ordine non agnoscit ; et quos forte potestatis excesserit,
32　transcendisse se etiam uitae meritis credit ; cunctis se aestimat
amplius sapere, quibus se uidet amplius posse. Sicque usque ad
eius similitudinem ducitur de quo scriptum est : *Omne sublime*
uidet, et ipse est rex super uniuersos filios superbiae. Et de cuius
36　corpore dicitur : *Generatio cuius excelsi sunt oculi, et palpebrae*
eius in alta surrectae. Ad eius similitudinem ducitur, qui singu-
lare culmen appetens, et socialem uitam angelorum despiciens,
ait : *Ascendam super altitudinem nubium; ero similis Altissimo.*
40　Miro ergo iudicio intus foueam deiectionis inuenit, dum foris
se in culmine potestatis extollit. Apostatae quippe angelo
similis efficitur, dum homo hominibus esse similis dedignatur.
Sic Saul ab humilitatis merito in tumorem superbiae culmine
44　potestatis excreuit. Per humilitatem quippe praelatus est per
superbiam reprobatus, Domino attestante qui ait : *Nonne cum*
paruulus esses in oculis tuis, caput te constitui in tribubus
Israel ? Paruulum se ante potestatem uiderat, sed fultus tem-
48　porali potentia, iam se paruulum non uidebat. Ceterorum
namque comparatione se praeferens, magnum se apud se esse
iudicabat. Miro autem modo cum apud se paruulus, apud
Dominum magnus ; cum uero apud se magnus, apud Domi-
52　num paruulus fuit. Magnos nos Dominus apud nos esse prohibet per prophetam dicens : *Vae qui sapientes estis in oculis*
uestris, et coram uobismetipsis prudentes. Ne magni apud nos
esse debeamus, Paulus admonens, ait : *Nolite prudentes esse*
56　*apud uosmetipsos.* Plerumque ergo dum ex subiectorum
affluentia animus inflatur, in luxum superbiae ipso potentiae
fastigio lenocinante corrumpitur.
　　　Sed aliud est quaelibet bona non esse, aliud bona bene
60　habere nescire. Bona namque est ordine suo potentia, sed
cauta regentis indiget uita. Igitur bene hanc exercet, qui et
retinere illam nouerit, et impugnare. Bene hanc exercet, qui scit

---

34/35 Iob 41, 25.　**36/37** Prou. 30, 13.　**39** Is. 14, 14.　**45/47** I Reg. 15, 17.　**53/54**
Is. 5, 21.　**55/56** Rom. 12, 16.

---

33 posse] in quodam quippe se constituit culmine apud semetipsum . et qui equa
ceteris nature conditione constringitur ex equo respicere ceteros dedignatur *add.*
P_1　**34** ducitur] dicitur L_1　**35** uniuersos] P_1 *Vulg.*, omnes L_1　**37** similitudinem]
simile P_1　**38** angelorum uitam P_1　**39** similis ero P_1　**42** homo dum P_1　**51** domi-
num] deum P_1　**51/52** dominum] deum P_1　**55** esse prudentes P_1

per illam super culpas erigi, scit cum illa ceteris aequalitate
64 componi. Humana etenim mens plerumque extollitur, etiam
cum nulla potestate fulcitur ; quanto magis in altum se erigit,
cum se ei etiam potestas adiungit ? Et tamen corrigendis
aliorum uitiis apta exsecutione praeparatur. Vnde et per Pau-
68 lum dicitur : *Minister enim Dei est, uindex in iram.* Cum ergo
potentiae temporalis ministerium suscipitur, summa cura uigilandum est, ut sciat quisque et sumere ex illa quod adiuuat, et
expugnare quod temptat ; et aequalem se cum illa ceteris cer-
72 nere, et tamen se peccantibus zelo ultionis praeferre. Quam
discretionem plenius cognoscimus, si etiam potestatis ecclesi-
asticae exempla cernamus. Petrus namque, auctore Deo,
Ecclesiae principatum tenens, a bene agente Cornelio, et sese ei
76 humiliter prosternente, immoderatius uenerari recusauit, seque
illi similem recognouit, dicens : *Surge, et ego ipse homo sum.*
Sed cum Ananiae et Sapphirae culpam reperit, mox quanta
potentia super ceteros excreuisset ostendit. Verbo enim eorum
80 uitam perculit, quam spiritu perscrutante deprehendit ; et sum-
mum se intra Ecclesiam contra peccata recoluit, quod, honore
sibi uehementer impenso, coram bene agentibus fratribus non
agnouit. Illic communionem aequalitatis metuit sanctitas
84 actionis, hic zelus ultionis ius aperuit potestatis. Paulus bene
agentibus fratribus praelatum se esse nesciebat, cum diceret :
*Non quia dominamur fidei uestrae, sed adiutores sumus gaudii
uestri.* Atque ilico adiunxit : *Fide enim statis.* Ac si diceret :
88 Ideo non dominamur fidei uestrae, quia fide statis. Aequales
enim uobis sumus, ubi uos stare cognoscimus. Quasi praelatum
se fratribus esse nesciebat, cum diceret : *Facti sumus paruuli in
medio uestrum* ; et iterum : *Nos autem seruos uestros per*
92 *Iesum Christum.* Sed cum culpam quae corrigi debuisset
inuenit, ilico magistrum se esse recoluit, dicens : *Quid uultis ?*
In uirga ueniam ad uos ?
      Summus itaque locus bene regitur, cum is qui praeest uitiis
96 potius quam fratribus dominatur. Cunctos quippe natura

---

68 Rom. 13, 4.   **77** Act. 10, 26.   **78/79** Act 5, 1/11.   **86/87** II Cor. 1, 23.   **90/91** I
Thess. 2, 7.   **91/92** II Cor. 4, 5.   **93/94** I Cor. 4, 21.

---

64 etenim] enim P_1 **68** minister] magister L_1 **78** repperit P_1 **79/80** uitam eorum
P_1 **87** subiunxit P_1 **92** christum iesum P_1

aequales genuit ; ut autem alii ad regendum aliis committantur, non eos natura, sed culpa postponit. Vitiis ergo se debent rectores erigere, quorum et causa praeferuntur ; et cum delin-
100 quentes corrigunt, sollicite attendant, ut per disciplinam culpas quidem iure potestatis feriant, sed per humilitatis custodiam aequales se ipsis fratribus quos corrigunt agnoscant. Quamuis plerumque etiam dignum est ut eosdem quos corrigimus tacita
104 nobis cogitatione praeferamus. Illorum namque per nos uitia disciplinae uigore feriuntur ; in his uero quae ipsi committimus ne uerbi quidem ab aliquo inuectione laceramur. Tanto ergo apud Dominum obligatiores sumus quanto apud homines
108 inulte peccamus. Disciplina autem nostra subditos tanto diuino iudicio liberiores reddit, quanto hic eorum culpas sine uindicta non deserit.

CAPITVLVM VI

QVOD A PRAELATO SIC MODERANDA EST HVMILITAS VT IVRA REGIMINIS
NON SOLVANTVR

Seruanda est a praelato in corde humilitas, et in opere disci-
4 plina. Atque inter haec sollerter intuendum, ne dum immoderatius custoditur uirtus humilitatis, soluantur iura regiminis ; et dum praelatus quisque plus se quam decet deicit, subditorum uitam stringere sub disciplinae uinculo non possit. Teneamus
8 ergo exterius quod pro aliorum utilitate suscipimus, teneamus interius quod de nostra aestimatione sentimus. Sed tamen decenter quisbusdam erumpentibus signis tales nos apud nos esse ipsi etiam qui nobis commissi sunt non ignorent, ut et de
12 auctoritate nostra quod formident, uideant, et de humilitate quod imitentur agnoscant. Seruata autem auctoritate regiminis, ad cor nostrum sine cessatione redeamus ; et consideremus assidue quod sumus aequaliter cum ceteris conditi, non quod
16 temporaliter ceteris praelati. Potestas enim quanto exterius

---

[VI] **3/48** *CC* XXVI, xxvi, 112/154 160/164 ; μ 834/835.

---

102 fratribus ipsis P_1 **103** etiam plerumque P_1 **106** ne] nec $L_1 P_1$ **107** dominum] deum P_1 [VI] **3** prelato] itaque *add.* P_1 | humilitas in corde P_1 **6** decet] debet P_1 **8** suscepimus $L_1 P_1$ **11** et ut L_1

eminet, tanto interius premi debet, ne cogitationem uincat, ne
in delectatione sui animum rapiat, ne iam sub se mens eam
regere non possit cui se libidine dominandi supponit.

20   Bene Dauid regni potentiam regere nouerat, qui elationem
eiusdem potentiae, semetipsum premendo uincebat, dicens :
Domine, non est exaltatum cor meum. Quique in eius humilitatis augmentum subiunxit : *Neque elati sunt oculi mei.* Atque
24 addidit : *Neque ambulaui in magnis.* Et adhuc subtilissima
semetipsum inquisitione discutiens, ait : *Neque in mirabilibus
super me.* Omnesque etiam cogitationes suas a fundo cordis
exhauriens, subiungit dicens : *Si non humiliter sentiebam sed*
28 *exaltaui animam meam.* Ecce humilitatis hostiam ab intimo
cordis oblatam crebro replicat, et iterum atque iterum
confitendo offerre non cessat ; eamque multipliciter loquens
iudicis sui oculis ostentat. Quid est hoc ? Et quomodo istud
32 sacrificium Deo placere cognouerat, quod in conspectu eius
tanta iteratione uocis immolabat, nisi quod uicina esse superbia
potentibus solet, et paene semper rebus affluentibus elatio sociatur, quia et saepe humoris abundantia duritiam dat tumoris ?
36   Mirum uero est cum in cordibus sublimium regnat humilitas morum. Vnde pensandum est quia potentes quique cum
humiliter sapiunt, culmen extraneae et quasi longe positae uirtutis attingunt, et recte hac uirtute Dominum quantocius pla-
40 cant ; quia illud ei sacrificium potentes offerunt, quod potentes
uix inuenire possunt. Subtilissima namque ars uiuendi est culmen tenere, gloriam premere ; esse quidem in potentia, sed
potentem se esse nescire. Quilibet igitur praelatus ceteris prod-
44 esse appetat, non praeesse. Tumoris namque elatio, non ordo
potestatis in crimine est. Potentiam Deus tribuit, elationem
uero potentiae malitia nostrae mentis inuenit. Tollamus ergo
quod de nostro contulimus, et bona sunt quae Deo largiente

[VI] **22/28** Ps. 130, 1/2.

---

17 premi interius P_1 **19** libidini L_1 **26** etiam] *om.* P_1 **32** cognouerat] non
nouerat L_1 **35** tumori L_1 **39** hac] ac L_1 **41** inuenire uix P_1 **43** nescire] ad lar-
gienda bona potentem se cognoscere ad repetenda noxia omne quod potenter ualet ig-
norare . recte itaque de talibus dicitur . deus potentes non abicit cum et ipse sit potens
(Iob 36, 5) . deum quippe imitari desiderat qui fastigium potentie alienis
intentus utilitatibus et non suis laudibus elatus administrat *add.* P_1 | quilibet igitur] qui
P_1

48 possidemus.

Sciunt autem sancti quod antiqui patres nostri, non tam reges hominum quam pastores pecorum fuisse memorantur. Et cum Noe Dominus filiisque eius diceret : *Crescite et multipli-*
52 *camini et implete terram,* subdidit : *Et terror uester ac tremor sit super cuncta animalia terrae.* Non enim ait : Sit super homines, qui futuri sunt ; sed : *Sit super cuncta animalia terrae.*

Homo quippe animalibus irrationabilibus, non autem
56 ceteris hominibus natura praelatus est ; et idcirco ei dicitur, ut ab animalibus et non ab homine timeatur, quia contra naturam superbire est, ab aequali uelle timeri.

Hinc a Ioanne angelus adoratus, creaturam se esse cognos-
60 cit, dicens : *Vide ne feceris ; conseruus tuus sum et fratrum tuorum.* Hinc propheta, cum ad uidenda sublimia rapitur, filius hominis uocatur, ut ductus ad caelestia, hominem se esse meminerit. Ac si eum diuina uox uerbis apertioribus admoneat
64 dicens : Memento quid sis, ne de his ad quae raperis extollaris, sed altitudinem reuelationis tempera memoria conditionis.

CAPITVLVM VII

QVOD PRAELATI MISCERE DEBENT LENITATEM CVM SEVERITATE

Cum sederem quasi rex circumstante exercitu, eram tamen maerentium consolator. Ex hac lectione perpendi potest
4 quomodo bonis rectoribus mixta sit et regendi auctoritas et benignitas consolandi. Ait enim : *Cumque sederem quasi rex circumstante exercitu,* ecce auctoritas regiminis : *Eram tamen maerentium consolator* ; ecce ministerium pietatis. Disciplina
8 autem uel misericordia multum destituitur, si una sine altera teneatur. Sed circa subditos suos inesse rectoribus debet et iuste

---

49/65 *CC* XXI, xv, 19/29, 53/60 ; μ 689/690.   [VII] **2/64** *CC* XX, v, 72/74, 75/138 ; μ 641/642.

51/53 Gen. 9, 1/2.   **60/61** Apoc. 19, 10 ; 22, 9.   [VII] **2/3** Iob 29, 25.

---

57 hominibus P_1 [VII] **3/4** ex *usque* quomodo] sciendum nobis est quod ualde edificare lectorem etiam iuxta historiam potest si perpendat q. P_1 **8** autem] enim P_1

consulens misericordia, et pie saeuiens disciplina. Hinc est
quod semiuiui illius, qui a Samaritano in stabulum ductus est,
12　uulneribus et uinum adhibetur et oleum ; ut per uinum mor-
deantur uulnera, per oleum foueantur, quatenus unusquisque
qui sanandis uulneribus praeest, in uino morsum districtionis
adhibeat, in oleo mollitiem pietatis ; per uinum mundentur
16　putrida, per oleum sananda foueantur. Miscenda est lenitas
cum seueritate, faciendum est quoddam ex utraque tem-
peramentum, ut neque multa asperitate exulcerentur subditi,
neque nimia benignitate soluantur. Hoc nimirum illa taberna-
20　culi arca significat, in qua cum tabulis uirga simul, et manna
est, quia cum scripturae sacrae scientia in boni rectoris pectore,
si est uirga districtionis, sit et manna dulcedinis. Hinc etiam
Dauid ait : *Virga tua et baculus tuus ipsa me consolata sunt.*
24　Virga enim percutimur et baculo sustentamur. Si ergo est districtio uirgae quae feriat, sit et consolatio baculi quae susten-
tet. Sit itaque amor sed non emolliens ; sit rigor sed non
exasperans ; sit zelus sed non immoderate saeuiens ; sit pietas
28　sed non plus quam expediat parcens. Intueri libet in Moysi
pectore misericordiam cum seueritate sociatum. Videamus
amantem pie et districte saeuientem. Certe cum israeliticus
populus ante Dei oculos paene inueniabilem contraxisset
32　offensam, ita ut eius rector audiret : *Descende, peccauit populus*
tuus ; ac si ei diuina uox diceret : Qui in tali peccato lapsus est,
iam meus non est, atque subiungeret : *Dimitte me ut irascatur*
furor meus contra eos ; et deleam eos faciamque te in gentem
36　*magnam* ; ille semel et iterum pro populo cui praeerat obicem
se ad impetum Dei irascentis opponens, ait : *Aut dimitte eis*
hanc noxam ; aut si non facis, dele me de libro tuo quem
scripsisti. Pensemus ergo quibus uisceribus eumdem populum
40　amauit, pro cuius uita de libro uitae deleri se petiit. Sed tamen
iste qui tanto eius populi amore constringitur, contra eius culpas pensemus quanto zelo rectitudinis accendatur. Mox enim
petitione prima culpae ueniam, ne delerentur, obtinuit, ad eum-

---

10/12 cfr Luc. 10, 34.　**19/21** cfr Hebr. 9, 4.　**23** Ps. 22, 4.　**32/33** Ex. 32,
7.　**34/36** Ex. 32, 10.　**37/39** Ex. 32, 31/32.

---

21 est] fuit P_1 *ante corr.*　**25** et] *om.* P_1 | que] qui P_1　**26** rigor] uigor P_1　**32/33** po-
pulus tuus peccauit P_1　**40** deleri se de libro uite P_1　**43** petitione] ut *praem.* L_1

44 dem populum ueniens ait : *Ponat uir gladium super femur*
suum. Ite et redite de porta usque ad portam per medium cas-
trorum et occidat unusquisque fratrem et amicum et proximum
suum. Cecideruntque in die illo quasi uiginti tria milia homi-
48 *num.* Ecce qui uitam omnium etiam cum sua morte petiit, paucorum uitam cum gladio exstinxit. Intus arsit ignibus amoris,
foris accensus est zelo seueritatis. Tanta fuit pietas, ut se pro
illis coram Domino morti offerre non dubitaret ; tanta seueritas
52 ut eos quos diuinitus feriri timuerat, ipse iudicii gladio feriret.
Sic amauit eos quibus praefuit, ut pro eis nec sibi parceret ; et
tamen delinquentes sic persecutus est, quos amauit, ut eos
etiam Domino parcente prosterneret. Vtrobique legatus fortis,
56 utrobique mediator admirabilis, causam populi ad Deum precibus, causam Dei apud populum gladiis allegauit. Intus amans,
diuinae irae supplicando obstitit ; foris saeuiens, culpam
feriendo consumpsit. Succurrit citius omnibus, ostensa morte
60 paucorum. Et idcirco omnipotens Deus fidelem famulum suum
citius exaudiuit agentem pro populo, quia uidit quid super
populum acturus esset ipse pro Domino. In regimine ergo
populi utrumque Moyses miscuit, ut nec disciplina deesset
64 misericordiae, nec misericordia disciplinae.

CAPITVLVM VIII

QVOD TALIS DEBET ESSE DISPENSATIO PRAELATI VT LAETVS TIMEATVR
ET IRATVS AMETVR

Sunt nonnulli ita districti, ut omnem etiam mansuetudinis
4 benignitatem amittant ; et sunt nonnulli ita mansueti, ut perdant districti iura regiminis. Vnde cunctis rectoribus utraque
summopere sunt tenenda, ut nec in disciplinae uigore benignitatem mansuetudinis, nec rursum in mansuetudine distric-
8 tionem deserant disciplinae, quatenus nec a compassione

[VIII] **3/13** *CC* XIX, xx, 30/41 ; μ 620.

44/48 Ex. 32, 27/28.

---

46 est₂] *om.* P₁   **47** in] *om.* L₁   **49** cum] *om.* P₁   **57** amans] animans P₁   **61** exau-
dit P₁

pietatis obdurescant, cum contumaces corrigunt ; nec disciplinae uigorem molliant, cum infirmorum animos consolantur.
Regat ergo disciplinae uigor mansuetudinem et mansuetudo
12 ornet uigorem ; et sic alterum commendetur ex altero ut nec
uigor sit rigidus, nec mansuetudo dissoluta.

Talis enim debet esse dispensatio regiminis, ut is qui praeest
ea se circa subditos mensura moderetur, quatenus et arridens
16 timeri debeat et iratus amari ; ut eum nec nimia laetitia uilem
reddat, nec immoderata seueritas odiosum. Saepe enim subiectos frangimus, dum plus iusto rigorem iustitiae tenemus. Qui
profecto rigor iam iustitiae non erit, si se sub iusto moderami-
20 ne non custodit. Et saepe a disciplinae metu resoluimus subditos, si nostro regimini hilaritatis frena laxamus ; dum nos
quasi licenter laetos aspiciunt, audacter ipsi ad illicita resoluun-
tur. Sed ut rectoris uultus etiam laetus debeat timeri, necesse
24 est ut ipse uultum sui conditoris sine cessatione timeat. Illi
etenim menti difficile de laetitia creditur, quae quod se pro
amore Domini continue affligat a subditis scitur. Quae enim
incessanti aestu spiritalis desiderii superna appetit, ualde de eo
28 in dubium uenit hoc quod aliquando ante homines hilarescit.
Cum enim maiores ipsi uoluptati deseruiunt nimirum
minoribus lasciuiae frena laxantur. Quis enim sub disciplinae
se constrictione retineat, quando et ipsi qui ius constrictionis
32 accipiunt, sese uoluptatibus relaxant ? Quod enim a minoribus
uoluptuose agitur maiorum disciplina debet cohiberi.

CAPITVLVM IX

QVOD PRAELATI, CVM MVNDI HVIVS PROSPERITATE SVBLEVANTVR, COGITANDO,
LOQVENDO ET AGENDO EFFRENATIVS DELINQVVNT

Nonne dissimulaui ? nonne tacui ? nonne quieui ? Quamuis

14/28 CC XX, III, 12/28 ; μ 637.   **29/33** CC II, xv, 56/59, 55/56 ; μ 49.   [IX]
3/108 CC V, XI, 1/110 ; μ 145/147.

[IX] **3** Iob 3, 26.

[VIII] **9** corrigant L_1 **14** enim] *om.* P_1 **21** dum] quia *praem.* P_1 **26** affligit L_1 P_1
| que] qui P_1 **31** constrictionis] districtionis P_1 [IX] **3** tacui] silui P_1 | quieui] et
uenit super me indignatio *add.* P_1

4 quolibet in loco positi, cogitando, loquendo et agendo peccemus, tunc tamen per tria haec animus effrenatius rapitur cum
mundi huius prosperitate subleuatur. Nam cum praeire se potestate ceteros conspicit, alta de se elate cogitans sentit. Et cum
8 auctoritati uocis a nullo resistitur, lingua licentius per abrupta
diffrenatur. Cumque facere quod libet, licet, iuste sibi omne
aestimat licere quod libet. Sed sancti uiri cum mundi huius
potestate fulciuntur, tanto sub maiore mentis disciplina se redi-
12 gunt, quanto sibi per impatientiam potestatis suaderi illicita
quasi licentius sciunt. Cor namque a consideranda sua gloria
reprimunt, linguam ab immoderata locutione restringunt, opus
ab inquietudinis uagatione custodiunt. Saepe enim qui in potes-
16 tate sunt, ea quae recte faciunt quia elate cogitant, amittunt ;
dumque se ad cuncta utiles aestimant, etiam impensae utilitatis
sibi meritum damnant. Vt enim cuiuslibet facta digniora sint,
necesse est ut ei apud se semper indigna uideantur, ne eadem
20 bona actio agentis cor subleuet, et subleuando plus auctorem de
elatione deiciat, quam ipsos forte quibus impenditur iuuet.
Hinc est enim quod rex Babyloniae, dum elata mente apud se
tacitus uolueret dicens : *Nonne haec est Babylon, quam ego*
24 *aedificaui ?* in irrationale animal protinus uersus est. Quod
enim factus fuerat perdidit quia humiliter noluit dissimulare
quod fecit. Et quia elatione cogitationis se super homines extulit, ipsum quem communem cum hominibus habuit, sensum
28 hominis amisit. Saepe uero hi qui in potestate sunt, ad subiectorum passim contumelias erumpunt ; et hoc quod inuigilantes
regimini seruiunt per linguae procacitatem perdunt, minori scilicet formidine iudicis uerba pensantes, quia qui fratri sine
32 causa, fatuum dixerit, gehennae se ignibus addicit. Saepe hi qui
in potestate sunt, dum sese et a licitis retinere nesciunt ad illicita opera et inquieta dilabuntur. Solus enim in illicitis non
cadit, qui se aliquando et a licitis caute restringit. Qua uidelicet
36 constrictione religatum bene se Paulus insinuat dicens : *Omnia*
mihi licent sed non omnia expediunt. Atque ut ex ipsa religa-
tione ostenderet in quanta se mentis libertate dilataret, ilico

---

23/24 Dan. 4, 27.   31/32 cfr Matth. 5, 22.   36/37.39/40 I Cor. 6, 12.

---

4 et] *om.* P_1 8 abruta P_1 9/10 estimat omne P_1 18 sunt L_1 31/32 sine causa
fratri P_1 37 ipsa] sua P_1

adiunxit : *Omnia mihi licent sed ego sub nullius redigar potes-*
40 *tate.* Cum enim mens concepta desideria sequitur, seruire rebus
conuincitur quarum amore superatur. Sed Paulus cui cuncta
licent, sub nullius potestate se redigit quia semetipsum etiam a
licitis restringendo, ea quae delectata premerent, despecta tran-
44 scendit.

Beatus igitur Iob ut nos erudiat, qualis in potestate fuit
innotescit, dicens : *Nonne dissimulaui ?* Potestas namque cum
habetur et cogitanda est ad utilitatem, et dissimulanda propter
48 tumorem ; quatenus is qui ea utitur, et ut prodesse debeat
posse se sciat ; et ut extolli non debeat posse se nesciat. Qualis
uero in ore fuerit, adiungit dicens : *Nonne silui ?* Qualis
denique erga illicita opera, adhuc subicit : *Nonne quieui ?*
52 Potest autem silere et quiescere, adhuc subtilius perscrutari.
Silere namque est mentem a terrenorum desideriorum uoce restringere. Vis enim magni clamoris est tumultus cordis.

Quiescunt quoque qui bene in potestate sunt, cum ter-
56 renarum actionum strepitus pro diuino amore intermittendo
postponunt ; ne dum ima indesinenter occupant, cor funditus a
summis cadat. Sciunt enim quia nequaquam mens ad superna
attollitur, si curarum tumultibus continue in infimis occupatur.
60 Quid enim de Deo occupata obtineat quae de illo apprehendere
aliquid etiam uacans laborat. Bene autem per psalmistam dicitur : *Vacate et uidete quoniam ego sum Deus* ; quia qui uacare
Deo neglegit, suo sibi iudicio lumen eius uisionis abscondit.
64 Hinc etiam per Moysen dicitur ut pisces qui pennulas non
habent non edantur. Pisces namque qui pennulas habent, saltus
dare super aquas solent. Soli ergo in electorum corpore quasi
pisces transeunt qui in eo quod imis deseruiunt, aliquando
68 superna conscendere mentis saltibus sciunt, ne semper in profundis curarum lateant et nulla eos amoris summi quasi liberi
aeris aura contingat. Qui ergo rebus temporalibus occupantur,
tunc bene exteriora disponunt cum sollicite ad interiora refugi-
72 unt : cum nequaquam foras perturbationum strepitus diligunt,
sed apud semetipsos intus in tranquillitatis sinu requiescunt.

---

62 Ps. 45, 11.   **64/65** cfr Leu. 11, 12.

---

48 et] *om.* P_1 **50** adiungat P_1 **51** denique] *om.* P_1 | subiciat P_1 **63** iudicio] *om.*
L_1 **72** foris P_1

Prauae etenim mentes temporalium rerum tumultus intra
semetipsas uersare non cessant etiam cum uacant. In cogita-
76 tione enim seruant depicta quae amant et quamuis nil exterius
faciant, apud semetipsas tamen sub pondere inquietae quietis
laborant. Quibus si earumdem rerum administratio praebeatur,
semetipsas funditus deserunt et fugitiua haec temporalia per
80 intentionis cursum continuis cogitationum passibus sequuntur.
Piae autem mentes haec et cum desunt non quaerunt, et grauiter etiam cum adsunt, ferunt quia per exteriorum curam a se
exire pertimescunt. Quod bene illa duorum fratrum uita signa-
84 tur de quibus scriptum est : *Factus est Esau uir gnarus*
uenandi, et homo agricola ; Iacob autem uir simplex habitabat
in tabernaculis. Vel sicut in alia translatione dicitur : *Habitabat*
domi. Quid enim per uenationem Esau nisi eorum uita figura-
88 tur, qui in exterioribus uoluptatibus fusi carnem sequuntur ?
Qui etiam agricola esse describitur quia amatores saeculi huius
tanto magis exteriora incolunt, quanto interiora sua inculta
derelinquunt. Iacob autem uir simplex in tabernaculis uel in
92 domo habitare perhibetur quia nimirum omnes, qui in curis
exterioribus spargi refugiunt, simplices in cogitatione atque
conscientiae suae habitatione consistunt. In tabernaculis enim
aut in domo habitare, est se intra mentis secreta restringere et
96 nequaquam exterius per desideria dissipare, ne dum ad multa
foras inhiant, a semetipsis alienatis cogitationibus recedant.
Dicat igitur probatus uir et exercitatus in prosperis dicat :
Nonne dissimulaui ? nonne silui ? nonne quieui ? Vt enim
100 supra diximus, cum eis transitoria prosperitas arridet, fauorem
mundi quasi nescientes dissimulant et forti gressu interius hoc
unde male exterius subleuantur calcant. Silent autem quia
nullis prauae actionis clamoribus perstrepunt. Omnis namque
104 iniquitas habet apud secreta Dei iudicia uoces suas. Vnde scriptum est : *Clamor Sodomorum et Gomorrhaeorum multiplicatus*
est. Quiescunt uero cum non solum nullo cupiditatum temporalium turbulento appetitu rapiuntur, uerum etiam curis

---

84/87 Gen. 25, 27.   105/106 Gen. 18, 20.

---

78 elaborant P_1 | si] se L_1 80 cogitationum continuis P_1 81 et] *om.* P_1 86 in$_2$]
om. P_1 87/88 figuratur] signatur P_1 89 huius seculi P_1 91 autem] uero P_1 93
atque] in *add.* P_1 97 foris P_1 100 diximus] sancti uiri *add.* P_1 101 egressu L_1

108 praesentis uitae necessariis immoderatius occupari refugiunt.

CAPITVLVM X

QVOD MVLTA DISCRETIONE OPVS EST PRAELATIS, CVM HI QVI DISPENSANDIS REBVS
PRAESIDENT, DIABOLI IACVLIS EXPOSITI SINT

Chaldaei fecerunt tres turmas et inuaserunt camelos et
4 *tulerunt eos, necnon et pueros percusserunt gladio ; et effugi ego*
solus ut nuntiarem tibi. Per camelos qui mundum aliquid
habent, dum ruminant et immundum, dum nequaquam ungu-
lam findunt, bonae rerum temporalium dispensationes intel-
8 leguntur in quibus quo est cura distensior, eo nobis multiplicius
insidiatur inimicus. Omnis enim qui dispensandis terrenis
rebus praesidet, occulti hostis iaculis latius patet. Nonnulla
enim prouidens agere nititur et saepe dum cautus futura subtili-
12 ter praeuidet, incautus damna praesentia nequaquam uidet.
Saepe dum praesentibus inuigilat ad instantia praeuidenda dor-
mitat ; saepe dum aliqua torpens agit, quae uigilanter agenda
sunt neglegit ; saepe dum plus iusto uigilantem se in actione
16 exhibet, ipsa actionis suae inquietudine rebus subditis peius
nocet. Aliquando autem linguae modum ponere nititur sed
onere dispensationis exigente, silere prohibetur. Aliquando dum
nimia se censura restringit, tacet etiam quae loqui debuit. Ali-
20 quando ad inferenda necessaria dum se latius relaxat, dicit
etiam quae loqui non debuit. Plerumque autem tantis cogitationum uoluminibus implicatur ut ipse ferre uix ualeat, quae intra
se prouidus uersat ; et cum nil opere faciat, sub magno cordis
24 sui pondere uehementer insudat. Quia enim dura sunt quae
apud semetipsum intus patitur, quietus foris otiosusque lassatur. Plerumque enim quasi uentura animus conspicit totaque se
contra haec intentione proponit ; magnusque ardor contentioni

---

[X] **3/55** *CC* II, xlviii, 2/56 ; μ 66/67.

[X] **3/5** Iob 1, 17.

[X] **1** his P_1 | dispensationis P_1 **4** eos] illos P_1 **6** dum] cum P_1 **7** findunt] supra
iam diximus *add.* P_1 | bonas P_1 **7/8** intellegi P_1 **19** restringet L_1 **21** etiam] et
P_1 **23** uersat] cessat P_1 **23/24** sui cordis P_1

28 se inserit, sopor fugit, nox in diem uertitur ; et cum quieta foris
    membra lectulus teneat, intus magnis clamoribus in cordis foro
    litigatur. Et fit plerumque ut nulla eueniant quae praeuidentur
    totaque illa cogitatio, quae diu se plena intentione parauerat,
32 repente uacua quiescat. Tanto autem longius mens a necessariis
    cessat quanto inania latius cogitat. Quia igitur dispensationis
    curas maligni spiritus modo torpenti uel praecipiti actione feri-
    unt, modo pigra uel immoderata locutione confundunt, paene
36 autem semper nimiis cogitationum molibus premunt, tribus
    turmis Chaldaei camelos rapiunt. Quasi enim tres turmas con-
    tra camelos facere, est terrenarum dispensationum studia modo
    illicito opere, modo superflua locutione, modo inordinata cogi-
40 tatione uastare ; ut dum se ad administranda exterius mens
    efficaciter extendere nititur, a sui consideratione separetur et eo
    damna quae de semetipsa patitur nesciat, quo erga aliena for-
    tiori studio quam decet elaborat. Recte autem mens cum curas
44 dispensationis suscipit quid sibi, quid proximis debeat attendit.
    Et nec per alienae sollicitudinis immoderationem sua studia
    neglegit, nec per suae utilitatis uigilantiam aliena postponit. Sed
    tamen plerumque dum ad utraque mens sollerter inuigilat, dum
48 magnis erga se et ea quae sibi commissa sunt, circumspec-
    tionibus uacat, repentino turbata cuiuslibet causae emergentis
    articulo ita in praeceps rapitur ut ab ea subito cunctae cir-
    cumspectiones eius obruantur. Vnde et custodes camelorum
52 pueros Chaldaei gladio feriunt. Sed tamen unus redit quia inter
    haec discretionis ratio mentis nostrae oculis occurrit, et sollicita
    sibimet anima quid subito impulsu temptationis intrinsecus
    amittat, intellegit.

CAPITVLVM XI

QVOD PRAELATI NEGOTIA HIS QVI RERVM EXTERIORVM SAPIENTIAM PERCEPERVNT, TRACTANDA COMMITTANT QVI, SI DESVNT, IPSI EADEM EXSEQVANTVR

Qui aeternae retributionis bona cogitat, necesse est ut ad

[XI] **3/79** *CC* XIX, xxv, 6/87 ; μ 626/627.

---

28 inserit] ingerit P_1 *ante corr.* | cum] dum P_1 **29** lectus P_1 **32** mens longius
P_1 **34** precipitata P_1 **36** nimiis] minus L_1 **47** mens] *om.* L_1 **51** et] *om.* P_1

4 omnem se causam secuturae mercedis extendat. Hinc enim per
Salomonem dicitur : *Qui Deum timet, nihil neglegit.* Hinc
etiam Paulus ait : *Ad omne opus bonum parati.* Sed inter haec
sciendum est quia aliquando in actibus nostris minora bona
8 praetermittenda sunt pro utilitate maiorum. Nam quis ignoret
esse boni operis meritum, mortuum sepelire ? Et tamen cuidam
qui ad sepeliendum patrem se dimitti poposcerat dictum est :
Sine ut mortui sepeliant mortuos suos, tu autem uade et annun-
12 *tia regnum Dei.* Postponendum namque obsequium huius ministerii officio praedicationis, quia illo carne mortuos in terram
conderet, isto autem anima mortuos ad uitam resuscitaret. Per
prophetam quoque primatibus synagogae dicitur : *Quaerite iu-*
16 *dicium, subuenite oppresso.* Et tamen Paulus apostolus dicit :
Contemptibiles qui sunt in Ecclesia, illos constituite ad iudican-
dum. Auditores etenim suos ad uirtutem sapientiae, ad
linguarum genera, ad prophetiae quoque indaganda mysteria
20 succendebat, dicens : *Aemulamini spiritalia, magis autem ut*
prophetetis. Sed quia spiritalia dona non caperent, si terrena eos
negotia depressissent, longe ante praemisit, dicens : *Contempti-*
biles qui sunt in Ecclesia, illos constituite ad iudicandum. Ac si
24 aperte dicat, qui minoris meriti sunt in Ecclesia et nullis mag-
norum donorum uirtutibus pollent, ipsi de terrenis negotiis iu-
dicent, quatenus per quos magna nequeunt, bona minora sup-
pleantur. Quos et contemptibiles nominat et tamen sapientes
28 uocat, cum dicit : *Sic non est sapiens quisquam inter uos, qui*
possit iudicare inter fratrem suum ? Qua ex re quid colligitur,
nisi ut hi terrenas causas examinent, qui exteriorum rerum
sapientiam perceperunt ? Qui autem spiritalibus donis ditati
32 sunt, profecto terrenis non debent negotiis implicari, ut dum
non coguntur inferiora bona disponere, exercitati ualeant bonis
superioribus deseruire.

Sed curandum magnopere est ut hi qui donis spiritalibus
36 emicant nequaquam proximorum infirmantium negotia funditus deserant, sed haec aliis quibus dignum est tractanda com-
mittant. Vnde Moyses quoque ad populum uiros pro se

[XI] **5** Eccle. 7, 19. **6** II Tim. 2, 21. **11/12** Luc. 9, 60. **15/16** Is. 1, 17. **17/18**
I Cor. 6, 4. **20/21** I Cor. 14, 1. **22/23** I Cor. 6, 4. **28/29** I Cor. 6, 5.

[XI] **7** actionibus P_1 **12** namque] erat *add.* P_1 **13** terra P_1

septuaginta constituit, ut quanto se ab exterioribus causis
40　absconderet, tanto ardentius interna penetraret. Sicque fit ut et
summi uiri magis ad spiritalia dona proficiant, dum eorum
mentem res infimae non conculcant ; et rursum uiri in Ecclesia
ultimi sine bono opere non uiuant, dum in rebus exterioribus
44　inueniunt recta quae agant. Sancta quippe Ecclesia sic consistit
unitate fidelium, sicut corpus nostrum unitum est compage
membrorum. Alia namque sunt membra in corpore quae
intuendae luci deseruiunt, alia quae a terrae tactu minime dis-
48　iunguntur. Oculus quippe luci intenditur et ne caecari ualeat, a
puluere custoditur. Pes uero tunc suum officium recte peragit,
cum suscipiendum terrae puluerem non refugit. Quae tamen
corporis membra uicissim sibi sua officia impartiendo copulan-
52　tur, ut pes oculis currat et oculus pedi prospiciat.

　　Sic itaque sic sanctae Ecclesiae membra debent et officio
esse distincta, et caritate coniuncta, ut summi uiri eorum uiam
prouideant, qui negotiis terrenis uacant, quatenus uelut ad
56　lumen oculorum pes ambulet ; et rursum quicquid terrenis
negotiis implicati agunt, hoc ad maiorum utilitatem referant, ut
pes cuius uia prospicitur, non sibi tantummodo, sed etiam
oculis gradiatur. Dum itaque sibi inuicem alterna administra-
60　tione conueniunt, miro modo agitur, ut quia electi quique uicissim sibimet impendendo quod ualent faciunt, eorum fiant
opera etiam quae facere ipsi non possunt.

　　Sed inter haec sciendum est quia cum proximorum causis
64　exterioribus qui apte deseruiant desunt, debent hi quoque qui
spiritalibus donis pleni sunt eorum infirmitati condescendere
terrenisque illorum necessitatibus, in quantum decenter ualent,
caritatis condescensione seruire. Nec debet taedere animum, si
68　sensus eius contemplationi spiritalium intentus aliquando
dispensandis rebus minimis quasi minoratus inflectitur, quando
illud Verbum per quod constat omnis creatura, ut prodesset
hominibus, assumpta humanitate, uoluit paulo minus angelis
72　minorari. Quid ergo mirum si homo se propter hominem
attrahit, dum creator hominum et angelorum formam hominis
propter hominem suscepit ? Nec tamen minoratur sensus cum
sic attrahitur, quia tanto subtilius superiora penetrat, quanto

---

51 impertiendo P_1　54 uiam] uitam L_1 P_1　55 terrenis negotiis P_1　67 tedere animum debet P_1　68 intentus] semper *praem.* P_1　70 constant omnia creata P_1　74
sensus minoratur P_1 | cum] si P_1

76 humilius pro amore conditoris nec inferiora contemnit. Quid indignum nobis uel difficile est, si supra infraque animum ducimus, qui eadem manu corporis lauamus faciem, qua etiam calciamus pedem ?

CAPITVLVM XII

QVOD PRAELATI CVRAS EXTERIORES ORDINATO ANIMO MINISTRARE POSSVNT SI EAS PERVERSO AMORE NON APPETVNT

Nullus sapientiam plene recipit, nisi qui ab omni se
4 abstrahere actionum carnalium fluctuatione contendit. Vnde alias dicitur : *Sapientiam scribae in tempore otii et qui minoratur actu, ipse percipiet eam.* Et rursum : *Vacate et uidete, quoniam ego sum Deus.*
8 Sed quid quod plerosque antiquorum patrum nouimus hanc sapientiam et intrinsecus uiuaciter tenuisse et curas mundi extrinsecus sollemniter ministrasse ? An perceptione huius sapientiae Ioseph priuatum dicimus, qui famis tempore totius
12 Aegypti curas suscipiens, non solum Aegyptiis alimenta praebuit, sed uitam quoque exterorum aduenientium ministerii sui arte seruauit ? An ab hac sapientia Daniel alienus exstitit, qui a Chaldaeorum rege in Babylonia princeps magistratuum
16 effectus, tanto maioribus curis occupatus est, quanto et sublimiori dignitate omnibus praelatus ? Cum igitur constet plerumque etiam bonos non in terreno studio terrenis curis implicari, patenter agnoscimus quia sic nonnumquam ciues
20 Ierusalem angarias soluunt Babyloniae, sicut saepe ciues Babyloniae angarias impendunt Ierusalem. Nam sunt nonnulli qui uerbum uitae pro sapientiae ostentatione praedicant, eleemosynarum opem pro appetitu uanae gloriae subministrant.

[XII] **3/59** *CC* XVIII, xliii, 50/107 ; μ 589/590.

[XII] **5/6** Eccli. 38, 25. **6/7** Ps. 45, 11. **10/14** cfr Gen. 42/43. **14/17** cfr Dan. 2, 48.

77 nobis indignum P_1 [XII] **9** uiuaciter] L_1 *post corr. ed.* μ, ueraciter P_1, L_1 *ante corr.* **10** sollerter P_1 **17** igitur] ergo P_1 **18** non] *om.* L_1 | in] *om.* P_1 **21** impendunt angarias P_1 **23** pro] sola *add.* P_1

24 Et quidem Ierusalem uidentur esse quae agunt, sed tamen Babyloniae ciues sunt.

Sic itaque aliquando contingit ut qui solam caelestem patriam diligunt, terrenae patriae curis subiacere uideantur. 28 Quorum tamen ministerium a prauorum operibus plerumque in actu, nonnumquam uero ante supernum iudicem in sola cogitatione discernitur. Pleni quippe superna sapientia discernunt qualiter debeant et ad aliud extrinsecus operari et ad aliud 32 uacare intrinsecus ; ut si forte occulta Dei ordinatione aliquid eis non appetentibus de huius saeculi curis imponitur, cedant Deo quem diligunt et prae amore eius intrinsecus solam illius desiderent uisionem ; prae timore uero eius impositam sibi 36 extrinsecus humiliter exhibeant actionem, ut et uacare Deo appetant ex gratia dilectionis et rursum curas superimpositas ex conditione expleant seruitutis. Cumque occupationes extrinsecus perstrepunt, intrinsecus in amore pacatissima quies tene- 40 tur ; atque occupationum tumultus exterius perstrepentes dispensat interius praesidens iudex ratio et tranquillo moderamine ea quae circa se minus sunt tranquilla disponit. Sicut enim uigor mentis frenandis praeest motibus carnis, sic 44 saepe superimpositos tumultus occupationis bene regit amor quietis ; quia exteriores curae si peruerso amore non appetuntur, non confuso sed ordinato animo ministrari queunt. Sancti etenim uiri nequaquam eas appetunt, sed occulto ordine sibi 48 superimpositas gemunt ; et quamuis illas per meliorem intentionem fugiant, tamen per subditam mentem portant. Quas quidem summopere si liceat, uitare festinant ; sed timentes occultas dispensationes Dei, tenent quod fugiunt, exercent quod 52 uitant. Intrant enim ad cor suum, et ibi consulunt quid uelit occulta uoluntas Dei ; seseque subditos debere esse summis ordinationibus cognoscentes, humiliant ceruicem cordis iugo diuinae dispensationis. Quisquis uero talis est, quilibet 56 tumultus uersentur extrinsecus, numquam ad interna perueniunt. Itaque agitur ut aliquid intrinsecus uoto, aliud extrinsecus teneatur officio ; et hac sapientia non iam turbulenta atque confusa, sed tranquilla corda repleantur.

---

31 ad₁] *om.* P_1 | ad₂] *om.* L_1 **32** uacari L_1 **38/39** extrinsecus] externis P_1 **56** ad] eius *add.* P_1 **57** aliquid] aliud P_1 **58** et] ex L_1

CAPITVLVM XIII

SI PRAELATI CVRIS TEMPORALIVM NIMIS INSERVIVNT, SUBDITI EORVM EXEMPLO
DETERIORES FIVNT

A quibusdam quaeritur quare dum saltem pro utilitate sub-
4 ditorum rectores nimie temporalibus curis inseruiunt, plerique
in Ecclesia eorum exemplo deterescunt. Quod uerum ualde esse
quis abneget, cum curari a pastoribus terrena quam caelestia
sollicitius uidet ? Sed neque haec iniusta sunt, si mores
8 praesidentium iuxta subditorum merita disponuntur. Occulte
namque et sponte perpetratae culpae exigunt ut praua et a pastoribus exempla praebeantur, quatenus iusto iudicio is qui de
uia Dei superbus exorbitat, in uia qua graditur, etiam per duca-
12 tum pastoris offendat. Vnde per prophetam quoque praenun-
tiantis studio dicitur, non maledicentis uoto : *Obscurentur oculi
eorum ne uideant ; et dorsum eorum semper incurua.* Ac si
dicat : Qui humanae uitae actionibus quasi praeuidendis
16 itineribus praesunt, ueritatis lucem non habeant, ut et qui
sequuntur subditi, iniquitatum suarum oneribus incuruati,
omnem statum rectitudinis amittant. Quod factum procul
dubio in Iudaea nouimus, cum in ipso nostri Redemptoris
20 aduentu pharisaeorum turba atque sacerdotum a uero lumine
mentis oculos clausit, et per praepositorum exempla gradiens in
infidelitatis tenebris populus errauit.

Sed quaeri rationabiliter potest quomodo scriptum sit quod
24 regnare hypocritam Dominus facit, cum de hac re specialiter
per prophetam queritur, dicens : *Ipsi regnauerunt et non ex
me ; principes exstiterunt et non cognoui.* Quis enim recte sen-
tiens dicat quia facit Dominus quod minime cognoscit ? Sed
28 quia scire Dei approbare est, nescire reprobare : unde quibus-

---

[XIII] **3/42** *CC* XXV, xvi, 168/208 ; μ 810.

[XIII] **13/14** Ps. 68, 24.   **25/26** Os. 8, 4.

[XIII] **3** quare] quia P_1 **6** quam] magis *praem.* P_1 **7** si] ut superius diximus *add.*
P_1 **10** iusto] sub *praem.* P_1 **19** nostro L_1 **23** scriptum sit] hoc loco dicitur
P_1 **24** hac de P_1 | specialiter] spiritualiter L_1

dam quos reprobat dicit : *Nescio uos unde sitis, discedite a me,*
omnes operarii iniquitatis ; et aliquando facere Dei est id quod
fieri prohibet, irascendo permittere ; unde et regis Aegypti cor
32 se obdurare asseruit, quia uidelicet obdurari permisit ; miro
modo hypocritas Dominus et regnare facit et nescit : facit
sinendo, nescit reprobando. Vnde necesse est ut ad omne quod
in hac uita concupiscitur prius uoluntas interna requiratur.
36 Quam dum humani cordis auris percipere appetit, sciat quod
haec non uerbis, sed rebus sonat. Locus ergo regiminis cum
regendus offertur, in se prius necesse est ut quisque discutiat, si
loco uita congruit, si ab honore actio non dissentit, ne iustus
40 omnium rector eo post in tribulatione preces non audiat, quo
ipsa quoque eius, de quo tribulatio oritur, exordia honoris
ignorat.

CAPITVLVM XIV

QVOD IVSTITIA NON EST PRO PRETIO VENDENDA NEQVE DEFENDENDA

Cum propositae utilitatis intentio ad studia priuata deducitur, horrendo modo unum idemque opus culpa peragit quod
4 uirtus incohauit. Saepe et ab ipsis exordiis aliud cogitatio
expetit, aliud actio ostendit.
Saepe se fidelem sibi nec ipsa cogitatio exhibet, quia aliud
ante oculos mentis uersat, et longe ad aliud ex intentione fes-
8 tinat. Nam plerumque nonnulli terrena praemia 'appetunt, et
iustitiam defendunt seque innocentes aestimant, et esse defensores rectitudinis exsultant. Quibus si spes nummi subtrahatur,
a defensione protinus iustitiae cessatur ; et tamen defensores se
12 iustitiae cogitant sibique rectos asserunt, qui nequaquam iusti
rectitudinem, sed nummos quaerunt. Quod contra bene per
Moysen dicitur : *Iuste quod iustum est exsequeris.* Iniuste
quippe quod iustum est exsequitur, qui ad defensionem iusti-

[XIV] **2/30** *CC* IX, xxv, 22/51 ; μ 304/305.

29/30 Luc. 13, 27.   [XIV] **14** Deut. 16, 20.

---

35 interna uoluntas P_1 **36** quod] quia P_1 [XIV] **12** rectos] se *praem.* P_1 | iusti]
om. P_1

16 tiae non uirtutis aemulatione, sed amore praemii temporalis
excitatur. Iniuste quod iustum est exsequitur, qui ipsam quam
praetendit iustitiam uenumdare minime ueretur. Iuste ergo iustum exsequi est in assertionem iustitiae eamdem ipsam iusti-
20 tiam quaerere. Saepe recta agimus, et nequaquam praemia,
nequaquam laudes ab hominibus exspectamus ; sed tamen
mens, in sui fiduciam erecta, his a quibus nihil expetit placere
contemnit, eorum iudicia despicit, seque male liberam per ab-
24 rupta elationis rapit. Et inde sub uitio peius obruitur unde,
quasi deuictis uitiis, nullis se appetitionibus subiacere gloriatur.

Saepe dum nosmetipsos plus iusto discutimus, de ipso
discretionis studio indiscretius erramus ; et mentis nostrae
28 acies quo plus cernere nititur, obscuratur, quia et qui importune solis radios aspicit, tenebrescit ; et inde nihil uidere compellitur unde uidere amplius conatur.

CAPITVLVM XV

QVOD PRAELATVS NON DEBET TEMERE INDISCVSSA IVDICARE NEQVE PRAECIPITANTER SENTENTIAM PROFERRE

Et causam quam nesciebam diligentissime inuestigabam.
4 Diligenter attendendum est ne ad proferendam sententiam
umquam praecipites simus, ne temere indiscussa iudicemus, ne
quaelibet mala audita nos moueant, ne passim dicta sine proba-
tione credamus. Quod profecto perpetrare pertimescimus, si
8 auctoris nostri subtilius facta pensemus. Ipse quippe ut nos a
praecipitata sententiae prolatione compesceret, cum omnia
nuda et aperta sint oculis eius, mala tamen Sodomae noluit
audita iudicare, qui ait : *Clamor Sodomorum et Gomor-*
12 *rhaeorum multiplicatus est, et peccatum eorum aggrauatum est*
nimis ; descendam et uidebo utrum clamorem qui uenit ad me

[XV] **3/28** *CC* XIX, xxv, 88/115 ; μ 628.

[XV] **3** Iob 29, 16. **11/14** Gen. 18, 20/21.

---

18 minime] non P_1 **19** assertione P_1 **22** nil P_1 | appetit P_1 **23/24** abruta P_1 **24**
peius] eius L_1 **26** nosmet P_1 **29** nil P_1 | uideri L_1 [XV] **5** simus] esse debeamus
P_1 **7** pertimescimus perpetrare P_1 **8** facta subtilius P_1 | a] *om.* P_1 **10** sunt L_1

opere compleuerint, an non est ita, ut sciam. Omnipotens
itaque Dominus et omnia sciens, cur ante probationem quasi
16 dubitat, nisi ut grauitatis nobis exemplum proponat, ne mala
hominum ante praesumamus credere quam probare ? Ecce per
angelos ad cognoscenda mala descendit moxque facinorosos
percutit ; atque ille patiens, ille mitis, ille de quo scriptum est :
20 *Tu autem Domine, cum tranquillitate iudicas,* de quo rursum
scriptum est : *Dominus patiens est redditor* ; tanto crimine in-
uolutos inueniens, quasi patientiam praetermisit et diem
extremi iudicii exspectare ad uindictam noluit, sed eos igne
24 iudicii, ante iudicii diem praeuenit. Ecce malum et quasi cum
difficultate credidit cum audiuit, et tamen sine tarditate percussit, cum uerum cognoscendo repperit, ut nobis uidelicet daret
exemplum ; quod maiora crimina et tarde credenda sunt cum
28 audiuntur, et citius punienda sunt cum ueraciter agnoscuntur.

CAPITVLVM XVI

QVOD PRAELATI PER IMPATIENTIAM AVT IRAM IN ATROCITATEM NON PROSILIANT

Sancti uiri quamuis se praelatos hominibus potestatis gloria
ostendant, interius tamen maerore suo secretum sacrificium
4 Domino contriti cordis offerunt. *Sacrificium* quippe *Deo est
spiritus contribulatus.* Sciunt autem electi quique consideratione
intima contra exterioris excellentiae temptamenta pugnare. Qui
si ad exteriorem felicitatem suam cor apponerent, iusti profecto
8 non essent. Sed quia cor humanum non potest de ipsis
prosperitatibus rerum quantulacumque gloria nullo modo
temptari, contra ipsam prosperitatem suam sancti uiri intrinsecus dimicant, non dico ne in elatione, sed ne in eius saltim
12 amore succumbant. Cui ualde succubuisse est, captiuam mentem eius desideriis subdidisse. Quis autem terrena sapiens, temporalia amplectens, beatum Iob inter tot prospera laetum non

[XVI] **2/44** *CC* XX, xxxviii, 7/50 ; μ 671/672.

20 Sap. 12, 18.   **21** Eccli. 5, 4.   [XVI] **4/5** Ps. 50, 19.

19 atque] at P_1 **20** iudicas] ille *add.* P_1 [XVI] **8** humanum cor P_1 **11** saltem P_1

crederet, cum ei suppeteret salus corporis, uita filiorum,
16 incolumitas familiae, integritas gregum ? Sed quia in his
omnibus non gauderet, ipse sibi testis est, qui ait : *Maerens
incedebam.* Sancto etenim uiro adhuc in hac peregrinatione
posito omne quod sine Dei uisione abundat inopia est, quia
20 cum sibi omnia electi adesse uident, gemunt quod omnium
auctorem non uident ; eisque totum hoc minus est, quia adhuc
species unius deest ; sicque eos foris exaltat gratia supernae
dispensationis, ut tamen intus sub disciplina teneat maeror
24 magistrae caritatis. Per quam uidelicet discunt ut de his quae
exterius accipiunt, apud semetipsos semper amplius humilientur, mentem sub iugo disciplinae teneant, numquam ex potestatis licentia ad impatientiam erumpant. Vnde et apte subiun-
28 gitur : *Sine furore consurgens in turba clamaui.* Saepe namque
seditiosorum tumultus hominum, praepositorum suorum mentem lacessunt, suique ordinis limitem inordinatis motibus
excedunt.
32   Et plerumque qui praesunt, nisi in ore cordis sancti Spiritus
freno teneantur, in iratae retributionis atrocitatem prosiliunt,
quantumque praeualent agere, tantum sibi in subditis aestimant
licere. Amica etenim potestati paene semper impatientia est ;
36 eique etiam malae subiectae imperat, quia quod ipsa sentit,
potestas exsequitur. Sed sancti uiri plus se interius patientiae
iugo subiciunt, quam foris hominibus praesunt ; et eo ueriorem
principatum foris exhibent, quo humiliorem Deo intrinsecus
40 famulatum tenent ; atque idcirco saepe plus quosdam tolerant,
quo se de eis ulcisci amplius possunt ; ac ne umquam ad illicita transeant, plerumque nolunt pro se exsequi etiam quod
licet ; subiectorum strepitus sufferunt, per amorem increpant
44 quos per mansuetudinem portant.

17/18.29 Iob 30, 28.

---

18 etenim] enim P_1 19 uisione dei P_1 20 omnia sibi P_1 | adesse] esse P_1 20/21
auctorem omnium P_1 25/26 humilientur amplius P_1 30 lacescunt L_1 P_1 32 spiritus sancti P_1 33 atrocitate P_1 36 ipse L_1 40 sepe] se P_1

CAPITVLVM XVII

DE CAVENDA IRACVNDIA IN CORREPTIONE SVBDITORVM

Non te superet ira, ut aliquem opprimas. Omnis per quem aliena uitia necesse est corrigi semetipsum prius debet sollerter
4   intueri, ne dum aliorum culpas ulciscitur, ipse ulciscendi furore superetur. Plerumque enim mentem sub obtentu iustitiae irae immanitas uastat, et dum quasi saeuit zelo rectitudinis, rabiem explet furoris, iusteque se facere aestimat, quicquid ira nequiter
8   dictat. Vnde et modum saepe ulciscendi transgreditur, quia mensura iustitiae non frenatur. Dignum quippe est ut cum aliena corrigimus prius nostra metiamur, ut prius mens a sua accensione deferueat, prius intra semetipsam zeli sui impetum
12 tranquilla aequitate componat, ne si ad animaduertenda uitia abrupto furore trahimur, peccatum corrigendo peccemus ; et qui culpam diiudicando insequimur, immoderate feriendo faciamus. Non autem iam correptio delinquentis, sed magis
16 oppressio sequitur, si in ultione ira ultra quam culpa meretur extenditur. In correptione quippe uitiorum subesse menti debet iracundia, non praeesse, ut exsecutionem iustitiae non dominando praeueniat, sed famulando subsequatur ; et modum iu-
20 dicii possessa impleat, non praecurrat. Bene itaque dicitur : *Non te superet ira, ut aliquem opprimas.* Quia uidelicet si is qui corrigere nititur ira superatur, opprimit antequam corrigat. Nam dum plus quam debet accenditur, sub iustae ultionis
24 obtentu ad immanitatem crudelitatis effrenatur. Quod plerumque idcirco euenit, quia corda rectorum minus amori sunt solius creatoris intenta. Nam dum multa in hac uita appetunt, innumeris cogitationibus disperguntur ; et cum
28 subito subditorum culpas reperiunt, digne cum Deo eas iudi-

---

[XVII] **2/33** *CC* XXVI, xliii, 1/33 ; µ 848/849.

[XVII] **2** Iob 36, 18.

[XVII] **3** uita L_1 | necesse est aliena uitia P_1 | debet prius P_1 **12** ad] *om.* P_1 **15** correctio P_1 **19** modum] notum P_1 **21** te] ergo *add.* P_1 **22** superetur L_1 **28** repperiunt P_1

care nequeunt ; quia corda sua in curis transitoriis sparsa ad discretionis culmen colligere repente non possunt. Commoti ergo tanto minus ad ulciscenda peccata libram aequitatis
32 inueniunt, quanto eam tranquillitatis suae tempore non requirunt.

Nos ergo, quia infirmi homines sumus, cum subditos corripimus, debemus primum meminisse quod sumus, ut ex propria
36 infirmitate pensemus quo docendi ordine infirmos fratres consolemur. Consideremus igitur quia aut tales sumus, quales nonnullos corrigimus ; aut tales aliquando fuimus, etsi iam diuina gratia operante non sumus, ut tanto temperantius corde humili
40 corrigamus, quanto nosmetipsos uerius in his quos emendamus agnoscimus. Si autem tales nec sumus, nec fuimus, quales adhuc illi sunt quos emendare curamus, ne cor nostrum forte superbiat, et de ipsa innocentia peius ruat, quorum mala corri-
44 gimus, alia eorum bona nobis ante oculos reuocemus. Quae si omnino nulla sunt, ad occulta Dei iudicia recurramus ; quia sicut nos nullis meritis hoc ipsum bonum quod habemus accepimus, ita illos quoque potest gratia supernae uirtutis infun-
48 dere, ut excitati posterius etiam ipsa bona possint quae nos ante accepimus praeuenire. Quis enim crederet quod per apostolatus meritum Saulus lapidatum Stephanum praecessurus erat, qui in morte eius lapidantium uestimenta seruabat ? His
52 ergo primum cogitationibus humiliari cor debet, et tunc demum delinquentium iniquitas increpari.

34/53 *CC* XXIII, XIII, 43/63 ; μ 742/743.

49/51 cfr Act. 7, 57.

---

30 discretionis] discrepationis L_1 *ante corr.* | corrigere P_1 **36/37** infirmis fratribus consulamus P_1 *ed.* μ   **37** igitur] ergo P_1 **46** habemus] *om.* L_1 **48** possint bona P_1

CAPITVLVM XVIII

Sciendum est quod superbia aliter praepositos atque aliter
4 subditos temptat. Praelato namque in cogitationibus suggerit
quia solo uitae merito super ceteros excreuit ; et si qua ab eo
bene aliquando gesta sunt, haec importune eius animo obicit ;
et cum hunc Deo singulariter placuisse insinuat, quo facile
8 suggesta persuadeat, ipsam ad testimonium potestatis traditae
retributionem uocat, dicens quia nisi te omnipotens Deus his
omnibus meliorem cerneret, omnes hos sub tuo regimine non
dedisset ; eiusque mox mentem erigit, uiles atque inutiles eos
12 qui subiecti sunt ostendit ; ita ut nullum iam quasi dignum
respiciat cui aequanimiter loquatur. Vnde et mox mentis tranquillitas in iram uertitur, quia dum cunctos despicit, dum sensum uitamque omnium sine moderamine reprehendit, tanto
16 irrefrenatius se in iracundiam dilatat, quanto eos qui sibi commissi sunt esse sibimet indignos putat.

At contra cum subiectorum cor superbia instigat, hoc summopere agere nititur, ut sua acta considerare funditus
20 neglegant, tacitis cogitationibus rectoris sui iudices fiant ; qui
dum in illo quod reprehendere debeant importune respiciunt,
in semetipsis quod corrigant numquam uident. Vnde et tanto
atrocius pereunt, quanto a se oculos auertunt, quia in huius
24 uitae itinere offendentes corruunt, dum alibi intendunt. Et
quidem peccatores se asserunt, nec tamen tantum ut tam noxiae in regimine personae tradi mererentur. Et dum eius facta
despiciunt, dum praecepta contemnunt, ad tantam usque
28 insaniam deuoluuntur, ut Deum res humanas curare non aesti-
ment ; quia ei qui quasi iure reprehenditur esse se commissos
dolent. Sicque dum contra rectorum superbiunt, etiam contra

[XVIII] 3/55 *CC* XXXIV, xxiii, 75/128 ; μ 1139/1140.

[XVIII] 5 ab] ex P_1 6 aliquando bene P_1 9 omnipotens deus te P_1 10 hos] nos
L_1 14 iram] iracundiam P_1 15 moderatione P_1 16 iracundiam] iram P_1 20 ta-
citis] et semper *praem.* P_1 28 insaniam] uesaniam P_1 28/29 estimant L_1

iudicia conditoris intumescunt ; et dum pastoris sui uitam
32 diiudicant, ipsam quoque sapientiam omnia disponentis
impugnant. Saepe autem rectoris sui dictis proterue obuiant, et
eamdem uocis superbiam libertatem uocant. Sic quippe elatio
se quasi pro rectitudine libertatis obicit, sicut saepe se timor
36 pro humilitate supponit. Nam sicut plerique reticent ex
timore, et tamen tacere se aestimant ex humilitate, ita nonnulli
loquuntur per impatientiam elationis, et tamen loqui se credunt
per libertatem rectitudinis. Aliquando autem subditi proterua
40 quae sentiunt nequaquam produnt ; et hi quorum loquacitas
uix compescitur, nonnumquam ex sola amaritudine intimi ran-
coris obmutescunt. Qui per dolorem mentis procacitatis suae
uerba subtrahentes, cum male loqui soleant, peius tacent, quia
44 cum peccantes aliquid de correptione audiunt, indignantes
etiam responsionis uerba suspendunt. Cum his quando aspere
agitur, saepe ad querelae uoces de hac ipsa asperitate prosiliunt.
Cum uero eos magistri sui blande praeueniunt, de hac ipsa
48 humilitate qua praeuenti sunt grauius indignantur ; et tanto
eorum mens uastius accenditur, quanto consideratius infirma
iudicatur. Hi nimirum, quia humilitatem, quae uirtutum mater
est, nesciunt, usum sui laboris perdunt, etiamsi qua bona sunt
52 quae operari uideantur, quia surgentis fabricae robusta celsi-
tudo non figitur, quae nequaquam per fundamenti fortitudinem
in petra solidatur. Soli ergo ruinae crescit quod aedificant, quia
ante molem fabricae humilitatis fundamina non procurant.

CAPITVLVM XIX

QVOD SVBDITI DE VITA PRAELATORVM TEMERE NON IVDICENT

Certum est quod ita sibi inuicem et rectorum merita conec-
tantur et plebium, ut saepe ex culpa pastorum deterior fiat uita
4 plebium, et saepe ex merito plebium mutetur uita pastorum.
Sed quia rectores habent iudicem suum, magna cautela sub-

[XIX] **2/39** *CC* XXV, xvi, 60/98 ; μ 807/808.

---

31 iudicium P_1 **32** disponentem P_1 **41/42** rancoris] rectoris P_1 **42** obtumescunt
L_1 **49** considerantius P_1 **50/51** mater est uirtutum P_1 **54** quia] *ed.* μ, qui L_1, que
P_1 **55** fundamenta P_1

ditorum est non temere uitam iudicare regentium. Neque enim
frustra per semetipsum Dominus aes nummulariorum fudit, et
8   cathedras uendentium columbas euertit ; nimirum significans
quia per magistros quidem uitam iudicat plebium, sed per
semetipsum facta examinat magistrorum. Quamuis etiam subditorum uitia, quae a magistris modo uel dissimulantur iudi-
12 cari, uel nequeunt, eius procul dubio iudicio reseruantur. Igitur
dum salua fide res agitur, uirtutis est meritum, si quicquid
prioris est toleratur. Debet tamen humiliter suggeri, si fortasse
ualeat quod displicet emendari. Sed curandum summopere est
16 ne in superbiam transeat iustitiae inordinata defensio, ne dum
rectitudo incaute diligitur, ipsa magistra rectitudinis humilitas
amittatur ; ne eum sibi praeesse quisque despiciat, quem fortasse contingit ut in aliqua actione reprehendat. Contra hunc
20 tumorem superbiae, subiectorum mens ad custodiam humilitatis edomatur, si infirmitas propria incessanter attenditur.
Nam uires nostras ueraciter examinare neglegimus ; et quia de
nobis fortiora credimus, idcirco eos qui nobis praelati sunt di-
24 stricte iudicamus. Et quo nosmetipsos minus agnoscimus, eo
illos quos reprehendere nitimur plus uidemus. Sic autem com-
munia mala sunt, quae saepe a subditis in praelatos, saepe a
praelatis in subditos committuntur, quia et omnes subditos hi
28 qui praesunt minus quam ipsi sunt sapientes arbitrantur ; rursum qui subiecti sunt rectorum suorum actiones iudicant, et si
ipsos regimen tenere contingeret, se potuisse agere melius
putant. Vnde plerumque fit ut rectores minus prudenter ea
32 quae agenda sunt uideant, quia eorum oculos ipsa nebula elationis obscurat : et nonnumquam is qui subiectus est hoc cum
praelatus fuerit faciat, quod dudum fieri subiectus arguebat ; et
pro eo quod illa quae iudicauerat perpetrat, saltim quia iudi-
36 cauit erubescat. Igitur sicut praelatis curandum est ne eorum
corda aestimatione singularis sapientiae locus superior extollat,
ita subiectis prouidendum est ne sibi rectorum facta
displiceant.

[XIX] **6/8** cfr Matth. 21, 12.

[XIX] **7** et] *om. L*$_1$ **8** columbas] et *praem. L*$_1$ **11** uitia] iudicia *L*$_1$ **20** subdi-
torum *P*$_1$ **24** et] *om. P*$_1$ | quo] enim *add. P*$_1$ **25/26** sic autem communia] singula
hec *P*$_1$ **26** prelatos] -tis *P*$_1$ **27** commituntur in subditis *P*$_1$ **28/29** rursum] et
praem. P$_1$ **35** saltem *P*$_1$

CAPITVLVM XX

Saepe quia intellegi non ualent, deterioribus displicent facta
4 uel dicta meliorum. Sed eo ab eis non temere reprehendenda
sunt quo apprehendi ueraciter nequaquam possunt. Saepe aliquid a maioribus dispensatorie agitur quod a minoribus error
putatur. Saepe multa a fortibus dicuntur quae idcirco infirmi
8 diiudicant quia ignorant. Quod bene bobus calcitrantibus incli-
nata illa testamenti arca signauit, quam quia casuram credens
Leuites erigere uoluit, mox sententiam mortis accepit. Quid est
namque arca testamenti nisi mens iusti ? Quae gestata bobus
12 calcitrantibus inclinatur, quia nonnumquam etiam qui bene
praeest, dum subiectorum populorum confusione concutitur, ad
dispensationis condescensionem ex sola dilectione permouetur.
Sed in hoc quod dispensatorie agitur, inclinatio ipsa fortitu-
16 dinis, casus putatur imperitis. Vnde et nonnulli subditi contra
hanc manum reprehensionis mittunt sed a uita protinus ipsa
sua temeritate deficiunt. Leuites ergo quasi adiuuans, manum
tetendit sed delinquens uitam perdidit, quia dum infirmi
20 quique fortium facta corripiunt, ipsi a uiuentium sorte repro-
bantur. Aliquando etiam sancti uiri quaedam minimis condes-
cendentes, quaedam uero summa contemplantes proferunt ;
dumque uim uel condescensionis uel altitudinis nesciunt, au-
24 dacter haec stulti reprehendunt. Et quid est iustum de sua condescensione uelle corrigere, nisi inclinatam arcam superba
reprehensionis manu releuare ? Quid est iustum de incognita
locutione reprehendere nisi motum eius fortitudinis, erroris
28 lapsum putare ? Sed perdit uitam qui arcam Dei tumide subleuat, quia nequaquam quis sanctorum corrigere recta

---

[XX] **3/57** *CC* V, xi, 164/196, 199/221 ; *μ* 148/150.

[XX] **8/10.18/19.30/32** II Reg. 6, 6/7.

[XX] **3** facta] uel *praem.* P_1 **5** quo] quod L_1 **7** a] *om.* L_1 **9** quia] *ed. μ*, qui L_1
P_1 **11** mens iusti nisi arca testamenti P_1 **22** quedam] dicunt *praem.* P_1

praesumeret nisi de se prius meliora sensisset. Vnde et Leuites
idem recte Oza dicitur quod uidelicet robustus Domini inter-
32 pretatur ; quia praesumptores quique nisi audaci mente robus-
tos se in Domino crederent, nequaquam meliorum facta uel
dicta uelut infirma iudicarent.

Cum uero quaedam facta meliorum deterioribus displicent,
36 nequaquam hoc quod mentem mouet, reticendum est sed cum
magna humilitate proferendum. Quatenus intentio pie sen-
tientis eo uere seruet formam rectitudinis, quo per iter graditur
humilitatis. Et libere ergo dicenda sunt quae sentimus et ualde
40 humiliter promenda quae dicimus, ne et quae recte intendimus,
haec elate proferendo non recta faciamus. Paulus auditoribus
suis multa humiliter dixerat ; sed de ipsa exhortatione humili
placare eos adhuc humilius satagebat dicens : *Rogo autem uos*
44 *fratres, ut sufferatis uerbum solatii ; etenim perpaucis scripsi*
uobis. Ephesiis quoque Mileti ualedicens, afflictis ac gemen-
tibus, humilitatem suam ad memoriam reuocat dicens : *Vigi-*
late, memoria retinentes quoniam per triennium nocte ac die
48 *non cessaui cum lacrimis monens unumquemque uestrum.* Eisdem rursum per epistolam dicit : *Obsecro uos, fratres, ego*
uinctus in Domino, ut digne ambuletis uocatione qua uocati
estis. Hinc ergo colligat si quando aliquid recte sentit, quanta
52 humilitate debeat magistro loqui discipulus ; si ipse magister
gentium in his quae cum auctoritate praedicat tam submisse
discipulos rogat. Hinc unusquisque colligat, eis a quibus bene
uiuendi exempla percipit, hoc quod bene intellegit, quam
56 humiliter dicat ; si Paulus illis humili uoce se subdidit quos ad
uitam ipse suscitauit.

43/45 Hebr. 13, 22.   46/48 Act. 20, 31.   49/51 Eph. 4, 1.

---

34 iudicarent] amici igitur beati iob dum contra eum quasi in dei defensione prosiliunt diuini precepti regulam superbiendo excedunt *add.* P_1 47 ac] et P_1 51 recte
aliquid P_1 54 rogat] hinc ergo colligat si quando aliquid recte sentit (cfr 51 supra)
add. et del. L_1

CAPITVLVM XXI

QVOD NON SEMPER IMITANDVS EST PRAELATVS, LICET VENERANDVS, ET QVARE DEVS
DVRIS AC LABORIOSIS ONVS REGIMINIS IMPONAT

Si magistrorum uita iure reprehenditur, oportet ut eos sub-
4 diti, etiam cum displicent, uenerentur. Sed hoc est sollerter
intuendum, ne aut quem uenerari necesse est, imitari appetas,
aut quem imitari despicis, uenerari contemnas. Subtilis etenim
uia tenenda est rectitudinis et humilitatis, ut sic reprehensibilia
8 magistrorum facta displiceant, quatenus subditorum mens a
seruanda magisterii reuerentia non recedat. Quod bene in Noe
debriato exprimitur, cuius nudata uerecundiora boni filii auersi
ueniendo texerunt. Auersari quippe dicimur quod reprobamus.
12 Quid est ergo quod filii uerecunda patris superiecto dorsis pal-
lio auersi uenientes operiunt, nisi quod bonis subditis sic praepositorum suorum mala displicent, ut tamen haec ab aliis
occultent ? Operimentum auersi deferunt, quia iudicantes fac-
16 tum, et uenerantes magisterium, nolunt uidere quod tegunt.

Sunt uero nonnulli qui si parum quid de spiritali conuersatione incohant, cum rectores suos temporalia agere et terrena
considerant, mox ordinem supernae dispositionis accusant,
20 quod nequaquam bene ad regendum praelati sint, per quos
conuersationis infimae exempla monstrantur. Sed hi nimirum
dum temperare se a rectorum suorum reprehensione neglegunt,
culpae suae exigentibus meritis, usque ad reprehensionem con-
24 ditoris excedunt ; cuius profecto dispensatio inde ab humilibus
rectior agnoscitur, unde ab elatis non recta iudicatur. Quia
enim potestas regiminis ministrari non potest sine studio curae
temporalis, aliquando omnipotens Deus mira dispensatione
28 pietatis, ut tenerae spiritalium mentes a terrena cura disiunctae
sint, onus regiminis duris ac laboriosis cordibus iniungit ; ut

---

[XXI] **3/70** *CC* XXV, xvi, 99/167 ; μ 808/810.

[XXI] **9/11** cfr Gen. 9, 23.

[XXI] **1** semper non P_1 **9** magisterii] *ed.* μ, magistri L_1 P_1 | in] *om.* L_1 **11** aduer-
sari L_1 | dicimus L_1 **13/14** p. suorum sic m. P_1 **20** sint] *ed.* μ, sunt L_1 P_1

tanto illae ab hoc mundo securius lateant, quanto haec in terrenis sollicitudinibus libenter elaborant. In exhibitione quippe
32 suscepti oneris pro ipsis quoque utilitatibus subditorum durae
uiae sunt mundanae seruitutis.

Et saepe, ut dictum est, misericors Deus quo suos tenere
diligit, eo illos sollicite ab externis actionibus abscondit. Nam
36 et plerumque paterfamilias ad eum laborem seruos dirigit, a
quo subtiles filios suspendit ; et inde filii sine uexatione decori
sunt, unde serui in puluere foedantur. Quod quam recte in
Ecclesia et diuinitus agitur, ipsa tabernaculi constructione sig-
40 natur. Ad Moysen quippe diuina uoce praecipitur ut ad tegenda
interius sancta sanctorum ex bysso, cocco atque hyacintho uela
texantur, iussumque est illi ut ad protegendum tabernaculum,
uela cilicina et pelles extenderet, quae nimirum pluuias, uel
44 uentos, uel puluerem tolerarent. Quid ergo per pelles et cilicia,
quibus tabernaculum tegitur, nisi grossas hominum mentes
accipimus, quae aliquando in Ecclesia Dei occulto iudicio,
quamuis durae sint, praeferuntur ? Quae quia seruire curis tem-
48 poralibus non timent, oportet ut temptationum uentos et pluuias de huius mundi contrarietatibus portent. Quid uero per
hyacinthum, coccum, byssumque signatur, nisi sanctorum uita
tenera, sed clara ? Quae dum caute in tabernaculo sub ciliciis et
52 pellibus absconditur, sua ei integra pulchritudo seruatur. Vt
enim in interioribus tabernaculi byssus fulgeat, coccus coruscet,
hyacinthus caeruleo colore resplendeat, desuper pelles et cilicia
imbres, uentos et puluerem portant. Qui igitur magnis uirtu-
56 tibus in sanctae Ecclesiae sinu proficiunt, praepositorum
suorum uitam despicere non debent, cum uacare eos rebus
exterioribus uident ; quia hoc quod ipsi securi intima
penetrant, ex illorum adiumento est qui contra procellas huius
60 saeculi exterius laborant. Quam enim candoris sui gratiam
retineret, si byssum pluuia tangeret ? Aut quid fulgoris atque
claritatis coccus uel hyacinthus ostenderet, si haec susceptus
puluis foedaret ? Sit ergo desuper textura cilicii fortis ad

40/43 cfr Ex. 26, 1.7.14.

---

30 illi L_1 31 exhibitione] exsecutione P_1 42 illi] *om.* P_1 43 uela] illic *praem.* P_1 |
pluuias] uel *praem.* P_1 46 occulto dei P_1 47 sunt P_1 51 tabernaculum L_1 55
qui] quia P_1

64 puluerem, sit inferius color hyacinthinus aptus ad decorem.
Ornent Ecclesiam qui solis rebus spiritalibus uacant ; tegant
Ecclesiam, quos et labor rerum temporalium non grauat.
Nequaquam ergo contra rectorem suum exteriora agentem
68 murmuret is qui intra sanctam Ecclesiam iam spiritaliter fulget.
Si enim tu secure interius ut coccus rutilas, cilicium quo pro-
tegeris cur accusas ?

CAPITVLVM XXII

DE HIS QVI PRAEESSE DESIDERANT NE ALIIS SVBDITI SINT ET QVI
POTENTES ARGVERE METVVNT

Quidam magni meriti se esse aestimantes, per tumorem
4 cordis cunctis se praeferunt, omnes semetipsis inferiores
credunt ; cuius alterius membra sunt, nisi eius de quo scriptum
est : *Omne sublime uidet et ipse est rex super uniuersos filios
superbiae* ? Quidam mundi huius potentiam quaerunt, non quo
8 aliis prosint, sed quo ipsi alteri subditi non sint ; cuius alterius
membra sunt, nisi eius de quo scriptum est : *Qui dixit : Sedebo
in monte testamenti, in lateribus Aquilonis ; ascendam super
altitudinem nubium ; similis ero Altissimo* ? Solus quippe Altis-
12 simus ita dominatur super omnia, ut alteri subesse non possit.
Quem diabolus imitari peruerse uoluit, cum suum dominium
quaerens, ei subesse recusauit. Imitatur ergo diabolum quisquis
idcirco potestatem suam appetit, quia ei qui sibi est superna
16 ordinatione praepositus subesse fastidit.
Sunt praeterea plurima quae quosdam in ipsa pace Ecclesiae
constitutos infideles esse renuntient. Video namque nonnullos
ita personam potentis accipere, ut requisiti ab eo, pro fauore
20 eius non dubitent in causa proximi uerum negare. Et quis est
ueritas, nisi ille qui dixit : *Ego sum uia, et ueritas, et uita* ?

[XXII] **3/52** *CC* XXIX, vii, 63/112 ; μ 924/925.

[XXII] **6/7** Iob 41, 25.   **9/11** Is. 14, 13/14.   **21** Ioh. 14, 6.

---

64 inferius] interius L_1, inferior P_1 | color] *om.* P_1 | hyacinthus P_1 [XXII] **4** pre-
ferentes P_1 **5** eius] *om.* P_1 **6** est$_2$] *om.* L_1 **7** quidam] alii P_1 | potentiam mundi
huius P_1 **8** alteri] aliis P_1 **9** eius] *om.* P_1 **21** et$_1$] *om.* P_1

Neque enim Baptista Ioannes de confessione Christi, sed de
iustitiae ueritate requisitus occubuit ; sed quia Christus est uer-
24 itas, ad mortem usque idcirco pro Christo, quia uidelicet pro
ueritate, peruenit. Ponamus ergo ante oculos quod aliquis per-
cunctatus personam potentis accepit, et ne uerbi saltem iniuriam pateretur, ueritatem negauit. Quid rogo iste faceret in
28 dolore poenarum, qui Christum erubuit inter flagella uerborum ? Ecce et post haec ante oculos hominum adhuc Christianus est ; et tamen si eum Dominus districte disposuerit iudicare, iam non est.
32   Video autem alios, quibus per locum magisterii exhortandi
sunt officia arguendique commissa, qui uident aliquid illicitum
admitti, et tamen dum quorumdam potentum deperdere gratiam metuunt, arguere non praesumunt. Quisquis iste est, quid
36 aliud fecit, nisi uidit lupum uenientem, et fugit ? Fugit, quia
tacuit ; tacuit, quia despecta aeterna gratia, temporalem
gloriam plus amauit. Ecce ante potentis faciem intra sui se late-
bras silentii abscondit, et sicut persecutioni publicae, sic occulto
40 locum dedit timori. Bene de talibus dicitur : *Dilexerunt*
gloriam hominum magis quam Dei. Quisquis igitur talis est, si
haec districte iudicantur, etsi persecutio publica defuit, et
tamen tacendo Christum negauit. Non ergo desunt uel in pace
44 Ecclesiae antichristi temptamenta. Nemo itaque illa persecu-
tionis extremae tempora quasi sola perhorrescat. Apud iniquos
namque cotidie res antichristi agitur, quia in eorum cordibus
mysterium suum iam nunc occultus operatur. Et si multi nunc
48 specie tenus intra Ecclesiam constituti simulant se esse quod
non sunt, in aduentu tamen iudicis prodentur quod sunt ; de
quibus Salomon bene ait : *Vidi impios sepultos, qui etiam cum*
adhuc uiuerent, in loco sancto erant ; et laudabantur in ciuitate,
52 *quasi iustorum operum.*

22/23 cfr Marc. 6, 27.   **35/36** cfr Ioh. 10, 12.   **40/41** Ioh. 12, 43.   **50/52** Eccle. 8,
10.

---

26 uerbis L_1 P_1 **27** rogo] ergo P_1 **30** disposuit P_1 **33** arguendi P_1 | qui] quia
L_1 **34** potentum] L_1 T, potentium P_1 | deperdere] offendere P_1 **36** uidet L_1 **43**
christum] *om.* L_1 **47** ministerium L_1 **50** bene salomon P_1 **51** adhuc uiuerent]
Vulg. ed. μ, aduiuerent L_1 P_1

CAPITVLVM XXIII

DE LABORE PRAEDICATORVM ET DE OBSERVANTIA CAVSAE, TEMPORIS ET
PERSONAE IN PRAEDICATIONE

Vtique perpaucorum est pensare quis labor sit in praedica-
4 tionibus patrum ; quantis doloribus, quasi quibusdam conatibus animas in fide et conuersatione parturiunt ; quam cauta
se obseruatione circumspiciunt, ut sint fortes in praeceptis,
compatientes in infirmitate, in minis terribiles, in exhortationi-
8 bus blandi, in ostendendo magisterio humiles, in rerum temporalium contemptu dominantes, in tolerandis aduersitatibus
rigidi ; et tamen dum uires suas sibimet non tribuunt, infirmi ;
quantus eis sit dolor de cadentibus, quantus de stantibus
12 timor ; quo feruore alia adipisci appetunt, quo pauore alia
adepta conseruant.

Prius interna sua considerant, atque a cunctis se uitiorum
sordibus emundant ; curantes summopere ut contra iram,
16 patientiae luce resplendeant ; contra carnis luxuriam, cordis
munditia fulgescant ; contra torporem, zelo candeant ; contra
confusos praecipitationis motus, serena grauitate rutilent ; contra superbiam uera humilitate luceant ; contra timorem, radiis
20 auctoritatis clarescant.

Cauendum autem summopere est ne dum doctrinae dona
percipiunt, ex eisdem donis intumescant. Quam omnipotentem
Deum prouocant si de eius donis inter proximos superbiunt !
24 Quantalibet autem doctrina mens polleat, grauis eius impe-
ritia est uelle docere meliorem. In eo namque uerba uim suae
rectitudinis amittunt quod auditori non congruunt, quia et
medicamina uires perdunt, cum sanis membris apponuntur. In
28 omni ergo quod dicitur, necesse est ut causa, tempus et persona
pensetur ; si uerba sententiae ueritas roborat, si hanc tempus

[XXIII] **3/13** *CC* XXX, x, 177/188 ; μ 975/976. **14/20** *CC ibid.*, xi, 28/36 ; μ
976/977. **21/25** *CC* XI, ii, 48/51 ; μ 367. **25/34** *CC* VI, xxxix, 2/3, 4/13 ; μ 212.

[XXIII] **7** infirmitatibus P_1 **11** sit eis P_1 **14** sua] *om.* P_1 **16** cordis] etiam
praem. P_1 **18** infusos P_1 **25** uerba] *om.* P_1 **26** admittunt L_1 **27** perdunt] non
praem. L_1 **28** omne L_1 P_1 |et] *om.* L_1 **29** roboret L_1

congruum postulat, si et ueritatem sententiae et congruentiam
temporis personae qualitas non impugnat. Ille enim spicula lau-
32 dabiliter emittit qui prius hostem quem feriat conspicit. Male
namque arcus ualidi cornua subigit, qui sagittam fortiter diri-
gens ciuem ferit.

Diligenter itaque considerandum est quod non eadem
36 cunctis exhortatio conuenit, quia nec cunctos par morum
qualitas astringit. Saepe enim aliis officiunt, quae aliis prosunt.
Nam et plerumque herbae, quae haec animalia reficiunt, alia
occidunt ; et lenis sibilus equos mitigat, catulos instigat ; et
40 medicamentum quod hunc morbum imminuit, alteri uires iungit ; et panis qui fortium uitam roborat, paruulorum necat. Pro
qualitate igitur audientium formari debet sermo doctorum, ut
et singulis congruat, et tamen a communis aedificationis arte
44 numquam recedat. Quid enim sunt intentae mentes, nisi quasi
quaedam in cithara tensiones stratae chordarum ? Quas
tangendi artifex, ut non sibimetipsis dissimile canticum faciant,
dissimiliter pulsat. Et idcirco chordae consonam modulationem
48 reddunt, quia uno quidem plectro, sed non uno impulsu feriuntur. Vnde et doctor quisque, ut in una cunctos uirtute caritatis
aedificet, ex una doctrina, sed non una eademque exhortatione
tangere corda audientium debet.

52 Cuncta etiam tempora doctrinae nequaquam sunt congrua.
Nam plerumque dictorum uirtus perditur, si intempestiue pro-
ferantur. Saepe uero et quod lenius dicitur, conuentu temporis
congruentis animatur. Ille ergo scit recte dicere, qui et ordinate
56 nouit tacere. Quid enim prodest eo tempore irascentem corripere, quo alienata mente non solum non aliena uerba percipere,
sed semetipsum uix ualet tolerare ? Furentem quippe qui per
inuectionem corripit, quasi ei qui non sentiat ebrio plagas
60 imponit. Doctrina itaque ut ad cor audientis peruenire ualeat,
quae sibi sint congrua temporum momenta perpendat.

Si qua igitur miti et subdito culpa subripuerit, hanc protinus

---

35/51 *CC* XXX, III, 91/107 ; μ 961.   **52/61** *CC ibid.*, VIII, 32/41 ; μ 968.   **62/93** *CC*
XIII, v, 37/40, 43/55, 58/74 ; μ 419/420.

31/32 spicula laudabiliter] laudabitur qui s. P_1 **33** namque] L_1 *in marg.*   **41** uitam
fortium P_1 **43** et] ad sua *add.* P_1 **44** mentes] auditorum *add.* P_1 **46** sibimetipsi
P_1 | dissimile] difficile P_1 **49** caritatis] *om.* L_1 **52** nequaquam] non P_1 **57** non
solum] *om.* L_1 **59** plagas ebrio P_1 **60** peruenire ad cor audientis P_1 **61** sunt L_1

increpando praedicator insequitur. Corripit eumque corripiendo
64   a culpa liberat, atque ad uiam rectitudinis reformat. At contra
potens et proteruus, cum aliquid perpetrasse cognoscitur,
tempus quaeritur ut de malo quod fecit increpetur. Nisi enim
praedicator sustineat quando ferre congrue correptionem possit,
68   auget in eo malum quod insequitur. Saepe etenim contingit ut
talis sit qui nulla increpationis uerba suscipiat. Quid itaque in
huius culpa praedicatori agendum est, nisi ut in sermone
admonitionis quem pro communi salute omnium auditorum
72   facit, tales culpas ad medium deducat quales eum perpetrasse
considerat qui et praesto est, et de se solo adhuc argui non
potest ne deterior fiat ? Et cum generaliter contra culpam
inuectio intenditur, correctionis uerbum libenter ad mentem
76   ducitur, quia potens prauus ignorat quod sibi hoc specialiter
dicatur. Vnde fit plerumque ut eo uehementius perpetratam
culpam lugeat, quo reatum suum et cum percussum sentiat,
nesciri putat.

80   Magna itaque praedicationis arte agendum est ut qui ex
aperta correptione deteriores fiunt quodam temperamento
correptionis ad salutem redeant. Vnde etiam Paulus dicit :
Quae putamus ignobiliora esse membra corporis, his honorem
84   *abundantiorem circumdamus ; et quae inhonesta sunt nostra,*
abundantiorem honestatem habent ; honesta autem nostra nul-
lius egent. Sicut enim inhonesta membra in corpore, ita quidam sunt intra sanctam Ecclesiam potentes et proterui ; qui
88   dum aperta inuectione feriri nequeunt, quasi honore tegminis
uelantur. Sed haec de occultis delictis potentum loquimur.
Nam quando et aliis cognoscentibus peccant, aliis etiam cognoscentibus increpandi sunt, ne si praedicator tacet, culpam
92   approbasse uideatur ; atque haec crescens in exemplum ueniat
quam pastoris lingua non resecat.

[XXIII] **83/86** I Cor. 12, 23/24.

---

64 uitam L_1 P_1 **67** correctionem P_1 **68** etenim] enim P_1 **71** omnium salute
P_1 **75** correptionis P_1 **77** dicatur] quid itaque isti predicator suus nisi parcens
minime pepercit cui et specialiter correptionis uerba non intulit . et tamen
uulnus illius sub communi admonitione percussit *add.* P_1 **78** sentit P_1 **86/87** qui-
dam] *om.* P_1 **89** potentium delictis P_1 **90** agnoscentibus P_1

CAPITVLVM XXIV

QVOD PRAEDICATORES SANCTI EX QVIBVSDAM SIGNIS PVBLICIS OCCVLTA RIMANTVR

Sancti doctores saepe exaggerare solent delinquentium uitia, et ex quibusdam signis publicis occulta rimari, ut possint ex
4 minimis maiora cognoscere. Vnde et ad Ezechielem dicitur : *Fili hominis, fode parietem.* Vbi mox subditur : *Et cum perfodissem parietem, apparuit ostium unum.* Parietem fodere est asperis correptionibus duritiam cordis aperire. Quod cum per-
8 foditur, apparet ostium, quia dum duritia cordis aperitur, quasi quaedam ianua ostenditur, ex qua omnia in eo qui corripitur cogitationum interiora uideantur.

Sed cum haec agunt, caritatis amore saeuiunt, non inflatione
12 elationis intumescunt. Valde enim metuunt ne si a prauorum correptione cessauerunt, ipsi pro eorum damnatione puniantur ; et cum ad uerba se inuectionis inflammant, inuiti quidem ad haec ueniunt, sed tamen haec defensionem sibi apud distric-
16 tum iudicem praeparant.

Vnde Ezechieli dicitur : *Fili hominis, sume tibi laterem, et pones eum coram te ; et describes in eo ciuitatem Ierusalem, et ordinabis aduersus eam obsidionem, et aedificabis munitiones,*
20 *et comportabis aggerem ; et dabis contra eam castra, et pones arietes in gyro. Et tu sume tibi sartaginem ferream, et pones eam murum ferreum inter te et inter ciuitatem.* Ezechiel magistrorum speciem tenet cui dicitur : *Sume tibi laterem, et pones*
24 *eum coram te ; et describes in eo ciuitatem Ierusalem.* Doctores quippe sancti sibi laterem sumunt, quando terrenum cor audi-

---

[XXIV] **2/57** *CC* XXVI, vi, 27/31, 37/41, 76/77, 84/103, 105/110, 113/115, 118/124, 126/131, 135/140 ; μ 814/816.

[XXIV] **5** Ez. 8, 8.   **5/6** Ez. 8, 9.   **17/22** Ez. 4, 1/3.

[XXIV] **4** agnoscere P_1 | et] *om.* P_1 | ezechiel P_1 **6** parietem₂] quid est *praem.* P_1 est] nisi P_1 **7** correctionibus P_1 | quod] quam P_1 **8** perfodisset P_1 | apparuit P_1 | cordis duritia P_1 | aperitur] asperis correctionibus *praem.* P_1 **9** eo] eum L_1 **11** sed] et P_1 | inflatione] inflammatione L_1 **13** correctione P_1 | cessauerint P_1 **17** unde] et eidem rursus *add.* P_1 **22** inter₂] *om.* L_1 **22/23** cuius enim ezechiel nisi magistrorum P_1 **25/26** auditorium P_1

torum, ut illud doceant, apprehendunt. Laterem coram se
ponunt, cum tota illud sollicitudinis intentione custodiunt. Et
28 in eo ciuitatem Ierusalem describunt, cum praedicando terrenis
cordibus summopere quanta sit uisio supernae pacis ostendunt.
Circa laterem in quo descripta est ciuitas, uel aduersus eam,
obsidionem ordinant, quando terrenae menti, sed iam super-
32 nam patriam inquirenti, quanta eam in huius uitae tempore
uitiorum impugnet aduersitas demonstrant. Cum enim unumquodque peccatum quomodo menti insidietur ostenditur, quasi
obsidio circa Ierusalem uoce praedicatoris ordinatur. Muni-
36 tiones aedificant, quando quae uirtutes quibus uitiis obuient,
insinuare non cessant. Aggerem comportant, quando molem
crescentis temptationis indicant. Contra Ierusalem castra erigunt, quando rectae intentioni audientium, hostis callidi cir-
40 cumspectas et quasi incomprehensibiles insidias praedicunt. In
gyro arietes ponunt, quando temptationum aculeos in hac uita
nos undique circumdantes, et uirtutum murum perforantes
innotescunt.
44   Sartago ferrea ab illis sumitur, quando mentes eorum zelus
Dei frigit et excruciat. Per sartaginem namque frixura, per ferrum fortitudo ostenditur. Huius sartaginis frixura Paulus incendebatur cum diceret : *Quis infirmatur et ego non infirmor ?*

47/48 II Cor. 11, 29.

---

26 illud] *om.* P_1 | laterem] quem *praem.* P_1 **27** cum] quia P_1 **27/28** et *usque* cum]
in quo et ciuitatem ierusalem iubentur describere quia P_1 **29** cordibus] curant *add.*
P_1 | superne pacis uisio P_1 | ostendunt] demonstrare P_1 **30/31** circa *usque* obsi-
dionem] cui bene etiam dicitur . et ordinabis aduersus eam obsidionem et edificabis
munitiones . sancti enim predicatores obsidionem circa laterem in quo ierusalem ciuitas descripta est P_1 **35** ordinatur] sed quia non solum insinuant quomodo mentem
insidiantia uitia expugnent sed etiam quomodo custodite uirtutes roborent recte subiungitur . et edificabis munitiones *add.* P_1 **35/36** m. edificant] m. quippe sanctus
predicator edificat P_1 **37** cessat P_1 | aggerem] et quia uirtutibus crescentibus
plerumque bella temptationis augentur recte adhuc additur . et apportabis aggerem
et dabis contra eam castra et pones arietes in gyro *praem.* P_1 | comportant] namque
comportat P_1 | quando] predicator quisque *add.* P_1 **38** indicat P_1 | contra] et *praem.*
P_1 **38/39** erigit P_1 **40** predicat P_1 | in] atque *praem.* P_1 **42** undique] *om.* P_1 **43**
innotescit P_1 **44/46** sartago *usque* ostenditur] ubi bene additur . et tu sume tibi
sartaginem ferream et pones eam murum ferreum inter te et inter ciuitatem .
per sartaginem quippe frixura per ferrum uero fortitudo ostenditur . quid autem ita
magistri atque doctoris mentem quam zelus dei frigit et excruciat P_1 **45** per$_2$] *om.*
L_1 **46/47** huius *usque* cum] unde et paulus huius sartaginis incendebatur frixura
cum P_1

48 *Quis scandalizatur et ego non uror ?* Murum ferreum sartaginem inter se et ciuitatem ponunt, quia quicumque zelo Dei
contra peccantes se accendunt, forti in perpetuum se custodia
muniunt, ne ex neglecta cura praedicationis et regiminis infor-
52 tunium incurrant damnationis. Sartago namque ferrea murus
ferreus inter prophetam et ciuitatem ponitur, quia cum nunc
fortem zelum doctores exhibent, eumdem zelum postmodum
inter se et auditores suos fortem munitionem tenent ; ne tunc
56 ad uindictam sint expositi, si nunc fuerint in correptione disso-
luti.

CAPITVLVM XXV

QVOD PRAEDICATORES DIVINITATIS SECRETA INDOCTIS NON PRAEDICENT SED AD
INCARNATIONIS DOMINICAE VERBA DESCENDANT

Debet subtiliter is qui docet perspicere, ne plus studeat
4 quam ab audiente capitur praedicare. Debet enim ad
infirmitatem audientium semetipsum contrahendo descendere,
ne dum paruis sublimia, et idcirco non profutura loquitur, se
magis curet ostendere quam auditoribus prodesse. Iubente
8 autem Domino, non solum phialae ad mensam tabernaculi, sed
etiam cyathi praeparantur. Quid enim per phialas nisi larga
praedicatio, quid uero per cyathos nisi minima ac tenuis de
Deo locutio designatur ? In mensa igitur Domini et phialae
12 praeparantur et cyathi, quia uidelicet in doctrina sacri eloquii,
non solum exhibenda sunt magna et arcana quae debriant, sed
etiam parua et subtilia quae quasi per gustum notitiam praestant.

[XXV] **3/15** *CC* XX, ii, 32/44 ; µ 636.

[XXV] **7/9** cfr Ex. 37, 16 ; 25, 29.

48/52 murum *usque* damnationis] et quia quisquis zelo dei contra
peccatores accenditur forti in perpetuum custodia munitur ne ex
neglecgta predicationis et regiminis cura damnetur recte dicitur . pones eam
murum ferreum inter te et inter ciuitatem P_1 **52** namque] enim P_1 **53** et] inter
add. P_1 **56** sint expositi] destituti sint P_1 [XXV] **4** enim] *om.* P_1 **10** uero] autem P_1 **11** et] *om.* P_1 **13** sunt exhibenda P_1

16   Dici autem infirmis fortia non debent, ne dum incapabilia
audiunt, praedicationis uerbis quibus subleuari debuerant
opprimantur. Lux quippe ipsa corporea, quae oculos sanos irradiat, infirmos obscurat ; et dum lippientibus oculis claritati
20 solis intenditur, plerumque eis caecitas ex luce generatur.

    Praedicatores itaque sancti, cum auditores suos diuinitatis
uerbum capere non posse conspiciunt, ad sola incarnationis
dominicae uerba descendunt. Vnde de aquila in arduis subleua-
24 ta, id est, de intellegentia sanctorum diuinitatis arcana con-
siderante et escam inde contemplante, dicitur : *Pulli eius lam-*
bunt sanguinem. Ac si aperte dicatur : Ipsa quidem diuinitatis
contemplatione pascitur, sed quia auditores eius diuinitatis
28 arcana percipere non possunt, cognito crucifixi Domini cruore
satiantur. Sanguinem quippe lambere est passionis dominicae
infirma uenerari. Hinc est quod idem Paulus iam ad tertii caeli
secreta uolauerat et tamen discipulis dicebat : *Non iudicaui me*
32 *scire aliquid inter uos, nisi Christum Iesum, et hunc crucifixum.*
Ac si diceret haec aquila : Ego quidem escam meam, diuinitatis
Christi potentiam, de longe prospicio, sed uobis adhuc paruulis
incarnationis eius tantummodo lambendum sanguinem trado.
36 Nam qui per praedicationem tacita diuinitatis celsitudine,
infirmos auditores de solo cruore crucis docet, quasi sanguinem
pullis lambendum praebet.

16/20 *CC ibid.,* III, 128/133 ; μ 639.   **21/25** *CC* XXXI, LI, 74/78 ; μ 1043.   **25/38**
CC ibid., LII, 1/15 ; μ 1043.

25/26 Iob 39, 30.   **31/32** I Cor. 2, 2.

---

16 non debent] prohibet P_1 **18** corpora L_1 **23/25** unde *usque* dicitur] unde bene
hic dum subleuata in arduis aquila de longe uidere dicitur ilico subinfertur P_1 **26** di-
catur] diceretur P_1 **28** percipere arcana P_1 | non] nequaquam P_1 **29** quippe]
namque P_1 **30** iam] qui sicut iam diximus P_1 **31** et tamen] *om.* P_1 | non] enim
add. P_1 **31/32** scire me P_1 **32** iesum christum P_1 **33** si] aperte *add.* P_1 | hec
aquila diceret P_1 **34** christi] eius P_1 **36** predicationem] suam *add.* P_1 | diuinitate
L_1 **37** quasi] quid aliud quam P_1 **37/38** pullis sanguinem P_1

CAPITVLVM XXVI

QVOD NON EST PRAEDICANDVM PRO LVCRO TEMPORALI ; SVSTENTANDI TAMEN SUNT
PRAEDICATORES VT PRAEDICENT

Quando lauabam pedes meos butyro. Pedes Domini sanctos
4 praedicatores accipimus, de quibus dicit : *Et ambulabo in eis.*
Butyro igitur pedes lauantur, quia praedicatores sancti
bonorum operum pinguedine replentur. Etenim uix ipsa praedicatio sine aliquo transitur admisso. Nam quilibet praedicans
8 aut ad aliquantulamcumque indignationem trahitur, si contem-
nitur ; aut ad aliquantulamcumque gloriam, si ab audientibus
ueneratur. Vnde et apostolis pedes loti sunt, ut a quamlibet
paruo contagio in ipsa praedicatione contracto, quasi a quodam
12 itinere collecto puluere mundarentur. Et beatus Iacobus dicit :
Nolite plures magistri fieri, fratres mei. Et paulo post : *In
multis enim offendimus omnes.* Pedes ergo lauantur butyro,
quia pinguedine boni operis infunditur atque mundatur col-
16 lectus puluis de gloria praedicationis. Vel certe butyro pedes
lauantur, dum sanctis praedicatoribus debita ab audientibus
stipendia conferuntur ; et quos fatigat iniunctus praedicationis
labor exhibita a discipulis pinguedo boni operis fouet, non
20 quod ideo praedicent ut alantur, sed ideo aluntur ut praedicent ; id est, ut praedicare subsistant, non ut in intentionem
sumendi uictus transeat actio praedicationis, sed ad utilitatem
praedicationis deseruiant ministeria sustentationis. Vnde a
24 bonis praedicatoribus non causa uictus praedicatio impenditur,
sed causa praedicationis accipitur uictus. Et quotiens praedicantibus necessaria ab audientibus conferuntur, non solent de
rerum munere sed de conferentium gaudere mercede. Vnde per

[XXVI] **3/33** *CC* XIX, xiv, 1, 6/37 ; *μ* 615.

[XXVI] **3** Iob 29, 6.   **4** cfr Leu. 26, 12 ; II Cor. 6, 16.   **13** Iac. 3, 1.   **13/14** Iac. 3,
2.

[XXVI] **2** sunt tamen P_1 **3/4** predicatores sanctos P_1 **6** etenim] ut supra diximus
add. P_1 **8** aut] *om.* P_1 **9** quantulamcumque P_1 **15/16** puluis collectus P_1 **16**
pedes butyro P_1 **20** alantur] alentur P_1 | aluntur] alantur P_1 **21** in] ad P_1

28 Paulum dicitur : *Non quaero datum, sed requiro fructum.*
Datum quippe est res ipsa quae impenditur ; fructus uero dati
est, si benigna mente futurae mercedis studio aliquid impenda-
tur. Ergo datum in re accipimus, fructum in corde. Et quia dis-
32 cipulorum suorum apostolus mercede potius quam munere pas-
cebatur, nequaquam datum, sed fructum se quaerere fatetur.

Quisquis igitur praedicator ideo aeterna praedicat ut temporalia lucra consequatur, profecto in stultum finem deducitur,
36 quia illo per laborem tendit, unde per mentis rectitudinem
fugere debuit.

CAPITVLVM XXVII

QVOD SANCTI VIRI PRO INDIGNITATE AVDITORVM VERBVM DEI INTERDVM
NON PRAEDICANT

Sancti uiri cum audientibus prodesse nequeunt, etiam
4 tacentes despici uolunt, ne de sapientiae suae ostentatione
glorientur. Cumque aliquid prudenter dicunt, non quaerunt
suam gloriam, sed auditorum uitam. Cum uero conspiciunt
quia auditorum uitam loquendo lucrari non possunt, tacendo
8 abscondunt scientiam suam. Ad imitandam quippe uitam
Domini, quasi ad quoddam nobis propositum signum cur-
rimus. Ipse enim, quia Herodem uidit non profectum quaerere,
sed signa uel scientiam uelle mirari, requisitus ab eo tacuit ; et
12 quia constanter tacuit ab eo irrisus exiuit. Scriptum namque
est : *Herodes autem uiso Iesu, gauisus est ualde ; erat enim
cupiens ex multo tempore uidere eum, eo quod audiret multa de
illo ; et sperabat signum aliquod uidere ab eo fieri.* Vnde et sub-
16 ditur : *Interrogabat autem eum multis sermonibus, at ipse nihil
illi respondebat.* Tacens uero Dominus quam sit despectus

34/37 *CC* XI, XII, 38/41 ; μ 373/374.   [XXVII] **3/49** *CC* XXII, XVI, 83, 84/131 ; μ
716/717.

---

28 Phil. 4, 17.   [XXVII] **13/15.16/17** Luc. 23, 8/9.

---

29 impenditur] datur P_1 **34** igitur] ergo P_1 [XXVII] **4** despici tacentes P_1 **9**
quasi] *om.* P_1 | propositum nobis P_1 **9/10** currimus] querimus P_1 **13** ualde] *om.*
P_1 **14** multa audiret P_1 **15** unde] ubi P_1 **17** illi] *Vulg., om.* L_1, ei P_1 | respondit
P_1

ostenditur, cum illic protinus subinfertur : *Spreuit autem illum Herodes cum exercitu suo et illusit.* Quod uidelicet factum
20 oportet nos audientes discere, ut quotiens auditores nostri nostra uolunt quasi laudanda cognoscere, non autem sua peruersa mutare, omnino taceamus, ne si ostentationis studio uerbum Dei loquimur ; et illorum culpa quae erat esse non desinat, et
24 nostra quae non erat fiat.

Dicat fortasse aliquis : Vnde nouimus quo corde quis audiat ? Sed multa sunt quae audientis animum produnt, maxime si auditores nostri et semper laudant quod audiunt, et
28 numquam quod laudant sequuntur. Hanc inanem loquendi gloriam praedicator egregius fugerat, cum dicebat : *Non enim sumus sicut plurimi, adulterantes uerbum Dei ; sed ex sinceritate, sed sicut ex Deo, coram Deo in Christo loquimur.* Adul-
32 terari namque uerbum Dei est aut aliter de illo sentire quam est, aut ex eo non spiritales fructus, sed adulterinos fetus quaerere laudis humanae. Ex sinceritate uero loqui, est nil in eloquio extra quam oportet quaerere. Sicut autem ex Deo
36 loquitur qui scit non se a se habere, sed ex Deo accepisse quod dicit. Coram Deo uero loquitur qui in omne quod dicit, non humanos fauores appetit, sed omnipotentis Dei praesentiae intendit ; non suam sed auctoris gloriam quaerit. Qui autem
40 scit ex Deo quidem se accepisse quod dicit, et tamen dicendo propriam gloriam quaerit, sicut ex Deo loquitur, sed non coram Deo ; quia eum quem cordi suo non proponit cum praedicat quasi absentem putat. Sed sancti uiri et ex Deo loquuntur et
44 coram Deo, quia et ab eo se sciunt habere quod dicunt, et ipsum suis sermonibus adesse iudicem auditoremque considerant. Vnde fit ut cum se a proximis despici agnoscunt, suaque dicta uitae audientium non prodesse, abscondant quan-
48 tae uirtutis sint, ne si secretum cordis inutiliter sermo prolatus aperiat, ad inanem gloriam prorumpat.

18/19 Luc. 23, 11.   **29/31** II Cor. 2, 17.

---

18 illum] eum P_1 **24** que nostra P_1 **28** sequuntur quod laudant P_1 **32** est uerbum dei P_1 | de illo] *om.* P_1 **34** humane laudis P_1 **35** ex deo autem P_1 **43** et$_1$] *om.* P_1 **44** sciunt se P_1 **46** cognoscunt P_1 **47** abscondunt L_1 **48** sunt L_1 P_1 | prelatus L_1

LIBER QVINTVS

DE IVSTIS

PROLOGVS

Tractatum de praelatis qui in Ecclesia maiores habentur, sequitur liber quintus partis secundae in quo de iustis generaliter disseritur.

4 Remedium autem conferet lectori liber iste ad ea de quibus agitur libro quinto primae partis. Ibi enim de reprobis tractatur, qui concupiscentiarum suarum frena laxantes, tam uoluptatibus quam uoluntatibus obscenis aeterna merentur supplicia. In hoc

8 autem libro de iustis tractatur, qui carnalium desideriorum frena cohibentes, spiritu pauperes, per temporales molestias ad aeternam perueniunt hereditatem.

CAPITVLVM I

DE ACTIVA VITA ET CONTEMPLATIVA

Duae uitae, actiua uidelicet et contemplatiua, cum seruantur in mente, quasi duo oculi habentur in facie. Dexter namque

4 oculus contemplatiua uita est, sinister actiua. Sed sunt nonnulli qui discrete intueri summa et spiritalia nequaquam possunt, et tamen alta contemplationis assumunt, atque idcirco in perfidiae foueam, intellectus praui errore dilabuntur. Hos itaque contem-

8 platiua uita ultra uires assumpta, incognita ueritate compellit cadere quos in statu suae rectitudinis humiliter poterat sola actiua custodire. Quibus recte Veritas dicit : *Si oculus tuus dexter scandalizat te, erue eum et proice abs te. Bonum tibi est*

12 *cum uno oculo in uitam intrare, quam duos oculos habentem*

[I] **2/130** *CC* VI, xxxvII, 74/205 ; μ 208/210.

[I] **10/13** Matth. 18, 9.

[Prol] **2** secunde partis P_1 **4** confert P_1 **7** quam uoluntatibus] L_1 *in marg.*

mitti in gehennam ignis. Ac si aperte dicat : Cum ad contemplatiuam uitam idonea discretione non sufficis, solam securius
actiuam tene. Cumque in hoc quod pro magno eligis, deficis, eo
16 contentus esto quod pro minimo attendis ; ut si per contemplatiuam uitam a ueritatis cognitione compelleris cadere, regnum caelorum per solam actiuam ualeas saltem luscus intrare.
Hinc rursum dicit : *Qui scandalizauerit unum de pusillis istis*
20 *qui in me credunt, expedit ei ut suspendatur mola asinaria in*
collo eius et demergatur in profundum maris. Quid per mare
nisi saeculum ; quid per molam asinariam nisi actio terrena
signatur ? Quae dum colla mentis per stulta desideria stringit,
24 hanc in laboris circuitum mittit. Sunt itaque nonnulli qui dum
terrenas actiones deserunt et ad contemplationis studium,
humilitate postposita, ultra intellegentiae uires surgunt, non
solum se in errorem deiciunt, sed infirmos quosque a gremio
28 unitatis diuidunt. Qui ergo unum de minimis scandalizat,
melius illi fuerat ligata collo mola asinaria, in mare proici ;
quia nimirum peruersae menti expeditius esse potuisset, ut
occupata mundo terrena negotia ageret, quam per contempla-
32 tionis studia ad multorum perniciem uacaret. Rursum nisi quibusdam mentibus contemplatiua uita potius quam actiua
congrueret, nequaquam per psalmistam Dominus diceret :
Vacate et uidete quoniam ego sum Deus.
36   Sed inter haec sciendum est quia saepe et pigras mentes
amor ad opus excitat et inquietas in contemplatione timor
refrenat. Ancora enim cordis est pondus timoris ; et plerumque
fluctu cogitationum quatitur sed per disciplinae suae uincula
40 retinetur ; neque enim hoc tempestas suae inquietudinis ad
naufragium pertrahit, quia in diuini amoris litore perfecta caritas astringit. Vnde necesse est ut quisquis ad contemplationis
studia properat, semetipsum prius subtiliter interroget, quan-
44 tum amat. Machina quippe mentis est uis amoris quae hanc
dum a mundo extrahit in alta sustollit. Prius ergo discutiat, si
summa inquirens diligit, si diligens timet, si nouit incognita aut
amando   comprehendere   aut   non   comprehensa   timendo

19/21 Matth. 18, 6.   35 Ps. 45, 11.

[I] **15** eligis] erigis P_1 **21** maris] L_1 *in marg.*   **31** per] *om.* L_1 **32** studia] P_1 T,
studio *corr. ex* studia L_1 **40** enim] *om.* P_1 **42** unde] et *add.* P_1

48 uenarari. In contemplatione etenim mentem si amor non exci-
    tat, teporis sui torpor obscurat ; si timor non aggrauat, sensus
    hanc per inania ad nebulam erroris leuat ; et cum clausa ei
    secretorum ianua tardius aperitur, ab ea longius ipsa sua
52 praesumptione repellitur ; quia irrumpere appetit hoc quod non
    inueniens quaerit ; cumque superba mens errorem pro ueritate
    percipit, quo quasi intus gressum porrigit, foras tendit. Hinc est
    enim quod legem daturus, Dominus in igne fumoque descendit,
56 quia et humiles per claritatem suae ostensionis illuminat et
    superborum oculos per caliginem erroris obscurat. Prius igitur
    mens ab appetitu gloriae temporalis, atque ab omni carnalis
    concupiscentiae delectatione tergenda est, et tunc ad aciem
60 contemplationis erigenda. Vnde et cum lex accipitur, populus a
    monte prohibetur, ut uidelicet qui infirmis adhuc mentibus
    terrena desiderant, considerare sublimia non praesumant. Vbi
    et recte dicitur : *Si bestia tetigerit montem, lapidabitur.* Bestia
64 etenim montem tangit, cum mens irrationabilibus desideriis
    subdita ad contemplationis alta se erigit. Sed lapidibus percuti-
    tur, quia summa non sustinens, ipsis superni ponderis ictibus
    necatur.
68   Qui igitur culmen apprehendere perfectionis nituntur, cum
    contemplationis arcem tenere desiderant, prius se in campo
    operis per exercitium probent ut sollicite sciant si nulla iam
    mala proximis irrogant ; si irrogata a proximis aequanimiter
72 portant ; si obiectis bonis temporalibus nequaquam mens laeti-
    tia soluitur, si subtractis non nimio maerore sauciatur ; ac
    deinde perpendant si cum ad semetipsos introrsum redeunt, in
    eo quod spiritalia rimantur, nequaquam secum corporalium
76 rerum umbras trahunt, uel fortasse tractas manu discretionis
    abigunt ; si incircumscriptum lumen uidere cupientes, cunctas
    circumscriptionis suae imagines deprimunt, et in eo quod super
    se contingere appetunt, uincunt quod sunt. Vnde nunc recte
80 dicitur : *Ingredieris in abundantia sepulcrum.* Vir quippe per-
    fectus sepulcrum in abundantia ingreditur, quia prius actiuae
    uitae opera congregat, et postmodum carnis sensum per con-

---

54/55 cfr Ex. 19, 18.   **63** Hebr. 12, 20 ; cfr Ex. 19, 12/13.   **80.84** Iob 5, 26.

---

53 mens] *om.* P_1 **61** qui] in *add.* P_1 **74** introrsus P_1 **75/76** rerum corporalium
P_1 **76** discretionis] districtionis P_1 **78** circumspectionis P_1 **79** recte nunc P_1

templationem mortuum, huic mundo funditus occultat. Vbi et
84 apte subditur : *Sicut infertur aceruus tritici in tempore suo.*

Actionis namque tempus primum est, contemplationis
extremum. Vnde necesse est ut perfectus quisque prius uirtutibus mentem exerceat atque hanc postmodum in horreum
88 quietis condat. Hinc est enim quod is quem legio daemonum
iubente Domino dereliquit, ad Saluatoris sui pedes residet,
uerba doctrinae percipit et de regione sua simul discedere cum
salutis auctore concupiscit ; sed tamen ei ipsa quae salutem
92 contulit Veritas dicit : *Reuertere primum in domum tuam et*
narra quanta tibi fecerit Dominus. Cum enim quamlibet parum
de diuina cognitione percipimus, redire ad humana iam
nolumus et proximorum necessitatibus onerari recusamus,
96 quietem contemplationis quaerimus, nihilque aliud nisi hoc
quod sine labore reficit, amamus. Sed sanatos nos Veritas ad
domum mittit, narrare quae nobiscum acta sunt praecipit, ut
uidelicet prius mens exsudet in opere et postmodum refici
100 debeat per contemplationem.

Hinc est quod Iacob pro Rachel seruiuit et Liam accepit,
eique dicitur : *Non est consuetudinis in terra nostra ut minores*
ante tradamus ad nuptias quam maiores. Rachel namque,
104 uisum principium ; Lia autem laboriosa dicitur. Et quid per
Rachelem nisi contemplatiua, quid per Liam nisi actiua uita
designatur ? In contemplatione quippe principium quod Deus
est, quaeritur ; in operatione autem sub graui necessitatis fasce
108 laboratur. Vnde Rachel pulchra sed sterilis ; Lia autem lippa
est sed fecunda, quia nimirum mens cum contemplandi otia
appetit, plus uidet, sed minus Deo filios generat ; cum uero ad
laborem se praedicationis dirigit, minus uidet sed amplius
112 parit. Post Liae ergo complexus ad Rachelem Iacob peruenit
quia perfectus quisque prius actiuae uitae ad fecunditatem iungitur et post contemplatiuae ad requiem copulatur. Quia enim
contemplatiua minor quidem tempore, sed merito maior est
116 quam actiua, sacris euangelii uerbis ostenditur in quo duae

---

92/93 Luc. 8, 39.   **102/103** Gen. 29, 26.

---

83 ubi] L_1 *corr. ex* unde, unde P_1 **84** tritici] *om.* P_1 **89** domino iubente P_1 **99** ex-
sudet mens P_1 **101** seruit P_1 | accipit P_1 **105** quid] uita *praem* P_1 | uita] *hic om.*
P_1 **106** signatur P_1 **111** dirigit] erigit P_1 **113** prius] ante P_1

mulieres diuersa elegisse referuntur. Maria quippe Redemptoris nostri uerba audiens, ad pedes illius residebat ; Martha
autem corporalibus ministeriis insistebat. Cumque contra
120 Mariae otium Martha quereretur, audiuit : *Martha, Martha,*
sollicita es et turbaris erga plurima. Porro unum est neces-
sarium. Maria optiman partem elegit quae non auferetur ab ea.
Quid enim per Mariam quae uerba Domini residens audiebat,
124 nisi contemplatiua uita exprimitur ? Quid per Martham
exterioribus obsequiis occupatam nisi actiua signatur ? Sed
Marthae cura non reprehenditur. Mariae uero etiam laudatur,
quia magna sunt actiuae uitae merita, sed contemplatiuae
128 potiora. Vnde nec auferri umquam Mariae pars dicitur, quia
actiuae uitae opera cum corpore transeunt, contemplatiuae
autem gaudia melius ex fine conualescunt.

CAPITVLVM II

DE IVSTIS QVI IN ACTIVA VITA ELEEMOSYNIS ET LACRIMIS AD AETERNAM
VITAM PERVENIVNT

Sunt nonnulli qui terrenis actibus occupati eleemosynarum
4   et lacrimarum ope ad aeternam uitam perueniunt, de quibus
per psalmistam dicitur, cum uenire Dominus ad iudicium nun-
tiatur : *Aduocauit caelos sursum et terram ut discerneret popu-*
lum suum. Caelos quippe sursum aduocat cum hi qui sua
8   omnia relinquentes, conuersationem caelestis uitae tenuerunt
ad considendum in iudicio uocantur, atque cum eo iudices
ueniunt. Terra etiam sursum uocatur cum hi qui terrenis
actibus obligati fuerant, in eis tamen plus caelestia quam
12 terrena lucra quaesierunt ; quibus dicitur : *Hospes eram et col-*
legistis me ; nudus et operuistis me.
Sunt autem alii in huius peregrinationis aerumna, qui

[II] **3/13** *CC* XV, xxxi, 28/38 ; μ 483/484. **14/27** *CC* XXII, iii, 3/15 ; μ
698/699.

120/122 Luc. 10, 41/42. [II] **6/7** Ps. 49, 4. **12/13** Matth. 25, 35/36..

---

117 egisse P_1 **119** misteriis P_1 **125** actiua] uita *add.* P_1 **128** potiora] meliora P_1
ante corr. **130** ex] in P_1 [II] **1** uita] *om.* L_1 **4** uitam eternam P_1 **7** desursum
P_1 **11** fuerunt L_1

quoniam eam quam appetunt adhuc creatoris sui speciem con-
16 templari minime sinuntur, omnem praesentis uitae copiam inopiam deputant, quia uidelicet nil extra Deum sufficit menti
quae ueraciter Deum quaerit ; et plerumque eis ipsa sua abundantia fit uehementer onerosa, quia hoc ipsum grauiter
20 tolerant, quod festinantes ad patriam in itinere multa portant.
Vnde fit ut haec cum indigentibus proximis deuote partiantur,
quatenus dum sumit iste quod non habet, deponit ille quod
amplius habebat ; ne conuiator uacuus ambulet, ne eum quem
24 retardare in uia poterat nimium onus grauet. Electi ergo de
multa abundantia minime laetantur, quam uidelicet pro amore
caelestis patrimonii aut largiendo dispergunt aut despiciendo
deserunt.

CAPITVLVM III

DE IVSTIS QVI IN ACTIVA VITA SVIS LICITE VTVNTVR ET ALIIS QVI PER
CONTEMPLATIVAM OMNIA DESERVNT

Sunt nonnulli iustorum qui sic caelestia appetunt ut tamen
4 a terrenorum spe minime frangantur. Largita diuinitus patrimonia ad necessitatis subsidium possident, honores sibi temporaliter impensos tenent, aliena non ambiunt, suis licite utun-
tur. Qui tamen ab eisdem rebus quas habent alieni sunt quia ad
8 haec ipsa quae possident ex desiderio non tenentur. Et sunt
nonnulli iustorum qui ad comprehendendum culmen perfectionis accincti, dum altiora interius appetunt, exterius cuncta
derelinquunt ; qui rebus se habitis nudant, gloria honoris ex-
12 spoliant ; qui internorum desiderio per assiduitatem se amici
maeroris afficiunt, habere de exterioribus consolationem
nolunt ; qui internis gaudiis dum mente appropriant, uitam in
se funditus corporeae delectationis necant. Talibus namque per
16 Paulum dicitur : *Mortui enim estis et uita uestra abscondita est*

[III] **3/27** *CC* VIII, xxvi, 2/26 ; μ 263/264.

[III] **16/17** Col. 3, 3.

---

18 sua] *om.* P_1 **22** deponat P_1 **25** quam] quia L_1 [III] **1** uita] *om.* L_1 **9** ap-
prehendendum P_1 **14** qui] *om.* P_1 | appropriant L_1

cum Christo in Deo. Horum uoce psalmista expresserat, cum dicebat ; *Concupiuit et defecit anima mea in atria Domini.* Concupiscunt enim sed non deficiunt, qui iam quidem caelestia
20 appetunt, sed adhuc tamen a terrenorum delectationibus minime lassantur. Concupiscit uero et in Dei atria deficit qui, cum aeterna desiderat, in amore temporalium non perdurat. Hinc psalmista iterum dicit : *Defecit in salutare tuum anima*
24 *mea.* Hinc per semetipsam Veritas admonet dicens : *Si quis uult post me uenire, abneget semetipsum.* Et rursum : *Nisi quis renuntiauerit omnibus quae possidet, non potest meus esse discipulus.*
28   Vnde Iacob in itinere dormiens ascendentes et descendentes angelos uidit. In itinere dormire est in hac uita ab appetitu temporalium oculos mentis claudere quos primis parentibus aperuit concupiscentia. Angeli ascendunt et descendunt cum
32 auctori suo super se inhaerent et nobis compassione caritatis condescendunt. Quod ille dormiens conspicit qui in lapide caput ponit, id est, Christo mente inhaeret.
    Hinc idem Iacob qui angelum tenuit, mox uno pede claudi-
36 cauit, quia qui uero amore sublimia respicit, iam in hoc mundo duplicibus intendere desideriis nescit. Vno enim pede innititur qui solo Dei amore roboratur ; et necesse est ut alius marcescat, quia mentis uirtute crescente, oportet procul dubio ut
40 carnis fortitudo torpescat.

28/34 *CC* V, xxxi, 20, 22/23, 25/27, 31/35, 36/37, 40/41 ; μ 163.   **35/40** *CC* IV, xxxiii, 56/61 ; μ 134.

---

18 Ps. 83, 3.   **23/24** Ps. 118, 81.   **24/25** Luc. 9, 23.   **25/27** Luc. 14, 33.   **28/29** cfr Gen. 28, 11/12.   **35/36** cfr Gen. 32, 31.

---

17 uoce] *ed.,* uocem L_1 P_1 μ   **23** salutari tuo P_1 **29** dormire] quippe *praem.* P_1 | hac uita] hoc presentis uite transitu P_1 **30** temporalium] uisibilium P_1 | mentis oculos P_1 | parentibus] hominibus P_1 **31** aperuit] seductor *praem.* P_1 | concupiscentia] *om.* P_1 **31/35** angeli *usque* inheret] angelos uero ascendentes et descendentes cernere est ciues superne patrie contemplari uel quanto amore auctori suo super semetipsos inhereant uel quanta compassione caritatis nostris infirmitatibus condescendant . et notandum ualde est quod ille dormiens conspicit angelos qui in lapide caput ponit . quia nimirum ipse ab exterioribus operibus cessans interna penetrat qui intenta mente quod principale est hominis imitationem sui redemptoris obseruat . caput quippe in lapide ponere est mente christo inherere P_1 **38** alius] aliud L_1

CAPITVLVM IV

QVALITER SE HABERE DEBEANT NVPER CONVERSI

Qui mundum deserunt, ad exteriora officia prouehi non debent, nisi per humilitatem diu in contemptu mundi soliden-
4 tur. Citius enim bona pereunt quae hominibus ante tempus innotescunt, quia et arbusta nouiter plantata, si manus concutiens tangit, arefacit. Paries si, dum construitur, impellatur, facile destruitur ; si exsiccari permittitur, saepe arietum ictibus
8 non quassatur. Hinc Moyses uitam incohantium humanis occupationibus prohibuit dicens : *Non operaberis in primogenito bouis et non tondebis primogenita ouium.* In primogenito bouis operari est bonae conuersationis primordia in exercitio
12 publicae actionis ostendere ; ouium primogenita tondere est ab occultatione sua hominum oculis incohantia bona denudare. Vtrumque prohibetur quia si quid robustum incipimus, exercere hoc in aperto citius non debemus ; et si quid simplex et
16 innocuum incipimus, quasi ueste subducta non debet ostendi nudum hominum oculis.

Ad sola ergo Dei sacrificia boum et ouium primogenita proficiunt, scilicet ut quicquid bene incipimus, ad honorem Dei

---

[IV] **2/36** *CC* VIII, xlvii, 28/33, 42/45, 53/68, 70/75, 76/84, 88/93 ; μ 279/281.

[IV] **9/10** Deut. 15, 19.

[IV] **3** diu] diutius P_1 | in] eiusdem *add.* P_1 | mundi contemptu P_1 **4** enim] namque P_1 **5** nouiter] *om.* P_1 | plantata] priusquam fixa radice coalescant *add.* P_1 | manus] manu L_1 **5/6** incutiens P_1 **7** facile] statim sine labore P_1 | si exsiccari] si autem per spatium temporis ab humore suo siccari P_1 | sepe] et *add.* P_1 | ictibus *rep.* P_1 **8** non] minime P_1 | hinc] est quod *add.* P_1 | uitam inchoantium moyses P_1 **8/9** occupationibus humanis P_1 **9** prohibuit] exerceri *praem.* P_1 **10** bouis] quippe *praem.* P_1 **12** actionis] operationis P_1 | ouium] quoque *add.* P_1 **13** occultatione sua] occultationis sue tegmine P_1 | hominum] humanis P_1 | inchoantia] inchoata P_1 | bona] nostra *add.* P_1 **14** utrumque *usque* si] in primogenito ergo bouis operari prohibemur atque a primogenitis ouium detendendis compescimur quia et ipsi P_1 **15** et si] et dum uita nostra P_1 | simplex quid P_1 | et] atque P_1 **16** incipimus] inchoat P_1 **16/17** quasi *usque* oculis] dignum est ut secrete sui uelamina non relinquat ne nudum hoc humanis oculis quasi subducto uellere ostendat P_1 **18** dei] diuina P_1 **18/19** boum primogenita ouiumque proficiant P_1 **19** scilicet] *om.* P_1 | quicquid] forte innocuumque *add.* P_1 | bene] *om.* P_1 | ad] hoc *praem.* P_1 | honorem] intimi iudicis *add.* P_1

20 in ara cordis immolemus. Saepe etiam conuersationis primor-
    dia ex carnali uita sunt commixta ; et idcirco innotescere cito
    non debent ne cum laudantur bona quae placent, deprehendi
    nequeant mala quae latent. Vnde iterum Moyses : *Quando*
24 *plantaueritis ligna pomifera, auferetis praeputia eorum. Poma*
    quae germinant, immunda erunt uobis, nec edetis ex eis. Ligna
    pomifera sunt opera uirtutibus fecunda ; horum praeputia aufe-
    rimus, cum primordia nostrorum operum non approbamus.
28 Poma quae germinant quasi nobis immunda non edimus, quia
    cum primordia boni laudantur operis, dignum est ut laus
    animum non pascat operantis.

        Vnde psalmista : *Vanum est uobis ante lucem surgere, sur-*
32 *gite postquam sederitis.* Ante lucem surgere est priusquam clari-
    tas aeternae retributionis appareat, in praesentis uitae nocte
    gaudere. Sedendum ergo prius est, ut postea recte surgamus,
    quia quisquis nunc sese sponte non humiliat, hunc sequens
36 gloria non exaltat.

CAPITVLVM V

DE CONVERSIS DEFICIENTIBVS ET CONVERSIS PROFICIENTIBVS

Et sicut palma multiplicabo dies. Palma inferius tactu aspera
est, superius et uisu et fructibus pulchra ; inferius angusta,

---

[V] **2/31** *CC* XIX, xxvii, 2, 30/33, 38/39, 43/44, 61/63, 46/48, 50/52, 79/83, 86/104 ;
μ 629/631.

23/25 Leu. 19, 23.   **31/32** Ps. 126, 2.   [V] **2** Iob 29, 18.

---

20 immolemus] quod ab illo procul dubio tanto libentius accipitur quanto
ab hominibus occultatum nulla laudis appetitione maculatur *add.* P_1 | etiam] autem
noue P_1 **21** ex] adhuc *praem.* P_1 | sunt uita P_1 | cito] citius P_1 **22/23** deprehendi
nequeant] deceptus laude sua animus deprehendere in eis nequeant P_1 **23** iterum
moyses] recte et rursum per moysen dicitur P_1 | quando] fueritis ingressi terram quam
ego daturus sum uobis et *add.* P_1 **24** ligna] in ea *add.* P_1 **25** edetis] comedetis P_1 |
ligna] quippe *add.* P_1 **26** horum] *om.* P_1 | preputia] itaque lignorum *add.* P_1 **27**
cum] de ipsa inchoationis infirmitate suspecti *add.* P_1 **28** poma] ergo *add.* P_1 | quasi
nobis] *om.* P_1 | non edimus] ducimus nostrisque esibus non aptamus P_1 **29** laus] hoc
P_1 **32** lucem] quippe *add.* P_1 **34** postea] post P_1 **35** nunc] non L_1 | sese] se P_1 |
hunc] nequaquam *praem.* P_1 **36** non] *om.* P_1 [V] **3** et$_1$] est P_1

4 superius amplitudine uiriditatis expansa. Habet etiam palma praeter alias arbores quod tenuis ab imis incipit, sed uastior ad summa succrescit.

Vnde iuste et uitae iustorum comparatur qui in terrenis
8 debiles, in caelestibus sunt studiis fortes. Arbusta uero alia mundi dilectoribus sunt similia, qui in terrenis fortes sunt, in caelestibus debiles ; qui pro terrenis iniurias tolerant, pro caelestibus uel unius uerbi contumelias ferre recusant. Rursum
12 arbustis similes sunt, qui cum ad conuersionem ueniunt, non perseuerant in eo quod coeperunt ; qui fortia proponunt sed ad infima descendunt, et paulisper per augmenta temporum patiuntur detrimenta uirtutum. Palmae uero quae uastior est in
16 summitate, electorum conuersio comparatur quae plus finiendo agit quam proponit incohando ; et si tepidius prima incohat, feruentius extrema consummat, uidelicet semper incohare se aestimans, et idcirco infatigabilis in nouitate perdurat. Hanc
20 iustorum constantiam propheta intuens, ait : *Qui confidunt in Domino, mutabunt fortitudinem, assument pennas ut aquilae, current et non laborabunt, ambulabunt et non deficient.* Mutant quippe fortitudinem, quia fortes student esse in spiritali opere,
24 qui dudum fuerant fortes in carne. Assumunt autem pennas ut aquilae, quia contemplando uolant. Currunt et non laborant, quia uelocibus magna celeritate praedicant. Ambulant et non deficiunt, quia intellectus sui uelocitatem retinent, ut tar-

---

20/22 Is. 40, 31.

---

4 etiam] quidem P_1 4/5 generibus differt . omnis namque arbor in suo robore iuxta terram uasta subsistit sed crescendo superius angustatur et quanto paulisper sublimior tanto subtilior in altum redditur . palma uero minoris amplitudinis ab imis inchoat et iuxta ramos ampliori robore exsurgit et que tenuis P_1 7 terrenis] fortes sunt in celestibus *add. et eras.* L_1 7/14 unde *usque* et] sunt uero nonnulli qui cum celestia appetunt atque huius mundi noxia facta derelinquunt ab inchoatione sua cotidie inconstantie pusillanimitate deficiunt . quibus hos nisi arbustis reliquis similes dixerim qui nequaquam tales superius surgunt quales inferius oriuntur . hi quippe in conuersatione uenientes non tales quales ceperunt perseuerant et quasi more arborum in inchoatione uasti sunt sed tenues crescunt quia P_1 15 uirtutum] sensim quippe in eis desideria superna languescunt et qui robusta ac fortia proposuerant debilia et infirma consummant dumque etatis augmento proficiunt quasi flexibiles crescunt *add.* P_1 15/17 palme *usque* agit] palma uero sicut dictum est uastioris in summitate est quam esse ceperit quantitatis ex radice quia electorum conuersio sepe plus finiendo peragit P_1 19 estimans] estimat P_1 | hanc] scilicet *add.* P_1 21 fortitudinem] suam *add.* P_1 26 uelocius P_1 27 deficient L_1

28 dioribus condescendant. In cunctis uero bona quae accipiunt
quanto aliis libenter accommodant, tanto ipsi incommutabiles
in nouitate perdurant ; et qui tenues a radice incohationis
exeunt, fortes in culminis perfectione conualescunt.

CAPITVLVM VI

QVALITER CONVERSI TEMPORALIA DEBEANT TVERI

In euangelio scriptum est : *Si quis tibi tulerit tunicam, et
uoluerit tecum iudicio contendere, dimitte illi et pallium.* Et rur-
4 sum : *Si quis quod tuum est tulerit, ne repetas.* Paulus quoque
apostolus discipulos suos cupiens exteriora despicere, ut ualeant
interna seruare, admonet dicens : *Iam quidem omnino delictum
est in uobis, quod iudicia habetis inter uos. Quare non magis
8 iniuriam accipitis ? Quare non magis fraudem patimini ?* Sunt
tamen qui assumpto sanctae conuersationis habitu, filiorum
spiritalium custodiam deserunt, et temporalia quaeque defendere etiam iurgiis quaerunt. Exemplo suo eorum perdere corda
12 non trepidant, et quasi per neglegentiam amittere patrimonia
terrena formidant. Et si quid sibi leuiter inferri temporale damnum senserint, in ultionis iram repente ab intimis inardecunt.
Et dum animarum damna aequanimiter tolerant, iacturam
16 rerum temporalium repellere etiam cum spiritus commotione
festinant. Et quanto magis terrena diligunt, tanto priuari eis
uehementius pertimescunt. Qua enim mente in hoc mundo aliquid possidemus, non docemur, nisi cum amittimus. Sine
20 dolore namque amittitur, quicquid sine amore possidetur. Quae
uero ardenter diligimus habita, grauiter suspiramus ablata. Quis

---

[VI] **2/58** *CC* XXXI, xiii, 3/14, 17/18, 19/22, 24/66 ; μ 1006/1007.

[VI] **2/3** Matth. 5, 40.   **4** Luc. 6, 30.   **6/8** I Cor. 6, 7.

[VI] **9** qui] quidam *praem* P_1 | assumpto] *om.* P_1 **10** spiritualium] *om.* P_1 **12/13**
terrena patrimonia P_1 **13** et si quid] at si quod P_1 **14** inardescunt] mox patientia
rumpitur mox dolor cordis in uocem effrenatur *add.* P_1 **15** et] qui P_1 **16** rerum]
uero *praem.* P_1 **17** festinant] cunctis ueraciter indicant mentis teste perturbatione
quid amant . ibi quippe est grande studium defensionis ubi et grauior est uis amoris
add. P_1 | et] nam P_1

autem nesciat quia nostris usibus res terrenas Dominus condidit, suis autem animas hominum creauit ? Plus ergo Deo se
24 amare conuincitur, qui, neglectis his quae eius sunt, propria
tuetur. Perdere namque hypocritae ea quae Dei sunt, id est animas hominum, non timent; et quae sua sunt amittere, uidelicet
res cum mundo transeuntes, quasi districto iudici posituri
28 rationes timent ; ac si placatum inueniant, cui desideratis
rebus, id est rationabilibus, perditis, insensibilia non quaesita
conseruant. Possidere in hoc mundo aliquid uolumus, et ecce
Veritas clamat : *Nisi quis renuntiauerit omnibus quae possidet,*
32 *non potest meus esse discipulus.*

Perfectus igitur Christianus quomodo debet res terrenas iur-
gando defendere, quas praecipitur non possidere ? Itaque cum
res proprias amittimus, si perfecte Deum sequimur, in huius
36 uitae itinere magno onere leuigati sumus. Cum uero curam
rerum eiusdem nobis itineris necessitas imponit, quidam dum
eas rapiunt, solummodo tolerandi sunt ; quidam uero seruata
caritate prohibendi, non tamen sola cura ne nostra subtrahant,
40 sed ne rapientes non sua, semetipsos perdant. Plus quippe raptoribus debemus metuere, quam rebus irrationabilibus
defendendis inhiare. Illa namque etiam non rapta morientes
amittimus, cum illis uero et nunc conditionis ordine, etsi cor-
44 rigi studeant, post perceptionem muneris, unum sumus. Quis
autem nesciat quia minus ea quibus utimur, et plus debemus
amare quod sumus ? Si ergo et pro sua utilitate raptoribus
loquimur, iam non solum nobis quae temporalia, sed ipsis
48 etiam quae sunt aeterna uindicamus.

Qua in re illud est sollerter intuendum, ne per necessitatis
metum cupiditas subrepat rerum, et zelo succensa prohibitio,
impetu immoderatiore distensa, usque ad odiosae turpitudinem
52 contentionis erumpat. Dumque pro terrena re pax a corde cum
proximo scinditur, liquido apparet quia plus res quam proximus amatur. Si enim caritatis uiscera etiam circa raptorem
proximum non habemus, nosmetipsos peius ipso raptore perse-

31/32 Luc. 14, 33.

---

24 conuinciuntur P_1 **25** ypocrite] mali P_1 **26** hominum] *om.* P_1 **28** cui] cum
P_1 **29** rationalibus P_1 **30** aliquid in hoc mundo P_1 **32** esse meus L_1 **40** quippe]
ipsis *add.* P_1 **47/48** etiam ipsis P_1 **48** uendicamus P_1 **49** per] pro P_1 **50** metu
P_1 **51** immoderatione L_1

56 quimur ; grauiusque nos quam alter poterat deuastamus, quia
dilectionis bonum sponte deferentes, a nobis ipsis intus est
quod amittimus, qui ab illo sola exteriora perdebamus.

Sciunt itaque sancti quia omnis humana iustitia iniustitia
60 esse reprehenditur, si diuinitus districte iudicetur. Vnde hoc
quod sibi competit cauent uehementer exigere, ne eorum actus
supernam rectitudinem contingat subtiliter examinare. Sed ut
inueniri iusti in diuino examine ualeant, plerumque apud
64 humana iudicia grauari se et iniuste patiuntur.

CAPITVLVM VII

QVOD QVIDAM MVNDO MORTVI SVNT, SED MVNDVS ADHVC EIS VIVIT

In amaritudine animae sunt omnes electi, quia uel punire
flendo non desinunt quae deliquerunt, uel graui se maerore
4 afficiunt, quia longe huc a facie conditoris proiecti, adhuc in
aeternae patriae gaudiis non sunt. De quorum corde bene per
Salomonem dicitur : *Cor quod nouit amaritudinem animae
suae in gaudio illius non miscebitur extraneus.*
8 Sed plerumque contingit ut homo iam mundum mente non
teneat, sed tamen mundus hominem occupationibus astringat.
Et ipse quidem mundo iam mortuus est sed ipsi mundus adhuc
mortuus non est. Quasi enim uiuus adhuc mundus eum con-
12 spicit, dum alio intentum in suis actionibus rapere contendit.
Vnde bene Paulus, cum et ipse saeculum perfecte despiceret et
talem se factum uideret quem iam hoc saeculum concupiscere
omnino non posset, ruptis huius uitae uinculis liber dicit :
16 *Mihi mundus crucifixus est et ego mundo.* Mundus quippe ei
crucifixus fuerat quia hunc cordi suo mortuum iam non amabat. Sed et se ipsum mundo crucifixerat quia talem se ei exhi-

---

59/64 *CC* XXI, xx, 22/27 ; μ 694.   [VII] **2/34** *CC* V, III, 2/7, 21/42, 44/46, 50/54 ;
μ 140/141.

[VII] **6/7** Prou. 14, 10.   **15** Gal. 6, 14.

---

58 exteriora sola P_1 **60** deprehenditur P_1 **63** diuino] domini P_1 **64** et] *om.*
P_1 [VII] **1** mundo] *om.* P_1 **8** iam homo P_1 **11** adhuc uiuus P_1 **13** et$_1$] *om.*
P_1 **17** iam mortuum P_1 **18** ei] *om.* P_1

bere studuit, ut ab eo quasi mortuus concupisci non posset. Si
20 enim uno in loco sint mortuus et uiuens, etsi mortuus uiuum
non uidet, uiuus tamen mortuum uidet ; si uero utrique sint
mortui, alter alterum nequaquam uidet. Ita qui iam mundum
non amat, sed tamen ab illo uel non uolens amatur, etsi ipse
24 uelut mortuus mundum non uidet, hunc tamen mundus adhuc
non mortuus uidet. Si uero nec ipse in amore mundum retinet,
nec rursum a mundi amore retinetur, uicissim sibi utrique
exstincti sunt ; quia dum alter alterum non appetit quasi mor-
28 tuum mortuus non attendit. Multi tamen usque ad culmen
huius exstinctionis omnimode non assurgunt, quia etsi ipsi
mundum non tenent, adhuc tamen se tales esse metuunt qui a
mundo teneantur ; quia nisi ei quantulumcumque uiuerent, hos
32 ad usum suum procul dubio mundus non amaret. Mare enim
uiua corpora in semetipso retinet ; nam mortua extra se protinus expellit.

CAPITVLVM VIII

QVOD NON SVBITO SED PER GRADVS AD SVMMA PERVENITVR

Per singulos gradus meos pronuntiabo illum. De his gradibus per psalmistam dicitur : *Ambulabunt de uirtute in uirtu-*
4 *tem.* De his iterum sanctam Ecclesiam contemplatus, ait : *Deus*
in gradibus eius dignoscetur dum suscipiet eam. Neque enim
repente ad summa peruenitur, sed ad uirtutum celsitudinem
per incrementa mens ducitur.
8 Bene autem Daniel propheta, loquente ad se Domino, dum
positionem nobis sui corporis insinuare studuit, haec meritorum incrementa signauit. Ait enim : *Audiui uocem uer-*
borum ; et audiens iacebam consternatus super faciem meam,
12 *uultusque meus haerebat terrae. Et ecce manus tetigit me, et*

[VIII] **2/57** *CC* XXII, xx, 1/7, 44/93 ; μ 720, 721/722.

[VIII] **2** Iob 31, 37.   **3/4** Ps. 83, 8.   **4/5** Ps. 47, 4.   **10/17** Dan. 10, 9/12.

---

20 in uno P_1 **30** esse tales P_1 **32** mundus] *om.* P_1 **33/34** repellit P_1 [VIII] **2**
his] quippe *add.* P_1 **5** cognoscetur P_1 | dum] cum P_1 | enim] sicut dictum est P_1 **12**
et uultus P_1

*erexit me super genua mea, et super articulos manuum
mearum ; et dixit ad me : Daniel, uir desideriorum, intellege
uerba quae ego loquor ad te, et sta in gradu tuo ; nunc enim*
16 *missus sum ad te. Cumque dixisset mihi sermonem istum, steti
tremens, et ait ad me : Noli metuere.* Quam uidelicet corporis
sui positionem, dum intrinsecus uerba loquentis audiret,
nequaquam nobis tanta cura exprimeret, si a mysteriis uacare
20 cognouisset. In scriptura enim sacra non solum quod iusti uiri
dicunt prophetia est, sed etiam plerumque quod agunt. Vir
itaque sanctus internis mysteriis plenus per positionem quoque
corporis exprimit uirtutem uocis, et per hoc quod primum in
24 terra prostratus iacuit ; per hoc quod se postmodum in manuum suarum articulis et genibus erexit ; per hoc quod ad
extremum erectus quidem sed tremens stetit, in semetipso
nobis omnem ordinem nostri prouectus innotescit. Verba
28 namque Dei in terra iacentes audimus, cum in peccatis positi et
terrenae pollutioni coniuncti, sanctorum uoce spiritalia praecepta cognoscimus. Ad quae praecepta quasi super genua et
super manuum nostrarum articulos erigimur, cum a terrenis
32 contagiis recedentes, quasi iam ab infimis mentem leuamus.
Sicut enim totus terrae inhaeret qui consternatus iacet, ita qui
in genibus et manuum suarum articulis incuruatur, incohante
prouectu ex magna iam parte a terra suspenditur. Ad
36 extremum uero uoce dominica erecti quidem, sed trementes
assistimus cum, a terrenis desideriis perfecte subleuati, uerba
Dei, quo plenius audimus et cognoscimus plus timemus. Adhuc
enim quasi in terra iacet, qui ad caelestia erigi terrenorum
40 desideriis neglegit. Quasi subleuatus autem adhuc in manibus
et genibus incumbit, qui quaedam iam contagia deserit, sed
quibusdam adhuc terrenis operibus non contradicit. Iam uero
ad uerba Dei erectus assistit, qui perfecte mentem ad sublimia
44 erigit, et per immunda desideria incuruari contemnit.

Bene autem trementem se stetisse indicat, quia examen subtilitatis internae, quo plus ad illud proficitur, amplius formida-
tur. Vbi apte diuina uoce subiungitur : *Noli metuere,* quia cum

---

17 metuere] timere L_1 17/18 positionem corporis sui P_1 20 iusti uiri non solum
quod P_1 22 sanctus] *om.* L_1 25 et] in *add.* P_1 26 stetit] constitit P_1 28
namque] enim P_1 | et] cum P_1 31 cum] qui P_1 36 uoce dominica] *ed.* μ, uoci domi-
nice L_1 P_1 38 audimus et] *om.* P_1 41 iam] *om.* P_1 46/47 formidat L_1 47 ubi]
unde P_1

48 plus ipsi quod timeamus agnoscimus, plus nobis de Deo per
    internam gratiam infunditur quod amemus ; quatenus et con-
    temptus noster paulisper transeat in timorem, et timor transeat
    in caritatem ; ut quia quaerenti nos Deo per contemptum resis-
52 timus, per timorem fugimus et contemptu quandoque et timore
    postposito, solo ei amore iungamur. Paulisper enim eum
    timorem dediscimus, eique ui solius dilectionis inhaeremus.
    Appositis igitur quasi quibusdam gradibus prouectus, nostrae
56 mentis pedem prius per timorem in imo ponimus ; et postmo-
    dum per caritatem ad alta amoris leuamus.

CAPITVLVM IX

QVIBVS GRADIBVS MILES DEI AD SVPERNA PERVENIAT

Intimemus quomodo miles Dei a primaeua conuersatione
proficiat, quomodo a minimis ad maiora succrescat, uel quibus
4 gradibus ab infimis ad superna perueniat.
    Dicatur ergo : *Numquid praebebis equo fortitudinem, aut cir-*
cumdabis collo eius hinnitum ? Vnicuique animae, cui misericorditer Dominus praesidet, ante omnia fidei fortitudinem
8 praebet, de qua Petrus ait : *Aduersarius uester diabolus, sicut*
leo rugiens, circuit quaerens quem deuoret ; cui resistite fortes
in fide. Huic autem fortitudini hinnitus iungitur, dum fit quod
scriptum est : *Corde enim creditur ad iustitiam, ore autem con-*
12 *fessio fit ad salutem.*
    Sequitur : *Numquid suscitabis eum quasi locustas ?*
Vnusquisque qui Deum sequitur, in ipso suo exordio ut locusta
suscitatur, quia etsi in quibusdam actionibus locustarum more
16 flexis poplitibus terrae inhaeret, in quibusdam tamen expansis

---

[IX] **2/5** *CC* XXXI, xxxiv, 38/42 ; μ 1030.   **5/13** *CC ibid.*, xxxv, 1/9 ; μ
1030.   **13/19** *CC ibid.*, xxxvi, 1/8 ; μ 1030.

[IX] **5/6** Iob 39, 19.   **8/10** I Petri 5, 8/9.   **11/12** Rom. 10, 10.   **13.20** Iob 39,
20.

---

54 timore P_1 **55** nostrae] *ed.*, nostri L_1 P_1 μ   [IX] **3** quomodo] quod L_1 **6** cui]
om. P_1 **6/7** misericors deus presidens P_1 **8** sicut] tamquam P_1 **11** enim] *om.*
P_1 **12** fit] *om.* L_1 **13** sequitur] *om.* P_1

alis sese in aera suspendit. Conuersionum quippe initia, bonis moribus malisque permixta sunt, dum et noua iam per intentionem agitur, et uetus adhuc uita ex usu retinetur.

20 *Gloria narium eius terror.* Pro eo quod non uisa res odore deprehenditur, non immerito narium nomine spei nostrae cogitationes exprimuntur, quibus uenturum iudicium, quod etsi oculis adhuc non cernimus, iam tamen sperando praeuidemus.

24 Omnis autem qui bene uiuere incipit, audiens quod per extremum iudicium iusti ad regnum uocentur, hilarescit ; sed quia quaedam mala adhuc ex reliquiis sibi inesse considerat, hoc ipsum iudicium, de quo exsultare incohat, appropinquare

28 formidat. Vitam quippe suam bonis malisque permixtam conspicit, et cogitationes suas aliquo modo spe et timore confundit. Nam cum audit quae sint regni gaudia, mox mentem laetitia subleuat ; et rursum cum respicit quae sint gehennae tor-

32 menta, mox mentem formido perturbat. Bene ergo gloria narium eius terror dicitur, quia inter spem et metum positus, dum futurum iudicium mente conspicit, hoc ipsum timet unde gloriatur. Ipsa ei sua gloria terror est, quia incohatis iam bonis,

36 spe de iudicio laetus est ; et necdum finitis omnibus malis, perfecte securus non est. Sed inter haec sollicite ad mentem reuertitur, et procellas tantae formidinis renuens, seque in solius pacis tranquillitate disponens, totis uiribus a districto

40 iudice inueniri liber conatur. Seruile quippe aestimat dominicam praesentiam formidare ; ac ne conspectum patris metuat, illa agit per quae se filium recognoscat. Discit ergo iudicem tota exspectatione diligere, atque, ut ita dixerim, timendo renuit

44 timere. Oriri autem cordi formidinem pro carnali actione considerat, et idcirco ante omnia carnem forti edomatione castigat.

Vnde postquam dictum est : *Gloria narium eius terror,* recte subiungitur : *Terram ungula fodit.* Vngula namque terram

---

20/47 *CC ibid.,* xxxvii, 1/29 ; μ 1030/1031.   47/49 *CC ibid.,* xxxviii, 1/4 ; μ 1031.

---

47 Iob 39, 21.

---

17 conuersationum L_1 19 uetus] uetusta L_1 | retinetur] tanto autem minus permixti interim malis ledimur quanto contra illa cotidie sine cessatione pugnamus *add.* P_1 20 non] *om.* P_1 25 uocantur P_1 26 reliquis P_1 31 sunt P_1 33 metum] formidinem P_1 35 ei] enim L_1 46 unde] et *add.* P_1 47 subditur P_1 | terram$_2$ namque ungula P_1

48 fodere est districta abstinentia carnem domare. Quo autem plus
caro premitur, eo de caelesti spe animus securius laetatur.

CAPITVLVM X

DE DVPLICI SOLITVDINE CONVERSORVM, CORPORIS SCILICET ET CORDIS

Diligenter attendendum est quod alia est solitudo corporis,
alia solitudo cordis. Sed quid prodest solitudo corporis, si
4   defuerit solitudo cordis ? Qui enim corpore remotus uiuit, sed
tumultibus conuersationis humanae terrenorum desideriorum
cogitationibus se inserit, non est in solitudine. Si uero prematur
aliquis corporaliter popularibus turbis et tamen nullos curarum
8   saecularium tumultus in corde patiatur, non est in urbe. Itaque
bene conuersantibus primum solitudo mentis tribuitur, ut
exsurgentem intrinsecus strepitum terrenorum desideriorum
premant ; ut ebullientes ab infimis curas cordis per superni gra-
12 tiam restringant amoris, omnesque motus importune se
offerentium leuium cogitationum, quasi quasdam circumuo-
lantes muscas ab oculis abigant manu grauitatis ; et quoddam
sibi cum Domino intra se secretum quaerant, ubi cum illo
16 exteriore cessante strepitu per interna desideria silenter loquan-
tur.
De hoc secreto cordis alias dictum est : *Factum est silentium in caelo, quasi dimidia hora.* Caelum quippe ecclesia elec-
20 torum uocatur, quae ad aeterna sublimia dum per subleua-
tionem contemplationis intendit, surgentes ab infimis cogitationum tumultus premit, atque intra se Deo quoddam silentium
facit. Quod quidem silentium contemplationis, quia in hac uita
24 non potest esse perfectum, factum dimidia hora dicitur. Nolenti
quippe animo cogitationum tumultuosi se strepitus ingerunt,
etiam sublimibus intendentem, rursum ad respicienda terrena
cordis oculum uiolenter trahunt. Vnde scriptum est : *Corpus*

[X] **2/31** *CC* XXX, xvi, 2/32 ; μ 980.

[X] **18/19** Apoc. 8, 1.   **27/29** Sap. 9, 15.

[X] **4** solitudo defuerit P_1 **6** cogitatione P_1 **10** terrenorum d. strepitum P_1 **14**
oculis] mentis *add.* P_1 **25** tumultuosi se c. P_1 **26** rursum] *om.* P_1

28 *quod corrumpitur, aggrauat animam, et deprimit terrena inha-bitatio sensum multa cogitantem.* Bene ergo factum hoc silen-tium non integra, sed dimidia hora describitur, quia hic con-templatio nequaquam perficitur, quamuis ardenter incohetur.

32   Sancti ergo uiri aeternam patriam appetunt ; et quia nihil huius mundi diligunt, magna mentis tranquillitate perfruuntur. Vnde bene de eis scriptum est quia *aedificant sibi solitudines.* Solitudines quippe aedificare, est a secreto cordis terrenorum

36 desideriorum tumultus expellere et una intentione aeternae patriae in amorem intimae quietis anhelare. Vnde propheta : *Vnam petii a Domino, hanc requiram ut inhabitem in domo Domini.* Quietem enim mentis quasi quemdam secessum

40 petierat in qua tanto purius Deum cerneret, quanto hunc cum se solo solum inueniret.

   Et iterum : *Ecce elongaui fugiens et mansi in solitudine.* Fugiens elongat, qui a turba desideriorum temporalium in

44 altam Dei contemplationem se subleuat. Manet uero in solitu-dine quia perseuerat in remota mentis intentione. De qua bene solitudine Domino Ieremias ait : *A facie manus tuae solus sede-bam quoniam comminatione replesti me.* Facies quippe manus

48 Dei, est illa percussio iusta iudicii qua superbientem hominem a paradiso reppulit, et in hanc caecitatem praesentis exsilii exclusit. Comminatio uero eius, est terror adhuc supplicii sequentis. Post faciem igitur manus adhuc nos minae terrificant

52 quia per experimentum iudicii iam nos et poena praesentis exsilii perculit, et si peccare non desistimus, aeternis adhuc suppliciis addicit.

32/54 *CC* IV, xxx, 66, 71/76, 78/79, 83/84, 107/119 ; μ 129/130.

---

34 Iob 3, 14.   **38/39** Ps. 26, 4.   **42** Ps. 54, 8.   **46/47** Ier. 15, 17.

---

30 dimidia] media P_1 **32** nichil] nulla P_1 **34** bene *usque* est] recte dicitur P_1 **37** unde propheta] an non cunctos a se cogitationum tumultus expulerat qui dicebat P_1 **39/40** quietem   *usque*   petierat] a   frequentia   quippe   terrenorum desideriorum fugerat ad magnam uidelicet solitudinem semetipsum ubi eo tutius nil extraneum   conspiceret   quo   incompetens   nichil   amaret   .   a   tumultu rerum temporalium magnum quemdam secessum petierat quietem mentis P_1 **43** qui] quia P_1 **44** eleuat P_1 **52** nos iam P_1

CAPITVLVM XI

DE TRIBVS VICIBVS QVIBVS AFFICIVNTVR ELECTI, ID EST, CONVERSIONE,
TEMPTATIONE, MORTE

Haec omnia operatur Deus tribus uicibus per singulos. Sol-
4 lerter intuendum est quae istae tres uices sint quibus
unusquisque homo anxietate maeroris afficitur, et. post
maerorem protinus ad securitatem laetitiae reuocatur. Igitur si
uigilanter intendimus, has tres uices maeroris et laetitiae in
8 uniuscuiusque electi animo istis alternari modis inuenimus, id
est conuersione, temptatione, morte.

In prima quippe conuersionis uice grauis maeror est, cum
sua quisque peccata considerans, uult desideriorum tem-
12 poralium onus abicere, et iugum Domini libera seruitute portare. Cogitanti enim ista occurrit delectatio, quae inueterata,
quanto eum diutius tenuit, tanto artius astringit. Ibi igitur est
anxietas cordis, quando hinc spiritus uocat, hinc caro reuocat ;
16 hinc amor nouae conuersionis inuitat, hinc usus peruersitatis
impugnat. Vt scilicet de hoc homine dici potest : *Abominabilis
ei fit in uita sua panis*, id est, iucunditas humanae delectationis.
Per panem quippe delectatio significatur. Vnde Ieremias :
20 *Omnis populus eius gemens et quaerens panem ; dederunt pre-*

[XI] **3/18** *CC* XXIV, xi, 1/2, 13/16, 18/22, 23, 24/31, 34/35 ; µ 771.   **18/25** *CC*
XXIII, xxv, 75/84 ; µ 756/757.

[XI] **3** Iob 33, 29.   **17/18** Iob 33, 20.   **20/21** Thren. 1, 11.

[XI] **4** que] quo P_1 **6** letitie securitatem P_1 | reuocatur] id enim superius sicut iam
dixi narrauerat quod et prius grauis meror afficit et magna postmodum letitia attollit
add. P_1 **8** electi animo] anima P_1 **10** quippe] quam diximus *add.* P_1 **11** quisque]
unusquisque P_1 | considerans] curarum secularium uult compedes rumpere et uiam
dei per spatium secure conuersationis ambulare *add.* P_1 **12** onus] graue *praem.* P_1 |
iugum] leue *praem.* P_1 **13** delectatio] illa familiaris sua carnalis *praem.* P_1 **14**
quanto] dudum *praem* P_1 | astringit] atque a se tardius abire permittit *add.* P_1 | ibi igi-
tur est] et quis ibi meror que P_1 **16** conuersationis P_1 | usus] uetuste *add.* P_1 | peruer-
sionis P_1 **17** impugnat] hinc desiderio ad celestem patriam flagrat et hinc in
semetipso carnalem concupiscentiam tolerat que eum aliquo modo etiam inuitum
delectat *add.* P_1 | ut scilicet] recte ergo P_1 | hoc] amarescente *add.* P_1 **18** fit] *Vulg.*,
fuit L_1 P_1

tiosa quaeque pro cibo ad refocillandam animam. Populus gemit pro cibo, cum praui quique ad uotum praesenti iucunditate non satiantur, et pretiosa dant pro cibo, cum uirtutes
24 mentis ad transitoriam laudem inclinant et peruersis desideriis animam refocillant.

Sed quia Dei gratia diu nos istis difficultatibus non sinit affici, ruptis peccatorum uinculis citius ad conuersionem conso-
28 lando perducit, et priorem tristitiam sequens laetitia refouet ; ut, conuersi animus ad uotum suum perueniendo gaudeat eo magis quo se meminit pro illo doluisse : quia ei quem desiderat, iam per spem securitatis propinquat, ut scilicet de
32 hoc dici debeat : *Deprecabitur Deum, et placabilis ei erit.*

Sed ne conuersus iam perfectum se esse credat, et quem pugna maeroris superare non ualuit, postmodum securitas sternat, dispensante Deo post conuersionem temptationum
36 stimulis fatigatur. Iam quidem per conuersionem quasi mare Rubrum transitum est ; sed adhuc in eremo huius uitae hostes occurrunt. Iam peccata praeterita quasi exstinctos Aegyptios post terga relinquimus ; sed adhuc nocentia uitia, quasi alii
40 hostes obuiant, ut ad terram promissionis pergentibus coeptum iter intercludant. Ne igitur conuersio securitatem, securitas

---

26/103 *CC* XXIV, xi, 37/46. 49/58, 61/68, 70/88, 102/106, 108/126, 128/132, 133/139, 143/153, 155/158, 179, 182/183, 192/193, 195/196, 199/204 ; μ 771/774.

---

32 Iob 33, 26.

---

22 cibo] pane P_1 **26** dei] diuina P_1 **26/27** affici non P_1 | sinit] permittit P_1 **27** uinculis] nostrorum *praem.* P_1 | ad] nos *praem.* P_1 | conuersionem] libertatem noue conuersationis P_1 **28** priorem] precedentem P_1 | letitia] iustitia L_1 | subsequns P_1 **29** ut] ita *praem.* P_1 | animus] uniuscuiusque *praem.* P_1 **29/30** eo magis ad uotum suum perueniendo g. P_1 **30** quo] magis *add.* P_1 | pro illo meminit P_1 | doluisse] laborando *praem.* P_1 | quia] fit cordi immensa letitia *praem.* P_1 **31** iam] *om.* P_1 | scilicet] recte P_1 **32** erit] et uidebit faciem eius in iubilo (Iob 33, 26) . uel certe . liberauit animam suam ne pergeret ad interitum sed uiuens lucem uideret (Iob 33, 28) *add.* P_1 **33** sed] ac P_1 | iam] quisque *praem.* P_1 | perfectum] sanctum P_1 | esse se P_1 **34** ualuit] ipsa *add.* P_1 **35** deo] permittitur ut *add.* P_1 **36** fatigetur P_1 | quasi] *om.* P_1 **36/37** rubrum mare P_1 **37** hostes] ante faciem *praem.* P_1 **38** quasi] uelut P_1 **39** tergum P_1 | reliquimus P_1 **41** intercludant] iam priores culpe uelut insequentes aduersarii sola diuina uirtute prostrate sunt sed temptationum stimuli quasi hostes alii contra faciem ueniunt qui et cum nostro labore superantur *add.* P_1 | ne igitur] *om.* P_1 | conuersio] uidelicet *add.* P_1 | securitatem] parit . mater autem neglegentie solet esse securitas . ne ergo *add.* P_1

pariat neglegentiam, scriptum est : *Fili, accedens ad seruitutem Dei, praepara animam tuam ad temptationem.* Non, ait, ad
44 requiem, sed ad temptationem, quia hostis noster quo magis nos rebellare conspicit, eo magis expugnare contendit. Quos enim quiete possidet impugnare neglegit. Hos Dominus in se dispensatorie figurauit, qui non nisi post baptisma se temptari
48 permisit, per hoc nobis innuens membra eius, cum ad Deum proficerent, acriores tolerare passiones. Post primam igitur uicem maeroris et laetitiae, quam in conuersione quisque cognoscit, haec secunda oritur, quia ne securitatis neglegentia dis-
52 soluatur, temptationibus afficitur. Et quidem in conuersionis initio plerumque magna excipitur dulcedo consolationis, sed sequitur postea labor probationis.

Tres quippe modi sunt conuersorum : incohatio, medietas,
56 et perfectio. In incohatione inueniunt blandimenta, in medio certamina, in ultimo perfectionem. Prius enim illos dulcia suscipiunt, quae consolentur ; dehinc amara quae exerceant, demum suauia et sublimia quae confirment.
60 Vnde plerumque conuersi in incohatione sua, uel tranquillitatem carnis, uel dona prophetiae, uel praedicamenta doctrinae, uel signorum miracula, uel gratiam curationis accipiunt ; et

---

42/43 Eccli. 2, 1.   **46/48** cfr Matth. 4, 1.   **60/62** cfr I Cor. 12, 10.

---

42 pariat] *om.* P_1 | neglegentiam] generet *add.* P_1 **43** dei] sta in iustitia et timore et *add.* P_1 **44** noster] adhuc in hac uita nos positos *add.* P_1 | quo] quanto P_1 **45** nos] sibi *add.* P_1 | eo magis] tanto amplius P_1 **45/46** quos *usque* neglegit] eos enim pulsare neglegit quos quieto iure possidere se sentit . contra nos uero eo uehementius incitatur quia ex corde nostro quasi ex iure proprie habitationis expellitur P_1 **46/49** hos *usque* passiones] hoc enim in seipso dominus sub quadam dispensatione figurauit qui diabolum non nisi post baptisma se temptare permisit ut signum nobis quoddam future conuersationis innueret quod membra eius postquam ad dominum proficerent tunc acriores temptationum insidias tolerarent P_1 **50** uicem] uocem P_1 | et] atque P_1 **50/51** in conuersione quisque cognoscit] unusquisque per studium conuersationis agnoscit P_1 **51** oritur] suboritur P_1 **52** temptationibus] impulsu temptationis P_1 |quidem] quisque *add.* P_1 | in] ipso *add.* P_1 **53** magna plerumque P_1 | dulcedine P_1 **53/54** sed *usque* probationis] sed durum laborem profundum temptationis experitur P_1 **56** et] atque P_1 | inchoatione] autem *add.* P_1 |blandimenta] dulcedinis *add.* P_1 | medio] quoque tempore *add.* P_1 **57** certamina] temptaionis *add.* P_1 | in ultimo] ad extremum uero P_1 |perfectionem] plenitudinis *add.* P_1 |enim] ergo P_1 **58** dehinc] postmodum P_1 **59** demum] et tunc *praem.* P_1 | et] atque P_1 **60** in inchoatione] in ipso adhuc aditu inchoationis sue P_1 **60/61** tranquillitatem] pacatissimam *add.* P_1 **62** et] *om.* P_1

post, temptationum probationibus fatigantur. Quod Deo
64 dispensante agitur, quia si eorum initia amaritudo temptationis
exciperet, facile ad relicta redirent, a quibus nondum longe dis-
cesserant. Vnde : *Cum emisisset Pharao populum, non eos
duxit Dominus per uiam terrae Philisthiim quae uicina est,*
68 *reputans ne forte paeniteret eum, si uidisset aduersum se bella
consurgere, et reuerteretur in Aegyptum.* Sic relinquentibus saeculum, prius quaedam tranquillitas ostenditur, ne in sua teneritudine territi ad hoc redeant quod euaserunt. Prius ergo suaui-
72 tatem sentiunt ; postquam temptationes eo tolerabilius sustinent, quo in Deo altius cognouere quod ament. Vnde Petrus
prius claritatem transfigurationis dominicae contemplatur ; et
tunc demum temptari ab ancilla permittitur, ut per contempla-
76 tionem sibi ex infirmitate conscius, ad id flendo et amando
recurreret quod uidisset.

Saepe uero tam diutina sunt temptationum certamina,
quam longa fuerant incohantium blandimenta. Saepe maius
80 datur in initio dulcedinis, minus in labore probationis. Sed
numquam laborem temptationis dispar sequitur perfectio pleni-

---

66/69 Ex. 13, 17.

---

63 post] hec autem duris *add.* P_1 | fatigantur] a quibus temptationibus adhuc cum inci-
perent ualde liberos se esse crediderunt *add.* P_1 **63/64** deo dispensante] diuine gratie dispensatione P_1 **64** agitur] ne in inchoatione sua temptationum asperitate tan-
gantur *add.* P_1 **65** facile] tam *praem.* P_1 | ad relicta] ad ea que reliquerant P_1 |
redirent] rederint P_1 | a quibus nondum longe] quam nec longius P_1 **65/66** dis-
cesserant] deserunt P_1 **66** unde] nam contemptis prius uitiis quasi iuxta
positis relicarentur *praem.* P_1 | cum] scriptum est *praem.* P_1 | omisisset L_1 | eos] eum
L_1 **68** reputans] *om.* L_1 **68/69** si *usque* egyptum] *Vulg.* P_1, et rediret in egiptum si
statim uidisset erga se bella consurgere L_1 **69** sic] *om.* P_1 **69/70** seculum] ex egypto itaque exeuntibus e uicino bello subtrahuntur quia derelinquentibus *praem.* P_1 **70**
quedam prius P_1 | sua] ipsa *praem.* P_1 **71** redeant] atque inchoatione turbati ad hoc
territi *praem.* P_1 **71/72** suauitatem] securitatis *add.* P_1 **72** sentiunt] prius pacis
quiete nutriuntur post uero cognitam uero dulcedinem *add.* P_1 | postquam
temptationes eo] tanto iam P_1 **72/73** sustinent] temptationum certamina *praem.*
P_1 **73** quo] quanto P_1 | amant L_1 | unde] et *add.* P_1 **74** prius] in montem ducitur
prius *add.* P_1 | dominici L_1 **75** ab] *om.* P_1 | ancilla] interrogante *add.* P_1 **75/76** con-
templationem] temptationem P_1 **76** sibi] factus *praem.* P_1 | id] illud P_1 **77** uidisset]
et cum eum timoris unda in peccati pelagus raperet esset prioris dulcedinis anchora
que retineret *add.* P_1 **78** uero] autem P_1 **79** inchoantium fuerant P_1 | sepe] uero
add.P_1 | maius] magis P_1 **80** initio] inchoatione P_1 | minus] autem *add.* P_1 **80/81**
sed numquam] nonnumquam uero P_1 **81/82** plenitudinis] firmitatis P_1

tudinis, quia pro summa certaminis quisque remuneratur.
Plerumque autem in eo conuersus labitur, quod dum blandi-
84 mentis incohationis excipitur, accepisse se plentitudinem aestimat consummationis. Vnde uitiis subsequentibus minus resistit quis ea sagacius non praeuidit ; quae etsi praeuideat, non
omnino declinat, quia iter nostrum non peragitur sine puluere
88 temptationis. Plerumque tamen conuersus talibus temptationum stimulis agitatur, qualibus ante conuersionem non pulsa-
batur, non quia tunc deerat sed quia non apparebat haec eadem
radix temptationis. Animus quippe per multa sparsus a sui cog-
92 nitione remouetur, qui si Deo uacare appetit, tunc libere conspicit quod de radice carnis procedit.

Plerumque uero ipsi temptationum stimuli dum menti diu
adhaerent, minus dolent sed magis inficiunt ; et eo minus
96 timentur quo magis assueti sunt. Inter haec ergo mens conuersi
deprehensa ita angustatur ut de eo dici debeat : *Abominabilis ei*
fit in uita sua panis, et cetera. Sed quia misericors Deus probari
nos permittit temptationibus, non reprobari, citius impugnantes
100 cogitationum motus interna pace tranquillat. Moxque anima
tantam de spe caelesti laetitiam percipit ut iure de hoc temp-
tato liberatoque homine dici possit : *Videbit faciem eius in*

102/103 Iob 33, 26.

---

82 pro summa] iuxta summam P_1 | remuneratur quisque P_1 **83** plerumque] plenitu-
dine perfectionis *praem.* P_1 | eo] quisquis *add.* P_1 **83/84** blandimentis] quibusdam
donis gratie dulcedine P_1 **84/85** accepisse *usque* consummationis] confirmationem
accepisse se perfectionis arbitratur et plenitudinem consummationis estimat que
adhuc blandimenta esse inchoationis ignorat P_1 **85/88** unde *usque* temptationis]
unde fit ut dum subita temptationis procella tangitur despectum se a deo et perditum
suspicetur . qui si inchoationi sue non passim crederet adhuc in prosperis positus
mentem ad aduersa prepararet et uitiis uenientibus postmodum tam firmius resisteret
quam ea etiam sagacius preuidisset . que quidem tranquillius si preuidet tolerat .
eorum tamen omnino certamina etiam si preuideat non declinat quia usus nostri
itineris nequaquam peragitur sine puluere temptationis P_1 **88** tamen] autem P_1 |
conuersus] quisque *add.* P_1 **89** conuersionem] conuersionis gratiam P_1 | non] nequa-
quam P_1 **89/90** pulsabatur] pulsatum se esse reminiscitur P_1 **90/91** deerat *usque*
temptationis] hec eadem radix temptationis deerat sed quia non apparebat P_1 **91/92**
animus *usque* appetit] humanus quippe animus multis cogitationibus occupatur sepe
sibimetipsi aliquo modo manet incognitus ut omnino quod tolerat nesciat quia dum
per multa spargitur ab interna sui cognitione remouetur . si autem deo uacare appetat
et ramos multimode cogitationis abscidat P_1 **94/96** dum *usque* sunt] dum in usum
ueniunt dilatantur et non quidem acriores sed longiores existunt . minus autem dolent
sed magis inficiunt quia dum menti diutius inherent tanto fiunt minus pauendi quanto
magis assueti P_1 **97** debebat L_1 **98** fit] fuit P_1 | et cetera] et anime illius cibus ante
desiderabilis P_1 | quia] nos *add.* P_1 **99** nos] *om.* P_1

iubilo. Iubilum namque dicitur ineffabile gaudium quod nec
104 abscondi potest, nec uerbis aperiri ; et tamen quibusdam
motibus proditur, quamuis nullis proprietatibus exprimatur.
Vnde Dauid : *Beatus populus qui scit iubilationem,* quia sciri
quidem iubilatio intellectu potest, sed dictu exprimi non potest.
108 His duabus uicibus conuersionis, per maerorem laetitiamque
transactis, superest tertia, scilicet dura conditio mortis ; quia
nemo potest uenire ad perfectae gaudia libertatis nisi prius
soluerit debitum humanae conditionis. Cum enim uitae suae
112 terminum propinquare conspicit, districtionem iudicis attendens, etsi cuncta praua opera quae intellegere potuit uitauit,
ea tamen quae in se non intellegit magis timet. Facile quippe
est opera peruersa uitare, sed nimis difficile est ab illicita cogi-
116 tatione cor tergere.

Timor autem tanto fit acrior, quanto morte propinquante,
aeterna retributio fit uicinior. Vnde Dominus solutioni carnis
propinquans, factus pro nobis in agonia, coepit prolixius orare :
120 hoc significans, quia tunc anima merito terretur quia in prox-

---

103/107 *CC* XXIV, vi, 8/11, 13/16 ; μ 764.   **108/141** *CC ibid.*, xi, 206/208, 211/213,
215/219, 222/223, 240/241, 250/252, 257/263, 265/271, 273/277, 281/287, 306/309 ; μ
774/776.

---

106 Ps. 88, 16.

---

108 duobus L_1 | uicibus] id est *add.* P_1 | per] et probationis *praem.* P_1 **109** scilicet
usque mortis] cuius et merorem adhuc sustineat et gaudia consequatur . post conuersionis namque certamina post probationis erumnam restat adhuc dura temptatio
P_1 **110** nemo posset uenire] uenire non posset P_1 **111** debitum soluerit
P_1 **111/114** cum *usque* timet] conuersus autem quisque sibi caute sollicitus
tacite secum considerare non cessat eternus iudex quam districtus adueniat
suumque terminum cotidie prospicit et ante seueritatem tante iustitie quas
rationes uite sue sit positurus attendit . etsi cuncta praua opera que intellegere potuit
deuitauit uenturus tamen coram districto iudice illa magis que in semetipso non intellegit pertimescit . quis enim considerare ualeat quanta mala per momenta temporum
ipsis inconstantibus cogitationum motibus perpetramus P_1 **114/115** quippe *usque*
peruersa] est autem peruersa opera P_1 **116** tegere L_1 **117** appropinquans P_1 **119**
factus] et membrorum suorum speciem seruans *praem.* P_1 | pro nobis] *om.*
P_1 **120/121** hoc *usque* proximo] quid enim pro se ille in agonia peteret qui in
terris positus celestia cum potestate tribuebat . sed appropinquante morte nostre
mentis in se certamen expressit qui uim quamdam terroris ac formidinis patimur cum
per solutionem carnis eterno iudicio propinquamus . neque enim tunc cuiuslibet anima immerito terretur quando post pusillum hoc P_1

imo inuenit quod in aeternum mutare non possit. Tunc quippe caute consideramus quod hanc uitam sine culpa transire non potuimus, quia nec sine aliquo reatu est quod bene gessimus, si
124 remota pietate iudicemur. Vnde Dauid : *Quia non iustificabitur in conspectu tuo omnis uiuens*. Et Paulus : *Nihil mihi conscius sum , sed non in hoc iustificatus sum*. Item Iacobus : *In multis offendimus omnes*. Et Ioannes : *Si dixerimus quia peccatum*
128 *non habemus, ipsi nos seducimus, et ueritas in nobis non est*. Quid ergo facient tabulae, si tremunt columnae ? Propinquante igitur morte, nonnumquam iusti in anima ita terrore uindictae concutitur ut dici debeat : *Abominabilis ei fit in uita sua panis*,
132 et cetera.

Sed quia a leuibus contagiis, ipso saepe mortis pauore purgatur, a contemplatione quadam retributionis aeternae etiam priusquam carne exspolietur hilarescit. Tantaque iam noui
136 muneris laetitia fruitur, ut iure dicatur : *Videbit faciem eius in iubilo*, et cetera. Sicut igitur cuiusque iusti mens tribus uicibus, id est labore conuersionis, temptatione probationis, formidine solutionis, primo maeroris stimulis afficitur et postmodum
140 securitatis gaudiis refouetur. Sed quia hic attritione purgata est,

---

124/125 Ps. 142, 2.   125/126 I Cor. 4, 4.   126/127 Iac. 3, 2.   127/128 I Ioh. 1, 8.

121/123 tunc *usque* bene] consideramus quippe qod uiam uite presentis nequaquam sine culpa transire potuimus consideramus etiam quia nec hoc quidem sine aliquo reatu nostro est quod laudabiliter P_1 124 unde *usque* quia] quis enim nostrum uitam precedentium patrum ualeat uel superare uel assequi . et tamen dauid dicit . ne intres in iudicio cum seruo tuo quia P_1 125 et paulus] paulus cum diceret P_1 | nil L_1 126 sed] caute subiunxit *praem.* P_1 | item iacobus] iacobus dicit P_1 | multis] enim *add.* P_1 127 et ioannes] ioannes dicit P_1 128 ipsi nos] nos ipsos P_1 129 columne] aut quomodo uirgulta immobilia stabunt si huius pauoris turbine etiam cedri quatiuntur *add.* P_1 129/132 propinquante *usque* cetera] solutioni ergo carnis appropinquans nonnumquam terrore uindicte etiam iusti anima turbatur . cui et si quid tranquillum in hac sapere potuit uita mortis articulo interueniente concutitur ut iure dici debeat . abominabilis ei fuit in uita sua panis et anime illius cibus ante desiderabilis . uel certe propter pauoris penam hoc ilico subditur . appropinquabit corruptioni anima eius et uita illius mortiferis (Iob 33, 22) P_1 133 quia] iustorum anime *add.* P_1 | leuibus] quibusque *add.* P_1 | pauore mortis P_1 133/134 purgantur P_1 134 a] *om.* P_1 | contemplatione] et eterne retributionis gaudia iam ab ipsa carnis solutione percipiunt plerumque uero *praem.* P_1 | eterne] interne P_1 135 expolientur hylarescunt P_1 | tantaque] et dum uetustatis debitum soluunt P_1 | noui iam P_1 136 fruitur] perfruuntur P_1 | ut iure dicatur] recte dicitur P_1 137 igitur] ergo P_1

liberatur.

CAPITVLVM XII

DE SECVRITATE IVSTORVM TERRENA DESPICIENTIVM

Magna est securitas cordis, nil concupiscentiae habere saecularis. Nam si ad terrena adipiscenda cor inhiat, securum tran-
4 quillumque esse nullatenus potest, quia aut non habita concupiscit ut habeat, aut adepta metuit ne amittat ; et dum in
aduersis sperat prospera, in prosperis formidat aduersa, huc
illucque quasi quibusdam fluctibus uoluitur, ac per modos
8 uarios rerum alternantium mutabilitate uersatur. Sin uero
semel in appetitione supernae patriae forti stabilitate animus
figitur, minus rerum temporalium perturbatione uexatur. A
cunctis quippe externis motibus eamdem intentionem suam
12 quasi quemdam secretissimum secessum petit, ibique incom-
mutabili inhaerens ; et mutabilia cuncta transcendens, ipsa iam
tranquillitate quietis suae in mundo extra mundum est. Excedit
profecto ima omnia intentione summorum et cunctis rebus
16 quas non appetit libertate quadam superesse se sentit, nec tempestatem rerum temporalium intus sustinet, quam intuetur
foris, quia terrena omnia quae concupita opprimere mentem
poterant, despecta subiacent. Vnde bene ad prophetam dicitur :
20 *Statue tibi speculam*, ut dum quisque speculatur summa,
superemineat infima. Hinc etiam Habacuc dicit : *Super custodiam meam stabo*. Stat quippe super custodiam suam, qui per
sollertiam disciplinae terrenis desideriis non succumbit, sed
24 supereminet, ut dum semper stantem appetit aeternitatem,
infra sit ei omne quod transit.

Tamen quis uir sanctus quantalibet uirtute profecerit, eum
in hac uita positum adhuc extrinsecus carnis infirmitas premit,

[XII] **2/60** *CC* XXII, xvi, 3/64 ; µ 714/715.

[XII] **20** Ier. 31, 21.   **21/22** Hab. 2, 1.

[XII] **3** concupiscenda P_1 **4** n. esse P_1 | quia] quod P_1 **5** adepta] habita P_1 **8** sin]
si P_1 **12** secessum] locum P_1 **18** mentem opprimere P_1 **19** subteriacent P_1 | ad]
per P_1

28   unde scriptum est : *Quamquam in imagine Dei ambulet homo,*
      tamen uane conturbatur ; plerumque agitur, ut et turbetur
      exterius et imperturbabilis duret interius ; et quod uane contur-
      bari potest, de infirmitate carnis sit, et quod in imagine Dei
32   ambulat, de uirtute mentis, quatenus et roboretur intus diuino
      adiutorio, et tamen adhuc foris sarcina prematur humana.
      Vnde bene Habacuc iterum unam sententiam protulit ad
      utraque seruientem. Ait enim : *Et introiuit tremor in ossa mea*
36   *et subtus me turbata est uirtus mea.* Ac si diceret : Non mea
      uirtus est in qua superius raptus imperturbabilis maneo et mea
      uirtus est in qua inferius turbor. Ipse ergo super se
      imperturbabilis, ipse sub se perturbabilis, quia super se as-
40   cendebat, in quantum rapiebatur ad summa ; et sub semetipso
      erat, in quantum adhuc reliquias trahebat in infima. Ipse super
      se imperturbabilis, quia in Dei iam contemplationem tran-
      sierat : ipse sub se perturbabilis, quia sub semetipso adhuc
44   infirmus homo remanebat. Huic sententiae Dauid propheta
      concinens, ait : *Ego dixi in excessu mentis meae : Omnis homo*
      mendax. Cui responderi potest : Si omnis homo, et tu, falsaque
      iam erit sententia quam mendax ipse protulisti. Si uero ipse
48   non mendax, uera iam sententia non erit, quia dum tu uerax
      es, non omnis homo cognoscitur mendax. Sed notandum quod
      praemittitur : *Ego dixi in excessu mentis meae.* Per excessum
      ergo mentis etiam semetipsum transiit, cum de hominis quali-
52   tate definiuit. Ac si patenter dicat : De falsitate omnium homi-
      num inde ueram sententiam protuli, unde ego ipse super hom-
      inem fui. In tantum uero et ipse mendax in quantum homo ;
      in tantum autem omnino non mendax, in quantum per exces-
56   sum mentis super hominem.
         Sic itaque sic perfecti omnes, quamuis adhuc aliquid tur-
      bulentum de infirmitate carnis tolerent, iam tamen intrinsecus
      tranquillissimo   secreto   perfruuntur   per   contemplationem
60   mentis, ut quicquid accidit exterius, in nullo turbet interius.

28/29 Ps. 38, 7.   **35/36** Hab. 3, 16.   **45/46** Ps. 115, 11.

---

28 dei] *om. P*₁ | ambulet] pertransit *P*₁   **29** uane tamen *P*₁   **31** sit carnis *P*₁ | et]
quamuis *P*₁   **46** homo] *om. P*₁   **58** tolerant *P*₁   **60** perturbet *P*₁

CAPITVLVM XIII

DE LIBERTATE IVSTORVM TERRENA DESIDERIA CALCANTIVM

Magna seruitus est saecularium negotiorum, quibus mens uehementer atteritur, quamuis in eis sponte desudetur. Cuius
4 seruitutis conditione carere est in mundo iam nihil concupiscere. Quasi enim quodam iugo seruitii premunt prospera dum appetuntur, premunt aduersa dum formidantur. At si quis semel a dominatione desideriorum temporalium colla mentis
8 excusserit, quadam iam etiam in hac uita libertate perfruitur, dum nullo desiderio felicitatis afficitur, nullo aduersitatis terrore coartatur. Hoc graue seruitutis iugum, Deus uidit saecularium ceruicibus impressum, cum diceret : *Venite ad me*
12 *omnes, qui laboratis et onerati estis, et ego uos reficiam. Tollite iugum meum super uos, et discite a me quia mitis sum, et humilis corde ; et inuenietis requiem animabus uestris. Iugum enim meum suaue est, et onus meum leue.* Asperum quippe
16 iugum, et durae, sicut diximus, seruitutis pondus est, subesse temporalibus, ambire terrena, retinere labentia, uelle stare in non stantibus, appetere quidem transeuntia, sed cum transeuntibus nolle transire. Dum enim contra uotum cuncta fugi-
20 unt, quae prius mentem ex desiderio adeptionis afflixerant, post ex pauore amissionis premunt. Vnde scriptum est : *Quis dimisit onagrum liberum, et uincula eius quis soluit ?* Subaudis : nisi ego. Onager enim, qui in solitudine commoratur, non
24 incongrue eorum uitam significat, qui remoti a turbis popularibus conuersantur. Qui liber dimittitur, quia calcatis terrenis, ab appetitione rerum temporalium securitate mentis exoneratur. Et uincula eius soluuntur, dum diuino adiutorio interna

---

[XIII] **2/28** *CC* XXX, xv, 5/24, 1/4, 24/26, 28/30 ; μ 979.

[XIII] **11/15** Matth. 11, 28/30.   **21/22** Iob 39, 5.

[XIII] **9** felicitatis desiderio P_1 **10** deus] dominus P_1 **20** adeptionis] optionis P_1 **21/23** unde *usque* ego] *om.* P_1 **22** dissoluit L_1 **25** qui] *om.* P_1 | liber] ergo *add.* P_1 | terrenis] desideriis *add.* P_1 **26/27** exoneratur] et uincula eius quis soluit . subaudis nisi ego *add.* P_1 **27** et uincula eius soluuntur] s. uero uniuscuiusque u. P_1 | interna] *ed.* μ, in terrena L_1, terrena P_1

28 desideriorum carnalium retinacula dirumpuntur.

CAPITVLVM XIV

QVOD DE BENE ACTIS NON EST ITA GAVDENDVM VT DE BONIS OMISSIS
TIMOR NON HABEATVR

Sunt plerique qui cum bona aliqua faciunt, iniquitatum
4 suarum protinus obliuiscuntur, et cordis oculum in consideratione bonorum operum quae exhibent figunt ; atque eo se iam
sanctos existimant, quo inter bona quae agunt malorum
suorum, in quibus fortasse adhuc implicati sunt, memoriam
8 declinant. Qui scilicet si districtionem iudicis uigilanter atten-
derent, plus de malis suis metuerent quam de imperfectis bonis
exsultarent : plus inspicerent quod de his quae adhuc eis
agenda sunt debitores tenentur, quam quod operantes quaedam
12 iam debiti partem soluunt. Stultus namque debitor est qui gaudens pecunias mutuas accipit et tempus quo reddere debeat
non attendit. Neque enim absolutus est debitor qui multa reddit, sed qui omnia ; nec ad brauium uictoriae peruenit qui in
16 magna parte spectaculi uelociter currit, sed iuxta metas ueniens
in hoc quod est reliquum deficit. Nec ad quaelibet destinata
loca pergentibus incohando prodest longum iter carpere, si non
etiam totum ualeant consummare. Qui ergo aeternam uitam
20 quaerimus, quid aliud quam quaedam itinera agimus, per quae
ad patriam festinamus ? Sed quid prodest quod carpimus
multa, si ea quae ad perueniendum restant, neglegimus reliqua ?
24 More itaque uiatorum, nequaquam debemus aspicere quantum iam iter egimus, sed quantum superest ut peragamus, ut
paulisper fiat praeteritum quod indesinenter et timide adhuc
intenditur futurum. Amplius igitur debemus inspicere quae
28 bona necdum fecimus, quam quae iam nos fecisse gaudemus.
Sed habet hoc humana infirmitas proprium, ut plus ei intueri

[XIV] **3/42** *CC* XXII, vi, 20/59 ; μ 702/703.

[XIV] **6** estimant P_1 **7** quibus] et *add.* P_1 **9** de] *om.* P_1 **11** quidam P_1 **12/14**
stultus *usque* attendit] *om.* P_1 **17** neque P_1 **17/18** loca destinata P_1 **19** totum
etiam P_1 **22** multa] tam *praem.* P_1 **25** egimus] agimus L_1 **27** attenditur P_1 | igi-
tur] ergo P_1 **28** que] ea *praem.* P_1

libeat quod sibi in se placet quam quod sibi in se displicet.
Aeger quippe oculus cordis, dum laborare in consideratione sua
32 metuit, quasi quoddam stratum delectationis in animo, ubi
molliter iaceat, requirit ; atque idcirco quae commoda de
peractis bonis sit assecutus intellegit, sed quae damna de
neglectis patitur nescit. Plerumque enim hoc uitio temptantur
36 etiam electi. Plerumque eorum cor suggerit ut et bona quae
fecerint ad animum reuocent, et securitatis iam laetitia exsul-
tent. Sed si uere electi sunt, ab eo in quo sibi placent mentis
oculos diuertunt, omnem in se de peractis bonis laetitiam
40 deprimunt, et de his quae se minus egisse intellegunt tristitiam
requirunt, indignos se aestimant ; et paene soli bona sua non
uident, quae in se uidenda omnibus ad exemplum praebent.

CAPITVLVM XV

QVOD VALDE TIMENDVM EST NE DESIDIA VEL FRAVS BONIS SE IMMISCEANT OPERIBVS

Duo sunt quae in bonis operibus necesse est ut studiose for-
midentur, desidia uidelicet et fraus. Vnde et per prophetam
4 apud uetustam translationem dicitur : *Maledictus omnis qui
facit opus Domini fraudulenter et desidiose.* Sed sciendum magnopere est, quia desidia per torporem nascitur, fraus per priua-
tam dilectionem. Illam namque minor Dei amor exaggerat,
8 hanc autem male mentem possidens proprius amor creat. Fraudem quippe in Dei opere perpetrat quisquis, semetipsum inordinate diligens, per hoc quod recte egerit, ad remunerationis
transitoriae bona festinat. Sciendum quoque est quod tribus
12 modis fraus ipsa committitur, quia per hanc procul dubio aut
tacita cordis humani gratia, aut fauoris aura, aut res quaelibet
exterior desideratur. Quod contra recte de iusto per prophetam
dicitur : *Beatus qui excutit manus suas ab omni munere.* Quia
16 enim non solum fraus in acceptione pecuniae est, munus pro-

[XV] **2/36** *CC* IX, xxxiv, 33/68 ; μ 312/313.

[XV] **4/5** Ier. 48, 10. **15** Is. 33, 15.

36 etiam] *om.* P_1 |cor suggerit] cordibus suggeritur P_1 [XV] **5** opus domini facit P_1 |
et desidiose] *om.* P_1 **11** transitoria P_1 **15** beatus] *om.* $L_1 P_1$ **16** fraus non solum
P_1

cul dubio unum non est. Tres uero sunt acceptiones munerum, ad quas ex fraude festinatur. Munus a corde est captata gratia a cogitatione. Munus ab ore est gloria per fauorem. Munus ex
20 manu est praemium per dationem. Sed iustus quisque ab omni munere manus excutit quia in eo quod recte agit, nec ab humano corde inanem gloriam, nec ab ore laudem, nec a manu recipere dationem quaerit. Solus ergo in Dei opere fraudem
24 non facit, qui cum ad studia bonae actionis inuigilat, nec ad corporalis rei praemia, nec ad laudis uerba, nec ad humani iudicii gratiam anhelat. Ipsa igitur bona nostra, quia insidiantis culpae euadere gladium nequeunt, nisi sollicito cotidie timore
28 muniantur, bene per sanctum Iob dicitur : *Verebar omnia opera mea.* Ac si humili confessione diceretur : Quae aperte egerim uideo, sed quid in his latenter pertulerim ignoro. Saepe etenim bona nostra latrocinante fraude depereunt, quia rectis se
32 nostris actibus concupiscentiae terrenae subiungunt. Saepe desidia interueniente deficiunt quia a feruore quo coepta sunt frigescente amore tabefiunt. Quia ergo culpae subreptio uel in ipso uirtutis actu uix uincitur, nihil ad securitatem superest,
36 nisi ut studiose semper et in uirtute timeatur.

CAPITVLVM XVI

DE DESIDERIO SANCTORVM QVI SOLA DEI MEMORIA DELECTANTVR

Quisquis adhuc huius uitae uoluptatibus pascitur, ab aeternae sapientiae intellectu separatur. Nam si uere saperet,
4 expulsus ab internis gaudiis, de ea in quam cecidit, exsilii caecitate lugeret. Hinc namque per Salomonem dicitur : *Qui apponit scientiam, apponit dolorem* ; quia quanto plus homo coeperit scire quid perdidit, tanto plus lugere incipit corruptionis suae
8 sententiam quam inuenit. Considerat namque unde quo lapsus

[XVI] **2/41** *CC* XVIII, xli, 5/28, 38/52, 53/58 ; μ 586/587.

28/29 Iob 9, 28.   [XVI] **5/6** Eccle. 1, 18.

---

18 munus] namque *add.* P_1 **28** bene] *om.* P_1 | iob] uirum recte nunc P_1 **31** etenim] enim P_1 | latrocinanti P_1 **34** uel] *om.* P_1 **35** nichil] quid P_1 [XVI] **4** exilii] sui *add.* P_1 **6** dolorem] et *praem.* P_1

est, quod a paradisi gaudiis ad aerumnas uitae praesentis, ab
angelorum societatibus ad curas uenit necessitatum ; pensat in
quot iam periculis iacet, qui prius sine periculo stare contemp-
12 sit ; luget exsilium quod damnatus patitur et suspirat ad
caelestis gloriae statum, quo perfrui securus posset si peccare
noluisset. Quod bene psalmista considerans, ait : *Ego dixi in*
pauore meo : Proiectus sum a uultu oculorum tuorum. Contem-
16 platus quippe interna gaudia uisionis Dei et socialem frequen-
tiam angelorum persistentium, reduxit oculos ad ima, uidit quo
iaceret, qui ad hoc conditus fuerat, ut in caelestibus stare
potuisset ; pensauit ubi esset et quod esset ingemuit ; proiec-
20 tumque se a uultu oculorum Dei doluit, quia in comparatione
lucis intimae grauiores senserat exsilii sui tenebras quas tolerabat. Hinc est quod ad animum suum ex praesenti uita nullius
consolationis gratiam admittit, dicens : *Negaui consolari*
24 *animam meam.* Ac si aperte dicat : Qui de temporalium amissione non lugeo, de temporalium abundantia consolari nequaquam possum. Cui tamquam si nos audientes ista diceremus :
Quid igitur quaeris qui consolari in his quae mundi sunt,
28 renuis ? Ilico adiecit : *Memor fui Dei et delectatus sum.* Ac si
aperte dicat : Terrenarum rerum me nec abundantia refouet,
auctoris autem mei quem adhuc uidere non ualeo, uel sola
memoria delectat. Haec est igitur amaritudo sapientium, quia
32 dum spe in alta erecti sunt, nullis hic gaudiis animum sternunt.
Hinc enim scriptum est : *Cor sapientium ubi tristitia est et cor*
stultorum ubi laetitia. Hinc Iacobus dicit : *Miseri estote, et*
lugete, et plorate, risus uester in luctum conuertatur, et gaudium
36 *in maerorem.* Hinc per semetipsam Veritas attestatur dicens :
Beati qui lugent, quoniam ipsi consolabuntur. Stulti autem
maiora perdentes, in minimis laetantur. Quorum stultitiam
Petrus reprehendit dicens : Voluptatem existimantes diei deli-

---

14/15 Ps. 30, 23.   23/24 Ps. 76, 3.   28 Ps. 76, 4.   33/34 Eccle. 7, 5.   34/36 Iac.
4, 9.   37 Matth. 5, 5.   39/40 II Petri 2, 13.

---

13 glorie] patrie P_1 19 quod esset] quo deesset P_1 25 non] *om.* L_1 29 nec] ne
P_1 30 autem] *om.* P_1 33 est] *om.* L_1 35 et plorate] *ras.* P_1 37 stulti autem]
inueniri ergo sapientia in eorum terra non potest qui suauiter uiuunt quia tanto uerius
stulti sunt quanto P_1 38/39 quorum stultitiam petrus] hinc petrus eamdem prau-
orum s. P_1 39 uoluptatem] uoluntatem L_1 | diei] dei L_1 39/40 diei existimantes dei
delicias P_1

40 cias, coinquinationis et maculae. Hinc Salomon ait : *Risum*
deputaui errorem et gaudio dixi : *Quid frustra deciperis* ?

CAPITVLVM XVII

QVOD HI QVI SIBI SAPIENTES VIDENTVR DEI SAPIENTIAM CONTEMPLARI NON POSSVNT

Contemplari Dei sapientiam non possunt qui sibi sapientes
uidentur, quia tanto ab eius luce longe sunt, quanto apud
4 semetipsos humiles non sunt ; quia in eorum mentibus dum
tumor elationis crescit, aciem contemplationis claudit ; et unde
se lucere prae ceteris existimant, inde se lumine ueritatis pri-
uant. Si igitur ueraciter sapientes esse atque ipsam sapientiam
8 contemplari appetimus, stultos nos humiliter cognoscamus.
Relinquamus noxiam sapientiam, discamus laudabilem fatuitatem. Hinc quippe scriptum est : *Stulta mundi elegit*
Deus, ut confundat sapientes. Hinc rursum dicitur : *Si quis*
12 *uidetur inter uos sapiens esse in hoc saeculo, stultus fiat, ut sit*
sapiens. Hinc euangelicae historiae uerba testantur quia
Zachaeus cum uidere prae turba nil posset, sycomorum
arborem ascendit, ut transeuntem Dominum cerneret.
16 Sycomorus quippe ficus fatua dicitur. Pusillus itaque Zachaeus
sycomorum subiit et Dominum uidit, quia qui mundi stultitiam humiliter eligunt, ipsi Dei sapientiam subtiliter contemplantur. Pusillitatem namque nostram ad uidendum Dominum
20 turba praepedit, quia infirmitatem humanae mentis, ne luci
ueritatis intendat, curarum saecularium tumultus premit. Sed
prudenter sycomorum ascendimus, si prouide eam quae diuinitus praecipitur stultitiam mente tenemus. Quid enim in hoc
24 mundo stultius quam amissa non quaerere, possessa rapien-
tibus laxare, nullam pro acceptis iniuriis iniuriam reddere,
immo et adiunctis aliis patientiam praebere ? Quasi enim

[XVII] **2/35** *CC* XXVII, XLVI, 104/138 ; μ 890.

40/41 Eccle. 2, 2.   [XVII] **10/11** I Cor. 1, 27.   **11/13** I Cor. 3, 18.   **16/17** Luc. 19,
4/5.

[XVII] **1** sibi] *om.* P_1 **6** lucere se P_1 | estimant P_1 **8** agnoscamus P_1 **15** deum
P_1 **19** pusillanimitatem L_1 | namque] quippe P_1 **25** laxare] relaxare P_1

sycomorum nos ascendere Dominus praecipit, cum dicit : *Qui*
28 *aufert quae tua sunt ne repetas.* Et rursum : *Si quis te per-*
cusserit in dexteram maxillam, praebe illi et alteram. Per
sycomorum Dominus transiens cernitur, quia per hanc sapientem stultitiam etsi necdum ut est solide, iam tamen per con-
32 templationis lumen Dei sapientia quasi in transitu uidetur.
Quam uidere nequeunt, qui sibi sapientes uidentur, quia ad
conspiciendum Dominum, in elata cogitationum suarum turba
deprehensi, adhuc sycomorum arborem non inuenerunt.

CAPITVLVM XVIII

QVOD NON EST DE DEO DISPVTANDVM NEQVE DE SECRETIS EIVS
TEMERE INQVIRENDVM

Nempe et si ignoraui, mecum erit ignorantia mea. Sancta
4 Ecclesia in omne quod ueraciter sapit sensum suum humiliter
deprimit ne in scientia infletur, ne in requisitione occultorum
tumeat, et perscrutari aliqua quae ultra uires illius sunt
praesumat. Vtilius etenim studet nescire quae perscrutari non
8 ualet quam audacter definire quae nescit. Scriptum quippe est :
Sicut qui mel multum comedit, non est ei bonum ; sic qui scru-
tator est maiestatis opprimetur a gloria. Dulcedo etenim mellis,
si plus quam necesse est sumitur, unde delectatur os, inde uita
12 comedentis necatur. Dulcis quoque est requisitio maiestatis ;
sed qui plus hanc scrutari appetit quam humanitatis cognitio
permittit, ipsa hunc eius gloria opprimit ; quia ueluti immoderate mel sumptum, perscrutantis sensum dum non capitur,
16 rumpit.
Vnde scriptum est : *Egestate et fame steriles.* Omnes qui in

---

[XVIII] **3/16** *CC* XIV, xxvIII, 1/2, 5/17 ; μ 447/448.   **17/45** *CC* XX, vIII, 1/7, 8/22,
36/45 ; μ 644/645.

27/28 Luc. 6, 30.   **28/29** Matth. 5, 39.   [XVIII] **3** Iob 19, 4.   **9/10** Prou. 25,
27.   **17** Iob 30, 3.

---

29 dexteram] *om.* P_1 | illi] *ed.* μ, ei L_1 P_1 **33** quam] iuxta heliu uerba *add.* P_1 | uiden-
tur] esse *praem.* P_1 **35** sicomori P_1 [XVIII] **4** suum] *om.* P_1 **6** sunt illius
P_1 **14** uelut P_1

sacro eloquio secreta Dei plus student perscrutari quam capiunt, fame sua steriles fiunt. Neque enim ea quaerunt ex quibus
20 semetipsos ad humilitatem, patientiam, longanimitatem erudiant, sed ea solummodo quae eos loquaces ac singulariter erudi-
tos demonstrent. Plerumque enim de natura diuinitatis audacter tractant, cum semetipsos miseri nesciant. Egestate ergo ac
24 fame sua steriles sunt, qui ea perscrutari desiderant, ex quibus
bonae uitae germina non producant. Vltra se quippe sunt quae
perscrutantur dumque ad hoc tendunt quod comprehendere
nequeunt, ea cognoscere neglegunt ex quibus erudiri potuerunt.
28 Quam bene eorum audaciam praedicator egregius refrenat
dicens : *Non plus sapere quam oportet sapere, sed sapere ad
sobrietatem.* Hinc Salomon ait : *Prudentiae tuae pone modum.*
Hinc rursum dicit : *Mel inuenisti, comede quod sufficit tibi, ne*
32 *forte saturatus euomas illud.* Dulcedinem quippe spiritalis intellegentiae qui ultra quam capit comedere appetit, etiam hoc
quod comederat euomit, quia dum summa intellegere ultra
uires quaerit, etiam quae bene intellexerat amittit.
36   Moyses cum ad esum agni nos inuitat, praecipit ut illum
comedentes, *quicquid de eo residuum fuerit igne comburamus.*
Agnum quippe comedimus, cum multa dominicae humanitatis
intellegendo recondimus in uentre mentis. Ex quo quaedam
40 nobis remanent, quae comedi nequeunt, quia multa adhuc de
illo nobis restant, quae intellegi nequaquam possunt. Quae
tamen igne comburenda sunt, quia ea quae de illo capere non
possumus, humiliter sancto Spiritui reseruamus. Quae
44 plerumque humilitas ea etiam electorum sensibus aperit, quae
ad intellegendum impossibilia esse uidebantur.

29/30 Rom. 12, 3.   30 Prou. 23, 4.   31/32 Prou. 25, 16.   37 Ex. 12, 10.

---

18 plus secreta dei P_1 **20/21** patientiam *usque* erudiant] erudiant mores in
tranquillitate disponant patientiam seruent longanimitatem exhibeant P_1 **21** eos]
doctos ac *add.* P_1 **21/22** ac singulariter eruditos] *om.* P_1 **22** demonstrent] illa scire
appetunt ex quibus singulariter eruditi uideantur *add.* P_1 **22/23** audacter de natura
diuinitatis P_1 **24** sunt] fiunt P_1 **32** satiatus P_1 **37** reliquum P_1 | igni P_1 **40**
nobis] *om.* P_1 **42** igni L_1 P_1 | capere de illo P_1 **43** spiritui sancto P_1

CAPITVLVM XIX

Qui facit magna et inscrutabilia et mirabilia absque numero.
Quis omnipotentis Dei mirabilia perscrutari sufficiat quod
4 cuncta ex nihilo creauit, quod ipsa mundi fabrica mira potentiae uirtute disposita et super aera caelum suspenditur et super
abyssum terra libratur ? Quod ex inuisibilibus omnis haec uni-
uersitas uisibilis exsistit quod hominem fecit ut ita dixerim, in
8 breui colligens mundum alterum sed rationabilem ; quod hunc
ex anima et carne constituens, inuestigabili uirtutis dispositione
permiscuit spiritum et lutum ? Ex his itaque aliud nouimus, et
aliud sumus, sed tamen mirari neglegimus quia ea quae
12 incomprehensibili indagatione mira sunt, humanis oculis usu
uiluerunt. Vnde fit ut si mortuus homo suscitatur, in admirationem omnes exsiliant, et cotidie homo qui non erat nascitur
et nemo miratur, dum procul dubio omnibus constet quia plus
16 sit creari quod non erat, quam reparari quod erat. Quia arida
Aaron uirga floruit, cuncti mirati sunt ; cotidie ex arente terra
arbor producitur uirtusque pulueris in lignum uertitur et nemo
miratur. Quia quinque sunt panibus quinque milia homines
20 satiati, creuisse escas in dentibus cuncti mirati sunt ; cotidie
sparsa grana seminum, plenitudine multiplicantur spicarum et
nemo miratur. Aquam semel in uinum mutatam uidentes
cuncti mirati sunt ; cotidie humor terrae in radicem uitis
24 attractus per botrum in uinum conuertitur et nemo miratur.
Mira itaque sunt omnia quae mirari homines neglegunt, quae
ad considerandum ut praediximus, usu torpescunt.

[XIX] **2/26** *CC* VI, xv, 1/26 ; μ 188/189.

[XIX] **2** Iob 5, 9.

[XIX] **4** ipsa] in *praem.* P_1 **6** ex] rebus *add.* P_1 **8** rationalem P_1 **9** constituens]
in *add.* P_1 **11** ea] *om.* P_1 **19** hominum P_1 **25** que$_2$] quia P_1

CAPITVLVM XX

QVOD HOMO DIVINITATIS SECRETA DISCVTERE NON PRAESVMAT

Etiam si locutus fuerit homo, deuorabitur. Omne quod aliquid deuorat, hoc introrsum trahens, ab intuentium oculis
4 occultat, et rem quae uideri in superficie potuit in profundum
rapit. Homo igitur cum de Deo tacet, per rationem in qua est
conditus esse aliquid uidetur. At si de Deo loqui coeperit, ilico
quam nil sit ostenditur, quia magnitudinis illius immensitate
8 deuoratur, et quasi in profundum raptus absconditur ; quia fari
ineffabilem cupiens, ipsa suae ignorantiae angustia degluttitur.
Loquitur enim caro de spiritu, circumscriptus spiritus de incir-
cumscripto, creatura de creatore, temporalis de aeterno, muta-
12 bilis de immutabili, mortalis de uiuificante, et cum in tenebris
positus internum lumen sicut est nesciat, homo de aeternitate
disserere cupiens, caecus loquitur de luce. *Si ergo locutus fuerit
homo, deuorabitur,* quia si effari homo aeternitatem sicut est
16 appetit, etiam hoc sibi subtrahit quod de illa uel tacitus sentit.
Sed inter haec sciendum est quia diuina miracula et semper
debent. considerari per studium et numquam discuti per intellectum. Saepe namque humanus animus dum quarumdam
20 rerum rationem quaerens non inuenit, in dubitationis se uoraginem mergit. Vnde fit ut nonnulli homines mortuorum corpora in puluerem redacta considerent, dumque resurrectionis
uim ex ratione colligere non possunt haec ad statum pristinum
24 redire posse desperent. Mira ergo quae ex fide credenda sunt,
perscrutanda per rationem non sunt, quia si haec nostris oculis
expanderet ratio, mira non essent. Sed cum in his fortasse
animus titubat, necesse est ut ea quae per usum nouit nec
28 tamen per rationem colligit, ad memoriam reducat ; quatenus

---

[XX] **2/16** *CC* XXVII, xl, 1/16 ; μ 885.   **17/30** *CC* VI, xv, 32/45 ; μ 189.

[XX] **2** Iob 37, 20.

[XX] **3** introrsus P_1 **6** at] ac L_1 | loqui de deo P_1 **7** nichil P_1 **8** absconditur] os-
tenditur P_1 **14/15** homo fuerit P_1 **15** effari] fari P_1 | sicut] ut P_1 **19** animus]
sensus P_1 **24** ergo] igitur P_1 **26** expandet L_1 | ratio expanderet P_1

rei similis argumento fidem roboret quam labefactari sua sagacitate deprehendit.

CAPITVLVM XXI

QVOD IVSTI TEMPORALIA PARVIPENDENTES PER TEMPORALES MOLESTIAS AETERNAM
QVAERVNT REQVIEM

Iusti nec oblata bona hic pro magno suscipiunt nec illata
4 mala ualde pertimescunt. Sed et cum bonis praesentibus utun-
tur, uentura mala metuunt ; et cum de malis praesentibus
gemunt, bonorum sequentium amore consolantur. Sicque temporali refouentur subsidio, sicut uiator in stabulo utitur lecto.
8 Pausat et recedere festinat ; quiescit corpore sed ad aliud tendit
mente. Nonnumquam uero et aduersa perpeti appetunt, in
transitoriis prosperari refugiunt, ne delectatione itineris a
patriae peruentione tardentur, ne gressum cordis in uia peregri-
12 nationis figant ; et quandoque ad conspectum caelestis patriae
sine remuneratione perueniant. Gaudent despici nec dolent se
necessitatibus affligi, et se peregrinos et hospites attendentes
quia in propriis gaudere desiderant, esse felices in alieno
16 recusant.
Vnde scriptum est : *Sicut seruus desiderat umbram et sicut*
mercennarius praestolatur finem operis sui, sic et ego habui
menses uacuos et noctes laboriosas enumeraui mihi. Vmbram
20 desiderare est post temptationis aestum et sudorem operis
aeterni refrigerii requiem quaerere. Bene autem qui hanc
umbram desiderat seruus dicitur, quia quousque temptationes
tolerat, iugum miserae conditionis portat.
24 Qui bene etiam *sicut mercennarius praestolatur finem operis*
sui ; mercennarius enim quod graue perpendit ex opere, leue
aestimat ex remuneratione. Sic iustus cum mundi aduersa

[XXI] **3/16** *CC* VIII, LIV, 21/32, 37/39 ; μ 287. **17/36** *CC ibid.*, VIII, 1/6, 31/35,
39/45, 73/76, 91/97 ; μ 247/249.

[XXI] **17/19** Iob 7, 2/3. **24/25** Iob 7, 2.

[XXI] **4** et] *om.* P_1 **14** et$_2$] *om.* P_1 **15** quia] *om.* P_1 **18** sui] *Vulg. ed.* μ, *om.* L_1
P_1 |habui ego P_1 **24** finem operis prestolatur P_1 **25** sui] *om.* $L_1 P_1$

patitur, cum honestatis contumelias, rerum damna, corporis
28 cruciatus tolerat, quae grauia esse pensat, ex consideratione
praemii leuia esse inuenit. Qui etiam a compendiis mundi
menses uacuos ducit, dum per actus suos praesentia non
quaerit, noctes quoque enumerat laboriosas, quia aduersitatis
32 tenebras non tantum usque ad inopiam sed saepe ad corporis
cruciatum portat. In hac enim uita quaedam laboriosa sunt non
uacua, ut amore Dei tribulationibus exerceri ; quaedam uacua
non laboriosa, ut amore saeculi uoluptatibus defluere ;
36 quaedam uacua et laboriosa, ut amore saeculi aduersa pati.

CAPITVLVM XXII

QVOD AD AETERNA GAVDIA NON PERVENITVR NISI PER TEMPORALIA DETRIMENTA

Qui dedit carmina in nocte. Carmen in nocte est laetitia in
tribulatione, quia etsi pressuris temporalitatis affligimur, spe
4 tamen iam de aeternitate gaudemus. Carmina in nocte Paulus
praedicabat, dicens : *Spe gaudentes, in tribulatione patientes.*
Carmina in nocte Dauid sumpserat, cum dicebat : *Tu mihi es*
refugium a pressura quae circumdedit me ; et exsultatio mea,
8 *redime me a circumdantibus me.* Ecce de nocte pressuram
nominat, et tamen liberatorem suum inter angustias exsultationem uocat. Foris quidem nox erat in circumdatione pres-
surae, sed intus carmina resonabant de consolatione laetitiae.
12 Quia enim ad aeterna gaudia redire non possumus, nisi per
temporalia detrimenta, tota scripturae sacrae intentio est ut
spes manentis laetitiae nos inter haec transitoria aduersa corro-
boret. Vnde Ezechiel propheta librum se accepisse testatur, in
16 quo scriptae erant : lamentationes, carmen et uae. Quid enim
libro hoc, nisi diuina eloquia figurantur ? Quae quia nobis
luctus praecipiunt, lamentationes in eo scriptae referuntur. Car-

[XXII] **2/27** *CC* XXVI, xvi, 1/26 ; μ 822/823.

[XXII] **2** Iob 35, 10.   **5** Rom 12, 12.   **6/8** Ps. 31, 7.   **15/16** cfr Ez. 2, 9.

[XXII] **4** paulus in nocte P_1 **6** cum] qui P_1 **14** spe P_1 **16** carmen] et *praem.*
P_1 **17** nobis] lacrimas *add.* P_1 **18** luctusque P_1 | in] quippe *praem.* P_1 | scripte] *om.*
P_1

men quoque et uae continent, quia sic de spe gaudium praedi-
20 cant, ut praesentes tamen pressuras atque angustias indicent.
Carmen et uae continent, quia etsi illic dulcia appetimus, prius
necesse est ut amara toleremus. Carmen et uae discipulis
praedicabat Dominus, cum dicebat : *Haec locutus sum uobis, ut*
24 *in me pacem habeatis ; in mundo pressuram habebitis.* Ac si
aperte diceret : Sit uobis de me interius, quod consolando
reficiat, quia erit de mundo exterius quod saeuiendo grauiter
premat.

23/24 Ioh. 16, 33.

LIBER SEXTVS

DE GLORIA IVSTORVM

PROLOGVS

Post decursum uitae praesentis et felicem laborum consummationem, iusti brauium percipiunt aeternum. Vnde tractatu
de uita iustorum consummato, conuenienter subsequitur liber
4 qui de gloria iustorum inscribitur ; qui, sextus et ultimus partis
secundae, remedium est ad eum qui sextus est in serie partis
primae, in quo. de poena reproborum disseritur. Non enim
potest aliud remedium conuenientius contra cruciatus ini-
8 quorum excogitari quam aeterna beatitudo sanctorum, in qua
cum Christo regnant per omnia saecula saeculorum. Amen.

CAPITVLVM I

DE RESVRRECTIONE CARNIS : IN QVO DISTET A RESVRRECTIONE CHRISTI

Mediator Dei et hominum, Iesus Christus, non ita natus ut
reliqui, nec ita mortuus, nec ita resucitatus est. Non enim
4 operante coitu, sed Spiritu superueniente conceptus est, sicut
Mariae dicitur : *Virtus Altissimi obumbrabit tibi.* Vmbra enim a
lumine formatur et corpore. Dominus autem per diuinitatem
lumen est, qui mediante anima, in eius utero fieri dignatus est
8 per humanitatem corpus. Quia ergo lumen incorporeum in eius
erat utero corporandum, ei quae incorporeum concepit ad
corpus dicitur : *Virtus Altissimi obumbrabit tibi* ; id est, corpus
in te humanitatis accipiet incorporeum lumen diuinitatis.

[I] **2/4** *CC* XXIV, II, 30/33 ; μ 761.   **5/11** *CC* XVIII, xx, 32/41 ; μ 570/571.

[I] **5** Luc. 1, 35.

[Prol] **9** per omnia] in P_1 [I] **2** natus] est add. P_1 **3** est] *om.* P_1 **5** tibi]
quamuis hac in re per obumbrationis uocabulum incarnandi dei utraque potuit natura
signari *add.* P_1 **9/10** ad corpus] *om.* P_1

12 Natus autem materna uiscera et fecunda exhibuit et incorrupta seruauit. Rursum nos omnes cum nolumus, morimur ;
ille uero non ita, qui ait : *Potestatem habeo ponendi animam
meam, et iterum sumendi eam.* Qui etiam praemisit : *Nemo*
16 *tollit eam a me, sed ego pono eam.* Rursum nostra resurrectio
in saeculi fine dilata est, illius uero die tertio celebrata. Et nos
per illum resurgimus, ipse per se. Ille enim resurrectionis uim
cum Patre et sancto Spiritu Deus exhibuit, quam tamen solus
20 in humanitate percepit. Quia igitur Dominus uere natus, uere
mortuus, uere resuscitatus, in omnibus tamen distat a nobis
magnitudine potentiae, sed sola concordat nobis ueritate
naturae, bene dicitur, quia pro nobis angelus iste unum de
24 similibus loquitur.

CAPITVLVM II

QVOD ANIMAE SANCTORVM ANTE MORTEM CHRISTI IN INFERNVM DESCENDERVNT

Priusquam Redemptor noster morte sua humani generis
poenam solueret, eos etiam qui caelestis patriae uias sectati
4 sunt, post egressum carnis inferni claustra tenuerunt ; non ut
poena quasi peccatores plecteret sed ut eos in locis remo-
tioribus quiescentes, quia necdum intercessio Mediatoris
aduenerat, ab ingressu regni reatus primae culpae prohiberet.
8 Vnde iuxta eiusdem Redemptoris nostri testimonium, diues qui

---

12/24 *CC* XXIV, II, 33/36, 39/44, 49/55 ; μ 761.   [II] **2/15** *CC* IV, XXIX, 41/54 ; μ 127/128.

14/15.15/16 Ioh. 10, 18.   [II] **8/9** cfr Luc. 16, 23.

---

13 morimur] quia ad soluendum pene debitum culpe nostre conditione coartamur
add. P_1 14 uero] autem P_1 | non ita qui] quia nulli admixtus est culpe nulli
ex necessitate succubuit pene . sed quia culpam nostram dominando subdidit penam
nostram miserando suscepit sicut ipse P_1 15 qui etiam premisit] *om.* P_1 16 eam₂]
a meipso *add.* P_1 | rursum] non ut reliqui suscitatus est quia *add.* P_1 17 nos] quidem
add. P_1 18 se] neque enim qui deus erat sicut nos ab alio ut resuscitari
potuisset indigebat . in eo ergo eius resurrectio distat a nostra quod non
per nosmetipsos resurgimus sicut ipse . pro eo enim quod simpliciter homines
sumus superiori adiutorio ut resurgere ualeamus indigemus *add.* P_1 | enim]
autem eiusdem P_1 19 spiritu sancto P_1 [II] 8 eiusdem] eundem P_1

apud inferos torquetur in sinu Abrahae Lazarum contemplatur.
Qui profecto si adhuc in imis non essent, hos ille in tormentis
positus non uideret. Vnde et idem Redemptor pro nostrae cul-
12 pae debito occumbens inferna penetrat ; ut suos qui ei
inhaeserant, ad caelestia reducat. Sed quo nunc homo
redemptus ascendit, illuc profecto si peccare noluisset, etiam
sine redemptione pertingeret.

16   Nec tamen ita iustorum animas ad infernum dicimus de-
scendisse, ut in locis poenalibus tenerentur. Sed esse superiora
inferni loca, esse alia inferiora credenda sunt, ut et in
superioribus iusti requiescerent et in inferioribus iniusti cru-
20 ciarentur. Vnde et psalmista dicit : *Eripuisti animam meam ex
inferno inferiori.*

    Priores etenim sancti e corporibus educti, adhuc ab inferni
locis liberari non poterant, quia necdum uenerat qui illuc sine
24 culpa descenderet, ut eos qui ibi tenebantur ex culpa liberaret.
In ipsis autem inferni locis iustorum animae sine tormento
tenebantur, ut et pro originali culpa adhuc illuc descenderent et
tamen ex propriis actibus supplicium non haberent.

28   Dubium autem non est, quoniam homo qui per se cecidit,
per se ad paradisi requiem redire non potuit, nisi ueniret ille
qui suae incarnationis mysterio eiusdem nobis paradisi iter
aperiret. Vnde et post culpam primi hominis ad paradisi adi-
32 tum romphaea flammea posita esse memoratur, quae et uersa-
tilis dicitur, pro eo quod quandoque ueniret tempus ut etiam
remoueri potuisset.

    Non autem ab inferno rediens Dominus electos simul et
36 reprobos traxit, sed illa exinde omnia sustulit quae sibi
inhaesisse praesciuit.

16/21 *CC* XII, IX, 10/16 ; μ 397/398.   **22/27** *CC* XIII, XLIV, 2/11 ; μ 433.   **28/34**
CC XII, IX, 4/10 ; μ 397.   **35/37** *CC ibid.*, XI, 10/12 ; μ 398.

20/21 Ps. 85, 13.   **31/33** cfr Gen. 3, 24.

---

9 lazarum] requiescere *add.* P_1 **11/12** culpe nostre P_1 **18** alia esse P_1 **20** psalmis-
ta] propter preuenientem se dei gratiam *add.* P_1 **32** que] quia L_1

CAPITVLVM III

QVALITER ANGELI ET SANCTI DEVM VIDERE DESIDERENT CVM IPSVM VIDEANT

Sunt nonnulli qui nequaquam Deum uidere angelos suspicantur, quia per primum Ecclesiae praedicatorem dicitur : *In*
4 *quem desiderant angeli prospicere*, et tamen dictum per Veritatis sententiam scimus : *Angeli eorum semper uident faciem
Patris mei qui in caelis est*. Numquid ergo aliud Veritas, aliud
praedicator insonat ueritatis ? Sed si sibi sententia utraque con-
8 fertur, quia sibi nequaquam discordet agnoscitur. Deum quippe
angeli et uident, et uidere desiderant ; et intueri sitiunt et
intuentur. Si enim sic uidere desiderant ut effectu sui desiderii
minime perfruantur, desiderium sine fructu anxietatem habet et
12 anxietas poenam. Beati uero angeli ab omni poena anxietatis
longe sunt, quia numquam simul poena et beatitudo conueniunt. Rursum cum eos dicimus Dei uisione satiari, quia et
psalmista ait : *Satiabor dum manifestabitur gloria tua*, con-
16 siderandum nobis est quoniam satietatem solet fastidium sub-
sequi. Vt ergo recte sibi utraque conueniant, dicat Veritas :
Quia semper uident ; dicat praedicator egregius : *Quia semper
uidere desiderant*. Ne enim sit in desiderio anxietas,
20 desiderantes satiantur ; ne autem sit in satietate fastidium,
satiati desiderant. Et desiderant igitur sine labore, quia desiderium satietas comitatur ; et satiantur sine fastidio, quia ipsa
satietas ex desiderio semper accenditur. Sic quoque et nos
24 erimus quando ad ipsum fontem uitae uenerimus. Erit nobis
delectabiliter impressa sitis simul atque satietas. Sed longe ab
ista siti necessitas, longe a satietate fastidium, quia et sitientes
satiabimur, et satiari sitiemus. Videbimus igitur Deum ipsum,
28 praemium laboris nostri, ut post mortalitatis huius tenebras,

---

[III] **2/29** *CC* XVIII, LIV, 107/135 ; μ 601/602.

[III] **3/4** I Petri 1, 12.   **5/6** Matth. 18, 10.   **15** Ps. 16, 15.   **18** Matth. 18,
10.   **18/19** I Petri 1, 12.

[III] **2** angelos uidere deum P_1 **2/3** suspicantur] *ed.* μ, suspicentur L_1 P_1 **3** predi-
catorem ecclesie P_1 **25** atque] et P_1

accensa huius luce gaudeamus.

CAPITVLVM IV

QVOD IN AETERNA CLARITATE VIDEBIMVS DEVM SICVTI EST

Vocabis me, et ego respondebo tibi. Respondere cuilibet
dicimur cum eius factis congrua ad uicem opera reddimus. In
4   illa igitur commutatione uocat Dominus et respondet homo,
quia ante incorrupti claritatem, incorruptus homo ostenditur
post corruptionem. Nunc etenim quousque subditi corruptioni
sumus, auctori nostro minime respondemus, quia dum corrup-
8   tio ab incorruptione longe est, similitudo apta nostrae respon-
sioni non est. De illa uero immutatione scriptum est : *Cum*
apparuerit, similes ei erimus ; quoniam uidebimus eum sicuti
est. Tunc ergo uocanti Deo ueraciter respondebimus, quando
12 ad summae incorruptionis iussum incorruptibiles surgemus.

Et quia hoc percipere creatura ex semetipsa non ualet, solius
omnipotentis Dei dono agitur ut ad tantam incorruptionis
gloriam permutetur.

CAPITVLVM V

DE PLENA PACE SANCTORVM ET QVAE ANIMAE IPSORVM SCIANT

In sacra scriptura aliter dicitur pax plena, atque aliter
incohata. Incohatam quippe Veritas discipulis dederat cum
4   dicebat : *Pacem relinquo uobis, pacem meam do uobis* ; et
plenam Simeon desiderauerat cum orauerat dicens : *Nunc di-*
mittis seruum tuum, Domine, secundum uerbum tuum in pace.
Pax enim nostra ex desiderio conditoris incohatur, ex manifesta
8   autem uisione perficitur. Plena quippe tunc erit, cum mens nec
ignorantia excaecabitur, nec carnis impugnatione concutietur.

[IV] **2/15** *CC* XII, xiv, 1/15 ; µ 399/400.   [V] **2/9** *CC* VI, xxxiv, 2/10 ; µ 205.

[IV] **2** Iob 14, 15.   **9/11** I Ioh. 3, 2.   [V] **4** Ioh. 14, 27.   **5/6** Luc. 2, 29.

---

29 accessa P_1 | huius] eius P_1 [IV] **13** quia] quidem P_1 | solius] sed *praem.*
P_1 [V] **5** orauerat] exoraret P_1 **8** mens] nostra *add.* P_1 **9** excecabitur] cecatur P_1
| carnis] sue *add.* P_1 | concutitur P_1

Vnde scriptum est : *Requies autem mensae tuae erit plena pinguedine.* Requies mensae est refectio satietatis internae ;
12 quae pinguedine plena dicitur, quia internae uoluptatis delectatione praeparatur. Huius mensae epulas esuriebat propheta, cum diceret : *Satiabor dum manifestabitur gloria tua.* Huius mensae pocula sitiebat, dicens : *Sitiuit anima mea ad Deum*
16 *fontem uiuum ; quando ueniam et apparebo ante faciem Dei ?*

Notandum autem quod sicut illi qui adhuc uiuentes sunt quo loco animae mortuorum habeantur ignorant, ita mortui qualiter uita in carne degentium post eos disponatur nesciunt,
20 quia et uita spiritus longe est a uita carnis. Et sicut corporea et incorporea diuersa sunt genere, ita etiam sunt disiuncta cognitione. Quod tamen de animabus sanctorum sentiendum non est, quia quae intus omnipotentis Dei claritatem uident nullo
24 modo credendum est quia sit foris aliquid quod ignorent. Nihil enim exteriorum nesciunt qui scientem omnia sciunt.

CAPITVLVM VI

QVOD SANCTI PRAETERITORVM MALORVM RECORDABVNTVR ET TAMEN DE GLORIA
NIHIL EIS MINVETVR

Seruus liber erit *a domino suo.* Ibi seruus ad hoc a domino
4 liber erit, ubi iam de peccati uenia dubietas non erit, ubi iam securam mentem culpae suae memoria non addicit, ubi non sub reatu animus trepidat sed de eius indulgentia liber exsultat.

Sed si nulla ibi homo peccati sui memoria tangitur, ereptum
8 se unde gratulatur ? Aut quomodo largitori gratias refert de uenia quam accepit, si interueniente obliuione transactae nequi-

---

10/16 *CC* XXVI, xxxviii, 1/8 ; μ 844/845.   **17/24** *CC* XII, xxi, 2/10 ; μ 402/403.   **24/25** *CC* II, iii, 31/32 ; μ 39.   [VI] **3/37** *CC* IV, xxxvi, 19/20, 42/76 ; μ 137/138.

10/11 Iob 36, 16.   **14** Ps. 16, 15.   **15/16** Ps. 41, 3.   [VI] **3** Iob 3, 19.

---

11 interne] eterne L_1 **16** fontem] fortem *Vulg.*   **18** mortuorum anime quo loco P_1 **19** qualiter *usque* eos] uitam carne uiuentium post eos qualiter P_1 **20** et] atque P_1 **21** sunt] *om.* P_1 | distincta P_1 **21/22** cognitione] cogitatione L_1 **22** sanctis P_1 [VI] **3** ad] ab P_1 | a_2] *om.* P_1 **6** libere P_1

tiae, esse se poenae debitorem nescit ? Neque enim neglegenter
praetereundum est quod psalmista dicit : *Misericordias Domini*
12 *in aeternum cantabo*. Quomodo enim Dei misericordias in
aeternum cantat si se fuisse miserum ignorat ? Et si miseriae
transactae non meminit, unde largitori misericordiae laudes
reddit ? Sed rursum quaerendum est quomodo mens electorum
16 perfecta esse in beatitudine poterit si hanc inter gaudia
memoria sui reatus tangit ? Aut quomodo perfectae lucis
clarescit gloria quam reducta ad animum obumbrat culpa ? Sed
sciendum est quia sicut saepe nunc tristium laeti reminiscimur,
20 ita tunc transactae nequitiae sine laesione nostrae beatitudinis
recordabimur. Plerumque enim incolumitatis tempore ad
memoriam praeteritos dolores sine dolore reducimus ; et quo
aegros fuisse recolimus eo nos incolumes plus amamus. Erit
24 ergo et in illa beatitudine culpae memoria, non quae mentem
polluat sed quae nos laetitiae altius astringat ; ut dum doloris
sui animus sine dolore reminiscitur, et debitorem se medico
uerius intellegat, et eo magis acceptam salutem diligat quo de
28 molestia meminit, quam euasit. In illa itaque laetitia sic tunc
sine taedio mala nostra conspiciemus sicut nunc in luce positi,
sine ulla cordis caligine animae tenebras uidemus ; quia etsi
obscurum est quod mente cernimus de iudicio est hoc luminis,
32 non de passione caecitatis. Et in aeternum laudem misericordiae largitori nostro referemus et nequaquam miseriae conscientia grauabimur ; quia dum mala nostra sine aliquo mentis
malo respiciemus et numquam erit quod corda laudantium de
36 transactis iniquitatibus polluat et semper erit quod hoc ad laudem liberatoris accendat.

11/12 Ps. 88, 2.

---

10 neglecte P_1 **11** dicit] ait P_1 | domini] tuas domine P_1 **14** largitate P_1 **15** elec-
torum mens P_1 **21** recordamur P_1 **22** dolores preteritos P_1 **23** fuisse] *om.*
P_1 **24** et] *om.* P_1 **25** artius P_1 **27** quo] quod P_1 **28** quam] quid P_1 **29** conspicimus P_1 **30** animo P_1 **32** eternum] ergo *add.* P_1 **33** referimus P_1 **34** grauamur
P_1 **35** respicimus P_1 **36** hoc] hec P_1

CAPITVLVM VII

DE PERFECTA LAETITIA SANCTORVM IN AETERNA BEATITVDINE

*Deus non proiciet simplicem nec porriget manum malignis,
donec impleatur risu os tuum et labia tua iubilo.* Os iustorum
4 tunc risu replebitur cum eorum corda, finitis peregrinationum
fletibus, aeternae laetitiae exsultatione satiantur. De hoc risu
Veritas discipulis dixit : *Mundus gaudebit, uos autem contrista-
bimini ; sed tristitia uestra uertetur in gaudium.* Et rursum :
8 *Videbo uos et gaudebit cor uestrum ; et gaudium uestrum nemo
tollet a uobis.* De hoc risu sanctae Ecclesiae Salomon ait : *Ridebit in die nouissimo.* De hoc iterum dicit : *Timenti Dominum,
bene erit in extremis.* Non autem tunc erit risus corporis sed
12 risus cordis. Risus enim nunc corporis de lasciuia est dissolu-
tionis, nam risus cordis tunc de laetitia nascetur securitatis.
Cum ergo electi omnes implentur gaudio manifestae contemplationis quasi ad hilaritatem risus exsiliunt in ore mentis.
16 Iubilum uero dicimus cum tantam laetitiam corde concipimus,
quantam sermonis efficacia non explemus ; et tamen mentis
exsultatio hoc quod sermone non explicat, uoce sonat. Bene
autem os risu impleri dicitur, labia iubilo, quia in illa aeterna
20 patria, cum iustorum mens in exsultationem rapitur, lingua in
canticum laudis eleuatur. Qui quoniam tantum uident quantum dicere non ualent, in risu iubilant, quia non explendo
resonant quod amant.
24   Donec autem dicitur, non quod omnipotens Deus eousque
malignos non subleuat, quousque electos suos in gaudia iubilationis assumat, ac si post a poena eripiat quos ante in culpa
deserens damnat ; sed quod hoc nequaquam uel ante iudicium

[VII] **2** *CC* VIII, li, 1/2 ; μ 284.   **2/52** *CC ibid.*, lii, 1/51 ; μ 285/286.

[VII] **2/3** Iob 8, 20/21.   **6/7** Ioh. 16, 20.   **8/9** Ioh. 16, 22.   **9/10** Prou. 31,
25.   **10/11** Eccli. 1, 13.

[VII] **3** os] quippe *add.* P_1 **4** peregrinationis P_1 **6** discipulis ueritas P_1 | dicit
P_1 **11** risus erit P_1 **12** est] *om.* P_1 **13** nascitur P_1 **25/26** iubilationis gaudia
P_1 **27** quod] quo P_1

28 faciat, cum dubium hominibus uideri possit an fiat. Nam post
electorum suorum iubilum quia malignis manum non porrigat,
ex ipsa iam districtione ultimi examinis constat. Sic namque
per psalmistam dicitur : *Dixit Dominus Domino meo : Sede a*
32 *dextris meis donec ponam inimicos tuos scabellum pedum*
tuorum ; non quod a dextris Domini nequaquam Dominus
sedeat, postquam inimicos illius feriens eius potestati subster-
net, sed quod in aeterna cunctis beatitudine praesidet et prius
36 quam rebellium suorum corda conculcet. In qua nimirum constat quia subiectis hostibus sine fine et posterius regnat. Sic per
euangelium de Mariae sponso dicitur : *Et non cognouit eam*
donec peperit filium suum primogenitum ; non quod hanc post
40 natiuitatem Domini cognouerit sed quod nequaquam illam
contigit, etiam cum conditoris sui matrem esse nesciuit. Nam
quia eam contingere nequaquam ualuit, postquam redemptionis nostrae ex eius utero celebrari mysteria agnouit ; de illo
44 profecto tempore necesse erat ut euangelista testimonium ferret
de quo propter Ioseph ignorantiam dubitari potuisset. Sic
itaque nunc dicitur : *Deus non proiciet simplicem nec porriget*
manum malignis, donec impleatur risu os tuum, et labia tua
48 *iubilo.* Ac si aperte diceret : Vitam simplicium nec ante iudicium deserit et malitiosorum mentes deserendo percutere, nec
prius quam appareat praetermittit. Nam quia sine fine reprobos
cruciet et electi eius in perpetuum postquam apparuerit reg-
52 nent, profecto dubium non est.

CAPITVLVM VIII

QVOD SANCTI CVM CHRISTO IVDICABVNT

Sicut urbis aditus porta dicitur, ita est dies iudicii porta
regni quia per eum ab electis omnibus ad caelestis patriae

[VIII] **2/17** *CC* VI, VII, 2/11, 16/22 ; μ 185.

31/33 Ps. 109, 1.   **38/39** Matth. 1, 25.

---

28 uideri hominibus P_1 **31** per] et *praem.* P_1 **35** quod] quo P_1 **38** de] beate uir-
ginis *add.* P_1 **40** quod] *om.* P_1 **42** nequaquam contingere P_1 **43** celebrare
misterium P_1 [VIII] **2** est] et P_1 **3** ab electis] abiectis P_1

4 gloriam intratur. Vnde et hunc diem cum ad retributionem
sanctae Ecclesiae Salomon propinquare conspiceret, dixit :
Nobilis in portis uir eius quando sederit cum senatoribus terrae.
Vir quippe est Ecclesiae humani generis Redemptor qui in
8 portis se nobilem ostendit, qui despectus prius in contumeliis
exstitit, sed in ingressu regni sublimis apparebit. Qui cum terrae senatoribus residet quia iudicii sententiam cum sanctis eiusdem Ecclesiae praedicatoribus decernit. De his portis Salomon
12 iterum dicit : *Date ei de fructu manuum suarum et laudent eam
in portis opera eius.* Tunc quippe sancta Ecclesia de fructu
manuum suarum accipit, cum eam ad percipienda caelestia
laboris sui retributio attollit. Tunc eam sua opera in portis lau-
16 dant, quando eius membris in ipso regni aditu dicitur : *Esuriui
et dedistis mihi manducare ; sitiui* et cetera.

Diligenter autem attendendum quia electorum quidam iudicantur et regnant, qui peccata lacrimis tergunt, et mala prae-
20 cedentia factis sequentibus redimentes, quicquid illicitum
fecerunt eleemosynarum superductione cooperiunt. Quibus
dicetur, sicut dictum est : *Esuriui, et dedistis mihi manducare,*
et cetera. Alii autem non iudicantur et regnant, qui et praecepta
24 legis perfectionis uirtute transcendunt, quia nequaquam hoc
solum quod cunctis diuina lex praecipit implere contenti sunt,
sed praestantiore desiderio plus exhibere appetunt quam praeceptis generalibus audire potuerunt. Quibus dominica uoce
28 dicitur : *Vos qui reliquistis omnia uestra et secuti estis me, cum*

18/52 *CC* XXVI, XXVII, 56/61, 65/74, 77/97 ; μ 836/837.

[VIII] **6** Prou. 31, 23.   **12/13** Prou. 31, 31.   **16/17.22** Matth. 25, 35.   **28/30**
Matth. 19, 28.

---

8 qui] quia P_1 **11** decerneret P_1 | de his] sicut ipse in euangelio dicit . uos qui secuti
estis me in regeneratione cum sederit filius hominis in sede maiestatis sue sedebitis et
uos super duodecim sedes iudicantes duodecim tribus israel (Matth. 25, 35/36) . quod
isaias quoque longe ante prenuntians ait . dominus ad iudicium ueniet cum senioribus
populi sui (Is. 3, 14) *praem.* P_1 **12** ei] illi P_1 **13** eius] *Vulg.* P_1, sua L_1 **17** sitiui]
et dedistis mihi bibere *add.* P_1 **18** autem] *om.* P_1 | quia] est *praem.* P_1 **19** peccata]
uite maculas P_1 | et] qui P_1 **21** fecerunt] aliquando *praem.* P_1, ab oculis iudicis *add.*
P_1 | quibus] iudex ueniens in dexteram consistentibus *add.* P_1 **22** dicetur sicut dic-
tum est] dicet P_1 | et *usque* manducare] *om.* P_1 **23** et$_3$] etiam P_1 **26** prestantiori
P_1 **28** reliquistis] et cetera *add.* P_1 **28/33** omnia *usque* ueniunt] *om.* P_1

sederit Filius hominis in sede maiestatis suae : sedebitis et uos
super duodecim thronos, iudicantes duodecim tribus Israel. Et
de quibus propheta ait : *Dominus ad iudicium ueniet cum*
32 *senioribus populi sui.* Hi itaque in extremo iudicio non iudicantur et regnant, quia cum auctore suo etiam iudices ueniunt.
Relinquentes quippe omnia plus prompta deuotione exsecuti
sunt quam iuberi generaliter audierunt. Speciali namque ius-
36 sione paucis perfectioribus, et non generaliter omnibus, dicitur
hoc quod adolescens diues audiuit : *Vade, uende quae habes, et*
da pauperibus et habebis thesaurum in caelo, et ueni sequere
me. Si enim sub hoc praecepto cunctos iussio generalis
40 astringeret, culpa profecto esset aliquid nos de hoc mundo possidere. Sed aliud est quod per scripturam sacram generaliter
omnibus praecipitur, aliud quod specialiter perfectioribus imperatur. Hi ergo recte sub generali iudicio non tenentur, quia et
44 praecepta generalia uiuendo uicerunt. Sicut enim non iudicantur et pereunt, qui suadente perfidia lege teneri contemnunt, ita
non iudicantur et regnant, qui suadente pietate, etiam ultra
generalia diuinae legis praecepta proficiunt. Hinc est quod
48 Paulus, etiam specialia praecepta transcendens, plus opere exhibuit quam institutione permissionis accepit. Cum enim accepis-
set ut euangelium praedicans de euangelio uiueret, et
euangelium audientibus contulit ; et tamen euangelii sumptibus
52 sustentari recusauit.

CAPITVLVM IX

QVOD SANCTI DAMNATIS NON COMPATIENTVR

In uastitate et fame ridebis. Iustus in districtione extremi
iudicii iudicis uoce refouetur cum dicitur : *Esuriui, et dedistis*
4 *mihi manducare ; sitiui, et dedistis mihi bibere ; hospes eram,*
et collegistis me ; nudus, et operuistis me ; infirmus, et uisitastis

---

[IX] **2/25** *CC* VI, xxx, 1, 24/48 ; μ 202/203.

31/32 Is. 3, 14.   **37/39** Matth. 19, 21.   **47/49** cfr I Thess. 2, 7.   [IX] **2** Iob 5,
22.   **3/6** Matth. 25, 35/36.

---

39 generaliter P_1 **50** et] *om.* P_1 [IX] **2** ridebit L_1 **5** nudus] eram *add.* P_1 |
cooperuistis P_1

me ; in carcere eram, et uenistis ad me. Quibus praemittitur :
Venite, benedicti Patris mei, possidete paratum uobis regnum a
8　*constitutione mundi.* In uastitate ergo et fame iustus ridebit
quia cum iniquos omnes extrema ultio percutit, ipse de gloria
dignae retributionis hilarescit. Nec damnatis iam tunc ex
humanitate compatitur, quia diuinae iustitiae per speciem
12　inhaerens, inconcusso districtionis intimae uigore solidatur.
Erectas namque in claritate supernae rectitudinis electorum
mentes nulla misericordia afficit quia has a miseriis altitudo
beatitudinis alienas reddit. Vnde bene etiam per psalmistam
16　dicitur : *Videbunt iusti et timebunt, et super eum ridebunt, et*
dicent : Ecce homo qui non posuit Deum adiutorem suum. Iniquos enim iusti nunc uident et metuunt, tunc uisuri sunt et
ridebunt. Quia enim modo ad eorum labi imitationem possunt,
20　hic habent formidinem. Quia uero damnatis tunc prodesse
nequeunt, illic non habent compassionem. Aeterno itaque supplicio deditis non esse miserendum, in ipsa qua beati sunt iustitia iudicantis legunt, qui, quod suspicari fas non est, qualitatem
24　sibi perceptae felicitatis imminuunt, si in regno positi uolunt
quod implere nequaquam possunt.

CAPITVLVM X

DE CARNIS GLORIFICATIONE ET DIGNITATVM DISCRETIONE IN AETERNA BEATITVDINE

Sunt nonnulli qui considerantes quod spiritus a carne soluitur, quod caro in putredinem uertitur, quod putredo in
4　puluerem redigitur, quod puluis in elementa soluitur, ut nequaquam ab humanis oculis uideatur, resurrectionem fieri posse
desperant ; et dum arida ossa inspiciunt, haec uestiri carnibus
rursumque ad uita uiridescere posse diffidunt. Qui si resurrec-
8　tionis fidem ex oboedientia non tenent, certe hanc tenere ex
ratione debuerant. Per momenta quippe temporum cernimus

[X] 2/30 *CC* XIV, lv, 56/90 ; μ 464.

7/8 Matth. 25, 34.　16/17 Ps. 51, 8/9.

---

6 in *usque* me] *om.* P_1　17 homo] *om.* L_1　24 percepte] perfecte P_1　[X] 8/9 ex
oratione debuissent P_1

arbusta uiriditatem foliorum amittere, a fructuum prolatione
cessare ; et ecce subito quasi ex arescente ligno uelut quadam
12 resurrectione ueniente uidemus folia erumpere, fructus grandes-
cere, et totam arborem rediuiuo decore uestiri. Indesinenter
cernimus parua arborum semina terrae humoribus commen-
dari, ex quibus non longe post conspicimus magna arbusta sur-
16 gere, folia pomaque proferre. Consideremus ergo paruum
cuiuslibet arboris semen quod in terra iacitur, ut arbor ex illo
producatur, et comprehendamus si possumus, ubi in illa tanta
paruitate seminis tam immensa arbor latuit quae ex illo proces-
20 sit ; ubi lignum, ubi cortex, ubi uiriditas foliorum, ubi ubertas
fructuum. Numquidnam in semine tale aliquid uidebatur cum
in terra iaceretur ? Et tamen occulto rerum omnium opifice
cuncta mirabiliter ordinante, et in mollitie seminis latuit asperi-
24 tas corticis, et in teneritudine illius absconsa est fortitudo
roboris, et in siccitate eius ubertas fructificationis. Quid ergo
mirum si tenuissimum puluerem, nostris oculis in elementa
redactum, cum uult, in homine reformat, qui ex tenuissimis
28 seminibus immensa arbusta redintegrat ? Quis ergo rationales
sumus conditi, spem resurrectionis nostrae ex ipsa debemus
rerum specie et contemplatione colligere.

    Non autem sicut Eutychius Constantinopolitanae urbis
32 episcopus scripsit, corpus nostrum in illa resurrectionis gloria
erit impalpabile, uentis aereque subtilius. In illa enim resurrectionis gloria erit corpus nostrum subtile quidem per effectum
spiritalis potentiae, sed palpabile per ueritatem naturae. Vnde
36 etiam Redemptor noster dubitantibus de sua resurrectione discipulis, ostendit manus et latus, palpanda ossa carnemque praebuit dicens : *Palpate et uidete, quia spiritus carnem et ossa non*
habet, sicut me uidetis habere.
40   Nos autem Redemptoris nostri post resurrectionem corpus
palpabile ueraciter credentes, fatemur carnem nostram post
resurrectionem futuram et eamdem et diuersam : eamdem per

31/39 *CC ibid.*, LVI, 3/11 ; μ 465.   **40/45** *CC ibid.*, LVII, 9/15 ; μ 467.

[X] **39/40** Luc. 24, 39.

---

20 paruitate] breuitate P_1 **22** numquidnam] nam quidnam P_1 **25/26** roboris fortitudo P_1 **28** hominem P_1 **37** resurrectione sua P_1 **40** uidistis L_1

naturam, diuersam per gloriam ; eamdem per ueritatem, diuer-
44 sam per potentiam. Erit itaque spiritalis, quia et incorruptibilis.
Erit palpabilis, quia non amittet essentiam ueracis naturae.

Vnde bene per Paulum dicitur : *Vanitati enim creatura*
subiecta est non uolens, sed propter eum qui subiecit in spe ;
48 *quia et ipsa creatura liberabitur a seruitute corruptionis, in*
libertate gloriae filiorum Dei. Vanitati quippe et corruptioni
creatura non uolens subiecta, tunc a miseria corruptionis eripitur cum ad filiorum Dei gloriam incorrupta resurgendo suble-
52 uatur. In hac igitur uita iusti uinculis corruptionis uincti, cum
corruptibili carne exuuntur, ab his relaxantur. His utique uinculis Paulus uinctus clamat : *Cupio dissolui et esse cum*
Christo. Dissolui enim non quaereret nisi se uinctum uideret.
56 Haec autem uincula quia certissime rumpenda propheta conspexerat, iam quasi rupta gaudebat cum diceret : *Dirupisti uin-*
cula mea, tibi sacrificabo hostiam laudis.

Quia uero nobis in hac uita est discretio operum erit in illa
60 quae aeterna est discretio dignitatum ut quo alius hic alium
merito superat, illic alius alium retributione transcendat. Vnde
in euangelio Veritas dicit : *In domo Patris mei mansiones mul-*
tae sunt. Sed in eiusdem multis mansionibus erit aliquo modo
64 ipsa retributionum diuersitas concors, quia tanta uis in illa pace

---

46/58 *CC* IV, xxxiv, 37/41, 44/49, 52/59 ; μ 135/136.   **59/74** *CC ibid.*, xxxvi, 2/14,
1, 14/18 ; μ 136/137.

46/49 Rom. 8, 20/21.   **54/55** Phil. 1, 23.   **57/58** Ps. 115, 16/17.   **62/63** Ioh. 14,
2.

---

45 spiritualis] subtilis P_1 **49** libertatem P_1 | et corruptioni] *om.* P_1 **50** subiecta] sub-
ditur quia homo qui ingenite constantie statum uolens deseruit pressus iuste mortali-
tatis pondere nolens mutabilitati sue corruptionis seruit . sed creatura hec P_1 | miseria]
seruitute P_1 **52/54** in *usque* uinctus] hic itaque electi molestia uincti sunt quia
adhuc corruptionis sue pena deprimuntur . sed cum corruptibili carne exuimur quasi
ab his quibus nunc astringimur molestie uinculis relaxamur . presentari namque iam
deo cupimus sed adhuc mortalis corporis obligatione prepedimur . iure ergo uincti dicimur quia adhuc incessum nostri desiderii ad deum liberum non habemus . unde
paulus eterna desiderans sed tamen adhuc corruptionis sue sarcinam portans uinctus
P_1 **54/55** cum christo esse P_1 **55** se] procul dubio *add.* P_1 **56** propheta] in
resurrectione P_1 **57** cum] propheta *praem.* P_1 | dirupisti] domine *add.* L_1 **59** in hac
uita] hic P_1 | erit] procul dubio *add.* P_1 **60** que eterna est] *om.* P_1 | hic alius P_1 **61**
merito] *om.* P_1 **62** ueritas in euangelio P_1 **63** eisdem P_1

nos sociat ut quod quisque in se non acceperit, hoc se accepisse
in alio exsultet. Vnde et non aeque laborantes in uineam, aeque
denarium cuncti sortiuntur. Et quidem apud Patrem mansiones
68 multae sunt et tamen eumdem denarium dispares laborantes
accipiunt, quia una cunctis erit beatitudo laetitiae quamuis non
una sit omnibus sublimitas uitae. Vnde scriptum est : *Paruus et
magnus ibi sunt.* Paruum et magnum conspexerat in hac luce
72 qui ex uoce capitis dicebat : *Imperfectum meum uiderunt oculi
tui, et in libro tuo omnes scribentur.* Iterum : *Benedixit omnes
timentes se Dominus, pusillos cum maioribus.*

EPILOGVS

Expleto itaque hoc opere, ad me mihi uideo esse redeundum, et a publico locutionis redeundum est ad curiam cordis.
Igitur quaeso ut quisquis haec legerit, apud districtum iudicem
4   solatium mihi suae orationis impendat, et caritatis intuitu suis
precibus animam Petri commendet Deo et Domino nostro Iesu
Christo, cui cum Patre et Spiritu sancto honor et imperium per
aeterna saecula saeculorum. Amen.

[Epil.] **1/4** *CC* XXXV, xx, 78/79, 82/83, 122/123 ; μ 1167/1168.

66/69 cfr Matth. 20, 10.   **70/71** Iob 3, 19.   **72/73** Ps. 138, 16.   **73/74** Ps. 113 B,
13.

---

65 in se quisque P_1 **67** cuncti denarium P_1 **68** laboratores P_1 **69** quia] unde
scriptum est . paruus et magnus ibi sunt *praem.* P_1 | erit cunctis P_1 **70/71** unde
usque sunt] *om.* P_1 **71** in hac luce conspexerat P_1 **72** qui] quia *T*   **73** scribantur *T*
| iterum] paruum et magnum conspexerat cum dicebat P_1 [Epil.] **1** mihi] *om.*
P_1 **4/5** precibus suis P_1 **5/6** iesu christo] *om.* P_1 **7** amen] explicit remediarium
conuersorum *add.* P_1

APPENDIX

TRANSCRIBED BY PERMISSION OF THE MASTER AND FELLOWS OF SIDNEY SUSSEX COLLEGE, CAMBRIDGE UNIVERSITY

MS. 95 (s. xv), LIBER III, CAPITULUM XVII

DE PETRO LONDONIE QVONDAM ARCHIDIACONO QUI PER INTEMERATAM VIRGINEM
IN VISV CORRIPITUR ET IN MELIOREM VITAM MVTATVR.

Britannie maioris ciuitas Lundonia caput et metropolis est rarus qui nesciat. Huius ab aquilonari parte ·xii· iuxta estimationem Anglorum miliaribus distans, Waltham Sancte Crucis super ripam fluminis quod Legia dicit, consistit. In hac quidam magister Joannes filium magistrum Petrum habuit. Hic dum sub Elyensi episcopo, Galfrido Ridel, Officialis nomen exerceret et opus, ut pluribus videbatur circa redditus conquirendos ecclesiasticos ambitione nimia desudebat. Nec prius destitit a uenatione quam predam que sufficeret reportasset. Redditus autem quoquo pacto iam nactus, sicut Christi patrimonium non deceret, in carnalium deliciarum luxus effudit, ut qui uersutus in conquirendis exstiterat ad cumulum perditionis in expendendis libidinosus exsisteret.

In huius tamen temeritatis lubrico uolutatus, Dei genetricis memoriam penitus non abdicarat. Processu quoque temporis archidiaconatum Londoniarum consecutus, uenerabilibus et honestis tunc temporis quam pluribus ecclesie sancti Pauli canonicis prebendalibus quasi inseritur. Quorum exemplo, tamque de maioribus uitiis licet assuetudine pristina retardatus, uel superficietenus saltim sese informare compellitur. Dumque timori seruili ex huiuscemodi uerecundia nato, timor initialis succresceret.

Benignitas conditoris que neminem uult perire queque hunc corrigibilem precognouit, cauteriate conscientie sue tale cataplasma composuit : accidit ut intempeste noctis silentio soporatus raptum se subito sentiret et ueluti sedenti Christo pro tribunali presentatum ut ad iudicium celestis curie eorum que perperam gesserat iudicium reportaret.

Diu cum et presidentis terribilem maiestatem et assistentium fulgorem nimium sustinere nequiret, pronus in terram corruit, sibique recogitans annos preter(r)itos in amaritudine anime sue non inuenit uel unum quidem quod pro mille responderet. Quare tamque deprehensum se considerans, de Christi misericordia et eius genetricis auxilio licet non satis merito, credidit presumendum. Totis itaque uisceribus, toto cordis annisi omnique mentis intentione silenter inclamitat : Ieus, bone Iesu, pie Ieus, benigne propter beate genetricis tue dilectionem et merita, parce, miserere, remitte !

Cumque diutissime in hunc modum ubertim lacrimans perorasset, iudex de throno respondit : Qua fronte spurcissime de mea intemerata genitrice presumis ? Si tibi tamen penes eam quid meriti confidis depositum, nolo pereat tua confidencia. Ipsam habeas iudicem quam queris adiutricem. Eius te iudicio decerno sistendum ; eius uel condemnet censura uel liberet misericordia. Iubente igitur Domino ad consistorium beate Virginis productus est. Cuius et assistentium sibi splendor nimius recutientes oculos pauitantis reuerberat uelut exanimis in faciem ruit. Flumineque lacrimarum ruente, misericordiam postulat et miserationes, finem pollicens se daturum criminibus si ueniam mereatur. Ad cuius eiulatum et fletum, misericordie mater ut sibi consuetudinis est, citissime mota, quibusdam astantibus imperat ut foras educto uentrem totum et intestina tamque deliciarum cellulas, uirilia quoque uelut instrumenta luxurie cultello deciderent et funditus exstirparent. Quod celerrime non sine patientis anxio cruciatu completur.

Cumque reductus coram gloriosa sisteretur, illa quasi satisfacta vultu iucundo et hilari indicit sibi continentiam de cetero ne in deterius iterum deueniret. Ille uero gratias agens et emendationem sibi spondens redditus est.

Expergefactus itaque et terribilis uisionis sedulus recordator maxillas lacrimis et stratum plenum reperiens, respectum se tam misericorditer a Domino et eius genitrice miratur et gaudet. Hec in hunc modum circa se gesta suis non numquam familiaribus referebat. Et quod hec conficta non essent vite sue residuum comprobauit. Totus namque secundum mutationem dextere excelsi si deinceps alteratus, totum sese coegit in honestatem. Mores corrigens, motusque castigans illicitos, multoque intentione maiore studuit continentie quam prius seruierit luxurie.

Nihilominus etiam opes quas congesserat auidus, auidius dispersit, in pauperes et a bonis in posterum operibus non cessauit. Horum testes sunt edificia que monialibus de Stratford construxit, xenodochium quod apud Waltham constituit, librorum diuinorum copia quos ibidem canonicis regularibus contulit. Vestes quoque sacras et vasa quibus non solum illic Deo seruitur, sed et aliis locis pluribus plura largitus est.

Cumque exteriora sua omnia Domino obtulisset in sacrificum, semetipsum superaddidit holocaustum, canonicusque ibi factus et professus diem clausit extremum et in capitulo canonicorum sepultus irrequiescit. Hoc quoque circa ipsum mirifice uniuersorum moderator prouidit Deus, ut solum sue nativitatis post circuitus uarios locum haberet requiestionis.